MODULAÇÃO DE EFEITOS NO DIREITO TRIBUTÁRIO

LUIS CARLOS FAY MANFRA

Prefácio
Anderson Vichinkeski Teixeira

MODULAÇÃO DE EFEITOS NO DIREITO TRIBUTÁRIO

Belo Horizonte

FÓRUM
CONHECIMENTO JURÍDICO

2024

© 2024 Editora Fórum Ltda.

É proibida a reprodução total ou parcial desta obra, por qualquer meio eletrônico, inclusive por processos xerográficos, sem autorização expressa do Editor.

Conselho Editorial

Adilson Abreu Dallari
Alécia Paolucci Nogueira Bicalho
Alexandre Coutinho Pagliarini
André Ramos Tavares
Carlos Ayres Britto
Carlos Mário da Silva Velloso
Cármen Lúcia Antunes Rocha
Cesar Augusto Guimarães Pereira
Clovis Beznos
Cristiana Fortini
Dinorá Adelaide Musetti Grotti
Diogo de Figueiredo Moreira Neto (*in memoriam*)
Egon Bockmann Moreira
Emerson Gabardo
Fabrício Motta
Fernando Rossi
Flávio Henrique Unes Pereira

Floriano de Azevedo Marques Neto
Gustavo Justino de Oliveira
Inês Virgínia Prado Soares
Jorge Ulisses Jacoby Fernandes
Juarez Freitas
Luciano Ferraz
Lúcio Delfino
Marcia Carla Pereira Ribeiro
Márcio Cammarosano
Marcos Ehrhardt Jr.
Maria Sylvia Zanella Di Pietro
Ney José de Freitas
Oswaldo Othon de Pontes Saraiva Filho
Paulo Modesto
Romeu Felipe Bacellar Filho
Sérgio Guerra
Walber de Moura Agra

FÓRUM
CONHECIMENTO JURÍDICO

Luís Cláudio Rodrigues Ferreira
Presidente e Editor

Coordenação editorial: Leonardo Eustáquio Siqueira Araújo / Aline Sobreira de Oliveira
Revisão: Nathalia Campos
Capa, projeto gráfico e diagramação: Walter Santos

Rua Paulo Ribeiro Bastos, 211 – Jardim Atlântico – CEP 31710-430
Belo Horizonte – Minas Gerais – Tel.: (31) 99412.0131
www.editoraforum.com.br – editoraforum@editoraforum.com.br

Técnica. Empenho. Zelo. Esses foram alguns dos cuidados aplicados na edição desta obra. No entanto, podem ocorrer erros de impressão, digitação ou mesmo restar alguma dúvida conceitual. Caso se constate algo assim, solicitamos a gentileza de nos comunicar através do *e-mail* editorial@ editoraforum.com.br para que possamos esclarecer, no que couber. A sua contribuição é muito importante para mantermos a excelência editorial. A Editora Fórum agradece a sua contribuição.

Dados Internacionais de Catalogação na Publicação (CIP) de acordo com ISBD

M276m	Manfra, Luis Carlos Fay
	Modulação de efeitos no direito tributário / Luis Carlos Fay Manfra. Belo Horizonte: Fórum, 2024.
	441 p. 14,5x21,5cm
	il.
	ISBN impresso 978-65-5518-777-9
	ISBN digital 978-65-5518-784-7
	1. Direito constitucional. 2. Direito tributário. 3. Modulação de efeitos. 4. Supremo Tribunal Federal. 5. Jurisdição constitucional. 6. Segurança jurídica. 7. Limitações ao poder de tributar. 8. Orçamento público. I. Título.
	CDD: 342
	CDU: 342

Ficha catalográfica elaborada por Lissandra Ruas Lima – CRB/6 – 2851

Informação bibliográfica deste livro, conforme a NBR 6023:2018 da Associação Brasileira de Normas Técnicas (ABNT):

MANFRA, Luis Carlos Fay. *Modulação de efeitos no direito tributário*. Belo Horizonte: Fórum, 2024. 441 p. ISBN 978-65-5518-777-9.

Ao meu pai, que certamente estaria orgulhoso.

AGRADECIMENTOS

O presente estudo foi apresentado ao Programa de Pós-Graduação (Mestrado em Direito) da Universidade do Vale do Rio dos Sinos (UNISINOS). No pouco mais de um ano ao longo do qual se desenvolveu, contei com inúmeras colaborações, em forma de incentivo, de troca de ideias, de sugestões quanto ao conteúdo do texto, entre outros tantos aspectos. O momento de escrever os agradecimentos, nesse sentido, é também o momento em que se pode avaliar, em retrospectiva, toda a jornada empreendida até a conclusão da pesquisa, o que é extremamente gratificante e, ao mesmo tempo, permite perceber, com a mais absoluta clareza, que uma tarefa dessa extensão não se realiza sozinho.

Tendo isso em mente, o primeiro agradecimento, como não poderia deixar de ser, é endereçado à Thays Feix, namorada, noiva, logo, esposa, e, mais importante do que qualquer um desses títulos, companheira de vida. A ela, meus mais sinceros agradecimentos, por todo o incentivo e apoio, pela compreensão, pelos ricos e proveitosos debates a respeito dos temas da pesquisa e pelas valiosas sugestões.

Agradeço à minha mãe, igualmente, pela compreensão e pelo apoio e, mais do que isso, por ter propiciado, junto com meu pai, todas as condições para eu pudesse chegar até aqui.

Agradeço à UNISINOS e à CAPES, pelo financiamento e pelo estímulo à pesquisa, que foi desenvolvida com bolsa. O desejo de produzi-la com qualidade foi, sem dúvida, reforçado por essas instituições.

Agradeço, também, ao meu orientador, Prof. Dr. Anderson Vichinkeski Teixeira, pela valiosíssima orientação e pela irrestrita disponibilidade. Seus conselhos foram fundamentais à elaboração do estudo. Mais do que isso, agradeço por todo apoio para a publicação da obra.

Agradeço ao Prof. Dr. Éderson Garin Porto, pelas importantes sugestões quando de desenvolvimento do projeto de pesquisa, pelo acolhimento durante o estágio de docência e pelas observações feitas na banca de avaliação. Da mesma forma, agradeço ao Prof. Dr. Marciano

Buffon, que também compôs a banca de avaliação a que o estudo foi submetido e cuja disciplina tive o prazer de cursar durante o Mestrado, a qual, sem dúvida, contribuiu para o trabalho empreendido.

Por fim, mas certamente não menos importante, agradeço a todos os colegas da P&R Advogados Associados, pelo apoio e pela compreensão, sem os quais não teria sido possível desenvolver este estudo.

LISTA DE FIGURAS

Figura 1 - Critério temporal de recolha de decisões 222

Figura 2 - Critérios temporais adotados nas modulações 236

LISTA DE GRÁFICOS

Gráfico 1 - Reconhecimentos de inconstitucionalidade por ano......228

Gráfico 2 - Número de modulações por ano.................................232

Gráfico 3 - Relação anual entre modulações e total de decisões colegiadas do STF..233

Gráfico 4 - Relação anual entre modulações e total de decisões colegiadas proferidas pelo STF no universo de casos selecionados...234

Gráfico 5 - Média de dias entre o julgamento do mérito e a modulação em embargos de declaração.......................238

LISTA DE TABELAS

Tabela 1 - Proporção de decisões com modulação de efeitos 230

Tabela 2 - Relação entre modulações e cautelares no controle concentrado 239

SUMÁRIO

PREFÁCIO
Prof. Dr. Anderson Vichinkeski Teixeira 19

INTRODUÇÃO 23

CAPÍTULO 1
O RECONHECIMENTO DA INCONSTITUCIONALIDADE
E SEUS EFEITOS 29

1.1 A força normativa da Constituição e a jurisdição
constitucional 30
1.2 Os efeitos da inconstitucionalidade 37
1.2.1 Teoria da nulidade da norma inconstitucional 39
1.2.2 Teoria da anulabilidade da norma inconstitucional 41
1.2.3 A tradição no Direito Constitucional brasileiro 44
1.3 A modulação de efeitos no Direito brasileiro 47
1.3.1 O efeito *ex nunc* na jurisprudência pré-1999 47
1.3.2 A positivação do instituto da modulação de efeitos 50
1.3.2.1 O artigo 27 da Lei nº 9.868/99 52
1.3.2.1.1 Requisito formal 53
1.3.2.1.2 Requisitos materiais 55
1.3.2.1.3 As ADIs nº 2.154 e 2.258 61
1.3.2.2 O artigo 927, §3º, do CPC 62
1.3.2.2.1 Requisito formal 64
1.3.2.2.2 Requisitos materiais 65
1.3.2.3 O artigo 23 da LINDB 68
1.4 Fundamentos teóricos da modulação de efeitos 72
1.4.1 A distinção da modulação em decisões de controle de
constitucionalidade e em superação de precedentes
(superação para frente) 73
1.4.2 A segurança jurídica enquanto fundamento da modulação 79

1.4.3	O (excepcional) interesse social enquanto fundamento da modulação: em busca de um conteúdo constitucionalmente adequado	95
1.4.4	A modulação de efeitos é, em tese, constitucional?	105

CAPÍTULO 2
A TRIBUTAÇÃO ENTRE DIREITOS E DEVERES FUNDAMENTAIS 113

2.1	A tributação no Estado Constitucional	114
2.1.1	O dever fundamental de pagar tributos	117
2.1.2	Os limites à tributação no Estado Democrático de Direito	125
2.2	O Direito Tributário na Constituição Federal de 1988	138
2.2.1	O *status* constitucional do Direito Tributário	138
2.2.2	Características do Sistema Constitucional Tributário	141
2.2.2.1	A abertura	141
2.2.2.2	A rigidez	142
2.2.3	Limitações constitucionais ao poder de tributar	144
2.2.3.1	Legalidade	145
2.2.3.2	Irretroatividade e anterioridade	152
2.2.3.3	Igualdade	160
2.2.3.4	Capacidade contributiva e não confisco	168
2.3	O orçamento público no Direito brasileiro	181
2.3.1	Aspectos gerais	183
2.3.2	Princípios norteadores do orçamento	188
2.3.2.1	Legalidade	189
2.3.2.2	Exclusividade	189
2.3.2.3	Anualidade	190
2.3.2.4	Unidade	191
2.3.2.5	Universalidade	191
2.3.2.6	Programação	192
2.3.2.7	Equilíbrio orçamentário	193
2.3.2.8	Especificação	194
2.3.2.9	Transparência	194
2.3.3	As leis orçamentárias	196
2.3.3.1	Plano Plurianual (PPA)	196
2.3.3.2	Lei de Diretrizes Orçamentárias (LDO)	197
2.3.3.3	Lei Orçamentária Anual (LOA)	199

2.3.4 A responsabilidade fiscal e o tratamento das contingências......201
2.3.4.1 O Anexo de Riscos Fiscais da LDO..204
2.3.4.2 A reserva de contingência da LOA..210

CAPÍTULO 3
A MODULAÇÃO DE EFEITOS EM MATÉRIA TRIBUTÁRIA..........213
3.1 O cenário de macrolitigância tributária...214
3.2 A jurisprudência do Supremo Tribunal Federal..............................218
3.2.1 Método de análise...218
3.2.2 Análise quantitativa..226
3.2.2.1 Reconhecimentos de inconstitucionalidade....................................226
3.2.2.2 Número de modulações..229
3.2.2.3 Frequência de emprego da modulação...231
3.2.2.4 Critérios temporais da modulação..235
3.2.2.5 Momento processual da fixação da modulação..............................238
3.2.2.6 Modulação e medidas cautelares...239
3.2.3 Análise qualitativa..240
3.2.3.1 Relação de casos...240
3.2.3.1.1 Prescrição e decadência das contribuições previdenciárias........240
3.2.3.1.2 Diferencial de alíquotas do ICMS (DIFAL)....................................244
3.2.3.1.3 Atualização dos créditos tributários...247
3.2.3.1.4 Benefícios fiscais..250
3.2.3.1.5 Contribuições de servidores públicos..255
3.2.3.1.6 Estorno de ICMS: Convênio nº 110/07, do Confaz......................258
3.2.3.1.7 Taxas..261
3.2.3.1.8 Diferenças de ICMS na substituição tributária..............................273
3.2.3.1.9 Hipóteses de substituição tributária do ICMS...............................274
3.2.3.1.10 Incidência de ISS ou de ICMS..276
3.2.3.1.11 ICMS sobre extração de petróleo...281
3.2.3.1.12 Notificação prévia à exclusão do REFIS...283
3.2.3.1.13 ICMS na base de cálculo do PIS e da COFINS..............................284
3.2.3.1.14 ICMS e o critério da essencialidade...292
3.2.3.1.15 ITCMD sobre fatos geradores conectados ao exterior..................296
3.2.3.1.16 IRPJ e CSLL sobre a Taxa Selic...299
3.2.3.1.17 ICMS nas transferências entre estabelecimentos..........................300
3.2.3.2 Fundamentos invocados para a modulação....................................303
3.2.3.2.1 Modulação com base na segurança jurídica...................................304

3.2.3.2.2 Modulação com base no (excepcional) interesse social 309
3.2.3.3 Critérios temporais e hipóteses ressalvadas da modulação 312
3.3 Exame crítico da jurisprudência do Supremo Tribunal Federal 319
3.3.1 Crítica à (falta de) fundamentação das decisões.........................322
3.3.2 Modulação de efeitos e (in)segurança jurídica.............................332
3.3.3 Modulação de efeitos e igualdade..342
3.3.4 Modulação de efeitos, capacidade contributiva e não confisco..348
3.3.5 Modulação de efeitos, "perda de arrecadação" e o argumento financeiro..351
3.3.6 Um processo de inconstitucionalização?......................................358

CONCLUSÃO..363

REFERÊNCIAS..375

Apêndice A - Análise de casos em controle difuso (repercussão geral) 391
Apêndice B - Análise de casos em controle concentrado 399
Apêndice C - Mapa dos casos com modulação de efeitos 413

Online:

Apêndice D - Casos com repercussão geral classificados no ramo "Direito Tributário"
Apêndice E - Decisões em controle concentrado localizadas na pesquisa de jurisprudência pelo termo "tributário"
Apêndice F - Decisões em controle concentrado localizadas na busca estatística do STF

PREFÁCIO

É com grande honra e satisfação que tecemos estas considerações iniciais acerca da importante obra *Modulação de efeitos no Direito Tributário*, desenvolvida com base nos estudos desenvolvidos pelo jurista Luis Carlos Fay Manfra no Programa de Pós-Graduação em Direito da UNISINOS. Ao conjugar uma retomada de conceitos tradicionais do Direito Constitucional e do Direito Tributário com uma acurada análise crítica das decisões do Supremo Tribunal Federal sobre o tema que dá título ao livro, posiciona-se no mercado editorial como uma contribuição por completo inédita e sem pesquisas similares que tenham aprofundado o exame da temática central da obra em comento.

A modulação de efeitos de decisão judicial de inconstitucionalidade tem como desafio maior o enfrentamento de um dos mais clássicos problemas jurídicos: a relação entre tempo e Direito. Ou, melhor dizendo, o Direito no seu tempo. Isso porque a norma jurídica nasce com uma presunção de validade e temporalidade, diferentemente de uma constituição, que nasce instituindo, por si mesma, a validade das demais normas do ordenamento jurídico. E, não conhecendo nada além do seu termo inicial como marco temporal passado ou futuro, a norma jurídica terá, por seu turno, a presunção de ser válida ao longo de um determinado lapso temporal, mesmo que ela não conte com essa expressa previsão de revogabilidade ou caducidade. Está a norma, então, diretamente associada a um tempo, que será o seu tempo de surtir efeitos.

Nesse sentido, a obra de Luis Manfra tem a qualidade de já em seu primeiro capítulo discutir as noções centrais para que se possa falar de retroatividade ou de irretroatividade de uma decisão judicial de inconstitucionalidade. O problema jusfilosófico de se cogitar a retroatividade de uma declaração de ilegitimidade constitucional é muito bem capturado pelo autor, ao centrar toda a pesquisa em uma noção que, a meu sentir, está na origem do Estado de Direito e, ousaria dizer mais ainda, na fundamentação das principais formas de organização política não monadistas ao longo da história das civilizações humanas:

a segurança jurídica. Quando estamos em uma sociedade civil bem ordenada, instituída sob o império da lei, falar em segurança jurídica soa falar de uma obviedade, pois, afinal, todas as estruturas dessa sociedade estão baseadas nessa necessidade de previsibilidade e segurança das relações jurídicas. Todavia, como assegurar a segurança jurídica quando um poder – o Judiciário – retira do ordenamento jurídico uma norma oriunda do Legislativo e viciada na sua legitimidade constitucional?

Antes de responder a esse questionamento, Manfra estrutura o segundo capítulo com uma muito precisa, bem articulada e densa análise dos principais elementos que possibilitam a tributação no Estado Constitucional. Focando o contexto brasileiro posterior à Constituição de 1988, mas com sólida base doutrinária da juspublicística europeia-continental, são abordados desde os princípios constitucionais do Direito Tributário até suas noções mais operacionais, como orçamento, limites ao poder de tributar, responsabilidade fiscal, direitos e deveres fundamentais em face a tributação. Nesse capítulo verifica-se presente a centralidade do problema de relativizar a segurança jurídica quando diante de uma decisão de inconstitucionalidade.

O terceiro capítulo é dedicado, especificamente, à modulação de efeitos em matéria tributária e ao exame crítico da jurisprudência do STF. Por mais que a reflexão jurídica se inicie em conceitos em abstrato, sua discussão, problematização e possível efetivação demandarão sempre um alto senso de responsabilidade por parte do pesquisador que busca analisar como essas questões são enfrentadas na prática dos tribunais. Ciente do desafio de contrastar teoria e prática, o autor empenha invejável esforço ao se propor a analisar nada mais nada menos do que toda a jurisprudência do Supremo Tribunal Federal em matéria de modulação de efeitos no Direito Tributário. A definição dos parâmetros precisos e coerentes entre si para a análise crítica que desenvolve pode ser, sem dúvida, considerada a principal causa de sucesso da sua laboriosa empreitada. A suscitar a hipótese de estarmos diante de um instituto em progressivo processo de inconstitucionalização, Manfra aporta uma crítica à jurisprudência do Supremo de difícil refutação, pois está assentada tal crítica sobre rígida metodologia e sobre simplesmente todo o universo de decisões dessa Corte. A verificabilidade e possível comprovação de uma hipótese é o elemento mais inquestionável do fato de que estamos tratando de uma pesquisa capaz de produzir aquilo que mais se almeja em toda e qualquer pesquisa: a construção de ciência.

Quanto ao autor, Manfra é um notável advogado, cuja inversa proporção entre jovialidade de tempo de vida e alta maturidade de desenvolvimento intelectual na pesquisa jurídica constituem uma combinação alvissareira e auspiciosa para o futuro desse jurista, seja na seara do Direito Tributário, seja em outras searas por onde se proponha a pesquisar.

Como pode ser sentido desde já, a obra possui altíssima relevância para os pesquisadores, professores e estudantes de Direito Tributário e Direito Constitucional, podendo ser aplicada tanto na graduação como na pós-graduação em Direito e em áreas afins.

Enfim, expendidas estas modestas palavras iniciais, reitero a honra em apresentar ao público a belíssima obra *Modulação de efeitos no Direito Tributário*, desejando que o estudo aqui apresentado por Luis Manfra possa ter não apenas seu alcance próprio no meio acadêmico, mas que também possa influenciar desdobramentos em ulteriores pesquisas nas práticas advocatícia e jurisprudencial.

Porto Alegre, fevereiro de 2024.

Prof. Dr. Anderson Vichinkeski Teixeira

Doutor e pós-doutor em Direito pela Universidade de Florença. Coordenador e professor do Programa de Pós-Graduação em Direito da Universidade do Vale do Rio dos Sinos (UNISINOS)

INTRODUÇÃO

A modulação de efeitos em sede de controle de constitucionalidade não é exatamente uma novidade no Direito brasileiro. Desde meados dos anos 1970, já se viam alguns julgados do Supremo Tribunal Federal que, de algum modo, buscavam temperar a retroatividade do reconhecimento de inconstitucionalidade diante de determinadas situações. A partir de 1999, com a entrada em vigor das leis nº 9.868/99 e 9.882/99, passou a haver previsão no Direito Positivo sobre esse instituto. Mais recentemente, o Código de Processo Civil de 2015 veio a dispor sobre o tema no seu artigo 927, §3º, e a Lei de Introdução às Normas do Direito Brasileiro (Decreto-Lei nº 4.657/42) também recebeu novos dispositivos tratando do assunto, notadamente o seu artigo 23, introduzido pela Lei nº 13.655/18.

Em matéria tributária, tornou-se perceptível um avanço na frequência e na intensidade com que medidas nessa natureza passaram a ser aplicadas pela Suprema Corte em face do reconhecimento de inconstitucionalidades, de modo a criar óbices à restituição de valores pelos contribuintes e, em alguns casos, inclusive, a manter os efeitos de atos normativos julgados inconstitucionais por certo período de tempo após o julgamento. Tal percepção, por certo, desperta um senso de desconforto, não apenas para aqueles que atuam com o Direito Tributário, mas perante a sociedade em geral. Isso porque soa contraintuitivo, à luz de um ordenamento jurídico estruturado a partir da Constituição, que se admita a manutenção dos efeitos de uma tributação concebida em desconformidade com a norma que constitui fundamento de validade para todas as demais, ou que isso ocorra apenas em relação a alguns contribuintes e não a outros. Gera mal-estar a sensação de que, mesmo que se reconheça que o Estado exerceu seu poder de tributar fora das balizas estabelecidas pela CF/88, poderá manter o produto dessa conduta inconstitucional, e foi precisamente esse sentimento que motivou o desenvolvimento da presente pesquisa.

O instituto da modulação tem, na sua raiz, a ideia de preservação da ordem constitucional, e não de sua mitigação. Sua aplicação, portanto, depende de uma demonstração de que a máxima eficácia da CF/88 passa pela manutenção de determinados efeitos do ato tido por inconstitucional. Em suma, o raciocínio, embora aparentemente contraditório, é o de que a imediata e retroativa supressão dos efeitos do ato reconhecidamente inconstitucional poderá acarretar ofensa ainda maior à ordem constitucional do que aquela até então perpetrada. Sob essa ótica, o mecanismo da modulação, enquanto ferramenta que possibilita que o STF tempere a retroatividade da declaração de inconstitucionalidade em nome de preceitos constitucionais, afigura-se não apenas adequado, mas salutar diante de determinadas situações. Todavia, a depender das condições em que o instituto é aplicado pela Suprema Corte, também se pode cogitar de um distanciamento dos desígnios constitucionais, o que não decorrerá, nesse caso, da natureza da modulação, mas das formas da sua utilização e dos fundamentos invocados para tal.

Não raramente, é possível identificar um descasamento entre o que teórica e doutrinariamente se defende como adequado em termos de aplicação de determinado instituto jurídico e a concretização que lhe é dada pelos tribunais. Esse segundo aspecto, contudo, nem sempre é objeto de aprofundada análise na doutrina. A relevância do presente estudo situa-se, precisamente, nesse espaço. Busca-se compreender de que modo o STF tem aplicado a modulação de efeitos em matéria tributária e se essa concretização do instituto está de acordo com os preceitos constitucionais afetos ao Direito Tributário.

Muito embora haja diversas obras e pesquisas a respeito da modulação de efeitos, especialmente nesse ramo do Direito, a maior parte delas enfrenta a questão sob a perspectiva teórica, a partir de reconstruções históricas e analíticas do instituto, valendo-se de algumas ou diversas decisões, mas sem o exame do fenômeno por inteiro.[1] Essa linha de análise, é necessário deixar claro, não é de modo

---

[1] Foram identificadas mais de 20 pesquisas, entre dissertações de mestrado e teses de doutorado, envolvendo o tema, algumas não restritas à matéria tributária, outras mais específicas. Em ordem cronológica, podem-se referir as seguintes: (i) Francisco Pinto Rabello Filho, *A modelagem temporal dos efeitos da decisão em controle abstrato de constitucionalidade e as relações jurídicas tributárias* (UFPR, 2003); (ii) Vânia Hack de Almeida, *A modulação de*

algum inadequada ou insuficiente; muito pelo contrário, serviu de importantíssimo referencial teórico à presente pesquisa. O objetivo deste estudo, não obstante, é propiciar uma compreensão mais ampla acerca do modo como a modulação de efeitos é empregada. Isto é, investigar qual a figura concreta da modulação de efeitos, tal qual constatada na jurisprudência do STF sobre questões tributárias.

---

efeitos da declaração de inconstitucionalidade (PUCRS, 2007); (iii) Cláudia Maria Borges Costa Pinto, *O excepcional interesse social e o direito à repetição de indébito tributário* (PUCPR, 2008); (iv) Diego Diniz Ribeiro, *Segurança jurídica e modulação de efeitos no controle de constitucionalidade em matéria tributária* (PUC-SP, 2009); (v) Luís Clovis Machado da Rocha Júnior, *A superação da regra da invalidade* ex tunc *do ato inconstitucional: critérios formais e materiais para a modulação de efeitos temporais* (UFRGS, 2009); (vi) Carlos Flávio Venâncio Marcilio, *Limitações dos efeitos da decisão de inconstitucionalidade: repercussão para os contribuintes* (IDP, 2010); (vii) Karina Kauffman, *Modulação de efeitos da decisão em Direito Tributário e segurança jurídica* (PUC-SP, 2010); (viii) Luís Fernando Belém Peres, *Fundamentos dogmáticos para a modulação de efeitos temporais das declarações de inconstitucionalidade em matéria tributária* (UFMG, 2010); (ix) Luís Gustavo Bregalda Neves, *Segurança jurídica e Direito Tributário: modulação dos efeitos no controle de constitucionalidade e a segurança jurídica nas relações tributárias já constituídas* (PUC-SP, 2011); (x) Wagner Serpa Júnior, *Princípio da proteção a confiança legitima em matéria tributária e modulação de efeitos das decisões judiciais* (Mackenzie, 2011); (xi) Maicon Crestani, *Decisões manipulativas e separação de poderes: estudo sobre a aplicação da modulação de efeitos pelo Supremo Tribunal Federal – 1999/2012* (UFRGS, 2013); (xii) Francys Ricardo Menegon, *Modulação dos efeitos das decisões proferidas em matérias tributárias frente aos direitos fundamentais do contribuinte* (IDP, 2014); (xiii) Márcio Alexandre Ioti Henrique, *A modulação dos efeitos das decisões e a mudança do entendimento jurisprudencial no Direito Tributário* (PUC-SP, 2016); (xiv) Denise Magalhães da Silva Quirino, *A modulação de efeitos no controle de constitucionalidade da norma tributária* (UCB, 2017); (xv) André de Souza Pacheco, *Modulação dos efeitos da declaração de inconstitucionalidade em matéria tributária e análise econômica do direito* (UNISINOS, 2018); (xvi) Thomaz Ahrends Torelly Bastos, *A modulação de efeitos temporais na jurisdição constitucional: pressupostos, técnica e aplicação no controle concentrado* (UFRGS, 2019); (xvii) Tales de Almeida Rodrigues, *A modulação dos efeitos nas decisões tributárias relativas à repetição do indébito* (PUC Minas, 2020); (xviii) Rafael Mota de Queiroz, *Modulação de efeitos em controle concentrado de constitucionalidade no Brasil: parâmetros institucionais da norma tributária e segurança jurídica* (UNAMA, 2021); (xix) Rogério Gaspari Coelho, *Inconstitucionalidade de normas tributárias, modulação de efeitos pelo STF e consequências econômicas: propostas para a diminuição da insegurança jurídica* (FGV São Paulo, 2022); (xx) Maria Tereza Ramos Vale Halabe, *Modulação de efeitos das decisões de inconstitucionalidade do Supremo Tribunal Federal em matéria tributária* (PUCRS, 2022); (xi) Bruno Campos Christo Teixeira, *A calculabilidade como critério para a modulação dos efeitos por razões de segurança jurídica* (FGV São Paulo, 2022); (xii) Leonel Pereira Pitzer, *Modulação em matéria tributária: uma análise normativa, descritiva e prescritiva do padrão decisório do STF* (UERJ, 2023). Desses estudos, os que mais se aproximam do intentado nesta pesquisa são os elaborados por Maicon Crestani (que, embora trace uma análise quantitativa, não examina especificamente a matéria tributária), por Maria Tereza Ramos Vale Halabe (que se debruça sobre a matéria tributária, mas a partir de um recorde dos últimos cinco anos) e por Leonel Pereira Pittzer (que examinou dados sobre todas as decisões que apreciaram pedidos de modulação deduzidos desde 2006 em âmbito tributário). O fato de haver estudos recentes com abordagens similares à da presente pesquisa também ratifica a sua relevância, já que, ao que tudo indica, outros pesquisadores também vêm manifestando preocupação quanto ao desenvolvimento do mesmo fenômeno.

Como bem alerta Humberto Ávila, quando a restrição à liberdade ocorre de modo drástico e ostensivo, é facilmente percebida; mas quando ela se desenvolve de maneira difusa, suave e sutil, sua percepção nem sempre é tão evidente para aqueles que a experimentam.[2] Nessa ordem de ideias, a análise de um ou outro caso, por mais criticáveis que possam ser os julgados selecionados, não permitirá a completa percepção acerca do fenômeno em curso, pois poderá passar a sensação de se tratar de algo pontual, um "ponto fora da curva". Daí a importância de se enfrentar a questão de modo mais abrangente, com o objetivo de desvelar eventuais restrições a direitos fundamentais que, isoladamente, talvez não sejam tão evidentes, mas que, colocadas em perspectiva, revelam-se aparentes (e graves).

Outro aspecto importante da pesquisa diz respeito ao caráter *setorial* da análise empreendida. Como será visto adiante, a CF/88 confere tratamento bastante privilegiado à matéria tributária, em especial no que diz respeito às garantias asseguradas aos contribuintes. Assim, se a modulação de efeitos visa acomodar preceitos constitucionais de modo a preservar *mais* a ordem constitucional, em contraponto ao que se suporia promover no caso de aplicação retroativa da decisão em controle de constitucionalidade, é de suma importância identificar quais são os preceitos constitucionais afetos à atividade tributante. É preciso considerar, sobretudo, quais são os direitos fundamentais em jogo quando a tributação é levada a efeito ao arrepio da ordem constitucional, para que se possa avaliar se a aplicação da modulação está de acordo ou em desacordo com os desígnios constitucionais.[3]

---

[2] ÁVILA, Humberto. *Constituição, liberdade e interpretação*. São Paulo: Malheiros, 2019. p. 7.

[3] Jeremy Waldron (Can there be a democratic jurisprudence? *Emory Law Journal*, Atlanta, v. 58, n. 3, p. 675-712) articula uma analogia interessante para explicar esse tipo de abordagem. A palavra *football* pode ter significações diferentes, a depender do contexto em que empregada. Há muitos livros sobre o assunto *football* que se referem, especificamente, aos aspectos práticos do jogo conhecido como *futebol americano*, amplamente praticado nos Estados Unidos. Há, também, muitos livros sobre o assunto *football* que se referem ao *futebol* tal qual o que é praticado no Brasil e na Europa. Há, ainda, livros que, ao fazer referência ao assunto *football* estão, em verdade, a referir o *rugby*. Não se nega ser possível produzir uma obra que compreenda o assunto *football* em todas as acepções antes referida. Todavia, o interesse nesse tipo de estudo se mostraria mais limitado, em comparação ao que se poderia supor em relação a estudos específicos para cada um dos diferentes esportes potencialmente compreendidos sob o gênero *football*. Transportando-se esse racional para a situação ora examinada, não se ignora a relevância de se pesquisar o instituto da modulação de efeitos na jurisdição constitucional de forma ampla, isto é, sem considerar uma matéria em específico. Todavia, uma análise setorial, diante de um ramo do Direito que tem suas particularidades e que afeta de modo importante determinados

A análise empreendida neste estudo, como mencionado, tem a pretensão de proporcionar uma compreensão do fenômeno por inteiro e em sua perspectiva dinâmica, de sorte a oferecer maior clareza na identificação do que, de fato, o STF vem praticando em matéria tributária. Mais do que isso, objetiva confrontar essa figura concreta da modulação de efeitos, tal qual delineada pela Suprema Corte, com os preceitos constitucionais atinentes à tributação, de modo a aferir como se desenvolve essa relação. A partir desse contraponto, pretende-se desenvolver um exame crítico da jurisprudência do STF, com vistas a identificar se o instituto em estudo não vem sendo desvirtuado em razão do modo como tem sido aplicado a questões de Direito Tributário. Para isso, a pesquisa se utilizará de levantamento bibliográfico, documental e jurisprudencial, dividindo-se em três capítulos.

No primeiro, examinará aspectos gerais envolvendo os efeitos do reconhecimento da inconstitucionalidade, iniciando pelo estudo do papel da jurisdição constitucional na preservação da força normativa da Constituição. Ainda no primeiro capítulo, buscará definir qual a tradição no Direito brasileiro quanto aos efeitos da inconstitucionalidade de ato normativo, bem como identificar e analisar as normas positivadas que tratam da modulação de efeitos e os fundamentos para a adoção dessa medida (notadamente, a segurança jurídica e o excepcional interesse social). Ao final do capítulo, pretende responder acerca da constitucionalidade *em tese* do instituto da modulação, à luz da ordem constitucional brasileira.

No segundo, o livro examinará aspectos gerais atinentes à tributação no Estado Democrático de Direito, tanto sob a ótica do dever fundamental de pagar tributos quanto sob a ótica das limitações ao poder de tributar. Após, de modo mais específico, delineará as principais características do Sistema Constitucional Tributário brasileiro, bem como as principais garantias asseguradas aos contribuintes. Fechando o capítulo, tecerá algumas considerações a respeito do orçamento público, visando delinear como ele está estruturado no ordenamento jurídico brasileiro.

No terceiro, por fim, promoverá o estudo empírico das decisões, com as análises quantitativa e qualitativa da jurisprudência do STF em matéria tributária, visando compreender *como* o instituto da modulação

direitos fundamentais, como a liberdade, a propriedade e a igualdade, como é o caso do Direito Tributário, revela-se extremamente proveitoso e, talvez, possa a conduzir a conclusões não aferíveis caso a abordagem não fosse específica.

é aplicado nessa seara. É oportuno registrar, nesse ponto, que esta pesquisa será orientada pela mais absoluta transparência. Procurará deixar claro, tanto quanto possível, quais os critérios adotados para a recolha e a análise das decisões, bem como quais as decisões encontradas e qual o tratamento conferido aos dados para que se possa chegar aos resultados a serem apresentados ao final. Pretende, com isso, não apenas propiciar a adequada crítica ao levantamento empreendido, mas também oferecer uma base de estudo para discussões futuras, na medida em que o objetivo é, sobretudo, propor o debate acerca do cenário atual da jurisprudência do STF em matéria tributária.

Ao final, a obra analisará os resultados obtidos à luz das premissas teóricas estabelecidas nos dois capítulos anteriores, para investigar se a conduta decisória da Suprema Corte está de acordo com preceitos constitucionais, especialmente em face das garantias asseguradas aos contribuintes em matéria tributária, ou se o instituto está sendo, de algum modo, corrompido em razão da forma da sua aplicação, o que pode sugerir um processo de inconstitucionalização.

CAPÍTULO 1

O RECONHECIMENTO DA INCONSTITUCIONALIDADE E SEUS EFEITOS

Neste primeiro capítulo, buscar-se-á compreender quais efeitos advêm do reconhecimento da inconstitucionalidade de atos normativos no Direito brasileiro. Pretende-se, com isso, estabelecer um marco teórico inicial capaz de dar suporte à proposta do presente estudo, que é desenvolver um enfrentamento crítico à utilização da modulação de efeitos em matéria tributária.

Essa tarefa passará pela investigação da tradição no Direito brasileiro a respeito do tema, pela identificação e pela análise das normas positivadas que tratam da modulação em nosso ordenamento e pelo exame dos fundamentos constitucionais e teóricos do instituto da modulação, com enfoque na segurança jurídica e nos direitos fundamentais. Tendo isso em mente, este capítulo inicial se dividirá em quatro tópicos.

No primeiro, examinar-se-á como a jurisdição constitucional atua no sentido de preservar a força normativa da Constituição em face de atos que a contrariem. No segundo, abordar-se-ão as teorias que versam sobre os efeitos da decretação de inconstitucionalidade, de modo a investigar qual a tradição que vigora no Brasil. No terceiro, analisar-se-ão as origens jurisprudenciais da eficácia *ex nunc* em sede de controle de constitucionalidade e a positivação do tema em nosso ordenamento, abordando especificamente os dispositivos vigentes que tratam da matéria. No quarto tópico, finalmente, buscar-se-á estabelecer os fundamentos teóricos do instituto, partindo de uma prévia distinção conceitual entre a modulação aplicável às decisões que declaram a inconstitucionalidade de ato normativo e a modulação aplicável à superação de precedentes (superação para frente). Estabelecida tal diferenciação, a última parte do capítulo tratará da segurança jurídica e do (excepcional) interesse social como fundamentos à modulação, visando estabelecer uma definição de contornos mais claros a esses dois conceitos para, ao final, perquirir a constitucionalidade do instituto, considerado em tese.

Traçado esse percurso, espera-se propiciar ao leitor um referencial consistente acerca dos efeitos do reconhecimento da inconstitucionalidade no ordenamento jurídico brasileiro, de modo a abranger suas diversas nuances, o que, como dito anteriormente, é fundamental ao adequado desenvolvimento do tema proposto.

1.1 A força normativa da Constituição e a jurisdição constitucional

O constitucionalismo desenvolveu-se em diferentes formas nos diversos Estados em que se forjou. Em face das especificidades de cada contexto histórico e social em que esse movimento aflorou, é possível falar-se em diferentes constitucionalismos, no plural. Não obstante, pode-se traçar como ponto comum entre suas variações uma teoria que identifica na Constituição um instrumento apto a limitar o poder e, mais do que isso, a limitar o poder em benefício dos direitos, que, ao longo da história, vão se construindo na esteira de lutas políticas. Em síntese, o constitucionalismo apresenta-se como "um movimento que objetiva colocar limites no político".[4]

As forças políticas tendem a se mover independentemente das formas jurídicas, atuando segundo suas próprias leis.[5] Contudo, ao admitir-se a tese de que do constante conflito entre o poder da força e a força das normas jurídicas haveria de prevalecer sempre o primeiro, ter-se-ia como consequência a verdadeira negação do Direito Constitucional enquanto elemento normativo, transmudando-se em simples descrição das relações de poder. Nessa perspectiva, a Constituição simplesmente expressaria uma momentânea constelação de poder, e o Direito Constitucional não estaria a serviço de uma ordem estatal justa, mas prestar-se-ia apenas à função de justificar as relações de poder dominantes.[6]

---

[4] STRECK, Lenio Luiz. *Jurisdição constitucional*. 5. ed. Rio de Janeiro: Forense, 2018. p. 1.
[5] HESSE, Konrad. *A força normativa da Constituição*. Porto Alegre: Sérgio Antônio Fabris Editor, 1991.p. 10.
[6] HESSE, Konrad. *A força normativa da Constituição*. Porto Alegre: Sérgio Antônio Fabris Editor, 1991. p. 11.

Tal caracterização, no entanto, não se mostra coerente com o papel limitador do poder político corporificado no constitucionalismo. É a partir dessa contradição que Hesse perquire a força normativa da Constituição, em contraposição à posição cética de Lassalle – para quem a Constituição *jurídica* não passaria de um pedaço de papel.[7] Indaga Hesse, em sua célebre obra *A força normativa da Constituição* (i) se existiria, ao lado do poder expresso pelas forças políticas e sociais, também uma força determinante do Direito Constitucional; (ii) qual o fundamento e o alcance dessa força normativa e (iii) se não seria ela uma ficção necessária para o constitucionalista, que busca criar a suposição de que a vida do Estado é dominada pelo Direito.[8]

Para o autor, a resposta a esses questionamentos deve partir da premissa de que há um condicionamento recíproco entre a Constituição e a realidade político-social. Uma análise isolada, de um ou outro aspecto, não se afigura capaz de proporcionar uma resposta adequada, de modo que o significado da ordenação jurídica na realidade e em face dela apenas pode ser verificado se ambas forem consideradas em sua relação, em seu contexto. Nesse sentido, sustenta o mestre alemão que a norma constitucional "não tem existência autônoma em face da realidade", e que a sua essência reside na sua vigência, isto é, as situações por ela reguladas pretendem se concretizar na realidade. Essa "pretensão de eficácia" não pode ser separada das condições históricas de sua realização; pelo contrário, há uma relação de interdependência entre realidade e normatividade.[9] Sob esse prisma, conclui:

> A Constituição não configura, portanto, apenas expressão de um ser, mas também de um dever ser; ela significa mais do que o simples reflexo das condições fáticas de sua vigência, particularmente as forças sociais e políticas. Graças à pretensão de eficácia, a Constituição procura imprimir ordem e conformidade à realidade política e social. Determinada pela

---

[7] HESSE, Konrad. *A força normativa da Constituição*. Porto Alegre: Sérgio Antônio Fabris Editor, 1991. p. 9; 11. Conforme explica Hesse, para Lassale, as questões constitucionais não são questões jurídicas, mas sim questões políticas. A Constituição de um país, segundo essa concepção, expressaria as relações de poder nele dominantes: poder militar, poder social, poder econômico etc. E esses fatores *reais* de poder formariam a Constituição *real* do país. Por sua vez, o documento chamado Constituição seria a Constituição *jurídica*, que não passaria de um "pedaço de papel". Sua capacidade de regular e motivar condutas estaria limitada à sua compatibilidade com a Constituição *real*.

[8] HESSE, Konrad. *A força normativa da Constituição*. Porto Alegre: Sérgio Antônio Fabris Editor, 1991. p. 11-12.

[9] HESSE, Konrad. *A força normativa da Constituição*. Porto Alegre: Sérgio Antônio Fabris Editor, 1991. p. 13-15.

realidade social e, ao mesmo tempo, determinante em relação a ela, não se pode definir como fundamental nem a pura normatividade, nem a simples eficácia das condições sócio-políticas e econômicas. A força condicionante da realidade e a normatividade da constituição podem ser diferençadas; elas não podem, todavia, ser definitivamente separadas ou confundidas.[10]

A grande questão, como se depreende da passagem, reside na interação entre a normatividade e a realidade. Se não quiser permanecer "eternamente estéril", a Constituição deve procurar não se restringir à construção de um Estado puramente de forma abstrata e teórica, mas deve buscar construir o futuro com base nas circunstâncias do presente.[11] Somente a partir do reconhecimento e da observância das condições fáticas existentes é que as normas constitucionais se habilitam a ordenar e a conformar a realidade, desenvolvendo, assim, a sua pretensão de eficácia e a sua força normativa. "A norma que se limita a contrariar a realidade não logra regrá-la." Sob tal perspectiva é que, para Hesse, a força condicionante da realidade e a força normativa da Constituição coexistem, implicando-se mutuamente.[12]

As possibilidades e os limites da força normativa da Constituição decorrem dessa correlação entre ser e dever ser. Dito de outro modo, a Constituição se apresenta, a um só tempo, como um produto da realidade e uma diretriz determinante dessa realidade. Sob tal ótica, o Direito Constitucional acaba por diferir de algumas outras áreas no que se refere à vinculação entre normatividade e realidade, pois a força normativa da Constituição não está assegurada de plano, ela constitui uma meta a ser perseguida, e será tanto mais efetiva quanto mais ampla for a convicção sobre a inviolabilidade da Constituição.[13]

---

[10] HESSE, Konrad. *A força normativa da Constituição*. Porto Alegre: Sérgio Antônio Fabris Editor, 1991. p. 15.

[11] HESSE, Konrad. *A força normativa da Constituição*. Porto Alegre: Sérgio Antônio Fabris Editor, 1991. p. 18.

[12] PANSIERI, Flávio; SOUZA, Henrique Soares de. *Mutação constitucional à luz da teoria constitucional contemporânea*. Porto Alegre: Livraria do Advogado, 2018. p. 17.

[13] Daí o registro do autor de que "não é (...) em tempos tranquilos e felizes que a Constituição normativa vê-se submetida à sua prova de força. Em verdade, esta prova dá-se nas situações de emergência, nos tempos de necessidade". E, nessa esteira, conclui que a ciência do Direito Constitucional cumpre seu papel, no sentido de buscar a concretização da força normativa da Constituição, "não quando procura demonstrar que as questões constitucionais são questões do poder, mas quando envida esforços para evitar que elas se convertam em questões de poder" (PANSIERI, Flávio; SOUZA, Henrique Soares de. *Mutação constitucional à luz da teoria constitucional contemporânea*. Porto Alegre: Livraria do Advogado, 2018. p. 24-26).

O conceito de Constituição parece abrigar um núcleo permanente, que consiste na ideia de um princípio supremo integralmente determinante da ordem estatal e representativo da essência da comunidade constituída por esse ordenamento.[14] A Constituição, assim, contém as linhas básicas do Estado e traça limites e diretrizes ao conteúdo da legislação vindoura.[15]

Na concepção kelseniana de ordenamento jurídico enquanto "construção escalonada de diferentes camadas ou níveis de normas jurídicas", representa a Constituição o escalão mais elevado do Direito Positivo.[16] Tal superioridade hierárquica encerra a ideia de supremacia, posicionando-se a Constituição, segundo esse raciocínio, como fundamento de validade de todas as demais normas do ordenamento.[17] Ao lado da supremacia, tem-se a rigidez como outra característica de fundamental importância para a concepção desse modelo hierárquico, pois, para que a norma constitucional possa figurar como parâmetro de validade sobre outras normas, é necessário que ela esteja submetida a processo de elaboração e modificação diverso e mais complexo que as demais; do contrário, se o procedimento fosse o mesmo, a alteração de normas de hierarquia inferior que viesse a contrariar a norma constitucional implicaria, simplesmente, revogação da última.[18] Ou seja, sem a rigidez, resta prejudicada a capacidade da norma constitucional de operar como paradigma de validade de outras normas, pois os limites que visa impor se tornam passíveis de modificação pelo mesmo instrumento que cria ou altera as normas teoricamente submetidas a eles.

Ocorre que apenas a posição de superioridade hierárquica da Constituição no ordenamento jurídico não basta para assegurar a sua força normativa e supremacia em relação às demais normas. É necessário que esse ideal de inviolabilidade da Constituição seja instrumentalizado

---

[14] KELSEN, Hans. *Jurisdição constitucional*. 3. ed. São Paulo: Editora WMF Martins Fontes, 2013. p. 130.

[15] MENDES, Gilmar Ferreira; BRANCO, Paulo Gonet. *Curso de Direito Constitucional*. 15. ed. São Paulo: Saraiva Educação, 2020. p. 1.182.

[16] KELSEN, Hans. *Teoria pura do Direito*. 8. ed. São Paulo: Editora WMF Martins Fontes, 2009. p. 247.

[17] BARROSO, Luís Roberto. *O controle de constitucionalidade no Direito brasileiro*: exposição sistemática da doutrina e análise crítica da jurisprudência. 8. ed. São Paulo: Saraiva Educação, 2019. p. 23.

[18] BARROSO, Luís Roberto. *O controle de constitucionalidade no Direito brasileiro*: exposição sistemática da doutrina e análise crítica da jurisprudência. 8. ed. São Paulo: Saraiva Educação, 2019, p. 24; SILVA, José Afonso da. *Aplicabilidade das normas constitucionais*. São Paulo: Revista dos Tribunais, 1968. p. 30.

de algum modo, sob pena de a norma constitucional, do ponto de vista jurídico, desnaturar-se em um mero anseio sem força obrigatória. A ausência de sanção acaba por retirar o conteúdo impositivo da Constituição, convertendo suas disposições em simples manifestação de censura ou crítica.[19] Conforme Kelsen, "uma Constituição em que falte a garantia da anulabilidade dos atos inconstitucionais não é plenamente obrigatória, no sentido técnico".[20] É a partir dessa necessidade de sanção que a jurisdição constitucional ganha importância de primeira ordem no contexto do Estado de Direito.

A Constituição, explica Lenio Streck, surge como um paradoxo, pois nasce para conter o poder absoluto do rei, mas se transforma em um indispensável mecanismo de contenção do poder das maiorias. Esse paradoxo se reflete na própria ideia de jurisdição constitucional, enquanto mecanismo contramajoritário.[21] Como bem aponta o autor, "uma vontade popular majoritária permanente, sem freios contramajoritários, (...) se revelaria, na verdade, em uma ditadura permanente".[22] Nesse sentido, pode-se falar em uma tensão permanente entre legislação e jurisdição, o que decorre do simples fato de que a primeira representa fruto da vontade majoritária, ao passo que a segunda estabelece freios a essa vontade geral.[23] Trata-se de "um meio de proteção eficaz da minoria contra os atropelos da maioria".[24]

A jurisdição constitucional, portanto, posiciona-se como uma decorrência lógica e necessária da Constituição enquanto norma que tem pretensão de eficácia. Mas por que esse controle há de ser feito através da jurisdição?

Em Marbury v. Madison,[25] tido como o primeiro precedente de controle de constitucionalidade, a Suprema Corte dos Estados Unidos

---

[19] MENDES, Gilmar Ferreira; BRANCO, Paulo Gonet. *Curso de Direito Constitucional*. 15. ed. São Paulo: Saraiva Educação, 2020. p. 1.185.

[20] KELSEN, Hans. *Teoria pura do Direito*. 8. ed. São Paulo: Editora WMF Martins Fontes, 2009. p. 179.

[21] STRECK, Lenio Luiz. *Verdade e consenso*. 6. ed. São Paulo: Saraiva, 2017. p. 111.

[22] STRECK, Lenio Luiz. *Verdade e consenso*. 6. ed. São Paulo: Saraiva, 2017. p. 114.

[23] STRECK, Lenio Luiz. *Verdade e consenso*. 6. ed. São Paulo: Saraiva, 2017. p. 116.

[24] KELSEN, Hans. *Jurisdição constitucional*. 3. ed. São Paulo: Editora WMF Martins Fontes, 2013. p. 181.

[25] Nas eleições realizadas nos Estados Unidos no final do ano 1800, o então presidente John Adams e seus aliados foram derrotados pela oposição republicana tanto no Executivo quanto no Legislativo, e Thomas Jefferson seria o sucessor na presidência. No final do governo, Adams e o Congresso, àquela altura ainda de maioria federalista, articularam-se para conservar sua influência política via Poder Judiciário e, em fevereiro de 1801, fizeram aprovar uma lei de reorganização do Judiciário federal, de modo a reduzir o número de

afirmou pela primeira vez seu poder de negar aplicação a leis que, segundo sua interpretação, eram inconstitucionais. É interessante observar que a Constituição norte-americana não atribuía a ela, ou a qualquer outro órgão judicial, de modo explícito, essa competência. Nesse sentido, a corte procurou demonstrar que tal atribuição seria uma decorrência lógica do sistema, argumentação fundada na ideia de supremacia da Constituição. Para o Chief Justice Marshall, naquilo em que a Constituição impôs um dever ao Executivo, caberia ao Judiciário determinar o seu cumprimento, do que decorre a concepção de *judicial review*.[26]

Kelsen, muitos anos mais tarde, partilharia de premissa semelhante, compreendendo que, se a própria Constituição nada preceitua quanto à competência para fiscalização da constitucionalidade das leis,

---

ministros da Suprema Corte – visando evitar uma nomeação pelo novo presidente – e a criar 16 novos cargos de juiz federal, todos preenchidos com federalistas aliados ao presidente Adams. Em seguida, ainda em fevereiro do mesmo ano, uma nova lei autorizou o presidente a nomear 42 juízes de paz, tendo os nomes indicados sido aprovados pelo Senado na véspera da posse de Thomas Jefferson. Adams, então, assinou os atos de investidura e deixou a cargo de seu secretário de Estado, John Marshall, entregá-los aos nomeados – o mesmo John Marshall que já estava nomeado por Adams para ocupar o cargo de presidente da Suprema Corte. Ocorre que não houve tempo hábil para a entrega de todos os atos de nomeação antes do fim do governo, e alguns juízes nomeados ficaram sem recebê-los. Thomas Jefferson tomou posse, e seu secretário de Estado, James Madison, conforme orientação do presidente, recusou-se a entregar os atos de investidura aos que não os haviam recebido. Entre os juízes não empossados estava William Marbury, que propôs, então, uma ação judicial para ver reconhecido seu direito ao cargo. A ação foi proposta em dezembro de 1801, e a Suprema Corte, competente para julgar ações daquela natureza conforme o Judiciary Act (uma lei de 1789), designou a sessão para apreciar o caso no ano seguinte (1802). Contudo, a essa altura, o Congresso, agora de maioria republicana, havia revogado a lei de reorganização do Judiciário federal instituída pelo governo anterior, de modo a extinguir todos os cargos que haviam sido criados e a destituir seus ocupantes. A decisão adotada pela Suprema Corte admitiu que Marbury tinha direito à investidura. No entanto, compreendeu que o Judiciary Act de 1789 havia previsto uma competência não atribuída à Suprema Corte pela Constituição, e sendo a lei contrária ao texto constitucional, não poderia a primeira prevalecer. Esse é o ponto que fez com que o precedente entrasse para a história como a primeira decisão de controle de constitucionalidade. Um ponto curioso, e que é um dos alvos de crítica à decisão, diz respeito ao fato de que ela segue uma ordem ilógica sob a perspectiva processual, já que examina a inconstitucionalidade da norma atributiva de competência ao final (BARROSO, Luís Roberto. *O controle de constitucionalidade no Direito brasileiro*: exposição sistemática da doutrina e análise crítica da jurisprudência. 8. ed. São Paulo: Saraiva Educação, 2019. p. 25-27).

[26] Segundo Luís Roberto Barroso (*O controle de constitucionalidade no Direito brasileiro*: exposição sistemática da doutrina e análise crítica da jurisprudência. 8. ed. São Paulo: Saraiva Educação, 2019. p. 27-30), a argumentação, embora consistente, não era necessariamente original. No plano teórico, Alexander Hamilton, no Federalista nº 78, já sustentava o argumento.

essa atribuição há de recair sobre os órgãos a que a Constituição confere poder para aplicar as leis, ou seja, os tribunais.[27] Para além disso, o autor austríaco também argumenta que não seria possível contar com o Parlamento para observar a sua própria subordinação à Constituição e que seria ingenuidade política crer que o Legislativo anularia uma lei votada por seus membros. O órgão legislativo "se considera na realidade um livre criador do Direito, e não um órgão de aplicação do Direito", ainda que em teoria esteja, assim como os demais poderes, vinculado pela Constituição. Nesse sentido, defende que deve ser um órgão diferente do Parlamento, independente dele e de qualquer outra autoridade estatal, o encarregado da anulação de atos inconstitucionais, ou seja, "uma jurisdição ou um tribunal constitucional".[28]

A jurisdição constitucional, assim, designa a aplicação da Constituição por juízes e tribunais.[29] Se a norma constitucional goza de superioridade hierárquica e constitui fundamento de validade para as normas infraconstitucionais, aplicar uma norma inconstitucional significa deixar de aplicar a Constituição. Desse modo, incumbe à jurisdição constitucional preservar a força normativa da norma constitucional em face de atos que estejam em desacordo com ela. Todavia, quais são os efeitos do reconhecimento de que determinado ato normativo está em descompasso com a Constituição? É o que se passa a examinar adiante.

---

[27] As razões oferecidas pelo autor, não obstante, estão associadas ao plano maior de sua teoria pura do Direito, e nesse particular, estão relacionadas à distinção entre sentido subjetivo e sentido objetivo da norma jurídica. Registra ele: "(...) visto que os tribunais são competentes para aplicar as leis, eles têm de verificar se algo cujo sentido subjetivo é o de ser uma lei também objetivamente tem este sentido. E só terá esse sentido objetivo quando seja conforme à Constituição" (KELSEN, Hans. *Teoria pura do Direito*. 8. ed. São Paulo: Editora WMF Martins Fontes, 2009. p. 301).

[28] KELSEN, Hans. *Jurisdição constitucional*. 3. ed. São Paulo: Editora WMF Martins Fontes, 2013. p. 150.

[29] Segundo Luís Roberto Barroso (*O controle de constitucionalidade no Direito brasileiro*: exposição sistemática da doutrina e análise crítica da jurisprudência. 8. ed. São Paulo: Saraiva Educação, 2019. p. 25), as locuções "jurisdição constitucional" e "controle de constitucionalidade" não são sinônimas. Trata-se de uma relação entre gênero e espécie. Jurisdição constitucional designa a aplicação da Constituição por juízes e tribunais, aplicação essa que pode ser direta – quando a norma constitucional disciplinar, ela própria, determinada situação da vida – ou indireta – quando a Constituição for referência para a atribuição de sentido à norma infraconstitucional ou servir de parâmetro à sua validade. Nesse último caso, tem-se o controle de constitucionalidade, do que se depreende ser este uma das formas do exercício da jurisdição constitucional.

1.2 Os efeitos da inconstitucionalidade

Constitucionalidade e inconstitucionalidade designam conceitos relacionais, na medida em que exprimem um juízo de conformidade de atos ou comportamentos em relação à Constituição.[30] A teoria da inconstitucionalidade se desenvolveu, fundamentalmente, com um olhar voltado para os atos emanados do poder público, os quais são o principal objeto desse exame de compatibilidade. Nesse sentido, as condutas privadas porventura violadoras da Constituição, ainda que sejam igualmente sancionáveis, o são por instrumentos diversos.[31]

Uma vez caracterizada a desconformidade entre o ato emanado dos órgãos de poder e a Constituição, cumpre investigar acerca dos efeitos dessa constatação. A inconstitucionalidade configura vício aferido no plano da validade[32] e que se projeta para o plano da eficácia – na medida em que a norma inconstitucional não deve ser

---

[30] MENDES, Gilmar Ferreira; BRANCO, Paulo Gonet. *Curso de Direito Constitucional*. 15. ed. São Paulo: Saraiva Educação, 2020, p. 1.183. O conceito citado pelos autores é de Jorge Miranda, para quem constitucionalidade e inconstitucionalidade referem-se à "relação que se estabelece entre uma coisa – a Constituição – e outra coisa – um comportamento que lhe está ou não conforme, que com ela é ou não compatível, que cabe ou não no seu sentido".

[31] BARROSO, Luís Roberto. *O controle de constitucionalidade no Direito brasileiro*: exposição sistemática da doutrina e análise crítica da jurisprudência. 8. ed. São Paulo: Saraiva Educação, 2019. p. 33.

[32] Os fatos humanos e naturais, quando capturados pela normatividade do Direito, transformam-se em fatos jurídicos. Por sua vez, os fatos jurídicos resultantes de uma manifestação de vontade dominante denominam-se atos jurídicos. Nessa categoria se inserem as normas jurídicas, que são atos emanados dos órgãos competentes, constitucionalmente autorizados. Os atos jurídicos em geral, e mais especificamente as normas jurídicas, podem ser compreendidas a partir de três planos distintos, conforme dicotomia consagrada na teoria geral do Direito: o da existência, o da validade e o da eficácia. A existência de um ato jurídico, segundo Barroso (*O controle de constitucionalidade no Direito brasileiro*: exposição sistemática da doutrina e análise crítica da jurisprudência. 8. ed. São Paulo: Saraiva Educação, 2019. p. 34-36), "verifica-se quando nele estão presentes os elementos constitutivos definidos pela lei como causa suficiente de sua incidência". Existindo o ato, será ele válido se, para além dos elementos agente, forma e objeto, estiverem presentes os requisitos de competência, forma adequada e licitude-possibilidade, cuja ausência ensejará não a inexistência, mas a invalidade do ato (nulidade ou anulabilidade). A eficácia, por fim, diz respeito à aptidão do ato para a produção de efeitos, para a irradiação das consequências que lhe são próprias. A partir disso, Marcos Bernardes de Mello (*Teoria do fato jurídico*: plano da existência. 17. ed. São Paulo: Saraiva, 2011. p. 139) apresenta a seguinte síntese: "(a) no plano da existência entram todos os fatos jurídicos, válidos, anuláveis ou nulos (o ato jurídico *lato sensu* nulo ou anulável é, *existe*, apenas defeituosamente) e ineficazes; (b) pelo plano da validade somente têm passagem os atos jurídicos *stricto sensu* e os negócios jurídicos, por serem os únicos sujeitos à apreciação da validade; (c) no plano da eficácia são admitidos e podem produzir efeitos todos os fatos jurídicos *lato sensu*, inclusive os anuláveis e os ilícitos; os nulos, quando a lhes, expressamente, lhes atribui algum efeito".

aplicada.³³ Tratando-se, pois, de uma invalidade, a doutrina do Direito Constitucional se divide historicamente entre aqueles que sustentam a tese de *nulidade* e aqueles que defendem a tese da *anulabilidade*.³⁴

A teoria das invalidades encontra suas origens no Direito Privado, e essa distinção entre ato nulo e ato anulável sempre apresentou dificuldades.³⁵ As primeiras tentativas de distinção entre nulidade e anulabilidade tomavam por critério a gravidade ou a intensidade do defeito que afetava o ato. Aqueles maculados por defeitos mais graves seriam nulos, ao passo que os eivados de defeitos menos graves seriam apenas anuláveis.³⁶ No entanto, o esforço dedicado a estabelecer traços distintivos entre essas categorias acaba por se voltar para aspectos que são exteriores à invalidade em si, e essa carência de elementos que sejam intrínsecos aos defeitos acabam por oferecer dificuldades para uma diferenciação clara e segura entre as duas espécies.

Os conceitos de nulidade e de anulabilidade são criação da doutrina e, em muitos casos, podem se divorciar do que o Direito Positivo efetivamente estabelece. Daí porque, para Ana Paula Ávila, o problema, em verdade, apresenta-se muito mais como uma questão de autoridade do que de objeto. Tudo depende do regime jurídico fixado para tratar determinada invalidade. Segundo a autora, nulidade e anulabilidade são intrinsecamente muito mais parecidas do que diferentes.³⁷

---

³³ BARROSO, Luís Roberto. *O controle de constitucionalidade no Direito brasileiro*: exposição sistemática da doutrina e análise crítica da jurisprudência. 8. ed. São Paulo: Saraiva Educação, 2019. p. 36.

³⁴ ÁVILA, Ana Paula Oliveira. *Modulação de efeitos temporais pelo STF no controle de constitucionalidade*: ponderação e regras de argumentação para a interpretação conforme a constituição do art. 27 da Lei nº 9.868/99. Porto Alegre: Livraria do Advogado, 2009. p. 25.

³⁵ ÁVILA, Ana Paula Oliveira. *Modulação de efeitos temporais pelo STF no controle de constitucionalidade*: ponderação e regras de argumentação para a interpretação conforme a constituição do art. 27 da Lei nº 9.868/99. Porto Alegre: Livraria do Advogado, 2009. p. 27.

³⁶ Dessa distinção fundamental, desenvolveram-se desdobramentos específicos no Direito Privado. A *nulidade*, enquanto decorrência de um defeito mais grave, (a) configura o ato como insanável e irratificável; (b) pode ser alegado por qualquer parte interessada; (c) permite a decretação de ofício pelo juiz; (d) não exige ação específica, podendo ocorrer, inclusive, de forma incidental; (e) torna o ato imprescritível, não sendo sanado pelo transcurso do tempo e (f) não produz, via de regra, efeitos. Já a *anulabilidade*, enquanto decorrência de um defeito menos grave, (a) configura o ato como sanável e retificável; (b) pode ser alegado apenas pela parte interessada; (c) não pode ser decretado de ofício pelo juiz; (d) exige requerimento para sua decretação; (e) pode ser sanado pelo transcurso do tempo, sendo possível a decadência do direito de arguir o vício e (f) admite que o ato produza efeitos (ÁVILA, Ana Paula Oliveira. *Modulação de efeitos temporais pelo STF no controle de constitucionalidade*: ponderação e regras de argumentação para a interpretação conforme a constituição do art. 27 da Lei nº 9.868/99. Porto Alegre: Livraria do Advogado, 2009. p. 28).

³⁷ ÁVILA, Ana Paula Oliveira. *Modulação de efeitos temporais pelo STF no controle de constitucionalidade*: ponderação e regras de argumentação para a interpretação conforme a constituição do art. 27 da Lei nº 9.868/99. Porto Alegre: Livraria do Advogado, 2009. p. 31-32.

Não obstante, quando se trata de invalidade de norma por incompatibilidade com a Constituição, e esta não dispõe de modo expresso acerca de qual o efeito da invalidade, pode não se estar diante de uma simples questão definição do regime jurídico sob a ótica do Direito Positivo. Se a Constituição ostenta a posição hierárquica mais elevada no ordenamento jurídico e constitui fundamento de validade para as demais normas, admitir-se que caberia a uma norma infraconstitucional estabelecer a natureza e os efeitos da invalidade decorrente de afronta à norma constitucional poderia implicar, em si, uma ofensa à última. A propósito, ao examinar o tema, Ana Paula Ávila faz uma ressalva, registrando que o limite para a fixação desse regime jurídico é a sua compatibilidade com a Constituição.[38]

Todavia, isso remete, de certa forma, ao início do problema, pois se segue sem um critério de classificação claro e seguro para definir se os vícios de inconstitucionalidade configurariam nulidades ou anulabilidades. Talvez não haja uma resposta definitiva para essa questão. De todo modo, é interessante investigar os fundamentos das duas correntes que enfrentam esse tema na seara do Direito Constitucional – a da tese da nulidade e a da tese da anulabilidade da norma inconstitucional – para que se possa tecer uma apreciação crítica a respeito de cada uma delas.

1.2.1 Teoria da nulidade da norma inconstitucional

Segundo essa primeira corrente, o ato inconstitucional é nulo de pleno direito. "The unconstitutional Law is not Law at all", propugna o famoso aforismo norte-americano.[39] Ele bem reflete a lógica na qual está embasada a teoria, que é, de fato, consistente. Se a Constituição é a lei suprema, admitir-se a aplicação de um ato normativo com ela incompatível é violar a sua supremacia. Logo, se uma lei inconstitucional for capaz de reger situações e produzir efeitos considerados regulares e válidos, isso significaria negar vigência à Constituição durante esse mesmo período e em relação a esse mesmo tema.

---

[38] ÁVILA, Ana Paula Oliveira. *Modulação de efeitos temporais pelo STF no controle de constitucionalidade*: ponderação e regras de argumentação para a interpretação conforme a constituição do art. 27 da Lei nº 9.868/99. Porto Alegre: Livraria do Advogado, 2009. p. 35.

[39] ÁVILA, Ana Paula Oliveira. *Modulação de efeitos temporais pelo STF no controle de constitucionalidade*: ponderação e regras de argumentação para a interpretação conforme a constituição do art. 27 da Lei nº 9.868/99. Porto Alegre: Livraria do Advogado, 2009. p. 37.

O vício, sob tal ótica, é de origem, e a decisão que reconhece uma inconstitucionalidade detém caráter predominantemente declaratório, no sentido de que reconhece uma situação preexistente.[40] Disso resulta que, via de regra, não se admite efeitos válidos à norma reputada inconstitucional, devendo todas as relações jurídicas constituídas com base nela retornar ao *status quo ante*. O efeito do reconhecimento de inconstitucionalidade é, portanto, *ex tunc*.

Essa tese é a que prevalece nos Estados Unidos desde Marbury *v.* Madison, precedente que, como referido anteriormente, inaugurou o controle de constitucionalidade no constitucionalismo moderno. A decisão, para além de estabelecer sólidas fundações quanto ao princípio da supremacia da Constituição e quanto ao papel do Judiciário como seu intérprete final, também assentou a ideia de nulidade da lei que contrarie a norma constitucional.[41]-[42]

A tese da nulidade foi acolhida como regra em praticamente todos os países que adotaram o modelo de controle judicial de constitucionalidade, como são exemplos Portugal, Espanha e Alemanha.[43] No Brasil, não foi diferente. Inspirados em Ruy Barbosa, para quem "toda medida, legislativa, ou executiva, que desrespeitar preceitos constitucionais, é, de sua essência, nulla",[44] diversos constitucionalistas

---

[40] BARROSO, Luís Roberto. *O controle de constitucionalidade no Direito brasileiro*: exposição sistemática da doutrina e análise crítica da jurisprudência. 8. ed. São Paulo: Saraiva Educação, 2019. p. 38.

[41] BARROSO, Luís Roberto. *O controle de constitucionalidade no Direito brasileiro*: exposição sistemática da doutrina e análise crítica da jurisprudência. 8. ed. São Paulo: Saraiva Educação, 2019. p. 30-32.

[42] Colhe-se da decisão: "Certainly all those who have framed written constitutions contemplate them as forming the fundamental and paramount law of the nation, and consequently the theory of every such government must be, that an act of the legislature repugnant to the constitution is void. This theory is essentially attached to a written constitution, and is consequently to be considered by this court as one of the fundamental principles of our society. It is not therefore to be lost sight of in the further consideration of this subject. If an act of the legislature, repugnant to the constitution, is void, does it, notwithstanding its invalidity, bind the courts and oblige them to give it effect? Or, in other words, though it be not law, does it constitute a rule as operative as if it was a law? This would be to overthrow in fact what was established in theory; and would seem, at first view, an absurdity too gross to be insisted on. It shall, however, receive a more attentive consideration" (US. Supreme Court. *Marbury v. Madison*, 5 U.S. 137 (1803). Washington, D.C.: Supreme Court, 1803. Disponível em: https://constitutioncenter.org/education/classroom-resource-library/classroom/9.5-primary-source-marbury-v-madison. Acesso em: 20 set. 2023).

[43] BARROSO, Luís Roberto. *O controle de constitucionalidade no Direito brasileiro*: exposição sistemática da doutrina e análise crítica da jurisprudência. 8. ed. São Paulo: Saraiva Educação, 2019. p. 39.

[44] BARBOSA, Ruy. *Os actos inconstitucionaes do Congresso e do Executivo ante a Justiça Federal*. Rio de Janeiro: Companhia Impressora, 1893. p. 47.

acataram o dogma da nulidade da lei inconstitucional, com clara inspiração na doutrina norte-americana.

1.2.2 Teoria da anulabilidade da norma inconstitucional

No outro espectro, tem-se a tese de que o ato inconstitucional é anulável, não configurando ato nulo *ab initio*. Segundo essa corrente, a decisão que reconhece a inconstitucionalidade não é declaratória, mas predominantemente constitutiva. Até que seja decretada a inconstitucionalidade do ato, o que depende de decisão por órgão competente, ele é considerado válido e deve surtir efeitos, de modo que o reconhecimento da invalidade opera com eficácia *ex nunc*.[45]

Essa é a posição sustentada por Kelsen. Para ele, embora uma lei somente possa ser válida com fundamento na Constituição, o que se costuma referir como lei "inconstitucional" não seria exatamente uma lei inválida,[46] mas uma lei com sentido jurídico possível, enquanto norma posta. O caso seria, portanto, de uma lei que, para além de poder ser reformada pelo processo usual – por uma outra lei –, também poderia sê-lo mediante um processo especial, previsto na Constituição. Enquanto, porém, não restar revogada, a lei há de ser considerada válida. Em síntese: "As chamadas leis 'inconstitucionais' são leis conforme a Constituição que, todavia, são anuláveis por um processo especial".[47]

Tal concepção exterioriza uma preocupação do autor austríaco em relação à segurança jurídica e à certeza do Direito. Isso fica claro

---

[45] KELSEN, Hans. *Teoria pura do Direito*. 8. ed. São Paulo: Editora WMF Martins Fontes, 2009, p. 306-307; ÁVILA, Ana Paula Oliveira. *Modulação de efeitos temporais pelo STF no controle de constitucionalidade*: ponderação e regras de argumentação para a interpretação conforme a constituição do art. 27 da Lei nº 9.868/99. Porto Alegre: Livraria do Advogado, 2009. p. 41.

[46] Segundo o autor, "de uma lei inválida não se pode (...) afirmar que ela é contrária à Constituição, pois uma lei inválida não é sequer uma lei, porque não é juridicamente existente e, portanto, não é possível acerca dela qualquer afirmação jurídica" (KELSEN, Hans. *Teoria pura do Direito*. 8. ed. São Paulo: Editora WMF Martins Fontes, 2009, p. 300). É interessante notar como, para Kelsen, a validade quase que se confunde com o plano da existência. Isso, não obstante, é coerente com a lógica da sua teoria pura do Direito, segunda a qual os juízos de validade ou invalidade (plano do dever-ser) não podem ser realizados em face de juízos de verdade ou falsidade (plano do ser).

[47] KELSEN, Hans. *Teoria pura do Direito*. 8. ed. São Paulo: Editora WMF Martins Fontes, 2009. p. 300-304. Para Hugo de Brito Machado (Declaração de inconstitucionalidade e Direito Intertemporal. *Revista Dialética de Direito Tributário (RDA)*, São Paulo, n. 57, p. 76, 2000), "a doutrina de Kelsen é a que melhor explica o controle concentrado de constitucionalidade, atribuindo à declaração de inconstitucionalidade, nesse campo, efeitos de verdadeira produção normativa, que se operam para o futuro, como em princípio deve ocorrer com toda norma jurídica".

quando argumenta fazer-se necessário que uma autoridade pública declare se as condições mínimas foram ou não respeitadas para fins de aferição da validade da norma, sob pena de que qualquer um pudesse "se dispensar de obedecer às leis, alegando simplesmente que não são leis". Ainda que admita que a anulação comporta vários graus e possa, quanto ao seu alcance no tempo, estender-se ao passado, defende expressamente que "o ideal da segurança jurídica requer que, geralmente, só se atribua efeito à anulação de uma norma geral irregular *pro futuro*, isto é, a partir da anulação".[48]

No Brasil, a tese kelseniana encontrou poucos adeptos, sobretudo em razão da influência da concepção norte-americana de *judicial review*, já antes mencionada.[49] Uma dessas vozes foi a de Regina Ferrari, para quem o reconhecimento de que a norma reputada inconstitucional é nula e de que os efeitos dessa invalidade devem, sempre e em absoluto, operar *ex tunc*, anulando todas as relações que se estabeleceram sob o império da norma assim considerada, seria obstar a segurança jurídica, a estabilidade do Direito e a sua própria finalidade.[50]

Com efeito, é interessante observar, sob uma perspectiva crítica, que tanto o modelo norte-americano – de adoção da regra da retroatividade – quanto o modelo austríaco – de adoção da regra da irretroatividade – podem ser insuficientes, se adotados isoladamente, para resolver de forma satisfatória toda e qualquer situação concreta que se apresente. De um lado, a adoção exclusiva da teoria da anulabilidade poderia ensejar um estímulo à edição de atos contrários à Constituição e acarretar enfraquecimento da força normativa constitucional. De outro, a adoção exclusiva da teoria da nulidade poderia implicar situações de grave insegurança jurídica e até de ofensa a direitos fundamentais, a depender do contexto, uma vez que a retroatividade implica o desfazimento das relações estabelecidas com base no ato declarado inconstitucional.

Sob essa ótica é que se identificam movimentos de flexibilização, no sentido de proporcionar uma interpenetração dos dois modelos.

---

[48] KELSEN, Hans. *Jurisdição constitucional*. 3. ed. São Paulo: Editora WMF Martins Fontes, 2013. p. 145.
[49] SARMENTO, Daniel. Eficácia temporal do controle de constitucionalidade (o princípio da proporcionalidade e a ponderação de interesses) das leis. *Revista de Direito Administrativo (RDA)*, Rio de Janeiro, v. 212, p. 29, 1998.
[50] FERRARI, Regina Maria Macedo Nery. *Os efeitos da declaração de inconstitucionalidade*. 4. ed. São Paulo, Revista dos Tribunais, 1999. p. 126.

Nos Estados Unidos, a Suprema Corte, desde nos anos 1940, tem admitido, pontualmente, que uma lei declarada inconstitucional tenha seus efeitos preservados para o caso que serviu de base para o julgamento ou somente para casos futuros. É exemplo dessa postura o precedente Linkletter *v.* Walker, de 1965, em que a Suprema Corte norte-americana entendeu não ser necessariamente exigível a retroatividade de uma decisão em sede de controle de constitucionalidade.[51] Já na Áustria, país que adota como regra a tese da anulabilidade, verifica-se também um temperamento à irretroatividade, notadamente a partir da reforma constitucional realizada em 1975-1976, por meio da qual se introduziu, na Constituição austríaca, a possibilidade de atribuição de efeitos *ex tunc* ou mesmo *pro futuro* às decisões proferidas pela Corte Constitucional.

Diante dessa dificuldade das duas correntes de, isoladamente, oferecerem soluções satisfatórias, somada à ausência de uma distinção intrínseca entre atos considerados nulos e anuláveis, há justificativas para um certo abandono a essa rígida dicotomia, abrindo-se espaço para a adoção de critérios que levem em consideração as normas constitucionais afetadas pela norma inconstitucional e os efeitos por ela concretamente produzidos.[52]

---

[51] ÁVILA, Ana Paula Oliveira. *Modulação de efeitos temporais pelo STF no controle de constitucionalidade*: ponderação e regras de argumentação para a interpretação conforme a constituição do art. 27 da Lei nº 9.868/99. Porto Alegre: Livraria do Advogado, 2009. p. 45-46. No caso Linkletter *v.* Walker, o cidadão Linkletter havia sido condenado criminalmente com base em provas que, posteriormente, a jurisprudência passou a considerar como incompatíveis com o devido processo legal. Com base nessa nova interpretação, ele requereu à Suprema corte a revisão de sua condenação, mas teve seu pedido negado, sob o fundamento de que a Constituição americana não proíbe e nem exige o efeito retroativo. Segundo esse entendimento, poderia a Suprema Corte ponderar, em face do caso concreto, sobre as vantagens e desvantagens da retroatividade de seus julgados. E, com base nessa premissa, concluiu o tribunal que, se fosse atribuído efeito retroativo ao novo entendimento a respeito da admissibilidade de determinadas provas, isso acarretaria enormes prejuízos à administração da Justiça, pois seria necessário revisar e anular inúmeras condenações criminais, sem que fosse possível, depois, reiniciar tais processos, sobretudo em razão do desaparecimento de provas vitais (SARMENTO, Daniel. Eficácia temporal do controle de constitucionalidade (o princípio da proporcionalidade e a ponderação de interesses) das leis. *Revista de Direito Administrativo (RDA)*, Rio de Janeiro, v. 212, p. 27-40, 1998, p. 33). É interessante observar, todavia, como pesou mais, para a Suprema Corte norte-americana, o valor segurança jurídica do que o direito fundamental à liberdade nesse precedente em específico.

[52] ÁVILA, Ana Paula Oliveira. *Modulação de efeitos temporais pelo STF no controle de constitucionalidade*: ponderação e regras de argumentação para a interpretação conforme a constituição do art. 27 da Lei nº 9.868/99. Porto Alegre: Livraria do Advogado, 2009. p. 46. Ao examinar esse aspecto, Hugo de Brito Machado (Declaração de inconstitucionalidade e Direito Intertemporal. *Revista Dialética de Direito Tributário (RDA)*, São Paulo, n. 57, p. 72-87, 2000. p. 85-86) também critica essa pretensão de uma dicotomia rígida entre um ou outro

1.2.3 A tradição no Direito Constitucional brasileiro

A Constituição brasileira, diferentemente do que ocorre em alguns países, não oferece uma disposição expressa acerca dos efeitos advindos de uma decretação de inconstitucionalidade.[53] Não obstante essa ausência de determinação positiva no texto constitucional, a tradição no Direito Constitucional brasileiro é a da nulidade do ato inconstitucional, com predomínio da eficácia *ex tunc* às decisões em sede de controle de constitucionalidade.

Esse dogma se estabeleceu, fundamentalmente, com base na doutrina norte-americana do *judicial review*, e firmou-se via jurisprudência. A orientação prevalece no Supremo Tribunal Federal há décadas, e é interessante notar que a regra da nulidade permaneceu prevalente mesmo a partir da introdução do modelo concentrado de controle de constitucionalidade, de matriz austríaca, com a Emenda Constitucional nº 16/1965 à Constituição de 1946.[54] Aliás, para Ives Gandra da Silva Martins e Gilmar Ferreira Mendes, foi somente a partir da emenda que se criou, no Direito Positivo, uma base normativa para a antiga teoria da nulidade.[55]

---

critério, e fala em uma "distinção que se impõe", referindo que "tanto a doutrina quanto a jurisprudência manifestam-se sobre o efeito da decisão que declara a inconstitucionalidade de lei ou outro ato normativo, sem estabelecer qualquer distinção entre efeitos favoráveis, e efeitos desfavoráveis aos cidadãos". Segundo o autor, em observação que é oportuna aos propósitos deste estudo, "talvez porque as leis inconstitucionais geralmente prejudicam o cidadão, e só muito excepcionalmente o favorecem contra o Estado, os que examinam a questão dos efeitos da decisão que declara a inconstitucionalidade das leis ou outros atos normativos afirmam que tais efeitos se produzem *ex tunc*".

[53] A Constituição de Portugal, por exemplo, prevê, no seu art. 282.1: "A declaração de inconstitucionalidade ou de ilegalidade com força obrigatória geral produz efeitos desde a entrada em vigor da norma declarada inconstitucional ou ilegal e determina a repristinação das normas que ela, eventualmente, haja revogado". É verdade, também, que o art. 282.4 estabelece um temperamento a essa determinação, tema que será oportunamente examinado adiante, quando se abordar a modulação de efeitos no Direito Comparado. Por outro lado, e não por acaso na Áustria, identifica-se disposição constitucional em sentido contrário, estabelecendo o art. 140 da Constituição austríaca, como regra, o efeito *ex nunc* – mas também permitindo que se atribuam efeitos *ex nunc* ou *pro futuro* à decisão, conforme previsões introduzidas via reforma constitucional em 1975-1976 (ÁVILA, Ana Paula Oliveira. *Modulação de efeitos temporais pelo STF no controle de constitucionalidade*: ponderação e regras de argumentação para a interpretação conforme a constituição do art. 27 da Lei nº 9.868/99. Porto Alegre: Livraria do Advogado, 2009. p. 45).

[54] Essa emenda reformulou a alínea "k" do art. 101, I, da Constituição de 1946, modificando as competências do Supremo Tribunal Federal e atribuindo ao Procurador-Geral da República a possibilidade de arguir a inconstitucionalidade de leis federais ou estaduais incompatíveis com a Constituição (CICCONETTI, Stefano Maria; TEIXEIRA, Anderson Vichinkeski. *Jurisdição constitucional comparada*. 2. ed. Belo Horizonte: Fórum, 2018. p. 18-19).

[55] MARTINS, Ives Gandra da Silva. *Controle concentrado de constitucionalidade*: comentários à Lei nº 9.868, de 10-11-1999. 2. ed. São Paulo: Saraiva, 2005. p. 483.

Segundo os autores, antes disso, não se dispunha, no ordenamento jurídico brasileiro, de mecanismo que emprestasse caráter vinculante às decisões do Supremo Tribunal Federal, tal qual o *stare decisis* americano, de modo que se contentava a doutrina brasileira em ressaltar a suposta evidência da nulidade da lei inconstitucional e a obrigação dos órgãos estatais de deixarem de aplicar as disposições reputadas inconstitucionais. Em 1934, o constituinte introduziu a chamada "suspensão da execução da lei" por intervenção do Senado Federal, com o claro propósito de emprestar força normativa às declarações de inconstitucionalidade emanadas da Suprema Corte. Todavia, o instituto, que foi incorporado pela Constituição de 1946 e pela atual Constituição de 1988, da forma como interpretado e aplicado no Direito brasileiro, significaria a própria negação da tese da nulidade. Isso porque se condicionou a não aplicação geral da lei reputada inconstitucional à vontade de órgão político, e não à estrita decisão do órgão judicial. Segundo os autores, o fato "reforça a ideia de que, embora tecêssemos loas à teoria da nulidade da lei inconstitucional, consolidávamos institutos que iam de encontro à sua implementação".[56]

A partir de 1965, atribuiu-se eficácia *erga omnes* às decisões do STF na via do controle concentrado, o que, no entanto, somente veio a ser efetivamente reconhecido na jurisprudência da Corte em 1977, passados 12 anos da promulgação da Emenda. De início, o STF limitou-se a informar o Senado Federal sobre a declaração de inconstitucionalidade, assim como fazia em sede de controle incidental, compreendendo que caberia ao órgão do Legislativo decidir sobre a definitiva suspensão da aplicação da lei declarada inconstitucional. Após longa discussão, iniciada em 1970, é que o STF assentou o entendimento, já em 1977, de que, diferentemente da decisão proferida em sede de "representação interventiva", a decretação de inconstitucionalidade em controle concentrado e abstrato era dotada de eficácia *erga omnes*, orientação essa firmada em sede de resposta a uma consulta formulada pelo próprio Senado Federal.[57]

Em face desse quadro, anotam Ives Gandra da Silva Martins e Gilmar Ferreira Mendes que "o casamento entre as concepções teóricas sobre a nulidade da lei inconstitucional e a dogmática constitucional

---

[56] MARTINS, Ives Gandra da Silva. *Controle concentrado de constitucionalidade*: comentários à Lei nº 9.868, de 10-11-1999. 2. ed. São Paulo: Saraiva, 2005. p. 467-471.
[57] MARTINS, Ives Gandra da Silva. *Controle concentrado de constitucionalidade*: comentários à Lei nº 9.868, de 10-11-1999. 2. ed. São Paulo: Saraiva, 2005. p. 477.

somente veio a se realizar (...) quase um século após a afirmação da teoria da nulidade entre nós".[58] Curiosamente, quer parecer que o grau de adesão ao dogma da teoria da nulidade era maior em um período no qual havia menos respaldo normativo para isso, ao passo que, contemporaneamente, já em um cenário de maior embasamento no Direito Constitucional positivado para sustentar uma teoria da nulidade, há mais vozes que questionam essa tradição.

A Constituição de 1988, por sua vez, não dispôs expressamente sobre o tema, diferentemente do que se verifica em constituições de outros países. Na Assembleia Constituinte, chegou a ser proposta a introdução de dispositivo que autorizasse o STF a determinar os efeitos do reconhecimento de inconstitucionalidade em sede de controle abstrato: se *ex tunc* ou a partir da data da publicação da decisão.[59] A proposta, no entanto, foi rejeitada, e essa omissão (propositada) do constituinte de 1988 militou em favor da manutenção da prevalência do princípio da nulidade.[60] Posteriormente, a superveniência da Lei nº 9.868/99 reforçou esse dogma, ao estabelecer como excepcional a atribuição de efeitos *ex nunc*, indicando, de forma implícita, a regra da eficácia retroativa.[61]

Diante desse panorama, é possível afirmar, com algum grau de segurança, que a tradição no Direito Constitucional brasileiro tanto na jurisprudência quanto na doutrina[62] é a da teoria da nulidade, com a

---

[58] MARTINS, Ives Gandra da Silva. *Controle concentrado de constitucionalidade*: comentários à Lei nº 9.868, de 10-11-1999. 2. ed. São Paulo: Saraiva, 2005. p. 483.

[59] O projeto, do senador Maurício Corrêa, previa: "Art. 127 (...) §2º Quando o Supremo Tribunal Federal declarar a inconstitucionalidade, em tese, de norma legal ou ato normativo, determinará se eles perderão eficácia desde a sua entrada em vigor ou a partir da publicação da decisão declaratória" (MARTINS, Ives Gandra da Silva. *Controle concentrado de constitucionalidade*: comentários à Lei nº 9.868, de 10-11-1999. 2. ed. São Paulo: Saraiva, 2005. p. 483).

[60] PANDOLFO, Rafael. *Jurisdição constitucional tributária*: reflexos nos processos administrativo e judicial. 2. ed. São Paulo: Noeses, 2020. p. 241. Há autores que sustentam, inclusive, que o fato de a Constituição estabelecer a competência do STF para "declarar a inconstitucionalidade de tratado ou de lei federal", conforme o art. 102, III, 'b', e para julgar "ação declaratória de constitucionalidade", conforme o inciso I, 'a', do mesmo artigo, seria indicativo da adoção da regra da nulidade pelo constituinte e da necessidade de atribuição de eficácia *ex tunc* às decisões em controle de constitucionalidade. No entanto, como oportunamente anota Ravi Peixoto (*Superação do precedente e modulação de efeitos*. 5. ed. São Paulo: Juspodivm, 2022. p. 287), a expressão "ação direta de inconstitucionalidade" nada diz sobre a eficácia da decisão.

[61] Interessante anotar que o art. 27 da Lei nº 9.868/99 valeu-se da expressão "declarar", ao se referir à decisão que decreta a inconstitucionalidade de lei ou ato normativo.

[62] Luís Roberto Barroso (*O controle de constitucionalidade no Direito brasileiro*: exposição sistemática da doutrina e análise crítica da jurisprudência. 8. ed. São Paulo: Saraiva

atribuição de efeitos *ex tunc*, como regra, às decisões proferidas pelo STF em sede de controle de constitucionalidade. Essa orientação, sem embargo, vem sofrendo alguns temperamentos, desde antes mesmo da edição da Lei nº 9.868/99, conforme se passa a examinar.

1.3 A modulação de efeitos no Direito brasileiro

O fato de se reconhecer que a tradição no Direito brasileiro é a da teoria da nulidade não significa dizer que essa orientação esteja imune a críticas. Mesmo antes da positivação do instituto da modulação de efeitos em nosso ordenamento, a doutrina já se debruçava sobre a necessidade de relativização desse dogma, ao menos diante de certas circunstâncias e, especialmente, por razões de segurança jurídica e boa-fé. Como será visto adiante, a própria jurisprudência do STF já vinha admitindo alguns temperamentos à plena retroatividade das decisões que reconhecessem inconstitucionalidade de atos normativos. Atualmente, não há mais espaço para dúvida quanto ao cabimento de medidas dessa natureza, contando o ordenamento brasileiro com diversos dispositivos legais regulamentando a matéria.

1.3.1 O efeito *ex nunc* na jurisprudência pré-1999

Na jurisprudência do STF, um dos primeiros registros que se tem a respeito desse contraponto é o julgamento do RE nº 78.594, em 1974. No caso, um funcionário público assumiu a função de oficial de Justiça com base em uma lei estadual que veio a ser julgada inconstitucional. Ocorre que, aplicada a teoria da nulidade sem qualquer ressalva, todos os atos praticados pelo "oficial de Justiça" seriam considerados igualmente nulos, e a discussão versava especificamente sobre atos processuais (citação e penhora) levados a efeito por um desses "servidores". A decisão da 2ª Turma do STF, na oportunidade, foi pela preservação dos efeitos dos atos praticados. O fundamento invocado, todavia, não foi exclusivamente de Direito Constitucional, mas também de Direito

---

Educação, 2019. p. 40) aponta, ilustrativamente, ao menos quatro autores de textos clássicos a respeito do tema cujas posições se firmaram nesse sentido: Francisco Campos, Alfredo Buzaid, Castro Nunes e Lúcio Bittencourt. No mesmo sentido, afirma Gilmar Mendes (*Jurisdição constitucional*: o controle abstrato de normas no Brasil e na Alemanha. 5. ed. São Paulo: Saraiva, 2005. p. 317) que "o dogma da nulidade da lei inconstitucional pertence à tradição do Direito brasileiro.

Administrativo, de forma que compreenderam os ministros que estaria caracterizada a figura do "funcionário de fato" e que os atos processuais realizados nessa condição seriam válidos. De qualquer forma, já se observa nessa decisão, em alguma medida, uma argumentação que apontava para a necessidade de preservação de efeitos de atos reputados inconstitucionais, diante de certas circunstâncias.[63]

Alguns anos depois, o ministro Leitão de Abreu, manifestando preocupação em relação à segurança jurídica, veio a defender a natureza constitutiva-negativa das decisões de inconstitucionalidade, em célebre voto proferido no julgamento do RE nº 79.343, de 1977.

---

[63] Em seu voto, o relator ministro, Bilac Pinto, registrou que "os efeitos desse tipo de declaração de inconstitucionalidade [declaração contra lei em tese] não podem ser sintetizados numa regra única, que seja válida para todos os casos". O ministro fez uma incursão no Direito Administrativo para construir o raciocínio de que, em face do reconhecimento da inconstitucionalidade da lei que autorizou a designação de funcionários estaduais para o exercício da função de oficiais de Justiça, a investidura deles se deu de forma irregular, o que acarretou a figura dos "funcionários de fato", pessoas que, sem haverem sido regularmente nomeadas para função pública, a exerceram de fato, realizando atos a ela inerentes. Nessa linha, concluiu que tanto a doutrina quanto a jurisprudência consideram os atos dos "funcionários de fato" como válidos. Assim, segundo ele, "na espécie, a investidura do oficial de Justiça foi regularmente feita nos termos da lei estadual. Ela somente se tornou irregular a partir da decisão desta Corte que julgou inconstitucional a Lei paulista (...)". Ainda que outras razões tenham pesado na decisão, fato é que já se identifica nesse julgado, em alguma medida, fundamentação orientada à preservação efeitos de ato reputado inconstitucional (BRASIL. Supremo Tribunal Federal (2. Turma). Recurso Extraordinário 78.594. Recorrente: João Duarte e Cia Ltda. Recorrido: Estado de São Paulo. Relator: Min. Bilac Pinto, 7 jun. 1974. *Dje*: Brasília, DF, 1974. Disponível em: https://redir.stf.jus.br/paginadorpub/paginador.jsp?docTP=AC&docID=173998. Acesso em: 15 out. 2022). Envolvendo a mesma questão: RE nº 78.209 e RE nº 78.533. Ao analisar esses casos, Humberto Ávila (*Teoria da segurança jurídica*. São Paulo: Malheiros, 2021. p. 555-556) apresenta uma objeção à sua consideração enquanto precedentes em que teria havido modulação de efeitos. O autor explica que há uma distinção entre (i) um reconhecimento de inconstitucionalidade com modulação de efeitos e (ii) uma decisão em que não se reconhece a inconstitucionalidade de uma norma, de um ato ou de seus efeitos por causa de razões que o impedem de fazê-lo, como, por exemplo, no caso de situações consolidadas pelo tempo. Nesse sentido, sustenta que no julgamento do RE nº 78.209, o STF, ao se manifestar sobre a validade de atos de serventuários executados com base em uma lei declarada inconstitucional após a sua prática, reconheceu válidos os atos praticados pelos agentes. Ou seja, não se estaria diante de decisões de inconstitucionalidade com modulação de efeitos. Estava-se, segundo o argumento do autor, diante de decisão que reconheceu a constitucionalidade dos atos praticados, a despeito do fato de a lei que dava suporte aos cargos ter sido previamente declarada inconstitucional. A crítica é deveras pertinente, somada ao fato de que outros fundamentos, originados no Direito Administrativo, confluíram para as decisões, conforme examinado anteriormente. De todo modo, a referência a esses julgados segue útil no intuito de demonstrar que já havia temperamentos à retroatividade absoluta da declaração de inconstitucionalidade, admitindo-se que atos praticados com base em norma cuja afronta à Constituição restou reconhecida pelo STF tivessem seus efeitos mantidos.

Na oportunidade, o ministro restou vencido, mas as razões por ele apresentadas constituem marco relevante na evolução desse debate. Do voto, colhe-se a seguinte passagem:

> (...) Acertado se me afigura, também, o entendimento de que se não deve ter como *nulo ab initio* ato legislativo que entrou no mundo jurídico munido de presunção de validade, impondo-se, em razão disso, enquanto não declarado inconstitucional, à obediência pelos destinatários dos seus comandos. Razoável é a inteligência, a meu ver, de que se cuida, em verdade, de ato anulável, possuindo caráter constitutivo a decisão que decreta a nulidade. Como, entretanto, em princípio, os efeitos dessa decisão operam retroativamente, não se resolve, com isso, de modo pleno, a questão de saber se é mister haver como delitos do orbe jurídico atos ou fatos verificados em conformidade com a norma que haja sido pronunciada como inconsistente com a ordem constitucional. Tenho que procede a tese, consagrada pela corrente discrepante, a que se refere o "Corpus Juris Segundum", de que a lei inconstitucional é um fato eficaz, ao menos antes da determinação da inconstitucionalidade, podendo ter consequências que não é ilícito ignorar. A tutela da boa-fé exige que, em determinadas circunstâncias, notadamente quando, sob a lei ainda não declarada inconstitucional, se estabeleceram relações entre o particular e o poder público, se apure, prudencialmente, até que ponto a retroatividade da decisão, que decreta a inconstitucionalidade, pode atingir, prejudicando-o, o agente que teve por legítimo o ato e, fundado nele, operou na presunção de que estava procedendo sob o amparo do direito objetivo.[64]

Posteriormente, em 1986, ao julgar o RE nº 105.789, a 2ª Turma do STF, examinando situação em que se reconheceu a inconstitucionalidade de disposição estadual que estabelecia gratificação a magistrado, decidiu manter os efeitos da norma, em atenção à garantia constitucional da irredutibilidade dos vencimentos dos magistrados. Segundo o voto condutor do acórdão, proferido pelo relator ministro Carlos Madeira, não se trataria, no caso, de simples expectativa de direito, mas de direito que já nascera e que não poderia ser suprimido sem que fossem diminuídas as prerrogativas que suportam o cargo, dentre elas, a da irredutibilidade dos vencimentos. "Daí porque", arrematou o ministro, "tal garantia supera o efeito *ex tunc* da declaração de

---

[64] BRASIL. Supremo Tribunal Federal (2. Turma). Recurso Extraordinário 79.343. Recorrente: José Pereira Cesar. Recorrido: Aurélio Paz Boulhosa. Relator: Min. Leitão de Abreu, 31 de maio de 1977. *Dje*: Brasília, DF, 1977. Disponível em: https://redir.stf.jus.br/paginadorpub/paginador.jsp?docTP=AC&docID=174730. Acesso em: 15 out. 2022.

inconstitucionalidade da norma".[65] Em 1993, o STF julgou outro caso a respeito da mesma controvérsia, no RE nº 122.202,[66] e, novamente, o entendimento foi no sentido da preservação dos efeitos da norma até a data da declaração de inconstitucionalidade, afastando-se a necessidade de devolução, pelos magistrados, dos valores pagos até então.

Como se observa, a jurisprudência do STF, na esteira do que a própria jurisprudência da Suprema Corte norte-americana já indicava a partir de casos como Linkletter *v.* Walker, já vinha, em situações pontuais, temperando os efeitos do reconhecimento de inconstitucionalidade, diante de peculiaridades dos casos concretos enfrentados. Não obstante, em 1999, surgiram os primeiros dispositivos no Direito Positivo brasileiro prevendo expressamente a possibilidade de disposição, pela Suprema Corte, acerca dos efeitos do reconhecimento de inconstitucionalidade.

1.3.2 A positivação do instituto da modulação de efeitos

As primeiras leis a abordarem essa temática foram a Lei nº 9.868/99, que dispôs sobre o processo e o julgamento da ação direta de inconstitucionalidade e da ação declaratória de constitucionalidade no Supremo Tribunal Federal, e a Lei nº 9.882/99, que tratou da arguição de descumprimento de preceito fundamental. No artigo 27 da Lei da Ação Direta de Inconstitucionalidade (ADI) e da Ação Declaratória de Constitucionalidade (ADC), e no artigo 11 da Lei da Arguição de Descumprimento de Preceito Fundamental (ADPF), foram introduzidos comandos normativos com a mesma redação.

Algum tempo depois, em 2006, a Lei nº 11.417/06, a qual regulamentou o artigo 103-A da Constituição acerca das súmulas vinculantes, veio a estabelecer, no seu artigo 4º, que estas possuem eficácia imediata, como regra, mas que o STF, por decisão de dois terços dos

---

[65] BRASIL. Supremo Tribunal Federal (2. Turma). Recurso Extraordinário 105.789. Recorrente: Simonides Loddi. Recorrido: Presidente do Tribunal de Justiça do Estado de Minas Gerais. Relator: Min. Carlos Madeira, 15 de abril de 1986. *Dje*: Brasília, DF, 1986. Disponível em: https://redir.stf.jus.br/paginadorpub/paginador.jsp?docTP=AC&docID=197575. Acesso em: 15 out. 2022.

[66] BRASIL. Supremo Tribunal Federal (2. Turma). Recurso Extraordinário 122.202. Recorrente: Estado de Minas Gerais. Recorrido: Emerson Tardieu de Aguiar Pereira e outros. Relator: Min. Francisco Rezek, 10 de agosto de 1993. *Dje*: Brasília, DF, 1993. Disponível em: https://redir.stf.jus.br/paginadorpub/paginador.jsp?docTP=AC&docID=207468. Acesso em: 15 out. 2022.

seus membros, "poderá restringir os efeitos vinculantes ou decidir que só tenha eficácia a partir de outro momento, tendo em vista razões de segurança jurídica ou de excepcional interesse público". Tal previsão não versa especificamente sobre a modulação de efeitos do reconhecimento de inconstitucionalidade, mas pode vir a ter esse alcance a depender do teor da súmula.

Passados mais alguns anos, a entrada em vigor do Código de Processo Civil de 2015 (CPC) trouxe outra disposição acerca da modulação de efeitos. Todavia, dessa vez, diferentemente do que se tinha até então, o legislador não se restringiu ao STF, estabelecendo, de modo mais abrangente no artigo 927, §3º, que, na hipótese de alteração de jurisprudência dominante da Suprema Corte e dos tribunais superiores, ou no caso de alteração da jurisprudência oriunda de julgamento de casos repetitivos, pode haver modulação dos efeitos.

Mais recentemente, em 2018, foi editada a Lei nº 13.655/2018, a qual trouxe importantes alterações à Lei de Introdução às Normas do Direito Brasileiro (LINDB), prevista no Decreto-Lei nº 4.657/42. Duas dessas modificações foram a introdução dos artigos 23 e 24, dispositivos que visam estabelecer regimes de transição e salvaguardar situações plenamente constituídas em face de alterações de "orientação geral", assim compreendidas as interpretações e especificações constantes de atos públicos de caráter geral ou na jurisprudência majoritária, judicial ou administrativa.

Todas essas normas, de algum modo, estão relacionadas à problemática dos efeitos dos atos reputados inconstitucionais. Algumas delas versam de modo mais específico sobre a hipótese de decretação de inconstitucionalidade de atos normativos, ao passo que outras tratam de situações em que se vislumbra a alteração ou a superação de precedentes em matéria constitucional. Visando estabelecer uma base sólida ao exame das controvérsias que permeiam essa temática, propõe-se uma primeira análise acerca dos dispositivos, mais especificamente, do artigo 27 da Lei nº 9.868/99, do artigo 927, §3º, do CPC e do artigo 23 da LINDB, com ênfase nos aspectos do texto e da estrutura normativa empregados pelo legislador para, em um segundo momento, ingressar no exame dos fundamentos teóricos da modulação, nas distinções porventura existentes em relação à chamada *superação de precedentes*, entre outros aspectos.

1.3.2.1 O artigo 27 da Lei nº 9.868/99

Em novembro de 1999, foi publicada a Lei nº 9.868/99, que dispôs sobre o processo e o julgamento da ação direta de inconstitucionalidade e da ação declaratória de constitucionalidade perante o Supremo Tribunal Federal. No seu artigo 27, a referida lei trouxe a possibilidade de a Corte, fundada em razões de segurança jurídica ou excepcional interesse social, restringir os efeitos retroativos da declaração de inconstitucionalidade:

> Artigo 27. Ao declarar a inconstitucionalidade de lei ou ato normativo, e tendo em vista razões de segurança jurídica ou de excepcional interesse social, poderá o Supremo Tribunal Federal, por maioria de dois terços de seus membros, restringir os efeitos daquela declaração ou decidir que ela só tenha eficácia a partir de seu trânsito em julgado ou de outro momento que venha a ser fixado.

O texto desse dispositivo é resultado da proposta que consta do Projeto de Lei nº 2.960/97, em cuja exposição de motivos se afirmou o seguinte:

> (...) Coerente com evolução constatada no Direito Constitucional comparado, a presente proposta permite que o próprio Supremo Tribunal Federal, por uma maioria diferenciada, decida sobre os efeitos da declaração de inconstitucionalidade, fazendo um juízo rigoroso de ponderação entre o princípio da nulidade da lei inconstitucional, de um lado, e os postulados da segurança jurídica e do interesse social, de outro (artigo 27). Assim, o princípio da nulidade somente será afastado *in concreto* se, a juízo do próprio Tribunal, se puder afirmar que a declaração de nulidade acabaria por distanciar-se ainda mais da vontade constitucional.
>
> Entendeu, portanto, a Comissão que, ao lado da ortodoxa declaração de nulidade, há de ser a possibilidade de o Supremo Tribunal, em casos excepcionais, mediante decisão da maioria qualificada (dois terços dos votos), estabelecer limites aos efeitos da declaração de inconstitucionalidade, proferindo a inconstitucionalidade com eficácia *ex nunc* ou *pro futuro*, especialmente naqueles casos em que a declaração de nulidade se mostre inadequada (*v. g.*: lesão positiva ao princípio da isonomia) ou nas hipóteses em que a lacuna resultante da declaração de nulidade possa dar ensejo ao surgimento de uma situação ainda mais afastada da vontade constitucional (...).[67]

---

[67] Exposição de motivos nº 189, no Projeto de Lei nº 2.960/1997, que deu origem à Lei nº 9.868/99 (BRASIL. Congresso Nacional. Câmara dos Deputados. *Projeto de Lei nº 2.960/1997*.

Como se observa, a própria concepção do dispositivo tem, em sua raiz, a premissa de que a tradição no Direito brasileiro é a da teoria da nulidade, conforme se examinou anteriormente. A "autorização" a partir de então concedida ao STF, expressamente mediante lei federal, para mitigar os efeitos retroativos das decisões de decretação de inconstitucionalidade, por um lado, pode ser encarada como benéfica, na medida em que oficializa uma possibilidade de flexibilização do efeito *ex tunc*, cuja aplicação indiscriminada é passível de acarretar lesões a direitos insegurança jurídica. Por outro, há quem sustente que o dispositivo acabou por enrijecer o regime de atribuição de efeitos, uma vez que a prática já poderia ser adotada pelo STF antes da Lei nº 9.868/99 – e alguns precedentes examinados anteriormente apontam nesse sentido –, mas agora passa a estar submetida ao preenchimento de requisitos de ordem formal e material, nos termos definidos no artigo 27 da referida lei.[68]

1.3.2.1.1 Requisito formal

O requisito formal diz respeito ao quórum necessário para a adoção da modulação de efeitos, exigindo-se maioria qualificada de dois terços dos ministros para a aplicação da medida. Essa exigência, naturalmente, não diz respeito ao reconhecimento da inconstitucionalidade em si, que segue submetida ao quórum de maioria absoluta. Portanto, impõe-se que haja pelo menos 8 votos, dentre os 11 ministros, para que possa a Corte dispor acerca dos efeitos da declaração de inconstitucionalidade.

Outro aspecto que pode ser considerado como de ordem formal diz respeito ao âmbito de aplicação desse dispositivo, tendo gerado algum debate a possibilidade de modulação dos efeitos de decisões em sede de controle difuso, uma vez que a Lei nº 9.868/99 dispõe sobre o controle concentrado. Na mesma linha, muito se debateu acerca de qual seria o quórum necessário nessa hipótese – se teria de ser qualificado ou se a maioria absoluta bastaria.

Dispõe sobre o processo e julgamento da ação direta de inconstitucionalidade e da ação declaratória de constitucionalidade perante o Supremo Tribunal Federal. Brasília, DF: Câmara dos Deputados, 1997. Disponível em: https://www.camara.leg.br/proposi coesWeb/prop_mostrarintegra;jsessionid=node01t0kkw3o0fh8n1rl41msztjw6s432915.no de0?codteor=1130464&filename=Dossie+-PL+2960/1997. Acesso em: 10 nov. 2022).

[68] ÁVILA, Ana Paula Oliveira. *Modulação de efeitos temporais pelo STF no controle de constitucionalidade*: ponderação e regras de argumentação para a interpretação conforme a constituição do art. 27 da Lei nº 9.868/99. Porto Alegre: Livraria do Advogado. p. 57.

Quanto ao primeiro ponto, a doutrina apontou para a possibilidade de modulação dos efeitos de decisões proferidas em controle difuso, notadamente com base no argumento de que o fundamento para a superação da regra *ex tunc* reside na própria Constituição, e não na Lei nº 9.868/99. Segundo as vozes que assim sustentam, não pareceria correto interpretar que a definição dos efeitos da decretação de inconstitucionalidade estaria restrita aos casos de controle concentrado.[69] A jurisprudência do STF se firmou nesse sentido, admitindo a modulação em sede de controle difuso.[70]

Já quanto ao segundo ponto, atinente ao quórum, o entendimento da Suprema Corte firmou-se majoritariamente pela necessidade de observância da maioria qualificada de dois terços para a modulação na hipótese de haver declaração de inconstitucionalidade. Em 2013, ao julgar o RE nº 586.453,[71] o STF discutiu a exigência desse requisito no controle difuso e, por uma maioria de 5 x 4 (cinco votos a quatro), decidiu pela aplicação analógica do quórum estabelecido no artigo 27 em sede de controle difuso. No caso, o fundamento determinante foi a eficácia expansiva da decisão, uma vez que proferida em sede de repercussão geral – muito embora tenha o próprio relator, ministro Teori Zavascki, que entendeu pela observância dos dois terços, admitido que, não fosse essa circunstância, não haveria necessidade de maioria qualificada. Em outro caso, de 2017, ao apreciar o RE nº 377.457, no qual houve requerimento de modulação, a medida não foi adotada por não ter sido alcançado o quórum qualificado – ocorreu empate em 5 x 5 (cinco votos a cinco). Na oportunidade, foram opostos embargos de declaração[72] sobre essa questão, os quais foram rejeitados precisamente

---

[69] STRECK, Lenio Luiz. *Jurisdição constitucional*. 5. ed. Rio de Janeiro: Forense, 2018, p. 432; MENDES, Gilmar Ferreira; BRANCO, Paulo Gonet. *Curso de Direito Constitucional*. 15. ed. São Paulo: Saraiva Educação, 2020. p. 1326; ÁVILA, Ana Paula Oliveira. *Modulação de efeitos temporais pelo STF no controle de constitucionalidade*: ponderação e regras de argumentação para a interpretação conforme a constituição do art. 27 da Lei nº 9.868/99. Porto Alegre: Livraria do Advogado. p. 60.

[70] Assim decidiu o STF, por exemplo, no RE nº 723.651.

[71] BRASIL. Supremo Tribunal Federal (Pleno). Recurso Extraordinário 586.453. Recorrente: Fundação Petrobrás de Seguridade Social – PETROS. Recorridos: Nivaldo Mercenas Santos e Petróleo Brasileiro S.A. – PETROBRAS. Relatora: Min.a Ellen Gracie, 20 de fevereiro de 2013. *Dje*: Brasília, DF, 2013d. Disponível em: https://redir.stf.jus.br/paginadorpub/paginador.jsp?docTP=AC&docID=630014. Acesso em: 16 out. 2022.

[72] BRASIL. Supremo Tribunal Federal (Pleno). Embargos de Declaração no Recurso Extraordinário 377.457. Embargante: Conselho Federal da Ordem dos Advogados do Brasil e Antônio Glênio F. Albuquerque e Advogados Associados S.C. Embargado: União. Relatora: Min.a Rosa Weber, 19 de outubro de 2016. *Dje*: Brasília, DF, 2016b. Disponível em: https://redir.stf.jus.br/paginadorpub/paginador.jsp?docTP=TP&docID=13060803. Acesso em: 16 out. 2022.

sob o fundamento de que o tema havia sido decidido em conformidade com o artigo 27 da Lei nº 9.868/99; ou seja, a modulação foi considerada indeferida por não estar preenchido quórum de dois terços.

Mais recentemente, em 2019, a questão do quórum veio a ser novamente apreciada no RE nº 638.115,[73] tendo o ministro Dias Toffoli proposto que não seria necessário observar os dois terços para a modulação de efeitos no caso de superação de precedentes em sede de recursos extraordinários com repercussão geral. Os ministros Gilmar Mendes e Luís Roberto Barroso, em contraponto, sustentaram que a tese demandaria um ajuste, no sentido de esclarecer que, quando houvesse reconhecimento de inconstitucionalidade de ato normativo, seguiria sendo impositiva a observância dos dois terços. Essa foi a posição que prevaleceu, definindo o STF, portanto, a suficiência do quórum de maioria absoluta para fins de modulação dos efeitos de decisão em julgamento de recursos extraordinários repetitivos, com repercussão geral, nos quais não tenha havido declaração de inconstitucionalidade de ato normativo.

Há, aqui, uma nuance que vem sendo enfrentada pelo STF, bem como pela doutrina, e da qual este estudo se ocupará detidamente mais adiante. Trata-se da distinção entre modulação de efeitos de decisão que reconhece a inconstitucionalidade de ato normativo e superação para frente de precedentes.[74] É apenas nessa segunda hipótese, quando não se tem necessariamente uma declaração de inconstitucionalidade de norma, que o STF vem flexibilizando a necessidade de quórum qualificado, mesmo quando se trata de decisão em sede de repercussão geral. Do contrário, em havendo decretação de inconstitucionalidade, a Corte segue exigindo o requisito dos dois terços, na forma do artigo 27 da Lei nº 9.868/99, ainda que em controle difuso.

1.3.2.1.2 Requisitos materiais

No que se refere aos requisitos materiais para a adoção da modulação de efeitos, o artigo 27 da Lei nº 9.868/99 exige a presença de "razões de segurança jurídica" ou de "excepcional interesse social".

---

[73] BRASIL. Supremo Tribunal Federal (Pleno). Embargos de Declaração nos Embargos de Declaração no Recurso Extraordinário 638.115. Embargante: Francisco Ricardo Lopes Matias e outro. Embargado: União. Relator: Min. Gilmar Mendes, 18 de dezembro de 2019. *Dje*: Brasília, DF, 2019b. Disponível em: https://redir.stf.jus.br/paginadorpub/paginador.jsp?docTP=TP&docID=752600169. Acesso em: 15 out. 2022.

[74] Ver item 1.4.1, adiante.

Como se observa, os requisitos não são cumulativos, bastando que um deles esteja caracterizado para fins de autorizar a atribuição da eficácia *ex nunc* ou *pro futuro*.

Um dos principais pontos de crítica a esse dispositivo diz respeito à utilização de conceitos indeterminados pelo Legislador, o que, de certa forma, acarreta uma dificuldade quanto à definição do seu alcance e quanto ao controle intersubjetivo na sua aplicação em concreto.[75] Os conceitos indeterminados são aqueles conceitos imprecisos empregados no texto da norma – em geral, nas regras –, que demandam do intérprete uma atividade mais propositiva na construção do sentido à luz de uma situação concreta. Há inúmeros exemplos de conceitos indeterminados no ordenamento brasileiro. Apenas para citar algumas expressões, podem-se referir (i) o "motivo torpe", empregado no artigo 121, §2º, do Código Penal, para tipificar o homicídio qualificado; (ii) a "negligência", empregada para definir o crime culposo, no artigo 18, inciso II, também do Código Penal; (iii) o "notável saber jurídico" e a "reputação ilibada", para definir os requisitos a serem preenchidos pelos nomeados a ministro do STF, conforme o artigo 121 da Constituição Federal; entre diversos outros utilizados pelo legislador.[76]

Assim como ocorre em relação às expressões referidas, a *segurança jurídica* e o *excepcional interesse social* aparecem, no artigo 27, como elementos da hipótese de incidência de uma regra. Disso, todavia, decorre algum nível de complexidade – e, possivelmente, de confusão –, porque esses conceitos também sugerem finalidades a serem perseguidas, o que é uma característica marcante dos princípios jurídicos. Tratando-se especificamente da segurança jurídica, aliás, há amplo reconhecimento doutrinário no sentido de seu caráter de norma-princípio, como se verá mais à frente.

Nesse contexto, é importante que se tenha clareza a respeito do que caracteriza uma norma enquanto regra ou enquanto princípio. Humberto Ávila assim conceitua essas duas espécies normativas:

---

[75] ÁVILA, Ana Paula Oliveira. *Modulação de efeitos temporais pelo STF no controle de constitucionalidade*: ponderação e regras de argumentação para a interpretação conforme a constituição do art. 27 da Lei nº 9.868/99. Porto Alegre: Livraria do Advogado, 2009. p. 61.

[76] ÁVILA, Ana Paula Oliveira. *Modulação de efeitos temporais pelo STF no controle de constitucionalidade*: ponderação e regras de argumentação para a interpretação conforme a constituição do art. 27 da Lei nº 9.868/99. Porto Alegre: Livraria do Advogado, 2009. p. 76-77.

As regras são normas imediatamente descritivas, primariamente retrospectivas e com pretensão de decidibilidade e abrangência, para cuja aplicação se exige a avaliação da correspondência, sempre centrada na finalidade que lhes dá suporte ou nos princípios que lhes são axiologicamente sobrejacentes, entre a construção conceitual da descrição normativa e a construção conceitual dos fatos.

Os princípios são normas imediatamente finalísticas, primariamente prospectivas e com pretensão de complementariedade e de parcialidade, para cuja aplicação se demanda uma avaliação da correlação entre o estado de coisas a ser promovido e os efeitos decorrentes da conduta havida como necessária à sua promoção.[77]

Segundo o autor, as regras são normas imediatamente descritivas na medida em que estabelecem obrigações, permissões ou proibições mediante a conduta a ser adotada. Em contraponto, os princípios são normas imediatamente finalísticas, na medida em que estabelecem um estado de coisas a ser perseguido, mas sem determinar, de antemão, os comportamentos a serem adotados para o seu atingimento.[78] Dito de modo simples: a regra estabelece o caminho a ser percorrido; o princípio define apenas o destino, sem especificar qual o trajeto a ser adotado.

Retornando, pois, ao exame do artigo 27, verifica-se que ele estabelece uma regra permissiva, que poderia ser reconstruída da seguinte forma: *se* constatadas razões de segurança jurídica ou de excepcional interesse social e *se* atendido o requisito formal do quórum qualificado, *então* poderá a Suprema Corte modular os efeitos da decretação de inconstitucionalidade.

É interessante observar, portanto, que a segurança jurídica e o excepcional interesse social figuram, a um só tempo, como finalidades a serem atendidas – pois é em nome desses propósitos que o dispositivo permite a modulação – e como requisitos para a adoção da medida. Ou seja, a utilização de uma estrutura de regra, no artigo 27, conduz à conclusão de que a modulação nele prevista não pode ser adotada em nome de outras finalidades que não a segurança jurídica ou o excepcional interesse social, justamente porque esses conceitos, no contexto do dispositivo, não apenas indicam um estado ideal de coisas a ser perseguido, mas traduzem requisitos para que seja possível a aplicação da consequência definida da regra.

---

[77] ÁVILA, Humberto. *Teoria dos princípios*: da definição à aplicação dos princípios jurídicos. 15. ed. São Paulo: Malheiros, 2014. p. 102.
[78] ÁVILA, Humberto. *Teoria dos princípios*: da definição à aplicação dos princípios jurídicos. 15. ed. São Paulo: Malheiros, 2014. p. 95.

Quanto à expressão *segurança jurídica*, é possível vislumbrar um núcleo conceitual mais consolidado na tradição da doutrina e da jurisprudência, no sentido de indicar um ideal de previsibilidade.[79] Isso não quer dizer, entretanto, que a definição do seu conteúdo seja unívoca ou simples. Como se verá adiante, a tarefa de definir o seu significado é desafiadora. Por ora, é necessário pontuar que a segurança jurídica é considerada como um dos pilares do Estado de Direito,[80] e é atendida quando se produzem as condições necessárias para que o indivíduo conheça e compreenda o conteúdo do Direito, quando tenha assegurado no presente os direitos que conquistou no passado e quando possa, razoavelmente, calcular as consequências que serão aplicadas no futuro relativamente aos atos que praticar no presente.[81]

A segurança jurídica pode se manifestar sob duas perspectivas bastante marcantes. De um lado, ela assume uma dimensão objetiva e impessoal, relacionada a um interesse geral na preservação da ordem jurídica como um todo. De outro, assume uma perspectiva subjetiva e concreta, visando preservar direitos e expectativas individuais em face de manifestações estatais, especialmente diante de modificações dessas manifestações. Nesse segundo caso, faz-se referência à segurança enquanto *proteção da confiança*.[82] Ambos os sentidos são relevantes para a compreensão da segurança jurídica enquanto fundamento à modulação. Não obstante, quando se examina especificamente a modulação tal qual prevista no artigo 27 da Lei nº 9.868/99, o sentido objetivo parece indicar o caminho mais adequado à definição desse requisito.[83]

---

[79] ÁVILA, Ana Paula Oliveira. *Modulação de efeitos temporais pelo STF no controle de constitucionalidade*: ponderação e regras de argumentação para a interpretação conforme a constituição do art. 27 da Lei nº 9.868/99. Porto Alegre: Livraria do Advogado, 2009. p. 88.

[80] ÁVILA, Ana Paula Oliveira. *Modulação de efeitos temporais pelo STF no controle de constitucionalidade*: ponderação e regras de argumentação para a interpretação conforme a constituição do art. 27 da Lei nº 9.868/99. Porto Alegre: Livraria do Advogado, 2009. p. 147.

[81] ÁVILA, Humberto. *Constituição, liberdade e interpretação*. São Paulo: Malheiros, 2019. p. 19.

[82] Explica Canotilho (*Direito Constitucional e teoria da Constituição*. 7. ed. Coimbra: Almedina, 2003. p. 257) que, em geral, a segurança jurídica costuma estar associada a elementos objetivos da ordem jurídica, isto é, a garantias de estabilidade, segurança de orientação e realização do Direito. Já a proteção da confiança se relaciona mais intimamente aos componentes subjetivos, como a calculabilidade e a previsibilidade dos indivíduos em relação às consequências jurídicas dos atos dos poderes estatais.

[83] Para Humberto Ávila (*Teoria da segurança jurídica*. 6. ed. São Paulo: Malheiros, 2021, p. 279-281), a segurança jurídica de que trata o art. 27 da Lei nº 9.868/99 diz respeito à dimensão objetiva antes mencionada, isto é, ao princípio da segurança jurídica com vistas à preservação da confiabilidade e da calculabilidade do ordenamento como um todo. Já Ana Paula Ávila compreende que o sentido mais adequado à segurança jurídica referida no art. 27 seria o subjetivo, enquanto *proteção da confiança*. Isso porque a norma, mesmo

O tema será examinado com maior profundidade mais adiante, ainda neste capítulo.[84]

Já no que diz respeito à expressão *excepcional interesse social*, tem-se uma situação um pouco diferente. Trata-se de conceito que possui conteúdo bem mais fluido e que é passível de contraste, inclusive, com o próprio ideal de previsibilidade orientado pelos ditames da segurança jurídica.[85] No Direito brasileiro, a expressão *interesse social* não possui muitos paralelos. Ela é empregada poucas vezes no texto constitucional,[86] boa parte delas relacionadas à desapropriação de imóveis e, em nenhuma passagem, é acrescida do adjetivo *excepcional*. A doutrina que enfrenta o significado da expressão nesse contexto específico da desapropriação parece manifestar uma preocupação em fixar a ideia de que *interesse social* não equivale a interesse da administração ou do Estado, mas sim dos administrados, da sociedade.[87] Nesse sentido, é interessante observar a preferência do legislador por utilizar, no artigo 27, a expressão *excepcional interesse social* em vez de *excepcional interesse público*, o que, de algum modo, aponta exatamente para uma prevalência do interesse da sociedade – enquanto soma dos interesses individuais – em face dos interesses do próprio Estado.[88]

---

sendo inconstitucional, gera a presunção de que seu comando será atendido e de que seus efeitos serão regularmente produzidos, de modo que pode ser necessário, em nome da proteção dessa legítima confiança do cidadão de que a norma emanada do Estado gozava constitucionalidade, preservar seus efeitos e as situações jurídicas que se consolidaram com base nela (ÁVILA, Ana Paula Oliveira. *Modulação de efeitos temporais pelo STF no controle de constitucionalidade*: ponderação e regras de argumentação para a interpretação conforme a constituição do art. 27 da Lei nº 9.868/99. Porto Alegre: Livraria do Advogado, 2009. p. 149-151). Nesse mesmo sentido se posiciona Tereza Arruda Alvim (*Modulação*: na alteração da jurisprudência firme ou de precedentes vinculantes. 2. ed. São Paulo: Thompson Reuters Brasil, 2021. p. 71), ao compreender que "o fundamento último, da modulação, em ambas as hipóteses, é o mesmo: proteger a confiança". Segundo a autora, embora não seja a única, essa é também a razão de ser do art. 27 da Lei nº 9.868/99.

[84] Ver item 1.4.2, adiante.

[85] ÁVILA, Ana Paula Oliveira. *Modulação de efeitos temporais pelo STF no controle de constitucionalidade*: ponderação e regras de argumentação para a interpretação conforme a constituição do art. 27 da Lei nº 9.868/99. Porto Alegre: Livraria do Advogado, 2009. p. 88.

[86] Ao todo, são sete ocorrências da expressão *interesse social* no texto constitucional: art. 5º, incisos XXIV, XXIX e LX, e art. 184 *caput* e §2º, da Constituição; art. 79 e art. 103, parágrafo único, do Ato das Disposições Constitucionais Transitórias (ADCT).

[87] ÁVILA, Ana Paula Oliveira. *Modulação de efeitos temporais pelo STF no controle de constitucionalidade*: ponderação e regras de argumentação para a interpretação conforme a constituição do art. 27 da Lei nº 9.868/99. Porto Alegre: Livraria do Advogado, 2009. p. 164.

[88] ÁVILA, Ana Paula Oliveira. *Modulação de efeitos temporais pelo STF no controle de constitucionalidade*: ponderação e regras de argumentação para a interpretação conforme a constituição do art. 27 da Lei nº 9.868/99. Porto Alegre: Livraria do Advogado, 2009. p. 166.

No contexto do controle de constitucionalidade, a expressão *excepcional interesse social* parece ter encontrado inspiração no artigo 282, nº 4, da Constituição de Portugal, dispositivo que estabelece que, "quando a segurança jurídica, razões de equidade ou interesse público de excepcional relevo, que deverá ser fundamentado, o exigirem, poderá o Tribunal Constitucional fixar os efeitos da inconstitucionalidade".[89] Na doutrina portuguesa, há algum cuidado ao abordar o alcance da expressão, indicando-se tanto a necessidade de uma fundamentação robusta para o emprego dessa faculdade pelo Tribunal Constitucional quanto a restrição da expressão à tutela de interesses constitucionalmente protegidos porventura não abrangidos pelas noções de segurança jurídica ou equidade. Ou seja, *interesse público de excepcional relevo* somente poderia equivaler a um interesse promovido ou protegido pela própria Constituição.[90]

Retornando-se ao Direito brasileiro, muito embora se constate existência da expressão *interesse social* em algumas passagens do texto constitucional, ela não é empregada em referência ao controle de constitucionalidade. Essa ausência de suporte na Constituição, por sua vez, dá ensejo a questionamentos consistentes à modulação de efeitos com base nesse fundamento. Diferentemente do que se verifica em relação à segurança jurídica, princípio com ampla fundamentação constitucional e com conteúdo bastante delineado, o *excepcional interesse*

Aliás, a Lei nº 11.417/06, que trata da súmula vinculante, utiliza a expressão "excepcional interesse público" no seu art. 4º.

[89] "Artigo 282.º
Efeitos da declaração de inconstitucionalidade ou de ilegalidade
1. A declaração de inconstitucionalidade ou de ilegalidade com força obrigatória geral produz efeitos desde a entrada em vigor da norma declarada inconstitucional ou ilegal e determina a repristinação das normas que ela, eventualmente, haja revogado.
2. Tratando-se, porém, de inconstitucionalidade ou de ilegalidade por infracção de norma constitucional ou legal posterior, a declaração só produz efeitos desde a entrada em vigor desta última.
3. Ficam ressalvados os casos julgados, salvo decisão em contrário do Tribunal Constitucional quando a norma respeitar a matéria penal, disciplinar ou de ilícito de mera ordenação social e for de conteúdo menos favorável ao arguido.
4. Quando a segurança jurídica, razões de equidade ou interesse público de excepcional relevo, que deverá ser fundamentado, o exigirem, poderá o Tribunal Constitucional fixar os efeitos da inconstitucionalidade ou da ilegalidade com alcance mais restritivo do que o previsto nos nº 1 e 2" (PORTUGAL. [Constituição (1975)]. *Constituição da República Portuguesa*. Lisboa: Presidência da República, [2004]. Disponível em: https://x.gd/rkjVP. Acesso em: 27 ago. 2023).

[90] ÁVILA, Ana Paula Oliveira. *Modulação de efeitos temporais pelo STF no controle de constitucionalidade*: ponderação e regras de argumentação para a interpretação conforme a constituição do art. 27 da Lei nº 9.868/99. Porto Alegre: Livraria do Advogado, 2009. p. 165.

social carece de uma maior determinação quanto ao seu significado, o que dá contornos de imprevisibilidade à sua utilização e dificulta a promoção da estabilidade e certeza necessárias à manutenção da ordem jurídica como um todo, podendo contrastar, inclusive, com o próprio princípio do Estado de Direito.[91]

1.3.2.1.3 As ADIs nº 2.154 e 2.258

O artigo 27 da Lei nº 9.868/99 foi objeto de duas Ações Diretas de Inconstitucionalidade. Uma delas, a ADI nº 2.154, foi promovida pela Confederação Nacional das Profissões Liberais (CNPL), e a outra, ADI nº 2.258, foi promovida pelo Conselho Federal da Ordem dos Advogados do Brasil.

Na ADI nº 2.154, dentre outros dispositivos questionados, reputou-se inconstitucional o artigo 27 por ofensa ao artigo 5º, incisos I e II, da CF/88. Segundo a autora da ação, o dispositivo ensejaria ofensa ao princípio da legalidade, pois seria um truísmo afirmar que, quando a CF/88 estabelece que "ninguém será obrigado a fazer ou deixar de fazer alguma coisa senão em virtude de lei", está a referir "lei constitucionalmente válida". De outra parte, também haveria ofensa ao princípio da igualdade formal, "visto que a declaração de eficácia poderá beneficiar uns, em detrimento de outros". Conforme argumentou a CNPL, a manutenção da eficácia de lei declarada inconstitucional, ainda que por maioria de dois terços e por razões de segurança jurídica ou de excepcional interesse social, "não resiste a mais elementar lógica jurídica. Se a norma foi declarada inconstitucional, torna-se intolerável sequer um minuto de sua vigência".[92]

---

[91] ÁVILA, Ana Paula Oliveira. *Modulação de efeitos temporais pelo STF no controle de constitucionalidade*: ponderação e regras de argumentação para a interpretação conforme a constituição do art. 27 da Lei nº 9.868/99. Porto Alegre: Livraria do Advogado, 2009. p. 166.

[92] É interessante observar, entre os argumentos tecidos na petição inicial da referida ADI, uma referência à passagem de Manoel Gonçalves Ferreira Filho, em aula inaugural proferida na Faculdade de Direito da USP, em junho de 1996, na qual referia o constitucionalista: "Seria preciso não conhecer o Brasil para supor motivada por questões de alta indagação científica essa proposta. Conhecendo-o, fácil é descobrir o que têm em mente os proponentes dessa 'nulidade' ou 'anulação' diferida. É sempre o ângulo governamental. Com base nessa regra, toda vez que um tributo correr o risco de ser julgado inconstitucional – e essas coisas se sabem com antecedência em Brasília – invocando o pesado ônus da devolução do já recebido, o poder público pleiteará que a eficácia da decisão seja a partir do trânsito em julgado. Assim, não terá de devolver o já recebido (...)". Como se observa, o autor, já em 1996, antevia o que se tornaria a tônica nos casos em matéria tributária, com constantes pedidos de modulação de efeitos pelas fazendas e não raros atendimentos desses pedidos pelo STF.

Na ADI nº 2.258, o Conselho Federal da OAB sustentou que a previsão do artigo 27 ensejaria ofensa ao princípio do Estado de Direito (artigo 1º da CF/88) e ao princípio da legalidade (artigo 5º, inciso II, da CF/88), trazendo, ainda, o argumento histórico de que, nos trabalhos da Assembleia Nacional Constituinte, houve proposta de emenda modificativa do texto para que fosse incluído dispositivo estabelecendo a possibilidade de o STF determinar se o ato normativo reputado inconstitucional perderia sua eficácia desde sua entrada em vigor ou a partir da publicação da decisão declaratória, a qual, todavia, foi rejeitada.[93]

As ações tiveram seus julgamentos recentemente concluídos, ambas no sentido da inexistência de inconstitucionalidade do artigo 27.[94] Por maioria, vencidos o relator, ministro Sepúlveda Pertence, e o ministro Marco Aurélio, a Corte assentou a compatibilidade do dispositivo à CF/88. Por ora, o texto se limita a essa breve referência, apenas para fins informativos, mas reservará espaço para tratar detidamente dos fundamentos da decisão mais adiante, ao final deste capítulo, quando examinará a constitucionalidade, em tese, do instituto da modulação de efeitos.[95]

1.3.2.2 O artigo 927, §3º, do CPC

O Código de Processo Civil de 2015 trouxe uma modificação importante em relação ao diploma processual que lhe antecedeu. Trata-se da previsão constante do artigo 927, §3º, que assim estabelece:

---

[93] O dispositivo proposto pelo senador Maurício Corrêa assim previa: "§3º Quando o Supremo Tribunal Federal declarar a inconstitucionalidade, em tese, de norma legal ou ato normativo, determinará se eles perderão eficácia desde sua entrada em vigor, ou a partir da publicação da decisão declaratória (...)" (BRASIL. Câmara dos Deputados. Centro de Documentação e Informação. *Quadro histórico dos dispositivos constitucionais*. Art. 103. Brasília, DF: Câmara dos Deputados; Centro de Documentação e Informação, 1988b. p. 12).

[94] BRASIL. Supremo Tribunal Federal (Pleno). Ação Direta de Inconstitucionalidade 2.154. Requerente: Confederação Nacional das Profissões Liberais – CNPL. Relator: Min. Dias Toffoli, 3 de abril de 2023. *Dje*: Brasília, DF, 2023. *Dje*: Brasília, DF, 2023a. Disponível em: https://redir.stf.jus.br/paginadorpub/paginador.jsp?docTP=TP&docID=768719678. Acesso em: 30 ago. BRASIL. Supremo Tribunal Federal (Pleno). Ação Direta de Inconstitucionalidade 2.258. Requerente: Conselho Federal da Ordem dos Advogados do Brasil. Relator: Min. Dias Toffoli, 3 de abril de 2023. *Dje*: Brasília, DF, 2023b. Disponível em: https://redir.stf.jus.br/paginadorpub/paginador.jsp?docTP=TP&docID=768723232. Acesso em: 27 ago. 2023.

[95] Ver item 1.4.4, adiante.

Artigo 927. Os juízes e os tribunais observarão:

(...)

§3º Na hipótese de alteração de jurisprudência dominante do Supremo Tribunal Federal e dos tribunais superiores ou daquela oriunda de julgamento de casos repetitivos, pode haver modulação dos efeitos da alteração no interesse social e no da segurança jurídica.

Ao examinar esse dispositivo, é natural o ímpeto de compará-lo ao artigo 27 da Lei nº 9.868/99, antes abordado. É produtivo fazê-lo, notadamente, porque, a partir das suas semelhanças e, sobretudo, das suas diferenças, resta evidenciada a natureza da disposição inserida no ordenamento pelo legislador de 2015.

O primeiro ponto relevante diz respeito ao destinatário da norma. Como já pontuado no início desta seção, o artigo 27 da Lei da ADI tinha um destinatário evidente: o Supremo Tribunal Federal. Trata-se de uma autorização ao STF para que, diante de certas condições, disponha acerca dos efeitos da norma reputada inconstitucional, em princípio, em sede de controle concentrado – ainda que, como visto, tenha-se estendido o mecanismo também para o controle difuso. Já o artigo 927, §3º, do CPC de 2015 tem por destinatários os tribunais superiores. Em síntese, esse dispositivo confere ao tribunal competente para fixar o precedente vinculante sobre determinada matéria a prerrogativa de definir os efeitos desse precedente em caso de superação de entendimento anterior. Assim é que, tratando-se de matéria constitucional, o tribunal competente para estabelecer a modulação de efeitos em caso de superação de entendimento será o STF; tratando-se de matéria infraconstitucional, será o STJ; de matéria trabalhista, o TST; e assim por diante, admitindo-se, inclusive, a adoção dessa conduta por tribunais estaduais e federais, quando se estiver a tratar da fixação sobre a interpretação de normas locais.[96]

O ponto, aqui, é que o artigo 927, §3º, do CPC é sobremaneira mais abrangente do que o artigo 27 da Lei nº 9.868/99, no que se refere ao destinatário da norma – ou seja, *quem* pode modular. Não obstante, tratando-se de matéria constitucional, não há dúvida de que essa competência recai exclusivamente sobre o STF. Não se cogita da possibilidade de que outros tribunais venham, em suas próprias decisões, a estabelecer modulação de efeitos sobre a aplicabilidade

---

[96] PEIXOTO, Ravi. *Superação do precedente e modulação de efeitos.* 5. ed. São Paulo: Juspodivm, 2022. p. 409-410.

de precedentes da Suprema Corte, na medida em que tal hipótese permitiria uma indesejada abertura para divergência de entendimentos acerca da eficácia do precedente, a colocar em xeque a própria segurança jurídica – princípio que o artigo 927 visa promover.

Fixada essa distinção, veja-se, agora, sob quais condições é possível modular os efeitos de uma decisão, de acordo com o dispositivo do CPC.

1.3.2.2.1 Requisito formal

No que se refere ao requisito formal do quórum para a imposição de modulação, percebe-se que, ao contrário do que faz o artigo 27 da Lei nº 9.868/99, o legislador de 2015 não estabeleceu a necessidade de maioria qualificada. O artigo 927 silencia quanto ao ponto. A partir disso, tem-se alguma controvérsia a respeito da necessidade, ou não, da observância do mínimo de dois terços para a disposição acerca dos efeitos do precedente tribunal que o profere, especialmente quando se estiver diante de decisão do STF que venha a decretar a inconstitucionalidade de ato normativo.

É necessário pontuar que algumas vozes que defendiam a necessidade do quórum qualificado na superação de precedentes, por analogia ao disposto no artigo 27 da Lei nº 9.868/99, assim o faziam em período anterior à entrada em vigor do CPC de 2015.[97] Isso não pode ser ignorado, pois a nova hipótese trazida pelo artigo 927, §3º, do Código Processual é aspecto absolutamente relevante à discussão envolvendo o número de votos para a modulação no caso de modificação de entendimento dominante do tribunal.

Boa parte da doutrina, na atualidade, vem entendendo pela desnecessidade de quórum qualificado para a atribuição de efeitos *ex nunc* ou prospectivos em caso de superação de precedente, exatamente por não vislumbrar lacuna no artigo 927 que atrairia a necessidade de aplicação analógica do requisito formal estabelecido no artigo 27 da ADI. A não exigência de maioria qualificada, nesse caso, indicaria

---

[97] É o caso de Roque Antônio Carrazza (Segurança jurídica e eficácia temporal das alterações jurisprudenciais: competência dos tribunais superiores para fixá-las – questões conexas. *In*: FERRAZ JÚNIOR, Tercio Sampaio; CARRAZZA, Roque Antônio; NERY JÚNIOR, Nelson. *Efeito* ex nunc *e as decisões do STJ*. 2. ed. Barueri: Manole, 2009), cuja posição geralmente referenciada na doutrina está presente em texto publicado em 2008, sob o título "Segurança jurídica e eficácia temporal das alterações jurisprudenciais: competência dos tribunais superiores para fixá-las – questões conexas".

apenas a aplicação da regra geral: o quórum para a modulação há de ser o mesmo exigido para a fixação do precedente; geralmente, maioria simples. Nesse sentido se manifestam Ravi Peixoto,[98] Daniel Mitidiero[99] e Tereza Arruda Alvim.[100]

Não obstante, o STF vem adotando o entendimento de que, mesmo na hipótese de superação de precedente, se houver o reconhecimento de inconstitucionalidade – em sede de controle difuso –, impõe-se o quórum de dois terços para obstar o efeito retroativo do novo entendimento.[101] Portanto, à luz da jurisprudência atual da Suprema Corte, havendo decretação de inconstitucionalidade, ainda que em controle difuso e em superação a precedente anterior a respeito da matéria, faz-se imprescindível a observância da maioria qualificada de dois terços para a atribuição de efeitos *ex nunc* ou *pro futuro* ao novo precedente.[102]

1.3.2.2.2 Requisitos materiais

No que diz respeito aos requisitos materiais para a aplicação da hipótese de modulação estabelecida no artigo 927, §3º, o dispositivo do CPC apresenta duas distinções importantes em relação ao artigo 27 da Lei nº 9.868/99. A primeira delas é o fato de que versa exclusivamente sobre a circunstância de "alteração de jurisprudência" do STF e dos tribunais superiores, o que não se verifica no dispositivo da Lei da

---

[98] PEIXOTO, Ravi. *Superação do precedente e modulação de efeitos*. 5. ed. São Paulo: Juspodivm, 2022. p. 420.
[99] MITIDIERO, Daniel. *Superação para frente e modulação de efeitos*: precedente e controle de constitucionalidade no Direito brasileiro. São Paulo: Thompson Reuters Brasil, 2021. p. 67.
[100] ARRUDA ALVIM, Tereza. *Modulação*: na alteração da jurisprudência firme ou de precedentes vinculantes. 2. ed. São Paulo: Thompson Reuters Brasil, 2021. p. 215-216.
[101] A propósito, o já citado RE nº 638.115 ED-ED (BRASIL. Supremo Tribunal Federal (Pleno). Embargos de Declaração nos Embargos de Declaração no Recurso Extraordinário 638.115. Embargante: Francisco Ricardo Lopes Matias e outro. Embargado: União. Relator: Min. Gilmar Mendes, 18 de dezembro de 2019. *Dje*: Brasília, DF, 2019b. Disponível em: https://redir.stf.jus.br/paginadorpub/paginador.jsp?docTP=TP&docID=752600169. Acesso em: 15 out. 2022).
[102] Ravi Peixoto (*Superação do precedente e modulação de efeitos*. 5. ed. São Paulo: Juspodivm, 2022. p. 421) aborda, ainda, a situação na qual se verifique, em sede de controle difuso, a formação de um precedente em matéria constitucional. Nessa hipótese, o autor argumenta que não há, efetivamente, previsão legal para manipulação dos efeitos desse precedente, já que o art. 927, §3º, do CPC, versa apenas sobre hipótese de superação. Diante dessa conjuntura, posiciona-se pela necessidade de quórum qualificado de dois terços, pois, segundo argumenta, "o fundamento para a modulação de efeitos se assemelharia à situação do controle concentrado", de sorte que se atrairia a aplicação, por analogia, do art. 27 da Lei nº 9.868/99.

ADI – mais abrangente, sob essa perspectiva. Já a segunda corresponde ao fato de que os requisitos "interesse social" (este, sem o adjetivo "excepcional") e "segurança jurídica" aparecem intercalados pela conjunção "e", e não pela conjunção "ou", como no artigo 27 da Lei da ADI. Isso pode sugerir que, na hipótese do CPC, trata-se de requisitos cumulativos, e não de alternativos, como na legislação de 1999.

Iniciando-se pela análise do primeiro aspecto destacado, verifica-se que o artigo 927, §3º, do CPC encontra seu espectro de aplicação restrito às situações de superação de precedentes. Nesse sentido, distingue-se da modulação de efeitos realizada no controle de constitucionalidade, possuindo fundamentos distintos. Na modulação realizada em sede de controle de constitucionalidade – concentrado ou difuso –, a medida visa resolver ou amenizar o conflito que se dá entre a regra da nulidade da decisão de inconstitucionalidade e a segurança jurídica, diante da consolidação de situações jurídicas com base na lei declarada inconstitucional, especialmente em razão da presunção de constitucionalidade de que gozava o ato normativo. Já na superação de um precedente, visa-se tutelar a confiança depositada no entendimento jurisprudencial consolidado e que veio a ser superado. Bem o explica Ravi Peixoto:

> No controle concentrado, a modulação é, em regra, baseada na segurança produzida pela presunção de constitucionalidade do texto normativo, enquanto na superação de precedentes, a segurança tutelada é produzida pelo entendimento jurisprudencial consolidado. Para a modulação no controle de constitucionalidade, o que importa é a confiabilidade na ordem jurídica, ou seja, se a retroatividade da decisão alteraria a credibilidade dos cidadãos na ordem jurídica. No caso do precedente, a segurança jurídica é aquela fundada na confiança legítima gerada pelo precedente, o que a justifica é o fato de que os jurisdicionados atuaram com base em um determinado entendimento jurisprudencial e não devem ser literalmente punidos com a retroatividade surpreendente.[103]

A modulação de efeitos em sede de controle de constitucionalidade opera no nível da *decisão*, ao passo que a modulação de efeitos na hipótese de superação de precedentes opera, com o perdão da obviedade, no nível do *precedente*. Segundo explica Daniel Miditiero,

---

[103] PEIXOTO, Ravi. *Superação do precedente e modulação de efeitos*. 5. ed. São Paulo: Juspodivm, 2022. p. 364.

decisão e precedente não se confundem, estando em níveis discursivos distintos. A decisão, explica o autor, "é um discurso elaborado para a solução de um caso", ao passo que o precedente "é oriundo da generalização de determinadas razões empregadas para a decisão de um caso".[104] A decisão volta-se para o passado, e tem por objetivo resolver um conflito específico (seja um caso concreto, seja uma lei em tese), estabelecendo um comando acerca dessa controvérsia particularizada em seu dispositivo. Já o precedente volta-se ao futuro, é dizer, ele não resolve diretamente um caso, mas, a partir de uma generalização de determinadas razões, "indica qual é a estrada que, diante de uma questão idêntica ou semelhante, leva ao destino assinalado pelo direito". Dessa forma, o aspecto essencial para o precedente não reside no *dispositivo*, mas na *fundamentação*.[105]

A partir disso, resta mais evidente a distinção dos âmbitos de aplicação do artigo 927, §3º, do CPC e do artigo 27 da Lei nº 9.868/99. Nada impede que haja uma superação de precedente a partir de uma decisão de controle de constitucionalidade, por exemplo – o que até pode vir a reforçar a necessidade de uma modulação de efeitos.[106] Não obstante, o que precisa ficar claro é que nem sempre uma decisão em sede de controle de constitucionalidade implicará a superação de um precedente. Nessa hipótese, mesmo assim, poderá a Suprema Corte, ao reconhecer uma inconstitucionalidade, ainda que apreciando a matéria pela primeira vez, modular os efeitos da decisão por compreender necessário proteger determinado direito fundamental (na forma do *excepcional interesse social*) ou tutelar a *segurança jurídica*, considerando-se as situações que se consolidaram à luz do ato normativo em favor do qual vigorava uma presunção de constitucionalidade. No caso, estar-se-á a adotar a medida prevista no artigo 27 da Lei da ADI – ainda que por analogia, se a decisão se der em sede de controle difuso.

De outra parte, quanto ao segundo aspecto, relacionado à verificação de razões de *interesse social* e de *segurança jurídica* para a adoção da modulação, a utilização da conjunção aditiva "e" no texto do

---

[104] MITIDIERO, Daniel. *Superação para frente e modulação de efeitos*: precedente e controle de constitucionalidade no Direito brasileiro. São Paulo: Thompson Reuters Brasil, 2021. p. 30-31.
[105] MITIDIERO, Daniel. *Superação para frente e modulação de efeitos*: precedente e controle de constitucionalidade no Direito brasileiro. São Paulo: Thompson Reuters Brasil, 2021. p. 31.
[106] PEIXOTO, Ravi. *Superação do precedente e modulação de efeitos*. 5. ed. São Paulo: Juspodivm, 2022. p. 365.

artigo 927, §3º, do CPC sugere, como mencionado, a ideia de que ambas os requisitos precisam estar demonstrados na fundamentação da decisão que aplique esse instrumento. Examinando-se o contexto do dispositivo, até pareceria possível sustentar uma leitura de que a modulação pode ocorrer "tanto" no interesse social "quanto" no interesse da segurança jurídica, inclusive porque, sob certa perspectiva, a segurança jurídica também pode ser compreendida como princípio que se manifesta no interesse da sociedade. Todavia, há de se considerar que a modulação na hipótese do artigo 927, como visto anteriormente, está embasada em fundamento diverso da modulação que se dá em sede de controle de constitucionalidade. Nesse sentido, o exclusivo *interesse social* parece não ser capaz de justificar, isoladamente, a modulação no caso de superação de precedente, sem que esteja presente a necessidade de preservação da segurança jurídica.

1.3.2.3 O artigo 23 da LINDB

A Lei de Introdução às Normas do Direito Brasileiro (LINDB)[107] sofreu importantes alterações em 2018, com a promulgação da Lei nº 13.655/18, que introduziu nela diversos novos artigos. Tais modificações, conforme apontado no relatório submetido à Comissão de Constituição e Justiça quando da tramitação do então Projeto de Lei nº 7.448/2017, tiveram por finalidade o aprimoramento da qualidade decisória dos órgãos administrativos, judiciais e de controle nos três níveis da Federação brasileira. Segundo o referido relatório, a proposta pretendeu "tornar expressos alguns princípios e regras de interpretação e decisão que, segundo a doutrina atual, devem ser observados pelas autoridades administrativas ao aplicar a lei".[108] Contudo, muito embora o preâmbulo da lei de 2018 anuncie a inclusão de "disposições sobre segurança jurídica", o atendimento a essa finalidade é questionado na

---

[107] Decreto-Lei nº 4.657/42.

[108] A propósito, refere o deputado relator Paulo Abi-Ackel, em seu relatório na Comissão de Constituição e Justiça no Projeto de Lei nº 7.448/2017, que "o projeto de lei foi inspirado nos estudos e pesquisas dos professores Carlos Ari Sundfeld e Floriano de Azevedo Marques, ambos da Escola de Direito da Fundação Getúlio Vargas" (BRASIL. Congresso Nacional. Câmara dos Deputados. *Projeto de Lei nº 2.960/1997*. Dispõe sobre o processo e julgamento da ação direta de inconstitucionalidade e da ação declaratória de constitucionalidade perante o Supremo Tribunal Federal. Brasília, DF: Câmara dos Deputados, 1997. Disponível em: https://www.camara.leg.br/proposicoesWeb/prop_mostrarintegra;jsessionid=node01t0kkw3o0fh8n1rl41msztjw6s432915.node0?codteor=1130464&filename=Dossie+-PL+2960/1997. Acesso em: 10 nov. 2022).

doutrina, havendo críticas consistentes a diversos dos artigos incluídos na LINDB.[109]

Dentre os dispositivos que foram acrescentados está o artigo 23, que possui a seguinte redação:

> Artigo 23. A decisão administrativa, controladora ou judicial que estabelecer interpretação ou orientação nova sobre norma de conteúdo indeterminado, impondo novo dever ou novo condicionamento de direito, deverá prever regime de transição quando indispensável para que o novo dever ou condicionamento de direito seja cumprido de modo proporcional, equânime e eficiente e sem prejuízo aos interesses gerais.

O dispositivo transcrito possui espectro de aplicação mais amplo do que o previsto no artigo 927, §3º, do CPC, sob dois aspectos. O primeiro deles refere-se à esfera de incidência, pois versa não apenas sobre a decisão judicial, mas também sobre decisões administrativas ou controladoras. Já o segundo relaciona-se ao objeto de incidência, pois não trata apenas da hipótese de superação de precedente, mas de qualquer hipótese de inovação na interpretação ou na orientação sobre outra norma de conteúdo indeterminado, o que pode abranger, inclusive, decisões que uniformizem precedentes.[110] O dispositivo também não traz qualquer regra quanto ao quórum para a definição de uma regra de transição, omissão essa que indica, tal qual o artigo 927 do CPC,

---

[109] Um bom exemplo é a crítica formulada por Humberto Ávila acerca do art. 20, em reação ao qual o autor aponta diversos problemas (inclusive de inconsistência sintática), passíveis de condução a cenário de maior insegurança jurídica. Conforme argumenta Ávila (*Teoria da segurança jurídica*. São Paulo: Malheiros, 2021. p. 617-626), "o referido dispositivo, dependendo do modo como for interpretado, coloca o julgador em posição de substituir a consequência que o legislador estabeleceu pela consequência que ele pretendeu estabelecer".

[110] PEIXOTO, Ravi. *Superação do precedente e modulação de efeitos*. 5. ed. São Paulo: Juspodivm, 2022. p. 365. Segundo o autor, a uniformização de precedentes por terem um significado plúrimo. Um desses significados, e talvez o mais evidente, ocorre quando diversos tribunais atribuem sentidos diferentes sentidos a uma norma jurídica (sentidos A, B e C, digamos), vindo a Corte competente para essa uniformização a consagrar uma dessas interpretações (a interpretação C, digamos). Nessa hipótese, haverá, para todos os tribunais que adotavam os sentidos A e B, uma nova orientação, e haverá também, em alguma medida, entendimento diverso do que havia antes da decisão. Nesse caso, parece não se cogitar da superação de um precedente, especialmente porque não havia *um* sentido consagrado passível de inspirar confiança a ponto de qualificar um precedente, tampouco se verifica superação, porque a Corte competente para uniformização poderia estar a apreciar o tema, suponha-se, pela primeira vez. Não obstante, há uma "nova orientação" a respeito da questão e, como tal, passível de atrair a incidência do art. 23 da LINDB, se preenchidas algumas outras condições.

que a mesma maioria formada para fixar a novel interpretação deterá a competência para estabelecer o regime de transição.

Analisando-se detidamente o preceito contido no texto do artigo 23, podem-se identificar três ordens de qualificantes. Em primeiro lugar, deve a decisão inovar entendimento na ordem jurídica ("decisão (...) que estabelecer orientação ou interpretação nova"). Ou seja, deve fixar entendimento em alguma medida diverso daquele(s) que havia antes do seu advento –[111] o que não necessariamente significa a superação de entendimento, mas também não pode significar mera reafirmação de entendimento antes já consolidado.[112]

Em segundo lugar, deve versar sobre a interpretação de "norma de conteúdo indeterminado". De um lado, não há dúvida de que essa hipótese versa especificamente sobre decisões que tenham por objeto a atribuição de sentido a outra norma. Por outro lado, a expressão "norma de conteúdo indeterminado" não deixa claro se está a tratar de norma construída sobre texto que possua conteúdo indeterminado – e com isso, a intenção seria referir a técnica legislativa que utiliza conceitos jurídicos indeterminados –,[113] ou se considera norma enquanto produto da interpretação do texto e, como tal, compreende também textos normativos que, embora não empreguem conceitos jurídicos indeterminados, podem assumir um conteúdo normativo indeterminado diante das diferentes interpretações possíveis.[114]

---

[111] MARQUES NETO, Floriano de Azevedo. Art. 23 da LINDB – o equilíbrio entre mudança e previsibilidade na hermenêutica jurídica. *Revista de Direito Administrativo (RDA)*, Rio de Janeiro, p. 104, 2018.

[112] PEIXOTO, Ravi. *Superação do precedente e modulação de efeitos*. 5. ed. São Paulo: Juspodivm, 2022. p. 366. Para o autor, não parece possível interpretar que o texto normativo permitiria a modulação na simples reafirmação de jurisprudência da Corte. Em uma situação como essa, pontua que poderia haver, em verdade, violação da confiança daquele que confiava na simples aplicação da jurisprudência da Corte e que vem a ser surpreendido com uma modulação de efeitos.

[113] Posição defendida por Floriano de Azevedo Marques Neto (Art. 23 da LINDB – o equilíbrio entre mudança e previsibilidade na hermenêutica jurídica. *Revista de Direito Administrativo (RDA)*, Rio de Janeiro, p. 104, 2018, que ao examinar o dispositivo, aponta que "têm conteúdo indeterminado as normas (*v.g.* preceitos normativos) cuja extração do seu sentido completo depende do aporte intelectual subjetivo do intérprete", em uma referência a ideia de conceitos indeterminados.

[114] Um bom exemplo seria o art. 1.015 do CPC (rol de decisões agraváveis por instrumento), cujo texto normativo não emprega conceitos jurídicos indeterminados, mas cuja norma construída a partir do texto pode ser considerada como de conteúdo indeterminado, em face das interpretações que se têm atribuído ao texto diante das diferentes circunstâncias concretas. Para Ravi Peixoto (*Superação do precedente e modulação de efeitos*. 5. ed. São Paulo: Juspodivm, 2022. p. 366-367), essa segunda hipótese seria a mais adequada para a definição da expressão "norma de conteúdo indeterminado".

Em terceiro lugar, o artigo 23 trata de decisões que inauguram uma nova obrigação ou condicionamento ("impondo novo dever ou novo condicionamento de direito"). A rigor, qualquer norma jurídica condiciona o direito de outrem. Sob tal perspectiva, ficam excluídas apenas aquelas decisões interpretativas que não tragam qualquer efeito sobre a esfera de direitos submetidos à autoridade da qual emana a decisão.[115] Em se tratando de decisões judiciais, a abrangência do artigo 23 fica ainda mais evidente, já que é praticamente impossível imaginar alguma que não acarrete repercussão na esfera de direitos das partes.[116]

Examinada a hipótese, passa-se à análise do consequente estabelecido no dispositivo, isto é, qual a medida aplicável e qual o critério de sua aplicação. O artigo 23 estabelece um poder-dever de estabelecimento de um regime de transição, o que não é exatamente novo no ordenamento brasileiro, tendo-se em mente a ideia de uma eficácia diferida à decisão, precisamente a que está por trás da modulação de efeitos[117] examinada anteriormente nos artigos 27 da Lei nº 9.868/99 e 927, §3º, do CPC. Não obstante, o artigo também poderia contemplar outras técnicas de transição, sendo a modulação temporal dos efeitos apenas uma delas.[118]

O requisito material para a imposição dessa medida, por outro lado, é diverso daqueles previstos nos dispositivos antes examinados, exigindo-se o regime de transição, no artigo 23 da LINDB, quando indispensável para garantir que a nova interpretação seja concretizada de modo "proporcional, equânime e eficiente e sem prejuízo aos interesses gerais". A proporcionalidade, aqui, parece estar relacionada a um exame de adequação[119] entre a solução transitória e a nova

---

[115] MARQUES NETO, Floriano de Azevedo. Art. 23 da LINDB – o equilíbrio entre mudança e previsibilidade na hermenêutica jurídica. *Revista de Direito Administrativo (RDA)*, Rio de Janeiro, p. 105, 2018.

[116] PEIXOTO, Ravi. *Superação do precedente e modulação de efeitos*. 5. ed. São Paulo: Juspodivm, 2022. p. 367.

[117] MARQUES NETO, Floriano de Azevedo. Art. 23 da LINDB – o equilíbrio entre mudança e previsibilidade na hermenêutica jurídica. *Revista de Direito Administrativo (RDA)*, Rio de Janeiro, p. 106-107, 2018.

[118] Uma das técnicas concebidas seria a da compensação financeira. Outra hipótese seria a da chamada "ajuda de adaptação", como a concessão de subvenções ou outras compensações financeiras ou *in natura* (PEIXOTO, Ravi. *Superação do precedente e modulação de efeitos*. 5. ed. São Paulo: Juspodivm, 2022. p. 368-369).

[119] A "necessidade" parece já estar previamente determinada, uma vez que o dispositivo estabelece que a regra de transição "deve" ser adotada (MARQUES NETO, Floriano de Azevedo. Art. 23 da LINDB – o equilíbrio entre mudança e previsibilidade na hermenêutica jurídica. *Revista de Direito Administrativo (RDA)*, Rio de Janeiro, p. 108, 2018).

interpretação veiculada na decisão. O caráter equânime e eficiente, por sua vez, parece indicar a necessidade de uma distribuição adequada do ônus da nova interpretação entre todos aqueles por ela atingidos. Finalmente, a proteção aos interesses gerais parece indicar duas óticas possíveis e distintas. A primeira delas no sentido de que a regra de transição há de ser adotada sem prejudicar os interesses gerais buscados com a nova interpretação, ou seja, prevenindo o estabelecimento de uma norma de transição tal que suprima a efetivação da nova orientação. A segunda no sentido de que a própria norma de transição deve proteger o interesse geral em face dos efeitos da aplicação imediata da nova interpretação. Essas duas perspectivas não são necessariamente contraditórias, sendo possível que se atenda aos dois sentidos. Não obstante, isso já denota alguma dificuldade na delimitação do conteúdo do dispositivo, para além da dificuldade de se definir a própria expressão *interesse geral*, desafio também identificado quanto ao conceito de *interesse social* empregado tanto no artigo 27 da Lei nº 9.868/99 – em que ainda é acrescido do adjetivo *excepcional* – quanto no artigo 927, §3º, do CPC.

1.4 Fundamentos teóricos da modulação de efeitos

Até este ponto, procurou-se delinear qual a tradição, no Direito brasileiro, dos efeitos atribuídos às decisões em sede de controle de constitucionalidade. Igualmente, examinar quais críticas e temperamentos se têm feito a essa tradição e quais os dispositivos introduzidos no Direito Positivo, notadamente a partir de 1999, versam sobre o mecanismo da modulação de efeitos.

A partir de agora, buscar-se-á aprofundar os fundamentos teóricos que dão suporte a esses dispositivos legais (e às decisões de modulação, de um modo geral). Para isso, examinar-se-á, inicialmente, a distinção entre a modulação de efeitos em controle de constitucionalidade e em superação de precedentes. Após, passar-se-á ao enfrentamento do tema sob o enfoque da segurança jurídica e do interesse social à luz da Constituição.

1.4.1 A distinção da modulação em decisões de controle de constitucionalidade e em superação de precedentes (superação para frente)

Segundo aponta Daniel Mitidiero, o encontro dos precedentes com o controle de constitucionalidade produziu, no Brasil, uma "indevida assimilação do conceito de superação para frente de precedente com o de modulação dos efeitos da decisão em controle de constitucionalidade".[120] De fato, não é raro que o tema da modulação seja enfrentado sem que se faça distinção entre essas duas situações, o que é passível de ensejar confusões conceituais e conduzir a equívocos. É que há uma diferença de substância entre uma decisão de inconstitucionalidade e uma decisão que revoga precedente. Na primeira hipótese, há uma inconsistência *da lei*. Na segunda, há uma inconsistência *do precedente*.[121] As bases de confiança são distintas,[122] como se examinará adiante, ao tratar-se detidamente da segurança jurídica enquanto fundamento à modulação.

A expressão *modulação de efeitos* é comumente empregada para fazer referência tanto à superação de precedentes de modo prospectivo quanto às decisões de inconstitucionalidade em que se mantém a eficácia pretérita do ato normativo julgado inconstitucional. Daniel Mitidiero propõe que a expressão *modulação* se referiria apenas a essa última hipótese (decisão de inconstitucionalidade), ao passo que, em se tratando de modificação de precedente sem efeitos retroativos, a hipótese seria a de *superação para frente*. A proposta do autor é interessante, especialmente por ser aconselhável evitar-se nominar da mesma forma objetos distintos. Não obstante, o fato é que o artigo 927, §3º, do CPC, dispositivo que, segundo o autor, trata da hipótese de superação de precedente, faz uso da expressão *modulação*, ao passo que o artigo 27 da Lei nº 9.868/99, dispositivo que trata propriamente de decisões de inconstitucionalidade, não emprega as palavras *modulação de efeitos* em seu texto.

O que se quer apontar com essa observação é que o uso da expressão em comento para abordar quaisquer das duas situações

---

[120] MITIDIERO, Daniel. *Superação para frente e modulação de efeitos*: precedente e controle de constitucionalidade no Direito brasileiro. São Paulo: Thompson Reuters Brasil, 2021. p. 11.

[121] MARINONI, Luiz Guilherme. *Processo constitucional e democracia*. São Paulo: Thompson Reuters Brasil, 2021. p. 1017.

[122] PEIXOTO, Ravi. *Superação do precedente e modulação de efeitos*. 5. ed. São Paulo: Juspodivm, 2022. p. 304.

não parece ser, em si, equivocado.[123] Dito de outro modo, o problema não reside exatamente no acordo semântico acerca da expressão a ser utilizada. O equívoco reside na não observância de que há situações de naturezas distintas. A modulação na hipótese de superação de precedentes não equivale à modulação na hipótese de decisões que reconheçam inconstitucionalidade de atos normativos. Assim, antes de ingressar propriamente no exame das distinções entre as duas situações, registra-se que o presente estudo não se privará de fazer uso da expressão "modulação de efeitos", ainda quando verse sobre hipótese de superação de precedente, mas fará sempre a devida diferenciação entre as situações.

Estabelecida essa premissa, indaga-se: por que, então, as hipóteses referidas são diferentes? Para enfrentar o tema, é necessário partir de uma outra distinção, entre *decisão* e *precedente*.

O precedente não se confunde com a decisão, eles estão em níveis discursivos diferentes. A decisão, segundo Mitidiero, "é um discurso elaborado para a solução de um caso". Ela julga *um caso* delimitado e sempre possui um objeto particularizado, que pode envolver uma controvérsia concreta ou abstrata. O que se busca com a decisão é solucionar a controvérsia, subjetiva ou objetiva, o que se dará com o seu *dispositivo*. Forma-se, assim, um *comando* sobre a controvérsia particularmente caracterizada.[124]

Já o precedente não julga *um caso*, mas "é oriundo da generalização de determinadas razões empregadas para a decisão de um caso". Trata-se de um discurso elaborado a partir da generalização dessas razões, devidamente contextualizada pelos fatos do caso, e visa "dar unidade à ordem jurídica". O importante, para o precedente, são os fatos e as razões que conduziram à atribuição de sentido ao Direito. A base para essa generalização é, assim, a *justificação* constante da decisão do caso. O precedente não resolve diretamente o caso; ele não visa estabelecer um comando sobre a controvérsia especificamente julgada, como faz a

---

[123] Aliás, outros autores que enfrentam o tema e que traçam a mesma distinção entre decisões de inconstitucionalidade e superação de precedentes fazem uso da expressão "modulação de efeitos", como é o caso de Ravi Peixoto (*Superação do precedente e modulação de efeitos*. 5. ed. São Paulo: Juspodivm, 2022), de Tereza Arruda Alvim (*Modulação: na alteração da jurisprudência firme ou de precedentes vinculantes*. 2. ed. São Paulo: Thompson Reuters Brasil, 2021) e de Luiz Guilherme Marinoni (*Processo constitucional e democracia*. São Paulo: Thompson Reuters Brasil, 2021).

[124] MITIDIERO, Daniel. *Superação para frente e modulação de efeitos*: precedente e controle de constitucionalidade no Direito brasileiro. São Paulo: Thompson Reuters Brasil, 2021. p. 30-31.

decisão, mas sim indicar qual o caminho assinalado pelo Direito diante de situação idêntica ou semelhante. Em suma, a decisão resolve uma controvérsia específica do passado, ao passo que o precedente dá uma prescrição geral para o futuro.[125]

Os precedentes integram a ordem jurídica. Eles são vinculantes e atuam de modo a promover a segurança jurídica, a liberdade e a igualdade, na medida em que representam uma base segura quanto ao sentido atribuído ao Direito. Quando um precedente se forma,[126] sua eficácia é retroativa, aplicando-se a todos os casos pendentes – ressalvada a coisa julgada.[127] Essa retroatividade na formação de um precedente não é de nenhum modo incompatível com o Estado de Direito; pelo contrário, considerando-se que os dispositivos interpretados são anteriores ao caso que deu ensejo ao precedente e que este se forma a partir de uma controvérsia quanto ao sentido mais adequado a ser atribuído ao Direito, a não irradiação de efeitos para o passado constituiria um particularismo arbitrário, obstando que a interpretação a partir de então sedimentada não surtisse efeitos para os demais casos.[128]

---

[125] MITIDIERO, Daniel. *Superação para frente e modulação de efeitos*: precedente e controle de constitucionalidade no Direito brasileiro. São Paulo: Thompson Reuters Brasil, 2021. p. 30-31. Conforme conceitua o autor, "precedentes são razões necessárias e suficientes para a solução de uma questão devidamente individualizada do ponto de vista fático jurídico, obtidas por força de generalizações empreendidas a partir do julgamento de casos pela unanimidade ou pela maioria de um colegiado integrante de uma Corte Suprema". Ravi Peixoto (*Superação do precedente e modulação de efeitos*. 5. ed. São Paulo: Juspodivm, 2022. p. 131), por sua vez, aponta que podem ser identificados dois conceitos para os precedentes. Um primeiro sentido refere-se a qualquer ato decisório, compreendendo relatório, fundamentação e dispositivo. Nessa acepção, o precedente é *texto*, fonte do Direito, e a partir dele e das decisões posteriores é que se forma a norma. Um segundo sentido refere-se apenas à *ratio decidendi*, isto é, à norma jurídica a ser desenvolvida a partir da decisão enquanto texto a ser interpretado. A construção dessa *norma* é extraída da fundamentação e vai se consolidando por outras decisões que sigam o mesmo entendimento. Tem-se, portanto, na segunda acepção, um aspecto *normativo* do precedente, enquanto, na primeira, vislumbra-se no precedente um fato jurídico de criação normativa, enquanto *fonte do Direito*. A distinção, basicamente, entre *texto* e *norma*, transposta para esses dois conceitos de precedente.

[126] Segundo Mitidiero (*Superação para frente e modulação de efeitos*: precedente e controle de constitucionalidade no Direito brasileiro. São Paulo: Thompson Reuters Brasil, 2021. p. 43), "o precedente é formado a partir da generalização das razões necessárias e suficientes, invocadas para a solução de determinada questão". A partir dessas razões, define-se o sentido de determinados dispositivos e o alcance das normas.

[127] MITIDIERO, Daniel. *Superação para frente e modulação de efeitos*: precedente e controle de constitucionalidade no Direito brasileiro. São Paulo: Thompson Reuters Brasil, 2021. p. 43.

[128] MITIDIERO, Daniel. *Superação para frente e modulação de efeitos*: precedente e controle de constitucionalidade no Direito brasileiro. São Paulo: Thompson Reuters Brasil, 2021. p. 61.

Os precedentes, contudo, não são imutáveis. A superação de entendimentos jurisprudenciais é inerente à dinâmica dos precedentes. Se assim não fosse, o sistema ficaria engessado, impedido de evoluir em face das mudanças de paradigma quanto à interpretação do Direito e da própria sociedade.[129] A superação de entendimentos jurisprudenciais é inerente à dinâmica dos precedentes. Se assim não fosse, o sistema ficaria engessado, impedido de evoluir em face das mudanças de paradigma quanto à interpretação do Direito e da própria sociedade. O Direito muda, em parte, para se adaptar à realidade,[130] e os precedentes, enquanto fontes do Direito, seguem essa dinâmica, devendo ser estáveis, mas não imodificáveis.

Verifica-se superação de precedente quando, a partir do julgamento de determinado caso, são generalizadas razões necessárias e suficientes que diferem do precedente anterior,[131] implicando alteração do sentido e do alcance do Direito anterior. Nessa hipótese, a eficácia do novo precedente pode ser prospectiva, mas não necessariamente. A retroatividade segue sendo a regra no caso da superação, o que constitui tradição tanto nos países do Civil Law quanto nos do Common Law.[132] Especificamente no Direito brasileiro, essa regra de retroatividade está, atualmente, evidenciada a partir do disposto no artigo 927 §3º, do CPC, quando estabelece que pode haver modulação da alteração de jurisprudência.[133]

Aplicar um precedente retroativamente significa invocá-lo para solucionar casos que ocorreram antes do seu advento (via formação ou superação). Como o precedente verte sobre o futuro – e aqui se relembra a distinção traçada há pouco entre precedente e decisão –, é intuitiva a sua comparação à lei, que também visa regrar situações futuras. No entanto, não se pode confundir os dois. A irretroatividade que opera sobre as leis não se aplica à teoria dos precedentes.[134]

---

[129] PEIXOTO, Ravi. *Superação do precedente e modulação de efeitos*. 5. ed. São Paulo: Editora Juspodivm, 2022. p. 277.
[130] ARRUDA ALVIM, Tereza. *Modulação*: na alteração da jurisprudência firme ou de precedentes vinculantes. 2. ed. São Paulo: Thompson Reuters Brasil, 2021. p. 175.
[131] MITIDIERO, Daniel. *Superação para frente e modulação de efeitos*: precedente e controle de constitucionalidade no Direito brasileiro. São Paulo: Thompson Reuters Brasil, 2021. p. 61.
[132] PEIXOTO, Ravi. *Superação do precedente e modulação de efeitos*. 5. ed. São Paulo: Editora Juspodivm, 2022. p. 278.
[133] MITIDIERO, Daniel. *Superação para frente e modulação de efeitos*: precedente e controle de constitucionalidade no Direito brasileiro. São Paulo: Thompson Reuters Brasil, 2021. p. 61.
[134] PEIXOTO, Ravi. *Superação do precedente e modulação de efeitos*. 5. ed. São Paulo: Juspodivm, 2022. p. 302.

Embora a modificação de jurisprudência possa, por vezes, repercutir como uma modificação de lei, não há paralelismo entre as situações. Uma nova legislação sempre implicará quebra no tratamento de determinada matéria em um momento definido no tempo. Se houvesse retroatividade, haveria, inexoravelmente, quebra na previsibilidade, surpresa ao destinatário da norma. Já o precedente pode, por exemplo, ser desgastado aos poucos, até o momento de sua superação, gerando assim uma diminuição gradativa no grau de confiança que inspira.

A circunstância em que a superação de um precedente mais se aproxima da alteração de um texto normativo é quando ocorre uma alteração brusca de entendimento fortemente consolidado sem qualquer espécie de sinalização anterior. Não por acaso, é justamente nesse tipo de situação que se mostra aconselhável a modulação como forma de mitigação dos efeitos retroativos.[135] Essa, no entanto, é apenas uma das conjunturas possíveis em matéria de superação de precedentes, o que ratifica a posição de Ravi Peixoto, no sentido de que "a simples solução da aplicação analógica da irretroatividade das leis não é capaz de abarcar toda a complexidade da atividade jurisdicional, tornando-se inadequada".[136]

Em síntese, o precedente, embora, por definição, esteja voltado ao futuro, na medida em que visa oferecer uma orientação sobre o sentido do Direito para orientar novos casos, possui, como regra, aplicabilidade retroativa aos casos pendentes, o que não significa que não possa vir a ser apenas prospectivo, a depender do contexto e mediante a fundamentação adequada, à luz do artigo 927, §3º, do CPC.[137] O precedente

---

[135] PEIXOTO, Ravi. *Superação do precedente e modulação de efeitos*. 5. ed. São Paulo: Juspodivm, 2022. p. 297-298.

[136] PEIXOTO, Ravi. *Superação do precedente e modulação de efeitos*. 5. ed. São Paulo: Juspodivm, 2022. p. 302. Ao examinar o tema, o autor registra que, no que se refere à eficácia temporal, não se deve equiparar a atividade legislativa à atividade jurisdicional. A utilização da superação prospectiva ou para frente deve ocorrer quando preenchidos os seus requisitos e mediante fundamentação específica do tribunal. "A proibição da retroatividade é uma regra especial aplicada às alterações de textos normativos, porque o Poder Legislativo pode, desde que não haja inconstitucionalidade, implementar qualquer regra legal que desejar, além de não haver qualquer necessidade de utilização de argumentos convincentes". A proibição da retroatividade da legislação visa, assim, contrabalancear a arbitrariedade substancial do texto em uma democracia. A atuação jurisdicional, por sua vez, não pode ser arbitrária. Ela deve estar fundada em argumentos jurídicos, estando a sua validade embasada na qualidade do processo argumentativo. As decisões precisam ser motivadas e baseadas nos textos normativos em vigor. A superação de precedentes, portanto, é limitada pela necessidade de fundamentação e pelos textos normativos. Já a alteração legislativa não está restrita por nenhum desses dois aspectos (PEIXOTO, Ravi. *Superação do precedente e modulação de efeitos*. 5. ed. São Paulo: Juspodivm, 2022. p. 301).

[137] O art. 23 da LINDB, antes examinado, também parece ensejar hipótese de superação de precedente.

pode perfeitamente versar sobre matéria constitucional, no sentido de definir um determinado sentido ao texto da Constituição. No entanto, pelas razões antes expostas, é importante ter à mão a distinção conceitual entre o que seja um precedente em matéria constitucional e uma decisão em sede de controle de constitucionalidade.

A *decisão* de constitucionalidade tem por objeto a determinação da validade de um ato normativo à luz da Constituição. Essa decisão representará um *comando*, que soluciona a controvérsia específica – validade ou invalidade do ato normativo à luz do texto constitucional. Já o *precedente* em matéria constitucional significará uma orientação voltada para o futuro – ainda que com aplicação aos casos pendentes, como regra –, formada a partir das razões de uma decisão e que tem por objeto a outorga de sentido ao texto da Constituição, a definição do alcance da norma constitucional.[138]

Estabelecida essa distinção de modo mais claro, evidencia-se que as finalidades da modulação de efeitos nas duas situações também não são as mesmas. A modulação de efeitos em decisões de controle de constitucionalidade – notadamente, a hipótese do artigo 27 da Lei nº 9.868/99 – visa à proteção da própria Constituição, buscando minimizar os efeitos de uma atuação legislativa inconstitucional, sempre em defesa dos direitos fundamentais. Já a modulação no caso de superação de precedentes (superação para frente) visa atender à necessidade de proteção da confiança legítima, da igualdade e da liberdade de todos perante o Direito em face de um quadro de desgaste de determinado precedente.[139]

A modulação efeitos em superação de precedente corresponde à busca da preservação de atos praticados em conformidade com a ordem jurídica vigente – isto é, conforme o precedente então existente. De outro lado, a modulação de efeitos de decisão que declara a inconstitucionalidade de ato normativo é exatamente o contrário, ela busca a manutenção de efeitos de ato reconhecidamente inconstitucional

---

[138] MITIDIERO, Daniel. *Superação para frente e modulação de efeitos*: precedente e controle de constitucionalidade no Direito brasileiro. São Paulo: Thompson Reuters Brasil, 2021. p. 81.

[139] Segundo Daniel Mitidiero (*Superação para frente e modulação de efeitos*: precedente e controle de constitucionalidade no Direito brasileiro. São Paulo: Thompson Reuters Brasil, 2021. p. 81), "como meio de proteção do princípio da segurança jurídica em função da atuação conforme o direito, a superação para frente aplica-se tanto aos particulares como ao Estado. Como meio de proteção dos direitos fundamentais, a modulação jamais pode premiar a quebra da Constituição".

– portanto, contrário à ordem jurídica vigente –, visando, com isso, evitar uma inconstitucionalidade ainda mais grave.[140]

Assentadas, portanto, essas premissas, avança-se, agora, ao exame dos fundamentos da modulação, que, como visto neste item, poderão não ser os mesmos numa e noutra situação. Inicia-se, pois, pelo enfrentamento da segurança jurídica enquanto fundamento à modulação.

1.4.2 A segurança jurídica enquanto fundamento da modulação

Tratar da segurança jurídica é sempre uma tarefa desafiadora, seja pela sua inegável importância para a própria construção da ideia de Direito, seja pela dificuldade de se definir o seu significado. Diversas são as acepções e implicações possíveis e a doutrina é farta ao tratar do tema. Diante desse contexto, constitui tarefa necessária determinar *qual* a segurança jurídica a que se faz menção quando se examina o instituto da modulação de efeitos. Esse referencial permitirá estabelecer um ponto de partida para o exame, ao final, da modulação de efeitos em matéria tributária.

O primeiro ponto sobre o qual é necessário ter clareza é o de que a segurança jurídica está para além da dimensão psicológica do indivíduo. Ela se posiciona na dimensão axiológica social, enquanto um fenômeno valorativo intersubjetivável e vinculado ao Direito de determinada sociedade.[141] Estabelecida essa premissa, a segurança jurídica pode ser compreendida sob, pelo menos, quatro acepções distintas, a saber: enquanto elemento definitório do Direito; enquanto fato; enquanto valor; e enquanto norma.

A segurança jurídica compreendida enquanto *elemento de definição* do Direito é vista como uma condição estrutural ao ordenamento jurídico, sem o qual sequer se poderia cogitar de um ordenamento *jurídico*. Trata-se, portanto, de aspecto intrínseco à própria noção de Direito.[142]

---

[140] MITIDIERO, Daniel. *Superação para frente e modulação de efeitos*: precedente e controle de constitucionalidade no Direito brasileiro. São Paulo: Thompson Reuters Brasil, 2021. p. 81-82. Essa razão, inclusive, é, para o autor, uma causa para que o quórum exigido para a modulação se qualificado no caso de decisão em controle de constitucionalidade (art. 27 da Lei nº 9.868/99 e simples para o caso de superação de precedente (art. 927, §3º, do CPC/15).

[141] ÁVILA, Humberto. *Teoria da segurança jurídica*. 6. ed. São Paulo: Malheiros, 2021. p. 122.

[142] ÁVILA, Humberto. *Teoria da segurança jurídica*. 6. ed. São Paulo: Malheiros, 2021. p. 124-125.

A acepção de segurança jurídica enquanto *fato*, por sua vez, diz respeito à sua aferibilidade concreta. As proposições alusivas à segurança jurídica nesse sentido específico estão relacionadas a um juízo fático acerca do que se julga existir no plano da realidade. Trata-se da possibilidade de se prever, concretamente, as implicações jurídicas de fatos e comportamentos.[143]

Já a segurança jurídica enquanto *valor* faz referência a um juízo valorativo sobre algo que se julga deveria existir. Denota uma asserção a um estado desejável, por razões sociais, culturais ou econômicas, mas não exatamente por uma imposição normativa.[144]

Finalmente, a segurança jurídica enquanto *norma* caracteriza-se como uma prescrição normativa por meio da qual se estabelece, de modo direto ou indireto, algo como sendo permitido, proibido ou obrigatório. O emprego da segurança jurídica sob essa acepção denota, assim, um juízo prescritivo acerca daquilo que deve ser buscado conforme determinado ordenamento jurídico, diferenciando-se dos sentidos *fático* e *valorativo* antes mencionados. Uma coisa é o *fato* de as decisões judiciais confirmarem, ou não, as previsões feitas a partir de outras decisões até então proferidas (dimensão *fática*). Outra coisa é o debate sobre ser *melhor* ou *preferível* um ordenamento em que as consequências são previsíveis (dimensão *axiológica*). E outra ainda diferente das duas precedentes é a *obrigação* de os tribunais aplicarem as normas do ordenamento de modo a aumentar a probabilidade de previsão das suas decisões por parte dos operadores do Direito (dimensão *normativa*). Trata-se, assim, de definições que se situam em planos diferentes e que, embora possam estar correlacionadas, não devem ser confundidas.[145]

O sentido da segurança jurídica a ser examinado neste estudo corresponde ao de *norma jurídica*, mais especificamente da espécie *princípio*. Isso porque diz respeito a um "estado ideal de coisas que deve ser buscado mediante a adoção de condutas que produzam efeitos que contribuam para a sua promoção".[146]

---

[143] ÁVILA, Humberto. *Teoria da segurança jurídica*. 6. ed. São Paulo: Malheiros, 2021. p. 126.
[144] ÁVILA, Humberto. *Teoria da segurança jurídica*. 6. ed. São Paulo: Malheiros, 2021. p. 126-127.
[145] ÁVILA, Humberto. *Teoria da segurança jurídica*. 6. ed. São Paulo: Malheiros, 2021. p. 128.
Se fosse para traçar um paralelo com Dworkin, seria possível dizer que as três acepções estão correlacionadas aos âmbitos de desacordo possíveis, na teoria interpretativista. A segurança jurídica enquanto *fato* estaria no âmbito dos desacordos empíricos. A segurança jurídica enquanto *valor* estaria no âmbito dos desacordos morais. E somente a segurança jurídica enquanto *norma* estaria no âmbito dos desacordos teóricos.
[146] ÁVILA, Humberto. *Teoria da segurança jurídica*. 6. ed. São Paulo: Malheiros, 2021. p. 127.

Com efeito, diferentemente da estrutura normativa das regras, cujo modelo deôntico regular traz uma hipótese e uma consequência (podendo ser representado, assim, pela expressão "se, então"), a estrutura normativa dos princípios estabelece apenas o ideal almejado, sem definir previamente o meio a ser adotado para atingir tal finalidade (por essa razão, o modelo dos princípios pode ser simbolizado pela expressão "para, então é preciso").[147] É precisamente essa a estrutura que melhor reflete a segurança jurídica enquanto norma.

Tal distinção é de suma importância, porquanto as perguntas essenciais à compreensão da segurança jurídica na condição de norma-princípio são diferentes daquelas que se formulariam caso se estivesse a examinar uma regra jurídica. No caso do princípio, tem-se, como já mencionado, uma correlação entre estado de coisas, efeitos e condutas. Portanto, na busca de uma objetividade discursiva quanto ao conteúdo do princípio da segurança jurídica, é preciso definir quais os fins almejados – qual o sentido atribuído a esse estado de coisas, a que objeto se referem, o que lhes serve de parâmetro, em qual momento, em que medida devem ser atingidos – e quais os meios para atingi-los –, quais as condutas necessárias e quem deverá adotá-las.[148]

Iniciando-se pelos *fins* almejados, insta compreender no que consiste esse estado ideal de coisas, ou melhor: segurança em que sentido? Em primeiro lugar, sob uma perspectiva estática e atemporal, tem-se a *cognoscibilidade*, elemento que tem por objetivo permitir ao sujeito compreender os sentidos possíveis do Direito, em oposição a uma ideia de *determinação* – que indicaria a necessidade de se estabelecer com

---

[147] ÁVILA, Humberto. *Teoria da segurança jurídica*. 6. ed. São Paulo: Malheiros, 2021. p. 130-131. Segundo o autor (*Teoria dos princípios*: da definição à aplicação dos princípios jurídicos. 15. ed. São Paulo: Malheiros, 2014. p. 102), "as regras são normas imediatamente descritivas, primariamente retrospectivas e com pretensão de decidibilidade e abrangência, para cuja aplicação se exige a avaliação da correspondência, sempre centrada na finalidade que lhes dá suporte ou nos princípios que lhes são axiologicamente sobrejacentes, entre a construção conceitual da descrição normativa e a construção conceitual dos fatos". Já "os princípios são normas imediatamente finalísticas, primariamente prospectivas e com pretensão de complementariedade e de parcialidade, para cuja aplicação se demanda uma avaliação da correlação entre o estado de coisas a ser promovido e os efeitos decorrentes da conduta havida como necessária à sua promoção".

[148] Transpondo esses aspectos perguntas, Humberto Ávila (*Teoria da segurança jurídica*. 6. ed. São Paulo: Malheiros, 2021. p. 133) elenca os seguintes quesitos essenciais: "Segurança em que sentido? – aspecto finalístico-material; Segurança do quê? – aspecto finalístico-objetivo; Segurança para quem, na visão de quem e por quem? – aspecto finalístico-subjetivo; Segurança a ser realizada quando e a ser aferida quando? – aspecto finalístico-temporal; Segurança em que medida? – aspecto finalístico-quantitativo; Segurança como? – aspecto instrumental-material; Segurança por quem? – aspecto instrumental-pessoal".

exatidão e univocidade o conteúdo das normas.[149] Em segundo lugar, sob uma perspectiva dinâmica e intertemporal, tem-se a *confiabilidade* e a *calculabilidade*. A *confiabilidade* exprime a ideia de estabilidade na mudança, de segurança no movimento. Trata-se de proteção às situações consolidadas em face das alterações no ordenamento e que, portanto, pressupõe a possibilidade de mudança, em contraponto a uma noção de *imutabilidade*.[150] Já a *calculabilidade* traduz a noção de que o sujeito deve ser capaz de prever, em grande medida, os limites da intervenção a ser promovida pelo poder público em sua esfera privada. Isso não se confunde com uma expectativa de certeza absoluta acerca do Direito no futuro, o que corresponderia a uma exigência de *previsibilidade*.[151] Tem-se, assim, a compreensão de segurança jurídica no sentido de *cognoscibilidade, confiabilidade* e *calculabilidade*.

---

[149] A isso, Canotilho (*Direito Constitucional e teoria da Constituição*. 7. ed. Coimbra: Almedina, 2003, p. 258) denomina de "princípio da precisão ou determinabilidade dos actos normativos". Ou seja, trata-se da ideia de necessidade de uma conformação material e formal dos atos normativos em termos linguisticamente claros, compreensíveis e não contraditórios. A ideia de determinabilidade tem como premissa a noção de que não há um sentido único e inequívoco capaz de alicerçar a solução jurídica para um caso concreto. Humberto Ávila (*Teoria da segurança jurídica*. 6. ed. São Paulo: Malheiros, 2021. p. 269) sintetiza o conceito de cognoscibilidade como sendo a capacidade do sujeito de ter "acesso material e intelectual ao conceito normativo, ainda que se saiba que esse conceito, embora apresente um halo de certeza ou um núcleo de significação (...), pode apresentar, em maior ou menor medida, margens de indeterminação (...)".

[150] Humberto Ávila (*Teoria da segurança jurídica*. 6. ed. São Paulo: Malheiros, 2021. p. 270) sintetiza a *confiabilidade* explicando que ela exprime a ideia de que as modificações no Direito "devem assegurar estabilidade e continuidade normativas", como condição para que o sujeito possa livremente plasmar sua vida, tendo assegurados no presente os direitos que conquistou no passado (ÁVILA, Humberto. *Constituição, liberdade e interpretação*. São Paulo: Malheiros, 2019. p. 20). Ao abordar o tema, Canotilho (*Direito Constitucional e teoria da Constituição*. 7. ed. Coimbra: Almedina, 2003, p. 259-260) registrar que, sob uma perspectiva objetiva, exige-se da ordem jurídica uma durabilidade e permanência, de modo a proporcionar paz jurídico social e das situações jurídicas; de outro lado, sob uma perspectiva subjetiva, exige-se a confiança na permanência das respectivas situações jurídicas. Daí a ideia de "uma certa medida de confiança na actuação dos entes públicos dentro das leis vigentes e de uma certa protecção dos cidadãos no caso de mudança legal necessária para o desenvolvimento da actividade dos poderes públicos".

[151] ÁVILA, Humberto. *Teoria da segurança jurídica*. 6. ed. São Paulo: Malheiros, 2021. p. 140-144; PEIXOTO, Ravi. *Superação do precedente e modulação de efeitos*. 5. ed. São Paulo: Juspodivm, 2022. p. 44-52. Humberto Ávila (*Teoria da segurança jurídica*. 6. ed. São Paulo: Malheiros, 2021. p. 285) define a *calculabilidade* como "um estado de coisas em que o cidadão tem, em grande medida, a capacidade de antecipar e de medir o espectro reduzido e pouco variável de consequências atribuíveis abstratamente a atos, próprios e alheios, ou a fatos, e o espectro reduzido de tempo dentro do qual a consequência definitiva será aplicada". Em suma, só terá o indivíduo condições de calcular razoavelmente as consequências que serão aplicadas no futuro aos atos que praticar no presente quando o Direito for minimamente previsível. E isso ocorrerá se as mudanças forem de alguma forma antecipáveis, que elas não sejam repentinas e que não sejam drásticas (ÁVILA, Humberto. *Constituição, liberdade e interpretação*. São Paulo: Malheiros, 2019. p. 20).

Examina-se, agora, o objeto a que se refere a segurança jurídica, ou segurança em relação ao quê? O objeto da segurança jurídica, sob a perspectiva das normas jurídicas, pode dizer respeito a *uma norma específica*, ao *ordenamento jurídico* como um todo, e também à *forma de aplicação* das normas. Nesse sentido, os ideais de *cognoscibilidade*, *confiabilidade* e *calculabilidade* antes mencionados podem fazer referência separadamente a esses três aspectos, de forma conjunta ou isolada. Isto é, pode-se cogitar de uma *norma* perfeitamente cognoscível, mas elevadamente instável, a caracterizar um baixo índice de segurança jurídica do *ordenamento jurídico*; ou de um *ordenamento jurídico* em que as *normas*, embora estáveis, são ininteligíveis; ou ainda de um *ordenamento jurídico* estável e com *normas* inteligíveis, mas cuja *aplicação* é não uniforme ou arbitrária, sem adequada fundamentação e justificação pelos órgãos que as aplicam.[152] Aqui já é possível perceber a importância de se definir o *objeto* a que se está a fazer referência quando se examina a segurança jurídica.

Para além do aspecto normativo, pode-se falar ainda em segurança jurídica sob uma perspectiva comportamental, referindo-se à possibilidade de se antever as reações dos órgãos jurídicos às ações ou omissões *próprias* do sujeito, às ações ou omissões de *terceiros* (o que os outros poderão fazer ou exigir) e aos *fatos* (decurso do tempo, por exemplo).[153]

O *modo de compreensão* desses objetos possíveis, por sua vez, é também relevante. Na medida em que se admite que as consequências jurídicas dependem de um processo argumentativo de reconstrução de significado e que não há um conteúdo previamente dado e unívoco para os textos normativos, admite-se, por consequência, que a segurança jurídica diz respeito a um *processo argumentativo* sobre esses objetos. Ou seja, pode-se compreender como caracterizada a segurança jurídica quando o sujeito dispõe de condições para conhecer e calcular o Direito,

---

[152] ÁVILA, Humberto. *Teoria da segurança jurídica*. 6. ed. São Paulo: Malheiros, 2021. p. 156-160.

[153] ÁVILA, Humberto. *Teoria da segurança jurídica*. 6. ed. São Paulo: Malheiros, 2021. p. 160-163. Nesse aspecto, Ravi Peixoto (*Superação do precedente e modulação de efeitos*. 5. ed. São Paulo: Juspodivm, 2022. p. 55-56) bem sintetiza o tema, ao mencionar que "a referência ao aspecto objetivo da segurança jurídica está relacionada com a capacidade de previsão da ação ou inação de um terceiro como consequência de um ato ou fato comissivo ou omissivo do sujeito de direito e que seja juridicamente relevante. Essa ação ou inação pode ser uma decisão, um ato administrativo, um texto normativo, qualquer ato que possa vir a violar a segurança jurídica, seja ela em seu aspecto objetivo, quando atinge um sem número de pessoas, como de uma pessoa específica, em determinado caso".

no sentido de compreender as estruturas e os critérios de argumentação que embasam a construção do seu conteúdo.[154]

No que se refere ao que serve de parâmetro à segurança jurídica, é possível indagar a quem se dirige à segurança jurídica, ou, segurança jurídica para quem? Para *o cidadão*, para *os cidadãos*, para *o Estado*? A segurança jurídica pode, em primeiro lugar, assumir uma dimensão individual quando visa resguardar interesses particulares. É possível exemplificar, nesse caso, garantias como o direito adquirido, o ato jurídico perfeito e a coisa julgada, que operam de forma concreta, relativamente a um indivíduo determinado. Pode ela, em segundo lugar, referir-se aos cidadãos, à coletividade. A modulação de efeitos em controle de constitucionalidade é um excelente exemplo de segurança jurídica nessa dimensão. Assim, também, a repercussão geral em controle difuso de constitucionalidade. Nessa ótica, a segurança jurídica assume a função de preservar a ordem jurídica como um todo.

Em terceiro lugar, coloca-se a questão polêmica de saber se a segurança jurídica pode se dirigir ao Estado. Sob uma perspectiva objetiva, enquanto princípio que impõe ideais de cognoscibilidade, confiabilidade e calculabilidade do ordenamento, parece adequado supor que sim, pois trata-se de predicados necessários ao bom funcionamento do ente estatal.[155] Por outro lado, considerada a segurança jurídica em sua acepção subjetiva, levantam-se obstáculos relevantes à sua consideração em favor do Estado. Humberto Ávila pondera que, na sua eficácia reflexiva e subjetiva, a segurança jurídica opera como proteção da confiança e se desenvolve sob o influxo dos direitos fundamentais, e não apenas do Estado de Direito. Nesse contexto, a questão é que o Estado não detém um substrato pessoal de vinculação com o exercício de direitos fundamentais na sua eficácia defensiva e protetiva, a qual somente pode ser invocada pelo cidadão (exatamente *contra* o Estado). Segundo o autor, "o Estado é uma instituição objetiva, não

---

[154] ÁVILA, Humberto. *Teoria da segurança jurídica*. 6. ed. São Paulo: Malheiros, 2021. p. 169.

[155] Ainda assim, em determinadas situações, manter os efeitos da norma ou ato reconhecido como inconstitucional pode, em vez de proteger a estabilidade do ordenamento, causar problemas de credibilidade, de estabilidade e de calculabilidade. Isso é verificável, especialmente, quando a decisão em controle de constitucionalidade acaba por não desvalorizar a edição de uma norma contrária à Constituição pelo Estado, mas por estimular que se reincida na edição de normas inconstitucionais pelo benefício decorrente da própria ilicitude. Esse efeito é recorrentemente aferível nas modulações em matéria tributária, quando se permite que o ente estatal fique com o produto da arrecadação oriundo de uma relação tributária inquinada inconstitucional (ÁVILA, Humberto. *Teoria da segurança jurídica*. 6. ed. São Paulo: Malheiros, 2021. p. 173).

uma pessoa humana; não exerce liberdade, mas competência e poder; não tem dignidade; não é destinatário das normas, mas seu editor". Por essas razões, não poderia o ente estatal invocar o princípio da proteção da confiança (perspectiva subjetiva) visando, por exemplo, manter os efeitos de uma norma tributária reputada por inconstitucional, sob o argumento de que teria nela confiado, uma vez que a segurança jurídica, aqui, estaria reconstruída a partir dos direitos fundamentais de liberdade e de propriedade.[156]

Ainda quanto aos parâmetros da segurança jurídica, é necessário questionar sob qual perspectiva há de se examinar a sua caracterização, ou melhor: segurança jurídica na visão de quem? Considera-se haver cognoscibilidade, confiabilidade e calculabilidade na perspectiva do *cidadão comum*, do *operador do Direito* ou do próprio *Estado*? Essa indagação é bastante importante, pois a resposta pode ser completamente diferente a depender da ótica sob a qual se enfrenta a questão. Alguns vícios podem ser perfeitamente previsíveis a um especialista em Direito Tributário, mas imperceptíveis para um leigo nessa matéria. Da mesma forma, pode-se estar diante de norma compreensível a um técnico, mas ininteligível a um contribuinte sem a devida assessoria. É possível que essa perspectiva varie, a depender da relação em exame.

---

[156] ÁVILA, Humberto. *Teoria da segurança jurídica*. 6. ed. São Paulo: Malheiros, 2021. p. 172-174. Neste ponto, cumpre fazer uma observação relevante. Ao examinar essa exata questão, Ravi Peixoto (*Superação do precedente e modulação de efeitos*. 5. ed. São Paulo: Juspodivm, 2022. p. 54-55) registra que em algumas situações a segurança jurídica pode ser exigida pelo Estado a depender das relações interesubjetivas. Pode-se imaginar, nesse sentido, a tutela da segurança jurídica nas relações entre unidades da Federação, ou mesmo em relações contratuais entre Estado e particular. Sobre a impossibilidade de o ente Estatal ser titular de direitos fundamentais, anota o autor, ainda, tratar-se de questão polêmica, pois não seria adequado simplesmente afirmar que o Estado não dispõe de direitos fundamentais. A depender do caso concreto, pode o Estado vir a titularizá-los, a exemplo dos direitos fundamentais processuais. A crítica é pertinente e gera reflexão interessante. Humberto Ávila (*Teoria da segurança jurídica*. 6. ed. São Paulo: Malheiros, 2021. p. 173-174) é bastante específico ao tratar da questão, deixando claro que ele examina o tema sob a perspectiva dos direitos fundamentais na sua eficácia "defensiva e protetiva", notadamente diante de relações tributárias, que tratam de uma contraposição entre cidadão e Estado em que, efetivamente, só se pode falar em proteção do particular à luz dos direitos fundamentais de liberdade, propriedade e dignidade, e na condição de destinatário da norma. Não obstante – e esse é o ponto central desta breve digressão –, o que sempre parece precisar ser avaliado é a relação jurídica em exame e a posição ocupada pelo Estado. Dito de outro modo, é necessário ter em mente qual *papel* ocupado pelo Estado na relação em discussão, para que seja possível avaliar se ele pode, ou não, invocar a proteção da confiança. Quando se estiver diante de relação de natureza tributária, que é a examinada neste estudo, especificamente, concorda-se com Humberto Ávila de que a resposta há de ser negativa para a possibilidade de o Estado invocar a segurança jurídica na sua perspectiva subjetiva de proteção da confiança.

Todavia, das três apresentadas, parece não ser adequado tecer um juízo acerca da capacidade de se conhecer, confiar e calcular o Direito sob a perspectiva do Estado, ante as mesmas razões já apresentadas quanto ao destinatário da segurança jurídica. Isso porque é o ente estatal quem edita a norma, e não o seu destinatário. Nesse sentido, devem-se avaliar a cognoscibilidade, a confiabilidade e a calculabilidade na perspectiva de quem deve cumprir a norma, e não na de quem a impõe; na perspectiva de quem deve compreendê-la, e não na de quem a concebe.[157]

Examinados os possíveis parâmetros, cumpre verificar em qual momento se vislumbra o atendimento à segurança jurídica. Em termos de pergunta, é dizer: segurança jurídica quando? Perceba-se que a pretensão de promover a segurança jurídica em *um momento* pode conduzir à sua restrição *em outro*. A modulação de efeitos, novamente, é um excelente exemplo desse fenômeno: ao se decidir manter os efeitos de uma norma inquinada inconstitucional, visando, com isso, promover a segurança jurídica quanto ao *passado*, pode-se criar um problema de segurança jurídica quanto ao *presente* – porque tal medida acarreta incerteza quanto às normas a serem obedecidas – e quanto ao *futuro* – pois a decisão gera incerteza também quanto aos efeitos a serem futuramente atribuídos aos atos praticados no presente. Portanto, ao se examinar a segurança jurídica sob uma ótica temporal, soa recomendável que se considerem suas implicações no *presente*, no *passado* e no *futuro*, de modo a compreender se sua preservação no presente e no passado não se darão às custas da sua realização no futuro. Como alerta Humberto Ávila, "sempre que se mantém um ato contrário às normas válidas e vigentes no momento da sua prática está-se convalidando, hoje, o ilícito de ontem e, com isso, pode-se estimular, hoje, o ilícito de amanhã".[158]

É possível, também, questionar acerca do parâmetro quantitativo para a verificação da segurança jurídica, ou, dito de outro modo:

---

[157] ÁVILA, Humberto. *Teoria da segurança jurídica*. 6. ed. São Paulo: Malheiros, 2021, p. 174-176. Valem aqui as mesmas observações tecidas na nota de rodapé anterior, acerca do Estado enquanto destinatário da segurança jurídica. A *perspectiva* sob a qual se avalia a existência de segurança jurídica irá variar conforme a situação. Nesse sentido, pode ser que haja situações em que a avaliação tenha de ocorrer sob a perspectiva do ente estatal. Isso, todavia, não parece ser possível quando se estiver diante de uma relação jurídico-tributária entre contribuinte e Estado.

[158] ÁVILA, Humberto. *Teoria da segurança jurídica*. 6. ed. São Paulo: Malheiros, 2021. p. 180-184.

segurança jurídica em que medida? Quanto à *grandeza*, pode-se compreender a segurança jurídica como *certeza* ou como *determinabilidade*. Essa dicotomia guarda íntima relação com o *modo de compreensão* dos objetos possíveis da segurança jurídica. Com efeito, a noção de segurança jurídica enquanto *certeza* (absoluta) sobre o conteúdo de sentido do Direito parte de uma concepção objetivista de interpretação; toma o Direito como objeto dado e se orienta por uma lógica *tudo ou nada*. Já a noção de segurança jurídica enquanto *determinabilidade* parte de um ideal de certeza (relativa), tomando por base a possibilidade de o cidadão ser capaz de prever, com alto grau de determinação, o conteúdo do Direito a que está sujeito ou a estrutura argumentativa por meio da qual esse conteúdo é determinado. Nessa acepção, que se mostra mais adequada do que a primeira, a segurança jurídica se coloca como instrumento de controle racional contra a arbitrariedade argumentativa.[159]

Estando a segurança jurídica norteada por uma grandeza *relativa*, é decorrência lógica perquirir-se o *quanto* de segurança jurídica (*mais ou menos*)? Essa calculabilidade pode ser medida tanto em termos de sua *profundidade* – que diz respeito ao número de consequências previsíveis e o período de tempo dentro do qual podem se implementar – e em termos de sua *extensão* – que diz respeito ao número de sujeitos capazes de exercer essa calculabilidade.

Verificadas as *grandezas* possíveis, importa compreender quais os *métodos* de exame da segurança jurídica – o que, de certo modo, está conectado com o próprio sentido de segurança jurídica examinado no início deste tópico. O exame pode ser *fático* – uma verificação estatística acerca de determinada base factual, e quanto mais previsões forem confirmadas na prática, mais seguro será considerado o Direito – ou pode ser *normativo* –, caso em que a verificação é jurídica, e quanto mais restarem atendidas as condições previstas *in abstracto*, mais seguro será o Direito.[160]

Ao passo que se considera que a quantificação da segurança jurídica é relativa (*mais ou menos*, e não *tudo ou nada*), constata-se que não será toda e qualquer restrição à cognoscibilidade, à confiabilidade e à calculabilidade que ensejará uma ofensa a esse princípio. Portanto, a questão residirá em definir a partir de qual ponto passa a ocorrer a violação. No caso específico da modulação de efeitos, equivaleria a

---

[159] ÁVILA, Humberto. *Teoria da segurança jurídica*. 6. ed. São Paulo: Malheiros, 2021. p. 187.
[160] ÁVILA, Humberto. *Teoria da segurança jurídica*. 6. ed. São Paulo: Malheiros, 2021. p. 191.

dizer que, do ponto de vista quantitativo, a aplicação da medida com base nesse fundamento demandaria a verificação de que a retroação dos efeitos do reconhecimento de inconstitucionalidade ensejaria *muita insegurança*.[161]

Examinadas as acepções possíveis da segurança jurídica quanto aos *fins* almejados, examinam-se, a partir de agora, quais os *meios* para atingi-los, mais especificamente, quais as condutas necessárias e quem deve adotá-las.

Os *meios* para a promoção da segurança jurídica são, naturalmente, comportamentos humanos que provoquem efeitos capazes de contribuir para um estado de cognoscibilidade, confiabilidade e calculabilidade do Direito. Embora a primeira parte seja, em certa medida, intuitiva – pois o Direito se dirige ao comportamento humano –, o registro é relevante, sobretudo, pelo fato de que a conduta devida não deve ser verificada apenas pela sua conceituação, mas sim pelos *efeitos* relativamente ao estado de coisas almejado. A constatação da segurança jurídica não residirá na conceituação da conduta "A" ou "B", praticada do modo "X" ou "Y", à luz de determinada hipótese abstrata, mas sim nos *efeitos* que essa conduta acarreta, isto é, se esses efeitos promovem ou não a capacidade de se conhecer o Direito, de calculá-lo e de nele se confiar.[162]

Por último, *quem* deverá adotar as condutas tendentes à promoção da segurança jurídica? A resposta abrange os três poderes do Estado: Legislativo, Executivo e Judiciário devem agir de modo a assegurar um estado de cognoscibilidade, de confiabilidade e de calculabilidade do Direito.[163] Ao Legislativo incumbe editar normas de modo a determinar adequadamente as hipóteses de incidência, preservar direitos adquiridos, evitar surpresas mediante transições bruscas de regulamentação, dentre outros inúmeros aspectos. Ao Executivo impõem-se deveres como não revogar atos anteriores com base nos quais o particular tenha pautado sua conduta; editar normas de transição quando houver transições abruptas de entendimento etc.

---

[161] ÁVILA, Humberto. *Teoria da segurança jurídica*. 6. ed. São Paulo: Malheiros, 2021. p. 192-193.

[162] ÁVILA, Humberto. *Teoria da segurança jurídica*. 6. ed. São Paulo: Malheiros, 2021. p. 199-201.

[163] ÁVILA, Humberto. *Teoria da segurança jurídica*. 6. ed. São Paulo: Malheiros, 2021. p. 201; No mesmo sentido, Canotilho (*Direito Constitucional e teoria da Constituição*. 7. ed. Coimbra: Almedina, 2003. p. 257) registra que "os postulados da segurança jurídica e da proteção da confiança são exigíveis perante qualquer acto de qualquer poder – legislativo, executivo e judicial".

E ao Judiciário incumbe decidir de forma adequadamente fundamentada, evitar mudanças jurisprudenciais retroativas e assegurar a estabilidade da jurisprudência, dentre outros incontáveis deveres. Claramente, para os propósitos do exame da segurança jurídica na modulação de efeitos, a conduta do Judiciário ganha inconteste relevo.[164]

Examinadas as acepções possíveis da segurança jurídica quanto aos seus elementos, cumpre agora analisar os seus fundamentos para, então, enfrentar em que sentido se pode falar em segurança jurídica quando se aborda, especificamente, a modulação de efeitos.

Compreendendo-se a segurança jurídica enquanto norma jurídica, deve ela possuir fundamento, evidentemente, no Direito. No contexto brasileiro, é a Constituição Federal de 1988 que irá definir os sentidos mais adequados, dentre os tantos possíveis anteriormente abordados. Embora a ideia de segurança jurídica seja inerente à própria noção de Direito,[165] é necessário compreender em que termos esse princípio é densificado no ordenamento jurídico para fins de orientar e limitar a atuação estatal.[166]

A palavra "segurança" pode ser encontrada em uma série de dispositivos da CF/88. Sua primeira aparição, já no Preâmbulo do texto constitucional,[167] denota uma promessa de estabilidade enquanto

---

[164] Ao examinar esse mesmo aspecto, Ravi Peixoto (*Superação do precedente e modulação de efeitos*. 5. ed. São Paulo: Juspodivm, 2022. p. 55) pontua que embora o Estado, por meio de seus três poderes, seja o principal promotor da segurança jurídica, ele também não pode ser o único. Segundo ele, os demais sujeitos do Direito também detêm uma parcela de responsabilidade pela promoção desse princípio. Exemplifica que, "uma grande empresa nacional, ao modificar constantemente os seus regulamentos relativos aos contratos com seus fornecedores, especialmente sem a devida publicidade dessas alterações, dificultando uma relação negocial constante, pode dificultar a promoção da segurança jurídica de forma mais danosa do que as atuações de um pequeno município".

[165] Segundo Ana Paula Ávila (*Modulação de efeitos temporais pelo STF no controle de constitucionalidade*: ponderação e regras de argumentação para a interpretação conforme a constituição do art. 27 da Lei nº 9.868/99. Porto Alegre: Livraria do Advogado, 2009. p. 146), trata-se de ideia tão antiga no Direito que importantes teóricos, como Radbruch, consideram-na, ao lado do ideal de justiça, como os únicos elementos universalmente válidos da ideia de Direito.

[166] ÁVILA, Humberto. *Teoria da segurança jurídica*. 6. ed. São Paulo: Malheiros, 2021. p. 207.

[167] Como explica Ravi Peixoto (*Superação do precedente e modulação de efeitos*. 5. ed. São Paulo: Juspodivm, 2022. p. 63), embora o STF tenha precedentes negando natureza jurídico-normativa ao Preâmbulo da CF/88, esse posicionamento vem sendo mitigado, mediante a utilização dos valores e objetivos constante desse trecho do texto constitucional como reforço argumentativo em decisões da própria Corte, a revelar, no mínimo, um papel de vetor interpretativo. Para Humberto Ávila (*Teoria da segurança jurídica*. 6. ed. São Paulo: Malheiros, 2021. p. 220), a própria natureza do preâmbulo estabelece, de um lado, "um compromisso intertemporal, isto é, destinado a permanecer no futuro, em manifesta vinculação com a ideia de continuidade do ordenamento jurídico", e, de outro,

valor social, ao exteriorizar a pretensão de se instituir "um Estado Democrático, destinado assegurar [dentre outros direitos e valores] a segurança". No artigo 5º, *caput*, é possível vislumbrar novamente o emprego da expressão, quando assegura aos brasileiros e aos estrangeiros residentes no país "a inviolabilidade do direito à vida, à liberdade, à igualdade, à segurança e à propriedade".

Uma primeira leitura do dispositivo poderia sugerir que a menção é feita apenas quanto à segurança física, e não jurídica. No entanto, é de se considerar que várias das expressões empregadas no artigo 5º trazem consigo uma elevada carga de ambiguidade. A proteção do direito à "vida", por exemplo, pode significar simplesmente a vida biológica ou a preservação de um conjunto de bens jurídicos essenciais a uma existência digna; a expressão *liberdade* pode fazer referência apenas ao direito de se locomover, ou também ao direito de plasmar com autonomia sua própria existência. O ponto, aqui, é que a falta da qualificação *jurídica* ao lado da expressão *segurança* não deve conduzir à conclusão de que somente a segurança física, como garantia de incolumidade do cidadão em face de ameaças externas, estaria assegurada no texto constitucional. Aliás, muito pelo contrário, a leitura sistêmica da integralidade do artigo 5º leva a crer que a segurança está contemplada em toda a sua abrangência: física e, especialmente, jurídica.[168] Isso porque, dentre os direitos fundamentais catalogados nesse artigo, há vários relacionados à segurança física (do que são exemplos a proteção da residência e a garantia do *habeas corpus* contra restrições abusivas da liberdade) e tantos outros relacionados ao ideal de segurança jurídica (do que é evidente exemplo a proteção ao ato jurídico perfeito, ao direito adquirido e à coisa julgada).[169]

Essa fundamentação é a que se pode chamar de *direta*, a qual corresponde a uma proteção expressa da própria *segurança* (caso do *caput* do artigo 5º) ou à proteção de uma eficácia reflexiva do princípio da segurança jurídica (como é o caso do disposto no inciso XXXVI). Mas há também uma fundamentação que se pode denominar de *indireta*, consistente na existência de regras e princípios constitucionais que, a

---

"exterioriza a vinculação com a obediência à ordem recém-estabelecida, instituindo, com isso, uma promessa de estabilidade".

[168] ÁVILA, Humberto. *Teoria da segurança jurídica*. 6. ed. São Paulo: Malheiros, 2021. p. 220-221.

[169] ÁVILA, Humberto. *Teoria da segurança jurídica*. 6. ed. São Paulo: Malheiros, 2021. p. 221-222; PEIXOTO, Ravi. *Superação do precedente e modulação de efeitos*. 5. ed. São Paulo: Juspodivm, 2022. p. 63.

depender da perspectiva sob a qual são examinados, revelam meios ou fins a partir dos quais é possível *deduzir* ou *induzir* os elementos estruturantes da segurança jurídica.[170]

Quando a CF/88 impõe a busca por fins mais amplos, como o Estado de Direito, é possível *deduzir* dessa determinação fins mais restritos e necessários à sua realização, tais quais os ideais de cognoscibilidade, confiabilidade e calculabilidade. Nessa hipótese, a constatação acerca dos elementos da segurança jurídica se dá por *dedução*, pois o estado ideal de coisas almejado pelo princípio do Estado de Direito é mais amplo do que aquele almejado pelo princípio da segurança jurídica, mas o último é necessário ao atendimento do primeiro.

Já quando a CF/88 impõe a busca de fins mais específicos, como a proteção do direito adquirido, do ato jurídico perfeito e da coisa julgada (artigo 5º, XXXVI), a garantia do acesso ao Judiciário (artigo 5º, XXXV), a garantia da legalidade (artigo 5º, inciso II), as garantias do devido processo legal (artigo 5º, LIV), da ampla defesa e do contraditório (artigo 5º, inciso LV), até as mais específicas, como a publicidade administrativa (artigo 37, *caput*), as regras atributivas de competência aos tribunais para fixar o entendimento sobre determinadas matérias (artigos 102 e 105), as garantias da legalidade e da anterioridade em matéria tributária (artigo 150, incisos I e III, alíneas 'b' e 'c'), dentre outros inúmeros exemplos, tem-se a possibilidade de se *induzirem*, a partir deles, fins maiores que compõem o estado ideal de cognoscibilidade, de confiabilidade e de calculabilidade visado pela segurança jurídica.[171]

Constata-se, assim, que a CF/88 protege a segurança jurídica de diversas formas, simultaneamente: de modo direto, mediante a imposição da busca de ideais que a pressupõe, estabelecendo ideais que a instrumentalizam e prevendo comportamentos necessários à realização dos ideais que a compõem.[172] Para além disso, a própria estrutura do sistema constitucional brasileiro conduz à compreensão da busca pela proteção da segurança jurídica. A CF/88 é uma Constituição regulatória, minudente ao dispor sobre a distribuição de competências, sobre os direitos e deveres, sobre os procedimentos. Essa opção do constituinte por dispor em nível constitucional sobre tais aspectos

---

[170] ÁVILA, Humberto. *Teoria da segurança jurídica*. 6. ed. São Paulo: Malheiros, 2021. p. 210.
[171] ÁVILA, Humberto. *Teoria da segurança jurídica*. 6. ed. São Paulo: Malheiros, 2021. p. 210-211; PEIXOTO, Ravi. *Superação do precedente e modulação de efeitos*. 5. ed. São Paulo: Juspodivm, 2022. p. 66-68.
[172] ÁVILA, Humberto. *Teoria da segurança jurídica*. 6. ed. São Paulo: Malheiros, 2021. p. 212.

revela, em si, uma preocupação com a segurança jurídica. Sob tal ótica, pode-se afirmar que os seus fundamentos não estão apenas contidos no que o texto constitucional *prevê*, mas também no *modo* como a Constituição o faz.[173]

Considerando tudo isso, Humberto Ávila esboça um conceito de segurança jurídica a partir dos seus elementos possíveis antes examinados, identificando, dentre eles, os mais adequados a uma construção de sentido desse princípio à luz do sistema constitucional brasileiro. Propõe o autor a seguinte definição:

> Em face de todas as considerações anteriores, pode-se conceituar a segurança jurídica como sendo uma norma-princípio que exige, dos poderes Legislativo, Executivo e Judiciário, a adoção de comportamentos que contribuam mais para a existência, em benefício dos cidadãos e na sua perspectiva, de um estado de confiabilidade, e de calculabilidade jurídica, com base na sua cognoscibilidade, por meio da controlabilidade jurídico-racional das estruturas argumentativas reconstrutivas de normas gerais e individuais, como instrumento garantidor do respeito à sua capacidade de – sem engano, frustração, surpresa e arbitrariedade – plasmar digna e responsavelmente o seu presente e fazer um planejamento estratégico juridicamente informado do seu futuro.[174]

Esse conceito, longe de ser simples, compreende uma multiplicidade de ideias, dimensões e aspectos, a serem, como sugere o próprio autor, "conjunta e equilibradamente considerados".[175] O ponto chave é a compreensão de que se trata de conceito multifacetado e de que, a depender da situação examinada, determinado aspecto ganhará maior relevo, o que não significa que os demais aspectos deverão ser ignorados ou suprimidos. Pelo contrário, só se promoverá a segurança jurídica se a síntese dos seus elementos revelar uma maior promoção conjunta desse princípio.[176] Ao se admitir, por exemplo, a constante manutenção dos efeitos de atos administrativos inválidos, em nome de uma estabilidade no presente e para o passado, pode-se estar a comprometer de modo grave a confiabilidade do ordenamento jurídico para o futuro, na medida em que se estimula potencialmente a edição

---

[173] ÁVILA, Humberto. *Teoria da segurança jurídica*. 6. ed. São Paulo: Malheiros, 2021. p. 216-218.
[174] ÁVILA, Humberto. *Teoria da segurança jurídica*. 6. ed. São Paulo: Malheiros, 2021. p. 286.
[175] ÁVILA, Humberto. *Teoria da segurança jurídica*. 6. ed. São Paulo: Malheiros, 2021. p. 289.
[176] ÁVILA, Humberto. *Teoria da segurança jurídica*. 6. ed. São Paulo: Malheiros, 2021. p. 283.

de mais e mais atos em desconformidade com as regras aplicáveis, ao se estabelecer uma expectativa de manutenção desses atos mediante o decurso do tempo. O mesmo fenômeno pode ser observado quanto às relações tributárias. Nesse caso, a pretensão de se garantir a segurança jurídica sob determinado aspecto pode aniquilá-la sob outro. Causa-se, paradoxalmente, uma insegurança jurídica, pela pretensão de se promover a segurança jurídica, e isso decorre, precisamente, de uma visão indevidamente compartimentada do princípio.[177]

Examinados, pois, todos esses aspectos envolvendo a segurança jurídica, suas possíveis acepções, até se chegar a um conceito razoavelmente delimitado, cumpre enfrentar o ponto que constitui o cerne deste tópico. De *qual* segurança jurídica se está a falar quando se refere o instituto da modulação. E a resposta é: *depende de qual a modulação.*

Se a modulação de efeitos examinada for a do artigo 27 da Lei nº 9.868/99, a ênfase está na dimensão objetiva da segurança jurídica, na preservação da credibilidade do *ordenamento jurídico* como um todo, não apenas no presente e no passado, mas também para o futuro. Nesse caso, como já examinado anteriormente, a modulação mantém os efeitos do ato reconhecidamente inconstitucional – isto é, contrário à ordem jurídica vigente – e o faz para evitar uma inconstitucionalidade ainda mais grave,[178] sob a perspectiva da coletividade, podendo fazê-lo, inclusive, em detrimento dos interesses particulares de alguns cidadãos.[179] Isso não significa, todavia, ignorar uma dimensão subjetiva.

---

[177] ÁVILA, Humberto. *Teoria da segurança jurídica.* 6. ed. São Paulo: Malheiros, 2021. p. 281.

[178] MITIDIERO, Daniel. *Superação para frente e modulação de efeitos*: precedente e controle de constitucionalidade no Direito brasileiro. São Paulo: Thompson Reuters Brasil, 2021. p. 81-82.

[179] Quer parecer que essa ênfase na dimensão objetiva; todavia, não deve excluir uma consideração ao aspecto subjetivo da segurança jurídica enquanto proteção da confiança, especialmente considerando o que se pontuou anteriormente acerca do fato de que a segurança jurídica deve ter todos os seus aspectos considerados de forma conjunta e equilibrada. O argumento de Ana Paula Ávila (*Modulação de efeitos temporais pelo STF no controle de constitucionalidade*: ponderação e regras de argumentação para a interpretação conforme a constituição do art. 27 da Lei nº 9.868/99. Porto Alegre: Livraria do Advogado, 2009. p. 149-151) sobre a segurança jurídica enquanto "proteção da confiança", no que diz respeito ao controle de constitucionalidade, é também consistente. Segundo a autora, uma vez que os atos normativos emanam do Estado, e que é dever do cidadão confiar na atuação estatal e ajustar sua conduta a ela, uma contrapartida a esse dever é a garantia da manutenção das situações formadas, disso decorrendo a concepção de segurança jurídica enquanto "proteção da confiança". Vista como princípio, a proteção da confiança tem por fim, exatamente, a salvaguarda de direitos e expectativas dos indivíduos em face de manifestações estatais, especialmente diante de modificações nessas manifestações. Exige-se, assim, que se tenha em conta a confiança depositada pelos

Imagine-se, por exemplo, a situação de um benefício fiscal de ICMS concedido por um estado sem autorização em convênio do Confaz. Ora, é inconteste que tal benefício estará maculado de inconstitucionalidade, mas, ainda assim, o cidadão pode ter, legitimamente, pautado sua conduta *na norma* isentiva instituída pelo Estado. Admitir-se a cobrança retroativa desse tributo a partir do reconhecimento da inconstitucionalidade da lei em controle abstrato ensejaria também um abalo quanto ao princípio da confiança, notadamente porque aquele que editou a norma inquinada de inconstitucionalidade (o Estado) poderia se beneficiar da retroatividade dessa declaração.

Já se a modulação de efeitos examinada for a do artigo 927, §3º, do CPC, a ênfase passa à dimensão subjetiva da segurança jurídica, que visa preservar a confiança do particular em determinado precedente (*norma jurídica*). Nesse caso, busca-se proteger aqueles que pautaram sua conduta conforme a ordem jurídica vigente, ressalvando-os de sofrerem as consequências gravosas de uma retroatividade surpreendente. Novamente, aqui, a ênfase à dimensão subjetiva não significa desconsiderar a nuance objetiva da segurança jurídica, pois a estabilidade e a calculabilidade do *ordenamento jurídico como um todo* segue sendo relevante.

A questão, como se pode perceber, é de *ênfase*. A segurança jurídica é uma só, mas pode variar em seus fundamentos e na sua eficácia, conforme as normas setoriais aplicáveis e as finalidades almejadas.[180] Isso se manifesta nas diferentes formas de modulação de efeitos, como visto, e se manifesta também no caso do Direito Tributário, como se verá

---

destinatários da norma na estabilidade dos atos emitidos pelo Estado e na presunção de legitimidade e constitucionalidade de que de que são dotados. Sob essa perspectiva, é também de se considerar, na acepção de segurança jurídica trazida no art. 27 da Lei nº 9.868/99, um conteúdo de "proteção da confiança", porque a norma, mesmo sendo inconstitucional, gera a presunção de que seu comando será atendido e de que seus efeitos serão regularmente produzidos, de modo que pode ser necessário, em nome da proteção dessa legítima confiança do cidadão de que a norma emanada do Estado gozava constitucionalidade, preservar seus efeitos e as situações jurídicas que se consolidaram com base nela. Ao abordar o tema, Tereza Arruda Alvim (*Modulação*: na alteração da jurisprudência firme ou de precedentes vinculantes. 2. ed. São Paulo: Thompson Reuters Brasil, 2021. p. 71) também manifesta que, no seu entendimento, o fundamento último à modulação, tanto na forma do art. 27 da Lei nº 9.868/99 quanto na do art. 927, §3º, do CPC, é o mesmo: proteger a confiança. Segundo ela, esse princípio também está por trás da hipótese de modulação do art. 27 da Lei da ADI porque, existindo uma presunção de que a lei não é inconstitucional, confia-se na sua higidez, e essa, embora não a única, seria a principal razão de ser desse dispositivo.

[180] ÁVILA, Humberto. *Teoria da segurança jurídica*. 6. ed. São Paulo: Malheiros, 2021. p. 302.

mais adiante – daí a razão de se entender necessária uma avaliação do instituto da modulação para os casos de Direito Tributário.

Assim, a segurança jurídica enquanto fundamento à modulação é uma conjuntura dos elementos examinados neste tópico, entendendo-se como adequado o conceito formulado por Humberto Ávila para delineá-la. A advertência que se faz necessária, sem embargo, é a de que a ênfase quanto a um ou outro aspecto da segurança jurídica, a depender da forma de modulação empregada, não deve conduzir ao descaso ou ao desprezo quanto aos seus demais elementos, pois também relevantes.

1.4.3 O (excepcional) interesse social enquanto fundamento da modulação: em busca de um conteúdo constitucionalmente adequado

Conforme adiantado linhas anteriores, a expressão *excepcional interesse social* traz consigo um elevado nível de indeterminação, a qual é passível de contrastar com o próprio ideal de segurança jurídica, na medida em que enseja verdadeira imprevisibilidade quanto às hipóteses de modulação de efeitos com base em tal requisito. Tendo isso em mente, é de suma importância a construção de um conteúdo de sentido para a expressão, sob pena de se relegar a deliberação acerca dos efeitos temporais das decisões em controle de constitucionalidade ao verdadeiro arbítrio.

O título escolhido para este tópico busca inspiração na doutrina de Lenio Streck, quando trata da ideia de "resposta adequada à Constituição", justamente em um combate travado pelo autor à arbitrariedade na tomada de decisão. Conforme suas lições, *decidir* é diferente de *escolher*. O primeiro "é um ato de responsabilidade política", ao passo que o segundo "é um ato de razão prática". *Decidir* "é um ato estatal"; *escolher* é um ato "da esfera do cotidiano, do agir estratégico".[181] Isso é especialmente importante diante da matéria aqui examinada, pois, se os efeitos da declaração de inconstitucionalidade devem ser objeto de *decisão*, e não de simples *escolha* do julgador, então é necessário que se tenha nos seus requisitos materiais – tratando-se mais especificamente,

---

[181] STRECK, Lenio Luiz. *Dicionário de hermenêutica*: 50 verbetes fundamentais da teoria do direito à luz da crítica hermenêutica do Direito. 2. ed. Belo Horizonte: Casa do Direito, 2020. p. 388.

agora, do excepcional interesse social – uma definição de conteúdo jurídico adequado à Constituição. Do contrário, servirá essa expressão como verdadeiro enunciado retórico,[182] utilizado para acobertar raciocínios subjetivistas e passíveis de justificar a modulação em qualquer circunstância.

A expressão *interesse social* aparece poucas vezes no texto constitucional. Sete,[183] para ser exato. Em nenhuma delas, está acompanhada do adjetivo *excepcional*, e, em boa parte das ocorrências, os dispositivos que a empregam tratam da desapropriação de imóveis. Não por acaso, registra Ana Paula Ávila que foi justamente no campo das desapropriações que se originou a expressão *interesse social* no Direito brasileiro. Nessa seara, como explica a autora, o *interesse social* designa "o interesse de uma dada classe social, a menos favorecida, ou seja, aquela que constitui o problema social que reclama a desapropriação".[184] Sob essa perspectiva, já é possível perceber, na doutrina que enfrenta o significado da expressão nesse contexto específico, uma certa preocupação em estabelecer a noção de que *interesse social* não equivale a interesse da administração, mas sim dos administrados enquanto sociedade.

---

[182] STRECK, Lenio Luiz. *Dicionário de hermenêutica*: 50 verbetes fundamentais da teoria do Direito à luz da crítica hermenêutica do Direito. 2. ed. Belo Horizonte: Casa do Direito, 2020. p. 398. O autor examina uma das hipóteses em que uma decisão não é passível de "verificabilidade hermenêutica", que é quando se está diante de um enunciado empírico em que o "sim" e o "não" são completamente arbitrários. Um excelente exemplo são as recorrentes referências ao "clamor público" para justificar decisões. Tal condição de sentido é simplesmente impossível de verificação. E, como tal, sua utilização enquanto fundamento é arbitrária. Nesse caso, tem-se um enunciado que e estritamente retórico, performativo. Como bem registra o autor (*Dicionário de hermenêutica*: 50 verbetes fundamentais da teoria do Direito à luz da crítica hermenêutica do Direito. 2. ed. Belo Horizonte: Casa do Direito, 2020. p. 396-398), "enunciados retóricos e argumentos performativos costumam ser anêmicos, vazios de conteúdo" Nesse sentido, para que o "excepcional interesse social" não seja tratado como um desses enunciados retóricos e não sirva de pretexto à arbitrariedade, é necessário que se construa um conteúdo jurídico adequado à Constituição, apto a justificar a adoção do instituto da modulação de modo não casuístico.

[183] Art. 5º, incisos XXIV, XXIX e LX, e art. 184, *caput* e §2º, da Constituição (BRASIL. [Constituição (1988)]. *Constituição da República Federativa do Brasil de 1988*. Brasília, DF: Presidência da República, 1988b. Disponível em: http://www.planalto.gov.br/ccivil_03/constituicao/constituicaocompilado.htm. Acesso em: 10 nov. 2022); arts. 79 e 103, parágrafo único, do Ato das Disposições Constitucionais Transitórias (ADCT).

[184] ÁVILA, Ana Paula Oliveira. *Modulação de efeitos temporais pelo STF no controle de constitucionalidade*: ponderação e regras de argumentação para a interpretação conforme a constituição do art. 27 da Lei nº 9.868/99. Porto Alegre: Livraria do Advogado, 2009. p. 163-164.

De outra parte, é interessante observar a escolha, pelo legislador, do jogo de palavras *interesse social*, e não *interesse público*, o que não deve ser ignorado. Perceba-se que a CF/88 também faz uso da expressão *interesse público*, mas o faz em circunstâncias distintas daquelas em que se utiliza da primeira expressão. O constituinte se valeu da locução *interesse público*, por exemplo, ao tratar dos casos de contratação por tempo determinado para atender a necessidade temporária de excepcional *interesse público* (artigo 37, IX), ao dispor sobre as hipóteses de convocação extraordinária do Congresso Nacional, em caso de urgência ou *interesse público* relevante (artigo 57, §6º, inciso II), ao tratar das hipóteses de veto presidencial, no caso de ser o projeto de lei contrário ao *interesse público* (artigo 66, §1º), ao dispor sobre a remoção ou a disponibilidade de magistrado, que deve ocorrer com base no *interesse público* (artigo 93, inciso VIII), entre outras passagens.

Ao examinar a definição de *interesse público* – tema que de há muito é tratado na doutrina do Direito Administrativo –, Celso Antonio Bandeira de Mello parte de um contraponto com o interesse dito individual, particular, "atinente às conveniências de cada um no que concerne aos assuntos de sua vida" e que dizem respeito a uma pessoa ou grupo de pessoas particularmente consideradas, para explicar que "existe também o interesse igualmente pessoal dessas mesmas pessoas ou grupos, mas que compareçam enquanto partícipes de uma coletividade maior na qual estão inseridos", na qual estiveram os indivíduos que a antecederam e na qual estarão outros que os sucederão nas gerações futuras.[185] O que o autor pretende demonstrar é que embora possa haver um *interesse público* contrário a *um* dado interesse particular, não se pode cogitar de um *interesse público* que contrarie os interesses de todo e qualquer membro da sociedade. Assim é que o interesse dito *público* "só se justifica na medida em que se constitui em veículo de realização dos interesses das partes que o integram".[186]

Partindo da premissa de que o interesse público corresponde à "dimensão pública dos interesses individuais", Celso Antonio Bandeira de Mello examina a distinção cunhada por Roberto Alessi entre interesses primários e secundários, classificação cuja difusão entre nós deve-se, em grande parte, ao autor brasileiro. O interesse

---

[185] MELLO, Celso Antônio Bandeira de. *Curso de Direito Administrativo*. 12. ed. São Paulo: Malheiros, 2000. p. 59
[186] MELLO, Celso Antônio Bandeira de. *Curso de Direito Administrativo*. 12. ed. São Paulo: Malheiros, 2000. p. 58-59

primário consiste naquele interesse autêntico da coletividade, trata-se da razão de ser do próprio Estado. Já os interesses *secundários* são os interesses da administração, titularizados pela pessoa jurídica de direito público (Estado), tal qual poderiam ser titularizados por qualquer particular. Conforme explica o administrativista, o Estado, assim como os particulares, convive no universo jurídico em concorrência com os demais sujeitos de direito. Assim, embora seja ele, Estado, o encarregado dos interesses públicos, pode também vir a ter, enquanto ente personalizado, interesses que lhe sejam particulares. Entretanto, esses interesses secundários somente poderão ser legitimamente perseguidos quando coincidentes com os interesses primários, ou seja, com os interesses públicos propriamente ditos.[187]

Avançando na questão, Marçal Justen Filho expõe uma visão de que não há um conteúdo único ou prévio para o "interesse público". O que há são *interesses públicos*, no plural, e que irão se apresentar diante das situações concretas.[188] Segundo o autor, o interesse deixa de ser privado e passa a ser público quando sua satisfação deixa de ser passível de transigência. Dito de outro modo, o interesse não se qualifica como indisponível por ser público, ele se qualifica como público por ser indisponível. Essa definição parte de uma íntima relação entre interesse público e direitos fundamentais.[189] A partir dessa ótica, o *interesse público* não é percebido como capaz, por si, de legitimar uma decisão. A lógica é inversa: a decisão produzida pelos meios adequados, com respeito aos direitos fundamentais e aos interesses legítimos, é que pode ser tida como tradutora do *interesse público*.[190]

O que se desenha até aqui é que, se for o caso de se fazer uma aproximação entre o *interesse social* referido pelo artigo 27 da Lei

---

[187] MELLO, Celso Antônio Bandeira de. *Curso de Direito Administrativo*. 12. ed. São Paulo: Malheiros, 2000. p. 63-64. O exemplo invocado pelo autor, a partir da doutrina de Roberto Alessi, é, aliás, bastante pertinente ao objeto deste estudo. Nota que, "enquanto mera subjetivação de interesses, à moda de qualquer sujeito, o Estado poderia ter interesse em tributar desmesuradamente os administrados, que assim enriqueceria o Erário, conquanto empobrecesse a Sociedade". Aqui, a distinção entre interesse *público* e interesse *da administração* fica muito bem evidenciada. Na mesma esteira, complementa Marçal Justen Filho (*Curso de Direito Administrativo*. São Paulo: Saraiva, 2006. p. 40), ao afirmar que "a tentativa de obter a maior vantagem possível é válida e lícita, observados os limites do Direito, apenas para os sujeitos privados. Essa conduta não é admissível para o Estado, que somente está legitimado a atuar para realizar o bem comum e a satisfação geral".

[188] Essa fragmentação dos interesses de diferentes grupos, segundo o autor, é uma das características do Estado contemporâneo (JUSTEN FILHO, Marçal. *Curso de Direito Administrativo*. São Paulo: Saraiva, 2006. p. 43-44).

[189] JUSTEN FILHO, Marçal. *Curso de Direito Administrativo*. São Paulo: Saraiva, 2006. p. 44-45.

[190] JUSTEN FILHO, Marçal. *Curso de Direito Administrativo*. São Paulo: Saraiva, 2006. p. 46.

nº 9.868/99 e pelo artigo 927, §3º, do CPC, e o *interesse público*, isso só será minimamente adequado se se estiver diante de um interesse primário. Ou seja, se se estiver a tratar da prevalência do interesse da sociedade – enquanto soma dos interesses individuais – em face dos interesses do próprio Estado.[191] Essa aproximação, embora talvez não seja a mais adequada, como se registrará logo adiante, também não é de todo descabida, especialmente considerando que a redação dos dispositivos antes mencionados, mais especificamente do artigo 27 da Lei nº 9.868/99, parece buscar inspiração no dispositivo da Constituição portuguesa que trata da modulação de efeitos (artigo 282, nº 4) e que faz menção a "interesse público de excepcional relevo". Aliás, no próprio ordenamento brasileiro, há outra norma dispondo sobre modulação de efeitos em matéria de jurisdição constitucional e que é pouco lembrada. Trata-se do artigo 4º da Lei nº 11.417/06,[192] que prevê a possibilidade de o STF, por maioria de dois terços de seus membros, restringir os efeitos das súmulas vinculantes ou decidir que só tenha eficácia a partir de outro momento, em função de razões de segurança jurídica ou de "excepcional interesse público".

Na doutrina portuguesa, como já mencionado, há um cuidado ao abordar o alcance da expressão, indicando-se tanto a necessidade de uma fundamentação robusta para o emprego dessa faculdade pelo Tribunal Constitucional quanto a restrição da expressão à tutela de interesses constitucionalmente protegidos porventura não abrangidos pelas noções de segurança jurídica ou equidade. Ou seja, "interesse público de excepcional relevo" somente poderia equivaler a um interesse promovido ou protegido pela própria Constituição.[193]

---

[191] ÁVILA, Ana Paula Oliveira. *Modulação de efeitos temporais pelo STF no controle de constitucionalidade*: ponderação e regras de argumentação para a interpretação conforme a constituição do art. 27 da Lei nº 9.868/99. Porto Alegre: Livraria do Advogado, 2009. p. 166.

[192] "Art. 4º A súmula com efeito vinculante tem eficácia imediata, mas o Supremo Tribunal Federal, por decisão de 2/3 (dois terços) dos seus membros, poderá restringir os efeitos vinculantes ou decidir que só tenha eficácia a partir de outro momento, tendo em vista razões de segurança jurídica ou de excepcional interesse público" (BRASIL. Lei nº 11.417, de 19 de dezembro de 2006. Regulamenta o art. 103-A da Constituição Federal e altera a Lei nº 9.784, de 29 de janeiro de 1999, disciplinando a edição, a revisão e o cancelamento de enunciado de súmula vinculante pelo Supremo Tribunal Federal, e dá outras providências. *Diário Oficial da União*: Brasília, DF, 2006. Disponível em: https://www.planalto.gov.br/ccivil_03/_ato2004-2006/2006/lei/l11417. Acesso em: 10 nov. 2022).

[193] ÁVILA, Ana Paula Oliveira. *Modulação de efeitos temporais pelo STF no controle de constitucionalidade*: ponderação e regras de argumentação para a interpretação conforme a constituição do art. 27 da Lei nº 9.868/99. Porto Alegre: Livraria do Advogado, 2009. p. 165.

Entre nós, pode-se dizer que há similar preocupação. Conforme registra Gilmar Mendes, a superação do princípio da nulidade, no controle de constitucionalidade, depende de "um severo juízo de ponderação" que faça prevalecer, com base na proporcionalidade, "a ideia de segurança jurídica ou outro princípio constitucionalmente relevante manifestado sob a forma de interesse social relevante". E complementa o autor: "Aqui, como no Direito português, a não aplicação do princípio da nulidade não se há de basear em consideração de política judiciária, mas em fundamento constitucional próprio".[194]

Não obstante, mesmo considerando-se que o interesse em jogo só pode ser o interesse da sociedade (primário), e não o interesse do Estado enquanto ente, isto é, da administração (secundário), há quem sustente, com bons argumentos, que a equiparação de *interesse social* a *interesse público* não é a mais adequada. Um desses argumentos é o *locus* do emprego da expressão *interesse social* no texto constitucional, conforme examinado, relacionado à desapropriação de imóveis (artigo 5º, XXIV, e artigo 184 da CF/88), à proteção da propriedade industrial (artigo 5º, XXIX, da CF/88) e à restrição da publicidade dos atos processuais (artigo 5º, LX, da CF/88). Essa utilização específica da expressão indica que o conceito está fortemente ligado aos interesses civis e da sociedade.[195] Percebe-se, realmente, uma diferença de conteúdo em relação aos dispositivos constitucionais que mencionam *interesse público*, a partir das quais nem sempre é possível vislumbrar uma conexão tão próxima com direitos individuais e sociais.

Outro argumento apresentado por Flávio Miranda Molinari é o de que há uma diferença essencial entre as duas expressões, uma vez que a locução *interesse público* possuiria "uma gradação mais atrelada ao interesse estatal para manutenção do aparato administrativo público ou a ideia de bem comum abstrato". Em contrapartida, a locução *excepcional interesse social* seria mais específica, "de maneira que não trata do bem comum abstrato, mas sim de um nicho específico social que poderá ser afetado (...) com a restrição de direitos fundamentais", a partir de determinada decisão em controle de constitucionalidade. O *excepcional interesse social*, para o autor, não é abstrato. Ele deve ter como alvo "um determinado público e uma situação específica localizada no tempo e

---

[194] MENDES, Gilmar Ferreira. *Jurisdição constitucional*: o controle abstrato de normas no Brasil e na Alemanha. 5. ed. São Paulo: Saraiva, 2005. p. 394-395.

[195] MOLINARI, Flávio Miranda. *Modulação de efeitos em matéria tributária pelo STF*: pressupostos teóricos e análise jurisprudencial. Rio de Janeiro: Lumen Juris, 2021. p. 109.

espaço que a torna excepcional".[196] Aqui, evidencia-se a relevância do adjetivo *excepcional* – que, reitere-se, não aparece nenhuma vez acoplado à expressão *interesse social* no texto constitucional. Cláudio Tessari, em linha similar, é enfático ao distinguir *interesse público* de *interesse social*, afirmando que apenas esse último se apoia nos direitos fundamentais.[197] Conforme o autor, "por mais democráticos e representativos que sejam os interesses públicos, esses não fazem as vezes de interesse social",[198] concluindo, nessa esteira, que a ausência de um conceito explícito de "excepcional interesse social" jamais pode dar ensejo à interpretação de que se estaria a tratar do interesse do Estado. O "excepcional interesse social", conclui ele, "é aquele endereçado à sociedade e a seus cidadãos", não se prestando a justificar que o Estado deixe de honrar com seus compromissos em face de eventual declaração de inconstitucionalidade.[199]

Até aqui, já é possível perceber que, seja qual for a concepção adotada, parece haver consenso de que o *interesse* a justificar a modulação só pode ser o da *sociedade*, e não simplesmente o da administração, e de que deve guardar relação com a proteção e a promoção de direitos fundamentais constitucionalmente tutelados. Sobre esse segundo aspecto, são muito oportunas as observações (assim como o alerta) de Lenio Streck acerca dos requisitos da modulação, que remetem justamente ao que se examinava no início deste item:

> É nesse sentido que, junto com Georges Abboud, afirmo que a modulação não pode ser uma janela (a mais) para a discricionariedade, exatamente porque foi criada com o intuito de promover o Estado Democrático de Direito e tornar possível a garantia aos direitos fundamentais, o que se apresenta em contradição com uma decisão discricionária de definição de efeitos de inconstitucionalidade.
>
> Este é exatamente o ponto mais importante: a modulação de efeitos não pode representar uma abertura interpretativa dada ao Judiciário, para que este delimite de forma arbitrária (discricionária) os efeitos da

---

[196] MOLINARI, Flávio Miranda. *Modulação de efeitos em matéria tributária pelo STF*: pressupostos teóricos e análise jurisprudencial. Rio de Janeiro: Lumen Juris, 2021. p. 112-113.

[197] TESSARI, Cláudio. *Modulação de efeitos no STF*: parâmetros para definição do excepcional interesse social. São Paulo: Juspodivm, 2022. p. 246.

[198] TESSARI, Cláudio. *Modulação de efeitos no STF*: parâmetros para definição do excepcional interesse social. São Paulo: Juspodivm, 2022. p. 198.

[199] TESSARI, Cláudio. *Modulação de efeitos no STF*: parâmetros para definição do excepcional interesse social. São Paulo: Juspodivm, 2022. p. 267.

decisão de inconstitucionalidade. Nesse sentido, as críticas que possam ser realizadas em relação a tal tema não se direcionam ao instituto da modulação (isto é, diretamente a sua criação, a sua incorporação ao sistema constitucional brasileiro), mas aos requisitos, aos critérios verificadores da possibilidade de modulação e, para além disso, ao modo como essa será "realizada", que não pode ficar ao alvedrio do julgador, que deve restar atrelado a "pesadas correntes" hermenêuticas, que, ao mesmo tempo, autorizam e obrigam a empreender a modulação dos efeitos da decisão de inconstitucionalidade com o fito de garantir e promover os direitos fundamentais.[200]

Se a modulação, portanto, constitui instrumento destinado a garantir e promover direitos fundamentais, parece adequado que a construção de sentido do requisito *excepcional interesse social* esteja atrelada a esse objetivo. Tal concepção pode ser observada em alguns precedentes do STF.

No RE nº 401.953,[201] em que se discutiu a repartição de receitas de ICMS aos municípios do estado do Rio de Janeiro, a Suprema Corte concluiu que a exclusão completa do município do Rio de Janeiro dessa divisão de recursos era inconstitucional. No entanto, compreendeu o STF que para se atribuir algum percentual ao município da capital, todos os demais índices de repasse aos demais municípios teriam de ser alterados. Isso, somado ao fato de que a lei em questão vigorou por dez anos, significaria ter de recalcular os repasses a todos os municípios fluminenses na década anterior ao julgamento, e, a exigirem-se compensações quanto ao período pretérito, poderiam ser comprometidos os serviços públicos de diversos municípios de menor renda. Diante desse contexto, compreenderam os ministros que se impunha a modulação dos efeitos da decisão, em atenção ao *excepcional interesse social*, fixando a Corte quase que uma regra de transição para que o estado do Rio de Janeiro compensasse as distribuições feitas de modo inconstitucional no passado, mas sem inviabilizar os orçamentos dos municípios de menor expressão econômica. Segundo Guilherme Villas Bôas e Silva, nesse caso, "o STF, pela primeira vez em um processo de natureza tributária, passou a dar certa objetividade ao conceito de

---

[200] STRECK, Lenio Luiz. *Jurisdição constitucional*. 5. ed. Rio de Janeiro: Forense, 2018. p. 429.
[201] BRASIL. Supremo Tribunal Federal (Pleno). Recurso Extraordinário 401.953. Recorrente: Município do Rio de Janeiro. Recorrido: Estado do Rio de Janeiro. Relator: Min. Joaquim Barbosa, 16 de maio de 2007. *Dje*: Brasília, DF, 2007b. Disponível em: https://redir.stf.jus.br/paginadorpub/paginador.jsp?docTP=AC&docID=487948. Acesso em: 27 ago. 2023.

'excepcional interesse social'",²⁰² ²⁰³ e o fez para assegurar a promoção de direitos fundamentais, mediante a garantia da continuidade de prestação de serviços públicos essenciais pelas municipalidades.

Outro caso bastante representativo para a construção do sentido da expressão *excepcional interesse social* é o RE nº 363.852,²⁰⁴ em que se debateu a incidência da contribuição previdenciária sobre a receita bruta decorrente da comercialização de produtos rurais. Nesse caso, o exame da expressão conduziu à conclusão de que não deveria haver modulação de efeitos, pois não se estava diante de situação que preenchesse o requisito. A propósito, é bastante esclarecedora a seguinte passagem do voto da ministra Cármen Lúcia:

> Primeiro, a Constituição, como lembrou o Ministro Marco Aurélio, aliás, de maneira muito firma tem repetido aqui que essa é uma constituição rígida que, uma vez afrontada, tendo sido afrontada, e, a não ser em situações excepcionalíssimas, em que a execução do que nós decidimos gere mais problemas sociais, principalmente, não econômicos ou financeiros, mas sociais, que realmente poderiam ensejar uma prática dessa natureza em caráter excepcionalíssimo, nós temos de manter até o que é pedagógico para os órgãos do Estado.

Para além desses dois, outros casos poderiam também ser citados²⁰⁵ no que se refere à densificação do conteúdo de sentido desse

---

²⁰² VILLAS BÔAS E SILVA, Guilherme. *O argumento financeiro e a modulação de efeitos no STF*. São Paulo: Almedina, 2020. p. 67.

²⁰³ Para os critérios adotados no estudo empírico a ser exposto no final, o caso em questão não se qualifica exatamente como sendo de Direito Tributário, uma vez que não se discute a relação entre contribuinte e Fisco, mas apenas a questão da distribuição da receita entre os entes federados.

²⁰⁴ BRASIL. Supremo Tribunal Federal (Pleno). Recurso Extraordinário 363.825. Recorrente: Frigorífico Mataboi S.A. Recorrido: União. Relator: Min. Marco Aurélio, 3 de fevereiro de 2010. *Dje*: Brasília, DF, 2010c. Disponível em: https://redir.stf.jus.br/paginadorpub/paginador.jsp?docTP=AC&docID=610212. Acesso em: 27 ago. 2023.

²⁰⁵ A propósito, Guilherme Villas Bôas e Silva (*O argumento financeiro e a modulação de efeitos no STF*. São Paulo: Almedina, 2020. p. 57-91) cita diversos julgados do STF, os quais, aos poucos, seja em decisões concessivas da modulação, seja em decisões que a denegaram, foram moldando o conteúdo daquilo que se pode compreender por excepcional interesse social. Para citar alguns dos julgados por ele invocados: AgR no AI nº 591.311, pela 2ª Turma do STF (com destaque para os votos dos ministros Gilmar Mendes e Joaquim Barbosa); AgR no RE nº 368.118; AgR no AI nº 613.379; ADI nº 875; ADI nº 429; RE 5 nº 59.937; RE nº 595.838. Nesses dois últimos casos, é possível observar uma tendência inicial do STF de não acolher a argumentação quanto ao excepcional interesse social, sob o fundamento de que a mera apresentação, pelo Fisco, de um valor numérico, sem a sua relação com a realidade social (isto é, sem qualquer comprovação de efetivo impacto social), não seria o bastante para ensejar a modulação. É o que se colhe dos votos do ministro Dias Toffoli, em ambos os casos, como bem observado pelo autor.

requisito à modulação. De todo modo, o que fica cada vez mais evidente é a íntima relação entre o que se pode compreender por *excepcional interesse social* e a promoção dos direitos fundamentais assegurados pelo texto constitucional. Dito de outro modo, se uma determinada situação demandar a aplicação do instituto da modulação a partir da ideia de *excepcional interesse social*, ela deverá passar por um filtro de constitucionalidade que vise preservar a tutela de um ou mais direitos fundamentais que se vejam ameaçados.[206] Quais direitos fundamentais? Essa resposta, ao que tudo indica, só poderá ser oferecida pela situação concreta a ser examinada.[207] Aqui se apresenta o ônus de fundamentação (e de comprovação) do qual deve se desincumbir o intérprete julgador, para que não incorra, justamente, na arbitrariedade contra a qual alerta Lenio Streck.

Por fim, ainda que o artigo 27 da Lei nº 9.868/99 apresente a segurança jurídica como requisito material alternativo ao excepcional interesse social, para fins de modulação, tem-se que ela não poderá, sob nenhuma hipótese, ser ignorada ou solapada, mesmo na circunstância de a medida ser adotada sob o fundamento ora examinado. Isso porque,

---

[206] MOLINARI, Flávio Miranda. *Modulação de efeitos em matéria tributária pelo STF*: pressupostos teóricos e análise jurisprudencial. Rio de Janeiro: Lumen Juris, 2021. p. 116.

[207] Neste ponto, faz-se necessária uma observação. A escolha da expressão "interesse social" pelo legislador remete, de certa maneira, aos direitos ditos "sociais", especialmente considerando o teor dos dispositivos constitucionais em que essa locução aparece. Embora essa aproximação seja útil, especialmente para aclarar que "interesse social" não equivale a interesse da administração, é necessário ter cuidado para não se equipara o conteúdo de sentido da expressão "interesse social" aos "direitos sociais". Conforme exposto, aponta-se que uma construção de sentido constitucionalmente adequada da locução "interesse social" está intimamente ligada à promoção dos direitos fundamentais. E com isso não se faz referência apenas aos direitos fundamentais "sociais", ditos de segunda dimensão. Pensa-se não ser adequado excluir do conteúdo de sentido desse requisito material a promoção de direitos fundamentais de primeira dimensão (os chamados direitos civis e políticos), tampouco os demais direitos de segunda dimensão (culturais, econômicos) ou os difusos, de terceira dimensão. Isso representaria uma restrição inadequada do sentido da expressão. Para além disso, também cumpre acrescentar que a ideia de "interesse social" não deve estar adstrita a uma noção de coletividade (isto é, de uma simplista contraposição entre sociedade e indivíduo). Ao compreender-se tal requisito em sua conexão com os direitos fundamentais, é preciso entender, como bem explica Ingo Sarlet (*A eficácia dos direitos fundamentais*: uma teoria geral dos direitos fundamentais na perspectiva constitucional. 1 Porto Alegre: Livraria do Advogado, 2012. p. 217), que esses direitos, "sejam eles civis e políticos, sejam eles sociais, econômicos e culturais (assim como os ambientais, em certo sentido), são sempre direitos referidos, em primeira linha, à pessoa individualmente considerada, e é a pessoa (cuja dignidade é pessoal, individual, embora socialmente vinculada e responsiva) o seu titular por excelência". Portanto, o "excepcional interesse social" se manifesta em termos de direitos fundamentais, e não apenas sob a ótica dos direitos exercidos na esfera coletiva, mas também na ótica da sua titularidade individual.

embora possa não ser a segurança jurídica o fundamento imediato invocado para justificar uma determinada modulação de efeitos na jurisdição constitucional, ela segue se impondo enquanto princípio que norteia o ordenamento jurídico. De certo modo, aliás, é possível afirmar que a preservação da segurança jurídica é algo do *interesse social* e passível de ser qualificado como *excepcional*, a depender da circunstância.

De outra parte, no que se refere à modulação de efeitos em superação de precedentes, na forma do artigo 927, §3º, do CPC, verifica-se uma redação que impõe a presença concomitante de ambos os fundamentos, mediante o emprego da conjunção aditiva "e" no dispositivo. Ou seja, não basta que o fundamento da modulação seja, isoladamente, o *excepcional interesse social*. Faz-se necessário também que a modulação, nesse caso, esteja calcada na busca pela preservação da segurança jurídica. E isso, de certo modo, confirma a proposição de que a segurança jurídica pode ser compreendida, inclusive, dentro da ideia de *interesse social*, o que no caso da modulação em superação de precedentes faz todo o sentido.

Examinados esses aspectos acerca dos fundamentos à modulação de efeitos, a partir do que se espera ter delineado o sentido adequado do que venham a ser *razões de segurança jurídica* e *excepcional interesse social* – e isso será particularmente importante para a aproximação específica sob o viés da matéria tributária, mais à frente –, cumpre investigar, em fechamento a este primeiro capítulo, se o instituto em si, considerado abstratamente, é compatível com a Constituição de 1988.

1.4.4 A modulação de efeitos é, em tese, constitucional?

Diante do que foi dito até aqui, a pergunta que se faz necessário responder, e que confere título a este item de fechamento do primeiro capítulo, é se a modulação de efeitos, tal como disposta no Direito Positivo, afigura-se compatível com a CF/88.[208] A resposta a essa

---

[208] Neste ponto, faz-se necessário um breve esclarecimento. Não se ignora que a ideia de separação dos momentos de interpretação e de aplicação sofreu uma justa reviravolta a partir dos contributos de Gadamer à hermenêutica. Como explica Lenio Streck (*Dicionário de hermenêutica*: 50 verbetes fundamentais da teoria do Direito à luz da crítica hermenêutica do Direito. 2. ed. Belo Horizonte: Casa do Direito, 2020. p. 21), para o mestre alemão, "é equivocado cindir o ato interpretativo, porque nós sempre estamos aplicando". Prossegue o autor explicando que "*applicatio* quer dizer que desde sempre já estou operando com esse conjunto de elementos e categorias que me levam à compreensão. Mesmo quando raciocino com exemplos abstratos, estou aplicando". Diante disso,

indagação formará a base a partir da qual será possível aferir, ao final deste estudo, se há algum desvirtuamento do instituto no modo como é aplicado pelo STF em matéria tributária. Em suma, é preciso estabelecer um juízo preliminar e mais amplo acerca da compatibilidade da modulação com a ordem constitucional para que, mais adiante, seja possível examinar se a sua utilização pela Suprema Corte em matéria tributária, da forma como ocorre, também se mostra compatível com os preceitos constitucionais.

Conforme referido anteriormente, é seguro afirmar que a tradição no Direito Constitucional brasileiro é a da teoria da nulidade, com a atribuição de efeitos retroativos às decisões do STF em controle de constitucionalidade como regra. Por outro lado, fato é que também não há, a rigor, nenhuma disposição constitucional explícita que determine a imposição da eficácia *ex tunc* às decisões declaratórias de inconstitucionalidade. Trata-se de construção assentada sobre a ideia de supremacia da Constituição e que deriva de uma recepção da doutrina norte-americana, mas que, embora esteja bastante arraigada na tradição brasileira, jamais teve uma fundamentação dogmática precisa entre nós.[209]

À luz desse cenário de inequívoca tradição da teoria da nulidade e, ao mesmo tempo, de uma certa falta de clareza quanto ao fundamento normativo dessa tradição, a análise da compatibilidade de medidas de temperamento à retroatividade das decisões em sede de jurisdição constitucional em relação à CF/88 revela-se verdadeiramente intrigante. Na falta de uma previsão expressa no texto constitucional acerca da matéria – e, aliás, houve duas tentativas de inclusão desse tema na CF/88 –,[210] o exame das técnicas processuais que veiculam fórmulas

---

cumpre registrar que o título deste tópico, ao propor uma análise da constitucionalidade *em tese* do instituto da modulação, não está exatamente sugerido que esse exame se dê em um plano abstrato puramente conceitual, ou dito de outro modo, em um suposto *grau zero* de sentido. O que se está a propor é uma *análise preliminar da constitucionalidade* do instituto, com ênfase nos termos em que está regulado no Direito Positivo, exatamente para que possa compreender, mais adiante no estudo, se a forma como o STF tem aplicado a modulação em casos tributários afigura-se compatível com a CF/88. Em suma, o objetivo deste tópico é o de estabelecer um sentido prévio, exatamente para embasar uma análise empírica subsequente acerca da constitucionalidade do instituto, de modo a se aferir se o sentido atribuído pela Suprema Corte, na prática, em casos tributários, é ou não compatível com a CF/88.

[209] MENDES, Gilmar Ferreira. *Jurisdição constitucional*: o controle abstrato de normas no Brasil e na Alemanha. 5. ed. São Paulo: Saraiva, 2005. p. 318.

[210] A primeira delas por iniciativa do ministro Maurício Corrêa, senador na Assembleia Constituinte, e a segunda durante o processo de revisão da Constituição em 1994, por iniciativa do ministro Nelson Jobim, então Deputado Federal. Em ambos os casos, as

decisórias intermediárias pela Suprema Corte, dentre elas a modulação, revela-se um verdadeiro exercício de acomodação entre preceitos constitucionais.

Segundo Gilmar Mendes, ainda que não se negue o caráter de princípio constitucional ao princípio da nulidade, entende-se que ele não poderá ser aplicado quando "se revelar absolutamente inidôneo para a finalidade perseguida (casos de omissão; exclusão de benefício incompatível com o princípio da igualdade", assim como nas hipóteses em que sua aplicação trouxer "danos para o próprio Sistema Jurídico Constitucional (grave ameaça à segurança jurídica)".[211] Nesse sentido, o autor arremata:

> Em outras palavras, a aceitação do princípio da nulidade da lei inconstitucional não impede que se reconheça a possibilidade de adoção, entre nós, de uma declaração de inconstitucionalidade alternativa. Ao revés, a adoção de uma decisão alternativa é inerente ao modelo de controle de constitucionalidade amplo, que exige, ao lado da tradicional decisão de perfil cassatório com eficácia retroativa, também decisões de conteúdo outro, que não importem, necessariamente, na eliminação direta e imediata da lei do ordenamento jurídico.[212]

Segundo tal concepção, o fundamento normativo para a modulação de efeitos não é, propriamente, o dispositivo de lei que a prevê (seja ele o artigo 27 da Lei nº 9.868/99, o artigo 927, §3º, do CPC, ou outro qualquer), mas sim a própria Constituição. Concebe-se o instituto, inclusive, como um mecanismo necessário a uma prestação jurisdicional que se pretende adequada ao atual paradigma constitucional, no qual se impõe ao Estado não apenas deveres de não intervenção (referindo-se aqui, notadamente, aos direitos fundamentais ditos de primeira dimensão), mas também deveres de prestação e promoção de direitos fundamentais.[213]

---

propostas foram rejeitadas (MENDES, Gilmar Ferreira. *Jurisdição constitucional*: o controle abstrato de normas no Brasil e na Alemanha. 5. ed. São Paulo: Saraiva, 2005. p. 325-326).

[211] MENDES, Gilmar Ferreira. *Jurisdição constitucional*: o controle abstrato de normas no Brasil e na Alemanha. 5. ed. São Paulo: Saraiva, 2005. p. 333.

[212] MENDES, Gilmar Ferreira. *Jurisdição constitucional*: o controle abstrato de normas no Brasil e na Alemanha. 5. ed. São Paulo: Saraiva, 2005. p. 333.

[213] Em seu voto, nas ADIs nº 2.154 e nº 2.258, a serem examinadas logo adiante, o ministro Gilmar Mendes traça uma reconstrução histórica das soluções ditas intermediárias na jurisdição constitucional, referindo que não tardou a ficar claro "a técnica tradicional de declaração de nulidade de certo dispositivo normativo, que pode até se mostrar adequada para eliminar ofensas aos direitos de liberdade enquanto direitos de defesa (*Abwehrrechte*),

Examinada a questão sob essa ótica, há quem sustente que a positivação da modulação na lei,[214] a pretexto de "autorizá-la", acabou, em verdade, por enrijecer o regime de atribuição de efeitos às decisões declaratórias de inconstitucionalidade, na medida em que os dispositivos que trataram do instituto vieram a estabelecer requisitos de ordem formal e material para a sua aplicação.[215] Por outro lado, o regramento infraconstitucional da matéria, ao oficializar a possibilidade de flexibilização do efeito *ex tunc*, trouxe consigo um aspecto benéfico, no sentido de proporcionar uma certa previsibilidade acerca dos requisitos com base nos quais a medida pode ser adotada e, com isso, evitar a aplicação indiscriminada e passível de acarretar lesões a direitos e insegurança jurídica – ao menos em um primeiro momento.[216]

---

não fornecia resposta jurídica adequada aos problemas típicos da implementação dos direitos fundamentais com carga prestacional. Problemas como a omissão inconstitucional, que decorre do descumprimento de um imediato dever constitucional de legislar ou, a depender do caso, de adotar medidas administrativas (BRASIL. Supremo Tribunal Federal (Pleno). Ação Direta de Inconstitucionalidade 2.154. Requerente: Confederação Nacional das Profissões Liberais – CNPL. Relator: Min. Dias Toffoli, 3 de abril de 2023. *Dje*: Brasília, DF, 2023a. Disponível em: https://redir.stf.jus.br/paginadorpub/paginador. jsp?docTP=TP&docID=768719678. Acesso em: 30 ago. 2023; BRASIL. Supremo Tribunal Federal (Pleno). Ação Direta de Inconstitucionalidade 2.258. Requerente: Conselho Federal da Ordem dos Advogados do Brasil. Relator: Min. Dias Toffoli, 3 de abril de 2023. *Dje*: Brasília, DF, 2023b. Disponível em: https://redir.stf.jus.br/paginadorpub/paginador. jsp?docTP=TP&docID=768723232. Acesso em: 27 ago. 2023).

[214] Convém referir que há uma controvérsia anterior e, de certa forma superada, acerca da própria possibilidade de se regulamentar a jurisdição constitucional por lei, o que toca à integralidade da Lei nº 9.868/99, por exemplo. Explica Lenio Streck que, diferentemente do que se tem nas constituições alemã, italiana, espanhola e portuguesa – nas quais se prevê expressamente a elaboração de uma lei orgânica do Tribunal Constitucional, onde se estabelecerá o processo e o procedimento a ser seguido na jurisdição constitucional –, a Constituição brasileira nada previu a respeito do tema. O que há é atribuição à União para legislar sobre direito processual (art. 22, inciso I, da CF/88), mas não para estabelecer normas sobre jurisdição constitucional. Segundo o autor, "tomando a história institucional do direito a sério, é possível afirmar que a Lei 9.868/1999 não é uma simples lei de Direito Processual, e sim, algo novo no Direito brasileiro, porque trata da especificação do funcionamento da jurisdição constitucional. Desse modo, somente por emenda constitucional que estabelecesse a possibilidade de elaboração de uma lei poderia tratar-se dessa matéria". No entanto, embora vislumbre a referida lei como sendo de constitucionalidade questionável, Lenio Streck conclui referindo que, "por vezes, a teoria processual-constitucional tem de ceder à pragmática" e que, "a esta altura a discussão parece estar superada" (STRECK, Lenio Luiz. *Jurisdição constitucional*. 5. ed. Rio de Janeiro: Forense, 2018. p. 313-314).

[215] ÁVILA, Ana Paula Oliveira. *Modulação de efeitos temporais pelo STF no controle de constitucionalidade*: ponderação e regras de argumentação para a interpretação conforme a constituição do art. 27 da Lei nº 9.868/99. Porto Alegre: Livraria do Advogado. p. 57.

[216] Nesse sentido, comentou o ministro Alexandre de Moraes, no julgamento dos EDcl no RE nº 638.115, que o papel da Lei nº 9.868/99 teria sido a de proporcionar uma transição do modelo tradicional brasileiro para o modelo kelseniano, de anulabilidade do ato inconstitucional (BRASIL. Supremo Tribunal Federal (Pleno). Embargos de Declaração

Nesse sentido, não há como examinar o tema e não tratar das ADIs nº 2.154 e 2.258, cujo julgamento foi recentemente concluído e nas quais a Suprema Corte enfrentou diretamente a constitucionalidade do artigo 27 da Lei nº 9.868/99, concluindo, por maioria, pela sua compatibilidade com a CF/88.

A ministra Cármen Lúcia, cujo voto-vista prevaleceu, partiu da premissa de que, quando adota a técnica da modulação de efeitos, o STF não o faz aplicando o artigo 27 da Lei nº 9.868/99 em detrimento do princípio da nulidade da lei inconstitucional, mas sim no exercício de uma ponderação entre preceitos constitucionais, para afastar o surgimento de uma situação ainda mais afastada da vontade constitucional do que aquela existente em virtude da eficácia da norma inquinada de inconstitucionalidade. Nesse sentido, assinala a ministra que se o instituto é aplicado para preservar a própria unidade da Constituição, não se sustenta a posição de que o texto precisaria autorizá-lo expressamente. Em suma, ao impor uma modulação de efeitos, o STF não o faz em virtude do que prevê a Lei nº 9.868/99, mas sim mediante aplicação direta da CF/88, "com o fito de proteger a segurança jurídica, direitos fundamentais ou outros valores constitucionais".

Seguindo a mesma linha, o ministro Gilmar Mendes reafirmou sua posição – já há muito conhecida em sede doutrinária, como exposto – de que as ditas "fórmulas decisórias intermediárias" atendem a finalidades constitucionais e, portanto, possuem fundamento constitucional, densificando a força normativa da Constituição. Na sua concepção, a utilização de tais modalidades decisórias pela Suprema Corte não decorre do que dispõe o artigo 27 da Lei nº 9.868/99, mas da aplicação sistemática do próprio texto constitucional, razão pela qual, quando esse dispositivo prevê a possibilidade de o Tribunal atribuir efeito prospectivo às suas decisões, "não incorre necessariamente em

---

nos Embargos de Declaração no Recurso Extraordinário 638.115. Embargante: Francisco Ricardo Lopes Matias e outro. Embargado: União. Relator: Min. Gilmar Mendes, 18 de dezembro de 2019. Dje: Brasília, DF, 2019b. Disponível em: https://redir.stf.jus.br/paginadorpub/paginador.jsp?docTP=TP&docID=752600169. Acesso em: 15 out. 2022).
Essa passagem é referida no voto do ministro Gilmar Mendes, ao apreciar as ADIs nº 2.154 e nº 2.258 (BRASIL. Supremo Tribunal Federal (Pleno). Ação Direta de Inconstitucionalidade 2.154. Requerente: Confederação Nacional das Profissões Liberais – CNPL. Relator: Min. Dias Toffoli, 3 de abril de 2023. Dje: Brasília, DF, 2023b. Disponível em: https://redir.stf.jus.br/paginadorpub/paginador.jsp?docTP=TP&docID=768719678. Acesso em: 30 ago. 2023; BRASIL. Supremo Tribunal Federal (Pleno). Ação Direta de Inconstitucionalidade 2.258. Requerente: Conselho Federal da Ordem dos Advogados do Brasil. Relator: Min. Dias Toffoli, 3 de abril de 2023. Dje: Brasília, DF, 2023b. Disponível em: https://redir.stf.jus.br/paginadorpub/paginador.jsp?docTP=TP&docID=768723232. Acesso em: 27 ago. 2023).

inconstitucionalidade, porquanto mesmo sem essa previsão o STF poderia assim proceder".

Dito tudo isso, retorna-se à oportuna observação de Lenio Streck, quando afirma que as críticas não são direcionadas propriamente ao *instituto* da modulação, mas sim aos *requisitos* de sua aplicação e ao *modo* como ela será realizada.[217] Com efeito, do ponto de vista da sua constitucionalidade, o racional pode ser rigorosamente o mesmo. O *instituto* da modulação, considerado em tese, enquanto técnica que possibilita que o STF tempere a retroatividade da declaração de inconstitucionalidade em nome de preceitos constitucionais – como a promoção da segurança jurídica ou a proteção de direitos fundamentais – não se afigura, realmente, contrário à CF/88. Aliás, pode ser absolutamente salutar a utilização desse mecanismo diante de determinadas situações.[218] Não obstante, a depender das condições em que o instituto passa a ser aplicado pelo STF, também se pode cogitar de um distanciamento dos desígnios constitucionais, o que não decorrerá, assim, da natureza da modulação, mas das formas da sua utilização e dos fundamentos invocados para tal.

Estabelecida essa premissa, entende-se da mais alta relevância que se busque compreender, em primeiro lugar, como os requisitos da modulação, tal qual examinados até aqui, comportam-se quando se está diante de um caso tributário. Dito de outro modo, quando se examinam relações de natureza tributária, de que modo deve ser encarada a *segurança jurídica*, ou qual a acepção mais adequada de *excepcional interesse social*, considerando-se os direitos fundamentais em jogo. Essa análise *setorial*, por assim dizer, soa muito oportuna, porque se a premissa é a de que a modulação de efeitos constitui medida destinada a acomodar uma colisão de preceitos constitucionais, de

---

[217] STRECK, Lenio Luiz. *Jurisdição constitucional*. 5. ed. Rio de Janeiro: Forense, 2018. p. 429.

[218] O caso envolvendo a criação do município de Luís Eduardo Magalhães é um bom exemplo. A criação do referido município foi tida por inconstitucional pelo STF, no âmbito da ADI nº 2.240. Ocorre que a ação foi julgada em 2007 e, àquela altura, o município já existia de fato há seis anos como ente federativo. Consolidou-se, portanto, situação de fato geradora de expectativas e efeitos jurídicos sob diversos aspectos. Diante desse contexto, mesmo tendo a Suprema Corte reconhecido tal inconstitucionalidade, compreendeu, à luz do princípio da segurança jurídica, por não pronunciar a nulidade pelo prazo de 24 meses (BRASIL. Supremo Tribunal Federal (Pleno). Ação Direta de Inconstitucionalidade 2.240. Requerente: Partido dos Trabalhadores – PT. Relator: Min. Eros Grau, 9 de maio de 2007. *Dje*: Brasília, DF, 2007a. Disponível em: https://redir.stf.jus.br/paginadorpub/paginador. jsp?docTP=AC&docID=474616. Acesso em: 27 ago. 2023). Outros casos envolvendo a mesma situação acabaram seguindo esse caminho, a exemplo das ADIs nº 3.489, 3.682 e 3.689.

modo a promover-se *mais* a Constituição do que se suporia promover no caso de aplicação retroativa da decisão em controle de constitucionalidade, então é de suma importância identificar *quais* são os preceitos constitucionais em exame e de que modo eles influem (ou deveriam influir) na construção de sentido dos requisitos para a implementação da modulação.

Esse é o objetivo do capítulo que segue, no qual se buscará compreender as particularidades do Sistema Tributário brasileiro, de modo a fornecer uma base sólida ao exame (crítico), ao final, da forma como o instituto vem sendo aplicado em matéria tributária pelo STF.

CAPÍTULO 2

A TRIBUTAÇÃO ENTRE DIREITOS E DEVERES FUNDAMENTAIS

Neste segundo capítulo, buscar-se-á compreender como está estruturada a tributação na ordem constitucional brasileira, considerando-se, de um lado, que se trata de meio indispensável à promoção de direitos fundamentais pelo Estado, mas também, de outro, que o exercício do poder de tributar implica restrição a direitos fundamentais (notadamente, a liberdade e a propriedade), razão pela qual deve respeitar certos limites. Para isso, dividir-se-á a análise em três tópicos.

No primeiro, examinar-se-á a tributação no Estado Constitucional, destacando-se alguns aspectos históricos e analisando-se, mais detidamente, o dever de pagar tributos enquanto expressão da cidadania, bem como os limites à tributação decorrentes da própria ideia de Estado Democrático de Direito. No segundo, adentrar-se-á no enfrentamento específico da questão à luz da ordem constitucional brasileira, investigando-se qual o tratamento conferido à matéria tributária pelo constituinte de 1988, quais as características do Sistema Constitucional Tributário brasileiro e quais as limitações ao exercício do poder de tributar delineadas na CF/88. O terceiro tópico, por fim, dedicar-se-á ao estudo do orçamento público, visando à compreensão de sua estruturação no Direito brasileiro, especialmente no que tange ao gerenciamento de riscos envolvendo demandas judiciais. Com efeito, da mesma forma que a tributação está sujeita a limitações no que se refere à sua arrecadação, é certo que a utilização dos recursos auferidos também se submete a diversos princípios e regras, que apontam para a necessidade de planejamento e prudência por parte do poder público, o que é especialmente relevante para o tema da modulação de efeitos em matéria tributária.

A partir disso, almeja-se estabelecer as premissas acerca do que está efetivamente envolvido quando se debate eventual modulação de efeitos do reconhecimento da inconstitucionalidade de relação jurídico-tributária. A análise a ser desenvolvida neste capítulo oferecerá ao leitor, portanto, as ferramentas para a construção de uma análise crítica a respeito do fenômeno da modulação na jurisprudência do STF quando aplicada em matéria tributária, a ser realizada no último capítulo.

2.1 A tributação no Estado Constitucional

A tributação guarda uma relação direta e indissociável com a liberdade. De um lado, ela representa restrição à liberdade e, portanto, à luz do paradigma constitucional, deve ser exercida dentro de certos limites.[219] De outro lado, ela também representa o instrumento para a proteção e a promoção da liberdade, na medida em que é por meio dela que o Estado aufere os recursos necessários ao atendimento dessa tarefa. Na célebre frase de Oliver Holmes, "os impostos são o que pagamos por uma sociedade civilizada".[220] Assim, por mais paradoxal que possa parecer, a tributação, ainda que implique restrição à liberdade, é também um imperativo à sua efetivação.[221]

No decorrer da história, entretanto, essa correlação não foi sempre uma via de mão dupla. Em outras épocas, notadamente no absolutismo, a tributação estava calcada unicamente no dever de obediência à autoridade soberana que a impunha e se orientava pela conservação do Estado, não se vislumbrando, assim, nenhum fundamento ético ou moral para a obrigação tributária.[222] Ou seja, a tributação, nesse contexto, revelava-se quase que exclusivamente em sua face de restrição à liberdade e, por certo, deu ensejo a muitos excessos e

---

[219] Como se referiu no início do capítulo anterior, o constitucionalismo apresenta-se como "um movimento que objetiva colocar limites no político", identificando na Constituição um instrumento apto a limitar o poder e, mais do que isso, a limitar o poder em benefício dos direitos (STRECK, Lenio Luiz. *Jurisdição constitucional*. 5. ed. Rio de Janeiro: Forense, 2018. p. 1).

[220] "Taxes are what we pay for a civilized society."

[221] BUFFON, Marciano. *Tributação e dignidade humana*: entre os direitos e deveres fundamentais. Porto Alegre: Livraria do Advogado, 2009. p. 91-92.

[222] BUFFON, Marciano. *Tributação e dignidade humana*: entre os direitos e deveres fundamentais. Porto Alegre: Livraria do Advogado, 2009. p. 86.

arbitrariedades, não raramente marcados por graves constrangimentos e violência.[223]

Essa condição de completa sujeição a que eram submetidos os contribuintes, somada à indignação com a destinação dada aos recursos – dentre outras irresignações, evidentemente –, despertou movimentos de insurgência pela preservação da propriedade e da liberdade e pela participação nas decisões públicas, o que pode ser observado em vários momentos da história ocidental.[224] Daí a importância, segundo Luís Eduardo Schoueri, de se compreender "a passagem de um poder de tributar para o moderno direito de tributar". O segundo se opõe ao primeiro, por estar submetido aos princípios do Estado de Direito, e preservar esses limites é preservar os sacrifícios feitos por aqueles que lutaram pela afirmação da liberdade.[225]

Alguns desses eventos são particularmente marcantes,[226] como é o caso da Magna Carta, de 1215, imposta pelos barões e religiosos ao rei

---

[223] PAULSEN, Leandro. *Curso de Direito Tributário*: completo. 7. ed. Porto Alegre: Livraria do Advogado, 2015. p. 17.

[224] PAULSEN, Leandro. *Curso de Direito Tributário*: completo. 7. ed. Porto Alegre: Livraria do Advogado, 2015. p. 17-18.

[225] SCHOUERI, Luís Eduardo. *Direito Tributário*. São Paulo: SaraivaJur, 2022. p. 25.

[226] A existência da tributação remota a tempos imemoriais. Desde as mais primitivas formas de organização social, já se contemplava a necessidade de alguma espécie de cobrança para os gastos coletivos. A trajetória da tributação na história é marcada por várias etapas. Neste estudo, não será possível traçar análise aprofundada de toda essa evolução. Não obstante, convém tecer algumas considerações a respeito do tema. Na Antiguidade, a ideia de tributação era incompatível com a noção de liberdade. Na Grécia, os cidadãos livres não eram tributados. Apenas aqueles privados da liberdade sofriam o ônus da tributação (escravos, povos conquistados). Na Roma republicana, da mesma forma, a força financeira decorria das prestações dos povos vencidos. O tributo aparece, até então, como o preço da falta de liberdade. Já na Idade Média, a tributação assume outro contorno, passando a vigorar a ideia de que seria necessário o consentimento para a cobrança (ao menos, formalmente). Embora a base da sociedade feudal estivesse marcada pela servidão, essa não se confundia com a escravidão da Antiguidade, pois se reconheciam direitos combinados com deveres. O tributo, nesse contexto, é concebido dentro desses deveres assumidos, quase com um cunho contratual (ainda que permanente e irresolúvel), compreendendo-se o juramento feudal como um ato livre. Tal cenário se estende do século IX ao século XIII. Nele, o rei, a igreja e os senhores auferiam suas receitas mediante o exercício da propriedade da terra, caracterizando-se, assim, um Estado Patrimonial: o Estado, enquanto agente econômico, gera riquezas que ele próprio consome. Esse modelo, aos poucos, foi dando espaço ao chamado Estado Policial, no qual o Estado deixou de ser mero agente econômico, para se tornar a autoridade que se vale de todos os meios disponíveis, inclusive o tributo, para dirigir a economia. Mais adiante, na história, observa-se a substituição desse modelo pelo chamado Estado Fiscal, fortemente marcado pelo ideal liberal. Sua principal característica é o modo de financiamento, essencialmente por tributos. Como aponta Luís Eduardo Schoueri, "a relação da tributação com a liberdade ganha novas cores. Se no Estado de Polícia o tributo era o preço a ser pago para que o Estado, provedor de toda a riqueza, assegurasse a liberdade dos súditos, desta

da Inglaterra, visando conter seu arbítrio. Esse documento, que pode ser considerado a origem dos direitos humanos modernos, garantia a proteção contra a prisão arbitrária e a liberdade contra a tributação excessiva,[227] comprometendo-se o rei a não impor novos tributos sem o consentimento do conselho geral do reino, com exceção de três circunstâncias: para resgate do monarca, para a investidura do primeiro filho como cavaleiro e para o matrimônio da primeira filha. Na mesma esteira, ainda no contexto inglês, pode-se mencionar o Statutum de Tallagio non Concedendo, expedido em 1296 por Eduardo I e, muitos anos depois, referido na Petition of Rights, de 1628.[228]

Em 1787, a Constituição dos Estados Unidos da América viria a conferir ao Congresso, e não ao Executivo, a prerrogativa de instituir tributos. Dois anos mais tarde, em 1789, a Declaração francesa dos Direitos do Homem e do Cidadão também trataria do tema, dispondo que os tributos devem ser distribuídos entre os cidadãos e mensurados conforme as suas possibilidades, tendo eles o direito de verificar, por si ou por seus representantes, a necessidade da contribuição, bem como o direito de com ela consentir.[229]

No contexto brasileiro, também se encontram episódios de resistência aos excessos na tributação. A própria Independência do Brasil é influenciada por isso. No período imperial, o apelidado "quinto dos infernos" mostrou-se intolerável e confluiu para a Inconfidência Mineira, que, embora não tenha sido bem-sucedida, forneceu um mártir[230] para o ideal de independência. Movimentos separatistas também foram motivados (ainda que não exclusivamente) por questões tributárias. A Revolução Farroupilha de 1835 teve, entre suas causas,

---

feita [Estado Fiscal], o tributo era o preço a ser pago para que o cidadão ficasse livre das amarras do Estado: o preço da liberdade". O Estado Fiscal é sucedido, então, pelo Estado Social, que segue sendo um Estado Fiscal, mas não mais de feição minimalista. Segundo Schoueri, "a liberdade ganha nova feição, pois passa a ser coletiva (...) A expressão 'preço da liberdade', agora, surge como preço que a sociedade paga para que o Estado, reduzindo desigualdades, promova a liberdade das camadas mais desfavorecidas". Finalmente, chega-se ao Estado do século XXI, denominado Estado Democrático e Social de Direito e marcado por uma diminuição de tamanho e redução de seu intervencionismo (SCHOUERI, Luís Eduardo. *Direito Tributário*. São Paulo: SaraivaJur, 2022. p. 25-38).

[227] KIRSCHHOF, Paul. *Tributação no Estado Constitucional*. São Paulo: Quartier Latin, 2016. p. 18.

[228] PAULSEN, Leandro. *Curso de Direito Tributário*: completo. 7. ed. Porto Alegre: Livraria do Advogado, 2015. p. 18.

[229] PAULSEN, Leandro. *Curso de Direito Tributário*: completo. 7. ed. Porto Alegre: Livraria do Advogado, 2015. p. 18.

[230] Faz-se referência, naturalmente, a Joaquim José da Silva Xavier, o Tiradentes.

a exigência desmedida de tributos e a ausência de contrapartidas à região por parte do Império.[231]

Essas referências são apresentadas com o intuito de demonstrar que houve um longo e árduo percurso histórico até o estágio atual, no qual é possível tratar da tributação à luz do paradigma do Estado Constitucional e compreendê-la enquanto dever que tem por fundamento a garantia e a promoção de direitos fundamentais em favor dos cidadãos, mas que está, por outro lado, submetido a limites também ditados pelos direitos fundamentais. Encontrar o ponto de equilíbrio entre esses dois aspectos é um desafio com o qual o atual Estado Fiscal[232] é permanentemente confrontado.

A partir dessa breve perspectiva histórica, e retornando ao tema que constitui o objeto específico deste estudo, é possível perceber que as questões envolvendo a modulação de efeitos em matéria tributária colocam-se justamente nessa linha de tensão, pois não raro esse instituto é invocado em nome das necessidades estatais de arrecadação e sob a justificativa de promoção do interesse social, mas em prejuízo dos limites e garantias decorrentes dos direitos fundamentais. Assim, para uma adequada análise da aplicação do instituto em matéria tributária, convém compreender as feições desses dois aspectos: o dever fundamental de pagar tributos e os limites à tributação no Estado Democrático de Direito.

2.1.1 O dever fundamental de pagar tributos

A ideia de que a promoção de direitos sociais demanda custos é bastante intuitiva, na medida em que é evidente a necessidade de uma atuação ativa por parte do Estado na sua promoção. Ninguém questiona que para promover a saúde, por exemplo, o poder público precisa despender recursos com a contratação de médicos e outros profissionais da saúde, com a aquisição de equipamentos, insumos e medicamentos, dentre outros inúmeros custos que essa atividade

---

[231] PAULSEN, Leandro. *Curso de Direito Tributário*: completo. 7. ed. Porto Alegre: Livraria do Advogado, 2015. p. 19-20.

[232] Conforme explicado anteriormente, a noção de Estado Fiscal refere-se ao modelo de Estado que é financiado por tributos (SCHOUERI, Luís Eduardo. *Direito Tributário*. São Paulo: SaraivaJur, 2022. p. 32), de modo que o atual modelo de Estado ainda pode ser referido como um Estado Fiscal. No mesmo sentido: NABAIS, José Casalta. *O dever fundamental de pagar impostos*: contributo para a compreensão constitucional do Estado Fiscal contemporâneo. Coimbra: Almedina, 2009. p. 191-192.

impõe. No entanto, quando se está a tratar dos chamados direitos fundamentais de primeira dimensão, que visam garantir, sobretudo, as liberdades individuais, essa mesma lógica, embora igualmente verdadeira, não é tão claramente percebida.

Isso decorre, em grande medida, da crença de que, por se tratar de direitos de não intervenção, bastaria, para a sua concretização, que o Estado se abstivesse de invadir a esfera individual dos cidadãos. Contudo, essa lógica é falaciosa. Como bem apontam Stephen Holmes e Cass Sunstein, "se os direitos fossem meras imunidades à intromissão do poder público, a maior virtude do governo (...) seria a paralisia ou a debilidade", e um Estado com essas características é incapaz de proteger as liberdades individuais, mesmo aquelas que parecem completamente "negativas".[233] Segundo os autores, "a proteção 'contra' o governo é impensável sem a proteção 'pelo' governo".[234] Em outras palavras, só é possível cogitar de uma proteção do povo contra as autoridades por meio de outras autoridades e, sob essa ótica, todos os direitos são positivos.[235]

Por sua vez, a constatação de que todos os direitos, inclusive as liberdades individuais, dependem, em alguma medida, de uma ação vigorosa do Estado conduz à conclusão de que tal proteção não pode ocorrer sem financiamento e apoio públicos. Em suma, os direitos custam dinheiro.[236] Aliás, segundo Holmes e Sunstein, "na realidade, um direito jurídico só existe se e quando tem um custo orçamentário".[237] Essa afirmação, embora polêmica, é também verdadeira, porque, na ausência de autoridades estatais dispostas a intervir e capazes de fazê-lo, os direitos nada mais são do que simples promessas não concretizadas.

Tal linha de raciocínio, em uma primeira análise, pode parecer jurídica e até moralmente questionável. No entanto, é preciso compreender que a indagação acerca do *custo* de um direito não equivale a questionar o quanto ele *vale*.[238] O que se está a argumentar é tão

---

[233] HOLMES, Stephen; SUNSTEIN, Cass R. *O custo dos direitos*: por que a liberdade depende dos impostos. São Paulo: Editora WMF Martins Fontes, 2019. p. 31.

[234] HOLMES, Stephen; SUNSTEIN, Cass R. *O custo dos direitos*: por que a liberdade depende dos impostos. São Paulo: Editora WMF Martins Fontes, 2019. p. 42.

[235] HOLMES, Stephen; SUNSTEIN, Cass R. *O custo dos direitos*: por que a liberdade depende dos impostos. São Paulo: Editora WMF Martins Fontes, 2019. p. 35.

[236] HOLMES, Stephen; SUNSTEIN, Cass R. *O custo dos direitos*: por que a liberdade depende dos impostos. São Paulo: Editora WMF Martins Fontes, 2019. p. 5.

[237] HOLMES, Stephen; SUNSTEIN, Cass R. *O custo dos direitos*: por que a liberdade depende dos impostos. São Paulo: Editora WMF Martins Fontes, 2019. p. 9.

[238] Como explicam Holmes e Sunstein (*O custo dos direitos*: por que a liberdade depende dos

somente que, sob a perspectiva prática, não há concretização de direitos fundamentais, sejam eles garantias individuais, sejam direitos sociais, sem que haja financiamento do Estado. E esse financiamento se dá, nos dias atuais, mediante o cumprimento de um dos principais deveres da cidadania: o de pagar tributos.[239] Ocorre que uma parcela significativa da sociedade compreende a sua cidadania apenas sob a perspectiva dos direitos, esquecendo-se dos deveres.

No período que segue à Segunda Guerra, é possível verificar uma crescente constitucionalização de direitos, especialmente os de cunho econômico, social e cultural.[240] Esses, elevados ao *status* de fundamentais, passaram a ocupar relevante espaço nas constituições democráticas nascidas no período, em um fenômeno que pode ser qualificado como verdadeira "hipertrofia de direitos fundamentais". Ocorre que isso não parece ter sido acompanhado de uma igual preocupação quanto à concretização desses direitos. Desenvolveu-se, a partir de então, uma ampla e sólida teoria acerca dos direitos, mas sem que houvesse a correspondente dedicação ao aprofundamento teórico dos deveres sociais. Pouca importância foi dada àquilo que permite que os direitos sejam, de fato, assegurados.[241]

A crítica de Casalta Nabais à negligência quanto ao tratamento constitucional e dogmático dos deveres fundamentais é bastante enfática. Para o autor, esse "esquecimento" é evidente quando confrontado com o tratamento dispensado aos direitos fundamentais e pode ser explicado pelo ambiente de "militantismo antitotalitário e antiautoritário" vivido quando da aprovação das atuais constituições. Nascidas após a queda de regimes totalitários, houve, em sua concepção, uma grande preocupação de se assegurar a afirmação dos direitos fundamentais[242] e, ao mesmo

---

impostos. São Paulo: Editora WMF Martins Fontes, 2019. p. 16-17), "mesmo que fossemos capazes de calcular até o último centavo quanto custaria garantir o direito de igual acesso à Justiça, digamos, num determinado ano fiscal, nem por isso saberíamos o quanto, enquanto país, devemos gastar com isso. Esta última questão depende de uma avaliação política e moral e não pode ser decidida pela simples contabilidade".

[239] BUFFON, Marciano. *Tributação e dignidade humana*: entre os direitos e deveres fundamentais. Porto Alegre: Livraria do Advogado, 2009. p. 79.

[240] SARLET, Ingo Wolfgang. *A eficácia dos direitos fundamentais*: uma teoria geral dos direitos fundamentais na perspectiva constitucional. 11. ed. Porto Alegre: Livraria do Advogado, 2012. p. 47-78.

[241] BUFFON, Marciano. *Tributação e dignidade humana*: entre os direitos e deveres fundamentais. Porto Alegre: Livraria do Advogado, 2009, p. 80-82.

[242] NABAIS, José Casalta. *O dever fundamental de pagar impostos*: contributo para a compreensão constitucional do Estado Fiscal contemporâneo. Coimbra: Almedina, 2009. p. 673.

tempo, uma certa resistência à imposição de deveres.[243] No contexto brasileiro, aliás, o fenômeno é muito similar. A Constituição de 1988, concebida na reabertura democrática pós-ditadura militar, possui esse traço de profusão na consagração de direitos, mas de alguma economia no que tange à imposição de deveres.

Ocorre que essa combinação de hipertrofia dos direitos fundamentais e de pouca atenção aos deveres fundamentais acaba por ensejar uma frustração de expectativas nociva à própria sociedade, na medida em que se promete um "paraíso dos direitos" sem jamais concretizá-los.[244] A famosa citação de Fréderic Bastiat é de todo pertinente: "(...) todos querem viver às custas do Estado e se esquecem que o Estado vive às custas de todos".[245] Ora, o Estado não é um ente "sobrenatural", que se contrapõe à sociedade; ele é a soma dos indivíduos que a compõem.[246] Nesse sentido, é preciso ter clareza quanto ao fato de que, sem a imposição de deveres, simplesmente não é possível promover direitos.

A ideia de deveres fundamentais está relacionada à de solidariedade social e rejeita tanto o liberalismo extremista que só reconhece direitos quanto o comunitarismo que suprime as liberdades individuais em uma teia de deveres.[247] Para Casalta Nabais, deveres fundamentais encerram uma categoria jurídico-constitucional própria, mas que integra a matéria dos direitos fundamentais. Trata-se, na sua conceituação, de "deveres jurídicos do homem e do cidadão que, por determinarem a posição fundamental do indivíduo, têm especial significado para a comunidade". O caráter constitucional é central para o

---

[243] BUFFON, Marciano. *Tributação e dignidade humana*: entre os direitos e deveres fundamentais. Porto Alegre: Livraria do Advogado, 2009. p. 83. Explica Canotilho (*Direito Constitucional e teoria da Constituição*. 7. ed. Coimbra: Almedina, 2003. p. 531) que a categoria dos deveres fundamentais teve papel central nas construções jurídico-políticas do nacional socialismo alemão e do comunismo, e em ambos os casos acabou-se por hipertrofiar deveres e por aniquilar direitos. Essas duas experiências históricas explicam a desconfiança dos textos constitucionais que as asseguram em relação aos deveres fundamentais.

[244] BUFFON, Marciano. *Tributação e dignidade humana*: entre os direitos e deveres fundamentais. Porto Alegre: Livraria do Advogado, 2009. p. 83-84.

[245] Em uma referência um pouco mais contemporânea, a célebre frase dita por Margaret Thatcher, então primeira ministra da Inglaterra, em um discurso proferido em 1983 à Conferência do Partido Conservador, também diz muito sobre essa incontestável realidade: "There is no such thing as public money; there is only taxpayers' money".

[246] BUFFON, Marciano. *Tributação e dignidade humana*: entre os direitos e deveres fundamentais. Porto Alegre: Livraria do Advogado, 2009. p. 84.

[247] BUFFON, Marciano. *Tributação e dignidade humana*: entre os direitos e deveres fundamentais. Porto Alegre: Livraria do Advogado, 2009, p. 85; NABAIS, José Casalta. *O dever fundamental de pagar impostos*: contributo para a compreensão constitucional do Estado Fiscal contemporâneo. Coimbra: Almedina, 2009. p. 673.

autor, que deixa muito clara sua posição nesse sentido, afirmando que "o fundamento jurídico dos deveres fundamentais reside na sua consagração constitucional", o que não exclui que outros deveres possam ser impostos pelo legislador, mas significa que não se estará, então, a falar de deveres *fundamentais*, mas apenas de deveres *legais*.[248]

Na mesma esteira, Canotilho refere uma "reserva de constituição quanto a deveres fundamentais", anotando que "há apenas deveres fundamentais de natureza pontual necessariamente baseados numa norma constitucional ou numa lei mediante autorização constitucional".[249] Essa observação é particularmente relevante no que tange ao dever de pagar tributos no contexto brasileiro, uma vez que a CF/88 apenas atribui a competência aos entes estatais para a instituição, mediante lei, dos respectivos tributos. Aliás, como registra Marciano Buffon, os deveres fundamentais só excepcionalmente são autoaplicáveis, pois, o mais das vezes, reclamam mediação legislativa para que possam ser exigidos.[250]

Buffon sintetiza o conceito de deveres fundamentais enquanto "comportamentos positivos ou negativos impostos a um sujeito, em consideração e interesse que não particularmente seus, mas sim em benefício de outros sujeitos ou de interesse geral da comunidade".[251] Essa formulação traz a lume um outro aspecto relevante, que diz respeito à inexistência de uma necessária simetria entre deveres e direitos fundamentais.[252] Com efeito, a ideia de que um direito fundamental pressuporia um dever imediatamente correspondente, ou de que o atendimento de um dever ensejaria diretamente um direito correlato, encontra óbices teóricos e práticos, notadamente porque certos direitos e certos deveres são de muito difícil (ou impossível) individualização.

---

[248] NABAIS, José Casalta. *O dever fundamental de pagar impostos*: contributo para a compreensão constitucional do Estado Fiscal contemporâneo. Coimbra: Almedina, 2009. p. 674.

[249] CANOTILHO, José Joaquim Gomes. *Direito Constitucional e teoria da Constituição*. 7. ed. Coimbra: Almedina, 2003. p. 532.

[250] BUFFON, Marciano. *Tributação e dignidade humana*: entre os direitos e deveres fundamentais. Porto Alegre: Livraria do Advogado, 2009. p. 87-88. Casalta Nabais (*O dever fundamental de pagar impostos*: contributo para a compreensão constitucional do Estado Fiscal contemporâneo. Coimbra: Almedina, 2009. p. 677) registra, nessa linha, que "os deveres fundamentais dirigem-se essencialmente ao legislador", mas que essa característica de "autorização ou habilitação constitucional ao legislador" não pode conduzir à conclusão de que se tratariam de normas puramente programáticas ou proclamatórias.

[251] BUFFON, Marciano. *Tributação e dignidade humana*: entre os direitos e deveres fundamentais. Porto Alegre: Livraria do Advogado, 2009. p. 87.

[252] CANOTILHO, José Joaquim Gomes. *Direito Constitucional e teoria da Constituição*. 7. ed. Coimbra: Almedina, 2003. p. 532-533.

Basta pensar, por exemplo, no dever de defesa da pátria, ou no direito à segurança a ser promovido pelo Estado mediante o exercício do poder de polícia. Embora isso não afaste a existência de deveres fundamentais correlatos a determinados direitos fundamentais,[253] o que se pretende deixar claro é que não há, a rigor, uma relação sinalagmática entre direitos e deveres fundamentais.

Dito isso, e retornando ao tema específico do dever fundamental de pagar tributos, verifica-se que o dever tributário sempre acompanhou o Estado. Não obstante, como visto anteriormente, seu fundamento de sustentação sofreu modificações ao longo da história, deixando de ser o simples exercício da autoridade visando à subsistência do próprio ente estatal, para se tornar um instrumento a serviço dos cidadãos, visando propiciar a garantia e a promoção dos direitos fundamentais, inclusive de cunho social, econômico e cultural. No paradigma do Estado Democrático de Direito, esse dever se coloca como condição de possibilidade à existência desse modelo de Estado e está alicerçado no liame da solidariedade social – outro sustentáculo do Estado Democrático de Direito.[254]

A solidariedade, em uma concepção atual, pode ser entendida tanto sob o viés dos direitos quanto sob o viés dos deveres. Isso quer dizer que, na primeira perspectiva (também denominada *vertical*), o Estado é cobrado pelo cumprimento de seus deveres constitucionalmente assegurados de garantir e promover direitos, ao passo que, na segunda perspectiva (também denominada *horizontal*), exige-se da comunidade o cumprimento de seus deveres de solidariedade perante outros indivíduos ou grupos sociais. Essa noção de solidariedade social, transportada para dentro do Estado Fiscal, traduz-se no dever de pagar tributos, e mais, no dever de pagar tributos não vinculados a uma contrapartida direta por um serviço estatal prestado, mas sim uma contribuição para a manutenção e o desenvolvimento da sociedade pelo simples fato de se pertencer a ela.[255]

---

[253] Canotilho ilustra com alguns exemplos à luz da Constituição portuguesa: dever cívico de voto relacionado com o direito ao voto, dever de educação dos filhos correspondente ao dever dos pais de educá-los, dever de proteção de meio ambiente relacionado com o direito ao ambiente saudável, entre outros (CANOTILHO, José Joaquim Gomes. *Direito Constitucional e teoria da Constituição*. 7. ed. Coimbra: Almedina, 2003. p. 533).

[254] BUFFON, Marciano. *Tributação e dignidade humana*: entre os direitos e deveres fundamentais. Porto Alegre: Livraria do Advogado, 2009. p. 94.

[255] BUFFON, Marciano. *Tributação e dignidade humana*: entre os direitos e deveres fundamentais. Porto Alegre: Livraria do Advogado, 2009. p. 96-97.

Esse é mais um aspecto relevante a ser ressaltado. Quando se faz alusão ao dever fundamental de pagar tributos, está-se a fazer referência a tributos que não guardem uma relação direta e sinalagmática com a prestação estatal. No caso brasileiro, essa classificação não é tão simples. Isso porque, embora se tenha clareza quanto ao fato de que os impostos são tributos não vinculados, e de que as taxas, as contribuições de melhoria e os empréstimos compulsórios são tributos vinculados, as demais contribuições (também chamadas de especiais) possuem características que as tornam difíceis de se classificar para os propósitos do que ora se está a examinar. Enquanto algumas possuem escopo bastante delimitado no que se refere à finalidade (como as contribuições de interesse de categoria profissional, por exemplo), outras visam financiar a atuação do Estado em um aspecto extremamente amplo (como é o caso da contribuição para o PIS, da COFINS, da Contribuição Social sobre o Lucro Líquido, entre outras), a ponto de serem chamadas por alguns de "impostos-finalísticos".[256] Assim, o que se quer pontuar é que os "tributos" em referência quando se faz alusão ao "dever fundamental de pagar tributos", são, essencialmente, os que não estão marcados pela estreita bilateralidade.[257]

---

[256] BUFFON, Marciano. *Tributação e dignidade humana*: entre os direitos e deveres fundamentais. Porto Alegre: Livraria do Advogado, 2009. p. 89-90.

[257] O tema da classificação dos tributos no Brasil não é tão simples quanto se haveria de supor, e isso em muito se deve às contribuições, que ganharam um papel representativo no conjunto da arrecadação ao longo do tempo. A classificação adotada por Geraldo Ataliba (*Hipótese de incidência tributária*. 6. ed. São Paulo: Malheiros, 2016. p. 130-133), que divide as espécies tributárias em três categorias e exclusivamente com base no aspecto material da hipótese de incidência – vinculado, se consiste em uma atividade estatal; não vinculado, se consiste em uma atividade não estatal – deixou de ser suficiente à luz dos diversos regimes jurídicos tributários existentes na CF/88, o que exige, assim, uma classificação capaz de agrupar os tributos com base em critérios um pouco mais amplos, não embasados apenas na hipótese tributária, mas também compreendendo a destinação da receita (SCHOUERI, Luís Eduardo. *Direito Tributário*. São Paulo: SaraivaJur, 2022. p. 184-187). Diante desse contexto, vigora atualmente de modo mais amplo na doutrina uma classificação que divide os tributos em cinco espécies: impostos, taxas, contribuições de melhoria, contribuições (ditas especiais) e empréstimos compulsórios. As contribuições, segundo Luciano Amaro (*Direito Tributário brasileiro*. 20. ed. São Paulo: Saraiva, 2014. p. 105-106), encerram um grupo de exações "cuja tônica não está nem no objetivo de custear as funções gerais e indivisíveis do Estado (como ocorre com os impostos) nem numa utilidade divisível produzida pelo Estado e fruível pelo indivíduo (como ocorre com os tributos conhecidos como taxa de polícia, taxa de serviço)". Como registra o autor, a característica peculiar dessa espécie está na "destinação a determinada atividade, exercitável por entidade estatal ou paraestatal, ou por entidade não estatal reconhecida pelo Estado como necessária ou útil à realização de uma função de interesse público". Complementa, ainda, referindo que a divisibilidade em relação aos indivíduos não é característica relevante para a definição dessa espécie. A atividade a que se destina a receita arrecadada por essa figura tributária até *pode* ser referível ao contribuinte, mas isso não configura uma condição essencial. O que sobressai é a destinação a uma

Estabelecido esse aspecto terminológico, resta cada vez mais claro que o dever de pagar tributos corresponde a uma decorrência inafastável de se pertencer a uma sociedade. Uma concepção adequada de cidadania passa pelo reconhecimento de que o cidadão tem direitos, mas de que também partilha deveres. E um dos principais deveres, senão o principal, é o de contribuir para a manutenção e o desenvolvimento da sociedade, exatamente porque, se esse dever for sonegado, restarão inviabilizadas as possibilidades de concretização dos direitos dos próprios cidadãos, especialmente os de cunho prestacional. Daí a relevância da concepção de uma cidadania fiscal.[258]

À luz desse conceito, já não se sustentam os sentimentos de pura e simples rejeição à tributação. Essa, no Estado Democrático e Social, constitui instrumento necessário à consecução dos objetivos tendentes à concretização dos direitos fundamentais. Pagar tributos já não deve (ou não deveria) ser compreendido apenas como "um mal necessário",[259] mas sim como forma de assegurar a materialização daquilo que há de mais caro ao Estado Constitucional contemporâneo. Nesse sentido, bem articula Casalta Nabais:

> Como dever fundamental, o imposto não pode ser encarado nem como um mero poder para o Estado, nem como um mero sacrifício para os cidadãos, constituindo antes o contributo indispensável a uma vida em comunidade organizada em Estado Fiscal.[260]

---

atuação específica. Assim é que as contribuições se destinam a custear "ações voltadas a finalidades específicas que se referem a determinados grupos de contribuintes", não se pressupondo nenhuma atividade direta, específica e divisível (característica das taxas). As subespécies das contribuições podem ser divididas em (i) sociais, (ii) de intervenção no domínio econômico, (iii) do interesse de categorias profissionais ou econômicas e (iv) de iluminação pública. No caso das contribuições sociais, por exemplo, a referibilidade quanto aos contribuintes é extremamente ampla, já que o art. 195 da CF/88 determina o custeio da seguridade social por toda a sociedade (PAULSEN, Leandro. *Curso de Direito Tributário*: completo. 7. ed. Porto Alegre: Livraria do Advogado, 2015. p. 55-57). Assim, para os propósitos ora examinados, quanto à definição dos "tributos", para fins de delimitação da ideia de "dever fundamental de pagar tributos", verifica-se que as contribuições acabam tendo um papel relevante e próximo aos impostos, no que tange à concepção de solidariedade pela cidadania fiscal, já que, em geral, não são marcadas por um caráter bilateral ou sinalagmático, mas pelo custeio de finalidades mais amplas, em favor de grupos mais ou menos amplos de contribuintes, ou mesmo de toda a sociedade, no caso do das contribuições sociais.

[258] BUFFON, Marciano. *Tributação e dignidade humana*: entre os direitos e deveres fundamentais. Porto Alegre: Livraria do Advogado, 2009. p. 99-100.

[259] PAULSEN, Leandro. *Curso de Direito Tributário*: completo. 7. ed. Porto Alegre: Livraria do Advogado, 2015. p. 21.

[260] NABAIS, José Casalta. *O dever fundamental de pagar impostos*: contributo para a compreensão constitucional do Estado Fiscal contemporâneo. Coimbra: Almedina, 2009. p. 679.

Em vista do que se expôs até aqui, resta muito evidente o papel fundamental do dever de pagar tributos. Estabelecida, pois, essa premissa, a questão que se coloca imediatamente em sequência é que, se a noção contemporânea de cidadania fiscal implica o dever fundamental de pagar tributos, ela também impõe, por outro lado, que esse dever seja exercido nos estritos limites delineados na Constituição, com respeito aos direitos fundamentais. Nessa esteira, para referir novamente Casalta Nabais, a tributação não pode encontrar limite apenas no arbítrio do legislador, fazendo-se "imprescindível o apelo a toda uma trama de princípios materiais".[261] São justamente esses limites que se passa a examinar a seguir, no contexto do Estado Democrático de Direito.

2.1.2 Os limites à tributação no Estado Democrático de Direito

Segundo Paul Kirchhof, "o Direito Tributário está especialmente sujeito a compromissos e pressões, tendo em vista que o legislador pode encontrar tantas soluções quanto o contribuinte puder pagar".[262] De fato, não faltam exemplos ao longo da história para demonstrar que a criatividade do Estado é quase infindável quando se trata de arrecadar. É justamente por isso que os direitos fundamentais, ao mesmo tempo que dependem da tributação para serem promovidos, precisam ser protegidos desse poder estatal de tributar. É preciso que a tributação estabeleça um equilíbrio entre liberdade e igualdade,[263] de modo a impor a todos os cidadãos uma contribuição adequada às suas capacidades e sem aniquilar a sua liberdade individual ou afetar a sua dignidade. Ocorre que, embora esse seja um ideal desejável, o caminho para a sua concretização não é assim tão evidente; aliás, é bastante fácil desviar-se dele. Nesse sentido, é muito oportuna a seguinte observação de Humberto Ávila:

---

[261] Casalta Nabais (*O dever fundamental de pagar impostos*: contributo para a compreensão constitucional do Estado Fiscal contemporâneo. Coimbra: Almedina, 2009. p. 683) alerta para os problemas de uma concepção positivista de direito fiscal e defende que a tributação não pode ter por limite "apenas um conjunto de exigências de natureza formal polarizadas (quando não monopolizadas) no princípio da legalidade fiscal". Para ele, a análise dos limites constitucionais do dever de pagar impostos não deve ficar restrita aos "clássicos limites formais ligados à ideia de segurança jurídica", mas precisa abarcar "um significativo leque de limites materiais garantes da Justiça Fiscal".

[262] KIRSCHHOF, Paul. *Tributação no Estado Constitucional*. São Paulo: Quartier Latin, 2016. p. 13.

[263] KIRSCHHOF, Paul. *Tributação no Estado Constitucional*. São Paulo: Quartier Latin, 2016. p. 13.

Quando a liberdade individual é infringida de modo pontual, ostensivo, drástico e grosseiro, a violação é imediatamente percebida por quem a sofre e por quem a presencia. (...) Quando, no entanto, a liberdade individual é exorbitada de maneira difusa, oculta, suave e sutil, nem sempre a violação é logo notada por quem a experimenta e por quem a vislumbra.[264]

Uma tributação que seja flagrantemente confiscatória, tremendamente desigual ou extremamente imprevisível será facilmente percebida como em desacordo com os fundamentos do Estado Democrático de Direito. Por outro lado, é possível também que a tributação se desvie dos limites impostos por um tal modelo de Estado apenas de modo sutil e gradual. Em qualquer uma das hipóteses, é necessário ter clareza acerca de quais são esses limites e de como eles estão relacionados à própria ideia de Estado Democrático de Direito. Para isso, naturalmente é preciso definir, ainda que minimamente, o que significa o Estado Democrático de Direito, tarefa a que se dedicam algumas linhas a seguir.

José Afonso da Silva, ao tratar do tema, refere que "o Estado Democrático de Direito reúne os princípios do Estado de Democrático e do Estado de Direito", não como uma mera reunião formal desses elementos, mas como um conceito novo que supera a simples soma de ambos, na medida em que enuncia um componente de verdadeira transformação do *status quo*.[265] Conforme Canotilho, o constitucionalismo buscou estruturar um "Estado com qualidades", sendo as duas principais o Direito (Estado de Direito) e a democracia (Estado democrático), de sorte que o Estado constitucional democrático de Direito visa estabelecer uma conexão interna entre esses dois aspectos.[266] De um lado, tem-se o Estado de Direito enquanto expressão de um constitucionalismo que busca limitar o Estado ao Direito. De outro, tem-se o ideal democrático enraizado na concepção de soberania popular. A partir desses dois vetores, concebe-se um modelo de Estado constitucional em que o elemento democrático não apenas se destina a limitar o poder, mas também a legitimá-lo.[267]

---

[264] ÁVILA, Humberto. *Constituição, liberdade e interpretação*. São Paulo: Malheiros, 2019. p. 7.
[265] SILVA, José Afonso da. *Curso de Direito Constitucional Positivo*. 34. ed. São Paulo: Malheiros, 2011. p. 112.
[266] CANOTILHO, José Joaquim Gomes. *Direito Constitucional e teoria da Constituição*. 7. ed. Coimbra: Almedina, 2003. p. 92.
[267] CANOTILHO, José Joaquim Gomes. *Direito Constitucional e teoria da Constituição*. 7. ed. Coimbra: Almedina, 2003. p. 100.

A fim de que seja possível compreender esse conceito em sua inteireza, é necessário, antes, examinar separadamente as características de seus elementos (Estado de Direito e democracia), para, em seguida, relacioná-las. Como diz Humberto Ávila, "compreender é separar", e é também "relacionar".[268]

Determinar a origem do Estado de Direito é uma tarefa que instiga a doutrina de longa data (há quem refute a própria possibilidade de se traçar uma genealogia segura sobre o termo)[269], e sua dificuldade é igualada, senão superada, pela tarefa de defini-lo, a tal ponto que Danilo Zolo chega a referir ser uma ingenuidade procurar por uma "definição semanticamente unívoca e ideologicamente neutra de Estado de Direito".[270] Sem ignorar essa complexidade, todavia, é possível traçar alguns aspectos fundamentais acerca do que essa ideia traduz a partir das principais experiências históricas que se referiram a esse conceito, notadamente, o Rechtsstaat alemão; o Rule of Law inglês; a variante do Rule of Law americano e o État de Droit francês.[271]

Esses quatro recortes apresentam importantes similaridades entre si, especialmente quanto aos seus pressupostos filosófico-políticos e quanto às suas referências de valor. Com base nessas aproximações, Danilo Zolo propõe a construção de uma identidade teórica da ideia de Estado do Direito como sendo um Estado no qual se atribui ao ordenamento jurídico a tarefa de assegurar os direitos individuais e que visa refrear a tendência natural do poder político a se expandir e a operar de modo arbitrário.[272] O ponto chave para a ideia de Estado de

---

[268] ÁVILA, Humberto. *Sistema Constitucional Tributário*. 5. ed. São Paulo: Saraiva, 2012. p. 644-645.

[269] PORTO, Éderson Garin. *Estado de Direito e Direito Tributário*: norma limitadora ao poder de tributar. Porto Alegre: Livraria do Advogado, 2009. p. 24.

[270] ZOLO, Danilo. Teoria e crítica do Estado de Direito. *In*: COSTA, Pietro; ZOLO, Danilo. *O Estado de Direito*: história, teoria, crítica. São Paulo, Martins Fontes, 2006. p. 8.

[271] Em estudo publicado em 2022, discorreu-se de modo um pouco mais aprofundado acerca de cada uma dessas experiências históricas: MANFRA, Luís Carlos Fay. Estado de Direito e juridicização: uma breve genealogia do Estado de Direito e seus desdobramentos. *In*: WEDY, Gabriel; SOUSA, Júlia Rodrigues Oliveira; ANDRADE, Carla Bonetti de (org.). *Estado de Direito na pós-pandemia*. Londrina: Toth, 2022. p. 194-213.

[272] ZOLO, Danilo. Teoria e crítica do Estado de Direito. *In*: COSTA, Pietro; ZOLO, Danilo. *O Estado de Direito*: história, teoria, crítica. São Paulo, Martins Fontes, 2006. p. 11. Em um conceito mais completo, o autor registra que "(...) o Estado de Direito é uma versão do Estado moderno europeu, na qual, com base em específicos pressupostos filosófico-políticos, atribui-se ao ordenamento jurídico a função de tutelar os direitos subjetivos, contrastando a tendência do poder político de dilatar-se, de operar de modo arbitrário e prevaricar. Em termos mais analíticos, pode-se afirmar que o Estado de Direito é uma figura jurídico-institucional que resulta de um processo evolutivo secular que leva à

Direito é, assim, a submissão da política ao Direito, ou seja, um governo por meio do Direito e limitado por ele.

Trata-se de um conceito tipicamente liberal, que tem como características bastante marcantes a submissão ao império da lei, a divisão de poderes e a garantia dos direitos individuais. Tais elementos, segundo José Afonso da Silva, seguem sendo até hoje "postulados básicos do Estado de Direito". Não obstante, revelaram-se também insuficientes, com o passar do tempo. A redução do Direito ao simples conjunto de normas definido pelo Legislativo, como pode ser visto em algumas passagens na história, enseja uma deformação que converte o Estado de Direito em um simples Estado legislativo, ou Estado Legal. Evidentemente a legalidade é uma premissa importante do Estado de Direito, mas ela não o realiza completamente.[273] Mesmo com a superveniência do Estado Social, no alvorecer do século XX, é possível constatar que modelos demasiadamente calcados em um positivismo formalista acabaram por admitir a eclosão de regimes totalitários que praticaram severas restrições a direitos fundamentais amparados pela "legalidade" – a propósito, basta olhar para a burocracia produzida pela Alemanha nazista.

Assim é que a ideia de Estado de Direito, na atualidade, para além de uma concepção meramente formalista de legalidade, deve ser dotada de um conteúdo material. Isso significa que a observância de forma e de procedimento não são o bastante. Nesse sentido, ao se referir à noção de um "Estado material de Direito", Ingo Sarlet faz alusão a um modelo em que, além das garantias formais e procedimentais inerentes à organização do poder e das competências dos órgãos estatais, têm-se reconhecido "como metas, parâmetros e limites da atividade estatal certos valores, direitos e liberdades fundamentais".[274]

---

afirmação, no interior das estruturas do Estado moderno europeu, de dois princípios fundamentais: o da 'difusão do poder' e o da 'diferenciação do poder'" (ZOLO, Danilo. Teoria e crítica do Estado de Direito. *In*: COSTA, Pietro; ZOLO, Danilo. *O Estado de Direito*: história, teoria, crítica. São Paulo, Martins Fontes, 2006. p. 31).

[273] SILVA, José Afonso da. *Curso de Direito Constitucional Positivo*. 34. ed. São Paulo: Malheiros, 2011. p. 112-114.

[274] SARLET, Ingo Wolfgang. *A eficácia dos direitos fundamentais*: uma teoria geral dos direitos fundamentais na perspectiva constitucional. 1 Porto Alegre: Livraria do Advogado, 2012. p. 59. Referindo a doutrina de Perez Luño, Sarlet (*A eficácia dos direitos fundamentais*: uma teoria geral dos direitos fundamentais na perspectiva constitucional. Porto Alegre: Livraria do Advogado, 2012. p. 60) alude à existência de um estrito nexo de interdependência entre o Estado de Direito e os direitos fundamentais, na medida em que o primeiro exige e implica, para qualificar-se como Estado de Direito, a garantia dos direitos fundamentais, ao passo que estes exigem e implicam, para sua realização, o reconhecimento e a garantia

A limitação do poder do Estado pelo Direito, desse modo, deve encontrar parâmetros substanciais nos direitos e garantias dos cidadãos, incluindo (e, talvez com especial atenção para) os direitos das minorias, na igualdade, tanto *perante* a lei quanto *na* lei[275] (a significar, dentre outras consequências, a necessidade de se distribuir com equidade os direitos e deveres fundamentais), e na segurança jurídica, enquanto condição necessária a que se possa conhecer e compreender o Direito e não ser surpreendido por ele,[276] todos esses aspectos que, em alguma medida, reconduzem à afirmação da dignidade humana.[277]

Essa concepção material, por sua vez, já se aproxima da ideia de democracia, a qual expressa o princípio da soberania popular e impõe a participação do povo na coisa pública e na conformação do Direito que passará a limitar o exercício de sua própria liberdade.[278] O aspecto democrático, enquanto realização de valores como igualdade, liberdade e dignidade, é mais amplo do que a concepção liberal de Estado de Direito. Com efeito, nem mesmo no paradigma do chamado Estado Social de Direito o caráter democrático se mostrou necessariamente presente.[279]

É quase impossível falar-se em democracia sem se referir à conhecida passagem de Abraham Lincoln: "governo do povo, pelo povo e para o povo". Longe de refletir falta de criatividade, isso decorre exatamente do êxito de tal formulação para descrever a "essência" da

---

do Estado de Direito. A esse fenômeno de mútua implicação, Humberto Ávila (*Sistema Constitucional Tributário*. 5. ed. São Paulo: Saraiva, 2012. p. 91) denomina "fundamentação recíproca analítica". Ela é verificada quando "a existência do primeiro elemento é condição conceitual necessária para a existência do segundo elemento, e vice-versa". Assim, exemplifica o autor que "a eficácia dos direitos fundamentais é uma condição conceitual necessária para a existência de um Estado de Direito minimamente desenvolvido, e a existência de um Estado de Direito minimamente desenvolvido é condição conceitual para a eficácia dos direitos fundamentais".

[275] ÁVILA, Humberto. *Teoria da igualdade tributária*. São Paulo: Malheiros, 2015. p. 77-78.

[276] ÁVILA, Humberto. *Constituição, liberdade e interpretação*. São Paulo: Malheiros, 2019. p. 19. Reforçando esse aspecto, e sob uma perspectiva normativa, isto é, examinando o Estado de Direito enquanto princípio, Humberto Ávila (*Sistema Constitucional Tributário*. 5. ed. São Paulo: Saraiva, 2012. p. 94) registra que ele "impõe a busca de um ideal de juridicidade, de responsabilidade e de previsibilidade da atuação estatal Ao mesmo tempo que exige segurança, protetividade e estabilidade para os direitos individuais".

[277] CANOTILHO, José Joaquim Gomes. *Direito Constitucional e teoria da Constituição*. 7. ed. Coimbra: Almedina, 2003. p. 243-245.

[278] SILVA, José Afonso da. *Curso de Direito Constitucional Positivo*. 34. ed. São Paulo: Malheiros, 2011. p. 117; ÁVILA, Humberto. *Constituição, liberdade e interpretação*. São Paulo: Malheiros, 2019. p. 21.

[279] SILVA, José Afonso da. *Curso de Direito Constitucional Positivo*. 34. ed. São Paulo: Malheiros, 2011. p. 112.

democracia, apresentando-se ainda hoje, segundo refere Canotilho, como "a síntese mais lapidar dos momentos fundamentais do princípio democrático".[280] O povo aparece como fundamento do poder ("governo do povo"), como quem deve exercê-lo ("governo pelo povo") e como quem deve ser beneficiado por ele (governo para o povo").[281]

A democracia, enquanto regime político, não traduz um conceito estritamente jurídico, estando embasada em um conjunto de pressupostos que antecedem à própria Constituição.[282] Não obstante, com a evolução do constitucionalismo moderno, ela passa a ser vista, na perspectiva do Estado Constitucional, também como um conceito jurídico-constitucional, reclamando, assim, uma compreensão constitucionalmente adequada e variável, a depender da ordem constitucional em que inserida.[283]

O princípio democrático, sob a perspectiva jurídico-normativa, apresenta, para além de uma dimensão procedimental, uma dimensão material, guardando a última íntima relação com a dignidade da pessoa humana e com os direitos fundamentais. Disso decorre que o princípio democrático pressupõe e impõe o respeito pelas minorias e a sua proteção em face de maiorias eventuais e contingentes. Tal proteção não se limita à mera circunstância de poderem participar do processo deliberativo. Ela há de se impor substancialmente.[284] Assim é

---

[280] CANOTILHO, José Joaquim Gomes. *Direito Constitucional e teoria da Constituição*. 7. ed. Coimbra: Almedina, 2003. p. 287.

[281] Toda democracia está assentada na ideia de que o poder emana do povo, mas o que se entende por *povo*? Na democracia grega, *povo* compreendia apenas os homens livres, excluindo a maior parte da população. Logo, aquela democracia era um regime da minoria, em verdade. Para a democracia liberal, povo era compreendido a partir de uma construção ideal, não correspondente à realidade sociológica aferível. O constitucionalismo do século XIX está informado por uma ideia de povo de cidadãos abstratos e idealizados, fruto do racionalismo. No entanto, essa concepção deforma o conceito de povo, porque, nela, "o povo real, concreto, com seus defeitos e qualidades, permanece alheio ao exercício do poder" (SILVA, José Afonso da. *Curso de Direito Constitucional Positivo*. 34. ed. São Paulo: Malheiros, 2011. p. 135).

[282] Segundo José Afonso da Silva (*Curso de Direito Constitucional Positivo*. 34. ed. São Paulo: Malheiros, 2011. p. 125-126), "democracia é conceito histórico". Para o autor, não se trata de "um valor-fim, mas de meio e instrumento de realização de valores essenciais de convivência humana, que se traduzem basicamente nos direitos fundamentais do homem", não se tratando de "mero conceito político abstrato e estático", mas de um "processo de afirmação do povo e de garantias dos direitos fundamentais que o povo vai conquistando no decorrer da história".

[283] SARLET, Ingo; MARINONI, Luiz Guilherme; MITIDIERO; Daniel. *Curso de Direito Constitucional*. São Paulo: SaraivaJur, 2022. p. 123.

[284] SARLET, Ingo; MARINONI, Luiz Guilherme; MITIDIERO; Daniel. *Curso de Direito Constitucional*. São Paulo: SaraivaJur, 2022. p. 123-125.

que a contraposição entre democracia e constitucionalismo se apresenta como um perigoso reducionismo. A compreender-se a democracia como mera prevalência da regra da maioria, poder-se-ia afirmar que o constitucionalismo é, por essência, antidemocrático, já que retira da maioria o poder de tomar certas decisões. Todavia, essa restrição se revela exatamente enquanto expressão do princípio democrático, mas compreendido em sua dimensão material. Como explica Lenio Streck, "a Constituição é uma invenção destinada à democracia". Isso porque assegura o exercício das maiorias e das minorias, ao mesmo tempo que "impede que o próprio regime democrático seja solapado por regras que ultrapassem os limites que ela mesma – a Constituição – estabeleceu para o futuro".[285]

Da confluência desses dois elementos (Estado de Direito e democracia) se constrói a ideia de Estado Democrático de Direito. Um Estado constitucional cujo poder é limitado pelo Direito (não apenas formal e procedimentalmente, mas materialmente), edificado à luz da soberania popular, ao qual se impõem a garantia e a promoção dos direitos fundamentais, pautado na igualdade, que deve observância à segurança jurídica e fundado na dignidade humana.[286]

Estabelecida, pois, uma melhor compreensão acerca do que significa o Estado Democrático de Direito, cumpre avançar para perquirir suas implicações no que se refere à limitação do poder estatal de tributar. De que maneira esse modelo de Estado restringe a intervenção nas esferas de liberdade e propriedade dos particulares via tributação?

Sob a perspectiva formal, pode-se apontar como uma primeira limitação diretamente decorrente desse modelo de Estado a legalidade fiscal ou tributária. Se o Estado Democrático de Direito está limitado pelo Direito, e esse há de ser concebido mediante participação democrática, enquanto expressão da soberania do povo, apresenta-se como

---

[285] STRECK, Lenio Luiz. *Verdade e consenso*. 6. ed. São Paulo: Saraiva, 2017. p. 115.
[286] Lenio Streck e José Luís Bolzan de Morais (Estado Democrático de Direito. *In*: CANOTILHO, J. J. Gomes. *et al* (org.). *Comentários à Constituição do Brasil*. 2. ed. São Paulo: Saraiva Educação, 2018. p. 117), à luz do art. 1º da CF/88, apontam que "a noção de Estado Democrático de Direito (...) demanda a existência de um núcleo (básico) que albergue as conquistas civilizatórias assentadas no binômio democracia e direitos humanos fundamentais-sociais". Segundo os autores, esse núcleo básico faz parte, na atualidade, de um "núcleo básico geral-universal que comporta elementos que poderiam confortar uma teoria (geral) da Constituição e do constitucionalismo do Ocidente". Em suma, compreendem haver uma definição nuclear transponível entre os constitucionalismos existentes no Ocidente, de modo a que, não estando presentes tais elementos, não há falar em Estado Democrático de Direito.

impositivo, à luz de uma tal concepção de Estado, que os deveres tributários estejam dispostos na lei.²⁸⁷

A legalidade em matéria tributária pode ser observada antes mesmo do Estado de Direito. Como aponta Alberto Xavier, a partir do século XI, já imperava, entre os povos europeus, a noção de que tributos não podiam ser cobrados sem que tivessem sido criados por lei. No século XII, com a Magna Carta, essa regra, já existente nos costumes, restou consagrada formalmente. Surge, assim, ligada à concepção de que tributos só podem ser criados a partir de assembleias representativas, e remete à noção de sacrifício coletivamente consentido.²⁸⁸ Em suma, a legalidade, no que diz respeito à tributação, tem em sua raiz a ideia de consentimento dos contribuintes ou de autotributação.²⁸⁹

Não obstante, como registra Casalta Nabais, o consentimento que remonta ao Estado estamental já não é o mesmo consentimento para a tributação no Estado constitucional. Em primeiro lugar, porque os representantes do povo (e dos contribuintes) gozam de mandato livre e, em segundo lugar, porque esse consentimento passa, na modernidade, a ser mediado pela lei, de modo que os tributos já não são mais consentidos de forma específica pelos cidadãos, mas estabelecidos por lei votada pela representação nacional, assumindo, assim, um caráter permanente.²⁹⁰ A legalidade, como já visto anteriormente, deixou de ser garantia, por si, de produção de um Direito justo ou que vise ao bem comum, e não é diferente no que se refere à matéria fiscal. A lei "já não está acima de qualquer suspeita", conforme alerta Nabais, e o Executivo

---

²⁸⁷ Sintetiza Misabel Derzi (Notas. *In*: BALEEIRO, Aliomar. *Limitações constitucionais ao poder de tributar*. 7. ed. Rio de Janeiro: Forense, 1997. p. 72), em seus comentários à obra de Aliomar Baleeiro: "A concepção de liga-se à de democracia e de contenção do arbítrio. A segurança jurídica fica, então, hipertrofiada e a lei parece o caminho mais idôneo para alcançá-la". Na mesma esteira, registra Ricardo Lobo Torres (*Tratado de Direito Constitucional Financeiro e Tributário*. v. II: Valores e princípios constitucionais tributários. Rio de Janeiro: Renovar, 2005. p. 402) que "a legalidade foi e é um dos princípios cardeais do Estado de Direito, em qualquer de suas manifestações ao longo da história".

²⁸⁸ XAVIER, Alberto. *Os princípios da legalidade e da tipicidade da tributação*. São Paulo: Revista dos Tribunais, 1978. p. 6-7. No mesmo sentido: SCHOUERI, Luís Eduardo. *Direito Tributário*. São Paulo: SaraivaJur, 2022. p. 310-311.

²⁸⁹ NABAIS, José Casalta. *O dever fundamental de pagar impostos*: contributo para a compreensão constitucional do Estado Fiscal contemporâneo. Coimbra: Almedina, 2009. p. 321.

²⁹⁰ Com explica o autor, diante dessas duas circunstâncias, para de algum modo repor a ideia de consentimento, considerando-se o caráter agora permanente do consenso quanto à tributação na forma da lei, estabeleceu-se um Direito Orçamentário a fim de que haja uma autorização periodicamente renovada (normalmente anual) para a cobrança de tributos e a fixação das despesas (NABAIS, José Casalta. *O dever fundamental de pagar impostos*: contributo para a compreensão constitucional do Estado Fiscal contemporâneo. Coimbra: Almedina, 2009. p. 328-329).

também "já não se apresenta com o carimbo de inimigo número um das liberdades", uma vez que, atualmente, goza de legitimidade democrática e, não raro, está inclusive em melhores condições técnicas, em contraposição ao Legislativo, de realizar as exigências tradicionalmente imputadas à ideia de consentimento à tributação.[291] Ainda assim, a função garantística da legalidade se mantém, apresentando-se, na visão do autor português, como "contrapeso do parlamento face a uma administração extraordinariamente poderosa", bem como na "necessidade de uma direção política da comunidade por parte do órgão de representação nacional (central) dos cidadãos".[292] Esse viés garantístico que subjaz ao princípio da legalidade reconduz, portanto, à imposição de uma reserva de lei, notadamente no que se refere aos elementos essenciais dos tributos.[293]

Avançando, sob uma perspectiva material, elenca-se, inicialmente, como limitação diretamente decorrente do Estado Democrático de Direito que a tributação encontre, com o perdão da redundância, *limites* no que se refere à sua intensidade, não podendo implicar supressão do núcleo dos direitos fundamentais dos contribuintes (notadamente a liberdade e a propriedade) ou ofensa à sua dignidade. Numa palavra, a tributação não pode ser confiscatória. Essa vedação está ontologicamente ligada à ideia de Estado de Direito. Atingindo o efeito de confisco, o tributo aniquila a propriedade e opera de modo a simplesmente transferi-la das mãos do contribuinte ao Estado, expropriando o cidadão sem o pagamento de qualquer indenização. A tributação

---

[291] NABAIS, José Casalta. *O dever fundamental de pagar impostos*: contributo para a compreensão constitucional do Estado Fiscal contemporâneo. Coimbra: Almedina, 2009. p. 339-340. Em sentido similar, Ricardo Lobo Torres refere que, no Estado Democrático de Direito, a lei formal já não é suficiente para dirigir a sociedade, vislumbrando-se a "necessidade de uma pluralidade de fontes normativas, internas e externas". Prossegue o autor referindo que, no que diz respeito à relação tributária, especificamente, embora não deixe de se definir como como obrigação *ex lege*, passa, nessa nova abordagem constitucional, a aparecer totalmente vinculada pelos direitos fundamentais, não se esgotando na lei formal, mas buscando, pois, seu fundamento na ideia de justiça e nos princípios constitucionais dela decorrentes, notadamente a capacidade contributiva, o custo-benefício e a solidariedade social. O princípio da legalidade tributária, nesse paradigma, passa a exibir novo contorno: segundo Lobo Torres (*Tratado de Direito Constitucional Financeiro e Tributário*. v. II: Valores e princípios constitucionais tributários. Rio de Janeiro: Renovar, 2005. p. 411-412), (i) sujeitando-se à pluralidade de fontes e (ii) admitindo a deslegalização, convivendo com a judicialização da política e almejando a simplificação legislativa.

[292] NABAIS, José Casalta. *O dever fundamental de pagar impostos*: contributo para a compreensão constitucional do Estado Fiscal contemporâneo. Coimbra: Almedina, 2009. p. 343-344.

[293] NABAIS, José Casalta. *O dever fundamental de pagar impostos*: contributo para a compreensão constitucional do Estado Fiscal contemporâneo. Coimbra: Almedina, 2009. p. 685.

que acarrete tal efeito aniquila sua própria base de sustentação, pois a existência da propriedade privada é pressuposto para a existência de um sistema tributário. Não havendo propriedade, não há o que ser tributado.[294] O confisco, assim, avança para além da mera restrição ao direito de propriedade e adentra o campo da privação. Reveste-se o tributo, ao assumir essa roupagem, de um caráter de penalização – por tudo incompatível com a própria ideia de tributo – e de exercício arbitrário do poder estatal, pelo que se revela incompatível com o Estado de Direito.[295]

Definir qual seria o limite quantitativo específico para que a tributação não se caracterize como abusiva é uma questão que enseja infindáveis debates na doutrina.[296] Como refere Sacha Calmon Navarro Coêlho, para quem o princípio do não confisco se aproxima da ideia de "razoabilidade na tributação", o que é razoável em dado momento e contexto pode não sê-lo em outros.[297] O que se tem por indubitável, todavia, é que uma tributação que atinja o mínimo vital do cidadão e que lhe retire capacidade de plasmar uma existência digna, de autodeterminar-se livremente ou de gozar de seu direito de propriedade, poderá ser compreendida como estando em desacordo com o paradigma do Estado Democrático de Direito.

---

[294] GOLDSCHMIDT, Fábio Brun. *O princípio do não-confisco no Direito Tributário*. São Paulo: Revista dos Tribunais, 2003. p. 32.

[295] GOLDSCHMIDT, Fábio Brun. *O princípio do não-confisco no Direito Tributário*. São Paulo: Revista dos Tribunais, 2003. p. 46-47.

[296] Conforme explica Misabel Derzi (Notas. *In*: BALEEIRO, Aliomar. *Limitações constitucionais ao poder de tributar*. 7. ed. Rio de Janeiro: Forense, 1997. p. 575-576), nos impostos incidentes sobre o patrimônio ou a renda, uma lei hipotética que venha a fixar alíquotas de 100% sobre o valor do bem ou rendimento, sem sombra de dúvidas, possuirá efeito confiscatório e, por via de consequência, ofenderá aos princípios constitucionais atinentes ao direito de propriedade e herança e à livre escolha ou exercício de qualquer profissão lícita. Todavia, a se considerar outras hipóteses de imposições tributárias com alíquotas que, mesmo elevadas (suponha-se, de 60% ou até 80%), detenham finalidade extrafiscal, já não se tem consenso na doutrina. A complexidade do tema reside, justamente, em se definir uma proporção. Para Paul Kirchhof (*Tributação no Estado Constitucional*. São Paulo: Quartier Latin, 2016. p. 74-75), por exemplo, à luz da Lei Fundamental alemã, o limite superior à tributação reside na fronteira dos 50%. O racional do autor (e do Tribunal Constitucional Federal alemão, como referido por ele) é o de que, se o uso da propriedade deve servir ao uso privado e ao bem-estar geral, a carga tributária total deve permanecer próxima à divisão pela metade entre o particular e o poder público. Essa questão será novamente enfrentada à luz da ordem constitucional brasileira, mais adiante (ver item 2.2.3.4).

[297] "Tributação razoável. Eis a questão. O que é razoável hoje não o será amanhã. Não é a mesma coisa aqui, ali, alhures" (COÊLHO, Sacha Calmon Navarro. *O controle de constitucionalidade das leis e o poder de tributar na CF/1988*. 4. ed. Rio de Janeiro: Forense, 2016. p. 424).

Outra decorrência importante dessa concepção de Estado é que a tributação deve estar pautada na igualdade, não apenas em sua perspectiva formal (igualdade *perante a lei*), mas, sobretudo, material (igualdade *na lei*). Como registram Lenio Streck e José Luís Bolzan de Morais, "quando assume o feitio democrático, o Estado de Direito tem como objetivo a igualdade", de modo que, para além de atentar para as desigualdades no tratamento a ser conferido pelo Direito, deve também atuar enquanto força motriz da sua diminuição.[298] Nessa ordem de ideias, bem refere Misabel Derzi que o modelo do Estado Democrático de Direito está assentado sob o império da lei, mas "não é forma oca de governo, na qual possam conviver privilégios, desigualdades e oligocracias", exatamente à luz do compromisso que mantém com a igualdade.[299]

Na seara tributária, a igualdade se manifesta com relevância ímpar, operando como critério para avaliar em que medida o indivíduo é capaz de contribuir para o financiamento dos custos estatais, conforme sua renda, seu patrimônio e seu poder aquisitivo.[300] Atua, assim, na busca da equidade quanto à distribuição da carga fiscal e se coloca próxima à própria ideia de justiça fiscal.[301] A partir dessa perspectiva, a igualdade encontra uma de suas principais manifestações, no campo tributário, sob a noção de capacidade contributiva. Como bem sintetiza Paul Kirchhof:

---

[298] STRECK, Lenio Luiz; MORAIS, José Luís Bolzan de. Estado Democrático de Direito. *In*: CANOTILHO, J. J. Gomes. *et al.* (org.). *Comentários à Constituição do Brasil*. 2. ed. São Paulo: Saraiva Educação, 2018. p. 115. Em igual sentido: BUFFON, Marciano. *Tributação e dignidade humana*: entre os direitos e deveres fundamentais. Porto Alegre: Livraria do Advogado, 2009. p. 109; 113.

[299] DERZI, Misabel de Abreu Machado. Notas. *In*: BALEEIRO, Aliomar. *Limitações constitucionais ao poder de tributar*. 7. ed. Rio de Janeiro: Forense, 1997. p. 529.

[300] KIRSCHHOF, Paul. *Tributação no Estado Constitucional*. São Paulo: Quartier Latin, 2016. p. 45.

[301] Segundo Ricardo Lobo Torres (*Tratado de Direito Constitucional Financeiro e Tributário*. v. II: Valores e princípios constitucionais tributários. Rio de Janeiro: Renovar, 2005. p. 163), o relacionamento entre igualdade e justiça é "íntimo e profundo", muito embora as duas não se confundam. Regina Helena Costa (*Princípio da capacidade contributiva*. 4. ed. São Paulo: Malheiros, 2012. p. 17), por sua vez, ao examinar a origem da noção da capacidade contributiva – fundada, no entender da autora, na própria ideia de igualdade, e que será examinada adiante –, registra que ela está "fincada na ideia de justiça fiscal", a denotar a inequívoca proximidade entre as ideias de igualdade e justiça fiscal. Em igual sentido, Misabel Derzi (Notas. *In*: BALEEIRO, Aliomar. *Limitações constitucionais ao poder de tributar*. 7. ed. Rio de Janeiro: Forense, 1997. p. 546) registra o seguinte: "A capacidade contributiva é, de fato, a espinha dorsal da justiça tributária. É o critério de comparação que inspira, em substância, o princípio da igualdade".

Os princípios da proibição de excesso e da igualdade, moldados pelos direitos de liberdade, encontram sua primeira etapa de concretização na máxima fundamental da tributação: o princípio da capacidade contributiva. De acordo com o princípio da capacidade contributiva, a carga tributária individual deve ser dimensionada em conformidade com a capacidade de cada indivíduo de prover prestações tributárias de acordo com suas condições econômicas.[302]

Evidencia-se, a partir das palavras do autor alemão, a relevância da capacidade contributiva enquanto critério de graduação da carga tributária, sendo apontada por alguns como próprio fundamento da tributação.[303] Trata-se de construção que guarda íntima relação com a igualdade, bem como com a vedação ao confisco (enquanto proibição de excesso), já antes examinada. Segundo Kirchhof, a noção de tributação conforme a capacidade contributiva individual "pertence ao acervo tradicional do pensamento do Direito Tributário" e se coloca como negação do princípio da equivalência, na medida em que dissocia a mensuração da tributação das tarefas estatais individualmente prestadas, passando a orientá-la sob a ótica das tarefas que beneficiam a toda a coletividade (tanto aos contribuintes quanto aos não contribuintes). Dito de outro modo, a tributação conforme a capacidade contributiva representa um tratamento imparcial do Estado em face de cada cidadão, pois, no lugar de uma relação de prestações recíprocas, sinalagmáticas, tem-se uma relação obrigacional tributária, cujo critério de mensuração não reside apenas nas necessidades financeiras estatais e no interesse do indivíduo no Estado, mas nas capacidades do cidadão de suportar a tributação e de contribuir.[304]

---

[302] KIRSCHHOF, Paul. *Tributação no Estado Constitucional*. São Paulo: Quartier Latin, 2016. p. 27.

[303] Ao explicar os diferentes sentidos da capacidade contributiva, em seus vieses absoluto e relativo – o primeiro, relacionado a uma demonstração objetiva de demonstração de riqueza para fins de tributação e o segundo relacionado à verificação *in concreto* acerca da capacidade de determinado sujeito de absorver o impacto tributário –, Regina Helena Costa (*Princípio da capacidade contributiva*. 4. ed. São Paulo: Malheiros, 2012. p. 28) aponta que "a capacidade contributiva absoluta ou objetiva funciona como pressuposto ou fundamento jurídico do tributo, ao condicionar a atividade de eleição, pelo legislador, dos fatos que ensejarão o nascimento de obrigações tributárias. Representa sensível restrição à discrição legislativa, na medida em que não autoriza, como pressuposto de impostos, a escolha de fatos que não sejam reveladores de alguma riqueza".

[304] KIRSCHHOF, Paul. *Tributação no Estado Constitucional*. São Paulo: Quartier Latin, 2016. p. 27-28.

Finalmente, pode-se elencar como limite material à tributação, no contexto de Estado Democrático de Direito, a segurança jurídica. Conforme registra Paul Kirchhof, "o princípio do Estado de Direito e os direitos fundamentais demandam que a legislação seja simples, compreensível ao contribuinte, e que possa ser cumprida de forma confiável e eficiente".[305] De fato, se uma tal forma de Estado visa assegurar a liberdade e a dignidade do indivíduo, é necessário que a tributação (tal qual o Direito, como um todo) possa ser conhecida, compreendida, estável, não contraditória, igualitária e que as disposições a respeito dela sejam sempre prospectivas.[306] Como bem anota Humberto Ávila, "não há dignidade, nem liberdade, nem Estado de Direito sem segurança jurídica".[307] Nessa ordem de ideias, a segurança jurídica se coloca muito claramente como uma limitação ao exercício do poder tributante do Estado, pois uma tributação que desrespeita a segurança jurídica contraria a essência daquilo que visa o Estado Democrático de Direito preservar e promover.

Paul Kirchhof, no prefácio à versão traduzida para o português do seu *Tributação no Estado Constitucional*, elenca cinco exigências do Direito Constitucional ao legislador tributário, a saber: (i) uma imposição moderada e igualitária; (ii) que o tributo seja simples e compreensível; (iii) que a tributação seja incontornável; (iv) a proibição de tributos confiscatórios e (v) que a tributação seja condizente com a liberdade.[308] De certo modo, as limitações relacionadas até aqui, neste item, estão alinhadas com essas exigências propostas por Kirchhof. Compreende-se como decorrência direta do modelo de Estado Democrático de Direito que a tributação esteja pautada na legalidade, que não seja confiscatória, que observe deveres de igualdade e que respeite a segurança jurídica.

---

[305] KIRSCHHOF, Paul. *Tributação no Estado Constitucional*. São Paulo: Quartier Latin, 2016. p. 111.

[306] Na lição de Humberto Ávila (*Constituição, liberdade e interpretação*. São Paulo: Malheiros, 2019. p. 19), por tudo pertinente a esse aspecto: "Logo se percebe que as condições essenciais do Estado de Direito constituem precisamente as condições essenciais para a preservação e a promoção de uma vida digna e livre: o Direito deve ser conhecido, compreendido, estável, não contraditório, igualitário, prospectivo e efetivo; deve permitir ao indivíduo ter plena capacidade de viver o presente e conceber o futuro com liberdade – numa palavra: ser de fato, e não apenas verbalmente, tratado como um sujeito e um fim em si mesmo, nunca como objeto ou meio a serviço de outros fins, repita-se, por melhores e mais majestosos que possam ser".

[307] ÁVILA, Humberto. *Constituição, liberdade e interpretação*. São Paulo: Malheiros, 2019. p. 19.

[308] KIRSCHHOF, Paul. *Tributação no Estado Constitucional*. São Paulo: Quartier Latin, 2016. p. 121-124.

Evidentemente que o rol aqui apresentado não tem a pretensão de ser exauriente. O seu objetivo é, sobretudo, permitir o enfrentamento de alguns aspectos que se julga fundamentais à compreensão dos contornos na tributação à luz do paradigma do Estado de Democrático de Direito, especialmente no que diz respeito aos seus limites. Como referido anteriormente, se a tributação, de um lado, justifica-se enquanto dever que visa ao atendimento das finalidades legítimas de um tal modelo estatal (notadamente a promoção de direitos fundamentais), por outro, também é certo que o exercício desse poder encontra limites nos próprios fundamentos desse ideal de Estado.

2.2 O Direito Tributário na Constituição Federal de 1988

Traçado, no tópico anterior, um panorama mais abrangente acerca da tributação no Estado constitucional, passa-se, agora, ao enfrentamento específico das suas características tal qual concebida na ordem constitucional brasileira, com ênfase para as suas limitações.

2.2.1 O *status* constitucional do Direito Tributário

No capítulo anterior, examinou-se o constitucionalismo enquanto movimento que visa colocar limites ao exercício do poder e que identifica na Constituição o instrumento capaz de fazê-lo, em benefício dos direitos do indivíduo.[309] As constituições, nesse sentido, contêm a disciplina jurídica fundamental das relações que se estabelecem entre o poder público e o particular, não estando restritas à mera organização do Estado. Considerando-se que a tributação implica a transferência compulsória de parcela da riqueza individual aos cofres públicos e enseja, direta ou indiretamente, influência nos comportamentos dos cidadãos, ela está intimamente conectada com os direitos à propriedade e à liberdade.[310] Sob essa ótica, é ao mesmo tempo natural e necessário que a matéria tributária esteja, de algum modo, contemplada no texto constitucional.[311]

---

[309] Ver item 1.1.
[310] ATALIBA, Geraldo. *Sistema Constitucional Tributário brasileiro*. São Paulo: Revista dos Tribunais, 1968. p. 9-10.
[311] Segundo Geraldo Ataliba (*Sistema Constitucional Tributário brasileiro*. São Paulo: Revista dos Tribunais, 1968. p. 10), "é, pois, universal e necessária a presença de disposições que cuidem de matéria tributária, nas constituições modernas".

Em sua obra *Sistema Constitucional Tributário brasileiro*, Geraldo Ataliba sustenta que o conjunto das disposições afetas à matéria tributária no texto constitucional, harmonizados com outros princípios constitucionais mais amplos ou genéricos, forma o que denomina de Sistema Constitucional Tributário, o qual oferece um "quadro geral informador das atividades tributárias", demarcando os limites dentro dos quais a atividade tributante há de se desenvolver e disciplinando as garantias e os direitos do contribuinte.[312] É interessante observar como o autor relaciona as normas específicas atinentes às relações tributárias com as demais normas constitucionais, indicando a existência de uma articulação com o que denomina de "Sistema Constitucional Total".[313] Tal constatação denota algo que é de suma importância à compreensão do que aqui intitula de *status* constitucional do Direito Tributário: o fato de que a índole constitucional dessa matéria não está relacionada apenas à existência de disposições específicas sobre ela, mas decorre, sobretudo, da índole constitucional dos direitos fundamentais que ela afeta.

A configuração do Sistema Constitucional Tributário poderá, naturalmente, variar conforme o país e a época. Não obstante, segundo Ataliba, não é necessariamente a amplitude do tratamento do tema nas constituições fator decisivo à definição de seus traços.[314] De todo modo,

---

[312] ATALIBA, Geraldo. *Sistema Constitucional Tributário brasileiro*. São Paulo: Revista dos Tribunais, 1968. p. 10-11.

[313] Ataliba (*Sistema Constitucional Tributário brasileiro*. São Paulo: Revista dos Tribunais, 1968. p. 6; 19-20) desenvolve sua obra a partir das idéias de *sistema* – definindo como tal "o conjunto unitário e ordenado de elementos, em função de princípios coerentes e harmônicos" – e de *sistema normativo* – definido como tal "o conjunto unitário e ordenado de normas, mas em função de uns tantos princípios fundamentais, reciprocamente harmônicos, coordenados em tôrno de um fundamento comum". A partir desses conceitos, o autor explica que o *Sistema Constitucional Tributário* é um sistema parcial do *sistema constitucional* (total), e que com esse último "se conjuga, combina e articula, dele extraindo seus fundamentos e condições de expressão e existência".

[314] ATALIBA, Geraldo. *Sistema Constitucional Tributário brasileiro*. São Paulo: Revista dos Tribunais, 1968. p. 12. Sobre o tema, Humberto Ávila (*Sistema Constitucional Tributário*. 5. ed. São Paulo: Saraiva, 2012. p. 643) faz a importante observação de que o poder de tributar não é controlado somente porque a Constituição possui textos normativos relativos à limitação do poder de tributar. Ele é controlado "quando, e somente quando, o Poder Judiciário atribui aos textos normativos e, portanto, ao Sistema Tributário externo, *significação limitadora*". Essa função de controle do Direito não decorre da explicitude ou da quantidade dos seus dispositivos. Ela é construída pelo Judiciário e pela doutrina por meio de instrumentos metodológicos. Segundo o autor, isso pode ser comprovado: "o poder de tributar é restringido mais intensamente na ordem jurídica alemã do que na ordem jurídica brasileira, na qual as limitações ao poder de tributar são formalmente mais numerosas". Nesse sentido, conclui: "A normatividade de uma Constituição pode

no caso da Constituição brasileira de 1988, não houve economia nas disposições acerca da matéria tributária, no que ela segue uma tradição que se faz presente entre nós desde a Constituição de 1934.³¹⁵

A Carta de 1988 não é analítica apenas quanto ao Direito Tributário. O Sistema Constitucional brasileiro, como um todo, é caracterizado pela quantidade de seus dispositivos.³¹⁶ Para além um rol extenso de direitos e garantias fundamentais expressamente definidos, a CF/88 conta, no que diz respeito à matéria tributária, com um título dispondo sobre a tributação e o orçamento (Título VI), cujo Capítulo I, denominado de "Sistema Tributário Nacional", dispõe sobre princípios gerais da tributação (Seção I), elenca as limitações ao poder de tributar (Seção II), distribui as competências aos entes de Federação para instituir impostos (Seções III, IV e V) e desenha a repartição de receitas entre esses entes (Seção VI). Isso para não falar de disposições sobre matéria tributária presentes em outros trechos do texto constitucional, como são excelentes exemplos as disposições acerca das contribuições destinadas à seguridade social.

Em face desse panorama, não é difícil compreender o *status* constitucional que o Direito Tributário assume no Brasil, seja porque a tributação, por si, guarda íntima relação com direitos fundamentais que detêm índole constitucional, seja porque o constituinte de 1988 foi extremamente minucioso ao tratar dos aspectos tributários. Nessa perspectiva, também não é difícil compreender por que grande parte das controvérsias tributárias levadas ao Poder Judiciário demandam, em alguma medida, um controle de constitucionalidade e acabam por chegar ao Supremo Tribunal Federal.

---

ser inversamente proporcional à quantidade de textos normativos constitucionais". Essa constatação é absolutamente pertinente ao presente estudo e se voltará a ela oportunamente.

³¹⁵ Conforme explica Geraldo Ataliba (*Sistema Constitucional Tributário brasileiro*. São Paulo: Revista dos Tribunais, 1968. p. 66), o Sistema Tributário do Império e Sistema Constitucional Tributário da Constituição de 1891 eram singelos e flexíveis. No entanto, a partir de 1934, inauguraram-se as características da rigidez – a ser examinada adiante – e da minúcia no regramento da matéria tributária. Segundo o autor, "desapareceu aquela liberdade do legislador ordinário que, desde então em diante, passa a se ver peado, circunscrito a esferas limitadas e ordenado por mil e uma amarras". As mesmas características podem ser observadas nas constituições que se seguiram, inclusive na atual.

³¹⁶ ÁVILA, Humberto. *Sistema Constitucional Tributário*. 5. ed. São Paulo: Saraiva, 2012. p. 58.

2.2.2 Características do Sistema Constitucional Tributário

2.2.2.1 A abertura

A CF/88, como visto, dedica capítulo específico para tratar do Sistema Tributário Nacional. Dessas disposições resulta um traço característico a determinar que as relações tributárias encontrem seu fundamento, ainda que não exclusivo, na Constituição. Não obstante, apesar de o texto constitucional ser minudente ao dispor sobre o tema, prevendo em detalhes as limitações ao poder de tributar, as materialidades tributáveis e as competências de cada nível da Federação para exercer esse poder, o Sistema Constitucional Tributário pode ser qualificado como *aberto*.

Tal abertura não está relacionada à flexibilidade (oposto de *rigidez*, a ser tratada adiante), mas sim à circunstância de que o sistema reenvia a outras normas dispostas em outras partes da Constituição,[317] em uma relação de coordenação entre a *parte* e o *todo*. Isso já era característico de constituições anteriores, o que restou muito bem observado por Geraldo Ataliba, como visto, ao evidenciar essa a relação de conjugação, combinação e articulação entre as normas atinentes à matéria tributária ("Sistema Constitucional Tributário") e as demais normas constitucionais ("Sistema Constitucional Total").[318]

Na CF/88, o reenvio é expresso. O artigo 150, ao dispor sobre as limitações ao poder de tributar, o faz "sem prejuízo de outras garantias asseguradas ao contribuinte". Assim, as limitações delineadas em outras seções da CF/88 e que não sejam conflitantes com as regras específicas atinentes à matéria tributária são, por assim dizer, recepcionadas pelo Sistema Tributário. Podem-se referir, nesse caso, os princípios fundamentais (artigos 1º a 4º) e os direitos e garantias fundamentais (artigos 5º a 17).

Também marca um caráter de abertura o §2º do artigo 5º, inclusive em relação a fontes externas à própria Constituição, quando estabelece

---

[317] Para além disso, Humberto Ávila (*Sistema Constitucional Tributário*. 5. ed. São Paulo: Saraiva, 2012. p. 161-162) também indica que a *abertura* também está relacionada à circunstância de ser um sistema "capaz de desenvolvimento, como o são os sistemas vertidos em linguagem". Ou seja, a linguagem, em si, detém um certo grau de abertura. Logo, o Sistema Constitucional Tributário, estando expresso em linguagem, é também marcado pela mesma *abertura*. Isso, entretanto, não pode jamais ser confundido com arbítrio.

[318] ATALIBA, Geraldo. *Sistema Constitucional Tributário brasileiro*. São Paulo: Revista dos Tribunais, 1968. p. 6; 19-20.

que os direitos e garantias assegurados no texto constitucional "não excluem outros decorrentes do regime e dos princípios por ela adotados, ou dos tratados internacionais em que a República Federativa do Brasil seja parte". Por fim, é igualmente possível apreender um caráter de abertura na circunstância de que as limitações ao poder de tributar podem decorrer de dispositivos previstos fora da CF/88 e por delegação desta. É o caso das leis complementares que regulam as limitações ao poder de tributar e estabelecem normas gerais em matéria tributária (artigo 146, incisos II e III, artigo 155, §2º, inciso XII, entre outros).[319]

A ideia de abertura, segundo Humberto Ávila, "significa que o Sistema Tributário protege a esfera privada intensamente".[320] Assim, ao contrário do que se poderia intuitivamente supor, essa concepção não representa admissão a uma atitude expansiva do Estado brasileiro no exercício do seu poder de tributar. Ela implica a coordenação das disposições específicas constantes da seção que trata do Sistema Tributário Nacional com outras limitações ao exercício desse poder dispostas no próprio texto constitucional e fora dele, em reforço às garantias dos cidadãos. Tal aspecto é importante, porque é um indicativo do caráter eminentemente protetivo da ordem constitucional brasileira em relação aos contribuintes.

2.2.2.2 A rigidez

Como já referia Aliomar Baleeiro, "nenhuma Constituição excede a brasileira, a partir da redação de 1946, pelo zelo com que reduziu a disposições jurídicas" os princípios fundamentais da tributação. Explica o autor que, desde a rígida discriminação de rendas delineada no Ato Adicional de 1834, e que progressivamente se estabeleceu no Brasil a partir da Constituição de 1891, os entes da Federação estão "adstritos

---

[319] ÁVILA, Humberto. *Sistema Constitucional Tributário*. 5. ed. São Paulo: Saraiva, 2012. p. 163. Na mesma linha, explica Luciano Amaro (*Direito Tributário brasileiro*. 20. ed. São Paulo: Saraiva, 2014. p. 128) que os requisitos formais e materiais, os limites quantitativos e as características específicas dos tributos, além de permearem o capítulo específico dedicado ao Sistema Tributário Nacional, também podem ser encontrados em normas esparsas de outros capítulos da CF/88, como as que definem os direitos e garantias individuais, as dedicadas a regrar a seguridade social e as que se destinam a disciplinar a ordem econômica. Ou seja, há uma abertura em relação ao todo do texto constitucional. Igualmente, a CF/88 abre campo para a atuação de outros princípios normativos, como a lei complementar, as resoluções do Senado Federal e os convênios, os quais, em certas situações, também balizam o exercício do poder tributário. Nesse caso, há uma abertura em relação a fontes externas ao texto constitucional.

[320] ÁVILA, Humberto. *Sistema Constitucional Tributário*. 5. ed. São Paulo: Saraiva, 2012. p. 162.

às normas inflexíveis de competência", as quais "limitam o poder de tributar de cada uma dessas pessoas de direito público".[321] Tais considerações, como registra Misabel Derzi nas suas Notas à referida obra, "são e continuam sendo absolutamente pertinentes, quando postas em confronto com a Constituição de 1988".[322]

Sob tal perspectiva, verifica-se ser da tradição do tratamento constitucional da matéria tributária a marca da rigidez, a ponto de ser indicado, por Geraldo Ataliba, como sendo, "dentre os princípios constitucionais tributários brasileiros dos mais importantes, o mais característico e o mais peculiar ao Brasil".[323] Defende o autor que a rigidez configura princípio constitucional implícito e que suas repercussões se estendem a todos os setores da matéria tributária, influindo na estruturação, exegese e aplicação de todos os institutos do Direito Tributário.[324] De fato, essa característica, já marcante na tradição brasileira, diz muito sobre o caráter protetivo vislumbrado pelo constituinte ao conceber o Sistema Constitucional Tributário. Nessa perspectiva, permanece igualmente atual a célebre passagem de Baleeiro, quando afirma que "o Sistema Tributário movimenta-se sobre complexa passagem de freios e amortecedores, que limitam excessos acaso detrimentosos à economia e à preservação do regime e dos direitos individuais".[325]

Conforme afirma Humberto Ávila, a rigidez, de um lado, manifesta-se na circunstância de que as regras de competência e a repartição de receitas são intensamente reguladas no próprio texto constitucional. A CF/88 distribui as competências entre União, estados e municípios, define as materialidades tributáveis, os requisitos normativos à instituição das espécies tributárias, entre outros aspectos.[326]

---

[321] BALEEIRO, Aliomar. *Limitações constitucionais ao poder de tributar*. 7. ed. Rio de Janeiro: Forense, 1997. p. 2.

[322] DERZI, Misabel de Abreu Machado. Notas. *In*: BALEEIRO, Aliomar. *Limitações constitucionais ao poder de tributar*. 7. ed. Rio de Janeiro: Forense, 1997. p. 3.

[323] ATALIBA, Geraldo. *Sistema Constitucional Tributário brasileiro*. São Paulo: Revista dos Tribunais, 1968. p. 22.

[324] ATALIBA, Geraldo. *Sistema Constitucional Tributário brasileiro*. São Paulo: Revista dos Tribunais, 1968. p. 37.

[325] BALEEIRO, Aliomar. *Limitações constitucionais ao poder de tributar*. 7. ed. Rio de Janeiro: Forense, 1997. p. 2.

[326] ÁVILA, Humberto. *Sistema Constitucional Tributário*. 5. ed. São Paulo: Saraiva, 2012. p. 163. O tema da rigidez inspira uma discussão de há muito polêmica no Direito Tributário, atinente à definição das disposições que demarcam o espectro de competência dos entes federados em *conceitos* ou *tipos*. É que, a depender da concepção que se tenha sobre tal aspecto, muda-se também a concepção acerca do grau de rigidez do Sistema Tributário inserido na Constituição.

Vislumbra-se, com isso, uma rigidez no sentido de que é a norma de mais alta hierarquia no ordenamento jurídico que determina tais aspectos orientadores e restritivos do exercício do poder de tributar. De outro lado, a rigidez implica uma maior dificuldade de modificação das normas compreendidas no Sistema Constitucional Tributário, já que demanda procedimento específico de emenda à Constituição, o qual, por sua vez, também encontra limites nas cláusulas pétreas.[327]

Verifica-se, assim, que esse traço do Direito Tributário brasileiro, de ser, sobretudo, um Direito Constitucional Tributário, traz consigo a marca da rigidez, a qual, antes de representar entrave ao desenvolvimento do ordenamento jurídico no que se refere à tributação, visa proteger cidadão, na condição de contribuinte, conferindo-lhe segurança acerca do grau de intervenção a ser promovido pelo Estado, via tributação, em sua esfera de liberdade e propriedade.

2.2.3 Limitações constitucionais ao poder de tributar

Examinadas essas duas importantes características do Sistema Constitucional Tributário brasileiro (a abertura e a rigidez), ambas relevantes ao estudo ora proposto,[328] passa-se agora ao exame em espécie das "limitações ao poder de tributar" delineadas no texto constitucional. A seção intitulada com essa expressão, em aberta e justa homenagem do constituinte de 1988 à clássica obra de Aliomar Baleeiro,[329] traz, de forma não exaustiva,[330] princípios e regras protetivos

---

[327] ÁVILA, Humberto. *Sistema Constitucional Tributário*. 5. ed. São Paulo: Saraiva, 2012. p. 164.

[328] A primeira (abertura), porque denota que o sistema de garantias ao contribuinte não é exaustivo e está aberto a outros direitos previstos ao longo do próprio texto constitucional e mesmo fora dele. A segunda (rigidez), porque denota que o Sistema Tributário concebido pelo constituinte de 1988, ao dispor minuciosamente sobre os limites da tributação, inclusive delimitando a competência de cada ente tributante e descrevendo os fatos ou atos sobre os quais o poder de tributar pode ser exercido, pretende ser extremamente protetivo em relação aos contribuintes, conferindo-lhes segurança e estabilidade a respeito do que podem esperar da tributação. Esses dois aspectos podem acabar não sendo considerados ou privilegiados quando ocorre uma modulação de efeitos em controle de constitucionalidade à luz de normas constitucionais tributárias, hipótese em que, por via transversa, admite-se, ainda que por certo período, uma tributação em desacordo com garantias constitucionais, flexibilizando-se, pois, esse regime protetivo estruturado na CF/88.

[329] Faz-se referência, naturalmente, ao clássico *Limitações constitucionais ao poder de tributar*, aqui já citado em diversas passagens.

[330] Como já referido anteriormente, inaugura a redação do *caput* do art. 150 a expressão "sem prejuízo de outras garantias asseguradas ao contribuinte".

dos direitos dos contribuintes. Adiante, passa-se a examinar mais detidamente algumas dessas garantias.

2.2.3.1 Legalidade

Conforme examinado anteriormente neste capítulo, a legalidade em matéria tributária apresenta-se como uma decorrência direta do modelo de Estado Democrático de Direito, na medida em que representa uma garantia do cidadão contra abusos e arbitrariedades dos governantes[331] e, ao mesmo tempo, expressão da soberania popular na imposição da tributação.[332] Segundo Alberto Xavier, para além de emanar a ideia de autotributação, "o princípio da legalidade tributária é o instrumento – único válido para o Estado de Direito – de revelação e garantia da justiça tributária".[333]

No contexto brasileiro, a legalidade tem sido reconhecida e contemplada nos textos constitucionais desde 1824.[334] Na CF/88, ela está abordada com especial atenção, em diferentes níveis de especificidade. O artigo 1º já deixa muito claro, de início, que todo o poder emana do povo, devendo ser exercido diretamente ou por representantes eleitos, "nos termos [da] Constituição". Na sequência, o artigo 5º, inciso II, traça uma cláusula geral de legalidade, por assim dizer, ao estabelecer que "ninguém será obrigado a fazer ou deixar de fazer alguma coisa senão em virtude de lei". "Essa engrenagem", como bem sintetiza Rafael Pandolfo, "representa uma conquista histórica contra o arbítrio e o desvio de poder" e ganha ainda maior relevo quando seu funcionamento tem por finalidade balizar as restrições ao patrimônio dos cidadãos, tema esse que é ponto central de tensão na relação de

---

[331] SCHOUERI, Luís Eduardo. *Direito Tributário*. São Paulo: SaraivaJur, 2022. p. 310; CARRAZZA, Roque Antônio. *Curso de Direito Constitucional Tributário*. 32. ed. São Paulo: Malheiros, 2019. p. 206.

[332] CARRAZZA, Roque Antônio. *Curso de Direito Constitucional Tributário*. 32. ed. São Paulo: Malheiros, 2019. p. 224-225.

[333] XAVIER, Alberto. *Os princípios da legalidade e da tipicidade da tributação*. São Paulo: Revista dos Tribunais, 1978. p. 11.

[334] Como explica Rafael Pandolfo (*Jurisdição constitucional tributária*: reflexos nos processos administrativo e judicial. 2. ed. São Paulo: Noeses, 2020, p. 75-76), a Constituição de 1824 previa, em seu art. 179, inciso I, que "nenhum cidadão pode ser obrigado a fazer, ou deixar de fazer alguma cousa, senão em virtude de Lei". Na mesma esteira, as demais constituições (republicanas) trataram de prever expressamente a garantia da legalidade, como se percebe pelo art. 72 da Constituição de 1891, pelo art. 113 da Constituição de 1934, pelo art. 141, §2º, da Constituição de 1946 e pelo art. 150, §2º, da Constituição de 1967, a qual também previu a legalidade no campo tributário, em seu art. 20, inciso I.

poder e que está na raiz da própria existência da Constituição enquanto fenômeno jurídico.[335]

Em matéria tributária, o constituinte de 1988 foi ainda mais enfático ao explicitar, no artigo 150, inciso I, ser vedado à União, aos estados, ao Distrito Federal e aos municípios "exigir ou aumentar tributo sem lei que o estabeleça". De certo modo, há um *plus* de legalidade no que se refere à imposição de tributos, consistente não apenas na necessidade de que a lei, em sentido formal, seja o veículo indutor da obrigação tributária, mas de que também preveja, ela própria, os dados essenciais da regra-matriz de incidência.[336] Não basta, assim, que a lei se limite a *autorizar* a imposição tributária.[337]

Nas palavras de Roque Carrazza, "criar um tributo não é simplesmente nominá-lo, mas descrever abstratamente sua hipótese de incidência, seu sujeito ativo, seu sujeito passivo, sua base de cálculo e sua alíquota". Em síntese, trata-se de "editar, pormenorizadamente, a norma jurídica tributária".[338] Com efeito, se o patrimônio do particular só pode ser atingido nas hipóteses e nos modos previstos em lei, essa lei deve conter todos os elementos da norma tributária.[339] Pouco adiantaria fixar no Legislativo a função de criar as leis fiscais se isso não assegurasse ao contribuinte conhecer com clareza e antecedência seus deveres.[340] A garantia da legalidade visa à segurança jurídica do cidadão contra a tributação e de nada valeria a Constituição proteger a liberdade e a propriedade privada se inexistisse garantia de que os tributos não podem ser fixados ou modificados ao arbítrio do Executivo.[341] Assim é que, conforme bem anota Schoueri, se o artigo 5º, inciso II, determina que não se exigirá comportamento senão "em virtude" de lei, nas questões tributárias, impõe-se que a obrigação esteja prevista "na própria lei".[342]

---

[335] PANDOLFO, Rafael. *Jurisdição constitucional tributária*: reflexos nos processos administrativo e judicial. 2. ed. São Paulo: Noeses, 2020. p. 78.
[336] CARVALHO, Paulo de Barros. *Curso de Direito Tributário*. 28. ed. São Paulo: Saraiva, 2017. p. 180.
[337] AMARO, Luciano. *Direito Tributário brasileiro*. 20. ed. São Paulo: Saraiva, 2014. p. 134.
[338] CARRAZZA, Roque Antônio. *Curso de Direito Constitucional Tributário*. 32. ed. São Paulo: Malheiros, 2019. p. 207.
[339] CARRAZZA, Roque Antônio. *Curso de Direito Constitucional Tributário*. 32. ed. São Paulo: Malheiros, 2019. p. 208.
[340] COÊLHO, Sacha Calmon Navarro. *O controle de constitucionalidade das leis e o poder de tributar na CF/1988*. 4. ed. Rio de Janeiro: Forense, 2016. p. 353.
[341] CARRAZZA, Roque Antônio. *Curso de Direito Constitucional Tributário*. 32. ed. São Paulo: Malheiros, 2019. p. 206.
[342] SCHOUERI, Luís Eduardo. *Direito Tributário*. São Paulo: SaraivaJur, 2022. p. 320.

A legalidade, tal qual estabelecida no artigo 150, inciso I, da CF/88, possui, segundo Humberto Ávila, uma dimensão normativa preponderante de *regra*, na medida em que descreve um comportamento a ser adotado pelo Legislativo e, reflexamente, pelo Executivo, de modo a proibir a instituição ou a majoração de tributos, senão pelo instrumento formal específico. Para além disso, não obstante, a legalidade também possui uma dimensão de *princípio*, na medida em que indica um estado ideal de coisas a ser perseguido, consistente na busca de previsibilidade e determinabilidade, sob a perspectiva do contribuinte, quanto ao exercício estatal do poder de tributar. Finalmente, a legalidade, para esse autor, também dispõe de uma dimensão de *postulado*, ao exigir do aplicador fidelidade aos pontos de partida determinados na lei – operando, assim, no plano hermenêutico, de modo a orientar o intérprete.[343]

A legalidade, à luz dessa multiplicidade de perspectivas, deve ser observada tanto para a instituição e o aumento de tributos quanto para a sua fiscalização e cobrança.[344] Em suma, nos dizeres de Roque Carrazza, "tudo o que é importante em matéria tributária deve passar necessariamente pela lei da pessoa política competente".[345]

Questão relevante, no que diz respeito à legalidade, especialmente em sua dimensão de *regra*, consiste em definir o que se compreende por "exigir ou aumentar" tributos. Conforme Luís Eduardo Schoueri, a própria CF/88, em certa medida, já dá o caminho para essa resposta, quando estabelece, no seu artigo 146, inciso II, incumbir à lei complementar "regular as limitações constitucionais ao poder de

---

[343] ÁVILA, Humberto. *Sistema Constitucional Tributário*. 5. ed. São Paulo: Saraiva, 2012. p. 178.
[344] ÁVILA, Humberto. *Sistema Constitucional Tributário*. 5. ed. São Paulo: Saraiva, 2012. p. 176. Nesse sentido, Schoueri (*Direito Tributário*. São Paulo: SaraivaJur, 2022. p. 327) aponta, em referência aos ensinamentos de Gerd W. Rothmann, quatro facetas do princípio da legalidade: (i) legalidade da administração, enquanto regra que impõe às autoridades administrativas agirem nos limites da legislação tributária, bem como a obrigatoriedade de agirem – e, nessa linha, o art. 142 do CTN dispõe que o lançamento é atividade administrativa obrigatória e vinculada; (ii) reserva de lei, vinculando a administração não apenas ao Direito, mas à lei em sua acepção formal, enquanto ato normativo elaborado com a participação da representação popular; (iii) estrita legalidade tributária, enquanto regra que contém proibição constitucional à instituição tributos sem lei que o estabeleça e (iv) conformidade da tributação com o "fato gerador", aspecto em que assume contornos de princípio enquanto mandado de otimização, ao indicar que não basta ao legislador autorizar, genericamente, a criação do tributo, mas que se faz necessária a descrição, na lei, da situação que dará nascimento à obrigação tributária.
[345] CARRAZZA, Roque Antônio. *Curso de Direito Constitucional Tributário*. 32. ed. São Paulo: Malheiros, 2019. p. 210.

tributar".[346] Nessa esteira, o CTN desempenha tal função, definindo[347] com maior grau de detalhamento, no seu artigo 97,[348] o conteúdo dessa regra.

Como é possível aferir a partir do referido dispositivo, o legislador complementar, ao aprofundar a definição da garantia da legalidade, impôs que tanto a hipótese quanto o consequente normativo estejam previstos na lei. Inclusive majorações indiretas – isto é, que não decorram simplesmente de aumento de alíquota – devem estar

---

[346] SCHOUERI, Luís Eduardo. *Direito Tributário*. São Paulo: SaraivaJur, 2022. p. 320.

[347] Aqui se faz necessário um breve esclarecimento. No entendimento de Humberto Ávila, a "definição, que pode ser traduzida como um enunciado por meio do qual se explica o significado de expressões linguísticas, cumpre precisamente a função de esclarecer os limites ou as fronteiras de um conceito, indicando o que é e o que não é nele incluído, por meio da indicação de critérios, isto é, de propriedades ou atributos. A definição, portanto, ajuda a tornar mais precisas as fronteiras conceituais, além de esclarecer a relação dos conceitos entre si, mediante a indicação daquilo que é essencial ou fundamental". Numa palavra, as definições *explicam* os conceitos (ÁVILA, Humberto. *Competências tributárias*: um ensaio sobre a sua compatibilidade com as noções de tipo e conceito. São Paulo: Malheiros, 2018. p. 41; 50). Isso é relevante porque, ao referir que o CTN, por remissão da própria CF/88, define o conteúdo da legalidade, não se está a firmar que a legalidade já não possui um conteúdo emanado diretamente do próprio texto constitucional, muito menos que se estaria a interpretar a Constituição a partir da norma infraconstitucional. O CTN apresenta *definições* à legalidade – como aliás, o faz sobre diversos outros conceitos constitucionais –, de modo a aumentar o grau de determinabilidade do conteúdo dessa regra. Por fim, cumpre registrar que a posição de Humberto Ávila acerca do que está expresso pelos enunciados linguísticos do texto constitucional, especialmente no que se refere à matéria tributária (se *conceitos* ou *tipos*), difere da posição defendida por Schoueri, por exemplo. Não obstante, nesse ponto especificamente, entende-se que tal explicação acerca da ideia de *definição* é oportuna e não exatamente conflitante com o que explica Schoueri acerca do conteúdo da legalidade, com menções ao CTN. A divergência entre as concepções de *conceitos* e *tipos* será abordada logo adiante.

[348] "Art. 97. Somente a lei pode estabelecer:
I - a instituição de tributos, ou a sua extinção;
II - a majoração de tributos, ou sua redução, ressalvado o disposto nos artigos 21, 26, 39, 57 e 65;
III - a definição do fato gerador da obrigação tributária principal, ressalvado o disposto no inciso I do §3º do artigo 52, e do seu sujeito passivo;
IV - a fixação de alíquota do tributo e da sua base de cálculo, ressalvado o disposto nos artigos 21, 26, 39, 57 e 65;
V - a cominação de penalidades para as ações ou omissões contrárias a seus dispositivos, ou para outras infrações nela definidas;
VI - as hipóteses de exclusão, suspensão e extinção de créditos tributários, ou de dispensa ou redução de penalidades.
§1º Equipara-se à majoração do tributo a modificação da sua base de cálculo, que importe em torná-lo mais oneroso.
§2º Não constitui majoração de tributo, para os fins do disposto no inciso II deste artigo, a atualização do valor monetário da respectiva base de cálculo" (BRASIL. [Constituição (1988)]. *Constituição da República Federativa do Brasil de 1988*. Brasília, DF: Presidência da República, 1988a. Disponível em: http://www.planalto.gov.br/ccivil_03/constituicao/constituicaocompilado.htm. Acesso em: 10 nov. 2022).

lastreadas na lei, como indica o seu §1º. Em certas circunstâncias, por outro lado, exige-se também a forma de lei para a desoneração tributária, como é o caso da concessão de benefícios fiscais, nos termos do artigo 150, §6º, da CF/88.

De outra parte, é necessário pontuar que há mitigações à exigência da legalidade no próprio texto constitucional. Quanto a alguns tributos, admitiu o constituinte a determinação da alíquota pelo Poder Executivo, como é o caso dos Impostos de Importação e Exportação, do IPI e do IOF (artigo 153, §1º, da CF/88) e das Contribuição de Intervenção no Domínio Econômico relativa às atividades de importação e comercialização de petróleo se seus derivados, gás natural e seus derivados e álcool combustível (CIDE-Combustíveis, artigo 177, §4º, inciso I, alínea 'b'). Não obstante, o exercício dessa faculdade, em tais casos, não pode ocorrer de forma arbitrária. Ela segue pautada pelos limites da lei. Ou seja, a lei, nessas hipóteses, não é dispensada. Daí o emprego da palavra *mitigação*, e não *exceção*.[349]

É bastante comum, ao se examinar o tema da legalidade, a menção à ideia de tipicidade, ou tipicidade cerrada, enquanto expressão material dessa garantia,[350] no sentido de que se faz necessário que a lei disponha detalhada ou exaustivamente sobre a hipótese tributária, isto é, de que o arquétipo desenhado na hipótese descrita em lei seja claro e rígido. Alguns autores preferem se referir a esse aspecto como "precisão conceitual",[351] "especificação conceitual"[352] ou, ainda, "determinação conceitual".[353] [354]

---

[349] SCHOUERI, Luís Eduardo. *Direito Tributário*. São Paulo: SaraivaJur, 2022. p. 339.

[350] Conforme Sacha Calmon Navarro Coêlho (*O controle de constitucionalidade das leis e o poder de tributar na CF/1988*. 4. ed. Rio de Janeiro: Forense, 2016. p. 353), "enquanto a legalidade formal diz respeito ao veículo (*lei*), a tipicidade entronca com o conteúdo da lei (*norma*)".

[351] Sacha Calmon Navarro Coêlho (*O controle de constitucionalidade das leis e o poder de tributar na CF/1988*. 4. ed. Rio de Janeiro: Forense, 2016, p. 353) apresenta as expressões como sinônimas. Refere o autor: "Tipicidade ou precisão conceitual é o outro nome do princípio da legalidade material".

[352] Misabel Derzi, que desenvolve crítica mais aprofundada a respeito do tema, refere: "O princípio da especificação conceitual – que costuma ser denominado, impropriamente, de tipologia ou tipicidade – diz respeito ao princípio da legalidade, materialmente considerado, como conteúdo imposto ao legislador e indelegável" (DERZI, Misabel de Abreu Machado. Notas. *In*: BALEEIRO, Aliomar. *Limitações constitucionais ao poder de tributar*. 7. ed. Rio de Janeiro: Forense, 1997. p. 117).

[353] SCHOUERI, Luís Eduardo. *Direito Tributário*. São Paulo: SaraivaJur, 2022. p. 330.

[354] Para Ricardo Lobo Torres (O princípio da tipicidade no Direito Tributário. *Revista de Direito Administrativo (RDA)*, Rio de Janeiro, v. 235, p. 203, 2004), tipicidade não se confunde com o "princípio da determinação", o que está intimamente relacionado com distinção *tipo* e *conceito*, a ser logo adiante examinada, e que é bem enfrentada pelo autor em artigo

Essa divergência de terminologia tem origem em uma outra controvérsia acerca da natureza das generalizações e abstrações de que se socorre o legislador ao editar normas em matéria tributária: se *conceitos* ou *tipos*. Segundo definição de Humberto Ávila, *conceitos* exprimem "significados que conotam propriedades necessárias e suficientes para a sua configuração".[355] Já os *tipos*, conforme esse autor, exprimem significados que descrevem "características habituais que costumam normalmente ocorrer", mas "não necessárias, nem suficientes, para sua verificação".[356] Ou seja, o *tipo*, ao contrário do que se parece supor no senso comum dos operadores do Direito, não ostenta a noção de rigidez e fechamento; pelo contrário, o *tipo* representa exatamente a concepção de flexibilidade, de abertura. Daí porque, examinada a questão sob essa ótica, há quem afirme haver uma contradição em termos na expressão *tipicidade cerrada*, já que traduz definições, em certa medida, antagônicas.[357]

---

sobre o tema. No texto em questão, o autor explica que o "princípio da determinação (...) postula que todos os elementos do fato gerador abstrato sejam indicados com clareza na lei formal". Efetivamente, essa é a ideia que se pretende expressar quando a doutrina tributária fala em tipicidade, mas há algumas confusões conceituais envolvidas na utilização dessa expressão nesse sentido específico, como se verá.

[355] ÁVILA, Humberto. *Competências tributárias*: um ensaio sobre a sua compatibilidade com as noções de tipo e conceito. São Paulo: Malheiros, 2018. p. 68.

[356] ÁVILA, Humberto. *Competências tributárias*: um ensaio sobre a sua compatibilidade com as noções de tipo e conceito. São Paulo: Malheiros, 2018. p. 62. Em igual sentido, Ricardo Lobo Torres esclarece: "(...) tipo é a ordenação dos dados concretos existentes na realidade segundo critérios de semelhança (...). O tipo representa a média ou a normalidade de uma determinada situação concreta". E, pela sua própria complexidade, "é aberto, não sendo suscetível de definição, mas apenas de descrição". Já o conceito é a "representação abstrata de dados empíricos" e, diferentemente do tipo, "o conceito pode ser objeto de definição e subsunção. O conceito representa as propriedades ou os sinais característicos do objeto" (LOBO TORRES, Ricardo. O princípio da tipicidade no Direito Tributário. *Revista de Direito Administrativo (RDA)*, Rio de Janeiro, v. 235, p. 195; 206, 2004).

[357] Ao examinar a origem dessa confusão conceitual (já evidenciada por Misabel Derzi, por Ricardo Lobo Torres, entre outros autores), Raquel Cavalcanti Ramos Machado (*Competência tributária*: entre rigidez do sistema e atualização interpretativa. São Paulo: Malheiros, 2014. p. 78-79) explica que o emprego do termo "tipo", com essa conotação (de "tipicidade cerrada"), no Brasil, deve sua difusão à tradução espanhola da 1ª edição do livro de Karl Larenz (*Metodologia da ciência do Direito*), sem que se considerassem reparos posteriores a obra apresentados pelo próprio autor. Nessa 1ª edição, Larenz fazia menção a tipos abertos e tipos fechados, tendo estes últimos sido adotados na cultura jurídica brasileira, especialmente no âmbito do Direito Penal e do Direito Tributário. No entanto, nas edições posteriores, o autor passou a considerar apenas o tipo aberto, como categoria lógica. Essa revisão não foi acompanhada, todavia, pela comunidade jurídica brasileira, que seguiu empregando o termo "tipo" na sua acepção fechada. Com isso, a expressão encontra, na doutrina alemã, uma conotação diversa daquela com a qual é regularmente utilizada na doutrina e na jurisprudência brasileiras.

De todo modo, parece haver consenso na doutrina de que a aproximação *tipológica* ou *típica* – considerando-se as acepções de *tipo* e *conceito* examinadas – não é a mais adequada ao Direito Tributário. Segundo Misabel Derzi, o que prevalece nessa seara é a classificação, o conceito, sendo os tributos "objeto de uma enumeração legal exaustiva".[358] A matéria tributária exige, como refere Schoueri, um "raciocínio por exclusão", incompatível com a concepção aberta de "tipo".[359] Para esse autor, aliás, a concessão à teoria dos tipos seria um perigoso passo em direção à perda da liberdade mediante flexibilização da legalidade, impondo-se, assim, diante de um tal contexto, compreender essa garantia enquanto reflexo que é da relação entre o Legislativo e o Executivo, em um sistema de freios e contrapesos adequado ao modelo presidencialista brasileiro.[360]

Como bem sintetiza Sacha Calmon, a legalidade em matéria tributária, tal como estabelecida na CF/88, exige "lei em sentido formal (instrumento normativo proveniente do Poder Legislativo) e material (norma jurídica geral, impessoal, abstrata e obrigatória, clara, precisa, suficiente)".[361] A lei, no Direito Tributário brasileiro, assume elevado grau de destaque – possivelmente maior do que em outras searas do

---

[358] Nos dizeres da autora: "A legalidade estrita, a segurança jurídica, a uniformidade, a praticabilidade e a rigidez da discriminação constitucional da competência determinam a tendência conceitual classificatória prevalente no Direito Tributário (...) Os tributos, por sua vez, são objeto de uma enumeração legal exaustiva, de modo que aquilo que não está na lei, não existe juridicamente. A diferenciação entre um tributo e outro se dá através de uma classificação legal esgotante do conceito de tributo. Criam-se, a rigor, espécies tributárias como conceitos determinados e irrenunciáveis. Não se admitem as ordens de estrutura flexível, graduáveis e de características renunciáveis que são os tipos. Esses, por sua vez, levariam à aceitação das formas mistas ou novas, deduzidas e descobertas, implicitamente, no ordenamento, ou criadas, no tráfego jurídico, pela prática administrativa, segundo as necessidades do Tesouro, o que se chocaria com os princípios vigorantes no Sistema Tributário" (DERZI, Misabel de Abreu Machado. Notas. *In*: BALEEIRO, Aliomar. *Limitações constitucionais ao poder de tributar*. 7. ed. Rio de Janeiro: Forense, 1997. p. 138-139).

[359] Como bem sintetiza esse autor, a partir de um exemplo, "numa aproximação tipológica, não há espaço para raciocínios individuais, já que o aplicador da lei tomará em conta aquilo que (...) *tipicamente* ocorre: se a atividade de *telemarketing* tem um risco tipicamente médio, isso vale para todas. O raciocínio conceitual será diferente: tendo o aplicador da lei clareza quanto ao que considera risco alto, médio ou baixo, ele levará em conta as circunstâncias do caso concreto, para tomar sua decisão. A matéria tributária exige um raciocínio por exclusão: ou se aplica uma alíquota, ou outra. A decisão pode depender do caso concreto, mas não se admite a simultânea aplicação de ambas as alíquotas" (SCHOUERI, Luís Eduardo. *Direito Tributário*. São Paulo: SaraivaJur, 2022. p. 795).

[360] SCHOUERI, Luís Eduardo. *Direito Tributário*. São Paulo: SaraivaJur, 2022. p. 795-796.

[361] COÊLHO, Sacha Calmon Navarro. *O controle de constitucionalidade das leis e o poder de tributar na CF/1988*. 4. ed. Rio de Janeiro: Forense, 2016. p. 355.

Direito —³⁶² e opera de modo a impedir a tributação ou a condenação do contribuinte por presunções ou indícios, por analogia, e muito menos por razões de conveniência social ou em nome de anseios da opinião pública.³⁶³ Trata-se, como se vê, de garantia afeta à segurança jurídica, ao Estado de Direito, ao princípio democrático, à separação dos poderes, do que se conclui não ser exagerada a afirmação de Alberto Xavier, no sendo de se tratar da "mais importante de todas as limitações constitucionais do poder de tributar por suas implicações políticas e jurídicas".³⁶⁴

2.2.3.2 Irretroatividade e anterioridade

A CF/88 também estabelece, em matéria tributária, garantias que, segundo a classificação de Humberto Ávila, podem ser denominadas de "limitações formais temporais". São elas a irretroatividade e a anterioridade. Essas limitações ao exercício do poder de tributar possuem íntima relação com a segurança jurídica e são particularmente relevantes para o objeto deste estudo, na medida em que versam sobre o modo de aplicação do Direito no tempo, aspecto pertinente à modulação de efeitos em controle de constitucionalidade.

Iniciando-se pela irretroatividade, nossa Constituição é expressa ao proibi-la para fins de agravamento da situação do contribuinte frente à tributação. Conforme prevê o artigo 150, inciso III, alínea 'a', é vedada a exigência de tributos "em relação a fatos geradores ocorridos antes do início da vigência da lei que os houver instituído ou aumentado".³⁶⁵ Tal disposição, específica para a matéria tributária, há de ser compreendida sob o influxo do princípio do Estado de Direito (artigo 1º da CF/88), da garantia da segurança (artigo 5º, *caput*, da CF/88) e da proteção do direito adquirido, do ato jurídico perfeito e da coisa julgada (artigo 5º,

---

[362] CARRAZZA, Roque Antônio. *Curso de Direito Constitucional Tributário*. 32. ed. São Paulo: Malheiros, 2019. p. 209.

[363] CARRAZZA, Roque Antônio. *Curso de Direito Constitucional Tributário*. 32. ed. São Paulo: Malheiros, 2019. p. 217.

[364] XAVIER, Alberto. *Os princípios da legalidade e da tipicidade da tributação*. São Paulo: Revista dos Tribunais, 1978. p. 4.

[365] A redação adotada pelo constituinte é criticável. Como registra Luciano Amaro (*Direito Tributário brasileiro*. 20. ed. São Paulo: Saraiva, 2014, p. 141), a escolha do jogo de palavras "fato gerador" para fatos ocorridos *antes* da vigência da lei que institui o tributo é inadequada, porque se a lei é posterior, o fato em questão não poderia ser qualificado como *gerador*.

inciso XXXVI, da CF/88),[366] em face da característica de abertura do Sistema Constitucional Tributário, antes examinada. Ou seja, a CF/88 consagra a irretroatividade de forma ampla, como direito fundamental do cidadão, e de forma específica, como direito do contribuinte.[367] Esse grau de detalhamento e preocupação para com a irretroatividade não encontra paralelo em outras constituições. Em diversos países, a irretroatividade não está prevista expressamente ou é contemplada apenas no que se refere a outras questões (como o Direito Penal).[368] Entre nós, diversos autores apontam a irretroatividade como corolário indissociável da segurança jurídica e da própria legalidade,[369] que não demandaria, em princípio, uma disposição específica e expressa para impor a sua observância. Segundo Paulo de Barros Carvalho, a simples proibição de que a lei prejudique o direito adquirido, o ato jurídico perfeito e a coisa julgada já seria suficiente para obstar qualquer incursão, pelo legislador, tendente a exigir tributos sobre fatos sociais que, por já terem se constituído antes da edição da lei, ficariam a salvo de novas obrigações. No entanto, conforme explica o autor, tal enunciado normativo não vinha sendo suficiente para impedir certas iniciativas dos entes tributantes (notadamente a União) de tributar fatos passados, já consumados no tempo. Isso levou o constituinte de 1988 a atuar com um grau adicional de zelo, no que se refere à proteção contra a retroatividade.[370]

---

[366] ÁVILA, Humberto. *Sistema Constitucional Tributário*. 5. ed. São Paulo: Saraiva, 2012. p. 200.

[367] DERZI, Misabel de Abreu Machado. Notas. *In*: BALEEIRO, Aliomar. *Limitações constitucionais ao poder de tributar*. 7. ed. Rio de Janeiro: Forense, 1997. p. 189.

[368] Conforme expõe Schoueri (*Direito Tributário*. São Paulo: SaraivaJur, 2022. p. 389), a partir de estudo comparativo de Klaus Tipke, que, por exemplo, na Áustria, não se fala em irretroatividade, compreendendo a Corte Constitucional inexistir impedimento a que o legislador determine efeito retroativo à exigência tributária. Na França, reconhece-se a irretroatividade apenas da lei penal. Na Hungria, não há previsão expressa de irretroatividade, mas a Corte Constitucional a constrói a partir do princípio do Estado de Direito. Em Portugal, a previsão expressa de irretroatividade em matéria tributária somente foi introduzida no texto constitucional mediante reforma, em 1977. Até então, sua aplicação decorria da aplicação do princípio da segurança jurídica. Na Itália, admite-se lei tributária retroativa, desde que atinja capacidade contributiva atual. Na Alemanha, inexiste mandamento constitucional explícito tratando da irretroatividade. Sua aplicação decorre de construção jurisprudencial, embasada na proteção da confiança e no princípio do Estado de Direito.

[369] Segundo Roque Carrazza (*Curso de Direito Constitucional Tributário*. 32. ed. São Paulo: Malheiros, 2019. p. 285), a irretroatividade decorre implicitamente da legalidade.

[370] Ainda que refira ser juridicamente falsa a impressão de que prescrever a mesma coisa mais de uma vez outorgará maior eficácia à regra, admite o autor que, sob a perspectiva histórica ou sociológica, essa conduta do constituinte brasileiro pode encontrar algumas explicações. No caso da irretroatividade, menciona Paulo de Barros Carvalho (*Curso*

Conforme Humberto Ávila, a norma exteriorizada pelo artigo 150, inciso III, alínea 'a', da CF/88 possui uma natureza jurídica preponderante de *regra*, na medida em que descreve e determina um comportamento a ser adotado, especificamente, pelo Poder Legislativo, mas também possui um sentido normativo de *princípio*, na medida em que impõe um dever de busca por um estado ideal de previsibilidade, estabilidade, cognoscibilidade, confiabilidade e lealdade no exercício da atividade estatal.[371]

Nessa segunda perspectiva, de princípio, a irretroatividade ganha maior abrangência, pois se coloca como imposição não apenas ao Legislativo, mas também à administração e ao próprio Judiciário. Segundo Misabel Derzi, a imposição de irretroatividade não deve ser limitada às leis, mas estendida às normas e aos atos administrativos ou judiciais: "O que vale para o legislador precisa valer para a administração e os tribunais". Isso significa que "a administração e o Poder Judiciário não podem tratar os casos que estão no passado de modo que se desviem da prática até então utilizada, na qual o contribuinte tinha confiado", conforme complementa a autora.[372]

Humberto Ávila leva a questão ainda mais longe, ao demonstrar que, quando age de modo retroativo, o Estado atinge a própria dignidade do cidadão, na medida em que acaba por ferir sua capacidade racional e tratá-lo como um objeto:

> Contudo, é preciso que fique claro – e isso, curiosamente, nem sempre acontece: o mesmo Estado que viola a dignidade do ser humano quando o manipula ou o coage também a infringe quando lhe fere a capacidade racional, isto é, quando o impede, por outros meios, de manifestar livremente sua vontade e exercer autonomamente seu poder de decidir quais propósitos quer conceber, quais responsabilidades pretende assumir e com quais consequências deseja contar. Verifica-se essa segunda espécie de violação quando, por exemplo, o cidadão age confiando no conteúdo, na validade e na eficácia de uma lei, de um ato administrativo ou de uma decisão judicial e, depois que agiu

---

de Direito Tributário. 28. ed. São Paulo: Saraiva, 2017. p. 183-184) que, especialmente a União, vinha surpreendendo os contribuintes com "grosseiras exações, que assumiram o nome de *empréstimo compulsório*", sobre fatos pretéritos. Em razão disso, o meio jurídico se empenhou, na Assembleia Nacional Constituinte, para consignar outra prescrição explícita no texto constitucional dirigida rigorosamente às pretensões tributárias, dando origem, assim, à dicção do art. 150, inciso III, alínea 'a', da CF/88.

[371] ÁVILA, Humberto. *Sistema Constitucional Tributário*. 5. ed. São Paulo: Saraiva, 2012. p. 200.
[372] DERZI, Misabel de Abreu Machado. Notas. *In*: BALEEIRO, Aliomar. *Limitações constitucionais ao poder de tributar*. 7. ed. Rio de Janeiro: Forense, 1997. p. 193.

e já não pode voltar atrás, vê-se surpreendido por uma mudança de entendimento relativamente ao conteúdo, à validade ou à eficácia das mesmas manifestações estatais. Também nesse caso, como se pode ver, termina o indivíduo por ser tratado como mero objeto ou instrumento, não como um sujeito capaz de definir com autonomia seu presente e seu futuro, porquanto obrigado a suportar uma consequência completamente diversa daquela que aceitou e pela qual esperava – e podia razoavelmente esperar – quando agiu amparado por determinada manifestação estatal.[373]

Em suma, portanto, a irretroatividade protege o cidadão (no caso, contribuinte) contra o arbítrio do Estado, que não pode modificar, para pior, situações fiscais já consolidadas ou aperfeiçoadas.[374]

De outra parte, a anterioridade é garantia que, mais do que guardar estreita relação com a legalidade – tal qual a irretroatividade –, possui, de certo modo, origem comum a ela. Isso porque, da mesma forma que a tributação demanda algum nível de aceitação por parte dos contribuintes que a ela estão submetidos, essa aceitação não é oferecida sem quaisquer condições. Sob a perspectiva histórica, a ideia era a de que a arrecadação fosse justificada pelo soberano e de que sua aprovação se desse em certos termos e por determinado período, do que nasce a concepção de orçamento. Uma vez que, na modernidade, os orçamentos passaram a ser aprovados, normalmente de modo anual surge, como decorrência, a ideia de anualidade.[375]

---

[373] ÁVILA, Humberto. *Constituição, liberdade e interpretação*. São Paulo: Malheiros, 2019. p. 12.

[374] Não há restrição, todavia, à retroatividade que beneficie o cidadão, impondo-se, em todo caso, a observância à igualdade (CARRAZZA, Roque Antônio. *Curso de Direito Constitucional Tributário*. 32. ed. São Paulo: Malheiros, 2019. p. 284-285; AMARO, Luciano. *Direito Tributário brasileiro*. 20. ed. São Paulo: Saraiva, 2014, p. 141; SCHOUERI, Luís Eduardo. *Direito Tributário*. São Paulo: SaraivaJur, 2022. p. 375-376). Alguns dispositivos, inclusive, apontam expressamente para essa hipótese, como é o caso do art. 106 do CTN, que determina a aplicação retroativa de lei para afastar ou reduzir penalidade conforme nova regra mais benéfica. O mesmo art. 106, entretanto, também traz a questão polêmica da aplicação retroativa de lei *interpretativa*. Essa categoria é bastante criticada na doutrina. Conforme célebre passagem de Sepúlveda Pertence, no âmbito da ADI nº 6.053, "no sistema tributário brasileiro, lei interpretativa ou é inócua ou é lei nova". Argumentava o ministro do STF, na ocasião, que se a lei nova, dita *interpretativa*, vem para reafirmar uma interpretação já existente, ela é inócua, ao passo que se ela vem para impor uma *nova interpretação*, então ela é uma lei nova, modificando uma anterior, e como tal há de ser examinada (PANDOLFO, Rafael. *Jurisdição constitucional tributária*: reflexos nos processos administrativo e judicial. 2. ed. São Paulo: Noeses, 2020. p. 92).

[375] Conforme explica Schoueri (*Direito Tributário*. São Paulo: SaraivaJur, 2022. p. 355), a primeira aparição expressa da anualidade foi na Constituição francesa de 1791, na qual se estabeleceu que "as contribuições públicas serão deliberadas e fixadas a cada ano pelo corpo legislativo e não poderão subsistir além do último dia da sessão subsequente, se não tiverem sido expressamente renovadas".

A anualidade, cumpre deixar claro, não se confunde com a anterioridade. Ela implica a vinculação da tributação com autorização orçamentária. Ou seja, exprime a ideia de que o tributo não pode ser exigido sem que esteja previsto no orçamento aprovado para o período – normalmente um ano.

No Brasil, a anualidade pode ser observada, em alguma extensão, já na Constituição de 1824, que, em seu artigo 171, determinava que todas as contribuições diretas deveriam ser "annualmente estabelecidas pela Assembléa Geral".[376] A Constituição de 1891 não dispôs sobre a anualidade, mas sob a sua égide, a legislação consagrava essa garantia, nos termos do Código de Contabilidade então vigente. Não obstante esses precedentes históricos, foi na Constituição de 1946 que a anualidade ganhou clara formulação, ao estabelecer que "nenhum [tributo] será cobrado em cada exercício sem prévia autorização orçamentária", na forma do seu artigo 141, §34.[377]

Consagrada a imposição de autorização orçamentária, não tardou, todavia, para que sofresse infringências, em uma "substituição" pela noção de anterioridade.[378] É que o STF praticamente reescreveu a norma constitucional em comento ao editar as súmulas nº 66[379] e 67,[380] a partir das quais se admitiu como legítima a cobrança de tributo autorizado após o orçamento, mas antes do início do respectivo

---

[376] Dispunha o art. 171 da Constituição Imperial: "Todas as contribuições directas, á excepção daquellas, que estiverem applicadas aos juros, e amortisação da Divida Publica, serão annualmente estabelecidas pela Assembléa Geral, mas continuarão, até que se publique a sua derogação, ou sejam substituidas por outras" (BRASIL. [Constituição (1824)]. *Constituição Politica do Imperio do Brazil, de 25 de março de 1824*. Rio de Janeiro: Imperio Português, [1824]. Disponível em: http://www.planalto.gov.br/ccivil_03/constituicao/constituicao24.htm. Acesso em: 10 nov. 2022).

[377] BALEEIRO, Aliomar. *Limitações constitucionais ao poder de tributar*. 7. ed. Rio de Janeiro: Forense, 1997. p. 52-54.

[378] BALEEIRO, Aliomar. *Limitações constitucionais ao poder de tributar*. 7. ed. Rio de Janeiro: Forense, 1997. p. 51.

[379] "É legítima a cobrança do tributo que houver sido autorizado após o orçamento, mas antes do início do respectivo exercício financeiro" (BRASIL. Supremo Tribunal Federal. Súmula 66. In: BRASIL. Supremo Tribunal Federal. *Súmulas do STF*. Atual. em 1º de dezembro de 2017. Brasília, DF: [s. n.], [2017e]. p. 46. Disponível em: https://www.stf.jus.br/arquivo/cms/jurisprudenciaSumula/anexo/Enunciados_Sumulas_STF_1_a_736_Completo.pdf. Acesso em: 27 ago. 2023).

[380] "Súmula nº 67. É inconstitucional a cobrança de tributo que houver sido criado ou aumentado no mesmo exercício financeiro" (BRASIL. Supremo Tribunal Federal. Súmula 67. In: BRASIL. Supremo Tribunal Federal. *Súmulas do STF*. Atual. em 1º de dezembro de 2017. Brasília, DF: [s. n.], [2017f]. p. 46. Disponível em: https://www.stf.jus.br/arquivo/cms/jurisprudenciaSumula/anexo/Enunciados_Sumulas_STF_1_a_736_Completo.pdf. Acesso em: 27 ago. 2023).

exercício financeiro, e reputou inconstitucionais apenas aqueles tributos criados ou majorados já no curso do exercício. Como se observa, ganhou relevância a anterioridade, em detrimento da anualidade.

Nas constituições anteriores à de 1988, ainda é possível observar alguma oscilação entre a anualidade e a anterioridade.[381] Não obstante, a partir da CF/88, o antigo princípio da autorização orçamentária e a ideia de anualidade foram substituídos de vez pela anterioridade. Há, assim, uma desvinculação entre a lei orçamentária e a eficácia na aplicação das leis tributárias.[382] Esse deslocamento para a anterioridade denota, como bem observa Luciano Amaro, que "as preocupações não mais se concentram no emparelhamento de despesas e receitas no orçamento", mas sim na "proteção do contribuinte contra a surpresa de alterações tributárias ao longo do exercício".[383]

Originalmente, o texto de 1988 previa apenas a anterioridade de exercício, na forma do seu artigo 150, inciso III, alínea 'b', de modo a vedar a cobrança de tributos "no mesmo exercício financeiro em que haja sido publicada a lei que os instituiu ou aumentou" (anterioridade de exercício). A pretensão do constituinte originário de promover a segurança jurídica; entretanto, foi sendo, aos poucos, posta em segundo plano diante dos inúmeros "pacotes" legislativos aprovados pelo Poder Legislativo nos últimos dias do ano para entrarem em vigor já no início do ano seguinte.[384] Tal prática chegou ao extremo de, na virada de 1991 para 1992, o Congresso editar uma lei na noite de 31 de dezembro, com distribuição do Diário Oficial apenas no dia 2 de janeiro do novo ano – o que restou chancelado pelo STF, ao afirmar que a existência de um único exemplar na portaria da Imprensa Oficial já seria suficiente para atender ao preceito constitucional, afinal, "publicação não se confunde com distribuição para assinantes".[385] Situação similar ocorreria novamente

---

[381] O art. 141, §34, foi revogado por Emenda Constitucional em 1965 (EC nº 18/1965), passando-se a vedar a cobrança de impostos sobre patrimônio e renda com base em lei editada após o início do exercício financeiro – na mesma linha do que já vinha decidindo o STF, nos termos das Súmulas nº 66 e 67, antes mencionadas. Com a Constituição de 1967, retornou-se à ideia de anualidade, mas pouco tempo depois a EC nº 1/1969 tratou de alterar essa garantia para, novamente, tratá-la como anterioridade, impondo apenas a necessidade de que a lei que estabelece o tributo seja anterior ao exercício financeiro da sua cobrança.

[382] DERZI, Misabel de Abreu Machado. Notas. *In*: BALEEIRO, Aliomar. *Limitações constitucionais ao poder de tributar*. 7. ed. Rio de Janeiro: Forense, 1997. p. 48.

[383] AMARO, Luciano. *Direito Tributário brasileiro*. 20. ed. São Paulo: Saraiva, 2014. p. 146.

[384] SCHOUERI, Luís Eduardo. *Direito Tributário*. São Paulo: SaraivaJur, 2022. p. 356.

[385] BRASIL. Supremo Tribunal Federal (1. Turma). Recurso Extraordinário 232.084. Recorrente: União. Recorrido: Glicolabor Indústria Farmacêutica Ltda. Relator: Min. Ilmar

na virada de 1994 para 1995, oportunidade em que se instituiu norma aumentando tributo em 31 de dezembro, que caía em um sábado, quando não havia expediente nas repartições públicas – e, mais uma vez, essa conduta legislativa foi admitida como válida pelo STF, em postura extremamente formalista.[386]

Diante desse cenário, sobreveio, em 2003, a EC nº 42, introduzindo a alínea 'c' ao artigo 150, inciso III, da CF/88, em reforço à anterioridade, para determinar a necessidade de observância de um intervalo mínimo de 90 dias entre a edição da lei e a cobrança do tributo. Curiosamente, tal qual ocorrido sob a égide da Constituição de 1946, a alteração dos termos da garantia constitucional se deu em decorrência de desrespeito à anterior garantia chancelada na jurisprudência do STF. Felizmente, dessa vez, houve *reforço* da garantia, e não a positivação da sua mitigação – como ocorreu na mudança da anualidade para a anterioridade.

A anterioridade, assim como ocorre com a irretroatividade, ostenta, segundo Humberto Ávila, uma natureza normativa bidimensional. Sua dimensão preponderante é a de *regra*, ao descrever os comportamentos a serem adotados pelo Poder Legislativo, de modo a proibir a exigência de tributos no mesmo exercício e em intervalo de tempo inferior a 90 dias da sua instituição ou majoração. Não obstante, também possui um sentido indireto de *princípio*, ao estabelecer o dever de busca por um ideal de previsibilidade, controlabilidade, inteligibilidade e mensurabilidade.[387]

Como se pode perceber, em sua perspectiva de princípio, a anterioridade remete claramente à segurança jurídica, visando impedir a tributação surpresa. Essa garantia objetiva impedir que, "da noite para o dia, alguém seja colhido por nova exigência fiscal", conforme articula Roque Carrazza. Visa assegurar, portanto, que o contribuinte possua conhecimento antecipado acerca dos tributos que lhe serão exigidos, de modo a que possa planejar, com algum nível de tranquilidade, sua vida econômica.[388]

Galvão, 4 de abril de 2000. *Dje*: Brasília, DF, 2000. Disponível em: https://redir.stf.jus.br/paginadorpub/paginador.jsp?docTP=AC&docID=253910. Acesso em: 27 ago. 2023.

[386] BRASIL. Supremo Tribunal Federal (1. Turma). Recurso Extraordinário 232.084. Recorrente: União. Recorrido: Glicolabor Indústria Farmacêutica Ltda. Relator: Min. Ilmar Galvão, 4 de abril de 2000. *Dje*: Brasília, DF, 2000. Disponível em: https://redir.stf.jus.br/paginadorpub/paginador.jsp?docTP=AC&docID=253910. Acesso em: 27 ago. 2023.

[387] ÁVILA, Humberto. *Sistema Constitucional Tributário*. 5. ed. São Paulo: Saraiva, 2012. p. 212.

[388] CARRAZZA, Roque Antônio. *Curso de Direito Constitucional Tributário*. 32. ed. São Paulo: Malheiros, 2019. p. 163.

Ambas as garantias examinadas neste tópico estão relacionadas à dinâmica do Direito no tempo, e ambas visam proteger o contribuinte contra o arbítrio estatal. A irretroatividade volta-se ao passado, objetivando conferir segurança ao particular quanto às condutas já adotadas. A anterioridade, por sua vez, orienta-se ao futuro, buscando conferir condições razoáveis de estabilidade e previsibilidade ao contribuinte.

Tais aspectos revelam um traço importante da ordem constitucional brasileira, especialmente no que diz respeito ao Direito Tributário. Como bem observa Misabel Derzi, "essa peculiar insistência da Constituição brasileira na segurança jurídica, na previsibilidade, na não surpresa, deve bastar para se construir uma ordem jurídica voltada à proteção da confiança na lei".[389] De fato, a CF/88 é rica em disposições que visam conferir segurança ao contribuinte em face do Estado. O *status* constitucional da matéria, o modo como a CF/88 elenca as garantias do particular de forma não exaustiva ao tratar do Sistema Tributário (abertura), a forma como delimita, detalhadamente, as competências estatais para tributar (rigidez), o modo quase redundante como dispõe acerca da legalidade e, ainda, a preocupação em oferecer condições para que o contribuinte possa dignamente plasmar seu presente e planejar seu futuro, assegurando que não reste surpreendido nem por exigências retroativas (irretroatividade) e nem por novas exigências abruptas com as quais não poderia contar (anterioridade), são aspectos que induzem à conclusão de que a estrutura constitucional brasileira que rege a relação tributária visa, sobretudo, proteger o contribuinte.

Nos dizeres de Humberto Ávila, a CF/88 "não é apenas uma Constituição que protege a segurança jurídica; ela é uma Constituição que consubstancia a própria segurança jurídica". Dito de outro modo, a CF/88 "não é somente uma Constituição para a segurança jurídica; ela é uma Constituição da segurança jurídica, por excelência".[390] Esse jogo de palavras bem sintetiza o que se busca demonstrar até aqui: para além dos aspectos específicos de cada uma das garantias examinadas, elas compõem uma *estrutura* constitucional que remete à segurança e à proteção do contribuinte.

---

[389] DERZI, Misabel de Abreu Machado. Notas. *In*: BALEEIRO, Aliomar. *Limitações constitucionais ao poder de tributar*. 7. ed. Rio de Janeiro: Forense, 1997. p. 190.
[390] ÁVILA, Humberto. *Teoria da segurança jurídica*. 6. ed. São Paulo: Malheiros, 2021. p. 215.

2.2.3.3 Igualdade

Anteriormente neste capítulo, já se examinou brevemente a igualdade enquanto decorrência da própria ideia de Estado Democrático de Direito, no sentido de que ela deve ser um dos vetores de orientação da tributação. Cumpre, agora, analisar a igualdade de modo específico à luz da ordem constitucional brasileira, visando melhor compreender o seu conteúdo, sua importância e sua relação com o Direito Tributário na CF/88.

O primeiro aspecto importante a ser investigado acerca da igualdade diz respeito à sua definição. O que significa igualdade? A máxima aristotélica segundo a qual igualdade implica tratar igualmente os iguais e desigualmente os desiguais na medida da desigualdade, embora relevante por princípio, carece de conteúdo para que se possa defini-la.[391] Iguais em relação ao quê? Com base em qual critério? Em que medida?[392] Esses questionamentos já encaminham o ponto chave à compreensão da premissa básica acerca da igualdade: de que se trata de um conceito relacional.

A igualdade, segundo Humberto Ávila, "é uma relação entre dois ou mais sujeitos em razão de um critério que serve a uma finalidade".[393] Sua realização passa, assim, pela relação entre determinados elementos (sujeitos, medida de comparação, elemento indicativo dessa medida de comparação e finalidade da comparação), e cada um deles suscita uma série de questões.[394] Igualdade não se confunde com identidade.[395] Nesse sentido, por mais paradoxal que possa parecer, a igualdade supõe a diversidade e se desenvolve a partir da comparabilidade.[396]

---

[391] MELLO, Celso Antônio Bandeira de. *O conteúdo jurídico do princípio da igualdade.* 4. ed. São Paulo: Malheiros, 2021. p. 11.

[392] Humberto Ávila (*Teoria da igualdade tributária*. São Paulo: Malheiros, 2015. p. 30-33) articula uma crítica oportuna à doutrina nesse ponto, pois a igualdade costuma ser tratada de modo elíptico e, por vezes, de modo até mesmo laudatório e emotivo. Todavia, louvar a igualdade pode até ser importante (e sobre isso, não olvida a doutrina), mas não é suficiente para garantir-lhe efetividade.

[393] ÁVILA, Humberto. *Teoria da igualdade tributária.* São Paulo: Malheiros, 2015. p. 43. Sofisticando um pouco mais o conceito, o autor define igualdade como sendo "a relação entre dois ou mais sujeitos, com base em medida(s) ou critério(s) de comparação, aferido(s) por meio de elemento(s) indicativo(s), que serve(m) de instrumento para a realização de uma determinada finalidade" (ÁVILA, Humberto. *Teoria da igualdade tributária*. São Paulo: Malheiros, 2015. p. 45).

[394] ÁVILA, Humberto. *Teoria da igualdade tributária.* São Paulo: Malheiros, 2015. p. 42.

[395] SCHOUERI, Luís Eduardo. *Direito Tributário.* São Paulo: SaraivaJur, 2022. p. 376.

[396] Como explica Misabel Derzi (*Teoria da igualdade tributária.* São Paulo: Malheiros, 2015. p. 30-33), dois objetos iguais em todos os aspectos não são comparáveis, mas idênticos.

Quando se comparam sujeitos, isso é feito a partir de uma medida e por algum motivo. A propriedade eleita como critério dessa comparação deve, portanto, guardar relação de pertinência com a finalidade que a justifica, e tanto o critério comparativo quanto a finalidade da distinção devem ser compatíveis com a Constituição.[397] Retornar-se-á, logo adiante, ao exame desses elementos.

A igualdade ostenta um inegável privilégio axiológico na ordem constitucional brasileira e o modo como é realizada está intimamente ligado ao modo como ela está prevista na CF/88.[398] Sua presença já pode ser observada no preâmbulo, onde é enunciada como um dos valores supremos da sociedade brasileira, e permeia, efetivamente, todo o texto constitucional. Ela é referida entre os direitos e deveres individuais e coletivos (artigo 5º, *caput*); no capítulo específico do Sistema Tributário Nacional, tanto entre os "princípios gerais" (artigo 145, §1º) quanto entre as "limitações ao poder de tributar", onde é tratada como "garantia" (artigo 150, inciso II); e em diversos outros dispositivos, como aqueles atinentes aos princípios do Estado de Direito, da segurança jurídica e da legalidade, apenas para mencionar alguns. A um só tempo, portanto, ela figura como uma "finalidade fundamental", como uma "garantia fundamental", como um "princípio geral" de Direito Tributário e como uma "garantia específica" em matéria tributária.[399]

No que se refere à sua natureza normativa, Humberto Ávila qualifica a igualdade como tridimensional. Sua dimensão preponderante é a de *princípio*, ao impor o dever de busca por um ideal de igualdade no exercício das competências para tributar por parte dos entes federados.

---

[397] Como explica Humberto Ávila (*Teoria da igualdade tributária*. São Paulo: Malheiros, 2015. p. 199), "a validade do uso da medida de comparação depende de compatibilidade com a Constituição, sendo aferida não só pela compatibilidade com a finalidade que a sua utilização visa promover, como pela ausência de regra que proíbe o seu uso, imponha o uso de outra forma diferente, iguale aquilo que ela separa, preexclua a busca da finalidade que justificou sua utilização ou pela inexistência de princípio que exclua o seu uso".

[398] Segundo o autor, embora a igualdade não detenha uma hierarquia imóvel, ela certamente detém um "privilégio axiológico" na CF/88, dada a forma como é tratada. Essa prevalência relativa da igualdade significa que há uma presunção geral de igualdade na ordem constitucional brasileira. Na metáfora empregada por Ávila (*Teoria da igualdade tributária*. São Paulo: Malheiros, 2015. p. 151-154), embora a igualdade não "ganhe" a partida antes de a bola rolar, ela certamente "sai na frente" com alguns gols de vantagem.

[399] ÁVILA, Humberto. *Teoria da igualdade tributária*. São Paulo: Malheiros, 2015. p. 151-152. A esse respeito, destaca Roque Carrazza (*Curso de Direito Constitucional Tributário*. 32. ed. São Paulo: Malheiros, 2019. p. 72) a íntima relação entre a igualdade e o princípio republicano, na medida em que esse último conduz à generalidade da tributação, de modo a impor que a carga tributária alcance a todos, com isonomia e justiça.

De outra parte, a igualdade também ostenta natureza de *regra*, ao descrever o comportamento a ser adotado pelos poderes Legislativo e Executivo. Nessa dimensão, a igualdade pré-exclui, da esfera de competência desses poderes, a adoção de determinadas medidas de comparação, ou impõe, desde logo, a adoção de determinados critérios comparativos. Finalmente, a igualdade pode ser compreendida como um *postulado*, na medida em que orienta a aplicação de outras normas, exigindo do aplicador a consideração dos sujeitos envolvidos, dos critérios de comparação e da finalidade dessa comparação.[400]

Diante dessa polivalência da igualdade e do elevado grau de imbricamento com outras normas, Ávila chega a qualificá-la como uma "supernorma", que "influi na aplicação de todas as outras" e, ao mesmo tempo, "recebe influência de todas as outras, que lhe preenchem os elementos estruturais".[401] Trata-se de norma que está "por trás de todas as outras", no sentido de que lhes assegura uniformidade de aplicação, e que também está "ao lado de todas as outras", no sentido de que busca nelas o fundamento para as medidas de comparação e as finalidades necessárias ao seu funcionamento.[402]

O artigo 5º da CF/88, ao tratar da igualdade, procede de forma que, à primeira vista, pode passar a sensação de redundância. Isso porque, além de estabelecer que "todos são iguais perante a lei", acresce que assim deve ser "sem distinção de qualquer natureza", bem como que restam garantidos "aos brasileiros e aos estrangeiros residentes no País a inviolabilidade do direito (...) à igualdade". No entanto, longe de se tratar de prolixidade do constituinte, o que almeja o dispositivo é proteger a igualdade tanto *perante* a lei (também chamada de igualdade formal) quanto *na lei* (também referida como igualdade material).[403] [404] Uma lei arbitrária também pode ser aplicada de modo uniforme.

---

[400] ÁVILA, Humberto. *Teoria da igualdade tributária*. São Paulo: Malheiros, 2015. p. 139-141; ÁVILA, Humberto. *Sistema Constitucional Tributário*. 5. ed. São Paulo: Saraiva, 2012. p. 410-411.

[401] ÁVILA, Humberto. *Teoria da igualdade tributária*. São Paulo: Malheiros, 2015. p. 142.

[402] ÁVILA, Humberto. *Teoria da igualdade tributária*. São Paulo: Malheiros, 2015. p. 149. Apesar de ser tratada de modo privilegiado na CF/88, entretanto, denuncia Humberto Ávila (*Sistema Constitucional Tributário*. 5. ed. São Paulo: Saraiva, 2012. p. 409) que o princípio da igualdade da tributação não recebeu grande significado normativo na jurisprudência do STF, no sentido de uma limitação consistente ao poder de tributar.

[403] ÁVILA, Humberto. *Teoria da igualdade tributária*. São Paulo: Malheiros, 2015. p. 77; ÁVILA, Humberto. *Sistema Constitucional Tributário*. 5. ed. São Paulo: Saraiva, 2012. p. 425.

[404] Essa dicotomia (igualdade formal e material) suscita algumas divergências doutrinárias, muitas delas causadas por uma ausência de consenso acerca do que se está a referir quando se fala em igualdade formal ou material. Esse tipo de problema, quando se discutem

Portanto, não basta que a lei seja aplicada a todos, mas é preciso também que ela trate a todos de forma isonômica, que não incorra em distinções ilegítimas, acarretando discriminação ou privilégios.[405] Especificamente quanto à matéria tributária, o princípio da igualdade foi contemplado em quase todas as constituições brasileiras (geralmente sob a perspectiva da capacidade contributiva).[406] Na CF/88, a primeira aparição da igualdade no capítulo dedicado ao Sistema Tributário Nacional pode ser observada no artigo 145, §1º, segundo o qual, "sempre que possível, os impostos terão caráter pessoal e serão graduados segundo a capacidade econômica do contribuinte". Esse dispositivo, é preciso dizer, suscita diversas controvérsias na doutrina.[407] O que se pode afirmar com maior grau de assertividade, sem embargo, é que ele oferece a medida de comparação para a instituição de tributos que se destinam a atingir, preponderantemente, uma finalidade fiscal. Em outras palavras, quando a finalidade almejada é a de arrecadar tributos, a medida de aplicação da igualdade entre os contribuintes será pautada no critério da capacidade contributiva.[408]

Mais adiante, o artigo 150, inciso II, ao vedar o "tratamento desigual entre contribuintes que se encontrem em situação equivalente", proibindo "qualquer distinção em razão de ocupação profissional ou função por eles exercida, independentemente da denominação jurídica dos rendimentos, títulos ou direitos", impõe à tributação o que alguns denominam de generalidade.[409] O constituinte, nesse ponto, em vez

---

conceitos, já foi denunciado por Dworkin, sob a expressão "aguilhão semântico" (*semantic sting*). Se por *formal* e *material* se estiver a referir, respectivamente, igualdade *perante* a lei e *na* lei, como feito anteriormente, então, sim, a igualdade deve ser considerada sob a ambas as perspectivas. Se, por outro lado, por formal e material se pretender uma distinção entre uma norma que seria, respectivamente, com conteúdo ou "cheia", ou sem conteúdo ou "vazia", a discussão torna-se um pouco mais tormentosa. Conforme explica Humberto Ávila (*Teoria da igualdade tributária*. São Paulo: Malheiros, 2015. p. 144-149), pelo menos quatro acepções possíveis para a expressão "formal", quando se examina a igualdade sob essa perspectiva (de conteúdo). Se com *formal* se pretender afirmar que a igualdade revela uma estrutura que somente se completa com conteúdos advindos de outras normas constitucionais, ou ainda, que atua sobre outras normas que funcionam sob seu conteúdo, então a igualdade pode ser qualificada como tal. Contudo, se com *formal* se pretender afirmar que a igualdade careceria de *qualquer conteúdo*, ou que não deteria força normativa, então é inadequada tal qualificação. Em síntese, o ponto é deixar claro que a igualdade a igualdade não deixa de ser importante por ser *formal* quanto ao seu conteúdo.

[405] ÁVILA, Humberto. *Teoria da igualdade tributária*. São Paulo: Malheiros, 2015. p. 78.
[406] ÁVILA, Humberto. *Sistema Constitucional Tributário*. 5. ed. São Paulo: Saraiva, 2012. p. 409.
[407] O tema será aprofundado no item seguinte, em que será examinada especificamente a capacidade contributiva.
[408] ÁVILA, Humberto. *Teoria da igualdade tributária*. São Paulo: Malheiros, 2015. p. 165.
[409] DERZI, Misabel de Abreu Machado. Notas. *In*: BALEEIRO, Aliomar. *Limitações constitucionais ao poder de tributar*. 7. ed. Rio de Janeiro: Forense, 1997. p. 534.

de impor um critério (como fez no artigo 145, §1º), vedou a utilização de um. Chama a atenção, entretanto, a escolha do jogo de palavras "situação equivalente". Perceba-se: não se empregou a expressão "situação *idêntica*", nem mesmo "situação *igual*". "Equivalente" foi a palavra eleita, e essa escolha enseja algum grau de dificuldade na identificação de um critério definitivo que viabilize um juízo relacional entre contribuintes, a demandar aproximação com outros comandos constitucionais para que se possa construir o conteúdo da igualdade.[410]

Para além desses dispositivos, a igualdade é tratada, direta ou indiretamente, em diversas outras passagens do texto constitucional, seja quando se determina de antemão o critério de diferenciação a ser adotado (regras de competência, ao definirem as materialidades representativas de capacidade contributiva; essencialidade, para fins de seletividade de alguns tributos; natureza da atividade econômica; utilização intensiva de mão de obra e porte da empresa, para fins de definição da alíquota das contribuições sociais, conforme o artigo 195, §9º; entre tantos outros exemplos); seja quando se veda a adoção de algum critério distintivo (proibição de instituição de tributo que não seja uniforme em todo o território nacional, conforme o artigo 151, inciso I; proibição de distinção tributária em razão da procedência ou destino da mercadoria, conforme o artigo 152; proibição ao gozo, por empresas públicas e sociedades de economia mista, de privilégios fiscais não extensivos às do setor privado, conforme artigo 173, §2º; entre outras).

É importante reforçar, neste ponto, que a igualdade em matéria tributária não está adstrita às disposições específicas constantes das seções destinadas a esse tema. Considerando-se a característica de abertura do Sistema Tributário, já antes examinada, bem como o fato de que a igualdade permeia todo texto constitucional, pretender aplicá-la de forma compartimentada (como se existisse uma igualdade "apenas" tributária) seria incorrer em grave equívoco. Conforme bem registra Misabel Derzi, há um "todo unitário" de igualdade, e essa unidade está na construção do Estado Democrático de Direito.[411]

Fica claro, do exposto até aqui, que a CF/88 não veda toda e qualquer distinção entre contribuintes. Ela veda a diferenciação *injustificada* entre contribuintes.[412] E para compreender quando se está

---

[410] PANDOLFO, Rafael. *Jurisdição constitucional tributária*: reflexos nos processos administrativo e judicial. 2. ed. São Paulo: Noeses, 2020. p. 129.
[411] DERZI, Misabel de Abreu Machado. Notas. *In*: BALEEIRO, Aliomar. *Limitações constitucionais ao poder de tributar*. 7. ed. Rio de Janeiro: Forense, 1997. p. 531.
[412] ÁVILA, Humberto. *Sistema Constitucional Tributário*. 5. ed. São Paulo: Saraiva, 2012. p. 409.

diante de uma distinção arbitrária, é necessário retornar aos elementos de cuja relação resulta possível a verificação da igualdade: sujeitos, medida de comparação, elemento indicativo da medida e finalidade da comparação.

Os sujeitos que são objeto de comparação, para fins de aferição da igualdade, são os cidadãos ou, mais especificamente em se tratando de tributos, os contribuintes. A referência a pessoas, não obstante, não significa que o raciocínio comparativo da igualdade não considere a relação com outras entidades, como pessoas jurídicas, coisas, situações, atividades ou regimes jurídicos.[413]

A medida de comparação é, precisamente, a medida com base na qual será promovida a comparação entre os sujeitos. Eles podem ser comparados com base na idade, no gênero, na nacionalidade, na capacidade econômica e assim por diante. A complexidade da igualdade não reside na constatação de que ela envolve uma relação de comparação entre sujeitos com base em uma determinada medida, mas na definição dessa medida à luz da finalidade que a justifica. Nesse sentido, o ponto essencial é que tal medida de comparação precisa caracterizar uma diferença factualmente existente para ser considerada válida[414] e, para além disso, precisa também guardar uma relação de pertinência quanto à promoção da finalidade que justifica a sua escolha.[415] [416]

Essa medida de comparação, por sua vez, precisará de um elemento indicativo. Seria, por assim dizer, "o critério do critério". É o meio escolhido, dentre os diversos disponíveis, para traduzir concretamente

---

[413] ÁVILA, Humberto. *Teoria da igualdade tributária*. São Paulo: Malheiros, 2015. p. 165.

[414] Ela não pode ser, simplesmente, fruto da subjetividade. Há de se tratar de uma diferença real, concretamente existente, sob pena de a diferenciação normativa ser arbitrária (ÁVILA, Humberto. *Teoria da igualdade tributária*. São Paulo: Malheiros, 2015. p. 47-48) Nessa esteira, frisa Celso Antônio Bandeira de Mello também ser necessário que o traço diferencial resida na pessoa, coisa ou situação a ser discriminada, não se podendo adotar elemento algum que não exista nelas mesmas para sujeitá-las a regimes diferentes (MELLO, Celso Antônio Bandeira de. *O conteúdo jurídico do princípio da igualdade*. 4. ed. São Paulo: Malheiros, 2021. p. 23).

[415] ÁVILA, Humberto. *Teoria da igualdade tributária*. São Paulo: Malheiros, 2015. p. 46-49.

[416] Ao examinar o tema da igualdade, Celso Antônio Bandeira de Mello (*O conteúdo jurídico do princípio da igualdade*. 4. ed. São Paulo: Malheiros, 2021. p. 21) qualifica três questões que reputa essenciais à sua aferição: (a) o elemento tomado como fator de desigualação; (b) a existência de correlação lógica abstrata entre o fator erigido como critério de discrímen e a disparidade estabelecida e (c) a consonância dessa correlação lógica com os interesses absorvidos no sistema constitucional. O segundo aspecto é precisamente o tratado por Humberto Ávila, anteriormente. É necessário identificar um nexo racional entre critério de distinção e finalidade almejada e, mais do que isso, o critério precisa estar em consonância com a Constituição.

a medida de comparação. Um exemplo pode melhor ilustrar. A CF/88 determina que se dispense um tratamento diferenciado às micro e pequenas empresas, visando incentivá-las (artigo 179). Nesse caso, a medida de comparação escolhida pelo próprio constituinte é o porte das empresas. No entanto, não está posto, no texto constitucional, como definir o porte (se pelo faturamento, pelo número de funcionários, pela metragem da sede etc.). Delegou-se à lei essa definição, e a Lei Complementar nº 123/06 veio a estabelecer, como elemento indicativo da medida de comparação ("porte"), o "faturamento anual" das empresas.

A relação entre o elemento indicativo e a medida de comparação, segundo explica Humberto Ávila, precisa ser fundada e conjugada. Fundada, no sentido de que deve existir uma correlação estatisticamente baseada entre ambas.[417] No exemplo anterior, seria dizer que, na maior parte das vezes, um faturamento anual mais elevado significará um porte empresarial maior, ao passo que um faturamento anual diminuto significará um porte empresarial menor. Conjugada, de outra parte, no sentido de que o elemento indicativo escolhido deve ser aquele mais significativo dentre os possíveis e vinculados à medida de comparação.[418] No exemplo, seria dizer que o faturamento anual é um indicativo mais relevante para se definir o porte de uma empresa do que o número de funcionários ou a metragem da sua sede.

Por último, mas certamente não menos importante, a finalidade da distinção é o estado de fato que precisa ser atingido. É em razão da finalidade que se estabelecem a medida de comparação e o elemento indicativo. Portanto, sua identificação é de suma importância para a aferição da igualdade. Quando se trata de Direito Tributário, é possível vislumbrar normas com finalidade fiscal e normas com finalidade extrafiscal. No primeiro caso, a finalidade será, essencialmente a arrecadação para custeio das atividades estatais e a medida de comparação, por excelência, será a capacidade contributiva. Já no segundo caso, as finalidades almejadas podem ser variadas, como a proteção ao meio ambiente, a proteção à saúde, o desenvolvimento regional, entre outras tantas. Nessas hipóteses, a medida de comparação irá, consequentemente, variar conforme a finalidade, mas estará sempre limitada na hipótese de haver regra de competência pré-determinando algum critério de distinção.[419]

---

[417] ÁVILA, Humberto. *Teoria da igualdade tributária*. São Paulo: Malheiros, 2015. p. 51.
[418] ÁVILA, Humberto. *Teoria da igualdade tributária*. São Paulo: Malheiros, 2015. p. 54.
[419] ÁVILA, Humberto. *Teoria da igualdade tributária*. São Paulo: Malheiros, 2015. p. 66-67.

A finalidade da comparação deve, ainda, ser clara, coerente e expressa. A ausência dessas características abre espaço à manipulação e é capaz de ensejar o emprego de medidas de comparação e elementos indicativos imprecisos e distorcidos. A falta de clareza quanto à finalidade inviabiliza o seu controle intersubjetivo e torna vulnerável a efetividade da igualdade, porquanto é somente a partir da identificação da finalidade que se torna possível aferir a validade da medida de comparação entre contribuintes adotada pelo Legislativo ou pelo Executivo – e por que não dizer, também, pelo Judiciário.[420]

Da conjunção desses elementos, ascende possível a efetivação da igualdade. Como bem sintetiza Humberto Ávila, ela só é assegurada se a lei, para além de ser aplicada de modo uniforme, for "isonômica no seu conteúdo, isto é, não diferencie os contribuintes senão por meio de fundadas e conjugadas medidas de comparação, atreladas a finalidades constitucionalmente postas".[421]

Por fim, visando concluir essa breve exposição acerca da isonomia, é preciso deixar claro que a presunção, na ordem constitucional brasileira, milita em favor da igualdade, não da desigualdade. A CF/88 determina que os contribuintes devem ser tratados igualmente, a não ser que exista razão para diferenciá-los.[422] Ou seja, o Estado pode diferenciar, mas deve dizer por que o faz. Não é o particular quem deve apresentar motivos para ser tratado com isonomia, é o Estado que precisa apresentar os motivos para conferir tratamentos diferenciados.[423]

---

[420] Como bem sintetiza Humberto Ávila (*Teoria da igualdade tributária*. São Paulo: Malheiros, 2015. p. 75-76), a finalidade, na realização da igualdade, revê observar o seguinte: "(a) deve ser constitucionalmente prescrita e demonstrada, sem ambiguidade ou contradição (...); (b) pode ser fiscal (...) ou extrafiscal (...); (c) não pode ser qualquer finalidade, mas somente uma finalidade que não seja nem preexcluida pelas regras de tributação (seja pela definição da hipótese material de incidência do tributo por meio de preexclusão de determinadas medidas de comparação, seja pela definição da medida de comparação que deve ser adotada para o tributo especificamente considerado), bem incompatível com a finalidade predeterminada pela regra de tributação ou pelo regime jurídico constitucional estabelecido relativamente à obrigação tributária objeto de instituição; (d) deve ser objeto de uma análise integral do próprio documento legislativo, de modo a ser objetivamente definida (...); (e) não pode servir de justificativa para a modificação de medida de comparação constitucionalmente eleita; (f) admite, dentro do âmbito material da hipótese de incidência e ausente contradição, depois de eleito o sujeito passivo do tributo e sua base de cálculo, que uma outra finalidade possa ser utilizada para diferenciar os contribuintes relativamente ao montante a ser pago".

[421] ÁVILA, Humberto. *Teoria da igualdade tributária*. São Paulo: Malheiros, 2015. p. 200.

[422] ÁVILA, Humberto. *Teoria da igualdade tributária*. São Paulo: Malheiros, 2015. p. 164.

[423] ÁVILA, Humberto. *Sistema Constitucional Tributário*. 5. ed. São Paulo: Saraiva, 2012. p. 427. Nesse sentido, sublinha Luciano Amaro (*Direito Tributário brasileiro*. 20. ed. São Paulo: Saraiva, 2014. p. 161) que a igualdade "é uma garantia do indivíduo e não do Estado".

Mais: não basta *explicar* a desigualdade; deve *justificá-la*, e há uma diferença.

Explicar a desigualdade é tão somente fornecer uma razão causal para o tratamento desigual. Justificar, de outra parte, é mais complexo do que isso. A justificação exige a demonstração de argumentos jurídicos aptos a embasar a diferenciação. Quando o legislador ou o administrador, portanto, promovem uma distinção entre sujeitos, para além de fornecer uma *causa* para isso, devem demonstrar o acerto desse tratamento desigual, a partir de uma relação fundada e conjugada entre uma medida de comparação cujo uso seja permitido e uma finalidade que, além de permitida, justifique essa medida de comparação.[424] O mesmo, arrisca-se a dizer, vale também para o Judiciário. Talvez, inclusive, com maior intensidade, considerando-se o dever de fundamentação afeto às decisões judiciais. Esse ponto, aliás, é especialmente importante para o presente estudo, porque ao adotar uma medida de modulação e ressalvar, por exemplo, aqueles contribuintes que haviam ajuizado ações até determinada data (critério bastante comum na jurisprudência do STF), o Poder Judiciário traça uma distinção entre contribuintes. A questão é: essa distinção é devidamente *justificada*, ou apenas *explicada*? O tema será retomado mais adiante, no capítulo seguinte.

Por ora, o importante é evidenciar que a igualdade permeia a ordem constitucional brasileira, atuando em diversos níveis e de forma imbricada com outros princípios e regras. Além disso, guarda intensa conexão com o Direito Tributário, operando diretamente na relação entre Estado e contribuintes, de modo a evitar distinções arbitrárias ou privilégios.

2.2.3.4 Capacidade contributiva e não confisco

Conforme referido no item anterior, a capacidade contributiva guarda íntima relação com a igualdade, traduzindo-se, segundo Humberto Ávila, na medida de comparação por excelência entre contribuintes, quando se examina a tributação com finalidade

---

Portanto, para além de o ônus argumentativo para a diferenciação ser do Estado (e não do contribuinte, para justificar a isonomia), sob nenhuma hipótese pode esse princípio ser invocado pela administração para ampliar sua esfera de competência, visando, por exemplo, tributar por analogia.

[424] ÁVILA, Humberto. *Teoria da igualdade tributária*. São Paulo: Malheiros, 2015. p. 156-159.

preponderantemente fiscal.[425] Da mesma forma, já se examinou antes neste capítulo, ainda que brevemente, a ideia de capacidade contributiva enquanto parâmetro indispensável à tributação no Estado Democrática de Direito. Neste item, objetiva-se compreender mais detidamente o tratamento conferido à capacidade contributiva na CF/88, investigando-se qual o seu conteúdo normativo e como ela opera no Direito Tributário brasileiro.

A noção de capacidade contributiva, que, como referido por Paul Kirschhof, "pertence ao acervo tradicional do pensamento do Direito Tributário",[426] é, na verdade, mais antiga do que o próprio Direito Tributário. Ela encontra suas raízes na ideia de justiça distributiva e, sob essa roupagem, pode ser observada desde a Antiguidade.[427] No Direito brasileiro, as constituições de 1891, 1934 e 1937 não privilegiaram a capacidade contributiva. Sua primeira aparição ocorreu somente na Constituição de 1946, cujo artigo 202[428] trazia redação bastante similar à que viria a ser empregada na atual CF/88. Após algum retrocesso, com a EC nº 18 de 1965, que retirou o mencionado dispositivo do texto constitucional, e do silêncio da Constituição de 1967 a respeito desse aspecto, a CF/88 contemplou novamente a capacidade contributiva de forma expressa em seu texto, notadamente no artigo 145, §1º.[429]

Não obstante a relevância do dispositivo (e alguns aspectos relativos à sua redação serão abordados logo adiante), é oportuna a observação de Marciano Buffon e Mateus Bassani de Matos, quando

---

[425] ÁVILA, Humberto. *Teoria da igualdade tributária*. São Paulo: Malheiros, 2015. p. 165.
[426] KIRSCHHOF, Paul. *Tributação no Estado Constitucional*. São Paulo: Quartier Latin, 2016. p. 27.
[427] Como refere Alfredo Augusto Becker (*Teoria geral do Direito Tributário*. 7. ed. São Paulo: Noeses, 2018. p. 513-514), o emprego da locução "capacidade contributiva" é mais antigo do que a própria Ciência das Finanças, tendo sido usada por diversas leis tributárias da Idade Média e por algumas leis do início da idade moderna. O princípio de que cada indivíduo deve contribuir para as despesas da coletividade segundo sua força econômica, por sua vez, pode ser ainda mais antigo, deduzindo-se de certa passagem de Heródoto que ele já vigoraria, em linhas essenciais, entre os antigos egípcios. No mesmo sentido, registra Regina Helena Costa (*Princípio da capacidade contributiva*. 4. ed. São Paulo: Malheiros, 2012, p. 17) que já no antigo Egito se concebia a noção de que os tributos devem guardar alguma relação com a riqueza daqueles sobre os quais eram impostos. Os filósofos gregos, prossegue a autora, também pregavam o ideal de justiça distributiva a que alude a capacidade contributiva. E esta pode ser observada até mesmo na Magna Carta de 1215, em que se determina que as prestações coercitivas devem ser "moderadamente fixadas".
[428] "Art. 202. Os tributos terão caráter pessoal sempre que isso for possível, e serão graduados conforme a capacidade econômica do contribuinte."
[429] COSTA, Regina Helena. *Princípio da capacidade contributiva*. 4. ed. São Paulo: Malheiros, 2012. p. 21-22.

registram que a capacidade contributiva não decorre exclusivamente desse artigo. Conforme defendem, o princípio da capacidade contributiva é construído a partir do próprio modelo de Estado fundado na CF/88, estando alicerçado na igualdade, na cidadania, na solidariedade e na dignidade humana (enquanto proteção ao mínimo existencial).[430] Argumentam os autores que limitar o alcance desse princípio aos enunciados linguísticos específicos do artigo 145, §1º, da CF/88 (o qual, na sua visão, exprime uma regra que faz menção ao princípio da capacidade contributiva) seria restringi-lo indevidamente.[431] Apontando nesse mesmo sentido, aliás, pode-se mencionar a ideia de abertura, já diversas vezes invocada neste capítulo, a qual sugere precisamente a necessidade de uma compreensão sistemática das garantias tributárias.[432]

No que se refere à natureza normativa da capacidade contributiva, Regina Helena Costa registra se tratar de um "autêntico princípio", que condiciona toda a atividade legiferante no campo tributário: na eleição das hipóteses de incidência; na definição dos limites mínimo e máximo à tributação; ou, ainda, na gradação dos tributos conforme as condições pessoais dos sujeitos passivos.[433] Consoante entendimento da autora, a

---

[430] O princípio da capacidade contributiva, como já visto anteriormente, está intimamente relacionado à garantia de igualdade. Para além disso, articulam os autores que a capacidade contributiva também se manifesta enquanto expressão da cidadania e da solidariedade. Reconhecida a existência de um dever social de contribuir, impõe-se uma repartição justa e equânime da carga tributária, segundo o princípio da capacidade contributiva. Finalmente, a capacidade contributiva também se manifesta como decorrência da dignidade humana na medida em que essa divisão de carga tributária deve manter a salvo o mínimo existencial, necessário à fruição de uma vida digna pelos cidadãos. Como bem registram os autores, "nada mais diametralmente oposto à concepção de dignidade humana do que dispor do indisponível à própria sobrevivência, com vistas a fazer frente à exigência fiscal" (BUFFON, Marciano; MATOS, Mateus Bassani de. *Tributação no Brasil do século XXI*: uma abordagem hermeneuticamente crítica. Porto Alegre: Livraria do Advogado, 2015. p. 152-167).

[431] BUFFON, Marciano; MATOS, Mateus Bassani de. *Tributação no Brasil do século XXI*: uma abordagem hermeneuticamente crítica. Porto Alegre: Livraria do Advogado, 2015. p. 174.

[432] Como assinala Misabel Derzi (Notas. *In*: BALEEIRO, Aliomar. *Limitações constitucionais ao poder de tributar*. 7. ed. Rio de Janeiro: Forense, 1997. p. 689), "a capacidade contributiva é princípio que serve de critério ou de instrumento à concretização dos direitos fundamentais individuais, quais sejam, a igualdade e o direito de propriedade ou vedação do confisco". Nessa esteira, Regina Helena Costa (*Princípio da capacidade contributiva*. 4. ed. São Paulo: Malheiros, 2012. p. 112) também frisa a relação da capacidade contributiva "com outros princípios de relevo constitucional, especialmente o da legalidade, o da tipicidade, o republicano, o da segurança jurídica, o da praticabilidade tributária e o da função social da propriedade", registrando que todos eles, em essência, "abrigam a ideia de isonomia e se constituem nos pilares do próprio Estado de Direito".

[433] COSTA, Regina Helena. *Princípio da capacidade contributiva*. 4. ed. São Paulo: Malheiros, 2012. p. 34. Luís Eduardo Shoueri (*Direito Tributário*. São Paulo: SaraivaJur, 2022. p. 381),

capacidade contributiva qualifica-se, mais especificamente, como um subprincípio da igualdade.[434] Humberto Ávila partilha da compreensão de que a igualdade é mais ampla do que a capacidade contributiva. A última, em sua visão, configura uma concretização setorial específica da igualdade, a qual, por sua vez, aplica-se tanto às normas distribuidoras de encargos tributários quanto àquelas que tenham por finalidade a alteração de comportamentos.[435] Sob essa perspectiva, efetivamente, a igualdade apresenta-se mais abrangente. Não se pode descartar, todavia, a hipótese de uma tributação que não enseje ofensa à isonomia e que possa acarretar, ainda assim, ofensa à capacidade contributiva, ao ingressar nas raias da confiscatoriedade, por exemplo. Sob essa outra perspectiva, a capacidade contributiva não se apresenta apenas como um critério distintivo entre contribuintes, mas como um balizador da imposição tributária para evitar o excesso, logo, não exclusivamente como uma expressão da igualdade.[436]

Quando se examina a capacidade contributiva, a doutrina costuma classificá-la em absoluta (ou objetiva) e relativa (ou subjetiva). A capacidade contributiva absoluta reporta-se aos fatos tomados por manifestação de riqueza. Refere-se à atividade de eleição, pelo legislador, dos eventos que demonstram aptidão para ensejar a tributação. Nessa acepção, trata a capacidade contributiva da determinação dos "fatos-signos presuntivos" de riqueza, na célebre expressão

---

em sentido similar, também compreende a capacidade contributiva como princípio, mas na sua feição relativa (ou subjetiva), enquanto mandamento otimização.

[434] Nas palavras da autora: "Cremos que a igualdade está na essência da noção de capacidade contributiva, que não pode ser dissociada daquela. Podemos dizer que a capacidade contributiva é um subprincípio, uma derivação de um princípio mais geral, que é o da igualdade, irradiador de efeitos em todos os setores do Direito" (COSTA, Regina Helena. *Princípio da capacidade contributiva*. 4. ed. São Paulo: Malheiros, 2012. p. 42). No mesmo sentido, Luís Eduardo Schoueri (*Direito Tributário*. São Paulo: SaraivaJur, 2022. p. 380), para quem a capacidade contributiva é um corolário da igualdade, José Marcos Domingues de Oliveira (*Direito Tributário*: capacidade contributiva: conteúdo e eficácia do princípio. 2. ed. Rio de Janeiro: Renovar, 1998. p. 51), para quem o conteúdo do princípio da capacidade contributiva é encontrado no princípio da isonomia.

[435] ÁVILA, Humberto. *Sistema Constitucional Tributário*. 5. ed. São Paulo: Saraiva, 2012. p. 432.

[436] Conforme explica Luciano Amaro (*Direito Tributário brasileiro*. 20. ed. São Paulo: Saraiva, 2014. p. 164), "em situações iguais, o princípio da capacidade contributiva não se resume a dar igualdade de tratamento". Dois contribuintes em idêntica situação, além de terem direito a tratamento igual, têm "(ambos e cada um deles) o direito de não ser tributados além de sua capacidade econômica". E exemplifica: "Se de ambos fosse exigido idêntico imposto abusivo, não os ampararia a invocação da igualdade (que estaria sendo aplicada), mas a da capacidade contributiva".

concebida por Alfredo Augusto Becker.[437] Já a capacidade contributiva relativa reporta-se ao sujeito individualmente considerado. Refere-se à aptidão de contribuir à luz das condições econômicas de determinada pessoa e *in concreto*.[438]

No que se refere à acepção objetiva, há algum nível de consenso doutrinário no sentido de que a capacidade contributiva está amplamente contemplada no texto constitucional e de que é passível de controle pelo Poder Judiciário. Nessa perspectiva absoluta, ela pode ser observada nas próprias regras de competência dos impostos (artigos 153, 155 e 156 da CF/88), quando designam os fatos indicadores de aptidão para ensejar a obrigação tributária, circunstância essa que indica não haver maior liberdade de conformação do legislador quanto à determinação das circunstâncias capazes de traduzir riqueza tributável.[439]

Segundo Becker, "a construção de qualquer regra jurídica importa, sempre e necessariamente, numa maior ou menor deformação da realidade que lhe serve de matéria-prima".[440] Isso significa que, ao se juridicizar um determinado fato enquanto presuntivo de riqueza, para fins de tributação, cria-se, no Direito, uma presunção de que ele efetivamente representa uma expressão de capacidade econômica apta a suportar o ônus tributário. Essa presunção se desenvolve, exatamente, para assegurar um mínimo de certeza e praticabilidade ao Direito,[441]

---

[437] BECKER, Alfredo Augusto. *Teoria geral do Direito Tributário*. 7. ed. São Paulo: Noeses, 2018. p. 532.

[438] COSTA, Regina Helena. *Princípio da capacidade contributiva*. 4. ed. São Paulo: Malheiros, 2012. p. 28; CARVALHO, Paulo de Barros. *Curso de Direito Tributário*. 28. ed. São Paulo: Saraiva, 2017. p. 187; SCHOUERI, Luís Eduardo. *Direito Tributário*. São Paulo: SaraivaJur, 2022. p. 380-381; PANDOLFO, Rafael. *Jurisdição constitucional tributária*: reflexos nos processos administrativo e judicial. 2. ed. São Paulo: Noeses, 2020, p. 131; OLIVEIRA, José Marcos Domingues de. *Direito Tributário*: capacidade contributiva: conteúdo e eficácia do princípio. 2. ed. Rio de Janeiro: Renovar, 1998. p. 57.

[439] COSTA, Regina Helena. *Princípio da capacidade contributiva*. 4. ed. São Paulo: Malheiros, 2012. p. 95; DERZI, Misabel de Abreu Machado. Notas. In: BALEEIRO, Aliomar. *Limitações constitucionais ao poder de tributar*. 7. ed. Rio de Janeiro: Forense, 1997. p. 691.

[440] BECKER, Alfredo Augusto. *Teoria geral do Direito Tributário*. 7. ed. São Paulo: Noeses, 2018, p. 529.

[441] Em sentido similar, Humberto Ávila (*Teoria da igualdade tributária*. São Paulo: Malheiros, 2015. p. 118-125) registra os problemas advindos de uma pretensão exagerada de individualização no tratamento legislativo, com reflexos para a segurança jurídica, para a praticabilidade e para a própria isonomia no Direito. Como explica o autor, ao pretender individualizar em demasia as situações, o legislador corre o risco de gerar uma complexidade legislativa a tal ponto que inviabilize um juízo de compreensão e previsibilidade acerca da norma aplicável pelos contribuintes, reduzindo, por conseguinte, sua própria autonomia privada. Da mesma forma, a legislação corre o risco de se tornar impraticável,

de modo que não se cogita da ausência de capacidade contributiva por parte de um contribuinte que conforma a materialidade eleita na legislação ao argumento de circunstâncias personalíssimas.[442]

Como visto, a maior parte dos fatos presuntivos de riqueza já está delineada nas regras de competência estabelecidas na própria CF/88. Ainda assim, quando o legislador, ao definir esses fatos na legislação ou dispor sobre novas materialidades, vier a estabelecer arquétipos que não traduzam a manifestação de riqueza que enseja a tributação, estará a violar a capacidade contributiva objetiva.

Já a capacidade contributiva em sua perspectiva subjetiva suscita debate mais intenso na doutrina, inclusive no que se refere à possibilidade de intervenção judicial. O tema, efetivamente, não é simples e estudos inteiros são dedicados a ele. Para os propósitos desta pesquisa, importa compreender que a tributação não está livre de limites. Isto é, mesmo respeitando o aspecto objetivo da capacidade contributiva, a intensidade da imposição tributária também precisa ser dosada e bem distribuída entre os contribuintes.[443] Regina Helena Costa identifica no artigo 145, §1º, da CF/88 uma das expressões desse caráter subjetivo da capacidade contributiva.[444] Ainda que, como já mencionado, não seja esse dispositivo a fonte normativa única

---

também em decorrência da extrema complexidade. Finalmente, uma legislação que tenha a pretensão de gerar esse nível de individualização, é passível de ensejar arbitrariedade pelo aplicador, que passa a se legitimar a distinguir contribuintes com base em critérios *ad hoc*, na ausência de critério ou medida aplicável a casos de uma mesma espécie ou categoria.

[442] Roque Carrazza (*Curso de Direito Constitucional Tributário*. 32. ed. São Paulo: Malheiros, 2019. p. 83) exemplifica com a situação de um contribuinte que tenha praticado o fato imponível do IPVA (ser proprietário de veículo automotor), mas que argumente não ter condições de arcar com o tributo por ter ganhado o veículo em um sorteio; ou ainda, a situação de um contribuinte que argumente não ter condições econômicas de suportar determinado tributo, ainda que tenha praticado seu fato imponível, por estar desempregado.

[443] Sustenta José Marcos Domingues de Oliveira (*Direito Tributário*: capacidade contributiva: conteúdo e eficácia do princípio. 2. ed. Rio de Janeiro: Renovar, 1998. p. 66; 75) que, se é certo que somente as situações que reflitam alguma capacidade contributiva podem ser objeto de tributação, "não é menos correto que a pessoa que nela se encontre não pode, em razão disso, ser tributada num tal nível que o impeça de continuar a exercer atividade lícita, ou que lhe retire o indispensável a uma vida digna". Nessa perspectiva, registra o autor que o princípio da capacidade contributiva "limita a discricionariedade legislativa na instituição e na graduação dos tributos".

[444] COSTA, Regina Helena. *Princípio da capacidade contributiva*. 4. ed. São Paulo: Malheiros, 2012. p. 95. Para Paulo de Barros Carvalho (*Curso de Direito Tributário*. 28. ed. São Paulo: Saraiva, 2017. p. 187), em sentido diverso, o art. 145, §1º, da CF/88 traduziria a capacidade contributiva absoluta, ao passo que a expressão subjetiva desse princípio decorreria diretamente da igualdade, tal qual delineada no art. 5º.

do princípio no texto constitucional, sua importância é inegável e a investigação dos enunciados linguísticos empregados em sua redação são ferramenta útil à construção de sentido da capacidade contributiva na ordem constitucional brasileira.

"Sempre que possível, os impostos terão caráter pessoal e serão graduados segundo a capacidade econômica do contribuinte", dispôs o constituinte. Algumas passagens chamam à atenção. A primeira delas, a expressão "sempre que possível". Nesse ponto, a doutrina é bastante firme ao afirmar que tal escolha de palavras não autoriza, sob nenhuma hipótese, a interpretação de que seria uma opção do legislador escolher entre privilegiar ou não privilegiar a capacidade contributiva; pelo contrário, pretendeu o constituinte afirmar categoricamente que o legislador só não poderá fazê-lo se isso for impossível.[445]

A segunda passagem que desperta atenção é o emprego da palavra "impostos". Como se sabe, imposto é uma das diversas espécies tributárias, o que poderia ensejar a conclusão de que somente ao tratar de tributos dessa natureza seria imprescindível o respeito à capacidade contributiva. Entretanto, como mencionado anteriormente (e não custa reiterar), esse princípio não decorre exclusivamente da redação do

---

[445] Como refere Humberto Ávila (*Sistema Constitucional Tributário*. 5. ed. São Paulo: Saraiva, 2012. p. 435), a aplicação de comandos normativos sempre depende das condições ontológicas de aplicabilidade, isto é, pressupõem a possibilidade fática de sua aplicação. Nessa acepção, a expressão "sempre que possível" seria supérflua. Segundo registra o autor, não obstante, a opinião dominante da doutrina é a de que essa expressão faz referência ao caráter pessoal dos impostos, isto é, aponta que, sempre que for possível, deve-se privilegiar o caráter pessoal da tributação, de acordo com a capacidade contributiva do contribuinte que a suporta. Dito de outro modo, significa que, sempre que possível, a hipótese material de incidência deve viabilizar a consideração de elementos pessoais. No mesmo sentido, Misabel Derzi (Notas. *In*: BALEEIRO, Aliomar. *Limitações constitucionais ao poder de tributar*. 7. ed. Rio de Janeiro: Forense, 1997. p. 694) registra que "a cláusula sempre que possível não é permissiva, nem confere poder discricionário ao legislador. Ao contrário, o advérbio sempre acentua o grau de imperatividade e abrangência do dispositivo, deixando claro que, apenas sendo impossível, deixará o legislador de considerar a pessoalidade para graduar os impostos de acordo com a capacidade econômica subjetiva do contribuinte". Prossegue a autora referindo que essa impossibilidade será mais pronunciadas nos impostos ditos não pessoais, notadamente aqueles que incidem sobre a importação (II), a produção e a circulação de produtos (IPI, ICMS), pois nesses se transfere a terceiro o encargo econômico da tributação. Para essas situações, a CF/88 prevê, "em substituição" à pessoalidade, a técnica da seletividade em função da essencialidade, a ser examinada logo adiante. Nessa mesma esteira se posicionam Roque Carrazza (*Curso de Direito Constitucional Tributário*. 32. ed. São Paulo: Malheiros, 2019. p. 96), Regina Helena Costa (*Princípio da capacidade contributiva*. 4. ed. São Paulo: Malheiros, 2012. p. 96) e Luciano Amaro (*Direito Tributário brasileiro*. 20. ed. São Paulo: Saraiva, 2014. p. 163-164).

artigo 145, §1º, de sorte que sua aplicação há de ser observada também nas demais espécies tributárias, em maior ou menor intensidade.⁴⁴⁶

A terceira passagem que suscita debate, finalmente, é o emprego da expressão "caráter pessoal", a qual pode conduzir à concepção de que somente os impostos ditos "pessoais" deveriam ser pautados pela capacidade contributiva, excluindo, com isso, os chamados impostos "reais".⁴⁴⁷ Essa conclusão também não se apresenta adequada, sobretudo em virtude do que se apontou no parágrafo anterior. Como registra Luciano Amaro, os impostos reais "também devem ser informados pelo princípio da capacidade contributiva, que é postulado universal de justiça fiscal".⁴⁴⁸ A propósito, é oportuno referir que a jurisprudência do STF se posiciona nesse sentido. Ao apreciar a controvérsia envolvendo a aplicação da progressividade ao IPTU, por exemplo, a Suprema Corte assentou a constitucionalidade da EC nº 29, de 2000.⁴⁴⁹ Na mesma esteira, reconheceu o STF a constitucionalidade da progressividade de alíquotas sobre o ITCMD, à luz da capacidade contributiva.⁴⁵⁰

---

⁴⁴⁶ Nessa linha, sustenta Luciano Amaro (*Direito Tributário brasileiro*. 20. ed. São Paulo: Saraiva, 2014. p. 167) que "outras espécies tributárias podem levar em consideração a capacidade contributiva, em especial as taxas cabendo lembrar que, em diversas situações, o próprio texto constitucional veda a cobrança de taxas em hipóteses nas quais não se revela capacidade econômica (cf., por exemplo, art. 5º, LXXVII)". Na mesma esteira, embora reconheçam que, a depender da espécie tributária, a aplicação da capacidade contributiva pode sofrer limitações, afirmam Marciano Buffon e Mateus Bassani de Matos (*Tributação no Brasil do século XXI*: uma abordagem hermeneuticamente crítica. Porto Alegre: Livraria do Advogado, 2015. p. 188-189) que elas não são absolutas. Um bom exemplo são as taxas, que já tiveram seu exame de constitucionalidade realizado pelo próprio STF à luz desse princípio (ADIs nº 948 e nº 453, como referem os autores).

⁴⁴⁷ Impostos "reais" referem-se àqueles cujo aspecto material da hipótese de incidência possui pouca ou nenhuma influência das qualidades pessoais do sujeito passivo. Em contraponto, nessa classificação, têm-se nos impostos "pessoais" aqueles cujo aspecto material da hipótese de incidência leva em consideração as qualidades, juridicamente qualificadas, dos possíveis sujeitos passivos (ATALIBA, Geraldo. *Hipótese de incidência tributária*. 6. ed. São Paulo: Malheiros, 2016. p. 141-142).

⁴⁴⁸ AMARO, Luciano. *Direito Tributário brasileiro*. 20. ed. São Paulo: Saraiva, 2014. p. 165.

⁴⁴⁹ RE nº 423.768 (BRASIL. Supremo Tribunal Federal (Pleno). Recurso Extraordinário 423.768. Recorrente: Município de São Paulo. Recorrido: Ifer Estamparia e Ferramentaria Ltda. Relator: Min. Marco Aurélio, 1º de dezembro de 2010. *Dje*: Brasília, DF, 2010d. Disponível em: https://redir.stf.jus.br/paginadorpub/paginador.jsp?docTP=AC&docID=622717. Acesso em: 27 ago. 2023). E, pouco tempo depois, afetado em repercussão geral, o RE nº 586.693 (Tema nº 94) (BRASIL. Supremo Tribunal Federal (Pleno). Recurso Extraordinário 586.693. Recorrente: Município de São Paulo. Recorrido: Edison Maluf. Relator: Min. Marco Aurélio, 25 de maio de 2011. *Dje*: Brasília, DF, 2011a. Disponível em: https://redir.stf.jus.br/paginadorpub/paginador.jsp?docTP=AC&docID=624412. Acesso em: 27 ago. 2023).

⁴⁵⁰ RE nº 562.045 (Tema nº 21) (BRASIL. Supremo Tribunal Federal (Pleno). Recurso Extraordinário 586.693. Recorrente: Município de São Paulo. Recorrido: Edison Maluf. Relator: Min. Marco Aurélio, 25 de maio de 2011. *Dje*: Brasília, DF, 2011a. Disponível em: https://redir.stf.jus.br/paginadorpub/paginador.jsp?docTP=AC&docID=624412. Acesso em: 27 ago. 2023).

A progressividade e a seletividade, aliás, são instrumentos importantes de promoção da capacidade contributiva subjetiva.[451] A progressividade significa a imposição de uma maior carga tributária quanto mais elevadas forem as manifestações de riqueza tributáveis (no que se distingue da proporcionalidade, a qual representa um gravame linear, representativo de uma relação matemática entre a ampliação de base de cálculo e do imposto).[452] Essa técnica está expressamente prevista para diversos tributos no próprio texto constitucional, como é o caso do Imposto de Renda (artigo 153, §2º, inciso I), do ITR (artigo 153, §4º, inciso I) e do IPTU (artigo 156, §1º, inciso I, com redação pela EC nº 29/2000). Não obstante, segundo o entendimento de Regina Helena Costa, é passível de aplicação mesmo quando não expressamente prevista no texto constitucional.[453] Já a seletividade em função da essencialidade determina que o legislador estabeleça alíquotas diferenciadas e tanto menos gravosas quanto mais essencial o produto tributado. Ela encontra disposição expressa, no texto constitucional, em relação ao IPI (artigo 153, §1º, inciso I) e ao ICMS (artigo 155, §2º, inciso III), impostos ditos "indiretos".[454]

---

[451] Tema que suscita relevante debate doutrinário diz respeito à aplicação da capacidade contributiva a depender de se estar diante de tributo com finalidade preponderantemente fiscal ou extrafiscal. Na primeira hipótese, há consenso de que a capacidade contributiva deve ser a medida de comparação, consoante já abordado anteriormente (não obstante se discuta se apenas em sua acepção objetiva ou se também em sentido subjetivo). Já quando se trata de tributação marcadamente extrafiscal, considerando-se que as finalidades do tributo são outras que não apenas a arrecadação, a necessidade ou não de observância à capacidade contributiva se apresenta tormentosa. Há quem sustente que a extrafiscalidade encerraria exceção ao princípio da capacidade contributiva. Em sentido diverso, Regina Helena Costa (*Princípio da capacidade contributiva*. 4. ed. São Paulo: Malheiros, 2012. p. 76-77) compreende que a extrafiscalidade enseja apenas uma atenuação desse princípio, mas não o suprime. Isso porque, segundo a autora, "o legislador não poderá descuidar-se da preservação dos limites que o próprio princípio exige (...): a manutenção do 'mínimo vital', o não atingimento do confisco e o não cerceamento de outros direitos constitucionais". E conclui: "Estes, a nosso ver, são intocáveis mesmo pela tributação extrafiscal, porque representam garantias mínimas do contribuinte perante o Fisco". Em sentido similar, José Marcos Domingues de Oliveira (*Direito Tributário*: capacidade contributiva: conteúdo e eficácia do princípio. 2. ed. Rio de Janeiro: Renovar, 1998. p. 119-120) compreende que "a destinação extrafiscal do tributo não altera a natureza jurídico-constitucional do instituto e não libera o legislador para através dele burlar a Constituição e o senso comum de Justiça".

[452] AMARO, Luciano. *Direito Tributário brasileiro*. 20. ed. São Paulo: Saraiva, 2014. p. 167; BUFFON, Marciano; MATOS, Mateus Bassani de. *Tributação no Brasil do século XXI*: uma abordagem hermeneuticamente crítica. Porto Alegre: Livraria do Advogado, 2015. p. 170.

[453] COSTA, Regina Helena. *Princípio da capacidade contributiva*. 4. ed. São Paulo: Malheiros, 2012. p. 103.

[454] A classificação que distingue os impostos "diretos" dos "indiretos", conforme explica Geraldo Ataliba, é de critério "puramente econômico". Ela visa distinguir aqueles tributos

Em suma, a capacidade contributiva apresenta-se de diversas formas no texto constitucional e, tal qual a igualdade (com a qual possui intrincada relação), permeia a tributação enquanto princípio norteador, tanto em sua acepção objetiva quanto em sua acepção subjetiva. Ela serve de baliza ao poder de tributar e, nesse aspecto, encontra expressão ainda mais específica na expressa vedação à utilização de tributo com efeito de confisco, constante do artigo 150, inciso IV. Segundo Misabel Derzi, "a capacidade contributiva é a pedra fundamental em que se assenta a proibição do confisco".[455] Roque Carrazza, ressaltando exatamente a relação entre a capacidade contributiva e a proibição da tributação confiscatória, sublinha que se qualifica como tal precisamente aquela que "não revela a capacidade contributiva da pessoa que [a] suporta", o que pode ocorrer, por exemplo, quando a base de cálculo da exação extrapola sua regra-matriz, ou quando resta ferido o mínimo vital mediante a pretensão de captação de recursos que garantem ao contribuinte e seus dependentes uma existência digna.[456] Esses dois exemplos, a propósito, já são indicativo de que o não confisco guarda relação tanto com a capacidade contributiva dita objetiva (quando se tributa fatos não presuntivos de riqueza) quanto com a capacidade contributiva dita subjetiva (quando se tributa com intensidade que retira a dignidade do cidadão).

Os direitos de propriedade e liberdade possuem grande significado no ordenamento brasileiro e a sua limitação pela tributação é, até certo ponto e sob determinadas condições, aceita enquanto meio necessário à promoção de direitos fundamentais, conforme visto anteriormente neste capítulo.[457] No entanto, o que não se admite é a supressão

---

em que se identifica uma transferência mais evidente do encargo econômico da tributação (ATALIBA, Geraldo. *Hipótese de incidência tributária*. 6. ed. São Paulo: Malheiros, 2016. p. 143). Segundo Misabel Derzi (Notas. In: BALEEIRO, Aliomar. *Limitações constitucionais ao poder de tributar*. 7. ed. Rio de Janeiro: Forense, 1997. p. 694), em face dos chamados tributos "indiretos", há uma maior dificuldade de gradação da tributação segundo a pessoalidade, de modo que esse critério é como que "substituído" pela seletividade, a qual indicará a necessidade de uma maior oneração de produtos de luxo ou supérfluos e, de outro lado, de desoneração, inclusive mediante isenção, de gêneros de primeira necessidade.

[455] DERZI, Misabel de Abreu Machado. Notas. In: BALEEIRO, Aliomar. *Limitações constitucionais ao poder de tributar*. 7. ed. Rio de Janeiro: Forense, 1997. p. 697.

[456] Nas exatas palavras do autor: "Confiscatório, portanto, é o imposto que não revela a capacidade contributiva da pessoa que o suporta – o que se dá, por exemplo, sempre que a base de cálculo da exação extrapola sua regra-matriz. Sempre que este fenômeno ocorre resta ferido o mínimo vital, isto é, a porção de riqueza que garante ao contribuinte e a seus dependentes uma existência digna de cidadão (CARRAZZA, Roque Antônio. *Curso de Direito Constitucional Tributário*. 32. ed. São Paulo: Malheiros, 2019. p. 94).

[457] Oportunamente, registra Fábio Goldschmidt (*O princípio do não-confisco no Direito Tributário*. São Paulo: Revista dos Tribunais, 2003. p. 42) que a tributação no Estado de

do conteúdo essencial da propriedade e da liberdade pelo exercício do poder de tributar.[458] Quando isso ocorre, deixa-se o campo da restrição para se ingressar no campo da privação, a ensejar o indevido confisco.[459]

É importante compreender que a vedação não é ao confisco em si (o qual é admitido no ordenamento brasileiro como forma de penalização), mas à utilização da tributação com efeito de confisco, no que há um evidente antagonismo, já que o tributo não configura sanção de ato ilícito. Como bem sintetiza Fábio Goldschmidt, a tributação jamais pode "privar o particular da propriedade, pois, para tanto, impor-se-ia a necessidade de indenização ou da prática de algum ato ilícito que justificasse tal sorte de sanção (o que, por definição, não é o caso no Direito Tributário)".[460] O não confisco, portanto, é a vedação a que, a pretexto de cobrar tributos, o Estado se apposse dos bens do indivíduo.[461] Em outras palavras, "tributo com efeito de confisco é aquele que afronta a sua própria natureza jurídica e converte a hipótese de incidência em mero pretexto para a tomada do patrimônio do contribuinte", sem que haja justa indenização ou que seja imputado qualquer ilícito ao particular.[462]

Embora a ideia de confisco não seja de difícil compreensão, a complexidade do tema reside na definição dos limites a partir dos quais é possível constatar o efeito confiscatório.[463] Não se trata de um simples preceito matemático, mas de um critério informador da atividade do legislador e do aplicador.[464] Segundo Schoueri, o tributo assume feições de confisco quando aniquila a propriedade ou torna inútil sua finalidade. Se, por exemplo, a tributação atingir níveis tão

---

Direito "representa uma forma de participação do Estado na riqueza privada", a qual se faz a partir da lei e "se justifica pelo interesse público de manutenção do Estado, com os relevantes serviços públicos que ele presta".

[458] ÁVILA, Humberto. *Sistema Constitucional Tributário*. 5. ed. São Paulo: Saraiva, 2012. p. 397-398. No mesmo sentido, consigna Regina Helena Costa (*Princípio da capacidade contributiva*. 4. ed. São Paulo: Malheiros, 2012. p. 110) que a atividade tributante do Estado não pode conduzir, direta ou indiretamente, à inviabilização do exercício de direitos fundamentais.

[459] GOLDSCHMIDT, Fábio Brun. *O princípio do não-confisco no Direito Tributário*. São Paulo: Revista dos Tribunais, 2003, p. 44-47.

[460] GOLDSCHMIDT, Fábio Brun. *O princípio do não-confisco no Direito Tributário*. São Paulo: Revista dos Tribunais, 2003, p. 44.

[461] AMARO, Luciano. *Direito Tributário brasileiro*. 20. ed. São Paulo: Saraiva, 2014. p. 168.

[462] GOLDSCHMIDT, Fábio Brun. *O princípio do não-confisco no Direito Tributário*. São Paulo: Revista dos Tribunais, 2003. p. 49.

[463] CARVALHO, Paulo de Barros. *Curso de Direito Tributário*. 28. ed. São Paulo: Saraiva, 2017. p. 184.

[464] AMARO, Luciano. *Direito Tributário brasileiro*. 20. ed. São Paulo: Saraiva, 2014. p. 170.

elevados a ponto de afetar a livre-iniciativa (de modo a que a liberdade de empreender já não surta efeito prático, por se retirar a perspectiva do lucro na atividade ante a absorção pela exação do Estado), será possível vislumbrar um efeito confiscatório.[465]

O efeito de confisco, para Fábio Goldschmidt, ocorre antes mesmo de se tributar 100% do patrimônio; ele pode ser observado a partir do momento em que a tributação assume contornos de penalização injustificada, por exagerada ou irrazoável. A noção de "efeito de confisco", portanto, destina-se a combater não somente o confisco disfarçado de tributação, mas toda a imposição que, de modo direto ou indireto, redunde em supressão indevidamente ampla do direito de propriedade e de outros direitos fundamentais.[466]

A vedação ao efeito confiscatório da tributação pode ser compreendida, de um lado, sob uma perspectiva estrita, enquanto vício atrelado apenas ao aspecto quantitativo dos tributos, caracterizado pelo exagero no montante da exação. É dizer: nessa acepção, o Estado não peca na escolha qualitativa dos aspectos que definem a tributação; peca no *quantum*. De outro lado, sob uma perspectiva mais ampla, o efeito confiscatório pode ser vislumbrado também nas exações viciadas do ponto de vista qualitativo, que se afiguram excessivas por extrapolar as fronteiras constitucionais ou legais para a instituição de tributos (tributação fora dos limites das regras de competência constitucionalmente delineadas, desrespeito às garantias de legalidade, anterioridade ou irretroatividade, entre outros incontáveis exemplos). "Toda a tributação que quebra a 'autorização popular' para a tomada da propriedade particular tem efeito de confisco, porque priva o particular de seus bens, fora das hipóteses admissíveis", assinala Goldschmidt.[467]

---

[465] SCHOUERI, Luís Eduardo. *Direito Tributário*. São Paulo: SaraivaJur, 2022. p. 388.

[466] GOLDSCHMIDT, Fábio Brun. *O princípio do não-confisco no Direito Tributário*. São Paulo: Revista dos Tribunais, 2003. p. 49-50; 61.

[467] Prossegue o autor: "Tais exações têm o 'efeito', geram a sensação de pena, porque atacam a propriedade de forma não permitida; e privam o administrado de sua propriedade sem que ao mesmo seja atribuída qualquer conduta em desconformidade com o ordenamento e sem que, em contrapartida, o contribuinte receba qualquer sorte de compensação. A rigor, pode-se afirmar, sem margem de erro, que mais do que mero 'efeito' de confisco, a tributação instituída dessa forma configura típico 'confisco', pois nada mais é do que uma 'apreensão em favor do Fisco' (tal como define o termo o dicionarista Aurélio). Apresenta-se irrazoável e exagerada pelo simples fato de que a disposição do particular em contribuir para o sustento do Estado somente começa a partir da satisfação de determinados pressupostos legislativa e constitucionalmente traçados. Antes disso, qualquer valor cobrado ensejará um sentimento de injustiça (e o princípio do não-confisco é um princípio elementar de Justiça na tributação), de repúdio (pela ausência de ato antijurídico que justifique a privação de seus direitos fundamentais), de arbitrariedade (estigma que

À luz do que se expôs neste item, resta claramente evidenciado que todo tributo declarado inconstitucional, por razões formais ou materiais, por motivos atinentes ao seu aspecto quantitativo ou relacionados à sua materialidade, enfim, seja qual for o fundamento, terá, por via de consequência, em alguma intensidade, violado a capacidade contributiva e a vedação à tributação com efeito de confisco. Essa constatação, por sua vez, é absolutamente pertinente ao enfrentamento do tema da modulação de efeitos em matéria tributária. Ao obstar que um contribuinte recupere tributos que recolheu indevidamente ou, ainda, admitir a continuidade, por determinado período, de exigências tributárias declaradas inconstitucionais, o STF chancela, por via transversa, uma tributação em desacordo com a capacidade contributiva e, em alguma medida, com efeito confiscatório.[468] O tema, não obstante, será devidamente aprofundado no capítulo seguinte.

Por ora, o importante é assinalar a relevância da capacidade contributiva e suas expressões, dentre elas, a vedação à tributação com efeito de confisco, para o Direito Tributário brasileiro. Não resta dúvida de que se trata de uma baliza importante, cujo conteúdo, sob certos aspectos, segue objeto de debate na doutrina, e talvez jamais deixe de sê-lo, dada a complexidade e a multiplicidade de aplicações desse princípio norteador da atividade tributante.

De mais a mais, o objetivo desta seção, como um todo, foi o de delinear o tratamento conferido à tributação na ordem constitucional brasileira, demonstrando suas principais características e, especialmente, as garantias asseguradas aos contribuintes em face do poder tributante do Estado. Essa análise, conforme registrado ao final do primeiro capítulo, é de suma importância para que se possa construir uma fundação sólida e apta a amparar um exame criterioso a respeito da forma de aplicação da modulação de efeitos pelo STF em matéria tributária. Com efeito, se a modulação visa acomodar preceitos constitucionais, é indispensável

---

sempre marcou o instituto do confisco ao longo da história) e de pena privativa de direitos (porque não indenizada ou compensada de qualquer forma)" (GOLDSCHMIDT, Fábio Brun. *O princípio do não-confisco no Direito Tributário*. São Paulo: Revista dos Tribunais, 2003. p. 101-102).

[468] Nesse caso, talvez, com ênfase para a "sensação de pena" característica da tributação com efeito de confisco, pois se tem ciência do reconhecimento da inconstitucionalidade da exigência tributária e, ainda assim, segue-se tendo de arcar com ela ou sem poder recuperar o que foi indevidamente pago. Mais grave ainda, quando a modulação ocorre com preservação de alguns contribuintes que ajuizaram ações até determinada data. Nessa hipótese, a "sensação de punição" decorre do não ajuizamento de uma ação em "tempo hábil". O tema voltará a ser enfrentado no capítulo seguinte.

que se tenha clareza acerca de *quais* os preceitos constitucionais em jogo quando se trata de relações tributárias.

Nessa esteira, antes de se encerrar o presente capítulo, há um último tema que precisa ser enfrentado e que é frequentemente invocado como "justificativa" para a modulação de efeitos: trata-se do orçamento público. Ao mesmo tempo que a tributação está submetida a uma série de limitações para fins de arrecadação em face dos contribuintes, a utilização dos recursos obtidos também está sujeita a regramento e demanda, como se verá, elevado nível de organização, governança e probidade. É o que se passa a examinar.

2.3 O orçamento público no Direito brasileiro

Conforme tratado no início deste capítulo,[469] a promoção de direitos, inclusive a de liberdades individuais, demanda, em maior ou menor extensão, uma atuação estatal, a qual, por sua vez, pressupõe financiamento. Em síntese, direitos custam dinheiro, constatação que conduz à polêmica (porém, verdadeira) afirmação de Stephen Holmes e Cass Sunstein de que um direito só existe de fato quando dotado de um custo orçamentário.[470]

A arrecadação dos recursos, todavia, e por óbvio, não é um fim em si mesmo. Impõe-se, igualmente, a sua gestão e aplicação na promoção das necessidades públicas.[471] A atividade financeira do Estado, nessa ordem de ideias, abrange não apenas a captação de recursos públicos, mas também a gestão das contas públicas e a realização dos gastos.[472] Na clássica definição de Aliomar Baleeiro, a atividade financeira consiste em "obter, criar, gerir e despender o dinheiro indispensável às necessidades, cuja satisfação o Estado assumiu ou cometeu àqueloutras pessoas de direito público".[473]

Por muito tempo, o chamado Direito Financeiro constituiu ramo dedicado a estudar tanto a arrecadação (relação entre Fisco e

---

[469] Ver item 2.1.1.
[470] HOLMES, Stephen; SUNSTEIN, Cass R. *O custo dos direitos*: por que a liberdade depende dos impostos. São Paulo: Editora WMF Martins Fontes, 2019. p. 5; 9.
[471] ABRAHAM, Marcus. *Curso de Direito Financeiro brasileiro*. 7. ed. Rio de Janeiro: Forense, 2023. p. 21.
[472] MENDES, Gilmar Ferreira; BRANCO, Paulo Gonet. *Curso de Direito Constitucional*. 15. ed. São Paulo: Saraiva Educação, 2020. p. 1604.
[473] BALEEIRO, Aliomar. *Uma introdução à ciência das finanças*. 14. ed. Rio de Janeiro: Forense, 1984. p. 2.

contribuinte) quanto a gestão e o dispêndio de recursos pelo Estado.[474] No entanto, com o desenvolvimento do Direito atinente aos tributos, em parte devido ao protagonismo da própria arrecadação, frente ao incremento da carga tributária, e também com forte influência do CTN,[475] operou-se uma verdadeira emancipação do Direito Tributário, que se consagrou como ramo autônomo.[476] O artigo 4º, inciso II, do mencionado diploma positivou a concepção de que "a natureza jurídica específica do tributo é determinada pelo fato gerador da respectiva obrigação, sendo irrelevantes para qualificá-la (...) a destinação legal do produto da sua arrecadação", disposição avalizado pela doutrina como a explicitação de algo lapidar.[477]

Curiosamente, a destinação do produto da arrecadação tem voltado à pauta do Direito Tributário, enquanto justificativa frequentemente invocada para a manutenção de exigência tributárias apesar do reconhecimento de sua inconstitucionalidade. A gestão orçamentária, tema de Direito Financeiro, encontra aqui um necessário ponto de contato com o Direito Tributário e, diante dessa realidade, impõe-se compreender, ainda que em linhas gerais, como se organiza o orçamento público no ordenamento jurídico brasileiro, para que se possa construir uma avaliação (crítica) embasada a respeito desse aspecto.

---

[474] Registra Becker (*Teoria geral do Direito Tributário*. 7. ed. São Paulo: Noeses, 2018. p. 25) que o ensino da ciência das finanças públicas e do Direito Tributário reunidos em uma única disciplina remonta a 1886-1887, quando a lei de organização universitária criou a cátedra "Ciência das Finanças e Direito Financeiro".

[475] Conforme explica Harrison Leite (*Manual de Direito Financeiro*. 12. ed. São Paulo: Juspodivm, 2023. p. 51), o Direito Tributário enquanto ramo autônomo é muito mais novo do que o Direito Financeiro. Sua autonomia surgiu definitivamente quando da publicação do CTN, em 1966, momento a partir do qual seus institutos passaram a ser difundidos e estudados isoladamente. Segundo o autor, "ocorre que o Estado brasileiro se tornou *expert* no incremento de sua receita tributária, de modo que a carga tributária brasileira cresceu para mais de 35% em relação ao Produto Interno Bruto (PIB) do país nas últimas décadas. Essa avalanche arrecadatória fez com que nos institutos do Direito Tributário ficassem cada vez mais sofisticados juridicamente, a ponto de todo o foco da Atividade Financeira do Estado voltar-se apenas para a arrecadação, deixando de lado o destino dos recursos e seu planejamento".

[476] AMARO, Luciano. *Direito Tributário brasileiro*. 20. ed. São Paulo: Saraiva, 2014. p. 23-24.

[477] No comentário de Geraldo Ataliba (*Hipótese de incidência tributária*. 6. ed. São Paulo: Malheiros, 2016. p. 158), o art. 4º, inciso II, do CTN, constitui "disposição didática lapidar. Não é norma, mas um oportuno preceito didático, doutrinariamente correto". Prossegue o autor registrando ser despropositado recorrer ao argumento ligado ao destino dado aos valores arrecadados para disso se pretender extrair alguma consequência válida quanto à determinação da natureza específica dos tributos. E conclui: "As espécies tributárias se reconhecem pela natureza da materialidade da h.i. Só".

2.3.1 Aspectos gerais

A noção de orçamento público enquanto instrumento de planejamento, autorização, gestão e controle dos gastos públicos surge a partir do desenvolvimento da ideia de que o patrimônio do Estado não deveria se confundir com o patrimônio do governante, bem como da necessidade de se limitar e controlar a arrecadação e os gastos estatais, ambos marcados por recorrentes abusos.[478] Conforme explica Aliomar Baleeiro, "uma penosa e multissecular cadeia de lutas políticas tornou a elaboração orçamentária indispensável ao equilíbrio dos interesses antagônicos em volta do poder".[479] O orçamento, nesse sentido, pode ser qualificado como uma conquista da democracia, enquanto instrumento que permite aos particulares, diretamente ou por seus mandatários, conhecer os gastos públicos e ver efetivada somente a arrecadação anuída na lei orçamentária.[480]

No Brasil, o primeiro orçamento nacional foi votado em 1831-1832, ainda sob a égide da Constituição Imperial de 1824.[481] Desde então, o orçamento alternou entre Poder Executivo e Poder Legislativo nas constituições que se seguiram.[482] Atualmente, a CF/88 contempla

---

[478] ABRAHAM, Marcus. *Curso de Direito Financeiro brasileiro*. 7. ed. Rio de Janeiro: Forense, 2023. p. 267.

[479] BALEEIRO, Aliomar. *Uma introdução à ciência das finanças*. 14. ed. Rio de Janeiro: Forense, 1984. p. 388.

[480] Destacam-se, historicamente: a imposição feita pela nobreza e pelo clero ao rei João Sem-Terra, na Magna Carta, de 1215, quando se limitou a arrecadação dos tributos à aprovação em assembleia, à qual caberia votar os impostos e determinar a sua aplicação; o Bill of Rights, de 1689, também na Inglaterra, por meio do qual se impunha submissão ao Parlamento para a criação de tributos; as revoluções norte-americana (1776) e francesa (1789), em grande parte motivadas pela cobrança de impostos abusivos e pelo gasto excessivo de monarcas (ABRAHAM, Marcus. *Curso de Direito Financeiro brasileiro*. 7. ed. Rio de Janeiro: Forense, 2023. p. 268-269; LEITE, Harrison. *Manual de Direito Financeiro*. 12. ed. São Paulo: Juspodivm, 2023. p. 107). Complementa Ricardo Lobo Torres (*Curso de Direito Financeiro e Tributário*. 20. ed. Rio de Janeiro: Renovar, 2018. p. 167) registrando que com o liberalismo e as grandes revoluções advém o que se pode chamar de Estado Orçamentário.

[481] BALEEIRO, Aliomar. *Uma introdução à ciência das finanças*. 14. ed. Rio de Janeiro: Forense, 1984, p. 393.

[482] A Constituição de 1891 atribuiu ao Legislativo a competência orçamentária. A Constituição de 1934, por sua vez, devolveu essa atribuição ao Executivo, o que foi mantido pela Constituição de 1937. Com a volta da democracia, a Constituição de 1946 manteve a elaboração do orçamento com o Poder Executivo, mas atribuiu ao Legislativo a tarefa de aprová-lo. Com o regime militar, voltou-se a concentrar excessivamente o orçamento nas mãos do Executivo, o que é bastante marcado na Constituição de 1967. A Constituição de 1988, com a reabertura democrática, trouxe, então, mudanças substanciais ao orçamento público brasileiro, com o reforço da atuação do Legislativo (ABRAHAM, Marcus. *Curso de Direito Financeiro brasileiro*. 7. ed. Rio de Janeiro: Forense, 2023. p. 271-272).

seção exclusiva para tratar do tema (artigos 165 a 169),[483] atribuindo papel importante ao Legislativo. Igualmente, foram introduzidas novas estruturas às peças orçamentárias, notadamente o Plano Plurianual e as diretrizes orçamentárias.[484]

Conforme Aliomar Baleeiro, o orçamento, nos Estados Democráticos, pode ser definido como o

> ato pelo qual o Poder Legislativo prevê e autoriza ao Poder Executivo, por certo período e em pormenor, as despesas destinadas ao funcionamento dos serviços públicos e outros fins adotados pela política econômica ou geral do país, assim como a arrecadação das receitas já criadas em lei.[485]

Essa definição explicita o orçamento como instrumento que permite estabelecer a previsão das receitas estatais e a fixação das despesas para período determinado. É ferramenta de planejamento, gestão e controle financeiro do Estado que, para além de prever as receitas e as despesas, deve fazê-lo de modo transparente, equilibrado e eficiente.[486]

O orçamento, segundo tradicional classificação doutrinária, compreende quatro aspectos fundamentais, a saber: político, econômico, técnico (ou contábil) e jurídico. O aspecto *político* decorre da circunstância de que sua elaboração revela em proveito de quais prioridades atuará o governo. É manifestação de seus ideais e planos, devendo revelar com transparência em favor de quais necessidades funcionará a aparelhagem estatal. No Brasil, considerando-se que o orçamento tem origem no Executivo e que sua aprovação é atribuição do Legislativo, resta ainda mais evidenciado seu caráter político, na medida em que se exige consenso na obtenção de um documento de interesse comum, que

---

[483] Ricardo Lobo Torres (*Curso de Direito Financeiro e Tributário*. 20. ed. Rio de Janeiro: Renovar, 2018. p. 167) fala em uma constituição orçamentária, que seria um subsistema da Constituição Financeira, ao lado das constituições financeira e tributária. A constituição orçamentária, segundo o autor, "constitui" o Estado Orçamentário, "que é a particular dimensão do Estado de Direito apoiada nas receitas, especialmente a tributária, como instrumento de realização das despesas".

[484] ABRAHAM, Marcus. *Curso de Direito Financeiro brasileiro*. 7. ed. Rio de Janeiro: Forense, 2023. p. 273.

[485] BALEEIRO, Aliomar. *Uma introdução à ciência das finanças*. 14. ed. Rio de Janeiro: Forense, 1984. p. 387.

[486] ABRAHAM, Marcus. *Curso de Direito Financeiro brasileiro*. 7. ed. Rio de Janeiro: Forense, 2023. p. 273. Em sentido similar, registra Ricardo Lobo Torres (*Curso de Direito Financeiro e Tributário*. 20. ed. Rio de Janeiro: Renovar, 2018. p. 177) que "a gestão orçamentária deve se fazer de acordo com os princípios da descentralização, da eficiência e da responsabilidade (*accountability*) e dos seus subprincípios da prudência e da transparência".

reflita as necessidades da sociedade. O aspecto *econômico* corresponde aos efeitos da política fiscal na conjuntura econômica e vice-versa. O orçamento é importante instrumento regulador da economia, podendo atuar, direta ou indiretamente, de modo a estimular ou desestimular a produção, o consumo e o investimento. O aspecto *técnico* ou (*contábil*) se evidencia na medida em que o orçamento há de ser elaborado segundo o rigorismo das regras contábeis, com classificações claras, metódicas e racionais das receitas e despesas. O aspecto *jurídico*, por fim, diz respeito à natureza jurídica do orçamento, à luz do Direito, na medida em que se materializa a partir de lei (em verdade, mais de uma) e dele decorrem direitos e obrigações aos agentes públicos e governantes.[487]

Com efeito, muito embora haja maior consenso acerca de um *aspecto* jurídico no orçamento, a sua *natureza* jurídica, mais especificamente, enseja debate na doutrina. Para alguns, trata-se de lei meramente formal, cujo conteúdo é de ato administrativo, que apenas prevê as receitas e autoriza as despesas. Para outros, trata-se de lei material, cujo conteúdo normativo impõe ao Estado o dever de implementação do orçamento e acarreta, para o cidadão, o direito de exigir sua realização. Efetivamente, as correntes formadas do Brasil são um pouco mais complexas do que isso em suas classificações e variam, inclusive, conforme o momento de sua concepção, dado que, com a CF/88, houve supressão do princípio da anualidade (o que desvinculou a cobrança de tributos da sua prévia previsão orçamentária,[488] em outra demonstração bastante clara da cisão entre Direito Financeiro e Direito Tributário). Para os propósitos deste estudo, registra-se que a posição dominante na doutrina brasileira é a primeira, no sentido de que, extrinsecamente, trata-se de uma lei formal e de natureza especial, ao passo que, intrinsecamente, possui conteúdo de ato administrativo.[489]

Contudo, essa posição, especialmente no que se refere ao aspecto intrínseco antes mencionado,[490] talvez não se mantenha majoritária

---

[487] BALEEIRO, Aliomar. *Uma introdução à ciência das finanças*. 14. ed. Rio de Janeiro: Forense, 1984. p. 387-388; ABRAHAM, Marcus. *Curso de Direito Financeiro brasileiro*. 7. ed. Rio de Janeiro: Forense, 2023. p. 275-276; LEITE, Harrison. *Manual de Direito Financeiro*. 12. ed. São Paulo: Juspodivm, 2023. p. 109-112.

[488] MENDES, Gilmar Ferreira; BRANCO, Paulo Gonet. *Curso de Direito Constitucional*. 15. ed. São Paulo: Saraiva Educação, 2020. p. 1605.

[489] ABRAHAM, Marcus. *Curso de Direito Financeiro brasileiro*. 7. ed. Rio de Janeiro: Forense, 2023. p. 278-283; LEITE, Harrison. *Manual de Direito Financeiro*. 12. ed. São Paulo: Juspodivm, 2023. p. 113-114.

[490] No que se refere ao aspecto extrínseco, o tema parece não suscitar maior controvérsia, porquanto a lei orçamentária, apesar de suas especificidades, materializa-se sob a

por muito tempo. A doutrina moderna tem caminhado para atribuir maior força impositiva ao conteúdo material do orçamento. No mesmo sentido, algumas emendas constitucionais, a partir de 2015, vêm, paulatinamente, retirando do Executivo essa liberdade de execução da lei orçamentária.[491] É o caso da EC nº 86/2015, que apesar de ter ficado conhecida como a "PEC do Orçamento Impositivo", em verdade, não atribuiu esse caráter a todo o orçamento (considerando-se como paradigma a posição dominante de não imperatividade, já mencionada), mas apenas às emendas parlamentares individuais. Algumas anos depois, a EC nº 100/2019 veio a determinar que também as emendas de iniciativa de bancada parlamentar, e não apenas as individuais, no montante de 1% da receita corrente líquida realizada no exercício anterior, seriam igualmente impositivas.[492] [493]

---

roupagem de uma lei ordinária. Ela nasce a partir de um projeto de lei, é passível de emendas, recebe parecer da comissão orçamentária, é aprovada com quórum regular de lei ordinária e, ao final, é submetida à sanção e publicação. Por outro lado, possui, como dito, especificidades, a ensejar a qualificação, por alguns autores, de "lei especial". Para citar algumas: a projeto possui prazo próprio para ser encaminhado pelo Executivo ao Legislativo (art. 35, §2º, do ADCT); possui uma limitação de conteúdo, não podendo trazer dispositivo que não trate de receita ou de despesa (art. 165, §8º, da CF/88); não pode ser objeto de Lei Delegada ou de Medida Provisória (art. 62, §1º, inciso I, alínea 'd'); seu prazo é determinado (ABRAHAM, Marcus. *Curso de Direito Financeiro brasileiro*. 7. ed. Rio de Janeiro: Forense, 2023. p. 278-279).

[491] LEITE, Harrison. *Manual de Direito Financeiro*. 12. ed. São Paulo: Juspodivm, 2023. p. 118.

[492] MENDES, Gilmar Ferreira; BRANCO, Paulo Gonet. *Curso de Direito Constitucional*. 15. ed. São Paulo: Saraiva Educação, 2020. p. 1608.

[493] Adicionalmente, pode-se dizer que a jurisprudência do STF também está em movimento quanto a essa matéria. Conforme explicam Gilmar Mendes e Paulo Branco, há três fases na jurisprudência da Suprema Corte. Na primeira, considerava-se que a lei orçamentária não era dotada de efeitos concretos e, portanto, não era passível de controle de constitucionalidade. Tal posição remonta a período anterior à CF/88, mas não se alterou com a vigência do novo texto constitucional (ADIs nº 2.133, nº 2.100, nº 2.148 e nº 1.640). Na segunda fase, tem-se uma mudança de entendimento apenas quanto a casos excepcionais (ADI nº 2.925). A terceira fase, com a qual se tem uma revisão da posição do STF sobre o tema e uma abertura para o controle material de espécies legislativas orçamentárias, vem com o julgamento da Medida Cautelar na ADI nº 4.048, em cuja ementa restou consignado: "O Supremo Tribunal Federal deve exercer sua função precípua de fiscalização da constitucionalidade das leis e dos atos normativos quando houver um tema ou uma controvérsia constitucional suscitada em abstrato, independente do caráter geral ou específico, concreto ou abstrato de seu objeto" (BRASIL. Supremo Tribunal Federal (Pleno). Medida Cautelar em Ação Direta de Inconstitucionalidade 4.048. Requerente: Partido da Social Democracia Brasileira – PSDB. Relator: Min. Gilmar Mendes, 14 de maio de 2008. *Dje*: Brasília, DF, 2008a. Disponível em: https://redir.stf.jus.br/paginadorpub/paginador.jsp?docTP=AC&docID=542881. Acesso em: 27 ago. 2023). Nessa esteira, sobrevieram outros casos, como as ADIs nº 4663 e nº 5468 (MENDES, Gilmar Ferreira; BRANCO, Paulo Gonet. *Curso de Direito Constitucional*. 15. ed. São Paulo: Saraiva Educação, 2020. p. 1609-1611).

Outrossim, mesmo adotada a corrente que considera o orçamento autorizativo, há dispêndios que não estão no espectro de discricionariedade da administração. As previsões de despesa com pessoal, transferências constitucionais, gastos na educação, na saúde, entre outras, são inequivocamente impositivas. Todavia, elas não o são em razão de estarem previstas no orçamento, mas sim em razão outras normas. São as chamadas normas pré-orçamentárias, que já estão postas antes da concepção do orçamento e que o vinculam.[494]

Dentre as normas que influenciam a construção do orçamento estão a Lei nº 4.320/64, materialmente recepcionada pela CF/88 como lei complementar, e a Lei Complementar nº 101/2000, conhecida como Lei de Responsabilidade Fiscal (LRF). Essas são tidas como normas gerais em matéria financeira.

A Lei nº 4.320/64, concebida sob a égide da Constituição de 1946, tem por escopo estatuir normas gerais de Direito Financeiro para elaboração e controle dos orçamentos e balanços dos entes federados. Embora sofra de algum nível de anacronismo, trata-se de diploma legislativo importante para as finanças públicas brasileiras, que veicula relevantes princípios e institutos financeiros.[495]

Já a Lei Complementar nº 101/2000 estabelece normas voltadas à responsabilidade da gestão fiscal. Notabiliza-se como importante marco regulatório fiscal no Brasil, a partir do qual se estruturam alguns pilares que devem sustentar toda a gestão pública: o planejamento, a transparência, o equilíbrio e o controle das contas públicas, bem como a responsabilização dos gestores.[496] Algumas linhas serão dedicadas a essa norma logo mais adiante, dada a sua relevância para o estudo aqui desenvolvido.[497]

De outra parte, o orçamento também se estrutura a partir de leis específicas, notadamente, o Plano Plurianual (PPA), a Lei de

---

[494] LEITE, Harrison. *Manual de Direito Financeiro*. 12. ed. São Paulo: Juspodivm, 2023. p. 115.
[495] Na omissão do Congresso Nacional de editar a lei complementar a que alude o art. 163 da CF/88, a Lei nº 4.320/1964 segue ocupando esse espaço, a despeito das eventuais omissões em que possa incorrer, o que é natural dado que concebida muito antes da entrada e vigor do atual regime constitucional. A Lei de Responsabilidade Fiscal, embora editada após a CF/88 e se trate de lei complementar, não desempenha o papel reservado pelo art. 163, na medida em que tem escopo e abrangência diversos e específicos (MENDES, Gilmar Ferreira; BRANCO, Paulo Gonet. *Curso de Direito Constitucional*. 15. ed. São Paulo: Saraiva Educação, 2020. p. 1607).
[496] ABRAHAM, Marcus. *Curso de Direito Financeiro brasileiro*. 7. ed. Rio de Janeiro: Forense, 2023. p. 81-83; LEITE, Harrison. *Manual de Direito Financeiro*. 12. ed. São Paulo: Juspodivm, 2023. p. 58-59.
[497] Ver item 2.3.4.

Diretrizes Orçamentárias (LDO) e a Lei Orçamentária Anual (LOA), todas elas, conforme previsto no artigo 165 da CF/88, de iniciativa do Poder Executivo. O PPA é o mais abrangente dos instrumentos, tanto em seu conteúdo (pois estabelece o planejamento estratégico de longo prazo e engloba despesas de duração continuada) quanto no período de sua vigência (na forma do artigo 35, §2º, do ADCT, de quatro anos, não coincidente com o mandato do Executivo). A LDO, por sua vez, contém o planejamento operacional de curto prazo, para o período de um ano, e orienta a elaboração da LOA. Essa última, por fim, trata da execução do planejamento contido no PPA e na LDO, também no período de um ano. É a lei que trata, propriamente, da previsão das receitas e da fixação das despesas, pormenorizando essas projeções para o exercício.[498]

Cada um desses instrumentos orçamentários será examinado mais detalhadamente adiante. Neste ponto, o objetivo é oferecer um panorama geral a respeito da estruturação do orçamento no Brasil, deixando claro que ele está orientado por normas gerais e que passa por três grandes etapas legislativas à sua construção (o PPA, a LDO e a LOA). Compreendidos esses aspectos, passa-se ao exame de alguns princípios norteadores do orçamento, também importantes à temática a ser abordada no presente estudo.

2.3.2 Princípios norteadores do orçamento

Muitos são os princípios que devem nortear o orçamento público, a começar por aqueles que orientam não apenas a atividade orçamentária, mas toda a atividade administrativa, consoante artigo 37 da CF/88. Trata-se, aqui, da legalidade, da impessoalidade, da moralidade, da publicidade e da eficiência, sendo que alguns deles encontrarão maior expressão no campo específico do orçamento. Para além desses, há diversos princípios setoriais que garantem efetividade e legitimidade ao orçamento público. Eles derivam, expressa ou implicitamente, de preceitos constitucionais, bem como da legislação infraconstitucional, notadamente da Lei nº 4.320/64 e da Lei Complementar nº 101/2000.[499]

---

[498] MENDES, Gilmar Ferreira. *Jurisdição constitucional*: o controle abstrato de normas no Brasil e na Alemanha. 5. ed. São Paulo: Saraiva, 2005. p. 1606; ABRAHAM, Marcus. *Curso de Direito Financeiro brasileiro*. 7. ed. Rio de Janeiro: Forense, 2023. p. 317-321; LEITE, Harrison. *Manual de Direito Financeiro*. 12. ed. São Paulo: Juspodivm, 2023. p. 218-233.

[499] ABRAHAM, Marcus. *Curso de Direito Financeiro brasileiro*. 7. ed. Rio de Janeiro: Forense, 2023. p. 299.

Adiante, pretende-se examinar mais detidamente alguns desses princípios, sem ignorar a existência ou a relevância de outros porventura aqui não abordados.[500]

2.3.2.1 Legalidade

A legalidade está intimamente relacionada à ideia de Estado de Direito e, longe de ser exclusivo do Direito Financeiro, encontra manifestação em diversos outros ramos do Direito,[501] inclusive e com bastante protagonismo no Direito Tributário, conforme se examinou anteriormente neste capítulo. No âmbito orçamentário, ela impõe que a administração desenvolva suas atividades conforme as leis orçamentárias.[502] Esse princípio permeia toda a atividade financeira do Estado e a CF/88 dedica diversos dispositivos para tratar do tema, dos quais são exemplos bastante importantes os artigos 165, 166 e 167, que dispõem, respectivamente, sobre o conteúdo das leis orçamentárias, sobre a forma de sua elaboração (processo legislativo) e sobre condutas cuja prática é vedada a menos que haja autorização legal.[503]

2.3.2.2 Exclusividade

Segundo o princípio da exclusividade, uma lei orçamentária só pode dispor sobre matéria orçamentária, nada mais. Essa imposição de coerência, a rigor, deveria estar presente em todas as leis, mas assim não ocorre na prática.[504] Quando se trata de orçamento, contudo, há disposição expressa, no artigo 165, §8º, da CF/88, no sentido de que "lei orçamentária anual não conterá dispositivo estranho à previsão da receita e à fixação da despesa", muito embora esse mesmo artigo abra uma exceção quanto à autorização para abertura de créditos suplementares e contratação de operações de crédito.[505]

---

[500] Para além dos examinados adiante, a doutrina faz referência a outros princípios, como: proibição de estorno; unidade da tesouraria (ou caixa); economicidade, diferenciação das fontes de financiamento; não vinculação das receitas de impostos; limitação; sinceridade orçamentária; sustentabilidade e equidade intergeracional.

[501] LEITE, Harrison. *Manual de Direito Financeiro*. 12. ed. São Paulo: Juspodivm, 2023. p. 150.

[502] *Curso de Direito Constitucional Positivo*. 34. ed. São Paulo: Malheiros, 2011. p. 745; ABRAHAM, Marcus. *Curso de Direito Financeiro brasileiro*. 7. ed. Rio de Janeiro: Forense, 2023. p. 300.

[503] LEITE, Harrison. *Manual de Direito Financeiro*. 12. ed. São Paulo: Juspodivm, 2023. p. 150.

[504] Os famosos "jabutis" são indesejavelmente comuns nos processos legislativos brasileiros.

[505] Conforme explica José Afonso da Silva (*Curso de Direito Constitucional Positivo*. 34. ed. São Paulo: Malheiros, 2011. p. 740), esse princípio decorreu do abuso que se verificava na

2.3.2.3 Anualidade

O princípio da anualidade reflete a periodicidade do orçamento, que, no caso brasileiro, é de um ano. Muito embora o Plano Plurianual possua escopo temporal mais amplo, como seu próprio nome sugere, ele retrata um plano de investimento público, e não propriamente o orçamento.[506] Desse modo, não há malferimento à anualidade, já que as metas e os programas de longo prazo serão executados ano a ano no orçamento.[507] Nesse sentido, o princípio em questão dirige-se mais especificamente à Lei Orçamentária Anual, inclusive por imposição constitucional, nos termos do artigo 165, §5º, da CF/88.[508] O exercício financeiro, por sua vez, há de coincidir com o ano civil, na forma do artigo 34 da Lei nº 4.320/64.

Com a EC nº 102/2019, foram introduzidos os §§12 e 14 ao artigo 165 da CF/88, os quais podem colocar em dúvida a manutenção do princípio em questão. Segundo o §12, deve integrar a LDO, para o exercício a que se refere e para os dois seguintes, "anexo com previsão de agregados fiscais e a proporção dos recursos para investimentos que serão alocados na lei orçamentária anual para a continuidade daqueles em andamento". Já o §14 prevê que "a lei orçamentária anual poderá conter previsões de despesas para exercícios seguintes, com a especificação dos investimentos plurianuais e daqueles em andamento". Em ambos os casos, portanto, há disposições que abrangem mais de um exercício. Ainda assim, é sustentável que a anualidade segue em vigor, sobretudo porque permanece a limitação temporal geral de um ano para a LDO e para a LOA e porque ainda se verifica a necessidade de reavaliação anual das prioridades estabelecidas para os gastos públicos.[509]

---

votação dos orçamentos na República Velha, quando deputados e senadores introduziam, por meio de emendas à proposta do Executivo, matérias estranhas ao Direito Financeiro, acarretando o que se passou a denominar de "caudas orçamentárias" ou "orçamentos rabilongos".

[506] Como se depreende do art. 165, §1º, da CF/88, o PPA traça "diretrizes, objetivos e metas da Administração Pública Federal para as despesas de capital e outras delas decorrentes e para as relativas aos programas de duração continuada".

[507] SILVA, José Afonso da. *Curso de Direito Constitucional Positivo*. 34. ed. São Paulo: Malheiros, 2011. p. 743.

[508] LEITE, Harrison. *Manual de Direito Financeiro*. 12. ed. São Paulo: Juspodivm, 2023. p. 158.

[509] ABRAHAM, Marcus. *Curso de Direito Financeiro brasileiro*. 7. ed. Rio de Janeiro: Forense, 2023. p. 302-303, LEITE, Harrison. *Manual de Direito Financeiro*. 12. ed. São Paulo: Juspodivm, 2023. p. 159.

Por fim, é necessário reforçar que a anualidade, conforme já examinado anteriormente,[510] não se confunde com a anterioridade em matéria tributária. Isso porque, a partir da CF/88, desvincularam-se a Lei Orçamentária e a eficácia na aplicação das leis tributárias.[511]

2.3.2.4 Unidade

O princípio da unidade está assentado na premissa de que deve existir apenas um orçamento para cada ente da Federação em cada exercício financeiro. Com o objetivo de evitar diversos orçamentos simultâneos, o que cria embaraços à fiscalização, exige-se a unidade, que não necessariamente significa uma unidade documental (o que, aliás, não se verifica no atual panorama normativo, já que a LOA comporta três suborçamentos: o fiscal, o da seguridade social e o de investimentos, conforme artigo 165, §5º, da CF/88),[512] mas impõe que haja unidade de política orçamentária, com uma estruturação uniforme e um método único.[513]

2.3.2.5 Universalidade

Impõe o princípio da universalidade que todas as receitas e todas as despesas governamentais estejam contempladas no orçamento, sem exclusão.[514] Ele figura explicitamente, junto com a unidade e a anualidade, no artigo 2º da Lei nº 4.320/64[515] e pode ser implicitamente construído também a partir do artigo 165, §5º, da CF/88. Segundo José Afonso da Silva, esse princípio sempre foi considerado "essencial à

---

[510] Ver item 2.2.3.2.
[511] DERZI, Misabel de Abreu Machado. Notas. *In*: BALEEIRO, Aliomar. *Limitações constitucionais ao poder de tributar*. 7. ed. Rio de Janeiro: Forense, 1997. p. 48.
[512] Conforme expõe Marcus Abraham, há vozes que sustentam o esvaziamento do princípio da unidade (originalmente emanado explicitamente do art. 2º da Lei nº 4.320/64, mas sem previsão expressa na CF/88), considerando-se a disposição do art. 165, §5º, da CF/88. Para essa parcela da doutrina, poder-se-ia falar em princípio da totalidade orçamentária, mas não mais em unidade (ABRAHAM, Marcus. *Curso de Direito Financeiro brasileiro*. 7. ed. Rio de Janeiro: Forense, 2023. p. 303).
[513] SILVA, José Afonso da. *Curso de Direito Constitucional Positivo*. 34. ed. São Paulo: Malheiros, 2011, p. 744; LEITE, Harrison. *Manual de Direito Financeiro*. 12. ed. São Paulo: Juspodivm, 2023. p. 160.
[514] LEITE, Harrison. *Manual de Direito Financeiro*. 12. ed. São Paulo: Juspodivm, 2023, p. 160-161.
[515] Para além desse dispositivo, pode também ser identificado, em algum nível, nos artigos 3º, 4º e 6º da referida lei.

boa administração orçamentária".⁵¹⁶ Para o autor, esse princípio se completa com a regra do orçamento-bruto, que é tratada por alguns como princípio autônomo e significa que as receitas e despesas devem ser indicadas no orçamento, como o próprio nome sugere, de forma bruta, e não líquida (isto é, sem qualquer dedução).⁵¹⁷

2.3.2.6 Programação

A ideia de programação faz alusão ao planejamento das ações, as quais devem estar harmonizadas aos objetivos constitucionais (artigos 1º e 3º da CF/88, mas não apenas esses) e àqueles traçados pelo governo, em uma espiral de concretização que passa pelo PPA, pela LDO e pela LOA. Esse princípio, também chamado de princípio do planejamento, está fortemente assentado nos artigos 48, inciso IV, e 165, §4º, da CF/88, quando tratam dos planos e programas nacionais, regionais e setoriais.⁵¹⁸

O princípio da programação decorre de disposições introduzidas a mais de meio século pela Lei nº 4.320/64, e tem origem no modelo orçamentário norte-americano conhecido como orçamento-programa (Planning Programming Budgeting System – PPBS), por meio do qual, além das informações financeiras atinentes a receitas e despesas, o orçamento deve também indicar os programas de ação do Estado, contemplando projetos, planos, objetivos e metas. Esse formato viabiliza um controle mais eficiente e efetivo do planejamento orçamentário.⁵¹⁹

---

⁵¹⁶ SILVA, José Afonso da. *Curso de Direito Constitucional Positivo*. 34. ed. São Paulo: Malheiros, 2011. p. 744.

⁵¹⁷ SILVA, José Afonso da. *Curso de Direito Constitucional Positivo*. 34. ed. São Paulo: Malheiros, 2011. p. 744-745. Harrison Leite (*Manual de Direito Financeiro*. 12. ed. São Paulo: Juspodivm, 2023. p. 162) trata o orçamento-bruto como princípio autônomo, exemplificando que, se por exemplo, determinado imposto tem o produto de sua arrecadação dividido com outros entes federados, o orçamento deverá indicar seu montante total arrecadado na receita e o montante a ser repassado na despesa, e não apenas o montante líquido na receita.

⁵¹⁸ SILVA, José Afonso da. *Curso de Direito Constitucional Positivo*. 34. ed. São Paulo: Malheiros, 2011. p. 741; LEITE, Harrison. *Manual de Direito Financeiro*. 12. ed. São Paulo: Juspodivm, 2023. p. 153-154.

⁵¹⁹ No chamado orçamento tradicional, em contraponto, o processo orçamentário é dissociado do planejamento, limitando-se a relacionar as receitas e as despesas. Trata-se de modelo sobremaneira menos eficiente, porquanto não oferece ferramentas para se identificar, de modo segmentado, os gastos de cada projeto ou o adequado controle do planejamento (ABRAHAM, Marcus. *Curso de Direito Financeiro brasileiro*. 7. ed. Rio de Janeiro: Forense, 2023. p. 304-305).

2.3.2.7 Equilíbrio orçamentário

O equilíbrio orçamentário não está expressamente previsto na CF/88. Ainda assim, o compromisso com esse princípio pode ser observado de forma implícita em diversas passagens do texto constitucional. Quando estabelece que os benefícios da seguridade social devem estar acompanhados da correspondente fonte de custeio (artigo 195, §5º), quando autoriza o Senado a fixar limites de endividamento dos entes federativos (artigo 52, incisos VI, VII e IX), ou, ainda, quando determina que a LDO deve estabelecer "as diretrizes de política fiscal e respectivas metas, em consonância com trajetória sustentável da dívida pública" (artigo 165, §2º, com redação dada pela EC nº 109/2021), apenas para citar alguns exemplos, a CF/88 revela sua preocupação para com o equilíbrio e prudência fiscais.

Na Lei de Responsabilidade Fiscal, o equilíbrio pode ser observado de forma explícita já no seu artigo 1º, §1º, quando dispõe que "a responsabilidade na gestão fiscal pressupõe a ação planejada e transparente, em que se previnem riscos e corrigem desvios capazes de afetar o equilíbrio das contas públicas". Mais adiante, a mesma lei faz menção ao equilíbrio fiscal, ao registrar que ele deve ser contemplado na LDO.[520]

Esse princípio, que deve nortear toda a administração, recomenda que, para toda despesa, haja uma receita apta a financiá-la. Busca assegurar, em suma, que as despesas autorizadas não sejam superiores às receitas previstas. Isso não significa, todavia, que não possa haver, eventualmente, gasto maior do que a receita. Aliás, a própria LRF não impede a existência de *déficit*. O que se exige é a manutenção da capacidade de pagamento. Deve-se prezar, portanto, pela estabilidade financeira, salutar para um desenvolvimento sustentável do Estado. Com efeito, o equilíbrio orçamentário não é um fim em si mesmo, mas um parâmetro para impor deveres de responsabilidade ao gestor público, evitando a condução de políticas públicas desastrosas.[521]

---

[520] LEITE, Harrison. *Manual de Direito Financeiro*. 12. ed. São Paulo: Juspodivm, 2023. p. 155.

[521] ABRAHAM, Marcus. *Curso de Direito Financeiro brasileiro*. 7. ed. Rio de Janeiro: Forense, 2023. p. 312-313; LEITE, Harrison. *Manual de Direito Financeiro*. 12. ed. São Paulo: Juspodivm, 2023. p. 155-157. Explica José Afonso da Silva (*Curso de Direito Constitucional Positivo*. 34. ed. São Paulo: Malheiros, 2011. p. 742) que, desde a Grande Depressão de 1929, a tese do orçamento anualmente equilibrado passou a sofrer contestação. É que atingir o equilíbrio anual é pretensão praticamente impossível, já que há anos prósperos e anos difíceis. Se o objetivo foi o absoluto equilíbrio ano a ano, isso poderia acarretar flutuações significativas nos programas governamentais, na tributação, entre outros

2.3.2.8 Especificação

O princípio da especificação, também denominado de princípio da discriminação ou da especialização, visa à identificação precisa e específica das receitas e das despesas. O orçamento não pode ser genérico; pelo contrário, ele deve ser o mais claro possível. Nesse sentido, estabelece o artigo 5º da Lei nº 4.320/64 que a lei orçamentária "não consignará dotações globais". Em igual sentido, o artigo 15 da mesma lei determina que, na lei orçamentária, "a discriminação da despesa far-se-á no mínimo por elementos", entendendo-se como tais, na forma do §1º, "o desdobramento da despesa com pessoal, material, serviços, obras e outros meios de que se serve a Administração Pública para consecução dos seus fins". A Lei de Responsabilidade Fiscal também consagra esse princípio, ao estabelecer, por exemplo, no seu artigo 5º, §4º, vedação a que se consigne na lei orçamentária "crédito com finalidade imprecisa".[522]

É preciso referir, por fim, que há exceções à necessidade de discriminação das despesas. Uma delas, pertinente ao presente estudo, consta do artigo 5º, inciso III, alínea 'b', da LRF, quando prevê a constituição de reserva de contingência para "atendimento de passivos contingentes e outros riscos e eventos fiscais imprevistos".

2.3.2.9 Transparência

O princípio da transparência, embora não esteja especificamente previsto na CF/88, encontra seu fundamento último no princípio da publicidade, na forma do artigo 37, o qual orienta não apenas o orçamento, mas toda a atividade administrativa.[523] Para Marcos Abraham, é de se referir que esses dois princípios não partilham do mesmo conteúdo. Conforme sustenta o autor, a publicidade refere-se ao dever de divulgação do orçamento nos meios oficiais, de modo a garantir a

---

aspectos, agravando a atividade econômica privada gravemente, tudo a depender das circunstâncias do ano sobre o qual versa o orçamento. A doutrina moderna compreendeu, então, com fundamento na análise dos ciclos econômicos, que não é a economia que deve equilibrar o orçamento, mas o orçamento que deve equilibrar a economia, considerando-se que a tributação e os gastos públicos são importantes mecanismos de política compensatória, a qual por vezes, poderá acarretar *déficits*.

[522] ABRAHAM, Marcus. *Curso de Direito Financeiro brasileiro*. 7. ed. Rio de Janeiro: Forense, 2023. p. 310-311. LEITE, Harrison. *Manual de Direito Financeiro*. 12. ed. São Paulo: Juspodivm, 2023. p. 182.

[523] LEITE, Harrison. *Manual de Direito Financeiro*. 12. ed. São Paulo: Juspodivm, 2023. p. 162

todos o acesso ao seu teor. Já a transparência relaciona-se ao conteúdo do orçamento e objetiva evitar previsões obscuras que possam ensejar manobras para atender a interesses diversos daqueles originalmente aprovados.[524] Mesmo admitindo essa distinção, não parece haver prejuízo à afirmação de que o segundo encontra sua inspiração no primeiro.[525]

A transparência obriga que as provisões orçamentárias sejam dispostas de maneira facilmente compreensível a todos, não apenas ao governante executor, mas também (e, talvez, principalmente) ao cidadão interessado.[526] Sob esse ângulo, o princípio em questão pode ser identificado, por exemplo, na determinação de que todos os entes federados disponibilizem informações e dados contábeis, orçamentários e fiscais atendendo à periodicidade, ao formato e ao sistema estabelecidos pelo órgão central de contabilidade da União (artigo 163-A da CF/88, incluído pela EC nº 108/2020), na divulgação de publicação dos relatórios resumidos da execução orçamentária (artigo 165, §3º, da CF/88), na imposição de apresentação de demonstrativo regionalizado do efeito decorrente de benefícios de natureza financeira, tributária e creditícia (artigo 165, §6º, da CF/88), apenas para citar algumas disposições do texto constitucional.

A Lei de Responsabilidade Fiscal, por sua vez, traz uma seção inteira dedicada à transparência da gestão fiscal (artigos 48, 48-A e 49), prevendo instrumentos de suma importância à concretização desse princípio, a exemplo do Relatório Resumido da Execução Orçamentária (RREO) e do Relatório de Gestão Fiscal (RGF), cujo detalhamento é abordado mais adiante na mesma lei.

---

[524] ABRAHAM, Marcus. *Curso de Direito Financeiro brasileiro*. 7. ed. Rio de Janeiro: Forense, 2023. p. 309.

[525] Conforme registra Gilmar Mendes (Comentário aos artigos 48 e 48-A. *In*: MARTINS, Ives Gandra da Silva; NASCIMENTO, Carlos Valder do. *Comentários à Lei de Responsabilidade Fiscal*. 7. ed. São Paulo: Editora Saraiva, 2014. *E-book*), ao a Lei de Responsabilidade Fiscal, o princípio da transparência possui base constitucional e constitui pedra de toque do Direito Financeiro. Poderia ser considerado, segundo o autor, um "princípio constitucional vinculado à ideia de segurança orçamentária. "Nesse sentido", prossegue, "a ideia de transparência possui a importante função de fornecer subsídios para o debate acerca das finanças públicas, o que permite uma maior fiscalização das contas públicas por parte dos órgãos competentes e, mais amplamente, da própria sociedade. A busca pela transparência é também a busca pela legitimidade".

[526] ABRAHAM, Marcus. *Curso de Direito Financeiro brasileiro*. 7. ed. Rio de Janeiro: Forense, 2023. p. 309.

2.3.3 As leis orçamentárias

O orçamento, como é possível constatar do exposto até este ponto, é norteado por uma série de normas constitucionais e infraconstitucionais, das quais emanam princípios também relevantes à sua construção. O planejamento das finanças estatais é, portanto, um processo muito bem estruturado no ordenamento jurídico brasileiro. Essa estruturação, por sua vez, passa pelas leis orçamentárias, que são sempre de iniciativa do Poder Executivo[527] (artigo 84, inciso XXIII, da CF/88) e que devem ser elaboradas, aprovadas e executadas de forma harmônica,[528] cada qual com seu respectivo escopo.[529]

2.3.3.1 Plano Plurianual (PPA)

O Plano Plurianual (PPA) é a mais abrangente das leis orçamentárias, responsável pelo planejamento estratégico das ações estatais no longo prazo. A partir dele são definidos os parâmetros gerais para orientação da LDO e da LOA, devendo estabelecer, "de forma regionalizada, as diretrizes, objetivos e metas da Administração Pública Federal para as despesas de capital e outras delas decorrentes e para as relativas aos programas de duração continuada", conforme dispõe o artigo 165, §1º, da CF/88.[530]

---

[527] As leis orçamentárias são de iniciativa privativa e indelegável do Executivo. Assim ocorre porque é esse poder o tecnicamente mais habilitado para determinar, *a priori*, a alocação dos recursos. É oportuno referir que os poderes Legislativo e Judiciário, assim como o Ministério Público, elaboram suas propostas parciais e as enviam ao Executivo, mas cabe a esse último consolidar as propostas e submetê-la ao Legislativo para aprovação. O Legislativo, portanto, não detém competência para iniciar um projeto de lei orçamentária. A partir disso, questão controversa se estabeleceu diante de projetos de leis tributárias que instituam benefícios fiscais e, com isso, afetem o orçamento. A respeito do tema, o STF possui o entendimento de que a competência para legislar sobre benefícios fiscais, matéria tributária, é concorrente, não havendo inconstitucionalidade em eventual conduta dessa natureza pelo Legislativo (LEITE, Harrison. *Manual de Direito Financeiro*. 12. ed. São Paulo: Juspodivm, 2023. p. 204-205).

[528] ABRAHAM, Marcus. *Curso de Direito Financeiro brasileiro*. 7. ed. Rio de Janeiro: Forense, 2023. p. 316.

[529] Conforme explica Harrison Leite (*Manual de Direito Financeiro*. 12. ed. São Paulo: Juspodivm, 2023. p. 219), embora se trate de leis com a mesma hierarquia formal (todas leis ordinárias), há uma relação de subordinação temática entre elas, na medida em que o PPA possui prevalência sobre a LDO e sobre a LOA, ao passo que a LDO tem precedência sobre a LOA.

[530] ABRAHAM, Marcus. *Curso de Direito Financeiro brasileiro*. 7. ed. Rio de Janeiro: Forense, 2023, p. 317; LEITE, Harrison. *Manual de Direito Financeiro*. 12. ed. São Paulo: Juspodivm, 2023. p. 219.

O PPA confere destaque ao planejamento da ação estatal e revela a evolução do significado do orçamento público na atual ordem constitucional, o qual, longe de representar mera projeção de receitas e despesas, assume papel de importante instrumento de controle e planificação da atividade financeira do Estado.[531] Com base nele, espera-se assegurar estabilidade à sociedade, no que se refere aos planos de ação estatais. É uma lei de planejamento, cujo escopo não é o de detalhar os valores dos custos reais dos programas e investimentos, mas sim o de definir os rumos das políticas públicas.[532]

Na falta da lei complementar a que alude o artigo 165, §9º, da CF/88, ainda vigora o disposto no artigo 35, §2º, do ADCT, segundo o qual o PPA possui vigência de quatro anos, não coincidentes com o mandato do Executivo. Desse modo, ele vige até o final do primeiro exercício financeiro do mandato subsequente do Executivo.

2.3.3.2 Lei de Diretrizes Orçamentárias (LDO)

A Lei de Diretrizes Orçamentárias (LDO) tem seu conteúdo voltado ao planejamento operacional do Estado no curto prazo. Enquanto o PPA trata do planejamento de longo prazo (quatro anos), a LDO abrange o período de um ano. Ela é o elo entre o PPA e a LOA, tendo seu conteúdo definido no artigo 165, §2º, da CF/88, nos seguintes termos:

> Artigo 165. (...) §2º A lei de diretrizes orçamentárias compreenderá as metas e prioridades da Administração Pública Federal, estabelecerá as diretrizes de política fiscal e respectivas metas, em consonância com trajetória sustentável da dívida pública, orientará a elaboração da lei orçamentária anual, disporá sobre as alterações na legislação tributária e estabelecerá a política de aplicação das agências financeiras oficiais de fomento.

Como se observa, são diversos os temas tratados na LDO, a qual caracteriza um plano prévio a orientar a ulterior proposta orçamentária a ser encaminhada na LOA.[533] Sua vigência, como já referido, é anual,[534]

---

[531] MENDES, Gilmar Ferreira; BRANCO, Paulo Gonet. *Curso de Direito Constitucional*. 15. ed. São Paulo: Saraiva Educação, 2020. p. 1606.
[532] LEITE, Harrison. *Manual de Direito Financeiro*. 12. ed. São Paulo: Juspodivm, 2023. p. 220-221.
[533] ABRAHAM, Marcus. *Curso de Direito Financeiro brasileiro*. 7. ed. Rio de Janeiro: Forense, 2023. p. 319.
[534] É oportuno referir a inclusão do §12 ao art. 165 da CF/88, por meio da EC nº 102/2019, com o que se determinou a integração, para o exercício a que se refere e, pelo menos,

mas ela deve ser encaminhada e aprovada, por motivos óbvios, antes da LOA. Conforme o artigo 35, §2º, inciso II, do ADCT, o projeto da LDO há de ser encaminhado pelo Executivo ao Congresso até o dia 15 de abril, e devolvido para sanção até o final do primeiro período da sessão legislativa, o que, conforme previsto no artigo 57 da CF/88, dá-se em 17 de julho.

A Lei de Responsabilidade Fiscal trouxe algumas inovações importantes à LDO, segundo Harrison Leite, "de modo a contextualizá-la com a política macroeconômica, através da obrigatória interação das metas fiscais com as políticas monetária e cambial".[535] Para além dos temas já estabelecidos no texto constitucional, o artigo 4º da LRF veio a estabelecer os seguintes aspectos a serem tratados na LDO: (i) equilíbrio entre receitas e despesas; (ii) critérios e forma de limitação de empenho; (iii) normas relativas ao controle de custos e à avaliação dos resultados dos programas financiados com recursos dos orçamentos; (iv) demais condições e exigências para transferências de recursos a entidades públicas e privadas.

No mesmo artigo 4º, em seus §§1º a 3º, a LRF estabeleceu também a inclusão de dois anexos à LDO, os quais se tornaram referência para a análise das finanças públicas. Trata-se do Anexo de Metas Fiscais e do Anexo de Riscos Fiscais. No primeiro, são "estabelecidas metas anuais, em valores correntes e constantes, relativas a receitas, despesas, resultados nominal e primário e montante da dívida pública, para o exercício a que se referirem e para os dois seguintes" (artigo 4º, §1º, da LRF), dentre outros aspectos. Já no segundo, especialmente relevante para o presente estudo, devem ser "avaliados os passivos contingentes e outros riscos capazes de afetar as contas públicas, informando as providências a serem tomadas, caso se concretizem" (artigo 4º, §3º, da LRF).

É no Anexo de Riscos Fiscais que devem ser considerados os passivos contingentes em demandas judiciais, inclusive tributárias, visando assegurar previsibilidade e estabilidade ao orçamento.[536]

---

para os dois exercícios subsequentes, de anexo com previsão de agregados fiscais e a proporção dos recursos para investimentos que serão alocados na lei orçamentária anual para a continuidade daqueles em andamento, ferramenta considerada importante para a solução de problema histórico do país relacionado a obras paralisadas (LEITE, Harrison. *Manual de Direito Financeiro*. 12. ed. São Paulo: Juspodivm, 2023. p. 227). Tratou-se do tema brevemente em tópico anterior, dedicado ao princípio da anualidade (ver item 2.3.2.3).

[535] LEITE, Harrison. *Manual de Direito Financeiro*. 12. ed. São Paulo: Juspodivm, 2023. p. 229.
[536] LEITE, Harrison. *Manual de Direito Financeiro*. 12. ed. São Paulo: Juspodivm, 2023. p. 231.

Os eventos classificados como de risco, caso venham a se concretizar, podem prejudicar o cumprimento de importantes regras fiscais ou comprometer objetivos definidos em leis orçamentárias. Por essa exata razão, é fundamental que esses riscos sejam antevistos e que, como refere a própria LRF, sejam previamente determinadas as providências a serem tomadas, caso eles se concretizem, para que reste possível mitigar as consequências tanto sob a perspectiva fiscal quanto social.[537] Retornar-se-á ao tema, de modo mais aprofundado, no item dedicado à responsabilidade fiscal, logo adiante.

2.3.3.3 Lei Orçamentária Anual (LOA)

A Lei Orçamentária Anual (LOA) é o último elo da cadeia de leis orçamentárias e trata da execução dos projetos delineados no PPA e na LDO. Ela traz a especificação dos recursos, prevendo as receitas e fixando as despesas para os três poderes, seus fundos, órgãos e entidades da administração direta e indireta, inclusive fundações instituídas e mantidas pelo poder público, dentre outros aspectos. Em apertada síntese, tudo referente a receitas e despesas deverá constar da LOA.[538]

Sua periodicidade, como o próprio nome sugere, é anual,[539] mas ela é posterior à LDO. No caso da União, o projeto deverá ser encaminhado ao Congresso Nacional até quatro meses antes do encerramento do exercício financeiro, com devolução para sanção até o encerramento da sessão legislativa, nos termos do artigo 35, §2º, inciso III, do ADCT.

A LOA compreende três suborçamentos, sendo eles o orçamento fiscal, o orçamento de investimentos e o orçamento da seguridade social, consoante determinado no artigo 165, §5º, da CF/88. Essa abertura, sem embargo, não significa uma supressão do princípio da unidade, pois

---

[537] ABRAHAM, Marcus. *Curso de Direito Financeiro brasileiro*. 7. ed. Rio de Janeiro: Forense, 2023. p. 320.

[538] ABRAHAM, Marcus. *Curso de Direito Financeiro brasileiro*. 7. ed. Rio de Janeiro: Forense, 2023. p. 335; LEITE, Harrison. *Manual de Direito Financeiro*. 12. ed. São Paulo: Juspodivm, 2023. p. 232-233.

[539] Não obstante, conforme o §14 do art. 165 da CF/88, incluído pela EC nº 102/2019, "a lei orçamentária anual poderá conter previsões de despesas para exercícios seguintes, com a especificação dos investimentos plurianuais e daqueles em andamento", o que não implica supressão do princípio da anualidade, conforme visto anteriormente (ver item 2.3.2.3).

o orçamento segue possuindo uma estruturação uniforme.[540] Aliás, tal medida é considerada positiva, notadamente quanto ao orçamento da seguridade social, por reforçar o entendimento de que a União não pode lançar mão desses recursos para sanear insuficiências de caixa.[541]

A Lei de Responsabilidade Fiscal, assim como procedeu em relação à LDO, também trouxe inovações importantes em relação à LOA. Destacam-se, nesse sentido, a determinação de inclusão de anexo demonstrativo da compatibilidade da programação dos orçamentos com os objetivos e metas constantes do Anexo de Metas Fiscais da LDO do respectivo exercício (artigo 5º, inciso I, da LRF), bem como a inclusão de anexo contendo a reserva de contingência destinado ao atendimento de passivos contingentes e outros riscos e eventos fiscais imprevistos (artigo 5º, inciso III, alínea 'b', da LRF).

Essa última determinação, como fica claro, guarda relação com as contingências mapeadas no Anexo de Riscos Fiscais da LDO atinente ao exercício (ainda que não esteja restrita a isso). É impositivo que o poder público, ciente de um determinado passivo contingente ou outro risco fiscal, atue com prudência, reservando (concretamente) em seu orçamento recursos para a eventualidade de eles se materializarem.[542] Sob tal perspectiva, os argumentos de "surpresa" com resultados adversos em demandas tributárias, por exemplo, não deveriam impressionar, já que é dever do Estado não apenas mapear as contingências, mas precaver-se, no orçamento, quanto à sua eventual concretização.

Delineada a estrutura orçamentária brasileira, com o exame, ainda que sintético, dos principais instrumentos normativos e princípios envolvidos, passa-se, agora, ao enfrentamento de tema da responsabilidade fiscal, o qual, como já é possível perceber a esta altura, guarda íntima relação com a modulação de efeitos em matéria tributária.

---

[540] Ver item 2.3.2.4.
[541] LEITE, Harrison. *Manual de Direito Financeiro*. 12. ed. São Paulo: Juspodivm, 2023. p. 235.
[542] Conforme registra Harrison Leite (*Manual de Direito Financeiro*. 12. ed. São Paulo: Juspodivm, 2023. p. 237), "trata-se de importante previsão a fim de atender despesas imprevisíveis ou, se previsíveis, episódicas para as quais o orçamento não tinha como projetar. Na hipótese de não serem utilizadas, as reservas podem ser revertidas para outros gastos, na forma prevista em lei para os remanejamentos orçamentários".

2.3.4 A responsabilidade fiscal e o tratamento das contingências

A má gestão dos recursos públicos é uma constante na história do Brasil e suas causas extrapolam o campo jurídico, ingressando nos campos da política e da sociologia. Ainda assim, é legítimo supor, com algum grau de otimismo, que o tratamento jurídico para esse problema seja capaz de provocar reflexos positivos também nas outras duas esferas.[543] A Lei Complementar nº 101/2000, mais conhecida como Lei de Responsabilidade Fiscal (LRF), é um marco importante na busca por uma boa e responsável gestão das finanças públicas.[544]

A LRF agrega racionalidade à administração brasileira, sendo marcada por três características essenciais à realização de seus objetivos: o planejamento, que decorre da estruturação das leis orçamentárias, aproximando atividades de programação e execução dos gastos públicos, com a definição de metas fiscais e seu periódico acompanhamento; a transparência fiscal, que viabiliza a participação e o acesso da sociedade nas questões orçamentárias; e o equilíbrio das contas públicas, por meio do qual se busca balancear as receitas e as despesas, garantindo um crescimento sustentado.[545]

---

[543] Nesse sentido, registrou Diogo de Figueiredo Moreira Neto (A Lei de Responsabilidade Fiscal e seus princípios jurídicos. *Revista de Direito Administrativo (RDA)*, Rio de Janeiro, v. 221, p. 93, 2000), em artigo publicado logo após entrada em vigor da Lei de Responsabilidade Fiscal, que o que ela pretendia introduzir no país era mais do que anunciava em sua epígrafe (tornar efetiva a responsabilidade fiscal); era, sobretudo, "uma mudança de hábitos políticos, marcando a desejada passagem do patrimonialismo demagógico, para o gerenciamento democrático".

[544] É oportuno registrar, não obstante, que antes da LRF, foram adotadas medidas fiscais importantes durante a década de 1990. Conforme explica Marcus Abraham, três emendas constitucionais foram determinantes nesse movimento: a EC nº 10/96, que criou o Fundo de Estabilização Fiscal; a EC nº 19/98, que introduziu a "reforma administrativa"; e a EC nº 20/98, que teve por objetivo sanear os problemas do sistema previdenciário brasileiro. Elenca o autor como de papel igualmente relevante as Leis Camata I e II (LC nº 82/95 e LC nº 96/99), que fixaram limites para gastos com despesa de pessoal. Em 1995, o Conselho Monetário Nacional implementou o Programa de Apoio à Reestruturação e ao Ajuste Fiscal dos Estados. Dois anos depois, em 1997, a Lei nº 9.496/97 autorizou a União a assumir a dívida pública mobiliária dos Estados e do Distrito Federal. Em 1998, o governo federal lançou seu Programa de Estabilidade Fiscal (PEF). Essa busca pelo equilíbrio das contas públicas, conclui Abraham, passa a "redefinir o modelo econômico brasileiro", e tem seu ponto alto de concretização com a Lei de Responsabilidade Fiscal (ABRAHAM, Marcus. *Curso de Direito Financeiro brasileiro*. 7. ed. Rio de Janeiro: Forense, 2023. p. 385-386).

[545] ABRAHAM, Marcus. *Curso de Direito Financeiro brasileiro*. 7. ed. Rio de Janeiro: Forense, 2023. p. 395.

A definição do que se compreende por "responsabilidade na gestão fiscal" é apresentada no artigo 1º da Lei, cujo §1º estabelece o seguinte:

> Artigo 1º Esta Lei Complementar estabelece normas de finanças públicas voltadas para a responsabilidade na gestão fiscal, com amparo no Capítulo II do Título VI da Constituição.
>
> §1º A responsabilidade na gestão fiscal pressupõe a ação planejada e transparente, em que se previnem riscos e corrigem desvios capazes de afetar o equilíbrio das contas públicas, mediante o cumprimento de metas de resultados entre receitas e despesas e a obediência a limites e condições no que tange à renúncia de receita, geração de despesas com pessoal, da seguridade social e outras, dívidas consolidada e mobiliária, operações de crédito, inclusive por antecipação de receita, concessão de garantia e inscrição em Restos a Pagar.

Como se observa, para além das características de planejamento, transparência e equilíbrio, já antes mencionadas, a LRF inclui na definição de responsabilidade fiscal a ideia de prevenção de riscos e correção de desvios capazes de afetar o equilíbrio das contas públicas. Impõe, nesse sentido, a adoção de medidas destinadas não apenas a identificar os fatos capazes de impactar os resultados fiscais estabelecidos, mas também de neutralizá-los ou mitigá-los, visando à estabilidade e ao equilíbrio nas contas públicas.[546]

A LRF é ampla quanto aos seus destinatários. Ela possui abrangência nacional e objetiva atingir todas as autoridades que, de algum modo, utilizam os recursos públicos, em todos os níveis da Federação.[547] Trata-se de um "código de conduta gerencial"[548] a ser observado na condução das finanças públicas. Nesse sentido, prevê o artigo 1º, §2º, que as disposições da Lei obrigam à União, aos estados, ao Distrito Federal

---

[546] ABRAHAM, Marcus. *Curso de Direito Financeiro brasileiro*. 7. ed. Rio de Janeiro: Forense, 2023. p. 396.

[547] ABRAHAM, Marcus. *Curso de Direito Financeiro brasileiro*. 7. ed. Rio de Janeiro: Forense, 2023. p. 398-399. Sua abrangência nacional também representa aspecto positivo sob a ótica da coerência que empresta ao sistema normativo das pessoas políticas responsáveis pela gestão dos recursos públicos, em todos os níveis da Federação. Como refere Carlos Valder do Nascimento (*Comentários à Lei de Responsabilidade Fiscal*. 7. ed. São Paulo: Editora Saraiva, 2014. E-book. p. 21), trata-se de "uma lei federativa, cujo conteúdo material volta-se para a disciplina da administração e da consequente responsabilização pelo seu descumprimento".

[548] NASCIMENTO, Carlos Valder. Comentário ao art. 5º. *In*: MARTINS, Ives Gandra da Silva; NASCIMENTO, Carlos Valder do. *Comentários à Lei de Responsabilidade Fiscal*. 7. ed. São Paulo: Editora Saraiva, 2014. E-book. p. 20.

e ao municípios, compreendendo os poderes Executivo, Legislativo e Judiciário de cada ente Federado, o Ministério Público e os tribunais de contas, assim como as respectivas administrações diretas, os fundos, as autarquias, as fundações e as empresas estatais dependentes (artigo 1º, §3º).

Não obstante a abrangência quanto às autoridades submetidas às inúmeras prescrições da LRF, de pouco adiantaria esse minudente regramento se não houvesse consequências em caso de descumprimento, especialmente na gestão pública brasileira – de modo geral, pouco afeita ao atendimento espontâneo e rigoroso dos comandos legais. Nesse contexto, visando dar efetividade aos seus comandos, a lei estabelece uma série de sanções institucionais e pessoais em caso de não observância de suas disposições.[549]

As sanções institucionais dizem respeito ao próprio ente Federado, órgão ou Poder que descumprir a LRF, e as punições, em geral, dão-se em forma de suspensão de transferências voluntárias de recurso, contratação de operações de crédito e obtenção de garantias. Alguns exemplos desse tipo de sanção podem ser identificados no artigo 11 (pelo não exercício de competência tributária), no artigo 23 (que trata de limites de despesa pessoal) e nos artigos 51 a 55 (pelo descumprimento dos prazos para divulgação de relatórios fiscais).[550]

Já as sanções pessoais dizem respeito ao agente público e podem ser de natureza política (acarretando a suspensão de direitos políticos ou a perda de cargo eletivo), administrativa (como, por exemplo, a proibição de contratar com o poder público), civil (restituição ao Erário, imposição de multa) e, até mesmo, penal. A LRF não dispõe, ela própria, acerca das sanções em questão; faz remissão, no seu artigo 73, a outros diplomas legais, a saber: o Código Penal (que teve acrescidos diversos dispositivos específicos tratando de crimes contra as finanças públicas, com a Lei nº 10.028/2000); a Lei nº 1.079/50 (Lei de Crimes

---

[549] ABRAHAM, Marcus. *Curso de Direito Financeiro brasileiro*. 7. ed. Rio de Janeiro: Forense, 2023. p. 443. Nesse mesmo sentido, bem sintetiza Diogo Figueiredo de Moreira Neto (A Lei de Responsabilidade Fiscal e seus princípios jurídicos. *Revista de Direito Administrativo (RDA)*, Rio de Janeiro, v. 221, p. 93, 2000) que "responsabilidade, bem como a responsividade, sem sindicabilidade, não se apuram; a sindicabilidade sem publicidade, não tem sentido; e todas, sem a responsabilização, ou seja, sem processos adequados conducentes à aplicação de sanções, apenas mais frustram a sociedade. Chega-se, assim, à inevitável observação, esta sim, proposta como conclusiva, por ser metodológica, de que o esperado êxito só se alcançará pelo efetivo emprego dos instrumentos de responsabilização (...)".

[550] ABRAHAM, Marcus. *Curso de Direito Financeiro brasileiro*. 7. ed. Rio de Janeiro: Forense, 2023. p. 444-446.

de Responsabilidade das autoridades da União e dos Estados); o Decreto-Lei nº 201/67 (que dispõe sobre a responsabilidade de prefeitos e vereadores) e a Lei nº 8.429/92 (Lei de Improbidade Administrativa). Como fica evidente a partir deste brevíssimo panorama, a LRF, para além de estabelecer os mecanismos orientados ao desenvolvimento de uma gestão responsável e equilibrada, busca a efetividade de suas disposições, fixando, diretamente ou em conjunto com outras normas, sanções de diversas naturezas e bastante graves, a depender da situação. Esse contexto revela um compromisso do Estado brasileiro com a administração prudente e sustentável das finanças públicas, o que constitui, indubitavelmente, uma premissa necessária ao atendimento dos objetivos fundamentais delineados na CF/88.

Toda essa estrutura orçamentária não significa, de forma alguma, que o poder público não possa estar sujeito a contingências ou riscos capazes de afetar as contas públicas. Aliás, a pandemia de Covid-19 é um trágico exemplo de como isso pode ocorrer. O que se exige do gestor público, não obstante, é que aja com prudência e segurança na construção do orçamento, e há diversos mecanismos de observância obrigatória precisamente alinhados nesse sentido.

No que se refere mais especificamente à temática do presente estudo, dois institutos se destacam. O primeiro é o Anexo de Riscos Fiscais, que deve constar da LDO, por uma imposição do artigo 4º, §3º, da LRF. O segundo, por sua vez, é a reserva de contingência para atendimento de passivos contingentes e outros riscos e eventos fiscais imprevistos, que deve constar da LOA, em função de determinação expressa do artigo 5º, inciso III, alínea 'b', da LRF.

2.3.4.1 O Anexo de Riscos Fiscais da LDO

O Anexo de Riscos Fiscais, como mencionado anteriormente, é uma parte obrigatória da LDO, por imposição da Lei de Responsabilidade Fiscal. Nele devem ser "avaliados os passivos contingentes e outros riscos capazes de afetar as contas públicas, informando as providências a serem tomadas, caso se concretizem", consoante redação do artigo 4º, §3º, da LRF. É nesse Anexo, portanto, que são indicados os passivos contingentes relacionados a demandas judiciais, inclusive em matéria tributária.

No caso da União, por exemplo, as informações atinentes às demandas judiciais, para fins de reporte na LDO, são entregues pela Advocacia-Geral da União (AGU), que possui regramento interno próprio definido os critérios para a classificação do risco. O tema foi regrado, por anos, pela Portaria nº 40/2015, a qual sofreu algumas modificações importantes em 2018 e em 2019, tendo sido recentemente revogada pela Portaria Normativa nº 68/2022.[551]

A Portaria nº 40/2015 definia, para fins de classificação do risco, ações judiciais em tramitação nos tribunais superiores ou já transitadas em julgado, cujo eventual impacto financeiro fosse estimado em valor igual ou superior a um bilhão de reais. No caso de multiplicidade de ações judiciais com fundamento em idêntica questão de direito, consideravam-se os casos cujo somatório fosse igual ou superior a esse valor. A redação foi levemente alterada na Portaria Normativa nº 68/2022, para acrescer algum detalhamento, mas a essência da diretriz permaneceu a mesma.[552]

Já quanto à classificação do risco, as portarias dividem-no em remoto, possível e provável. Os casos qualificados como de risco remoto não precisam ser reportados. Os qualificados como sendo de risco possível, sim. Já os casos classificados como sendo de risco provável ensejam a constituição de provisão, a qual, por sua vez, deve ser reconhecida nas demonstrações contábeis elaboradas pela Secretaria do Tesouro Nacional.[553]

---

[551] Com efeito, é oportuno mencionar que a Lei nº 14.436/2022, LDO que versa sobre o exercício de 2023, não faz menção a essa portaria, fazendo ainda remissão, em seu Anexo de Riscos Fiscais, à Portaria nº 40/2015. É que a Portaria nº 68/2022 data de novembro de 2022 (posterior, portanto, ao encaminhamento do projeto da LDO pelo Executivo) e teve sua vigência apenas a partir de dezembro do mesmo ano, conforme disposto no seu art. 11.

[552] Prevê o art. 2º da Portaria Normativa nº 68/2022: "Art. 2º Para fins de classificação de risco, serão consideradas as ações judiciais cujo eventual impacto financeiro seja estimado em valor igual ou superior a R$ 1.000.000.000,00 (um bilhão de reais), e que se encontrem:
I - em tramitação nos tribunais superiores;
II - em tramitação na Turma Nacional de Uniformização;
III - na fase de conhecimento; ou
IV - na fase de cumprimento de sentença.
Parágrafo único. Nas hipóteses previstas nos incisos I e II do *caput*, quando houver multiplicidade de ações judiciais com fundamento em idêntica questão de direito, serão considerados os temas em que o impacto financeiro estimado for igual ou superior a R$ 1.000.000.000,00 (um bilhão de reais) (ADVOCACIA-GERAL DA UNIÃO (AGU). *Portaria Normativa nº 68, de 18 de novembro de 2022*. Dispõe sobre critérios e procedimentos a serem adotados pela Advocacia-Geral da União na prestação de informações sobre ações judiciais que possam representar riscos fiscais à União, suas autarquias e suas fundações públicas. Brasília, DF: AGU, 2022. Disponível em: https://legis.agu.gov.br/Atos/TextoAto/214408. Acesso em: 20 set. 2023).

[553] Essa é a orientação do Tribunal de Contas da União (TCU), conforme Ofício nº 171/2014-TCU/SEMAG.

Um ponto que chama a atenção diz respeito às alterações que foram promovidas com o passar do tempo na Portaria nº 40/2015. Em sua redação original, ela previa oito hipóteses em que uma demanda se enquadraria como de risco provável. Dentre elas, em síntese, estavam: (i) a existência de súmula vinculante desfavorável à Fazenda Pública; (ii) a existência de ação de controle concentrado de constitucionalidade, com decisão de colegiado do STF desfavorável à Fazenda Pública, ainda que pendente o debate quanto à eventual modulação dos efeitos; (iii) a existência de decisão de órgão colegiado do STF desfavorável à Fazenda Pública proferida em recurso extraordinário com repercussão geral reconhecida, ainda que pendente a publicação do acórdão ou o julgamento dos embargos de declaração; (iv) a existência de decisão desfavorável à tese da Fazenda Pública proferida por órgão colegiado do STF; (v) dentre outras situações em que a matéria, julgada desfavoravelmente ou com entendimento contrário à Fazenda Pública em tribunal superior não poderia alçar ao STF. Já as hipóteses em que o risco seria qualificado como possível referiam-se, basicamente, às situações em que se vislumbrasse entendimento desfavorável à Fazenda nos tribunais superiores, mas ainda com possibilidade de discussão no STF. As hipóteses de risco remoto, finalmente, eram aquelas não enquadradas nas duas classificações anteriores.[554]

---

[554] "Art. 3º A classificação das ações quanto à probabilidade de perda observará os seguintes critérios:
I - Risco Provável:
a) quando houver Súmula Vinculante desfavorável à Fazenda Pública;
b) quando houver ação de controle concentrado de constitucionalidade, com decisão de colegiado do Supremo Tribunal Federal - STF desfavorável à Fazenda Pública, ainda que pendente o debate quanto à eventual modulação dos efeitos;
c) quando houver decisão de órgão colegiado do STF desfavorável à Fazenda Pública proferida em recurso extraordinário com repercussão geral reconhecida, ainda que pendente a publicação do acórdão ou o julgamento dos embargos de declaração;
d) quando houver recurso representativo de controvérsia julgado por órgão colegiado do Superior Tribunal de Justiça - STJ ou do Tribunal Superior do Trabalho - TST desfavorável à Fazenda Pública, ainda que pendente a publicação do acórdão ou o julgamento dos embargos de declaração e desde que não haja matéria passível de apreciação pelo STF;
e) quando houver Súmula, Enunciado ou Orientação Jurisprudencial emitida pelo STJ ou TST desfavorável à tese da Fazenda Pública, desde que não haja matéria passível de apreciação pelo STF;
f) quando na ação judicial houver decisão desfavorável à tese da Fazenda Pública proferida por órgão colegiado do STF;
g) quando na ação judicial houver decisão desfavorável à Fazenda Pública proferida por órgão colegiado dos demais tribunais superiores, desde que não haja matéria passível de apreciação pelo STF; e
h) quando a ação judicial estiver em fase de execução.
II - Risco Possível:

Em 2018, a referida portaria passou por modificações importantes, implementadas pela Portaria nº 318/2018, e restou republicada na íntegra (mas com nova redação). No novo texto, a AGU simplificou as hipóteses de classificação do risco provável e possível, reduzindo-as para duas em cada enquadramento.[555] Todavia, o ponto que realmente

---

a) quando houver recurso representativo de controvérsia julgado pelo STJ ou pelo TST desfavorável à Fazenda Pública, nos casos em que houver possibilidade jurídica de a matéria ser conhecida pelo STF;
b) quando houver Súmula, Enunciado ou Orientação Jurisprudencial emitida pelo STJ ou TST desfavorável à tese da Fazenda Pública, nos casos em que houver possibilidade jurídica de a matéria
ser conhecida pelo STF;
c) quando houver incidente de inconstitucionalidade julgado por Tribunal Superior desfavorável à tese da Fazenda Pública, enquanto a matéria ainda não tiver sido apreciada por órgão colegiado do STF; e
d) quando na ação judicial houver decisão desfavorável à Fazenda Pública proferida por órgão colegiado do STJ ou do TST, nos casos em que houver possibilidade jurídica de a matéria ser conhecida pelo STF.
III - Risco Remoto: ações que não se enquadrem na classificação prevista nos incisos I e II (ADVOCACIA-GERAL DA UNIÃO (AGU). *Portaria nº 40, de 10 de fevereiro de 2015*. Estabelece critérios e procedimentos a serem adotados pela Advocacia-Geral da União na prestação de informações sobre ações judiciais ajuizadas contra a União, suas autarquias ou fundações públicas, que possam representar riscos fiscais. Brasília, DF: AGU, 2018. Disponível em: https://www.in.gov.br/web/dou/-/portaria-n-40-de-10-de-fevereiro-de-20 15-47327866. Acesso em: 20 set. 2023).

[555] "Art. 3º A classificação das ações quanto à probabilidade de perda observará os seguintes critérios:
I - do Risco Provável, que abrange:
a) ação judicial de conhecimento, ação de controle concentrado de constitucionalidade ou recurso extraordinário com repercussão geral reconhecida sobre conjunto de ações judiciais fundadas em idêntica questão de direito com decisão de órgão colegiado do STF desfavorável à Fazenda Pública; e
b) ação judicial de conhecimento ou recurso representativo de controvérsia com decisão de órgão colegiado do Superior Tribunal de Justiça - STJ ou do Tribunal Superior do Trabalho - TST desfavorável à Fazenda Pública, que não tenha matéria passível de apreciação pelo STF (NR)
II - do Risco Possível, que abrange:
a) ação judicial de conhecimento, recurso extraordinário sobre processo individual ou recurso extraordinário desde o reconhecimento da repercussão geral sobre conjunto de ações judiciais fundadas em idêntica questão de direito até a decisão de órgão colegiado do STF desfavorável à Fazenda Pública; e
b) ação judicial de conhecimento ou recurso representativo de controvérsia com decisão de órgão colegiado do Superior Tribunal de Justiça - STJ ou do Tribunal Superior do Trabalho - TST desfavorável à Fazenda Pública, que tenha matéria passível de apreciação pelo STF (NR);
III - do Risco Remoto, que abrange as ações judiciais que não se enquadrem nas classificações previstas nos incisos I e II (NR)" (ADVOCACIA-GERAL DA UNIÃO (AGU). *Portaria nº 40, de 10 de fevereiro de 2015*. Estabelece critérios e procedimentos a serem adotados pela Advocacia-Geral da União na prestação de informações sobre ações judiciais ajuizadas contra a União, suas autarquias ou fundações públicas, que possam representar riscos fiscais. Brasília, DF: AGU, 2018. Disponível em: https://www.in.gov.br/web/dou/-/portaria-n-40-de-10-de-fevereiro-de-2015-47327866. Acesso em: 20 set. 2023).

suscitou algum nível de atenção foi a modificação do §1º do artigo 3º da portaria,[556] que passou a prever que, nas hipóteses do inciso I (casos, *a priori*, de risco provável, já com decisão desfavorável no STF ou com decisão desfavorável em outro Tribunal Superior sobre matéria não passível de apreciação pelo STF), "quando o processo estiver pendente do julgamento de embargos de declaração, o risco será classificado como possível". Até então, como visto, esses casos deveriam ser qualificados como de risco provável, "ainda que pendente o debate quanto à eventual modulação dos efeitos" ou "ainda que pendente a publicação do acórdão ou o julgamento dos embargos de declaração", de modo que essa modificação foi bastante significativa quanto à avaliação do prognóstico das contingências.

Coincidência ou não, o caso de maior impacto orçamentário para a União,[557] discussão sobre a inclusão do ICMS na base de cálculo do PIS e da COFINS (RE nº 574.706, Tema nº 69 de repercussão geral), teve seu mérito julgado em março de 2017, e, quando das modificações da Portaria, aguardava julgamento de embargos de declaração, nos quais a Fazenda Nacional requeria, exatamente, a concessão de modulação de efeitos ao julgado que reconheceu a inconstitucionalidade da exação. Na prática, caso essa discussão fosse classificada como de risco provável (o que, pelos parâmetros da AGU, deveria ocorrer, em face da decisão desfavorável no Pleno do STF), os valores precisariam ser provisionados, consoante orientação do TCU antes examinada. Não obstante, ao manter-se a classificação do risco como possível, em virtude das alterações promovidas pela Portaria nº 318/2018, admitiu-se, de um modo ou outro, o não provisionamento desses valores pela União.

No ano seguinte, a portaria ainda sofreu mais uma modificação, no mesmo dispositivo, implementada pela Portaria nº 514/2019, por meio da qual se estabeleceu que, nas hipóteses do inciso I do artigo 3º (como visto, casos, *a priori*, de risco provável, já com decisão desfavorável no STF ou com decisão desfavorável em outro Tribunal Superior sobre matéria não passível de apreciação pelo STF), o risco poderia

---

[556] A redação original do dispositivo era a seguinte: "(...) §1º O disposto no parágrafo único do art. 2º não se aplica às hipóteses previstas nas alíneas f, g, e h do inciso I, e alínea d do inciso II do *caput*".

[557] O impacto indicado em valor mais elevado apontado nas LDOs dos anos que antecederam ao julgamento foi da ordem de 250 bilhões de reais. Esse valor pode ser visto no Anexos de Risco Fiscal desde a Lei nº 13.242/2015, que previu as diretrizes orçamentárias da União para 2016, e permaneceu estagnado nas subsequentes LDOs, mesmo após o julgamento. A falta de clareza quanto aos cálculos do risco envolvendo essa matéria é alvo de contundente crítica na área tributária, diga-se de passagem.

ser excepcionalmente qualificado como possível "quando no processo estiver pendente o julgamento dos embargos de declaração ou o pedido de modulação dos efeitos", devendo, nesse caso, "constar da manifestação do órgão competente as circunstâncias que justificam essa classificação".[558] [559]

Em 2021, como é de notório conhecimento, o STF apreciou os embargos de declaração da Fazenda Nacional e modulou os efeitos da declaração de inconstitucionalidade, para determinar que só poderiam restituir-se dos valores pagos indevidamente aqueles contribuintes que tivessem ajuizado ações até 15 de março de 2017, data do julgamento do mérito, em razão dos "impactos financeiros e administrativos da decisão".[560]

O que chama a atenção, diante da narrativa exposta, é como a União passou a considerar a modulação de efeitos, ou a possibilidade de sua ocorrência, como um elemento definidor para fins de classificação dos riscos fiscais decorrentes de demandas judiciais, de modo a, pretensamente, amenizar a sua gravidade (contingências antes qualificáveis como de risco provável passaram a ser consideradas como de risco possível, na pendência de decisão sobre a modulação, mesmo já havendo decisão desfavorável no STF). Isso, como visto, tem um impacto direto na definição do orçamento público. Paradoxalmente, os "impactos financeiros" são frequentemente invocados como "justificativa" para pedidos e deferimentos de modulação de efeitos em favor do Erário.

O tema será devidamente aprofundado no capítulo seguinte. Por ora, a intenção é apenas a de registrar a importância do Anexo de Riscos Fiscais, enquanto instrumento que impõe o mapeamento

---

[558] "Art. 3º (...) §1º Nas hipóteses do inciso I, quando no processo estiver pendente o julgamento dos embargos de declaração ou o pedido de modulação dos efeitos, excepcionalmente o risco poderá ser classificado como possível, devendo constar da manifestação do órgão competente as circunstâncias que justificam essa classificação" (ADVOCACIA-GERAL DA UNIÃO (AGU). *Portaria nº 40, de 10 de fevereiro de 2015*. Estabelece critérios e procedimentos a serem adotados pela Advocacia-Geral da União na prestação de informações sobre ações judiciais ajuizadas contra a União, suas autarquias ou fundações públicas, que possam representar riscos fiscais. Brasília, DF: AGU, 2018. Disponível em: https://www.in.gov.br/web/dou/-/portaria-n-40-de-10-de-fevereiro-de-2015-47327866. Acesso em: 20 set. 2023).

[559] Essa disposição já não consta da Portaria Normativa nº 68/2022.

[560] BRASIL. Supremo Tribunal Federal (Pleno). Embargos de Declaração no Recurso Extraordinário 574.706. Embargante: União. Embargado: Imcopa Importação, Exportação e Indústria de Óleos Ltda. Relatora: Min.a Cármen Lúcia, 13 maio 2021. *Dje*: Brasília DF, 2021k. Disponível em: https://redir.stf.jus.br/paginadorpub/paginador.jsp?docTP=TP&docID=756736801. Acesso em: 27 ago. 2023.

de contingências pelo gestor público, orientando uma construção responsável do orçamento.

Finaliza-se este item, ainda com base no exemplo orçamentário da União, apenas registrando que, conforme a Lei nº 14.436/2022, LDO para o exercício de 2023 (última em vigor quando da elaboração deste estudo), estima-se que o impacto das ações judiciais em matéria tributária, no âmbito do STF, seja de aproximadamente 807,4 bilhões de reais, divididos em 28 temas mapeados no Anexo de Riscos Fiscais.

2.3.4.2 A reserva de contingência da LOA

A etapa logicamente seguinte ao mapeamento dos riscos determinado pela LDO é, naturalmente, a reserva de valores no orçamento para lidar com eles. Nos termos do artigo 5º, inciso III, alínea 'b', da Lei de Responsabilidade Fiscal, a LOA haverá de prever reserva de contingência destinada ao "atendimento de passivos contingentes e outros riscos e eventos fiscais imprevistos". A forma de utilização dessa reserva e o seu montante, por sua vez, serão definidos com base na receita corrente líquida e já deverão ser previamente delineados na LDO.

O vocábulo "contingência" designa evento futuro que poderá ser certo ou incerto. A reserva de contingência, nessa ótica, tem por escopo atender perdas que, embora sejam previsíveis, são eventuais, episódicas. Essas reservas, portanto, visam suprimir ou neutralizar potencial insuficiência das previsões feitas na lei orçamentária quanto aos gastos assumidos pelo poder público, ensejando medida de verdadeira prudência fiscal.[561]

Dentre os riscos a serem mitigados com essa reserva estão as despesas com decisões judiciais que determinem pagamentos (indenizações e repetições, por exemplo) ou que porventura exonerem uma receita (reconhecimento de inconstitucionalidade de determinado tributo, por exemplo). As reservas de contingência, todavia, não se prestam à liquidação de restos a pagar, excedentes das disponibilidades de caixa ao final do exercício. Elas possuem destinação específica, delineada na LDO, e a elas se deve recorrer somente para o enfrentamento de riscos e passivos contingentes capazes de comprometer o equilíbrio orçamentário.[562]

---

[561] NASCIMENTO, Carlos Valder. Comentário ao art. 5º. *In*: MARTINS, Ives Gandra da Silva; NASCIMENTO, Carlos Valder do. *Comentários à Lei de Responsabilidade Fiscal*. 7. ed. São Paulo: Editora Saraiva, 2014. *E-book*. p. 34.

[562] ABRAHAM, Marcus. *Curso de Direito Financeiro brasileiro*. 7. ed. Rio de Janeiro: Forense, 2023. p. 396.

Diante desse panorama, fica claro que o orçamento público brasileiro possui uma estruturação bastante desenvolvida, contando com regras e princípios que orientam uma gestão planejada e prudente das finanças do Estado. Julgamentos em matéria tributária, pelo STF, estão longe de ser contingências imprevisíveis pelo poder público. Se determinado tema chega a ser apreciado pelo Plenário da Suprema Corte, em sede de controle de constitucionalidade difuso ou concentrado, por certo que ele merece a devida atenção da administração. Os deveres de responsabilidade fiscal, como visto, exigem não apenas o mapeamento de riscos orçamentários dessa natureza, mas a adoção de medidas de precaução quanto à sua materialização. Sob tal perspectiva, argumentos de natureza financeira, por vezes até *ad terrorem*, não raramente invocados em pleitos de modulação de efeitos, em verdade, depõem muito mais contra a Fazenda Pública do que em seu favor, já que evidenciam (se efetivamente verdadeiros quanto aos cenários de calamidade fiscal por vezes delineados) uma irresponsabilidade da gestão orçamentária. É dizer: se uma decisão declaratória de inconstitucionalidade é capaz de comprometer o orçamento a ponto de colocar em risco a prestação de serviços públicos essenciais, em virtude da "perda de arrecadação" e das repetições de indébitos que venha acarretar, a pergunta a ser feita não deveria versar sobre a necessidade de se modular os efeitos da decisão, mas sim sobre o porquê de tal contingência não ter sido devidamente contemplada na construção desse orçamento.

Com essa observação, encerra-se este capítulo, no qual se buscou delinear, de um modo geral, as balizas dentro das quais pode se movimentar a tributação no contexto de um Estado constitucional e, mais especificamente, no contexto da ordem constitucional brasileira. Conforme mencionado anteriormente, se a modulação de efeitos em controle de constitucionalidade visa preservar ou promover preceitos constitucionais, é de suma importância compreender *quais* são os preceitos constitucionais em questão quando se adota essa medida em casos tributários.

Cumprido esse objetivo, passa-se, agora, ao terceiro e último capítulo, em que se examinará a jurisprudência do STF quanto à modulação de efeitos em matéria tributária, inclusive sob a perspectiva crítica, à luz das premissas já estabelecidas neste segundo capítulo e no primeiro.

CAPÍTULO 3

A MODULAÇÃO DE EFEITOS EM MATÉRIA TRIBUTÁRIA

Nos capítulos anteriores, foram examinados os aspectos gerais envolvendo os efeitos do reconhecimento da inconstitucionalidade no ordenamento jurídico brasileiro e em que termos a modulação está prevista na legislação, bem como de que modo se movimenta a tributação no paradigma do Estado Democrático de Direito, enquanto meio necessário à promoção de direitos fundamentais, mas também submetido a balizas necessárias à preservação desses direitos, especialmente a liberdade e a propriedade. Nesse sentido, examinou-se mais detidamente, no segundo capítulo, como a tributação está delineada na ordem constitucional brasileira, com ênfase nas garantias asseguradas aos contribuintes, e como está estruturada a gestão dos recursos arrecadados no orçamento público. Todo esse percurso visou estabelecer as premissas necessárias a uma adequada análise crítica da jurisprudência do STF no que se refere à aplicação da modulação de efeitos em matéria tributária, a ser adiante desenvolvida.

Neste terceiro e último capítulo, objetiva-se compreender como se dá, concretamente, a aplicação da modulação de efeitos a questões tributárias pela Suprema Corte e se esse modo de utilização do instituto está de acordo com os preceitos constitucionais que regem a matéria. Para isso, o capítulo está dividido em quatro partes. Na primeira, apresentar-se-ão algumas observações mais gerais sobre o cenário de intensa litigância tributária no Brasil, visando contextualizar o fenômeno estudado. Na segunda, examinar-se-á, propriamente, a jurisprudência do STF em matéria tributária, sob as perspectivas quantitativa e qualitativa, com o objetivo de compreender, empiricamente, como ocorre a aplicação da modulação em questões de Direito Tributário. Para esse ponto e para o seguinte, sugere-se ao leitor que utilize, como material de apoio, os apêndices ao final, especialmente o Apêndice C, de modo a facilitar a análise dos casos referidos.[563] Na quarta parte, finalmente, desenvolver-se-á o exame crítico das observações colhidas, em confronto com as premissas teóricas estabelecidas nos capítulos anteriores, de modo a se buscar responder à questão que constitui fio condutor deste estudo, qual seja, se o modo de aplicação da modulação de efeitos pelo STF está em consonância com a CF/88 ou se tal prática decisória, porventura, vem ensejando algum tipo de desvirtuamento a sugerir um possível processo de inconstitucionalização do instituto.

3.1 O cenário de macrolitigância tributária

O Brasil apresenta níveis de litigiosidade bastante elevados, possivelmente sem paralelo no mundo, e grande parte desses litígios dizem respeito à matéria tributária. Discussões dessa natureza representam um quantitativo relevante, em primeiro e segundo graus de jurisdição, na Justiça Federal e na Estadual.[564] Nos tribunais superiores, da mesma forma, o Direito Tributário aparece com algum protagonismo. No STF, como se verá mais à frente, há um número expressivo de julgamentos em matéria tributária, tanto em controle concentrado quanto em controle difuso. Apenas para que se possa ter a dimensão do quanto o Direito Tributário possui destaque nas controvérsias que chegam à Suprema Corte, veja-se que, quando da conclusão deste estudo,[565] dos 1.260 temas indexados para apreciação à luz da sistemática da repercussão geral (compreendendo a apreciação da admissibilidade), 309 estavam indexados nesse ramo do Direito. Tomando-se por base o mesmo recorte temporal, tem-se que, no STJ, dos 1.205 temas repetitivos, 252 estavam indexados no ramo do Direito Tributário.

Podem-se especular muitas causas para esse cenário de intensa litigância tributária, algumas, talvez, desbordando do âmbito jurídico e

---

[563] O conteúdo de cada Apêndice está devidamente explicado no item 3.2.1, adiante, em que se apresenta a metodologia da pesquisa empírica realizada.

[564] Estudo do Conselho Nacional de Justiça aponta que discussões de Direito Tributário representam o maior número de demandas em primeiro grau na Justiça Federal e o segundo lugar na Justiça Estadual. O mesmo relatório aponta que o assunto mais demandado em segundo grau na Justiça Federal é de Direito Tributário (CONSELHO NACIONAL DE JUSTIÇA. *Justiça em números 2022*. Brasília: CNJ, 2022b. p. 278-279).

[565] O marco temporal final é 20 de agosto de 2023, conforme será explicado a seguir, no item 3.2.1.

ingressando nas raias da sociologia. Com efeito, o modo como o Estado brasileiro se porta não deixa de ser um reflexo dos agentes públicos que o animam e, nessa perspectiva, julga-se necessária uma primeira observação. Deve-se ter cautela ao se extrair as causas da litigiosidade em matéria tributária do teor das controvérsias estabelecidas. Isso porque, a depender do raciocínio adotado, pode-se chegar a conclusões, por certo equivocadas, como a de que uma dessas causas seria a existência de determinadas garantias aos contribuintes, e não o fato de que eventualmente se verifica desrespeito a essas garantias pelo Estado. Algo como afirmar, para tecer uma analogia, que "a causa da superlotação nos hospitais não decorre da falta de leitos, mas do excesso de pacientes".

Sim, o Sistema Tributário brasileiro é complexo, a ponto de ser confuso, e isso pode ser causa de litigiosidade, como se verá logo adiante. Todavia, o que se quer frisar é que, por vezes, os litígios tributários não têm origem na estrutura do Sistema Tributário (mesmo que ela seja complexa), mas na conduta dos entes públicos, que, em vez de arcarem com o ônus político de tomar certas decisões, valem-se de meios questionáveis para manter ou elevar sua arrecadação, ensejando conflitos em face dos contribuintes.

Em estudo realizado no ano de 2022 pelo Instituto de Ensino e Pesquisa (Insper), mediante contratação do CNJ, intitulado *Diagnóstico do contencioso judicial tributário brasileiro*, a instituição se dedicou a investigar algumas hipóteses potencialmente causadoras da litigiosidade tributária no Brasil.[566] Dentre elas, chama a atenção a sugestão de uma relação entre o fluxo dos processos tributários e o elevado estoque de processos. Ao desenvolver essa hipótese, os pesquisadores mencionam

---

[566] O estudo em questão buscou averiguar as nuances do contencioso tributário brasileiro, a partir de uma abordagem empírica de análise de dados de decisões judiciais, questionários e entrevistas a agentes públicos e privados que aplicam as normas tributárias na prática. A pesquisa apresentou 12 hipóteses centrais para o volume do contencioso tributário, a saber: "(...) 1) o fluxo e etapas de tramitação dos processos tributários; 2) a elaboração, interpretação e aplicação da legislação tributária; 3) os julgamentos de recursos repetitivos e o risco de modulação dos julgados; 4) a responsabilidade financeira das partes; 5) a estrutura judicial e a especialização das unidades judiciárias que apreciam as demandas tributárias; 6) os meios alternativos de solução de conflitos tributários; 7) a transparência e a relação cooperativa entre as partes; 8) a complexidade da legislação; 9) as compensações tributárias; 10) a integração entre instâncias; 11) a celeridade processual e a regra da dupla conforme; e, por fim, 12) os conflitos tributários federativos". Para informar ou confirmar tais hipóteses, o estudo buscou responder 75 perguntas e, ao final, apresentou seus diagnósticos e sugestões para os poderes Executivo, Judiciário e Legislativo (CONSELHO NACIONAL DE JUSTIÇA. *Diagnóstico do contencioso judicial tributário brasileiro*: relatório final de pesquisa. Brasília, DF: CNJ, 2022a. p. 305).

que a postura dos tribunais pode gerar incentivos na relação custo-benefício do litígio, notadamente quando se reduz os seus custos para os litigantes[567] (a exoneração ou redução de honorários de sucumbência pode ser cogitada como uma dessas formas; outra, a modulação de efeitos em controle de constitucionalidade). Nessa mesma esteira, figura entre as hipóteses a iminência de julgamento de recursos repetitivos pelos tribunais superiores e o risco de modulação de efeitos, tendo sido ela confirmada pelo estudo como causa de litigiosidade.[568]

Para além dessas, e igualmente pertinentes ao presente estudo, também estão entre as hipóteses vislumbradas no referido estudo as deficiências relacionadas à elaboração, à interpretação e à aplicação da legislação por parte da administração tributária, à complexidade dessa legislação e à falta de orientação dos contribuintes a respeito da interpretação adotada pela Fazenda, enquanto possíveis causas dos elevados estoques processuais.[569]

No que se refere à complexidade da legislação, já mencionada anteriormente, embora o estudo não tenha sido capaz de confirmar ou

---

[567] Hipótese 1. No caso, há também relação com a Hipótese 4, na qual se examina o mandado de segurança como o instrumento mais utilizado entre as ações antiexacionais, mas não se considera que haveria uma correlação estritamente necessária entre a adoção dessa via e a inexistência de responsabilização financeira (não condenação em honorários de sucumbência), já que esta ação também oferece a vantagem de ter tramitação mais célere (CONSELHO NACIONAL DE JUSTIÇA; INSTITUTO DE ENSINO E PESQUISA. *Diagnóstico do contencioso judicial tributário brasileiro*: relatório final de pesquisa. Brasília: CNJ, 2022. p. 31-34; 281).

[568] Trata-se da Hipótese 3, a qual restou confirmada, essencialmente, com base no que se verificou no Tema 69, em que conforme dados da PGFN, 78% das ações mapeadas sobre a controvérsia foram ajuizadas após o julgamento do mérito e enquanto se aguardava a apreciação da modulação de efeitos (CONSELHO NACIONAL DE JUSTIÇA; INSTITUTO DE ENSINO E PESQUISA. *Diagnóstico do contencioso judicial tributário brasileiro*: relatório final de pesquisa. Brasília: CNJ, 2022. p. 280).

[569] Ao examinar a Hipótese 2, o estudo constatou haver um *déficit* de transparência por parte dos fiscos, ao que se soma o fato de que os fiscais autuam o contribuinte antes que a interpretação de uma nova legislação seja conferida pelo órgão máximo da administração tributária. Ou seja, na prática, a interpretação se consolida via contencioso, e não de forma prévia e transparente. A autuação ocorre primeiro; depois se firma algum entendimento a respeito da nova legislação (CONSELHO NACIONAL DE JUSTIÇA; INSTITUTO DE ENSINO E PESQUISA. *Diagnóstico do contencioso judicial tributário brasileiro*: relatório final de pesquisa. Brasília: CNJ, 2022. p. 274-279). Já na investigação da Hipótese 7, os pesquisadores trazem um dado interessante, no sentido que 22% das exceções de pré-executividade com mérito apreciado foram julgadas procedentes em primeira instância (CONSELHO NACIONAL DE JUSTIÇA; INSTITUTO DE ENSINO E PESQUISA. *Diagnóstico do contencioso judicial tributário brasileiro*: relatório final de pesquisa. Brasília: CNJ, 2022. p. 287). Ora, isso é um indicativo intrigante, de que pelo menos 22% das execuções não deveriam, portanto, ter sido propostas, ou foram movidas (ou redirecionadas) de modo inadequado.

infirmar peremptoriamente essa hipótese,[570] apresentou alguns dados interessantes, como extraído de acórdão do TCU, em que se indicou que, no período compreendido entre a promulgação da CF/88 e o ano de 2017, já haviam sido editadas, no Brasil, um total de 377 mil normas tributárias, considerando-se os três níveis da Federação.[571] Nesse contexto, é realmente difícil crer que algum contribuinte seja capaz de atingir a plena conformidade. A profusão de normas, somada à profusão de interpretação sobre elas, enseja uma passagem da complexidade à confusão, cenário diante do qual, lamentavelmente, permanece atual a famosa expressão de Alfredo Augusto Becker, quando se referiu ao "manicômio jurídico-tributário".[572]

Se, por um lado, é difícil identificar de modo inequívoco as causas da litigiosidade tributária no Brasil, por outro, a existência do fenômeno e seus efeitos negativos são bastante evidentes. O cenário de incerteza e insegurança decorrente do expressivo contencioso tributário brasileiro impacta não somente os agentes diretamente envolvidos nas disputas, mas reflete negativamente na própria atratividade do país para investimentos.[573] Alguns dados são bastante alarmantes no que se refere a esse aspecto.

Um deles, obtido no último relatório de 2020 da série *Contencioso tributário no Brasil*, produzido pelo Observatório do Contencioso Tributário do Insper, indica que, para o ano de 2018, o montante do contencioso tributário atingiu valor equivalente a 73% do PIB brasileiro daquele ano. Em 2019, esse valor ganhou ainda mais representatividade, passando a corresponder a 75% do PIB, atingindo incríveis 5,44 trilhões de reais.[574] Apenas para se ter uma medida de comparação, a edição

---

[570] CONSELHO NACIONAL DE JUSTIÇA; INSTITUTO DE ENSINO E PESQUISA. *Diagnóstico do contencioso judicial tributário brasileiro*: relatório final de pesquisa. Brasília: CNJ, 2022. p. 291.

[571] O acórdão é o de nº 1.105/2019, do TCU (CONSELHO NACIONAL DE JUSTIÇA; INSTITUTO DE ENSINO E PESQUISA. *Diagnóstico do contencioso judicial tributário brasileiro*: relatório final de pesquisa. Brasília: CNJ, 2022. p. 30).

[572] A célebre expressão encontra inspiração, conforme explica Becker (*Teoria geral do Direito Tributário*. 7. ed. São Paulo: Noeses, 2018. p. 18), em obra de Lello Gangemi, professor catedrático da Universidade de Nápoles, intitulada *Manicômio tributário italiano*, um estudo do Sistema Tributário italiano a partir do qual o professor denunciou a infeliz situação do ordenamento tributário daquele país, qualificando-o como "um caos de leis contraditórias".

[573] CONSELHO NACIONAL DE JUSTIÇA; INSTITUTO DE ENSINO E PESQUISA. *Diagnóstico do contencioso judicial tributário brasileiro*: relatório final de pesquisa. Brasília: CNJ, 2022. p. 29.

[574] MESSIAS, Lorreine Silva et al. *Contencioso tributário no Brasil*: relatório 2020: ano referência 2019. São Paulo: Insper, Núcleo de Tributação, 2020. p. 7; 11.

anterior da referida pesquisa, conforme mencionado no relatório de 2020, indicava que, com base em números de 2013, entre países da OCDE, o contencioso tributário representava, em média, 0,28% do PIB, ao passo que, entre outros países da América Latina, a proporção era de 0,19% do PIB.[575] A discrepância, portanto, é flagrante.

Outro dado sintomático desse fenômeno, constante do estudo sobre o contencioso tributário produzido sob encomenda do CNJ, antes examinado, foi obtido a partir de questionário enviado pelo Insper a empresas multinacionais estabelecidas no Brasil, e dá conta de que, em média, o percentual de valores em litígio, em relação ao faturamento anual dessas empresas, é de 57% no Brasil, contra 3,33% nos demais países em que atuam. Outrossim, do total de disputas tributárias dessas empresas, em média, 98,7% delas estão alocadas no Brasil, ao passo que somente 1,3% desses litígios se desenvolvem em outros países.[576] É notório, portanto, que o Brasil ostenta níveis de litigância tributária muito acima de outros países, inclusive da América Latina, o que definitivamente não pode ser visto como algo positivo.

Traçado esse (preocupante) panorama geral do cenário de macrolitigância tributária, passa-se, agora, ao exame da jurisprudência do STF, onde deságua grande parte dos litígios, dado o caráter altamente constitucionalizado do Sistema Tributário brasileiro. É na jurisdição constitucional que se decide parcela relevante das controvérsias em matéria tributária e que se opera a aplicação da modulação de efeitos, objeto específico de investigação no presente estudo.

3.2 A jurisprudência do Supremo Tribunal Federal

3.2.1 Método de análise

Um dos objetivos do presente estudo é o de examinar empiricamente como se dá a aplicação do instituto da modulação de efeitos pelo Supremo Tribunal Federal em sede de controle de constitucionalidade, especificamente em matéria tributária. Para isso, julga-se pertinente a análise da jurisprudência do STF sob dois enfoques: um quantitativo e um qualitativo. Quanto ao primeiro, busca-se compreender qual a

---

[575] MESSIAS, Lorreine Silva *et al*. *Contencioso tributário no Brasil*: relatório 2020: ano referência 2019. São Paulo: Insper, Núcleo de Tributação, 2020. p. 11; 12.
[576] CONSELHO NACIONAL DE JUSTIÇA; INSTITUTO DE ENSINO E PESQUISA. *Diagnóstico do contencioso judicial tributário brasileiro*: relatório final de pesquisa. Brasília: CNJ, 2022. p. 287-288.

frequência de emprego desse instituto, considerando-se o total de casos julgados na matéria tributária, bem como identificar se há alguma forma de intensificação de sua aplicação nos últimos anos. Já quanto ao segundo, busca-se examinar mais detidamente as decisões em que houve modulação de efeitos, de modo a aferir quais os seus critérios e fundamentos.

Para a condução da primeira etapa da análise quantitativa, é necessário traçar o panorama geral das decisões proferidas pelo STF em matéria tributária, a fim de que seja possível identificar qual a parcela de casos em que a modulação foi aplicada. Em suma: é preciso compreender o *todo*, para que seja possível mensurar o objeto específico de análise, que são os casos de modulação.

Neste ponto, é necessário referir que tal recorte parte de definições metodológicas a respeito do tipo de decisão, do órgão prolator dessas decisões e do intervalo de tempo a serem considerados. O *todo* obtido a partir dos critérios, portanto, é *um* cenário dentre os vários possíveis para uma pesquisa dessa natureza. O que se compreende indispensável, com efeito, é a demonstração clara acerca dos critérios que nortearam a pesquisa, e disso não se abrirá mão no presente estudo, especialmente para que ele possa ser lido criticamente. A metodologia empregada segue adiante explicada, com suas justificativas.

Os principais meios empregados para a realização dessa parte da pesquisa foram as ferramentas de busca de jurisprudência e de casos com repercussão geral, bem como a base de dados estatísticos disponibilizada pelo STF, todos disponíveis no sítio eletrônico do Tribunal.

Em relação aos casos em sede de controle difuso, optou-se por considerar apenas aqueles com repercussão geral reconhecida. Esse instituto foi introduzido pela EC nº 45/2004 e restou regulamentado pela Lei nº 11.418/2006. A partir dele, passou-se a exigir como requisito aos recursos extraordinários a demonstração de que questão controvertida ultrapassa os interesses subjetivos das partes, representando questão de relevância social, política, econômica ou jurídica.[577] Não se ignora que, nos anos anteriores à implementação da repercussão geral, possa o STF ter apreciado temas importantes em matéria tributária na via difusa.[578] Ainda assim, optou-se por considerar apenas os casos com

---

[577] CICCONETTI, Stefano Maria; TEIXEIRA, Anderson Vichinkeski. *Jurisdição constitucional comparada*. 2. ed. Belo Horizonte: Fórum, 2018. p. 48-49.
[578] Um deles foi o caso envolvendo o creditamento de IPI sobre insumos submetidos à alíquota zero (RE nº 335.657 e RE nº 370.682), julgados em 25 de junho de 2007 e nos

repercussão geral em razão de que os julgamentos nessa sistemática melhor refletem o comportamento da Suprema Corte considerando a totalidade dos contribuintes, e não apenas o caso concretamente julgado, aspecto comum ao controle concentrado e que é objeto de investigação nesta pesquisa.

O mecanismo de busca da repercussão geral permite a pesquisa de todos os casos afetados e já fornece um filtro específico por ramo do Direito, com opção específica para Direito Tributário. Assim, em relação aos casos em sede de controle difuso com repercussão geral, foi possível obter uma relação já pré-selecionada pelo próprio Tribunal como sendo de matéria tributária.

Para o controle concentrado, de outra parte, foram utilizados dois mecanismos de pesquisa: a pesquisa de jurisprudência, em que não há filtro que forneça, de antemão, uma divisão por ramo do Direito; e a base de dados estatísticos fornecidos pela Corte, em que é possível acessar a relação de decisões proferidas a partir do ano 2000 e na qual há filtro por ramo do Direito e assunto. Os dados encontrados nessas duas bases foram cruzados para se chegar, assim, à relação de casos tributários em controle concentrado.

O mecanismo da pesquisa de jurisprudência funciona com base em filtros, realizando a busca com base em expressões e operadores indicados pelo usuário.[579] As bases de pesquisa disponíveis são cinco: acórdãos; repercussão geral; súmulas; decisões monocráticas e informativos. A pesquisa de palavras-chave pode ser realizada em campos específicos (número/classe; ementa/decisão/indexação; tese; tema; observação e partes) ou em todos eles. Já as opções de pesquisa contam com os seguintes filtros: inteiro teor; sinônimos; plural; radicais e busca exata entre aspas. É possível, ainda, realizar filtros por órgão julgador (Tribunal Pleno ou turmas), por ministro, por data de julgamento, por data de publicação, por classe da ação e por unidade da Federação de origem.

Por padrão, a fonte de informação primária das pesquisas por acórdãos é o chamado "espelho do acórdão", um documento mais sucinto do que o inteiro teor da decisão e que contém apenas

---

quais houve debate acerca de possível modulação de efeitos, mas a medida acabou não sendo adotada. Os recursos, aliás, foram julgados quando já implementado o requisito da repercussão geral, mas não restaram submetidos a essa (então nova) sistemática.

[579] O *site* do STF explica em detalhe o funcionamento dos mecanismos de pesquisa, na página "Dicas de Pesquisa".

as informações mais relevantes extraídas do seu texto. O espelho é composto pelos seguintes elementos: número, classe e incidente processual; origem geográfica; partes; nomes dos ministros relator, revisor e redator do acórdão; datas de julgamento e de publicação; órgão julgador; ementa; decisão; indexação do assunto do acórdão; legislação citada; doutrina citada; jurisprudência citada (observação); tema e tese de repercussão geral. A ferramenta de busca no inteiro teor só se aplica às decisões publicadas pelo STF a partir de 2012, momento a partir do qual os acórdãos da Corte passaram a ser gerados em formato digital.

Já a base de dados estatísticos do STF, como antes mencionado, fornece informações a partir do ano 2000, podendo-se filtrar todas as decisões proferidas pela Corte, selecionando-se se colegiadas ou monocráticas, qual a classe processual, qual o ramo do Direito e o assunto, dentre outras funcionalidades.

Para o mapeamento de decisões ora realizado, o primeiro critério relevante é o de que somente foram considerados acórdãos proferidos pelo Tribunal Pleno do STF, pelo motivo evidente de que esse é o órgão competente para reconhecer a inconstitucionalidade de atos normativos e para determinar eventual modulação de efeitos.

O segundo critério relevante é o temporal. Para a recolha dos casos, foram considerados acórdãos proferidos após a entrada em vigor da Lei nº 9.868/99, em 11 de novembro de 1999. Se qualquer decisão, ainda que em embargos de declaração, tiver sido proferida após esse marco temporal, o *caso* foi considerado na pesquisa, como será adiante detalhado. Já o termo final do marco temporal para a seleção dos casos foi a data de 28 de fevereiro de 2023. Assim, se qualquer decisão de determinado caso tiver sido proferida nesse interregno, ainda que de natureza cautelar, ele foi analisado e atualizado até a data de 20 de agosto de 2023. Adotou-se, portanto, um critério temporal para a recolha dos casos e outro, mais amplo, para a análise de decisões referentes a esses casos. O diagrama a seguir ilustra essa metodologia:

Figura 1 - Critério temporal de recolha de decisões

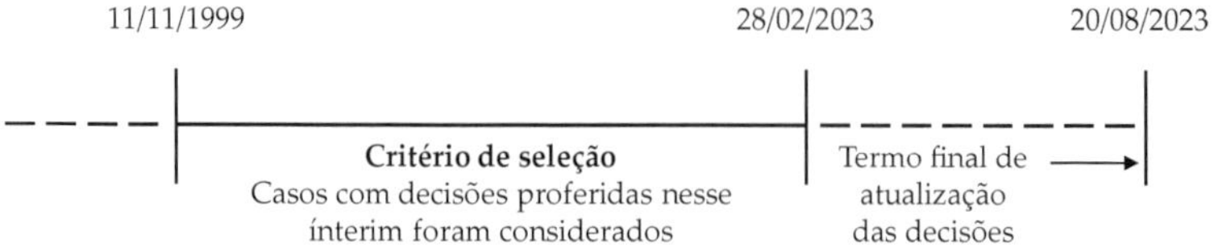

| 11/11/1999 | | 28/02/2023 | 20/08/2023 |

Critério de seleção
Casos com decisões proferidas nesse ínterim foram considerados

Termo final de atualização das decisões

Fonte: Dados da pesquisa (2023).

Naturalmente que outras decisões seguiram sendo proferidas após essa data, inclusive antes da conclusão deste estudo, e esse é um problema de pesquisa que sempre existirá em termos de análise de jurisprudência, visto que se trata de um objeto em constante movimento – tal qual o Direito como um todo, aliás. Entretanto, é necessário ter um escopo de análise delimitado, sob pena de se inviabilizar a realização de uma adequada análise qualitativa dos dados coletados. Isso não prejudica a realização de futuras atualizações na pesquisa. Para os propósitos desta obra, não obstante, o recorte temporal escolhido se mostra suficiente para uma adequada compreensão do fenômeno examinado.

Com base nessas duas premissas básicas (órgão prolator das decisões e recorte temporal), foram recolhidos os acórdãos a serem examinados, para fins de se determinar se efetivamente versam sobre matéria tributária e se tiveram o mérito enfrentado pela Corte.

No que se refere às decisões proferidas em controle difuso com repercussão geral, a pesquisa restou facilitada pelo já mencionado fato de que o próprio STF disponibiliza um filtro por ramo do Direito, com opção específica para Direito Tributário. Todos os casos foram apreciados pelo Pleno do Tribunal e são posteriores ao marco temporal inicial definido, já que a sistemática da repercussão geral restou implementada apenas em 2006. Com base nessa pesquisa, considerando-se a data-base para a recolha de casos (até 28/02/2023), foram identificados 309.[580]

Desses, no entanto, compreende-se que alguns não dizem respeito à matéria tributária, embora estejam indexados como tal pelo STF.

---

[580] A relação de casos com repercussão geral classificados no ramo "Direito Tributário" consta do Apêndice D, disponível em formato digital, com *link* de acesso ao final da obra.

Trata-se dos temas nº 135,[581] 327[582] e 364.[583] Por outro lado, adicionou-se à base final os temas nº 40,[584] 810,[585] 881[586] e 891,[587] que dizem respeito à matéria tributária e que não constaram classificados sob esse ramo do Direito.

---

[581] RE nº 594.116, Tema nº 135. O caso trata da "exigibilidade do porte de remessa e retorno de autos de autarquia federal no âmbito da Justiça Estadual" e a tese fixada foi a seguinte: "Aplica-se o §1º do art. 511 do Código de Processo Civil para dispensa de porte de remessa e retorno ao exonerar o seu respectivo recolhimento por parte do INSS". Compreende-se que a matéria não é propriamente de Direito Tributário porque, na decisão, referiu-se que o porte de remessa e retorno não detém natureza de taxa (tributo), mas de tarifa (preço público). Logo, decidiu-se sobre a exigibilidade de algo não qualificado como tributo.

[582] RE nº 1.067.086, Tema nº 327. O caso trata da "Inscrição de Município no SIAFI/CADIN sem o prévio julgamento de Tomada de Contas Especial" e a tese fixada foi a seguinte: "A inscrição de entes federados em cadastro de inadimplentes (ou outro que dê causa à negativa de realização de convênios, acordos, ajustes ou outros instrumentos congêneres que impliquem transferência voluntária de recursos), pressupõe o respeito aos princípios do contraditório, da ampla defesa e do devido processo legal, somente reconhecido: a) após o julgamento de tomada de contas especial ou procedimento análogo perante o Tribunal de Contas, nos casos de descumprimento parcial ou total de convênio, prestação de contas rejeitada, ou existência de débito decorrente de ressarcimento de recursos de natureza contratual (salvo os de conta não prestada); b) após a devida notificação do ente faltoso e o decurso do prazo nela previsto (conforme constante em lei, regras infralegais ou em contrato), independentemente de tomada de contas especial, nos casos de não prestação de contas, não fornecimento de informações, débito decorrente de conta não prestada, ou quaisquer outras hipóteses em que incabível a tomada de contas especial". Compreende-se que a matéria em questão não é, propriamente, de Direito Tributário.

[583] RE nº 607.886, Tema nº 364. O caso trata da "titularidade do produto de arrecadação do imposto de renda incidente sobre complementação de aposentadoria paga por autarquia estadual" e a tese fixada foi a seguinte: "É dos Estados e Distrito Federal a titularidade do que arrecadado, considerado Imposto de Renda, incidente na fonte, sobre rendimentos pagos, a qualquer título, por si, autarquias e fundações que instituírem e mantiverem". Não se discute a relação tributária em si, mas apenas a titularidade do produto da sua arrecadação, razão pela qual se compreende que a matéria não é propriamente de Direito Tributário.

[584] RE nº 500.171, Tema nº 40. Caso trata da "cobrança de taxa de matrícula em universidades públicas". Foi classificado no ramo "Direito Administrativo e outras matérias de Direito Público".

[585] RE nº 870.947, Tema nº 810. Caso trata da "validade da correção monetária e dos juros moratórios incidentes sobre as condenações impostas à Fazenda Pública, conforme previstos no art. 1º-F da Lei 9.494/1997, com a redação dada pela Lei 11.960/2009", abrangendo, inclusive, créditos originados de relações jurídico-tributárias. Foi classificado no ramo "Direito Processual Civil e do Trabalho".

[586] RE nº 949.297, Tema nº 881. Caso em que se discute os "limites da coisa julgada em matéria tributária, notadamente diante de julgamento, em controle concentrado pelo Supremo Tribunal Federal, que declara a constitucionalidade de tributo anteriormente considerado inconstitucional, na via do controle incidental, por decisão transitada em julgado". Foi classificado no ramo "Direito Administrativo e outras matérias de Direito Público".

[587] ARE nº 957.650, Tema nº 891. O caso trata da "constitucionalidade da Taxa de Serviços Administrativos - TSA prevista no art. 1º da Lei 9.960/2000". Foi classificado no ramo "Direito Administrativo e outras matérias de Direito Público".

De outra parte, no que se refere aos casos em controle concentrado, a recolha das decisões, como antes mencionado, deu-se com base no mecanismo da pesquisa de jurisprudência e também com base nos dados estatísticos disponibilizados pelo STF.

A busca na ferramenta da pesquisa de jurisprudência foi realizada com a palavra-chave "tributário", na pesquisa em todos os campos, com as opções de pesquisa "sinônimos" e "radicais". Foram consideradas decisões proferidas nas classes ação direta de inconstitucionalidade (ADI), ação declaratória de constitucionalidade (ADC) e arguição de descumprimento de preceito fundamental (ADPF). Com base nesse critério de pesquisa, e considerando-se o critério temporal antes referido, foram localizadas 504 decisões na classe ADI, 10 decisões na classe ADC e 24 decisões na classe ADPF, totalizando 538 decisões.[588]

Como será possível observar, muitas das decisões localizadas pelos filtros indicados foram acórdãos proferidos em sede de embargos de declaração, de agravo regimental ou de medida cautelar. Diante dessa realidade, todos os *casos* que de alguma forma restaram contemplados na pesquisa – isto é, que tiveram alguma de suas decisões compreendida nos filtros selecionados – foram examinados. Assim, por exemplo, se somente uma decisão de embargos de declaração foi localizada na pesquisa, examinou-se a decisão de mérito e todas as demais proferidas pelo Tribunal Pleno no âmbito da respectiva ADI, ADC ou ADPF – ou seja, examinou-se o *caso*. Quanto à busca na pesquisa de jurisprudência, dentro do universo de 538 *decisões*, havia, considerando-se os *casos*, 442 ADIs, 9 ADCs e 24 ADPFs, perfazendo um total de 475 casos.

Na busca realizada a partir dos dados estatísticos do STF, foram consideradas todas as decisões colegiadas proferidas desde o ano 2000 (data de início dessa base de dados, conforme antes referido), nas classes ADI, ADC e ADPF. Selecionaram-se, então, todas as que tinham, dentre seus "assuntos", algum de matéria tributária.[589] Com isso, foram localizadas um total de 482 decisões na classe ADI, 7 decisões na classe ADC e 33 decisões na classe ADPF, totalizando 522 decisões.[590] [591]

---

[588] A relação de decisões em controle concentrado localizadas na pesquisa de jurisprudência pelo termo "tributário" consta do Apêndice E, disponível em formato digital, com *link* de acesso ao final da obra.

[589] Em muitos casos, há, dentre os assuntos indicados, algum tema "tributário", mesmo quando o ramo do Direito indicado é outro (Direito Administrativo, por exemplo). Diante disso, visando abranger o maior número de casos possível, foram examinados todos aqueles em que algum dos assuntos trazia relacionado o tema "tributário".

[590] Nessa pesquisa, as decisões não vêm com a indicação do incidente julgado ("ED", "AgR", "MC", como ocorre na busca de jurisprudência. Há descrição do que foi julgado (se foram

Desse universo de *decisões*, têm-se, em números de *casos*, 365 ADIs, 4 ADCs e 26 ADPFs, perfazendo um total de 395 casos.

Essa informação foi, então, confrontada com os dados obtidos na pesquisa de jurisprudência, do que se obteve um universo total de 590 ADIs, 10 ADCs e 41 ADPFs, somando 641 casos. Ao final, foram adicionados mais 3 casos que não foram detectados em nenhum dos dois filtros, mas que estão referidos em decisões examinadas –[592] optou-se por incluí-los por se compreender ser preferível estar mais próximo da exatidão do que distante dela. Com isso, fechou-se o panorama de casos em controle concentrado com 593 ADIs, 10 ADCs e 41 ADPFs, totalizando 644 casos.

A partir desse panorama geral, ambas as relações de casos foram examinadas para se verificar duas questões: (i) se a matéria tratada é efetivamente de Direito Tributário e (ii) se houve exame de mérito. Esse segundo item é bastante importante. entende-se que só é possível traçar uma relação adequada entre o *todo* de casos tributários e aqueles em que houve modulação, na medida em que se considere apenas aqueles em que o STF efetivamente manifestou um juízo sobre a constitucionalidade ou a inconstitucionalidade da norma ou da relação jurídico-tributária questionada.

Portanto, nos casos de controle difuso, foram considerados apenas aqueles em que houve exame de mérito, excluindo-se, naturalmente, aqueles que não tiveram repercussão geral reconhecida e aqueles que (ainda) não tiveram o mérito julgado. Obteve-se, a partir desse segundo filtro, um universo de 199 casos (Apêndice A, ao final).

No controle concentrado, por sua vez, não foram considerados, evidentemente, os casos que trataram de matéria diversa da tributária,[593] bem como os casos em que não houve exame de mérito – como ações extintas por ilegitimidade, por inadequação da via eleita ou por qualquer outra razão, bem como casos em que houve apenas enfrentamento de

---

embargos de declaração, agravo regimental, medida cautelar, questão de ordem etc.), e a mesma ADI aparece mais de uma vez, sendo cada linha da pesquisa uma decisão. Assim, indicou-se o "subgrupo do andamento da decisão" e o "andamento da decisão", tal qual a informação disponibilizada pelo STF, para se permitir identificar o que foi objeto da decisão.

[591] A relação de decisões em controle concentrado localizada na busca estatística do STF consta do Apêndice F, disponível em formato digital, com *link* de acesso ao final da obra.

[592] Trata-se das ADIs nº 3.660, 5.881 e 5.932.

[593] Nos casos que eventualmente versaram sobre mais de um tema, sendo um ou alguns tributários e outros não, o caso foi considerado e o juízo positivo ou negativo acerca do reconhecimento da inconstitucionalidade tomou por base a(s) matéria(s) tributária(s).

medidas cautelares ou outras questões estritamente processuais, mas que não trataram do juízo de mérito sobre a constitucionalidade ou inconstitucionalidade da norma questionada.[594] Obteve-se, a partir desse segundo filtro, uma relação de 337 ADIs, 4 ADCs e 5 ADPFs, totalizando 346 casos (Apêndice B, ao final).

Essa foi a metodologia que orientou a seleção dos casos que conformam o universo de julgados proferidos pelo Pleno do STF em sede de controle de constitucionalidade sobre matéria tributária, para fins de referencial a ser doravante utilizado neste estudo. A partir disso, será possível verificar em quantos casos houve reconhecimento de inconstitucionalidade, em quantos deles houve modulação de efeitos e quando essas decisões foram proferidas (o que compõe o aspecto quantitativo da análise), bem como em que termos essa medida foi adotada e sob quais fundamentos (o que compõe o aspecto qualitativo da análise).

3.2.2 Análise quantitativa

3.2.2.1 Reconhecimentos de inconstitucionalidade

Considerando-se, pois, o universo de casos recolhidos, conforme metodologia descrita no item anterior, a primeira verificação que se entende relevante diz respeito ao número de casos em que houve reconhecimento de alguma forma inconstitucionalidade, em comparação aos casos nos quais isso não ocorreu.

No que se refere ao controle difuso com repercussão geral, a adoção de uma classificação binária dessa natureza pode ser um tanto desafiadora (mais do que no controle concentrado, em que o objeto da ação é, diretamente, uma norma suscitada por inconstitucional). É que nem sempre há um questionamento direto a uma exação por parte do contribuinte ou, por vezes, a solução do caso não explicita a inconstitucionalidade de uma norma em específico. Diante dessa realidade,

---

[594] Entre esses se classificou a ADPF nº 984. Esse caso teve uma solução *sui generis*, por assim dizer. Houve acordo entre os entes federativos, homologado pelo STF e cujo cumprimento ficou a cargo do Tribunal. Essa solução jurídica se apresenta um tanto quanto inusitada, é preciso dizer. Com efeito, a jurisdição constitucional não parece ser o local adequado para a formalização de negócios jurídicos. Ou bem a norma é inconstitucional, ou não o é. Se o Congresso Nacional pretende negociar politicamente, junto ao Poder Executivo dos estados e do Distrito Federal, a eventual revogação das normas questionadas ensejaria a perda de objeto da ADPF.

considerou-se como tendo havido reconhecimento de inconstitucionalidade quando a parte teve de invocar a tutela jurisdicional para ver afastada uma determinada conduta do poder público considerada inconstitucional (o que, em muitos casos, pode ocorrer mediante o reconhecimento da aplicação de alguma espécie de imunidade ou mesmo da incidência de outro tributo que não o exigido, apenas para citar dois exemplos).[595]

Tomando-se por base esse critério, foi possível observar que, dos 199 casos cujo mérito foi apreciado pelo Pleno do STF em controle difuso sob o regime da repercussão geral, houve reconhecimento de inconstitucionalidade de alguma ordem em 88. Isso representa, em termos percentuais, uma taxa de 44,22%.

Já no controle concentrado, dos 346 casos cujo mérito foi enfrentado pelo STF, constatou-se reconhecimento de inconstitucionalidade em 228, sendo 224 em ADI, 1 em ADC, e 3 em ADPF. Em termos percentuais, verifica-se uma taxa de 65,89%. Isso não significa, todavia, que todas essas 228 decisões tenham sido em favor dos contribuintes. Significa, apenas, que houve reconhecimento de inconstitucionalidade. Muitos casos, por exemplo, trataram de benefícios fiscais concedidos pelos estados sem amparo em convênio do Confaz, de modo que não é possível afirmar que o reconhecimento de inconstitucionalidade favoreceu aos contribuintes.

Esses percentuais indicam, de início, uma certa tendência ao descumprimento de preceitos constitucionais pelo poder público em sua atividade tributante. Combinando-se os resultados da pesquisa no controle difuso e no concentrado (total de 545 casos), o STF constatou ofensa à CF/88 em 316 deles, um percentual nada insignificante de 57,98%.

Analisados esses dados sob a perspectiva anual, verifica-se que também há um certo equilíbrio nas proporções entre decisões que acolhem e que afastam as alegações de inconstitucionalidade, alternando-se as prevalências de uma ou de outra conforme no ano. O gráfico adiante ilustra essa realidade.

---

[595] Alguns exemplos em que a solução da controvérsia apresenta desafios quanto à pretensão de se classificarem binariamente os casos entre aqueles em que houve reconhecimento de inconstitucionalidade e aqueles em que não houve: temas nº 207, 228, 235, 259, 328, 336, 368, 379, 402, 412, 432, 520, 593, 644, 674, 689, 692, 693, 700, 894, 1.052, 1.062, 1.085 e 1.140.

Gráfico 1 - Reconhecimentos de inconstitucionalidade por ano

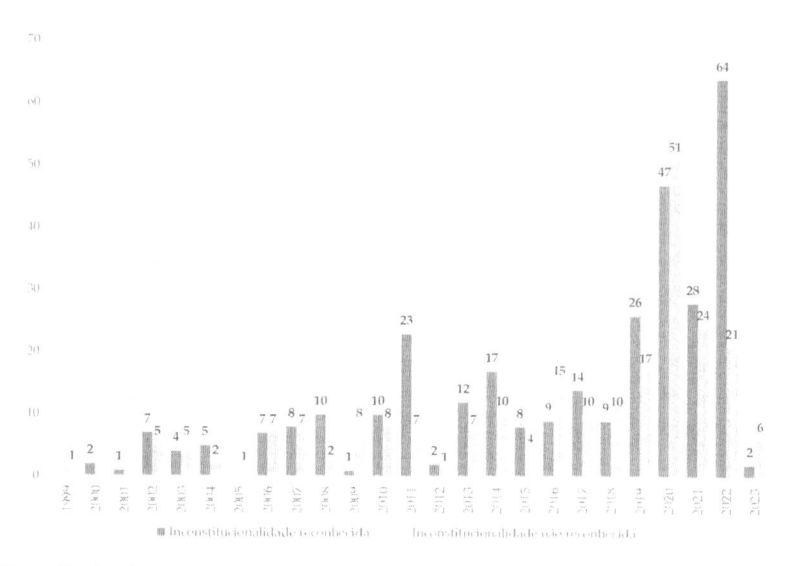

[Gráfico de barras mostrando reconhecimentos de inconstitucionalidade por ano de 1999 a 2023, com valores aproximados: 1, 2, 1, 7, 5, 4, 5, 5, 2, 7, 7, 8, 7, 23, 10, 8, 8, 7, 17, 12, 10, 7, 15, 14, 8, 9, 17, 10, 9, 10, 26, 28, 24, 21, 47, 51, 64, 6, 2. Legenda: Inconstitucionalidade reconhecida / Inconstitucionalidade não reconhecida.]

Fonte: Dados da pesquisa (2023).

Como se observa, a proporção de casos em que houve reconhecimento de inconstitucionalidade está longe de ser insignificante. Em 2022, é preciso dizer, houve julgamento de 24 ADIs relacionadas à exigência de ICMS com alíquotas acima da geral sobre produtos e serviços considerados essenciais,[596] e de 23 ADIs relacionadas à necessidade de lei complementar para regramento atinente ao ITCMD exigido pelos estados.[597] Todas essas ações foram propostas pela Procuradoria-Geral da República (PGR), mas as matérias de fundo já haviam sido apreciadas em repercussão geral pelo STF, respectivamente, nos temas n º 745 e 825. Esse volume de ações (47 ao todo) explica o alto índice de reconhecimento de inconstitucionalidades no ano de 2022 (64 casos). Não obstante, ele não chega a distorcer os percentuais antes examinados. Se desconsideradas essas 47 ADIs, o percentual geral de casos com reconhecimento de inconstitucionalidade reduz

---

[596] ADIs nº 7.108, 7.109, 7.110, 7.111, 7.112, 7.113, 7.114, 7.116, 7.117, 7.118, 7.119, 7.120, 7.121, 7.122, 7.123, 7.124, 7.125, 7.126, 7.127, 7.128, 7.129, 7.130, 7.131 e 7.132.
[597] ADIs nº 6.817, 6.818, 6.819, 6.820, 6.821, 6.822, 6.823, 6.824, 6.825, 6.826, 6.827, 6.828, 6.829, 6.830, 6.831, 6.832, 6.833, 6.834, 6.835, 6.836, 6.837, 6.839 e 6.840.

de 57,98% para 54,01%, ou seja, uma alteração pouco expressiva do índice constatado.

3.2.2.2 Número de modulações

Quanto ao índice de modulação de efeitos, constatou-se que, no controle difuso, houve aplicação da modulação em 17 casos, mas em nem todos houve reconhecimento de inconstitucionalidade. Em 3 deles, o STF considerou não haver vício na exigência tributária, e ainda assim entendeu necessário modular os efeitos da decisão para resguardar determinadas situações jurídicas. Isso ocorreu nos temas nº 317, 490 e 590. Pode-se afirmar, portanto, que houve 8,54% de casos com modulação de efeitos se considerado o total de julgamentos (17 casos, no universo de 199 julgados) e 15,9% de modulações considerando-se os casos com reconhecimento de inconstitucionalidade (14 casos, no universo de 88 julgados).

No controle concentrado, por sua vez, houve aplicação da modulação de efeitos em 85 casos, todos eles em face do reconhecimento de inconstitucionalidade de alguma ordem. Desses, 82 ocorreram em sede de ADI, 1 ocorreu em ADC e 2 ocorreram em ADPF. Pode-se afirmar, desse modo, que houve 25,56% de casos com modulação de efeitos se considerado o total de julgamentos (85 casos, no universo de 346 julgados) e 37,28% de modulações considerando-se os casos com reconhecimento de inconstitucionalidade (85 casos, no universo de 228 julgados).

Aqui, também é preciso considerar que as 47 ADIs propostas em 2022 pela PGR a respeito dos temas do ICMS sobre a energia elétrica e do ITCMD (correlatos aos temas nº 745 e 825 de repercussão geral) podem influenciar na estatística, dado o volume de casos e o fato de que todos eles foram modulados, seguindo a linha do que já havia sido decidido no controle difuso. Assim, excluindo-se esses casos, ter-se-ia um percentual de 12,7% de casos com modulação de efeitos se considerado o total de julgamentos (38 casos, no universo de 299 julgados) e 20,99% de modulações considerando-se os casos com reconhecimento de inconstitucionalidade (38 casos, no universo de 181 julgados).

Considerando-se, por fim, o total de casos com mérito examinado em matéria tributária, compreendendo controles difuso e concentrado, tem-se um índice de 18,71% modulação frente ao todo dos casos julgados (102 modulações, no universo de 545 casos julgados) e um índice de 31,32% de modulação frente aos casos em que houve reconhecimento de inconstitucionalidade (99 modulações, no universo de 316 casos julgados). Seguindo a mesma metodologia aplicada anteriormente, se excluídas as 47 ADIs propostas pela PGR em 2022 sobre as matérias atinentes aos temas nº 745 e nº 825, os índices gerais seriam, respectivamente, de 11,04% de modulações frente ao todo dos casos julgados (55 modulações, no universo de 498 casos julgados) e de 19,33% de modulação frente aos casos em que houve reconhecimento de inconstitucionalidade (52 modulações, no universo de 269 casos julgados). A tabela adiante sintetiza esses dados:

Tabela 1 - Proporção de decisões com modulação de efeitos

Controle difuso			
		Modulação	Percentual
Casos julgados	199	17	8,54%
Inconstitucionalidade	88	14	15,9%
Controle concentrado			
		Modulação	Percentual
Casos julgados	346	85	25,56%
Inconstitucionalidade	228	85	37,28%
Casos julgados (sem 47 ADIs)	*299*	*38*	*12,7%*
Inconstitucionalidade (sem 47 ADIs)	*181*	*38*	*20,99%*
Geral			
		Modulação	Percentual
Casos julgados	545	102	18,71%
Inconstitucionalidade	316	99	31,32%
Casos julgados (sem 47 ADIs)	*498*	*55*	*11,04%*
Inconstitucionalidade (sem 47 ADIs)	*269*	*52*	*19,33%*

Fonte: Dados da pesquisa (2023).

Como é possível observar, a proporção de casos em que houve modulação de efeitos, em geral, não é irrelevante; pelo contrário, a depender do critério de análise, pode atingir patamar bastante significativo, o que indica uma utilização não tão excepcional em matéria tributária. Os índices constatados, é oportuno referir, consideram um quadro global de casos, mas a representatividade dos casos com modulação pode ser ainda maior a depender do recorte temporal adotado, o que será mais bem examinado logo adiante.

Compreendidos, portanto, os contornos mais gerais das relações entre o total de casos selecionados e a modulação de efeitos, passa-se, agora, ao exame específico de alguns aspectos quantitativos dos casos em que essa medida foi adotada.

3.2.2.3 Frequência de emprego da modulação

O primeiro ponto que se julga importante observar diz respeito ao número de modulações conforme o avançar dos anos. Trata-se de um dos questionamentos que este estudo visa responder: se há um aumento da frequência na utilização do instituto.

Para a realização dessa análise, é necessário ter em mente que, muitas vezes, a modulação de efeitos não é fixada quando do julgamento do mérito, mas em momento posterior. Isso significa que a análise da aplicação da modulação no decorrer do tempo toma como parâmetro as decisões *de modulação*, que podem não coincidir com as decisões de mérito das controvérsias.

Dos 102 casos em que se verificou a adoção da medida, os quais estão listados com suas descrições no Apêndice C, ao final, 17 deles tiveram a modulação estabelecida em sede de embargos de declaração e 2 deles em questão de ordem, ao passo que os demais 83 (dentro dos quais estão compreendidas as 47 ADIs sobre os temas nº 745 e 825) tiveram a matéria decidida no próprio acórdão de mérito. Nos casos que tiveram a modulação apreciada em embargos declaratórios, muitos apresentam lapsos temporais expressivos entre a data do julgamento do mérito e o julgamento do recurso integrativo. Apenas para citar alguns exemplos: (i) o Tema nº 40 foi julgado em 2008 e a modulação foi fixada em 2011; (ii) a ADI nº 3.106 foi julgada em 2010 e a modulação foi fixada em 2015; (iii) o Tema nº 16 foi julgado em 2017 e a modulação foi fixada em 2019; (iv) a ADI nº 3.111 foi julgada em 2017 e a modulação foi fixada em 2020; (v) o Tema nº 69 foi julgado em 2017 e a modulação foi fixada em 2021; (vi) a ADC nº 49 foi julgada em 2021 e a modulação foi fixada em 2023.

Como se verá detidamente mais à frente, esse quadro é especialmente problemático porque, em sede de controle concentrado, é pacífico o entendimento de que, publicada a ata de julgamento do acórdão, deve a decisão passar a ser observada, ao passo que, no controle difuso, o termo fixado no CPC para a aplicação da tese firmada é a publicação do acórdão (artigo 1.040). Desse modo, quando o STF decide a matéria e leva tanto tempo para definir a modulação, muitas decisões podem ser tomadas nas instâncias inferiores sem qualquer restrição quanto à retroatividade da declaração de inconstitucionalidade (aliás, tais decisões devem seguir, a partir dos marcos mencionados, o entendimento firmado na Suprema Corte), até mesmo vindo a transitar em julgado. Tal prática, portanto, é passível de ensejar grande insegurança jurídica.

Retornando-se ao tema de que se ocupa este item, ao se examinar puramente o número de modulações por ano, é possível observar uma intensificação da sua ocorrência especialmente nos anos de 2020 (6 ocorrências) e 2021 (18 ocorrências). No ano de 2022, apesar do grande número de modulações (50, ao todo), o número é fortemente impactado pelas 47 ADIs propostas pela PGR. Se desconsideradas essas ações, seriam 3 modulações em 2022, ao passo que, até a conclusão da pesquisa, em agosto de 2023, já se somavam 5 casos.

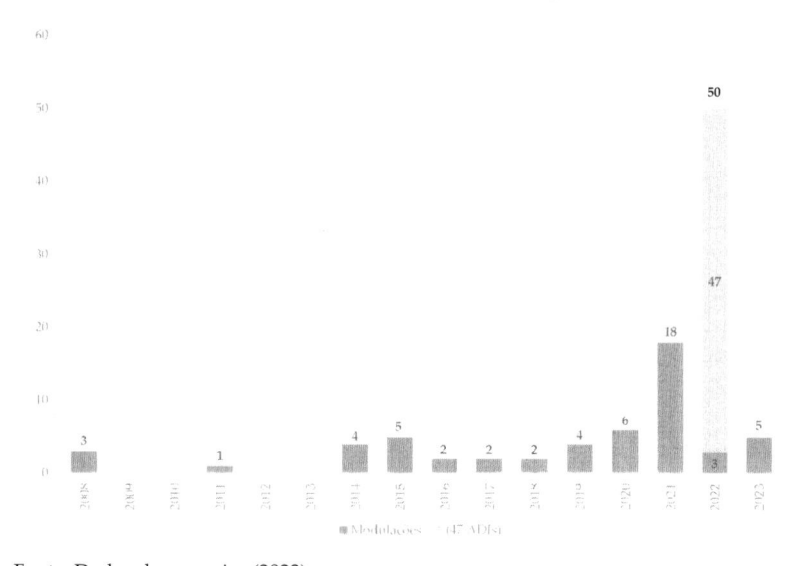

Gráfico 2 - Número de modulações por ano

Fonte: Dados da pesquisa (2023).

Uma hipótese que não se poderia descartar é a de que, talvez, o maior ou menor número de modulações esteja diretamente relacionado ao número de casos julgados pelo STF. Em outros termos: a Suprema Corte modulou mais decisões porque julgou mais casos? Para testar essa hipótese, foram realizados dois cruzamentos de dados. No primeiro, comparou-se o total de decisões colegiadas proferidas pelo STF de 2008 a 2023 (até a data de corte deste estudo) com o número de modulações. No segundo, verificou-se, do universo de casos selecionados para o estudo, quantas decisões foram proferidas em cada ano (considerando qualquer decisão colegiada, incluindo embargos de declaração, reconhecimentos de repercussão geral, referendo a medidas cautelares etc.). Os resultados desses dois confrontos estão nos gráficos a seguir:

Gráfico 3 - Relação anual entre modulações e total de decisões colegiadas do STF

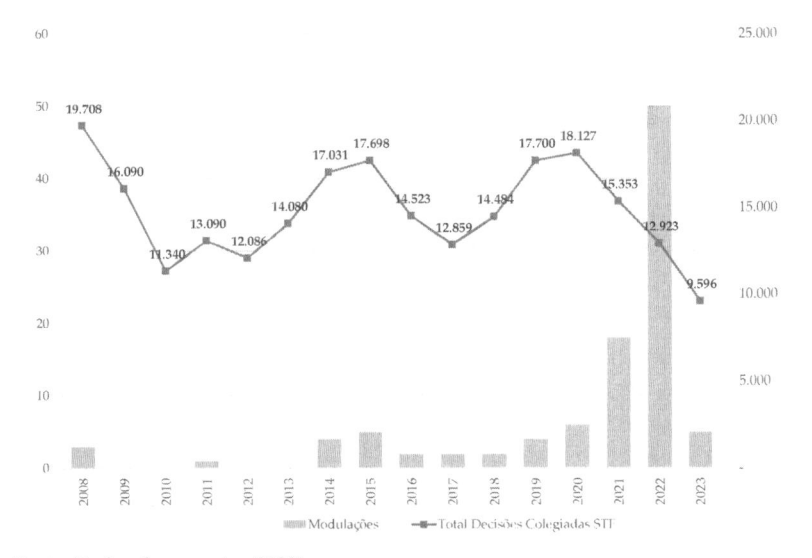

Fonte: Dados da pesquisa (2023).

Gráfico 4 - Relação anual entre modulações e total de decisões colegiadas proferidas pelo STF no universo de casos selecionados

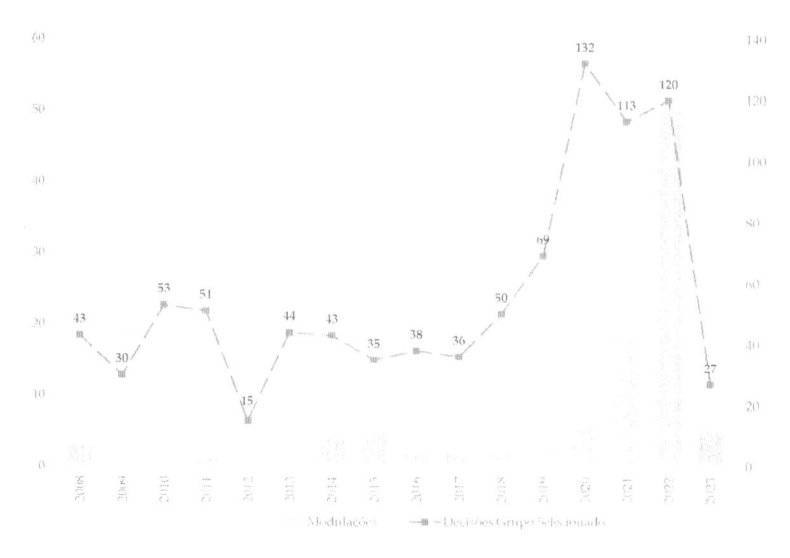

Fonte: Dados da pesquisa (2023).

Como se observa, o número de modulações tem movimentos similares ao número de casos julgados, tanto no universo geral de decisões do STF quanto no universo de casos selecionados para este estudo. O ponto de inflexão, pode-se dizer, foi o ano de 2021, em que houve sensível redução de produtividade na Corte (redução de 18.127 decisões colegiadas em 2020 para 15.353 decisões em 2021), bem como redução (não expressiva, é verdade) no número de decisões considerando-se o grupo de casos adotado neste estudo (de 132 decisões, em 2020, para 113, em 2021). Nesse ano de 2021, foram modulados casos de elevado impacto econômico, como o Tema nº 69 (ICMS na base de cálculo do PIS e da COFINS), o Tema nº 745 (ICMS sobre energia elétrica e serviços de comunicação), o Tema 825 (ITCMD sobre fatos geradores ligados ao exterior) e o Tema nº 1.093 (diferencial de alíquotas do ICMS nas vendas a consumidores finais não contribuintes).

Não se deve perder de vista, todavia, que as primeiras modulações em matéria tributária ocorreram em 2008. Até então, embora o instituto já possuísse previsão legal expressa, não havia sido aplicado a questões de Direito Tributário. De 2008 a 2013, observa-se oscilação.

Alguns casos modulados no primeiro ano, nenhum em 2009 e 2010, um em 2011 e, novamente, nenhum em 2012 e em 2013. É importante considerar, igualmente, *o que* foi modulado nesses primeiros casos: em 2008, foram dois casos sobre um mesmo tema (RE nº 560.626 e RE nº 559.943, temas nº 2 e 3, que trataram dos prazos de prescrição e decadência das contribuições previdenciárias) e outro com fixação de termo inicial da modulação em fato jurídico pretérito (ADI nº 3.660, fixou a modulação na data da EC nº 45/2004); ao passo que, em 2011, tratou-se do caso da taxa de matrícula nas universidades (RE nº 500.171, Tema nº 40), com fixação de marco temporal também em fato jurídico pretérito (a Súmula Vinculante nº 12, editada em 2008).

A partir de 2014, a modulação entra, por assim dizer, no cotidiano da jurisdição constitucional em matéria tributária, mas ainda de forma relativamente contida. Nesse ano, a medida foi aplicada em três casos relativos à exigência de diferencial de alíquotas de ICMS (DIFAL) com base no Protocolo nº 21/2011,[598] com termo inicial a contar da concessão de liminar no controle concentrado, e em um caso relacionado à concessão de benefício fiscal sem previsão em convênio do Confaz,[599] de modo a manter sua vigência por mais 12 meses (favorável aos contribuintes, portanto). Desde então, como visto, não houve um ano sequer em que o STF não tenha adotado a modulação de efeitos em matéria tributária.

Respondendo objetivamente ao questionamento formulado, entende-se que, sim, houve aumento de frequência na utilização do instituto, notadamente a partir de 2014. Em que medida isso se deve, ou não, ao simples aumento de julgamentos, não é possível afirmar com absoluta certeza, mas é objetivamente aferível que, até 2008, como dito, essa medida não havia sido aplicada nenhuma vez a questões tributárias e que, a partir de 2014, passou a ser algo recorrente nos julgamentos envolvendo essa matéria, com um expressivo aumento em 2021.

3.2.2.4 Critérios temporais da modulação

Outro ponto relevante à presente pesquisa diz respeito à verificação dos critérios temporais adotados nas modulações, o que, de certo modo, guarda relação com a própria intensidade do emprego

---

[598] ADIs nº 4.628 e nº 4.713 e RE nº 680.089 (Tema nº 615).
[599] ADI nº 429.

dessa medida. Trata-se, aqui, de aferir o quanto se protraíram no tempo os efeitos da declaração de inconstitucionalidade (sendo tanto mais intensa a modulação quanto mais tempo se manteve os efeitos da norma inquinada inconstitucional) e quais hipóteses foram ressalvadas da modulação (sendo tanto mais intensa a medida quanto menor o espectro de exceções à sua aplicação).[600]

Em relação ao primeiro quesito, foram identificados, nos acórdãos examinados, pelo menos 8 critérios temporais diferentes, a saber: (i) data de algum fato jurídico anterior;[601] (ii) data da concessão da medida cautelar, na própria ação ou em outra sobre a mesma matéria; (iii) data do julgamento; (iv) data da publicação da ata de julgamento; (v) data da publicação do acórdão; (vi) data do julgamento de questão de ordem; (vii) data da publicação da ata de julgamento dos embargos de declaração e (viii) algum marco temporal futuro.[602] O esquema a seguir busca sintetizar essas informações:[603]

Figura 2 - Critérios temporais adotados nas modulações

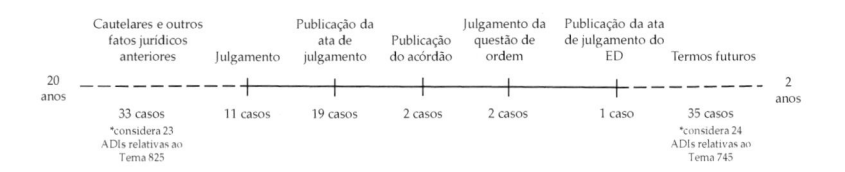

Cautelares e outros fatos jurídicos anteriores	Julgamento	Publicação da ata de julgamento	Publicação do acórdão	Julgamento da questão de ordem	Publicação da ata de julgamento do ED	Termos futuros
20 anos						2 anos
33 casos *considera 23 ADIs relativas ao Tema 825	11 casos	19 casos	2 casos	2 casos	1 caso	35 casos *considera 24 ADIs relativas ao Tema 745

Fonte: Dados da pesquisa (2023).

---

[600] Quanto à expressão intensidade, cumpre fazer um esclarecimento. Considerando-se que as questões tributárias estão diretamente relacionadas ao pagamento de valores, poder-se-ia cogitar de uma análise de "intensidade" considerando-se os valores que deixaram de ser devolvidos aos contribuintes, por exemplo. Uma pesquisa nesses termos seria perfeitamente válida e útil. Todavia, não é esse o escopo do emprego da palavra "intensidade" neste estudo especificamente. O que se examina, ao empregar-se esse termo, é a "intensidade jurídica" da modulação empregada, isto é, o quanto se protraiu no tempo a eficácia do juízo de inconstitucionalidade, o quão intensas foram as restrições temporais aos jurisdicionados, considerando-se apenas o seu "direito" à eventual repetição ou a deixar de recolher determinada exação.

[601] Edição de súmula vinculante, edição de emenda constitucional, julgamento de outra ação pertinente.

[602] Um mês, 6 meses, exercício seguinte ou até mais de um exercício à frente (caso do Tema nº 745, julgado no final de 2021 e com eficácia protraída para 2024.

[603] É oportuno referir que a ADI nº 2.040 teve 2 marcos de modulação, razão pela qual está contabilizada em 2 grupos de casos (razão para a soma totalizar um a mais relativamente ao total de casos com modulação).

Como é possível perceber, não há um padrão decisório claro quanto à fixação do marco temporal. A quantidade de critérios adotados pelo STF ao longo dos anos revela um nível elevado de imprevisibilidade nesse ponto. Outrossim, foi possível observar que os 35 casos com fixação de termos *pro futuro* para a modulação de efeitos tiveram decisões proferidas a partir de 2014, tendo elas em comum o fato de que todas diziam respeito a tributos exigidos pelos Estados.[604]

De outra parte, a incerteza referida é ainda potencializada pelo fato de que a Suprema Corte, em certos casos (não todos), ressalvou algumas situações da modulação, com base em critérios temporais e materiais também bastante variados. Dos 102 casos com modulação, 13 deles não tiveram nenhuma ressalva a ações em curso ou qualquer outra situação. Em outros 12, entende-se que essa medida seria inaplicável, porque se julgou a inconstitucionalidade de benefícios fiscais e, portanto, não haveria o que ser pleiteado nem pelos contribuintes (que seguiram se beneficiando do incentivo) e nem pelo Fisco competente (que instituiu a norma julgada inconstitucional). Nos demais 77 casos (dentre os quais estão as já mencionadas 47 ADIs propostas pela PGR), constatou-se alguma forma de exceção à modulação, mas igualmente bastante variável, contemplando, por vezes, até 4 hipóteses de exceção.[605]

Diante desse panorama, embora a jurisprudência do STF tenha passado, com maior recorrência, a excepcionar certas situações da modulação (normalmente, ações em curso), é possível constatar também, por outro lado, um maior número de casos com fixação de eficácia *pro futuro* nos últimos anos, notadamente a partir de 2014, de modo a sugerir, sob a perspectiva quantitativa, um aumento de intensidade no emprego dessa medida.

---

[604] ADI nº 429 (relativa a benefícios fiscais); ADI nº 4.171 (relativa ao "estorno" de ICMS exigido com base no Convênio nº 110/07, do Confaz; ADI nº 5.469 e Tema nº 1.093 (relacionados ao DIFAL exigido com base no Convênio nº 93/2015, do Confaz); ADIs nº 6.144 e 6.624 (relacionadas às hipóteses de incidência do ICMS-ST); Tema nº 745 e ADIs sobre a mesma matéria (ICMS exigido em desacordo com o princípio da essencialidade); ADI nº 5.288 (taxa de selo de autenticidade exigida pelo estado do Paraná) e ADC nº 49 (ICMS sobre as transferências entre estabelecimentos de uma mesma empresa).

[605] Casos em que se discutiu o tributo incidente sobre a venda de *software* (ADIs nº 1.945, 5.659, 5.576 e RE nº 688.223, Tema nº 590) ou as operações de farmácias de manipulação (RE nº 605.552, Tema nº 379), por exemplo.

3.2.2.5 Momento processual da fixação da modulação

Examinando-se o momento processual em que a modulação foi deferida nos casos tributários, observou-se que, dos 102 casos, em 17 essa medida foi estabelecida em sede de embargos de declaração[606] e, em 2, em sede de questão de ordem.[607] O dado é importante, porque esse diferimento no tempo para a tomada de decisão quanto à modulação, por vezes de anos, acarreta problemas de segurança jurídica, como se verá adiante.

Aliás, examinando-se os casos em que a modulação se deu em sede de embargos de declaração, verificou-se um intervalo de tempo bastante significativo a contar do julgamento do mérito. Em média, esse período foi de 615 dias (pouco mais de 1 ano e meio), sendo que, em alguns casos, ele foi ainda mais extenso, chegando a 1.862 dias (mais de 5 anos) na ADI 3.106, e a 1.520 dias (mais de 4 anos) no Tema nº 69. Confira-se, adiante, a síntese desses dados:

Gráfico 5 - Média de dias entre o julgamento do mérito e a modulação em embargos de declaração

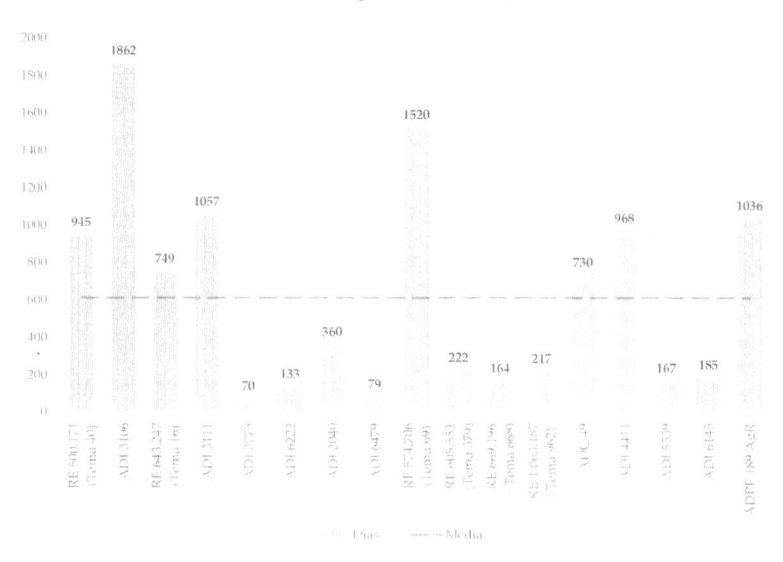

Fonte: Dados da pesquisa (2023).

---

[606] Temas nº 16, 40, 69, 379, 668 e 962; ADIs 2.040, 3.106, 3.111, 3.775, 4.411, 5.539, 6.145, 6.222 e 6.479; ADPF nº 189; ADC nº 49.
[607] ADIs nº 4.357 e 4.425.

De outra parte, é interessante anotar também que essa prática decisória vem se intensificando. Dos 17 casos em que a medida foi estabelecida em embargos declaratórios, 14 tiveram decisões proferidas a partir de 2020.

3.2.2.6 Modulação e medidas cautelares

Por fim, um último aspecto que se julga interessante envolvendo essa temática diz respeito à correlação entre o emprego da modulação de efeitos e das medidas cautelares em controle concentrado de constitucionalidade. Com efeito, é de se observar que, dos 228 casos em que houve reconhecimento de inconstitucionalidade, 67 deles tiveram medidas cautelares concedidas e, desses, apenas 8 tiveram modulação de efeitos. Dentre essas modulações, 3 dizem respeito ao Tema nº 825,[608] ao passo que, nas outras 5, a eficácia do reconhecimento da inconstitucionalidade teve seu termo inicial fixado na data da concessão da cautelar.[609] Por outro lado, observa-se, entre os 161 casos que não tiveram cautelares deferidas ou examinadas pelo STF (frequentemente em razão da aplicação do rito previsto no artigo 12 da Lei nº 9.868/99), um número bem mais significativo de modulações: 77 ao todo. Em diversos casos nos quais houve cautelar e não houve modulação, identificam-se matérias similares às objeto de casos em que ocorreu o oposto (não houve cautelar e foi necessária a modulação). O caso de benefícios fiscais concedidos pelos Estados em desacordo com a CF/88 é um exemplo recorrente desse contraponto.

A tabela a seguir visa sintetizar essas informações:

Tabela 2 - Relação entre modulações e cautelares no controle concentrado

Controle concentrado			
Reconhecimentos de inconstitucionalidade	228	Modulação	Percentual
Cautelar deferida	67	8	11,94%
Cautelar não deferida	161	77	47,82%

Fonte: Dados da pesquisa (2023).

---

[608] ADIs nº 6.821, 6.824 e 6.826.
[609] ADPF nº 190, ADIs nº 2.040 (na parte da decisão que foi objeto de cautelar), 4.628, 4.713 e 5.467.

É importante registrar que o dado estatístico não é absoluto. Claro que o conteúdo das decisões precisa ser considerado. Todavia, a correlação identificada entre as modulações e as cautelares é intrigante e faz sentido, notadamente porque, quando o STF não suspende a eficácia de uma norma inquinada de inconstitucionalidade em sede cautelar e permite que ela permaneça surtindo efeito por longos anos para, então, reconhecer a inconstitucionalidade em julgamento de mérito, por vezes, vê-se "obrigado" a temperar os efeitos da retroatividade em virtude das relações jurídicas consolidadas nesse interregno.

Concluída essa etapa da análise quantitativa, a qual revelou alguns dados importantes para a análise a ser empreendida ao final, passa-se, agora, ao exame de aspectos qualitativos envolvendo os casos tributários em que houve modulação de efeitos.

3.2.3 Análise qualitativa

3.2.3.1 Relação de casos

Visando a uma maior racionalidade na análise dos casos em que houve modulação, buscou-se classificá-los em 17 indexadores temáticos. O fato de dois ou mais casos estarem compreendidos no mesmo indexador, todavia, não significa que sejam idênticos ou que tenham sido julgados conjuntamente (embora isso tenha ocorrido em alguns), mas indica que há alguma pertinência temática entre eles.

3.2.3.1.1 Prescrição e decadência das contribuições previdenciárias

Nos REsp nº 560.626[610] e 559.943[611] (respectivamente, temas nº 2 e 3 da repercussão geral), o STF examinou os prazos prescricional

---

[610] BRASIL. Supremo Tribunal Federal (Pleno). Recurso Extraordinário 560.626. Recorrente: União. Recorrido: REDG – Consultoria Tributária Sociedade Civil Ltda. Relator: Min. Gilmar Mendes, 12 de junho de 2008. *Dje*: Brasília, DF, 2008d. Disponível em: https://redir.stf.jus.br/paginadorpub/paginador.jsp?docTP=AC&docID=567931. Acesso em: 27 ago. 2023. Além desse, outros dois recursos com a mesma matéria foram distribuídos à relatoria do ministro Gilmar Mendes e submetidos a julgamento conjunto. Trata-se do RE nº 556.664 e do RE nº 559.882. Todavia, apenas o RE nº 560.626 restou indexado como *leading case* no Tema nº 2 da repercussão geral.

[611] BRASIL. Supremo Tribunal Federal (Pleno). Recurso Extraordinário 559.943. Recorrente: Instituto Nacional do Seguro Social – INSS. Recorrido: Abdalla Husein Humad ME. Relatora: Min.a Cármen Lúcia, 12 de junho de 2008. *Dje*: Brasília, DF, 2008c. Disponível em: https://redir.stf.jus.br/paginadorpub/paginador.jsp?docTP=AC&docID=551029. Acesso em: 27 ago. 2023.

e decadencial estabelecidos nos artigos 45 e 46 da Lei nº 8.212/91, bem como as disposições do artigo 5º, parágrafo único, do Decreto-Lei nº 1.569/77, todos relativos a contribuições previdenciárias, concluindo pela inconstitucionalidade desses dispositivos, na medida em que invadiram campo reservado à lei complementar. entendeu a Suprema Corte que os prazos aplicáveis seriam os quinquenais, previstos no CTN, e não os decenais previstos na aludida legislação ordinária.

Levados a julgamento os recursos em 11 de junho de 2008, pleiteou a Procuradoria-Geral da Fazenda Nacional (PGFN), da Tribuna, que, na hipótese de reconhecimento da inconstitucionalidade, fosse atribuído efeito prospectivo à decisão, sob o fundamento de que as contribuições em exame se direcionavam à seguridade social, ou seja, seriam forma de "socorro aos mais necessitados".[612] Diante desse pleito, o STF, na assentada do dia seguinte, em 12 de junho de 2008, entendeu por modular os efeitos da decisão, reputando como "legítimos os recolhimentos efetuados nos prazos previstos nos artigos 45 e 46 da Lei nº 8.212/91 e não impugnados antes da data da conclusão deste julgamento" (no caso, 11 de junho de 2008), conforme se depreende da ementa do RE nº 560.626 (Tema nº 2).[613] Na ementa do RE nº 559.943 (Tema nº 3) constou "declaração de inconstitucionalidade, com efeito *ex nunc*, salvo para as ações propostas até 11.6.2008".[614]

A argumentação invocada pelo ministro Gilmar Mendes, que inaugurou a posição pela modulação de efeitos no caso, foi a seguinte:

> Estou acolhendo parcialmente o pedido de modulação de efeitos, tendo em vista a repercussão e a insegurança jurídica que se pode ter na hipótese; mas estou tentando delimitar esse quadro de modo a afastar a possibilidade de repetição de indébito de valores recolhidos nestas condições, com exceção das ações propostas antes da conclusão do julgamento.

---

[612] Fábio Martins de Andrade (*Modulação & STF*: a jurisprudência do Supremo Tribunal Federal sobre modulação. Rio de Janeiro: Lumen Juris, 2016. p. 424-431), ao analisar o caso, apresenta narrativa detalhada sobre sua tramitação no STF.

[613] BRASIL. Supremo Tribunal Federal (Pleno). Recurso Extraordinário 560.626. Recorrente: União. Recorrido: REDG – Consultoria Tributária Sociedade Civil Ltda. Relator: Min. Gilmar Mendes, 12 de junho de 2008. *Dje*: Brasília, DF, 2008d. Disponível em: https://redir.stf.jus.br/paginadorpub/paginador.jsp?docTP=AC&docID=567931. Acesso em: 27 ago. 2023.

[614] BRASIL. Supremo Tribunal Federal (Pleno). Recurso Extraordinário 559.943. Recorrente: Instituto Nacional do Seguro Social – INSS. Recorrido: Abdalla Husein Humad ME. Relatora: Min.a Cármen Lúcia, 12 de junho de 2008. *Dje*: Brasília, DF, 2008c. Disponível em: https://redir.stf.jus.br/paginadorpub/paginador.jsp?docTP=AC&docID=551049. Acesso em: 27 ago. 2023.

> Nesse sentido, eu diria que o Fisco está impedido, fora dos prazos de decadência e prescrição previstos no CTN, de exigir as contribuições da seguridade social. No entanto, os valores já recolhidos nestas condições, seja administrativamente, seja por execução fiscal, não devem ser devolvidos ao contribuinte, salvo se ajuizada a ação antes da conclusão do presente julgamento.
>
> Em outras palavras, são legítimos os recolhimentos efetuados nos prazos previstos nos artigos 45 e 46 e não impugnados antes da conclusão deste julgamento.[615]

Em contraponto, o ministro Marco Aurélio foi bastante enfático ao apontar que a matéria não era nova na Suprema Corte e que não havia razão para se aplicar o instituto no caso, inclusive sob pena de se incentivar o desprestígio à CF/88. Confiram-se as seguintes passagens de sua manifestação na oportunidade:

> Entendo que não cabe uma mitigação do ato judicial em termos de guarda da Constituição a ponto de se afastar do próprio sistema procedimentos por ele contemplados.
>
> A matéria versada não é nova e o primeiro pronunciamento do Tribunal quanto à necessidade de lei complementar - recordo que a Lei nº 8.212/91 é de 24 de julho de 1991 – ocorreu em 1992. Este Plenário – já estava inclusive compondo-o sem voto discrepante, assentou, na dicção do relator, ministro Carlos Velloso, a indispensável observância do instrumento – lei complementar – para alcançar-se a disciplina da prescrição e da decadência. Assim, repito – e aqui não se pode cogitar de surpresa para quem quer que seja, muito menos para o Estado –, decidiu o Pleno no Recurso Extraordinário nº 138.284-8, em 1º de julho de 1992.
>
> (...)
>
> Indago: podemos cogitar de contexto a autorizar a modulação? A meu ver, não. E decidimos, há pouco – só que aqui os ventos beneficiam o Estado e no caso a que me refiro, o pleito se mostrou dos contribuintes –, em situação mais favorável à modulação, e ela foi rechaçada, quando examinamos a questão da alíquota zero e do Imposto sobre Produtos Industrializados. O Tribunal, nessa oportunidade – e buscavam os contribuintes a modulação apontou que não haveria como se cogitar de insegurança jurídica porque os pronunciamentos anteriores, estes sim a

---

[615] BRASIL. Supremo Tribunal Federal (Pleno). Recurso Extraordinário 560.626. Recorrente: União. Recorrido: REDG – Consultoria Tributária Sociedade Civil Ltda. Relator: Min. Gilmar Mendes, 12 de junho de 2008. *Dje*: Brasília, DF, 2008d. Disponível em: https://redir.stf.jus.br/paginadorpub/paginador.jsp?docTP=AC&docID=567931. Acesso em: 27 ago. 2023.

favor dos contribuintes, dos beneficiários do pleito de modulação, não teriam transitado em julgado.

Ora, Presidente, neste caso concreto, em que a jurisprudência do Supremo, desde 1969, sempre foi no sentido de se ter como indispensável o trato da matéria mediante lei complementar – e a Lei nº 8.212, repito, é de 1991 –, não há premissa que leve o Tribunal a quase sinalizar no sentido de que vale a pena editar normas inconstitucionais porque, posteriormente, ante a morosidade da Justiça, se acaba chegando a um meio termo que, em última análise – em vez de homenagear a Constituição, de torná-la realmente observada por todos, amada por todos - passa a mitigá-la, solapá-la, feri-la praticamente de morte.

De mais a mais, os contribuintes que recolheram indevidamente o tributo não terão o prazo de dez anos para a ação de repetição de indébito! Disporão de cinco anos, o que já afasta gama enorme de contribuintes que teriam direito à devolução do que satisfeito à margem da ordem jurídica, considerada toda sorte de medidas coercitivas do próprio Estado.

Não vejo com bons olhos, Presidente, a modulação em caso que acaba por diminuir a eficácia da Constituição Federal. A modulação quando, em última análise, há o prejuízo para os contribuintes, já exasperados com a carga tributária e, também, o locupletamento do Estado.[616]

Não obstante as objeções levantadas pelo ministro Marco Aurélio (historicamente contrário à aplicação da modulação), a medida foi aplicada e os casos passaram, doravante, a ser invocados como precedente pela Fazenda, nos processos vindouros, como fundamento aos pedidos de modulação. De mais a mais, há críticas ao emprego do fundamento *segurança jurídica* nesse caso, já que claramente a razão para a doção da medida foi evitar repetições de indébito pelos contribuintes, o que, para Guilherme Villas Bôas e Silva, por exemplo, estaria mais alinhado, ao menos em tese, ao *excepcional interesse social*.[617]

---

[616] BRASIL. Supremo Tribunal Federal (Pleno). Recurso Extraordinário 560.626. Recorrente: União. Recorrido: REDG – Consultoria Tributária Sociedade Civil Ltda. Relator: Min. Gilmar Mendes, 12 de junho de 2008. *Dje*: Brasília, DF, 2008d. Disponível em: https://redir.stf.jus.br/paginadorpub/paginador.jsp?docTP=AC&docID=567931. Acesso em: 27 ago. 2023.

[617] VILLAS BÔAS E SILVA, Guilherme *O argumento financeiro e a modulação de efeitos no STF*. São Paulo: Almedina, 2020. p. 70-71.

3.2.3.1.2 Diferencial de alíquotas do ICMS (DIFAL)

Por mais de uma vez chegaram ao STF controvérsias envolvendo a cobrança do diferencial de alíquotas do ICMS (DIFAL) nas operações destinadas a consumidores finais. A primeira dessas discussões teve resolução no ano de 2014, quando a Suprema Corte julgou conjuntamente o RE nº 680.089 (Tema nº 615) e as ADIs nº 4.628 e nº 4.713, e reconheceu a inconstitucionalidade do Protocolo nº 21/2011 do Confaz, por meio do qual alguns Estados, a pretexto de partilharem o produto da arrecadação do ICMS sobre as operações não presenciais, dispuseram sobre matéria e passaram a exigir o tributo com base em suas alíquotas internas quando o destinatário da mercadoria estivesse localizado em seus territórios.[618]

Na oportunidade, entendeu o STF por modular os efeitos da decisão, a contar do deferimento da medida liminar na ADI nº 4.628 (em 19 de fevereiro de 2014), ressalvando as ações em curso. A proposta de modulação, ao que consta, requerida pela Procuradoria-Geral do Estado do Pará em sede de memoriais, foi objeto de intenso debate.[619] Do que se depreende dos argumentos apresentados pelos ministros, a maior preocupação dizia respeito ao contingente de possíveis repetições de indébito contra os Estados.[620] Nesse contexto, procuraram os ministros encontrar um caminho "intermediário", ressalvando as ações em curso à data da concessão da liminar, ao argumento de que não se poderia aniquilar o direito de quem promoveu a ação "na ciência de que era inconstitucional" a exação.[621] Não obstante, não houve explicitação

---

[618] Merece menção o fato de que, antes da EC nº 87/2015, as vendas interestaduais destinadas a consumidores finais não contribuintes do ICMS eram submetidas à incidência da alíquota interna do tributo pelo estado de origem. Os estados de destino, com o Protocolo nº 21/2011, passaram a exigir a diferença de alíquota, de forma cumulada com a cobrança da alíquota cheia já praticada pelos estados de origem.

[619] O julgamento, aliás, teve início em 27 de agosto de 2014 e foi concluído em 17 de setembro de 2014.

[620] Registrou o ministro Luiz Fux: "Senhor Presidente, como eu deferi a liminar, eu tenho a impressão de que, a partir da liminar, a declaração de inconstitucionalidade tem a sua higidez a partir da liminar, e as operações pretéritas ficam superadas, porque, senão, o prejuízo é maior ainda para esses Estados que já (...)". Em determinado trecho, referiu ainda o ministro: "Está solucionado isso. Pagou, pagou" (BRASIL. Supremo Tribunal Federal (Pleno). Ação Direta de Inconstitucionalidade 4.628. Requerente: Confederação Nacional do Comércio de Bens Serviços e Turismo – CNC. Relator: Min. Luiz Fux, 17 de setembro de 2014. *Dje*: Brasília, DF, 2014a. Disponível em: https://redir.stf.jus.br/paginadorpub/paginador.jsp?docTP=TP&docID=7310046. Acesso em: 27 ago. 2023).

[621] Manifestou o ministro Luiz Fux: "Mas as ações em curso são respeitadas, quer dizer, posso aniquilar quem promoveu a ação na ciência de que era inconstitucional isso" (BRASIL. Supremo Tribunal Federal (Pleno). Ação Direta de Inconstitucionalidade 4.628.

acerca de qual o fundamento para a aplicação da medida (se fundada na segurança jurídica ou no excepcional interesse social).[622]

Alguns anos depois, em 2018, o STF apreciou novamente a matéria em face da legislação do Estado do CE, no âmbito das ADIs nº 4.596 e nº 4.712. Na oportunidade, invocando os mesmos fundamentos que embasaram o julgamento do Tema nº 615 e das ADIs nº 4.628 e nº 4.713, já examinadas, a Suprema Corte reconheceu a inconstitucionalidade dos dispositivos da legislação cearense. Todavia, como nas duas ADIs agora examinadas não houve concessão de liminar, e as legislações impugnadas datavam de 2008 e 2011, propôs o ministro relator, Dias Toffoli, a modulação de efeitos da decisão, para que somente passasse a surtir efeitos a partir do mês seguinte ao do julgamento, ressalvadas as ações judiciais em curso.

Chama a atenção não ter havido maior debate acerca da adoção da medida nesses dois casos, já que havia precedentes firmados há algum tempo a respeito da matéria (pelo menos desde 2014, como visto). Mesmo assim, resguardou-se o estado do Ceará, permitindo ainda mais um mês de cobrança contra aqueles que porventura não tivessem ações ajuizadas. Sobre o tema, o ministro Luís Roberto Barroso limitou-se a registrar que uma "perda de receita com risco de repetições, nesse momento, (...) seria uma questão complicada". O ministro Luiz Fux, considerando já ter aplicado a modulação quando dos julgamentos de

---

Requerente: Confederação Nacional do Comércio de Bens Serviços e Turismo – CNC. Relator: Min. Luiz Fux, 17 de setembro de 2014. *Dje*: Brasília, DF, 2014a. Disponível em: https://redir.stf.jus.br/paginadorpub/paginador.jsp?docTP=TP&docID=7310046. Acesso em: 27 ago. 2023).

[622] O ministro Marco Aurélio, como de costume, manifestou inconformidade com a medida, registrando o seguinte: "Lanço algumas ideias. Continuo convencido de que apenas se avançará culturalmente quando emprestar-se concretude maior à Carta da República. Toda vez que o Tribunal modula certa decisão, estimula procedimentos à margem dessa mesma Carta da República (...). Qual é a preocupação maior – e peço aos colegas que esqueçam o fato de ser terminantemente contrário à modulação? É que, se modular-se, provocar-se-ão inúmeros incidentes, considerado o que foi satisfeito, em termos de ação de repetição do indébito, e, também, o que será cobrado pelos estados.
Por isso, entendo que o caso mostra-se emblemático quanto à impossibilidade de chegar-se à modulação. E, perdoem-me a expressão carioca, houve uma cara de pau incrível, no que se estabeleceu esse protocolo, colocando-se, em segundo plano, o documento básico da República, a Constituição Federal, que precisa ser mais amado, principalmente pelas unidades da Federação. Que se aguarde a reforma tributária, porque proceder-se a essa reforma mediante simples protocolo é passo demasiadamente largo" (BRASIL. Supremo Tribunal Federal (Pleno). Ação Direta de Inconstitucionalidade 4.628. Requerente: Confederação Nacional do Comércio de Bens Serviços e Turismo – CNC. Relator: Min. Luiz Fux, 17 de setembro de 2014. *Dje*: Brasília, DF, 2014a. Disponível em: https://redir.stf.jus.br/paginadorpub/paginador.jsp?docTP=TP&docID=7310046. Acesso em: 27 ago. 2023).

2014, entendeu por não aderir à proposta de modulação, registrando que, em seu entendimento, já não se poderia cogitar de surpresa, nem ao Estado, nem aos contribuintes.[623] Não houve, no caso, explicitação acerca do fundamento da medida (se segurança jurídica ou excepcional interesse social).

Por fim, o tema do DIFAL retornou mais uma vez ao Pleno do STF quando do julgamento do RE nº 1.287.019 (Tema nº 1.093) e da ADI nº 5.469. Dessa vez, a discussão foi diversa, porquanto posterior à EC nº 87/2015, a qual atribuiu aos Estados de destino a competência para a exigência do tributo sobre as vendas a destinatários finais não contribuintes do ICMS situados em seus territórios. Ocorre que não havia, na LC nº 87/96, disposição sobre os aspectos da regra-matriz dessa (nova) relação tributária entabulada entre o vendedor de um estado e outra unidade federativa de destino. Não obstante, os estados firmaram o Convênio nº 93/2015, no âmbito do Confaz, instituíram a exação em suas legislações internas e passaram a exigi-la dos contribuintes. A cobrança, todavia, foi considerada inconstitucional pelo STF em 2021, exatamente pela inexistência de lei complementar, compreendendo a Corte que não poderiam as unidades da Federação ter regrado o tema em sede de convênio.

Não obstante o reconhecimento da inconstitucionalidade, o STF modulou os efeitos da decisão, para que ela somente tivesse eficácia a partir do exercício seguinte ao da conclusão do julgamento (ou seja, a partir de 2022), ficando ressalvadas da medida apenas as ações judiciais em curso.[624] Conforme argumentação do ministro relator, Dias Toffoli, a não aplicação da medida faria com que os estados e o Distrito Federal experimentassem "situação inquestionavelmente pior do que aquela na qual se encontravam antes da emenda constitucional", porquanto já não poderiam mais exigir o imposto com alíquota interna nas vendas a consumidores finais não contribuintes para outros estados. Com isso, objetivou-se proporcionar tempo razoável para que o Congresso Nacional editasse a necessária lei complementar, de modo a não prejudicar a arrecadação dos estados.

---

[623] BRASIL. Supremo Tribunal Federal (Pleno). Ação Direta de Inconstitucionalidade 4.628. Requerente: Confederação Nacional do Comércio de Bens Serviços e Turismo – CNC. Relator: Min. Luiz Fux, 17 de setembro de 2014. *Dje*: Brasília, DF, 2014a. Disponível em: https://redir.stf.jus.br/paginadorpub/paginador.jsp?docTP=TP&docID=7310060. Acesso em: 27 ago. 2023.

[624] Quanto ao reconhecimento de inconstitucionalidade das cláusulas do Convênio nº 93/2015, do Confaz, atinentes às empresas do Simples Nacional, também não houve modulação de efeitos.

Nesse caso, apesar de uma menção, pelo ministro Ricardo Lewandowski, ao fato de que o instituto da modulação prestigiaria "a segurança jurídica e a confiança legítima do cidadão", não houve, a rigor, explicitação acerca do fundamento para a adoção da medida (se embasada na segurança jurídica ou no excepcional interesse social).

3.2.3.1.3 Atualização dos créditos tributários

Em 2013, o STF apreciou as ADIs nº 4.357 e nº 4.425, que tratavam, dentre outras questões, do índice de juros aplicável aos créditos de natureza tributária a serem pagos via precatório. Na oportunidade, concluiu a Suprema Corte que a quantificação dos juros relativos a débitos fazendários conforme o índice da caderneta de poupança, na forma do estabelecido pelo artigo 100, §12, da CF/88, incluído pela EC nº 62/09, vulnerava o princípio da isonomia, já que o particular, quando devedor do Estado, seguiria submetida a juros a mora tributária à razão de 1% ao mês (artigo 161, §1º, do CTN). Assim, entendeu-se que, quanto aos precatórios de natureza tributária, haveriam de ser aplicados os mesmos juros de mora incidentes sobre qualquer outro crédito tributário. Na mesma linha, compreendendo-se que o artigo 1º-F da Lei nº 9.494/97, com redação dada pela Lei nº 11.960/09, reproduziu o estabelecido na mencionada emenda constitucional, reconheceu-se sua inconstitucionalidade por arrastamento, no que se refere aos créditos tributários.[625]

---

[625] Lê-se da ementa dos julgados: "(...) 6. A quantificação dos juros moratórios relativos a débitos fazendários inscritos em precatórios segundo o índice de remuneração da caderneta de poupança vulnera o princípio constitucional da isonomia (CF, art. 5º, *caput*) ao incidir sobre débitos estatais de natureza tributária, pela discriminação em detrimento da parte processual privada que, salvo expressa determinação em contrário, responde pelos juros da mora tributária à taxa de 1% ao mês em favor do Estado (*ex vi* do art. 161, §1º, CTN). Declaração de inconstitucionalidade parcial sem redução da expressão "independentemente de sua natureza", contida no art. 100, §12, da CF, incluído pela EC nº 62/09, para determinar que, quanto aos precatórios de natureza tributária, sejam aplicados os mesmos juros de mora incidentes sobre todo e qualquer crédito tributário. 7. O art. 1º-F da Lei nº 9.494/97, com redação dada pela Lei nº 11.960/09, ao reproduzir as regras da EC nº 62/09 quanto à atualização monetária e à fixação de juros moratórios de créditos inscritos em precatórios incorre nos mesmos vícios de juridicidade que inquinam o art. 100, §12, da CF, razão pela qual se revela inconstitucional por arrastamento, na mesma extensão dos itens 5 e 6 supra (...)" (BRASIL. Supremo Tribunal Federal (Pleno). Ação Direta de Inconstitucionalidade 4.357. Requerente: Conselho Federal da Ordem dos Advogados do Brasil – CFOAB. Relator: Min. Ayres Britto, 14 mar. 2013. *Dje*: Brasília, DF, 2013a. Disponível em: https://redir.stf.jus.br/paginadorpub/paginador.jsp?docTP=TP&docID=6812428. Acesso em: 27 ago. 2023; BRASIL. Supremo Tribunal Federal (Pleno). Ação Direta de Inconstitucionalidade 4.425. Requerente: Confederação

Em questão de ordem, levada a julgamento poucos dias após a apreciação do mérito, suscitou-se o tema da modulação de efeitos, cuja discussão se estendeu até 2015, com intensos debates em Plenário e alguns pedidos de vista. Em 25 de março de 2015, os ministros concluíram sua deliberação, estabelecendo critérios para um verdadeiro regime de transição. No que se refere à matéria tributária, decidiu-se pela atribuição de efeitos *ex nunc* ao reconhecimento de inconstitucionalidade, de modo a manter a aplicação do índice oficial de remuneração básica da caderneta de poupança (TR), EC nº 62/2009, até 25 de março de 2015, data após a qual os precatórios tributários passariam, então, a observar os mesmos critérios pelos quais a Fazenda Pública corrige seus créditos tributários. Confira-se, a propósito, a seguinte passagem da ementa da aludida questão de ordem:

> QUESTÃO DE ORDEM. MODULAÇÃO TEMPORAL DOS EFEITOS DE DECISÃO DECLARATÓRIA DE INCONSTITUCIONALIDADE (LEI 9.868/99, ARTIGO 27). POSSIBILIDADE. NECESSIDADE DE ACOMODAÇÃO OTIMIZADA DE VALORES CONSTITUCIONAIS CONFLITANTES. PRECEDENTES DO STF. REGIME DE EXECUÇÃO DA FAZENDA PÚBLICA MEDIANTE PRECATÓRIO. EMENDA CONSTITUCIONAL Nº 62/2009. EXISTÊNCIA DE RAZÕES DE SEGURANÇA JURÍDICA QUE JUSTIFICAM A MANUTENÇÃO TEMPORÁRIA DO REGIME ESPECIAL NOS TERMOS EM QUE DECIDIDO PELO PLENÁRIO DO SUPREMO TRIBUNAL FEDERAL. (...) 2. *In casu*, modulam-se os efeitos das decisões declaratórias de inconstitucionalidade proferidas nas ADIs nº 4.357 e 4.425 para manter a vigência do regime especial de pagamento de precatórios instituído pela Emenda Constitucional nº 62/2009 por 5 (cinco) exercícios financeiros a contar de primeiro de janeiro de 2016. 3. Confere-se eficácia prospectiva à declaração de inconstitucionalidade dos seguintes aspectos da ADI, fixando como marco inicial a data de conclusão do julgamento da presente questão de ordem (25.03.2015) e mantendo-se válidos os precatórios expedidos ou pagos até esta data, a saber: (i) fica mantida a aplicação do índice oficial de remuneração básica da caderneta de poupança (TR), nos termos da Emenda Constitucional nº 62/2009, até 25.03.2015, data após a qual (a) os créditos em precatórios deverão ser corrigidos pelo Índice de Preços ao Consumidor Amplo Especial (IPCA-E) e (b) os precatórios tributários deverão observar os mesmos

---

Nacional da Indústria – CNI. Relator: Min. Ayres Britto, 14 de março de 2013. *Dje*: Brasília, DF, 2013b. Disponível em: https://redir.stf.jus.br/paginadorpub/paginador.jsp?docTP=TP&docID=5067184. Acesso em: 27 ago. 2023).

critérios pelos quais a Fazenda Pública corrige seus créditos tributários; e (ii) ficam resguardados os precatórios expedidos, no âmbito da Administração Pública Federal, com base nos artigos 27 das Leis nº 12.919/13 e nº 13.080/15, que fixam o IPCA-E como índice de correção monetária (...).[626]

O fundamento mencionado na própria ementa dos julgados, como se observa, foi a segurança jurídica, considerando-se, notadamente, a circunstância de que, durante pelo menos quatro anos (até o julgamento em 2013), a sistemática jurídica instituída pela EC nº 62/2009 esteve em vigor e surtiu efeitos, sendo aplicada por diversos entes federativos brasileiros. Esse quadro indicava, segundo o ministro Luiz Fux, em primeiro lugar, "a existência de situações concretas de certo modo consolidadas com o decurso do tempo" e, em segundo lugar, que a "programação orçamentário-financeira dos Estados e dos Municípios foi realizada em um cenário jurídico (...) em que ainda vigorava integralmente a Emenda Constitucional".[627]

De outra parte, houve também menção ao excepcional interesse social, como se depreende de manifestação do ministro Gilmar Mendes, que mencionou a necessidade de o Tribunal "considerar o impacto de sua decisão nas administrações estaduais e municipais", não se podendo ignorar que a solução jurídica projetaria "efeitos severos" em relação a esses entes federativos.[628] Chegou o ministro a referir que, "em casos

---

[626] BRASIL. Supremo Tribunal Federal (Pleno). Questão de Ordem na Ação Direta de Inconstitucionalidade 4.357. Requerente: Conselho Federal da Ordem dos Advogados do Brasil – CFOAB. Relator: Min. Luiz Fux, 25 de março de 2015. *Dje*: Brasília, DF, 2015d. Disponível em: https://redir.stf.jus.br/paginadorpub/paginador.jsp?docTP=TP&docID=9016259. Acesso em: 27 ago. 2023; BRASIL. Supremo Tribunal Federal (Pleno). Questão de Ordem na Ação Direta de Inconstitucionalidade 4.425. Requerente: Confederação Nacional da Indústria – CNI. Relator: Min. Luiz Fux, 25 de março de 2015. *Dje*: Brasília, DF, 2015e. Disponível em: https://redir.stf.jus.br/paginadorpub/paginador.jsp?docTP=TP&docID=9016259. Acesso em: 27 ago. 2023.

[627] BRASIL. Supremo Tribunal Federal (Pleno). Questão de Ordem na Ação Direta de Inconstitucionalidade 4.357. Requerente: Conselho Federal da Ordem dos Advogados do Brasil – CFOAB. Relator: Min. Luiz Fux, 25 de março de 2015. *Dje*: Brasília, DF, 2015a. Disponível em: https://redir.stf.jus.br/paginadorpub/paginador.jsp?docTP=TP&docID=9016259. Acesso em: 27 ago. 2023.

[628] Em alusão ao art. 27 da Lei nº 9.868/99, consignou o ministro Gilmar Mendes: "A disposição permite-nos dar conta justamente das consequências dos nossos julgamentos não apenas como fatos sociais ou econômicos, alheios ao mundo jurídico, mas também como fatos jurídicos, que devem, portanto, ser considerados como razões de decidir por este Tribunal. É disso que se trata no caso em tela. O Tribunal, como já disse, vê-se agora obrigado a considerar o impacto de sua decisão nas administrações estaduais e municipais. Não pode ignorar que a solução aqui adotada projeta efeitos severos em relação aos Estados e Municípios e que isso deve também ser levado em conta ao decidir (...). Por tudo isso, está

desse jaez, desse teor, não há como não proceder à modulação de efeitos". De fato, é inegável que a matéria tratada no caso é de extrema complexidade no que se refere às implicações para os diversos entes da Federação e para as incontáveis situações fáticas existentes, de alguma forma, impactadas pelo juízo de inconstitucionalidade firmado pela Suprema Corte. Isso, todavia, não torna a decisão imune a críticas.

3.2.3.1.4 Benefícios fiscais

Dentre os casos em que se identificou aplicação da modulação de efeitos, 13 deles tratavam de alguma espécie de benefício fiscal concedido aos contribuintes em desacordo com a CF/88. Na maior parte, tem-se a concessão de benefícios pelos Estados sem previsão em convênio do Confaz, no âmbito da famigerada guerra fiscal, mas há também reconhecimentos de inconstitucionalidade por não atendimento de outros requisitos, como a inexistência de lei específica ou de análise de impacto orçamentário. Igualmente, considerou-se nessa indexação os casos de municípios que descumpriram a imposição de carga tributária mínima prevista no artigo 88 do ADCT.

Iniciando-se pela temática da concessão de benefícios por Estados sem base em convênio,[629] identificaram-se 7 casos, a saber: ADIs nº 429, 4.481, 2.663, 3.796, 3.984, 5.467 e 6.222. Os julgamentos ocorreram entre 2014 e 2020, sendo que os critérios de modulação variaram levemente entre eles (alguns adotaram como marco temporal a data do julgamento do mérito, outros a data da publicação da ata de julgamento). Em um deles (ADI nº 6.222), a modulação ocorreu em sede de embargos de declaração, mas se estabeleceu como marco temporal a data do julgamento do mérito. Desperta atenção o fato de que em somente uma dessas ADIs houve concessão de medida cautelar para suspender o

---

certamente demonstrado o excepcional interesse social a justificar a modulação da eficácia da decisão de inconstitucionalidade proferida nas ADIs 4357 e 4425" (BRASIL. Supremo Tribunal Federal (Pleno). Questão de Ordem na Ação Direta de Inconstitucionalidade 4.357. Requerente: Conselho Federal da Ordem dos Advogados do Brasil – CFOAB. Relator: Min. Luiz Fux, 25 de março de 2015. *Dje*: Brasília, DF, 2015d. Disponível em: https://redir.stf.jus.br/paginadorpub/paginador.jsp?docTP=TP&docID=9016259. Acesso em: 27 ago. 2023; BRASIL. Supremo Tribunal Federal (Pleno). Questão de Ordem na Ação Direta de Inconstitucionalidade 4.425. Requerente: Confederação Nacional da Indústria – CNI. Relator: Min. Luiz Fux, 25 de março de 2015. *Dje*: Brasília, DF, 2015e. Disponível em: https://redir.stf.jus.br/paginadorpub/paginador.jsp?docTP=TP&docID=9016259. Acesso em: 27 ago. 2023).

[629] Esse não foi o único fundamento em todos os casos, é oportuno referir.

benefício questionado (ADI nº 5.467), mesmo havendo jurisprudência bastante consolidada no STF. Nesse caso, a modulação teve como marco inicial a data do deferimento da liminar.

Tema também relativo à concessão de benefícios fiscais pelos estados sem autorização em convênio do Confaz foi apreciado pelo STF no RE nº 628.075 (Tema nº 490). Na oportunidade, discutiu-se, especificamente, a hipótese de concessão de créditos fictícios ou presumidos pelo estado de origem e a glosa desses créditos pelo estado de destino, com base no artigo 8º, inciso I, da LC nº 24/75. A posição vencedora foi a inaugurada pelo ministro Gilmar Mendes, no sentido do reconhecimento da constitucionalidade dessa cobrança pelos estados de destino. Contudo, o ministro também propôs a atribuição de efeitos *ex nunc* à decisão, de modo a resguardar "todos os efeitos jurídicos das relações tributárias já constituídas", ou seja: "caso não tenha havido ainda lançamentos tributários por parte do Estado de destino, este só poderá proceder ao lançamento em relação aos fatos geradores ocorridos a partir da (...) decisão".[630] Assim registrou o ministro Gilmar Mendes, em seu voto, a respeito da modulação:

> A modulação de efeitos de decisão proferida tanto em controle concentrado quanto em controle difuso julgado sob a sistemática da repercussão geral é poder conferido ao STF, condicionado à presença de interesse social e à necessidade de garantir segurança jurídica aos jurisdicionados.
>
> Tal instituto busca evitar que a decisão proferida por esta Corte afete, de forma negativa e relevante, importantes valores sociais, especialmente os princípios da boa-fé e da confiança legítima, que, no caso, respaldam os atos praticados e o eventual tratamento favorável concedido aos contribuintes beneficiados com legislação estadual que concedeu crédito presumido ou fictício, até o presente julgamento.
>
> Tratando-se de ato normativo que vigeu e produziu efeitos, com a presunção de sua constitucionalidade pelos contribuintes do tributo, a situação enseja a necessária proteção das expectativas legitimamente criadas.
>
> Deve-se levar em consideração que o caso ora tratado não é de constitucionalidade ou inconstitucionalidade flagrante, havendo argumentos igualmente consistentes para declaração de inconstitucionalidade da

---

[630] BRASIL. Supremo Tribunal Federal (Pleno). Recurso Extraordinário 628.075. Recorrente: Gelita do Brasil Ltda. Recorrido: Estado do Rio Grande do Sul. Relator: Min. Edson Fachin, 18 de agosto de 2020. *Dje*: Brasília, DF, 2020k. Disponível em: https://redir.stf.jus.br/paginadorpub/paginador.jsp?docTP=TP&docID=753979034. Acesso em: 27 ago. 2023.

legislação objeto da presente ação, tanto que temos votos em ambos os sentidos no Plenário desta Suprema Corte.

Ademais, somente quando do julgamento da presente ação está se confirmando (ou proibindo, caso meu voto não prevaleça) o estorno proporcional de crédito de ICMS em razão de crédito fiscal presumido concedido por outro Estado; entendo que o momento mais adequado para que essa decisão produza efeitos é justamente a data de julgamento da presente ação.

É que os valores discutidos na presente ação são bilionários, o que pode levar, de um lado, uma empresa à falência ou, de outro, ao aumento do *déficit* público, nas já combalidas finanças estaduais. A título ilustrativo, cito a informação trazida pelo Estado de São Paulo, na condição de *amicus curiae*, o qual informa que, caso prevaleça a tese de que seria vedado o estorno proporcional de crédito de ICMS na presente hipótese, isso representaria um risco de devolução de créditos na ordem de R$ 9 bilhões de reais apenas pelo referido Estado. Por outro lado, ainda que a posição por mim defendida se sagre vencedora, há o risco de que os Estados que não adotaram qualquer medida em relação ao estorno proporcional dos créditos assim o procedam com base no entendimento desta Suprema Corte, de forma retroativa aos últimos cinco anos.

Enfim, penso que é pertinente fazer esse último registro, quanto às consequências deste julgamento, não como um elemento extrajurídico e, portanto, alheio a este momento, mas como uma questão que tem, sim, íntima conexão com o cerne do Sistema Tributário e com o papel institucional desta Corte. Deve-se especial atenção ao artigo 20 da Lei de Introdução às Normas do Direito Brasileiro (LINDB), o qual expressamente determina que as consequências práticas das decisões judiciais sejam levadas em consideração pelo julgador.

Em outras palavras, nosso mister constitucional inclui a proteção dos direitos fundamentais do contribuinte contra qualquer ação do fisco, seja no plano da legislação, seja no plano administrativo, que destoe do figurino constitucional; mas também a defesa das competências constitucionais tributárias e – devo dizer – da arrecadação tributária, peça-chave do conceito de Estado Fiscal, como hoje o conhecemos.

Assim, entendo que é o caso de modular os efeitos da decisão para que ela produza efeitos a partir da decisão do Plenário desta Corte.[631]

---

[631] BRASIL. Supremo Tribunal Federal (Pleno). Recurso Extraordinário 628.075. Recorrente: Gelita do Brasil Ltda. Recorrido: Estado do Rio Grande do Sul. Relator: Min. Edson Fachin, 18 de agosto de 2020. *Dje*: Brasília, DF, 2020k. Disponível em: https://redir.stf.jus.br/paginadorpub/paginador.jsp?docTP=TP&docID=753979034. Acesso em: 27 ago. 2023.

A transcrição, embora extensa, é importante, na medida em que o caso apresenta uma peculiaridade digna de nota, qual seja: o fato de que a modulação foi aplicada em caso no qual não houve reconhecimento de inconstitucionalidade, tampouco alteração de jurisprudência. O artigo 27 da Lei nº 9.868/99, não custa lembrar, menciona a aplicação do instituto para a hipótese de declaração de "inconstitucionalidade de lei ou ato normativo". Ademais, o critério adotado coloca alguns desafios à isonomia, na medida em que se vedou aos estados autuarem contribuintes sobre períodos anteriores ao julgamento, mas manteve hígidas glosas ocorridas até então. Não se pode ignorar, todavia, que, quando da análise desse caso, já haviam sido editados a LC nº 160/2017 e o Convênio nº 190/2017, do Confaz, dispondo sobre a remissão de créditos tributários constituídos em decorrência de incentivos concedidos em desconformidade com o artigo 155, §2º, inciso XII, alínea 'g', da CF/88.[632]

Avançando, na ADI nº 3.550, o STF julgou inconstitucional benefício concedido pelo estado do Rio de Janeiro sob o fundamento de que previa como condição a realização de contribuições para o Fundo de Aplicações Econômicas e Sociais do Estado do Rio de Janeiro, o que se considerou como indevida vinculação de receita de impostos. No caso, houve modulação, com fundamento na segurança jurídica, para que a decisão somente produzisse efeitos a partir da data da sessão de julgamento.[633]

---

[632] A propósito, a LC nº 160/2017 foi referida no voto do Min. Gilmar Mendes: "Após a propositura da presente ação, entrou em vigor a Lei Complementar 160/2017, a qual buscou tratar das situações em que isenções, incentivos e benefícios fiscais ou financeiro-fiscais de ICMS foram concedidos em desacordo com o disposto na alínea "g" do inciso XII do §2º do art. 155 da Constituição Federal. A referida legislação previu quórum mais simplificado para remissão de créditos tributários e para restituição de isenções, incentivos e benefícios fiscais até então concedidos sem autorização do Confaz. Diante desse quadro, a mim me parece que qualquer decisão a ser adotada por este Tribunal deve respeitar o que eventualmente fora decidido pelos Estados com base na Lei Complementar 160/2017. Vale dizer, apesar de considerar que não viola o princípio da não cumulatividade o estorno proporcional de crédito de ICMS, quando, na operação precedente realizada em outro estado, tenha o contribuinte obtido benefício do crédito presumido, deve ser respeitada eventual legislação estadual que tenha admitido expressamente o referido crédito no Estado de destino" (BRASIL. Supremo Tribunal Federal (Pleno). Recurso Extraordinário 628.075. Recorrente: Gelita do Brasil Ltda. Recorrido: Estado do Rio Grande do Sul. Relator: Min. Edson Fachin, 18 de agosto de 2020. *Dje*: Brasília, DF, 2020k. Disponível em: https://redir.stf.jus.br/paginadorpub/paginador.jsp?docTP=TP&docID=753979034. Acesso em: 27 ago. 2023).

[633] BRASIL. Supremo Tribunal Federal (Pleno). Ação Direta de Inconstitucionalidade 3.550. Requerente: Procurador-Geral da República. Relator: Min. Dias Toffoli, 18 de dezembro de 2019. *Dje*: Brasília, DF, 2019a. Disponível em: https://redir.stf.jus.br/paginadorpub/paginador.jsp?docTP=TP&docID=752158083. Acesso em: 27 ago. 2023.

Na ADI nº 6.074, a Suprema Corte reconheceu a inconstitucionalidade de benefício de isenção de IPVA concedido pelo estado de Roraima a pessoas portadoras de doenças graves, em razão de não ter sido observado o dever de elaboração de análise de estimativa da renúncia fiscal. Não obstante, atribuíram-se efeitos *ex nunc* ao julgado, de modo a "proteger a confiança legítima que resultou na aplicação da lei e preservar a boa-fé objetiva".[634]

Na ADI nº 6.479, tratava-se de benefício fiscal concedido pelo Estado do Pará, sendo que algumas das normas impugnadas vigiam já há quase 20 anos quando do julgamento. Houve reconhecimento de inconstitucionalidade pelo STF,[635] mas, no acórdão de mérito, nada foi dito quanto à modulação. O tema foi então suscitado em embargos de declaração, oportunidade em que a medida foi acolhida, para atribuir efeitos *ex nunc* à decisão, a contar da data do julgamento do mérito. Compreendeu a ministra Cármen Lúcia ser "cabível a modulação pretendida de modo a equalizar o julgado conforme os imperativos de segurança jurídica e do excepcional interesse público".[636]

Por fim, as ADPFs nº 190[637] e 189[638] versaram sobre leis municipais que acarretaram redução de carga fiscal para patamares abaixo da

---

[634] BRASIL. Supremo Tribunal Federal (Pleno). Ação Direta de Inconstitucionalidade 6.074. Requerente: Estado de Roraima. Relatora: Min.a Rosa Weber, 21 de dezembro de 2020. *Dje*: Brasília, DF, 2020e. Disponível em: https://redir.stf.jus.br/paginadorpub/paginador.jsp?docTP=TP&docID=755255404. Acesso em: 27 ago. 2023.

[635] Os fundamentos da inconstitucionalidade foram, em suma, a inexistência de lei específica e a criação de norma discriminatória em relação à origem ou destino da mercadoria (BRASIL. Supremo Tribunal Federal (Pleno). Ação Direta de Inconstitucionalidade 6.479. Requerente: Procurador-Geral da República. Relator: Min. Cármen Lúcia, 21 de junho de 2021. *Dje*: Brasília, DF, 2021h. Disponível em: https://redir.stf.jus.br/paginadorpub/paginador.jsp?docTP=TP&docID=756349194. Acesso em: 27 ago. 2023).

[636] BRASIL. Supremo Tribunal Federal (Pleno). Segundos Embargos de Declaração na Ação Direta de Inconstitucionalidade 6.479. Embargante: Governador do Estado do Pará. Embargado: Procurador-Geral da República. Relatora: Min.a Cármen Lúcia, 8 de setembro de 2021. *Dje*: Brasília, DF, 2021r. Disponível em: https://redir.stf.jus.br/paginadorpub/paginador.jsp?docTP=TP&docID=757229994. Acesso em: 27 ago. 2023.

[637] Assim foi redigida a tese fixada na ADPF nº 190: "É inconstitucional lei municipal que veicule exclusão de valores da base de cálculo do ISSQN fora das hipóteses previstas em lei complementar nacional. Também é incompatível com o Texto Constitucional medida fiscal que resulte indiretamente na redução da alíquota mínima estabelecida pelo art. 88 do ADCT, a partir da redução da carga tributária incidente sobre a prestação de serviço na territorialidade do ente tributante Modulação de efeitos para que o reconhecimento da inconstitucionalidade surta efeitos a partir do deferimento da cautelar" (BRASIL. Supremo Tribunal Federal (Pleno). Arguição de Descumprimento de Preceito Fundamental 190. Requerente: Governador do Distrito Federal. Relator: Min. Edson Fachin, 29 de setembro de 2016. *Dje*: Brasília, DF, 2016a. Disponível em: https://redir.stf.jus.br/paginadorpub/paginador.jsp?docTP=TP&docID=12798565. Acesso em: 27 ago. 2023).

[638] BRASIL. Supremo Tribunal Federal (Pleno). Agravo Regimental na Arguição de Descumprimento de Preceito Fundamental 189. Requerente: Governador do Distrito Federal.

alíquota mínima estabelecida no artigo 88 do ADCT. No primeiro caso, a modulação de efeitos teve como termo inicial a data do deferimento da medida cautelar concedida na ação e foi fundamentada na necessidade de preservação da segurança jurídica. No segundo, por sua vez, a modulação foi deliberada em sede de embargos de declaração e fixada tendo como termo inicial a data da publicação da ata do julgamento de mérito, também com base em razões de segurança jurídica.

É oportuno apontar que esse grupo de casos apresenta uma característica importante: as modulações ocorreram em favor dos contribuintes. Ainda que se possa discutir os efeitos perversos da adoção dessa medida no longo prazo (estimulando conflitos federativos, como objetado em alguns dos acórdãos), e não se ignorando, igualmente, que os entes federados titulares da competência tributária ativa nesses casos auferiram um benefício indireto com a atração de investimentos para suas localidades, fato é que essas medidas foram adotadas pelo STF de modo a preservar a segurança jurídica do particular, que pautou sua conduta nas normas editadas pelo poder público (as quais se presumem constitucionais, até juízo em contrário). Por outro lado, se há um ponto negativo a ser mencionado nesse grupo de casos, ele diz respeito à morosidade do Judiciário em apreciar essas controvérsias e à própria omissão quanto à apreciação de pedidos de medidas cautelares, permitindo-se que legislações flagrantemente contrárias à CF/88 (na forma da pacífica jurisprudência da Suprema Corte) permanecessem hígidas por anos a fio (por vezes, décadas), consolidando situações jurídicas que, mais à frente, acabariam por demandar a modulação.

3.2.3.1.5 Contribuições de servidores públicos

Foram identificados, dentre os casos com modulação de efeitos, 3 que, de algum modo, estavam relacionados a contribuições exigidas de servidores públicos. O primeiro deles é a ADI nº 3.106, julgada pelo STF em 2010, por meio da qual se questionou a exigência de contribuição compulsória de servidores do estado de Minas Gerais para o custeio de assistência médica, hospitalar, odontológica, social e farmacêutica. Conforme o entendimento da Suprema Corte, à luz do artigo 149, §1º, da CF/88, os estados não poderiam impor contribuição para essa

---

Relator: Min. Marco Aurélio, 31 de agosto de 2020. *Dje*: Brasília, DF, 2020f. Disponível em: https://redir.stf.jus.br/paginadorpub/paginador.jsp?docTP=TP&docID=754562925. Acesso em: 27 ago. 2023.

finalidade de modo obrigatório, mas apenas facultativamente, para aqueles que quisessem dela usufruir.[639] No acórdão que apreciou o mérito, entretanto, nada foi dito a respeito da modulação de efeitos, tema que veio a ser enfrentado apenas em 2015, por oportunidade do julgamento de embargos de declaração. Nesse julgado, então, o STF concluiu pela necessidade de modulação, nos termos da fundamentação do ministro relator, Luiz Fux, que assim consignou:

> O caso *sub judice* versa sobre temática socialmente sensível, na medida em que a concessão de efeitos retroativos à decisão da Corte implicaria o dever de devolução por parte do Estado de Minas Gerais de contribuições recolhidas por duradouro período de tempo. Mais precisamente, decorreram ao menos oito anos de vigência da sistemática de contribuições invalidada pelo Supremo Tribunal Federal; isso se contabilizarmos apenas o intervalo entre a promulgação da Lei Complementar estadual mineira nº 70, em março de 2002, e o julgamento da presente ADI pelo STF, em abril de 2010.
>
> Durante esse período, é certo que foram cobrados valores dos servidores públicos estaduais. Porém, também é certo que serviços médicos, hospitalares, odontológicos, sociais e farmacêuticos foram-lhes colocados à disposição, para utilização imediata quando necessária. Tal como colocado pelo Governador do Estado de Minas Gerais em sua peça de embargos, "a contraprestação paga mensalmente pelo servidor era integrada, de modo imediato, ao custeio das atividades prestadas no mesmo período". Destarte, ainda que não tenham sido utilizados, os serviços foram disponibilizados ao respectivo público, o que certamente gerou custos para o Estado de Minas Gerais. Tais custos são hoje irrecuperáveis, o que dificulta a restauração por completo do *status quo ante*.
>
> Reforça este ponto a natureza contraprestacional dos valores arrecadados pelo Instituto de Previdência dos Servidores do Estado de Minas Gerais (IPSEMG). Tratava-se de contribuições sociais, as quais, como é sabido, diferem dos impostos pela afetação específica que lhes é peculiar. É essa vinculação específica entre benefício e contribuição que atualmente impede todo servidor não contribuinte de usar o serviço. Considero então que também não se pode alterar o passado para fazer com que o uso pretérito do serviço (potencialmente ou em concreto) pudesse ocorrer sem pagamento do valor prescrito em lei.

---

[639] BRASIL. Supremo Tribunal Federal (Pleno). Embargos de Declaração na Ação Direta de Inconstitucionalidade 3.106. Embargante: Governador do Estado de Minas Gerais. Embargado: Procurador-Geral da República. Relator: Min. Luiz Fux, 20 maio 2015. *Dje*: Brasília, DF, 2015c. Disponível em: https://redir.stf.jus.br/paginadorpub/paginador.jsp?docTP=TP&docID=9116198. Acesso em: 27 ago. 2023.

Nesse sentido, considerando as repercussões sociais e jurídicas da declaração de inconstitucionalidade, torna-se necessária a modulação dos efeitos da decisão de mérito tomada pelo Plenário do Supremo Tribunal Federal de modo a reconhecer a legitimidade da cobrança da contribuição social dos servidores do Estado de Minas Gerais enquanto o serviço lhes estava disponível e até a data de conclusão do julgamento de mérito pelo Supremo Tribunal Federal.[640]

Como se observa, dois foram, essencialmente, os aspectos que influíram para a adoção dessa modulação: o risco de o Estado ter de devolver as contribuições exigidas por longo período, aliado à natureza contraprestacional dos valores arrecadados, já que se destinavam à disposição de serviços de saúde aos servidores. Chama a atenção, no caso, o lapso temporal transcorrido entre a decisão que reconheceu a inconstitucionalidade (2010) e a decisão que modulou seus efeitos (2015).

Anos mais tarde, em 2022, o STF apreciou matéria similar, na ADI nº 5.368, oportunidade em que também julgou inconstitucional contribuição compulsória para a saúde exigida pelo Estado de Tocantins em relação aos seus militares, inclusive com base no precedente formado na ADI nº 3.106. Afastou, com isso, o caráter obrigatório da aludida contribuição e atribuiu efeitos *ex nunc* à decisão, a contar da data da publicação da ata de julgamento, consignando expressamente a impossibilidade de repetição dos valores pagos pelos contribuintes até esse marco temporal.[641] Não houve, nesse caso, maiores digressões acerca da modulação, tendo o ministro relator, Dias Toffoli, basicamente invocado as mesmas razões que embasaram a adoção da medida na mencionada ADI nº 3.106.

Em sede de controle difuso, de outra parte, o STF apreciou, no RE nº 630.137 (Tema nº 317), a controvérsia envolvendo a autoaplicabilidade da imunidade relativa à contribuição sobre os proventos de aposentadorias e pensões dos servidores públicos, prevista no artigo 40, §21, da CF/88, quando o beneficiário fosse portador de doença

---

[640] BRASIL. Supremo Tribunal Federal (Pleno). Embargos de Declaração na Ação Direta de Inconstitucionalidade 3.106. Embargante: Governador do Estado de Minas Gerais. Embargado: Procurador-Geral da República. Relator: Min. Luiz Fux, 20 maio 2015. *Dje*: Brasília, DF, 2015c. Disponível em: https://redir.stf.jus.br/paginadorpub/paginador.jsp?docTP=TP&docID=9116198. Acesso em: 27 ago. 2023.

[641] BRASIL. Supremo Tribunal Federal (Pleno). Ação Direta de Inconstitucionalidade 5.368. Requerente: Procurador-Geral da República. Relator: Min. Dias Toffoli, 3 de novembro de 2022. *Dje*: Brasília, DF, 2022a. Disponível em: https://redir.stf.jus.br/paginadorpub/paginador.jsp?docTP=TP&docID=764581843. Acesso em: 27 ago. 2023.

incapacitante. Concluiu a Corte, ao julgar o caso, em 2021, que tal disposição constitucional era de eficácia limitada e, portanto, dependia da edição de legislação infraconstitucional para regulamentar as doenças incapacitantes aptas a conferir ao servidor o direito à referida não incidência.[642]

Não obstante o reconhecimento da inconstitucionalidade, entendeu o STF por modular os efeitos da decisão, de modo a que os servidores e pensionistas que, por decisão judicial, houvessem deixado de pagar as contribuições não as tivessem de recolher retroativamente. O termo para a modulação foi a data da publicação da ata de julgamento, momento a partir do qual os entes que eventualmente não tivessem editado lei regulamentando a imunidade poderiam voltar a reter as contribuições previdenciárias. Não restou explicitado, no entanto, qual o fundamento adotado para a adoção da medida, isto é, se segurança jurídica ou excepcional interesse social, muito embora as circunstâncias indiquem que a medida visou preservar, sobretudo, a primeira. No mais, é possível verificar similaridades deste caso em relação aos envolvendo benefícios fiscais concedidos em contrariedade à CF/88,[643] no sentido de que a modulação visou proteger os particulares.

3.2.3.1.6 Estorno de ICMS: Convênio nº 110/07, do Confaz

No ano de 2011, o STF começou a apreciar, no âmbito da ADI nº 4.171, a validade da exigência de "estorno" de ICMS correspondente às aquisições de álcool etílico anidro combustível (AEAC) e biodiesel (B100) pelas distribuidoras de combustíveis, quando da venda subsequente gasolina tipo C e óleo diesel B5 aos postos em operação interestadual, obrigação instituída pelos Estados com base no Convênio nº 110/07, do Confaz, mais especificamente em sua cláusula vigésima primeira, §§10 e 11. Ocorre que as aquisições das refinarias ou destilarias não geravam crédito de ICMS às distribuidoras, já que o recolhimento

---

[642] A fixação da tese se deu nos seguintes termos: "O art. 40, §21, da Constituição Federal, enquanto esteve em vigor, era norma de eficácia limitada e seus efeitos estavam condicionados à edição de lei complementar federal ou lei regulamentar específica dos entes federados no âmbito dos respectivos regimes próprios de previdência social" (BRASIL. Supremo Tribunal Federal (Pleno). Recurso Extraordinário 630.137. Recorrente: Instituto de Previdência do Rio Grande do Sul. Recorrido: Paulo Claudio Dreher e outro. Relator: Min. Roberto Barroso, 1º de março de 2021. *Dje*: Brasília, DF, 2021m. Disponível em: https://redir.stf.jus.br/paginadorpub/paginador.jsp?docTP=TP&docID=755310274. Acesso em: 27 ago. 2023).

[643] Ver item 3.2.3.1.4.

ocorria com substituição tributária. Por esse motivo, o "estorno" em questão, na verdade, correspondia a verdadeiro novo recolhimento, no que se extrapolou as matérias passíveis de disposição em convênio.[644]

Esse foi o entendimento manifestado pela ministra relatora, Ellen Gracie, que também propôs a modulação dos efeitos da decisão, de modo a que o reconhecimento de inconstitucionalidade só surtisse eficácia após 6 meses contados da publicação do acórdão. A motivação invocada pela ministra para a adoção da medida foi de que a impossibilidade de cobrança do aludido "estorno" ensejaria "prejuízo aos estados sedes das distribuidoras que não sejam ao mesmo tempo sede das usinas e local de consumo do combustível final", porquanto não conseguiriam mais se ressarcir do ônus suportado.[645]

---

[644] BRASIL. Supremo Tribunal Federal (Pleno). Ação Direta de Inconstitucionalidade 4.171. Requerente: Confederação Nacional do Comércio. Relatora: Min.a Ellen Gracie, 20 de maio de 2015. *Dje*: Brasília, DF, 2015a. Disponível em: https://redir.stf.jus.br/paginadorpub/paginador.jsp?docTP=TP&docID=9194087. Acesso em: 27 ago. 2023.

[645] O tema é bastante complexo e merece uma explicação, para que se possa compreender em que consiste o *prejuízo* dos estados. O diesel combustível vendido aos consumidores finais, por determinação legal, é produto da mistura de óleo diesel puro (derivado do petróleo) e do biodiesel B100 (renovável), ambos adquiridos pela distribuidora e misturados por ela para revenda. O mesmo ocorre com a gasolina tipo C, que é produto da adição da gasolina tipo A (derivado de petróleo) ao álcool etílico anidro combustível (AEAC, renovável). Visando à unificação das formas de tributação, considerando-se que esses dois insumos das misturas estão submetidos a regimes distintos, estabeleceram os estados, no aludido Convênio nº 110/07, uma substituição tributária para frente quanto aos derivados de petróleo e uma substituição tributária para trás (diferimento ou suspensão) quanto ao álcool e ao biodiesel. Como o tributo correspondente às operações subsequentes já é recolhido no início da cadeia pela refinaria (o que compreende uma venda subsequente do produto misturado), esta atua como uma verdadeira câmara de compensação, que concentra em si o dever de recolhimento do tributo quanto a todos os elos da cadeia, realizando os devidos repasses aos Estados em que será consumido o combustível, e também, quando for o caso, aos estados de que se origina o combustível renovável (não derivado do petróleo) adicionado na mistura realizada pela distribuidora. Isso é viabilizado pela utilização de sistema informatizado, que encontra previsão no próprio Convênio nº 110/2007, denominado Sistema de Captação e Auditoria dos Anexos de Combustíveis (SCANC), o qual realiza de forma automática as deduções e repasses de tributo às unidades federadas, substituindo a escrituração de débitos e créditos fiscais dos contribuintes envolvidos na operação. Quando a distribuidora, após realizar a mistura, promove uma saída interestadual de combustível, essa operação é imune, na forma do art. art. 155, §2º, X, 'b', da CF/88 (já que, mesmo após a mistura, segue se tratando de um combustível derivado de petróleo). Diante dessa operação, os estados pretenderam exigir um "estorno", com base na regra que exige estorno de créditos de entradas face a saídas não tributadas. Ocorre que, como visto, não há crédito algum na entrada. O problema prático, todavia, é que, quando a refinaria procede ao recolhimento da integralidade do tributo em substituição tributária para frente, ela o faz sob a presunção de que o fato gerador do ICMS (consumo final) ocorrerá dentro do estado em que está sediada a distribuidora. E isso ocorre em razão de que não há como a refinaria prever qual a destinação será dada ao combustível fóssil pela distribuidora após a realização da mistura com o combustível renovável. A regra geral é de que quando a distribuidora realiza

O julgamento foi suspenso por pedido de vista do ministro Ricardo Lewandowski, que proferiu seu voto somente no ano de 2015. Na oportunidade, Sua Excelência acompanhou o entendimento da inconstitucionalidade da exação, bem como a proposta de modulação da ministra relatora, que prevaleceu no Plenário. Consignou o ministro Lewandowski em seu voto:

> Neste caso, está evidenciada a necessidade da modulação dos efeitos da declaração de inconstitucionalidade, uma vez que se cuida de decisão que implicará sérias repercussões aos contribuintes e aos Estados-sedes das distribuidoras de combustíveis, que terão suas arrecadações diminuídas abruptamente.
>
> Considerando, destarte, a segurança jurídica e o excepcional interesse econômico envolvidos na questão, entendo ser cabível a limitação dos efeitos da inconstitucionalidade a ser eventualmente declarada por esta Corte, a fim de que esta decisão tenha eficácia após seis meses da publicação do acórdão.[646]

É oportuno referir, nesse caso, que durante todo o período em que o julgamento ficou suspenso em face do pedido de vista (quase quatro anos), a exação, considerada inconstitucional, seguiu sendo exigida. Ainda assim, aplicou-se a medida da modulação para mantê-la por mais seis meses a contar da publicação do acórdão, e não se formulou qualquer ressalva quanto aos contribuintes que, porventura, já discutissem essa exação, em juízo ou administrativamente.

---

venda interestadual de combustíveis, ela deve informar tais operações no SCANC, a fim de que a refinaria que recolheu o imposto antecipadamente por substituição tributária possa repassar o ICMS para o estado de destino, onde ocorrerá o consumo, bem como repassar ao estado de origem do B100 o imposto relativo ao produto adquirido com diferimento ou suspensão. Com isso, o estado em que sediada a distribuidora, e que até esse momento, receberia a integralidade do tributo (em razão da mencionada presunção de que o fato gerador se perfectibilizaria em seu território), é debitado, por assim dizer, (i) do valor devido ao estado em que realizará o consumo e (ii) do valor devido ao estado em que estabelecido o fornecedor do Biodiesel B100. Tal sistemática acabava gerando prejuízo fiscal ao estado sede da distribuidora quando não fosse igualmente sede da usina produtora do combustível não derivado do petróleo. É esse o prejuízo a que se fez menção para embasar a modulação de efeitos.

[646] BRASIL. Supremo Tribunal Federal (Pleno). Ação Direta de Inconstitucionalidade 4.171. Requerente: Confederação Nacional do Comércio. Relatora: Min.a Ellen Gracie, 20 de maio de 2015. *Dje*: Brasília, DF, 2015a. Disponível em: https://redir.stf.jus.br/paginadorpub/paginador.jsp?docTP=TP&docID=9194387. Acesso em: 27 ago. 2023.

3.2.3.1.7 Taxas

Dentre os casos em que houve modulação de efeitos, foram localizados 11 envolvendo controvérsias atinentes à exigência indevida de taxas, sendo 3 em controle difuso e 8 em controle concentrado. Passa-se a examiná-los.

No controle difuso, o STF julgou, em 2008, o RE nº 500.171 (Tema nº 40), em face do qual reconheceu a inconstitucionalidade da cobrança de taxa para matrícula em universidades federais, compreendendo que a exigência implicou ofensa ao artigo 206, inciso IV, da CF/88.[647] Contudo, em embargos de declaração, a Suprema Corte modulou os efeitos da decisão, fixando como marco inicial da sua eficácia a edição da Súmula Vinculante nº 12, que fixou o entendimento acerca da matéria.[648] Consoante manifestado pelos ministros nos debates, a possibilidade de devolução em massa dessas taxas poderia gerar grande impacto sobre os orçamentos das universidades, sendo que tais cobranças se destinavam, em parte, ao fornecimento de bolsas aos próprios estudantes. Como mencionado pelo ministro Gilmar Mendes, "esse recurso foi, realmente, destinado à finalidade pública, ao interesse público". Diante desse contexto, adotou o STF um caminho intermediário, modulando os efeitos a contar da edição da referida súmula vinculante, momento a partir do qual passou a haver orientação vinculante quanto à inconstitucionalidade dessa cobrança.[649]

O RE nº 643.247 (Tema nº 16), no qual se questionava a constitucionalidade da exigência de taxa pela utilização potencial do serviço de extinção de incêndio, foi julgado pelo STF em 2017. A conclusão da Suprema Corte foi no sentido de que a segurança pública, englobando as atividades de prevenção e combate a incêndios, está no campo das atividades precípuas da unidade da Federação, e, tratando-se de serviço

---

[647] BRASIL. Supremo Tribunal Federal (Pleno). Embargos de Declaração no Recurso Extraordinário 643.247. Embargante: Município de São Paulo. Embargado: Estado de São Paulo. Relator: Min. Marco Aurélio, 12 de junho de 2019. *Dje*: Brasília, DF, 2019c. Disponível em: https://redir.stf.jus.br/paginadorpub/paginador.jsp?docTP=TP&docID=750211164. Acesso em: 27 ago. 2023.

[648] A Súmula Vinculante nº 12, publicada ainda em 2008, teve a seguinte redação: "A cobrança de taxa de matrícula nas universidades públicas viola o disposto no art. 206, IV, da Constituição Federal".

[649] BRASIL. Supremo Tribunal Federal (Pleno). Recurso Extraordinário 500.171. Recorrente: Universidade Federal de Goiás – UFGO. Recorrido: Marcos Alves Lopes e outro. Relator: Min. Ricardo Lewandowski, 13 de agosto de 2008. *Dje*: Brasília, DF, 2008b. Disponível em: https://redir.stf.jus.br/paginadorpub/paginador.jsp?docTP=AC&docID=557345. Acesso em: 27 ago. 2023.

essencial, deve ser custeada mediante arrecadação de impostos, não cabendo ao município criar taxa com essa finalidade.[650]

O caso, no entanto, foi objeto de modulação de efeitos dois anos depois, em sede de embargos de declaração, em razão de se ter verificado superação da jurisprudência até então dominante acerca da matéria, com base no artigo 927, §3º, do CPC. O julgado, aliás, é especialmente relevante em razão de que a modulação foi acolhida pelo ministro Marco Aurélio, então relator, e que historicamente sempre manifestou objeções veementes à aplicação do instituto. É preciso reforçar, não obstante, que essa modulação se deu em função de superação de precedente, conforme restou bem explicitado no voto de Sua Excelência, do qual se extrai a seguinte passagem:

> Especificamente em sede de controle difuso de constitucionalidade, sempre me opus à aplicação do artigo 27 da Lei nº 9.868/1999, dispositivo contra o qual pende ação direta de inconstitucionalidade e cujo âmbito de incidência está restrito ao controle concentrado de constitucionalidade.
>
> Com a superveniência do Código de Processo Civil de 2015, o óbice formal está superado. O §3º do artigo 927 admite, no caso de alteração de jurisprudência dominante do Supremo, a modulação dos efeitos do pronunciamento, desde que fundada no interesse social e no da segurança jurídica. Considerada a advertência de parcimônia na observância do instituto, quando atendidos os requisitos do dispositivo, há de ser admitida a modulação dos efeitos da decisão, de modo a consagrar a boa-fé e a confiança no Estado-juiz.
>
> A respeito da taxa de prevenção e combate a incêndio instituída por Município, tradicionalmente a jurisprudência reconhecia a validade. No recurso extraordinário nº 206.777/SP, relator ministro Ilmar Galvão, publicado no Diário da Justiça de 30/04/1999, o Plenário do Supremo julgou constitucional a taxa instituída pelo Município de Santo André, destinada a cobrir as despesas "com a manutenção dos serviços de prevenção e extinção de incêndios, serviço público específico e divisível, cujos beneficiários são suscetíveis de referência individual".

---

[650] A tese restou redigida nos seguintes termos: "a segurança pública, presentes a prevenção e o combate a incêndios, faz-se, no campo da atividade precípua, pela unidade da Federação, e, porque serviço essencial, tem como a viabilizá-la a arrecadação de impostos, não cabendo ao Município a criação de taxa para tal fim" (BRASIL. Supremo Tribunal Federal (Pleno). Embargos de Declaração no Recurso Extraordinário 643.247. Embargante: Município de São Paulo. Embargado: Estado de São Paulo. Relator: Min. Marco Aurélio, 12 de junho de 2019. *Dje*: Brasília, DF, 2019c. Disponível em: https://redir.stf.jus.br/paginadorpub/paginador.jsp?docTP=TP&docID=750211164. Acesso em: 27 ago. 2023).

O entendimento foi replicado em diversos precedentes de ambas as Turmas: recursos extraordinários nº 252.295/SP e 253.460/SP, da relatoria do ministro Moreira Alves, Primeira Turma, com acórdãos respectivamente publicados no Diário da Justiça de 14 de setembro de 2001 e 22 de fevereiro de 2002; agravo regimental no recurso extraordinário nº 247.563/SP, relator ministro Sepúlveda Pertence, Segunda Turma, acórdão veiculado no Diário da Justiça de 28 de abril de 2006; e agravo regimental no recurso extraordinário nº 518.509/SP, Segunda Turma, relator ministro Cezar Peluso, acórdão publicado no Diário da Justiça de 16 de maio de 2008.

Houve, no julgamento verificado, mudança de entendimento substancial, suplantando óptica consolidada há quase duas décadas, de modo a atrair a aplicação do §3º do artigo 927 do Código de Processo Civil, pelo que devem ser atribuídos efeitos prospectivos à tese adotada.[651]

Com base nesses fundamentos, restaram modulados os efeitos da decisão, adotando-se como termo inicial a data da publicação da ata de julgamento do mérito (em 2017) e ressalvando-se as ações anteriormente ajuizadas.

No final de 2022, outro caso foi levado a julgamento em sede de controle difuso envolvendo controvérsia atinente à taxa exigida por município. Trata-se do RE nº 776.594 (Tema nº 919), em que se questionou a competência tributária municipal para a instituição de taxas de fiscalização em atividades inerentes ao setor de telecomunicações. Concluiu o STF que "a instituição de taxa de fiscalização do funcionamento de torres e antenas de transmissão e recepção de dados e voz é de competência privativa da União", na forma do artigo 22, inciso IV, da CF/88, razão pela qual sua instituição e cobrança pelos municípios se afigurava inconstitucional.[652]

---

[651] BRASIL. Supremo Tribunal Federal (Pleno). Embargos de Declaração no Recurso Extraordinário 643.247. Embargante: Município de São Paulo. Embargado: Estado de São Paulo. Relator: Min. Marco Aurélio, 12 de junho de 2019. *Dje*: Brasília, DF, 2019c. Disponível em: https://redir.stf.jus.br/paginadorpub/paginador.jsp?docTP=TP&docID=750211164. Acesso em: 27 ago. 2023.

[652] Assim restou redigita a tese: "A instituição de taxa de fiscalização do funcionamento de torres e antenas de transmissão e recepção de dados e voz é de competência privativa da União, nos termos do art. 22, IV, da Constituição Federal, não competindo aos Municípios instituir referida taxa" (BRASIL. Supremo Tribunal Federal (Pleno). Recurso Extraordinário 776.594. Recorrente: Tim Celular S.A. Recorrido: Diretor do Departamento de Tributação do Município de Estrela d'Oeste. Relator: Min. Dias Toffoli, 5 de dezembro de 2022. *Dje*: Brasília, DF, 2022e. Disponível em: https://redir.stf.jus.br/paginadorpub/paginador.jsp?docTP=TP&docID=765428169. Acesso em: 27 ago. 2023).

Na oportunidade, entretanto, modularam-se os efeitos da decisão quanto à Lei nº 2.344/2006, do município de Estrela d'Oeste, para que o reconhecimento de inconstitucionalidade só tivesse eficácia a contar da data da publicação da ata de julgamento, ressalvadas as ações em curso. Do que se depreende da fundamentação apresentada pelo ministro relator, Dias Toffoli, houve preocupação em relação à formação de um possível passivo em face do município, que já exercia a cobrança da aludida taxa desde 2007 e cujos valores arrecadados, muito provavelmente, já teriam sido despendidos.[653] Nesse sentido, mesmo não tendo ficado expresso que o fundamento seria o excepcional interesse social, as razões apresentadas apontam nessa direção. O ministro Alexandre de Moraes, por sua vez, acompanhou a proposta, mas invocou o fundamento da segurança jurídica.[654]

O ministro Edson Fachin, entretanto, registrou objeção bastante enfática à proposta de modulação, consignando o seguinte:

---

[653] Assim constou do voto do ministro Dias Toffoli: "A lei local, como se vê, começou a produzir efeitos em 2007. Há quinze anos, portanto, é cobrada, com presunção de constitucionalidade, a Taxa de Fiscalização de Licença para Funcionamento das Torres e Antenas de Transmissão e Recepção de Dados e Voz pelo Município de Estrela d'Oeste. Nessa toada, diversas tributações já ocorreram com base nesse diploma, gerando receitas para o município consideradas legítimas até o presente julgamento. E, muito provavelmente, os produtos da arrecadação dessas tributações já foram gastos pela municipalidade, considerando o interesse público, ou, ao menos, estão na proximidade de serem gastos. Afora isso, havendo a declaração de inconstitucionalidade dessa lei, com efeitos retroativos, surgirá grande passivo para o Município, afetando seu orçamento e suas finanças. Levando em conta os interesses da municipalidade e das empresas que ficaram sujeitas a tal tributação, proponho a modulação dos efeitos da declaração de inconstitucionalidade da Lei nº 2.344/06 do Município de Estrela d'Oeste, estabelecendo que a decisão produza efeitos a partir da data da publicação da ata de julgamento do mérito. Ficam ressalvadas as ações ajuizadas até a mesma data" (BRASIL. Supremo Tribunal Federal (Pleno). Recurso Extraordinário 776.594. Recorrente: Tim Celular S.A. Recorrido: Diretor do Departamento de Tributação do Município de Estrela d'Oeste. Relator: Min. Dias Toffoli, 5 de dezembro de 2022. *Dje*: Brasília, DF, 2022e. Disponível em: https://redir.stf.jus.br/paginadorpub/paginador.jsp?docTP=TP&docID=765428169. Acesso em: 27 ago. 2023).

[654] Registrou o ministro Alexandre de Moraes: "Sigo também, por razões de segurança jurídica, a modulação dos efeitos da decisão proposta pelo Relator no sentido de que decisão produza efeitos a partir da data da publicação da ata de julgamento do mérito, ficando ressalvadas as ações ajuizadas até a mesma data" (BRASIL. Supremo Tribunal Federal (Pleno). Recurso Extraordinário 776.594. Recorrente: Tim Celular S.A. Recorrido: Diretor do Departamento de Tributação do Município de Estrela d'Oeste. Relator: Min. Dias Toffoli, 5 de dezembro de 2022. *Dje*: Brasília, DF, 2022e. Disponível em: https://redir.stf.jus.br/paginadorpub/paginador.jsp?docTP=TP&docID=765428169. Acesso em: 27 ago. 2023).

De antemão, acompanho no mérito o Ilustre relator ressalvando a proposta de modulação dos efeitos da decisão na medida em que ausentes razões de segurança jurídica e interesse social.

A própria análise dos precedentes indicados pelo Ministro-relator indica por si que a Lei 2.344, do Município de Estrela D'oeste, foi editada em frontal desacordo com as regras constitucionais de competência na medida em que usurpa a competência da União para legislar sobre telecomunicações, fiscalizar os serviços de telecomunicações e editar normas gerais de Direito Urbanístico, nos termos do artigo 22, IV, da Constituição Federal.

Com vênias de estilo, divirjo do Ilustre relator quanto à modulação, haja vista que eventual modulação promoveria resultados fáticos considerados incompatíveis com o nosso ordenamento jurídico, visto que haveria a convalidação de cobranças inconstitucionais, portanto, nulas.

Da mesma forma, o interesse orçamentário também não corresponde ao interesse público. A perda de arrecadação não é argumento idôneo a permitir que os efeitos de lançamentos inconstitucionais, que agridem direitos fundamentais dos contribuintes, sejam mantidos.

É vedado aos entes federativos valerem-se de uma inconstitucionalidade útil e imputarem aos contribuintes o ônus de arcar com os valores que foram arrecadados em descompasso com as regras de competência da Constituição Federal.

A técnica de modulação de eficácia temporal da decisão não foi concebida para garantir o equilíbrio orçamentário à revelia da Constituição, e o que mais atentatório: às custas dos contribuintes.

No controle concentrado, ADI nº 3.660 é um dos primeiros casos com modulação dentro do universo de julgados examinados.[655] Na oportunidade, o STF constatou inconstitucionalidade em legislação do estado do Mato Grosso do Sul, que destinava valores recolhidos a título de custas e emolumentos judiciais, correspondentes à modalidade tributária de taxa, a pessoas jurídicas de direito privado.[656] O julgamento teve início em 2007 e foi concluído em 2008. A proposta de modulação

---

[655] Esse caso não foi localizado nos métodos de pesquisa originalmente adotados. Ele foi adicionado à base, em razão de que foi mencionado na ADI nº 3.111 (essa localizada nos filtros utilizados). Por se tratar da mesma matéria, não se poderia deixá-lo de fora. Aliás, todos os precedentes referidos na aludida ADI nº 3.111 foram verificados e boa parte deles consta, também, da base da pesquisa. Somente não foram adicionados os originalmente não incluídos que não tiveram mérito analisado (caso das ADIs nº 2.069 e 1.378).

[656] BRASIL. Supremo Tribunal Federal (Pleno). Ação Direta de Inconstitucionalidade 3.660. Requerente: Procurador-Geral da República. Relator: Min. Gilmar Mendes, 13 de março de 2008. *Dje*: Brasília, DF, 2008a. Disponível em: https://redir.stf.jus.br/paginadorpub/paginador.jsp?docTP=AC&docID=525829. Acesso em: 27 ago. 2023.

apresentada pelo ministro relator, Gilmar Mendes, foi acolhida, apesar de algumas objeções,[657] para atribuir efeitos à declaração de inconstitucionalidade apenas a partir da EC nº 45/2004, de 31 de dezembro de 2004. Essa medida, segundo o relator, seria necessária tendo em vista "razões de segurança jurídica e de excepcional interesse social", notadamente diante de possíveis ações contra as entidades beneficiadas pelos valores, visando à devolução daquilo que receberam. Nas palavras do relator, tais repetições de indébito poderiam "colocar o patrimônio dessas associações em xeque".

Anos depois, o STF voltou a examinar essa matéria nas ADIs nº 3.111 e 5.539. A primeira versou sobre legislação do estado do Rio de Janeiro e teve o mérito examinado, com reconhecimento de inconstitucionalidade, em 2017.[658] O julgado teve os efeitos modulados em sede de embargos de declaração, apreciados em 2020, fixando-se como marco temporal a data da publicação da ata do julgamento do recurso integrativo, "a fim de proteger a segurança jurídica, em face de lei tida como constitucional por mais de dezessete anos, e ao relevante interesse social no auxílio prestado pelas instituições beneficiadas aos seus filiados".[659]

---

[657] O ministro Marco Aurélio manifestou preocupação quanto às modulações, indicando que a medida poderia representar "um quase estímulo a descumprir-se a Constituição Federal, apostando-se na morosidade da Justiça e na circunstância de, somente tempos após – e a lei em exame é de 2005, mas há leis anteriores –, vir o Supremo a pronunciar-se a respeito". Em igual sentido, o ministro Joaquim Barbosa registrou sua posição contrária à modulação no caso, consignando: "temos que ter cuidado para não banalizar isso, sempre que haja interesses corporativos, individuais. Não faz sentido". E a esse comentário, respondeu o ministro Marco Aurélio: "Senão, daqui a pouco, passará a ser a regra a fixação da eficácia *ex nunc*" (BRASIL. Supremo Tribunal Federal (Pleno). Ação Direta de Inconstitucionalidade 3.660. Requerente: Procurador-Geral da República. Relator: Min. Gilmar Mendes, 13 de março de 2008. *Dje*: Brasília, DF, 2008a. Disponível em: https://redir.stf.jus.br/paginadorpub/paginador.jsp?docTP=AC&docID=525729. Acesso em: 27 ago. 2023).

[658] BRASIL. Supremo Tribunal Federal (Pleno). Embargos de Declaração na Ação Direta de Inconstitucionalidade 3.111. Embargante: Caixa de Assistência dos Procuradores do Estado do Rio de Janeiro e outros. Embargado: Procurador-Geral da República. Relator: Min. Alexandre de Moraes, 22 de maio de 2020. *Dje*: Brasília, DF, 2020g. Disponível em: https://redir.stf.jus.br/paginadorpub/paginador.jsp?docTP=TP&docID=753224270. Acesso em: 27 ago. 2023.

[659] BRASIL. Supremo Tribunal Federal (Pleno). Embargos de Declaração na Ação Direta de Inconstitucionalidade 3.111. Embargante: Caixa de Assistência dos Procuradores do Estado do Rio de Janeiro e outros. Embargado: Procurador-Geral da República. Relator: Min. Alexandre de Moraes, 22 de maio de 2020. *Dje*: Brasília, DF, 2020g. Disponível em: https://redir.stf.jus.br/paginadorpub/paginador.jsp?docTP=TP&docID=753224270. Acesso em: 27 ago. 2023.

Já na segunda, ADI nº 5.539, houve reconhecimento de inconstitucionalidade de legislação do estado de Goiás, em 2022.⁶⁶⁰ A decisão, todavia, teve seus efeitos modulados em sede de embargos de declaração, apreciados em 2023, estabelecendo-se como marco inicial da sua eficácia a data publicação do resultado do julgamento de mérito. O fundamento para a adoção da medida, consoante se lê do voto do ministro relator, Gilmar Mendes, foi o de que "a eventual necessidade de devolução dos valores recolhidos por longo período de tempo importaria em inegável agravamento da precária situação fiscal do Estado". Nesse contexto, segundo o ministro, seria impositiva a modulação, como forma de "atender ao excepcional interesse social e garantir a segurança jurídica, nos termos do artigo 27 da Lei nº 9.868/1999, salvaguardando, assim, a saúde financeira do estado de Goiás".⁶⁶¹

A análise desses três casos revela, de um lado, a inexistência de critério claro quanto ao marco temporal. Todos versaram sobre a mesma matéria e cada um deles adotou uma data para o início da eficácia *ex nunc* (EC nº 45/2004; data da publicação da ata de julgamento dos embargos de declaração; e data da publicação do julgamento do mérito).⁶⁶² De outro lado, o fato de o primeiro caso em que houve modulação quanto a essa matéria ter sido julgado em 2008 e de, passada mais de uma década, remanescer a mesma justificativa para novas modulações causa, no mínimo, algum desconforto.

Outro caso envolvendo taxa judiciária, mas não exatamente quanto ao destino da arrecadação, e sim quanto à determinação de sua base de cálculo, foi apreciado na ADI nº 2.040. Na hipótese, reputou-se inconstitucional legislação do estado do Paraná que definia como base de cálculo da taxa judiciária valor alusivo ao monte-mor, da causa, dos bens inventariados, dos ativos apurado e contratado e do terreno, por não se verificar o liame entre o custo do serviço público

---

[660] BRASIL. Supremo Tribunal Federal (Pleno). Ação Direta de Inconstitucionalidade 5.539. Requerente: Partido Republicano da Ordem Social – Pros. Relator: Min. Gilmar Mendes, 21 de junho de 2022. *Dje*: Brasília, DF, 2022b. Disponível em: https://redir.stf.jus.br/paginadorpub/paginador.jsp?docTP=TP&docID=761907379. Acesso em: Acesso em: 27 ago. 2023.

[661] BRASIL. Supremo Tribunal Federal (Pleno). Ação Direta de Inconstitucionalidade 5.539. Requerente: Partido Republicano da Ordem Social – Pros. Relator: Min. Gilmar Mendes, 21 de junho de 2022. *Dje*: Brasília, DF, 2022b. Disponível em: https://redir.stf.jus.br/paginadorpub/paginador.jsp?docTP=TP&docID=761907379. Acesso em: 27 ago. 2023.

[662] Em relação ao primeiro caso, compreende-se a alteração do critério, já que muitos anos se passaram. Todavia, entre a ADI nº 3.111 e a ADI nº 5.539, pouco tempo transcorreu, sendo incompreensível a adoção de critérios distintos, especialmente considerando que ambas a modulações ocorreram em sede de embargos de declaração.

prestado e as balizas do tributo.⁶⁶³ O mérito foi apreciado em 2020 e, em 2021, em sede de embargos de declaração, o STF entendeu pela aplicação da modulação de efeitos, estabelecendo como marco temporal a data publicação da ata de julgamento do mérito, exceto quanto aos dispositivos que já haviam sido suspensos mediante cautelar, caso em que a eficácia *ex nunc* ocorreria a partir da data da referida decisão liminar, e ressalvando as ações ajuizadas "até a véspera da publicação da ata de julgamento do mérito". Conforme fundamentação do ministro relator, Dias Toffoli, "durante longo período, diversas relações jurídicas foram consolidadas à luz de tais normas, gerando receitas tributárias – consideradas legítimas até então – para o Estado".⁶⁶⁴

Avançando, a ADI nº 3.775, apreciada em 2020, teve juízo de procedência, com o reconhecimento de inconstitucionalidade de taxa para transferência veicular do Estado do Rio Grande do Sul cuja base de cálculo não apresentava vinculação com o serviço prestado.⁶⁶⁵ No caso, houve modulação de efeitos em sede de embargos de declaração, para atribuir eficácia *ex nunc* ao julgado, a contar da data em que concluído o julgamento do mérito, sem qualquer ressalva. Concluiu a ministra relatora, Cármen Lúcia, ser cabível a medida, em face das "circunstâncias fáticas e suas repercussões sociais e jurídicas", de modo a "equalizar o julgado conforme os imperativos de segurança jurídica e do excepcional interesse público".⁶⁶⁶

---

⁶⁶³ BRASIL. Supremo Tribunal Federal (Pleno). Ação Direta de Inconstitucionalidade 2.040. Requerente: Conselho Federal da Ordem dos Advogados do Brasil. Relator: Min. Marco Aurélio, 29 de maio de 2020. *Dje*: Brasília, DF, 2020a. Disponível em: https://redir.stf.jus.br/paginadorpub/paginador.jsp?docTP=TP&docID=753201738. Acesso em: 27 ago. 2023.

⁶⁶⁴ BRASIL. Supremo Tribunal Federal (Pleno). Ação Direta de Inconstitucionalidade 2.040. Requerente: Conselho Federal da Ordem dos Advogados do Brasil. Relator: Min. Marco Aurélio, 29 de maio de 2020. *Dje*: Brasília, DF, 2020a. Disponível em: https://redir.stf.jus.br/paginadorpub/paginador.jsp?docTP=TP&docID=753201738. Acesso em: 27 ago. 2023.

⁶⁶⁵ BRASIL. Supremo Tribunal Federal (Pleno). Embargos de Declaração na Ação Direta de Inconstitucionalidade 3.775. Embargante: Governador do Estado do Rio Grande do Sul. Embargado: Procurador-Geral da República. Relatora: Min.a Cármen Lúcia, 26 de junho de 2020. *Dje*: Brasília, DF, 2020h. Disponível em: https://redir.stf.jus.br/paginadorpub/paginador.jsp?docTP=TP&docID=753445584. Acesso em: 27 ago. 2023.

⁶⁶⁶ Depreende-se dos fundamentos invocados por Sua Excelência: "5. A lei declarada inconstitucional produziu efeitos por mais de duas décadas, tendo-se, com base nela, expedido milhões de certificados de transferência e registro de veículos com presunção de constitucionalidade da norma. Nesse cenário, a declaração de inconstitucionalidade com efeitos retroativos (*ex tunc*) importaria na desoneração de serviços efetivamente prestados ao contribuinte, observada a natureza sinalagmática da taxa. Como ponderou o embargante, a retroação dos efeitos da declaração de inconstitucionalidade afrontaria 'o princípio do não-enriquecimento sem causa, porquanto o ente público estaria obrigado a ressarcir o pagamento de um serviço por ele já prestado, sem que para isso tenha sido remunerado

A ADI nº 5.288, por sua vez, tratou de taxa relativa a selo de autenticidade, no Estado do Paraná, a qual foi considerada inconstitucional em razão de ter sido estipulada com base em ato infralegal. A decisão foi objeto de modulação, para surtir efeitos apenas a partir de 12 meses contados da data da publicação da ata de julgamento. Como fundamento à modulação, a ministra relatora, Rosa Weber, invocou razões de "excepcional interesse público" e de "segurança jurídica".[667]

Nesse caso, chama bastante a atenção o fato de ter havido, tempos após o julgamento, um pedido de prorrogação do prazo da modulação de efeitos, por parte da Assembleia Legislativa do Estado do Paraná. O aludido prazo se encerraria em novembro de 2022, razão pela qual se pleiteou, perante o STF, a sua dilação até janeiro de 2023, o que restou deferido pela Corte. A propósito, confira-se o que registrou a ministra Rosa Weber, em seu voto:

> Operada a modulação, originalmente, tanto para atender o interesse público como a segurança jurídica, com vistas ao adequado funcionamento do fundo compensatório, dotado de finalidade social, e do sistema de controle de autenticidade dos atos notariais, de registro e de distribuição, em operação há vinte anos.
>
> O prazo adicional pretendido, de aproximadamente um mês, é exíguo e denota a razoabilidade do pleito e a boa-fé do legislador em buscar o saneamento da questão.

---

com qualquer espécie de contraprestação do particular'. 6. Demonstrou-se nos presentes embargos poder se suscitar eventual necessidade de devolução dos valores recolhidos por longo período de tempo, o que importaria em inegável agravamento da precária situação fiscal do Estado, a ser indiscriminadamente suportado por cidadãos que sequer se utilizaram do serviço, então executado na forma da lei" (BRASIL. Supremo Tribunal Federal (Pleno). Embargos de Declaração na Ação Direta de Inconstitucionalidade 3.775. Embargante: Governador do Estado do Rio Grande do Sul. Embargado: Procurador-Geral da República. Relatora: Min.a Cármen Lúcia, 26 de junho de 2020. *Dje*: Brasília, DF, 2020h. Disponível em: https://redir.stf.jus.br/paginadorpub/paginador. jsp?docTP=TP&docID=753445584. Acesso em: 27 ago. 2023).

[667] Colhe-se do voto da ministra Rosa Weber: "À vista da declaração de inconstitucionalidade do art. 7º da lei estadual, por ausência de teto ou parâmetro legal para a cobrança, entendo haver suficiente razão de interesse público para operar a modulação dos efeitos, qual seja, o funcionamento apropriado do fundo compensatório, para atendimento da finalidade social a que se destina, bem como do próprio sistema de controle de autenticidade dos atos notariais, de registro e de distribuição, em operação há vinte anos. Nesse último sentido, aliás, preserva-se também a segurança jurídica" (BRASIL. Supremo Tribunal Federal (Pleno). Ação Direta de Inconstitucionalidade 5.288. Requerente: Procurador-Geral da República. Relatora: Min.a Rosa Weber, 23 de novembro de 2021. *Dje*: Brasília, DF, 2021c. Disponível em: https://redir.stf.jus.br/paginadorpub/paginador. jsp?docTP=TP&docID=758462257. Acesso em: 27 ago. 2023).

É dizer, em síntese, as razões pelas quais inicialmente modulados os efeitos da decisão recomendam o acolhimento do pleito, para que, estendido o prazo por breve período, sem eternizar a transição para o estado de plena constitucionalidade, o FUNARPEN e o sistema de controle ancorado nos selos de autenticidade operem sem solução de continuidade.[668]

Embora tenha a ministra mencionado haver precedentes de medidas dessa natureza,[669] a decisão, de certa maneira, preocupa, porque se cria precedente para que pedidos de prorrogação dessa natureza passem a ser formulados, seja por necessidades arrecadatórias, seja por impossibilidades (por vezes, até políticas) de se regularizar situações do ponto de vista normativo dentro de determinado prazo.[670]

A ADI nº 4.411 tratou da taxa de segurança pública exigida pelo estado de Minas Gerais, concluindo o STF pela inconstitucionalidade da exação, em razão de se tratar de atividade a ser financiada por impostos (fundamento idêntico ao do Tema nº 16 da repercussão geral, anteriormente examinado).[671] Nesse caso, houve modulação dos efeitos da decisão em sede de embargos de declaração, julgados dois anos depois (o mérito foi apreciado em 2020 e os declaratórios em 2023), fixando como marco temporal a data da publicação da ata de julgamento do mérito e ressalvando os processos administrativos e as ações judiciais pendentes de conclusão até a referida data, assim como

---

[668] BRASIL. Supremo Tribunal Federal (Pleno). Referendo na Prorrogação de Prazo na Ação Direta de Inconstitucionalidade 5.288. Requerente: Procurador-Geral da República. Relatora: Min.ª Rosa Weber, 3 de maio de 2023. *Dje*: Brasília, DF, 2023g. Disponível em: https://redir.stf.jus.br/paginadorpub/paginador.jsp?docTP=TP&docID=767680578. Acesso em: 27 ago. 2023.

[669] A ministra mencionou as ADOs nº 23 e 25. Ocorre, todavia, que ações diretas de inconstitucionalidade por omissão reconhecem uma inconstitucionalidade advinda do vácuo normativo, isto é, da inexistência de uma norma. Essa é a *mora* legislativa, por assim dizer. No caso da ADI, a situação é diversa, pois se está a tratar de norma reconhecida como inconstitucional, ou seja, cujos efeitos foram mantidos, a despeito da sua inconstitucionalidade. A transposição do entendimento firmado em sede de ADO, para justificar a prorrogação de modulação de efeitos em sede de ADI, afigura-se, portanto, questionável sob essa ótica.

[670] A controvérsia envolvendo o DIFAL, a partir da LC nº 190/2022, é um excelente exemplo disso (ADIs nº 7.066, 7.070 e 7.078).

[671] BRASIL. Supremo Tribunal Federal (Pleno). Ação Direta de Inconstitucionalidade 4.411. Requerente: Conselho Federal da Ordem dos Advogados do Brasil – CF/OAB. Relator: Min. Marco Aurélio, 18 de agosto de 2020. *Dje*: Brasília, DF, 2020d. Disponível em: https://redir.stf.jus.br/paginadorpub/paginador.jsp?docTP=TP&docID=753910726. Acesso em: 27 ago. 2023.

os fatos geradores anteriores à mesma data em relação aos quais não tivesse havido pagamento.

O ministro Alexandre de Moraes invocou a segurança jurídica como fundamento, mencionando a ocorrência de alteração de jurisprudência e a aplicabilidade do artigo 927, §3º, do CPC.[672] É oportuno mencionar, todavia, que o julgamento de mérito desse caso ocorreu em 2020, sendo que o entendimento nele aplicado já havia, de algum modo, sido fixado quando do julgamento do Tema nº 16, ainda em 2017, conforme visto anteriormente. Já o ministro Luís Roberto Barroso, que elaborou a proposta vencedora, formulou-a buscando afastar o estado de inconstitucionalidade e evitar novas cobranças indevidas, mas também evitar o comprometimento das finanças do estado.[673]

Por fim, na ADI nº 6.145, o STF julgou inconstitucional a exigência de taxas sobre a apresentação de impugnação e recursos administrativos e para a realização de perícias e diligências no estado do Ceará.[674]

---

[672] Em seu voto, manifestou o ministro Alexandre de Moraes: "E, no caso, tem-se situação que se amolda às previsões do art. 927, §3º, do Código de Processo Civil de 2015, que, conjuntamente às cláusulas do art. 11 da Lei 9.882/1999 e do art. 27 da Lei 9.868/1999, permitem, observada alteração de jurisprudência dominante do Supremo Tribunal Federal e dos tribunais superiores ou daquela oriunda de julgamento de casos repetitivos, a modulação dos efeitos da alteração no interesse social e no da segurança jurídica" (BRASIL. Supremo Tribunal Federal (Pleno). Embargos de Declaração na Ação Direta de Inconstitucionalidade 4.411. Embargante: Governador do Estado de Minas Gerais. Embargado: Conselho Federal da Ordem dos Advogados do Brasil – CF/OAB. Relator: Min. Marco Aurélio, 13 de abril de 2023. *Dje*: Brasília, DF, 2023d. Disponível em: https://redir.stf.jus.br/paginadorpub/paginador.jsp?docTP=TP&docID=769483973. Acesso em: 27 ago. 2023).

[673] Registrou o ministro Luís Roberto Barroso em seu voto: "Proponho, ainda, que este Tribunal consigne de forma expressa, que devem ser ressalvados da modulação de efeitos (1) os processos administrativos e as ações judiciais pendentes de conclusão até a referida data; (2) os fatos geradores anteriores à referida data. Quanto a estes últimos, o Fisco não pode cobrar a taxa ainda não paga, mesmo que tenha sido objeto de lançamento tributário anterior, e o contribuinte não poderá reaver o que tenha pagado. A vedação a que a Fazenda estadual efetue essa cobrança impede que o contribuinte sofra exações inconstitucionais, após este Supremo Tribunal Federal ter assim se manifestado. Observe-se que não se trata de premiar o mau pagador de tributos, mas sim de paralisar um estado de inconstitucionalidade anterior. Por outro lado, a impossibilidade de o contribuinte obter a restituição do valor do tributo evita o comprometimento das finanças do Estado, que já vivencia uma grave crise fiscal e econômica. A modulação de efeitos, nessas duas hipóteses, atende ao princípio da segurança jurídica, conservando situações já consolidadas no tempo. Assegura, ainda, certo equilíbrio na relação entre o Fisco e o contribuinte, pondo obstáculos a pretensões de ambos os lados" (BRASIL. Supremo Tribunal Federal (Pleno). Ação Direta de Inconstitucionalidade 4.411. Requerente: Conselho Federal da Ordem dos Advogados do Brasil – CF/OAB. Relator: Min. Marco Aurélio, 18 de agosto de 2020. *Dje*: Brasília, DF, 2020d. Disponível em: https://redir.stf.jus.br/paginadorpub/paginador.jsp?docTP=TP&docID=753910256. Acesso em: 27 ago. 2023).

[674] BRASIL. Supremo Tribunal Federal (Pleno). Ação Direta de Inconstitucionalidade 6.145.

Em sede de embargos de declaração, todavia, a Suprema Corte aplicou a modulação dos efeitos, para que a declaração de inconstitucionalidade operasse *ex nunc*, a contar da data da publicação da ata de julgamento do mérito, ressalvando-se as ações eventualmente ajuizadas até a data do início do referido julgamento. Segundo o ministro relator, Dias Toffoli, a medida visou "preservar as relações jurídicas que já se consolidaram e evitar impacto financeiro nas contas públicas" do estado. Confira-se a seguinte passagem de seu voto:

> Segundo narrado pela Governadora do Estado do Ceará, imprescindível que a declaração de inconstitucionalidade opere, na espécie, efeitos *ex nunc*, de modo a preservar as relações jurídicas que já se consolidaram e evitar impacto financeiro nas contas públicas de referida unidade da Federação.
>
> Nessa linha, conforme acentuado pelo Advogado-Geral da União, entendo que, por razões de segurança jurídica e de excepcional interesse público, se mostra mais adequado à hipótese da atribuição de eficácia *ex nunc* à declaração de inconstitucionalidade firmada no acórdão embargado. Isso porque o grave impacto ocasionado ao erário, especialmente no tocante ao planejamento financeiro da Secretaria da Fazenda do Estado do Ceará, bem assim a possibilidade de ajuizamento tardio de inúmeros processos judiciais postulando a restituição das taxas indevidamente recolhidas traduz um estado de insegurança jurídica incompatível com o Estado de Direito.
>
> Verifica-se, ainda, que as disposições legais e regulamentares declaradas inconstitucionais ao julgamento do presente feito, não obstante viciadas na sua origem, ampararam a concretização de inúmeros atos jurídicos que levaram à consolidação de créditos tributários, praticados ao abrigo legal por longo período. Por isso, a prática dos atos jurídicos deve ser resguardada dos efeitos retroativos da decisão de inconstitucionalidade, sob pena de se configurar situação de insegurança jurídica.
>
> A modulação dos efeitos da decisão declaratória de inconstitucionalidade, no caso, apresenta-se, consoante ressaltado pelo Procurador-Geral da República, como necessária para proteger a confiança legítima que resultou na prática de atos com respaldo em autoridade aparente e observa a boa-fé objetiva enquanto princípio geral de direito norteador das decisões judiciais.[675]

Requerente: Conselho Federal da Ordem dos Advogados do Brasil – CFOAB. Relatora: Min.a Rosa Weber, 14 de setembro de 2022. *Dje*: Brasília, DF, 2022c. Disponível em: https://redir.stf.jus.br/paginadorpub/paginador.jsp?docTP=TP&docID=763941498. Acesso em: 27 ago. 2023.

[675] BRASIL. Supremo Tribunal Federal (Pleno). Embargos de Declaração na Ação Direta de Inconstitucionalidade 6.145. Embargante: Governador do Estado do Ceará. Embargado:

É questionável a abordagem adotada, notadamente quanto à menção ao "estado de insegurança jurídica incompatível com o Estado de Direito". Não se pode perder de vista que se está diante do reconhecimento de uma inconstitucionalidade na cobrança de taxa, perpetrada por anos a fio. Ou seja, o estado de insegurança compatível com o Estado de Direito decorre de uma exação incompatível com a ordem constitucional, e não do impacto que a cessação dessa ilicitude ocasionará aos cofres públicos. O tema será mais bem examinado adiante, mas julga-se importante registrar esse aspecto desde logo.

No mais, é possível observar uma certa tendência à modulação de efeitos quando a matéria envolvida diz respeito a taxas, especialmente quando sua cobrança se consolidou por longos períodos, considerando-se o caráter sinalagmático do tributo. Os argumentos atinentes a riscos financeiros, nessa matéria, parecem sensibilizar a Corte, que, como visto, aplicou o instituto em diversos casos.

3.2.3.1.8 Diferenças de ICMS na substituição tributária

Em 2016, o STF apreciou, no âmbito do RE nº 593.849 (Tema nº 201), a controvérsia envolvendo o direito à restituição da diferença de ICMS pago a mais no regime de substituição tributária, quando a operação efetiva se concretizasse em valor inferior ao da base de cálculo presumida estabelecida nessa sistemática de arrecadação. Concluiu a Suprema Corte, em superação ao entendimento que antes vigorava, que os contribuintes faziam jus a esse ressarcimento, fixando a seguinte tese: "(...) é devida a restituição da diferença do Imposto sobre Circulação de Mercadorias e Serviços – ICMS pago a mais no regime de substituição tributária para a frente se a base de cálculo efetiva da operação for inferior à presumida".[676]

Como mencionado, por se tratar de superação de entendimento,[677] o STF compreendeu necessário modular os efeitos da decisão,

---

Conselho Federal da Ordem dos Advogados do Brasil – CFOAB. Relatora: Min.a Rosa Weber, 18 de março de 2023. *Dje*: Brasília, DF, 2023e. Disponível em: https://redir.stf.jus. br/paginadorpub/paginador.jsp?docTP=TP&docID=766578435. Acesso em: 27 ago. 2023.

[676] BRASIL. Supremo Tribunal Federal (Pleno). Recurso Extraordinário 593.849. Recorrente: Parati Petróleo Ltda. Recorrido: Estado de Minas Gerais. Relator: Min. Edson Fachin, 19 de outubro de 2016. *Dje*: Brasília, DF, 2016c. Disponível em: https://redir.stf.jus.br/paginadorpub/paginador.jsp?docTP=TP&docID=12692057. Acesso em: 27 ago. 2023.

[677] Até então, vigorava o entendimento assentado na ADI nº 1.851, segundo o qual só haveria direito à restituição no caso de não concretização do fato gerador. O ministro

adotando a medida com base no artigo 927, §3º, do CPC, e estabelecendo que o precedente deveria de orientar todos os litígios judiciais pendentes submetidos à sistemática da repercussão geral, bem como os casos futuros oriundos de antecipação do pagamento de fato gerador presumido, "tendo em conta o necessário realinhamento das administrações fazendárias dos Estados-membros e do sistema judicial como um todo", em face do decidido pela Corte.[678]

3.2.3.1.9 Hipóteses de substituição tributária do ICMS

No ano de 2020, o STF apreciou a ADI nº 4.281, para reconhecer a inconstitucionalidade de disposições infralegais do estado de São Paulo que estabeleceram regime de substituição tributária quanto ao recolhimento do ICMS sobre energia elétrica no âmbito do mercado livre de energia e impuseram às distribuidoras de energia que recolhessem o ICMS também sobre o valor da energia diretamente contratada pelos consumidores perante as comercializadoras. Na ocasião, entendeu a Suprema Corte, acatando a proposta da ministra relatora, Ellen Gracie, por modular os efeitos da decisão, atribuindo-a eficácia *ex nunc*, a contar da publicação do acórdão.[679] Em seus votos, explicitaram os

---

Marco Aurélio, entretanto, compreendeu não se tratar de guinada de jurisprudência. Registrou, em uma de suas manifestações: "No caso concreto, disse que não há mudança de jurisprudência propriamente dita. Por quê? Porque o precedente que deu origem ao pronunciamento na ADI 1.851 envolveu uma lei que, a um só tempo, dava um incentivo fiscal com diminuição da alíquota do ICMS, observado o piso de doze por cento, e, em contrapartida, dizia da impossibilidade de devolução quando, verificado o fato gerador, não se tivesse a base que serviu para cálculo da antecipação do tributo no mecanismo de arrecadação, mecanismo estritamente fiscal (...) Não há como dizer-se que o Tribunal está dando uma guinada em sua jurisprudência. Não está! Está enfrentando uma situação concreta, com peculiaridades próprias, diversas daquelas que nortearam o julgamento pretérito. E, mesmo assim, no julgamento pretérito, tivemos três votos vencidos. Agora, temos aqui uma inversão no tocante ao resultado, ao escore verificado" (BRASIL. Supremo Tribunal Federal (Pleno). Recurso Extraordinário 593.849. Recorrente: Parati Petróleo Ltda. Recorrido: Estado de Minas Gerais. Relator: Min. Edson Fachin, 19 de outubro de 2016. *Dje*: Brasília, DF, 2016c. Disponível em: https://redir.stf.jus.br/paginadorpub/paginador.jsp?docTP=TP&docID=12692057. Acesso em: 27 ago. 2023).

[678] BRASIL. Supremo Tribunal Federal (Pleno). Recurso Extraordinário 593.849. Recorrente: Parati Petróleo Ltda. Recorrido: Estado de Minas Gerais. Relator: Min. Edson Fachin, 19 de outubro de 2016. *Dje*: Brasília, DF, 2016c. Disponível em: https://redir.stf.jus.br/paginadorpub/paginador.jsp?docTP=TP&docID=12692057. Acesso em: 27 ago. 2023.

[679] Assim manifestou a ministra, em seu voto: "Tendo em conta que a inconstitucionalidade reconhecida diz respeito à substituição tributária e não ao imposto em si, cuja higidez não se questiona nestes autos, tenho que é o caso de modular os efeitos do reconhecimento de inconstitucionalidade para que se considere insubsistente o Decreto a contar da publicação deste acórdão" (BRASIL. Supremo Tribunal Federal (Pleno). Ação Direta

ministros Ricardo Lewandowski[680] e Gilmar Mendes[681] tratar-se de medida necessária à preservação da segurança jurídica e do excepcional interesse social.

Em agosto de 2021, o STF levou a julgamento conjunto as ADIs nº 6.144 e 6.624, ambas versando sobre hipótese de substituição tributária introduzida no regramento do Estado do Amazonas via decreto. Conforme consta dos acórdãos, o Estado incorporou as disposições do Convênio nº 50/2019, do Confaz, que trata de operações interestaduais com energia elétrica, sem submissão ao Poder Legislativo, incorrendo, portanto, em inconstitucionalidade formal. Além disso, as disposições também foram maculadas por inconstitucionalidade material, ao não observarem as garantias da anterioridade.[682]

Compreendeu a Suprema Corte, todavia, por modular os efeitos do acórdão, projetando sua eficácia para o exercício financeiro seguinte (2022), ressalvando as ações ajuizadas até a véspera da publicação da ata de julgamento. O ministro relator, Dias Toffoli, invocou o fato de

---

de Inconstitucionalidade 4.281. Requerente: Associação Brasileira dos Agentes Comercializadores de Energia Elétrica – ABRACEEL. Relatora: Min.ª Rosa Weber, 13 de outubro de 2020. *Dje*: Brasília, DF, 2020c. Disponível em: https://redir.stf.jus.br/paginadorpub/paginador.jsp?docTP=TP&docID=754716128. Acesso em: 27 ago. 2023).

[680] Colhe-se do voto do ministro Ricardo Lewandowski: "Considerando, destarte, a segurança jurídica e o excepcional interesse econômico envolvidos na questão, entendo ser cabível a limitação dos efeitos da inconstitucionalidade a ser eventualmente declarada por esta Corte, conforme sugerido pela Relatora do feito, conferindo efeitos *ex nunc* à decisão" (BRASIL. Supremo Tribunal Federal (Pleno). Ação Direta de Inconstitucionalidade 4.281. Requerente: Associação Brasileira dos Agentes Comercializadores de Energia Elétrica – ABRACEEL. Relatora: Min.ª Rosa Weber, 13 de outubro de 2020. *Dje*: Brasília, DF, 2020c. Disponível em: https://redir.stf.jus.br/paginadorpub/paginador.jsp?docTP=TP&docID=754716128. Acesso em: 27 ago. 2023).

[681] Do voto do ministro Gilmar Mendes, extrai-se o seguinte excerto: "Nos termos do art. 27 da Lei nº 9.869/99, por razões de segurança jurídica, tal como reconhecidas por esse Plenário na SS-AgR 4.177/SP, da Relatoria do Ministro Cezar Peluso, DJe 17.2.2011, acompanho a ministra Ellen Gracie no sentido de modular os efeitos do reconhecimento da inconstitucionalidade para que se considere insubsistente o referido Decreto a contar da decisão desta Corte" (BRASIL. Supremo Tribunal Federal (Pleno). Ação Direta de Inconstitucionalidade 4.281. Requerente: Associação Brasileira dos Agentes Comercializadores de Energia Elétrica – ABRACEEL. Relatora: Min.a Rosa Weber, 13 de outubro de 2020. *Dje*: Brasília, DF, 2020c. Disponível em: https://redir.stf.jus.br/paginadorpub/paginador.jsp?docTP=TP&docID=754716128. Acesso em: 27 ago. 2023).

[682] BRASIL. Supremo Tribunal Federal (Pleno). Ação Direta de Inconstitucionalidade 6.144. Requerente: Partido da República – PR. Relator: Min. Dias Toffoli, 3 de agosto de 2021. *Dje*: Brasília, DF, 2021g. Disponível em: https://redir.stf.jus.br/paginadorpub/paginador.jsp?docTP=TP&docID=757121626. Acesso em: 27 ago. 2023; BRASIL. Supremo Tribunal Federal (Pleno). Ação Direta de Inconstitucionalidade 6.624. Requerente: ABRADEE – Associação Brasileira de Distribuidores de Energia Elétrica. Relator: Min. Dias Toffoli, 3 de agosto de 2021. *Dje*: Brasília, DF, 2021i. Disponível em: https://redir.stf.jus.br/paginadorpub/paginador.jsp?docTP=TP&docID=757141333. Acesso em: 27 ago. 2023.

ter havido modulação na ADI nº 4.281, examinada anteriormente, e referiu aplicar-se às ADIs ora em exame a mesma fundamentação, muito embora o marco temporal para a medida dessa vez adotada tenha sido fixado mais adiante, no exercício seguinte.[683] De certo modo, o ministro agregou às suas razões os argumentos já expostos quando da ADI nº 4.281, quase dando a entender que "não haver prejuízo" aos contribuintes, por se tratar de discussão quanto à substituição tributária (técnica de arrecadação), e não propriamente quanto ao tributo.

3.2.3.1.10 Incidência de ISS ou de ICMS

As discussões envolvendo os conceitos de serviço e de mercadoria, para fins de definição do imposto incidente sobre determinada operação, se o ISS ou o ICMS, chegaram algumas vezes ao STF. Verificou-se a aplicação do instituto da modulação em 5 casos, sendo 2 deles em sede de controle difuso e 3 deles em sede de controle concentrado.

Em ordem cronológica, o primeiro a ser julgado pelo Pleno da Suprema Corte foi o RE 605.552 (Tema nº 379), em agosto de 2020. No caso, discutiu-se o tributo incidente sobre operações mistas realizadas

---

[683] Depreende-se do voto do ministro Dias Toffoli: "Verifica-se que, no julgamento da ADI nº 4.281/SP, no qual se reconheceu a inconstitucionalidade de decreto do estado de São Paulo que instituíra hipótese de substituição tributária, desrespeitando-se o princípio da legalidade, houve a modulação dos efeitos da declaração de inconstitucionalidade. Na ocasião, a ministra Ellen Gracie consignou que a inconstitucionalidade dizia respeito à substituição tributária, e não ao imposto em si, cuja higidez não era questionada. Em razão disso, Sua Excelência entendeu ser o caso de se modularem os efeitos da decisão, para que se considerasse insubsistente aquele decreto a contar da publicação do acórdão. entendo que a mesma fundamentação cabe para se modularem os efeitos da declaração de inconstitucionalidade do decreto ora hostilizado. Aqui, igualmente, não se questiona a higidez do ICMS sobre operações com energia elétrica, mas apenas a substituição tributária. Contudo, tenho, para mim, que é mais adequado se estipular que a decisão deva produzir efeitos a partir do início do exercício financeiro seguinte ao da conclusão do presente julgamento (2022). Preserva-se, assim, o exercício financeiro ora em andamento. Destaco que diligência como essa tem sido observada pela Corte nas modulações de efeitos quando estão em jogo questões tributárias que provoquem relevantes impactos nas contas pública" (BRASIL. Supremo Tribunal Federal (Pleno). Ação Direta de Inconstitucionalidade 6.144. Requerente: Partido da República – PR. Relator: Min. Dias Toffoli, 3 de agosto de 2021. *Dje*: Brasília, DF, 2021g. Disponível em: https://redir.stf.jus.br/paginadorpub/paginador.jsp?docTP=TP&docID=757121626. Acesso em: 27 ago. 2023; BRASIL. Supremo Tribunal Federal (Pleno). Ação Direta de Inconstitucionalidade 6.624. Requerente: ABRADEE – Associação Brasileira de Distribuidores de Energia Elétrica. Relator: Min. Dias Toffoli, 3 de agosto de 2021. *Dje*: Brasília, DF, 2021i. Disponível em: https://redir.stf.jus.br/paginadorpub/paginador.jsp?docTP=TP&docID=757141333. Acesso em: 27 ago. 2023).

por farmácia de manipulação e a conclusão do STF foi a de que, sobre os medicamentos preparados sob encomenda, incide o ISS, ao passo que, sobre os medicamentos ofertados aos consumidores em prateleira, incide o ICMS.[684] [685] Na decisão de mérito, nada foi dito a respeito da modulação, tema que veio a ser enfrentado apenas em embargos de declaração, julgados em março de 2021, oportunidade em que a Corte atribuiu efeitos *ex nunc* ao acórdão nos seguintes termos:

> A ausência de modulação dos efeitos da decisão ensejaria impactos financeiros indesejados em desfavor dos contribuintes, bem como dos estados e dos municípios, entes políticos cujas finanças já estão combalidas, e resultaria em grande insegurança jurídica, indo de encontro à boa-fé dos contribuintes que recolheram um tributo acreditando ser o correto.
>
> Essas implicações devem, a meu ver, ser afastadas.
>
> (...)
>
> Ante o exposto, acolho ambos os embargos de declaração e, aceitando a proposta de redação lançada pelo ilustre Ministro Roberto Barroso, proponho a modulação dos efeitos da decisão embargada, estabelecendo que ela produza efeitos *ex nunc* a partir do dia da publicação da ata de julgamento do mérito, de modo a se convalidarem os recolhimentos de ICMS e de ISS efetuados em desacordo com a tese de repercussão geral, ficando ressalvados:
>
> (i) as hipóteses de comprovada bitributação;
>
> (ii) as hipóteses em que o contribuinte não recolheu o ICMS ou o ISS devidos até a véspera da publicação da ata de julgamento do mérito;
>
> (iii) os créditos tributários atinentes à controvérsia e que foram objeto de processo administrativo, concluído ou não, até a véspera da publicação da ata de julgamento do mérito;
>
> (iv) as ações judiciais atinentes à controvérsia e pendentes de conclusão até a véspera da publicação da ata de julgamento do mérito.

---

[684] A tese restou assim redigida: "Incide ISS sobre as operações de venda de medicamentos preparados por farmácias de manipulação sob encomenda. Incide ICMS sobre as operações de venda de medicamentos por elas ofertados aos consumidores em prateleira" (BRASIL. Supremo Tribunal Federal (Pleno). Recurso Extraordinário 605.552. Recorrente: Estado do Rio Grande do Sul. Recorrido: Dermapelle Farmácia de Manipulação Ltda. e outro. Relator: Min. Dias Toffoli, 5 de agosto de 2020. *Dje*: Brasília, DF, 2020i. Disponível em: https://redir.stf.jus.br/paginadorpub/paginador.jsp?docTP=TP&docID=754015541. Acesso em: 27 ago. 2023).

[685] O caso foi classificado como tendo havido reconhecimento de inconstitucionalidade, na medida em que, no caso concreto, afastou-se a exigência do ICMS pelo estado do Rio Grande do Sul.

Em todos esses casos, deverão ser observados o entendimento desta Corte e os prazos decadencial e prescricional.[686]

Como se observa, a medida visou resguardar situações jurídicas consolidadas, aplicando-se a tese retroativamente apenas àquelas hipóteses ainda não sedimentadas ou quando o contribuinte tivesse sido duplamente onerado. Explicitamente, o objetivo foi preservar a segurança jurídica.

Em fevereiro de 2021 (pouco antes da modulação do Tema nº 379), o STF levou a julgamento dois casos envolvendo a controvérsia acerca de qual o tributo incidente sobre *softwares*, se o ISS ou o ICMS. A ADI nº 1.945, com escopo um pouco mais amplo (pois abrangia também outra matéria, atinente a disposições sobre substituição tributária introduzida por normas infralegais, tal qual nos casos examinados no item anterior), tratou da legislação o estado do Mato Grosso, ao passo que a ADI nº 5.659 versou sobre legislação do estado de Minas Gerais.

Na primeira, ADI nº 1.945, houve reconhecimento de inconstitucionalidade das expressões "adesão, acesso, disponibilização, ativação, habilitação, assinatura" e "ainda que preparatórios", constantes da legislação mato-grossense para definir a hipótese de incidência do ICMS, bem como da expressão "observados os demais critérios determinados pelo regulamento", que delegava ao regramento infralegal dispor sobre substituição tributária (ponto sobre o qual foi deferida medida cautelar e que não foi objeto de modulação de efeitos). Na segunda, ADI nº 5.659, houve atribuição de interpretação conforme a dispositivo da lei mineira, para excluir das hipóteses de incidência do ICMS "o licenciamento ou a cessão de direito de uso de programas de computador".

Nos dois casos foi aplicada a medida da modulação de efeitos, nos mesmos termos, com atribuição de eficácia *ex nunc*, a contar da publicação da ata de julgamento do mérito, de modo a

> (...) impossibilitar a repetição de indébito do ICMS incidente sobre operações com *softwares* em favor de quem recolheu esse imposto, até a véspera da data da publicação da ata de julgamento do mérito, vedando, nesse caso, que os municípios cobrem o ISS em relação aos mesmos fatos geradores; b) impedir que os estados cobrem o ICMS em relação aos

---

[686] BRASIL. Supremo Tribunal Federal (Pleno). Recurso Extraordinário 605.552. Recorrente: Estado do Rio Grande do Sul. Recorrido: Dermapelle Farmácia de Manipulação Ltda. e outro. Relator: Min. Dias Toffoli, 5 de agosto de 2020. *Dje*: Brasília, DF, 2020i. Disponível em: https://redir.stf.jus.br/paginadorpub/paginador.jsp?docTP=TP&docID=754015541. Acesso em: 27 ago. 2023.

fatos geradores ocorridos até a véspera da data da publicação da ata de julgamento do mérito. Ficam ressalvadas (i) as ações judiciais em curso, inclusive de repetição de indébito e execuções fiscais em que se discuta a incidência do ICMS e (ii) as hipóteses de comprovada bitributação, caso em que o contribuinte terá direito à repetição do indébito do ICMS. Por sua vez, incide o ISS no caso de não recolhimento do ICMS ou do ISS, em relação aos fatos geradores ocorridos até a véspera da data da publicação da ata de julgamento do mérito.[687]

É possível perceber a similaridade em relação ao que viria a ser decidido, pouco depois, no Tema nº 379. Com efeito, embora o mérito daquele caso tenha sido julgado antes, a discussão sobre a modulação nessa matéria se desenvolveu nas referidas ADIs, para somente depois ser replicada, quando do julgamento dos declaratórios, no caso de repercussão geral. A intenção, como visto, foi a de preservar as situações consolidadas, o que fica muito claro nas manifestações do ministro Dias Toffoli, que propôs os termos da modulação.[688]

Em agosto de 2021, o STF apreciou mais uma vez a matéria, agora em face de legislação do estado de São Paulo, na ADI nº 5.576, concluindo por conferir interpretação conforme ao artigo 2º da LC nº 87/1996 e a dispositivo da lei paulista, "de modo a impedir a incidência do ICMS sobre o licenciamento ou cessão do direito de uso de

---

[687] BRASIL. Supremo Tribunal Federal (Pleno). Ação Direta de Inconstitucionalidade 1.945. Requerente: Partido do Movimento Democrático Brasileiro – PMDB. Relatora: Min.a Cármen Lúcia, 24 de fevereiro de 2021. *Dje*: Brasília, DF, 2021b. Disponível em: https://redir.stf.jus.br/paginadorpub/paginador.jsp?docTP=TP&docID=755910765. Acesso em: 27 ago. 2023; BRASIL. Supremo Tribunal Federal (Pleno). Ação Direta de Inconstitucionalidade 5.659. Requerente: Confederação Nacional de Serviços – CNS. Relator: Min. Dias Toffoli, 24 de fevereiro de 2021. *Dje*: Brasília, DF, 2021f. Disponível em: https://redir.stf.jus.br/paginadorpub/paginador.jsp?docTP=TP&docID=755910810. Acesso em: 27 ago. 2023.

[688] Aliás, ao final de seu voto nas duas ADIs, o ministro Dias Toffoli apresentou quadro síntese com a situação fática, a medida proposta (em termos de modulação) e o efeito prático almejado. Mencionou ainda, mais adiante, em debates, o seguinte: "Ou seja, a proposta de modulação aqui, em outras palavras, é para evitar que se abra uma discussão jurídica, que será enorme, sobre repetição de indébito de ICMS para aqueles que recolheram esse imposto nos cinco anos anteriores. A propósito, nós não havíamos suspendido essa possibilidade em sede de cautelar. Então, penso que essa proposta é mais consentânea com a segurança jurídica, traz mais previsibilidade e evita discussões sobre a cobrança de tributos nos cinco anos anteriores. Eu não sei se me fiz entender, mas é essa a proposta que trago, ou seja, a de considerar que aquilo que já foi pago até a publicação da ata está efetivamente realizado, seja em relação ao ICMS, seja em relação ao ISS, e não seriam cabíveis nesse caso execuções ou repetição de indébito" (BRASIL. Supremo Tribunal Federal (Pleno). Ação Direta de Inconstitucionalidade 1.945. Requerente: Partido do Movimento Democrático Brasileiro – PMDB. Relatora: Min.a Cármen Lúcia, 24 de fevereiro de 2021. *Dje*: Brasília, DF, 2021b. Disponível em: https://redir.stf.jus.br/paginadorpub/paginador.jsp?docTP=TP&docID=755910765. Acesso em: 27 ago. 2023).

programas de computador".[689] No caso, com expressa referência às anteriores ADIs nº 1.945 e 5.659, houve modulação de efeitos, a qual adotou os mesmos critérios, mas fixou como marco temporal a data de julgamento daquelas ações, e não do próprio caso.[690]

Por fim, em dezembro de 2021, o STF julgou o RE nº 688.223 (Tema nº 590), cuja descrição da controvérsia era "incidência de ISS sobre contratos de licenciamento ou de cessão de programas de computador (*software*) desenvolvidos para clientes de forma personalizada". No caso, o contribuinte sustentava a inconstitucionalidade da exigência de ISS pelo município de Curitiba, argumentando que as atividades de licenciamento e cessão de uso de *software* não se enquadravam no conceito de serviço.

A Suprema Corte entendeu pela constitucionalidade da cobrança.[691] Não obstante, mesmo não vislumbrando nenhum vício, o STF decidiu por modular os efeitos da decisão, atribuindo eficácia *ex nunc* ao julgado, a contar do julgamento das ADIs nº 1.945 e 5.659, nos exatos mesmos termos da modulação estabelecida na ADI nº 5.576. O que é

---

[689] A tese restou fixada nos seguintes termos: "É inconstitucional a incidência do ICMS sobre o licenciamento ou cessão do direito de uso de programas de computador" (BRASIL. Supremo Tribunal Federal (Pleno). Ação Direta de Inconstitucionalidade 5.576. Requerente: Confederação Nacional de Serviços – CNS. Relator: Min. Roberto Barroso, 3 de agosto de 2021. *Dje*: Brasília, DF, 2021e. Disponível em: https://redir.stf.jus.br/paginadorpub/paginador.jsp?docTP=TP&docID=757197027. Acesso em: 27 ago. 2023).

[690] Constou do voto do ministro relator, Luís Roberto Barroso, a explicação: "21. De maneira análoga ao decidido nas ADIs nº 1.945 e 5.659, proponho a modulação dos efeitos desta decisão, para atribuir eficácia *ex nunc*, a contar de 3 de março de 2021, data em que publicada a ata de julgamento das aludidas ações diretas de inconstitucionalidade, consagrando a modificação do entendimento desta Corte sobre o tema. 22. Ressalvo da modulação, porém, as seguintes situações: a) as ações judiciais já ajuizadas e ainda em curso em 02.03.2021; b) as hipóteses de bitributação relativas a fatos geradores ocorridos até 02.03.2021, nas quais será devida a restituição do ICMS recolhido, respeitado o prazo prescricional, independentemente da propositura de ação judicial até aquela data; c) as hipóteses relativas a fatos geradores ocorridos até 02.03.2021 em que não houve o recolhimento do ISS ou do ICMS, nas quais será devido o pagamento do imposto municipal, respeitados os prazos decadencial e prescricional" (BRASIL. Supremo Tribunal Federal (Pleno). Ação Direta de Inconstitucionalidade 5.576. Requerente: Confederação Nacional de Serviços – CNS. Relator: Min. Roberto Barroso, 3 de agosto de 2021. *Dje*: Brasília, DF, 2021e. Disponível em: https://redir.stf.jus.br/paginadorpub/paginador.jsp?docTP=TP&docID=757197027. Acesso em: 27 ago. 2023).

[691] A tese restou fixada nos seguintes termos: "É constitucional a incidência do ISS no licenciamento ou na cessão de direito de uso de programas de computação desenvolvidos para clientes de forma personalizada, nos termos do subitem 1.05 da lista anexa à LC nº 116/03" (BRASIL. Supremo Tribunal Federal (Pleno). Recurso Extraordinário 688.223. Recorrente: Tim Celular S.A. Recorrido: Município de Curitiba. Relator: Min. Dias Toffoli, 6 de dezembro de 2021. *Dje*: Brasília, DF, 2021n. Disponível em: https://redir.stf.jus.br/paginadorpub/paginador.jsp?docTP=TP&docID=759454168. Acesso em: 27 ago. 2023).

interessante nesse caso, especificamente, é que, diferentemente dos anteriores (em que se questionava a legislação dos estados para afastar a incidência do ICMS), não houve declaração de inconstitucionalidade, porquanto se reputou válida a legislação municipal com base na qual se exigia o ISS. Situação similar pode ser observada no Tema nº 490, em que também se modulou os efeitos do acórdão, mesmo sem ter havido reconhecimento de inconstitucionalidade.[692]

3.2.3.1.11 ICMS sobre extração de petróleo

A ADI nº 5.481 visou impugnar legislação do estado do Rio de Janeiro que estabeleceu a incidência do ICMS sobre "operação de circulação de petróleo desde os poços de sua extração para a empresa concessionária" e definiu que o fato gerador do tributo ocorreria "imediatamente após a extração do petróleo e quando a mercadoria passar pelos Pontos de Medição da Produção".[693] No caso, o STF reconheceu a inconstitucionalidade da exigência por duas razões. A primeira foi a de que os fatos geradores do ICMS descritos na legislação fluminense não retratavam a existência de ato ou de negócio jurídico que transferisse a titularidade de uma mercadoria. Conforme ressaltado na própria ementa do julgado, seja no regime de concessão, seja no regime de partilha, "a legislação estipula que o concessionário ou o contratado adquire, de modo originário, a propriedade do petróleo extraído ou de parcela dele". Já a segunda razão foi a de que, mesmo que se pudesse cogitar de um negócio jurídico, a transferência da propriedade teria origem na União, no que a pretensão de se exigir o ICMS esbarraria na imunidade recíproca do artigo 150, inciso VI, alínea 'a', da CF/88.[694]

Na oportunidade, mesmo reconhecendo a inconstitucionalidade, a Suprema Corte considerou necessário modular os efeitos da decisão, atribuindo eficácia *ex nunc* ao julgado, a partir da publicação da ata de julgamento, e ressalvadas três situações, a saber:

---

[692] Ver item 3.2.3.1.4.
[693] Lei nº 7.183/2015 do estado do Rio de Janeiro.
[694] BRASIL. Supremo Tribunal Federal (Pleno). Ação Direta de Inconstitucionalidade 5.481. Requerente: ABEP – Associação Brasileira de Empresas de Exploração e Produção de Petróleo e Gás. Relator: Min. Dias Toffoli, 29 de março de 2021. *Dje*: Brasília, DF, 2021d. Disponível em: https://redir.stf.jus.br/paginadorpub/paginador.jsp?docTP= TP&docID=755741170. Acesso em: 27 ago. 2023.

(i) as hipóteses em que o contribuinte não recolheu o ICMS; (ii) os créditos tributários atinentes à controvérsia e que foram objeto de processo administrativo, concluído ou não, até a véspera da publicação da ata de julgamento do mérito; e (iii) as ações judiciais atinentes à controvérsia e pendentes de conclusão, até a véspera da publicação da ata de julgamento do mérito.

Essas hipóteses de ressalva, nas quais se admitiu a retroatividade da decisão, são muito similares, como se vê, àquelas aplicadas nos casos envolvendo a tributação do *software*.[695] Ocorre, todavia, que a situação em exame nesse caso é sobremaneira distinta, porquanto não se discute acerca da incidência de um tributo ou outro, por entes federativos distintos. Discute-se, exclusivamente, a incidência do ICMS. Naquelas ADIs, a medida de se aplicar retroativamente o atual entendimento para aqueles contribuintes que não haviam adimplido nenhum dos dois tributos se justificava na medida em que um dos dois haveria de ser recolhido; logo, fazia sentido que, para quem não houvesse pagado nenhum dos dois impostos, a imposição tributária ocorresse conforme o entendimento vigente do STF. Nesse caso, todavia, resguardar aqueles que simplesmente não recolheram o ICMS e manter a cobrança daqueles que recolheram suscita alguns questionamentos do ponto de vista da igualdade. O tema, não obstante, será enfrentado detidamente mais à frente.

No que se refere aos fundamentos para a modulação, o ministro relator, Luís Roberto Barroso, registrou o seguinte:

> No que se refere à nova Lei Noel, essa passou a produzir efeitos em março de 2016, com a edição do Decreto Estadual nº 45.611, de 22/3/16. Daí que a expectativa de receita para o Estado do Rio de Janeiro se daria no período de março daquele ano até o julgamento da presente ação direta. Para o contribuinte, os prejuízos sofridos com a cobrança indevida também seriam proporcionais a isso.
>
> A par disso, cumpre lembrar que o Estado do Rio de Janeiro vem passando por sérias dificuldades financeiras. A propósito, a ALERJ, ao prestar informações, lembrou que uma das razões constantes da justificativa do projeto de lei que culminou na lei declarada inconstitucional foi, justamente, acudir à preservação da economia e das finanças fluminenses.

---

[695] Ver item 3.2.3.1.10.

Também é preciso deixar claro que a cifra decorrente da tributação ora declarada inconstitucional é bastante expressiva. Como disse a ABEP, a cobrança do ICMS com base na nova Lei Noel "de apenas quatro das empresas associadas (...) (Shell, BG, Petrogal e Chevron) somaria o montante de mais de R$ 600 milhões" (grifo nosso). Ainda segundo a autora, "caso se considere nesse cálculo a parte referente à Petrobras, que responde por aproximadamente 90% da produção fluminense, e às demais empresas, nota-se facilmente que a cifra ultrapassa, em muito, a casa do bilhão de reais" (grifo nosso).

Ponderando os interesses em conflito e prestigiando a segurança jurídica, bem como o interesse social, julgo que a ausência de modulação dos efeitos da decisão resultará em mais efeitos negativos nas já combalidas economia e finanças do Estado do Rio de Janeiro, os quais devem, a meu ver, ser evitados.[696]

O voto do ministro não deixa margem para dúvidas: o fundamento da modulação nesse caso foi exclusivamente financeiro.

3.2.3.1.12 Notificação prévia à exclusão do REFIS

O RE nº 669.196 (Tema nº 668) versou sobre a constitucionalidade de disposição constante de Resolução do Comitê Gestor do Programa de Recuperação Fiscal (REFIS) que regulamentou a forma de notificação dos contribuintes sobre sua exclusão do referido programa e suprimiu a necessidade de notificação prévia ao ato de exclusão. Ao apreciar a controvérsia, em 2020, o STF julgou inconstitucional essa previsão, vislumbrando ofensa aos princípios do contraditório e da ampla defesa.[697]

Contudo, em sede de embargos de declaração, a Suprema Corte entendeu necessário, à luz da segurança jurídica, modular os efeitos da decisão, atribuindo eficácia *ex nunc* ao julgado, a contar da data da

---

[696] BRASIL. Supremo Tribunal Federal (Pleno). Ação Direta de Inconstitucionalidade 5.481. Requerente: ABEP – Associação Brasileira de Empresas de Exploração e Produção de Petróleo e Gás. Relator: Min. Dias Toffoli, 29 de março de 2021. *Dje*: Brasília, DF, 2021d. Disponível em: https://redir.stf.jus.br/paginadorpub/paginador.jsp?docTP=TP&docID=755741170. Acesso em: 27 ago. 2023.

[697] A tese restou fixada nos seguintes termos: "É inconstitucional o art. 1º da Resolução CG/REFIS nº 20/2001, no que suprimiu a notificação da pessoa jurídica optante do REFIS, prévia ao ato de exclusão". (BRASIL. Supremo Tribunal Federal (Pleno). Recurso Extraordinário 669.196. Recorrente: União. Recorrido: Bonus Indústria e Comércio de Confecções Ltda. Relator: Min. Dias Toffoli, 26 de outubro de 2020. *Dje*: Brasília, DF, 2020l. Disponível em: https://redir.stf.jus.br/paginadorpub/paginador.jsp?docTP=TP&docID=754443491. Acesso em: 27 ago. 2023).

publicação da ata do julgamento do mérito, convalidando, assim, os atos já praticados e ressalvando as ações judiciais em curso. Conforme fundamentação lançada pelo ministro relator, Dias Toffoli, a medida se impunha em razão de que "a norma declarada inconstitucional vigeu com presunção de constitucionalidade por 19 anos", período durante o qual um número significativo de exclusões de contribuintes do REFIS foi regido nos seus termos.[698] Além disso, ponderou o ministro que, até o reconhecimento da repercussão geral (que ocorreu em 2013, é preciso dizer), havia precedentes no STF indicando que a matéria seria de índole infraconstitucional, o que, segundo ele, "gerou arcabouço jurisprudencial que permitia concluir pela higidez da norma hostilizada".[699]

3.2.3.1.13 ICMS na base de cálculo do PIS e da COFINS

Em 2017, o STF levou a julgamento o RE nº 574.706 (Tema nº 69), caso emblemático em que se discutiu a inclusão do ICMS na base de cálculo do PIS e da COFINS. Concluiu a Suprema Corte pela inconstitucionalidade da exigência, em razão de que o ICMS faturado pelos contribuintes não se enquadra no conceito constitucional de faturamento ou de receita para fins de incidência das contribuições.[700] O tema da modulação, na oportunidade, foi suscitado da tribuna pela Fazenda

---

[698] Complementou o ministro Dias Toffoli: "Como se vê, diversas relações jurídicas que envolvem volume significativo de dinheiro haviam se estabilizado à luz da norma contestada nestes autos, a qual, contudo, foi declarada inconstitucional" (BRASIL. Supremo Tribunal Federal (Pleno). Embargos de Declaração no Recurso Extraordinário 669.196. Embargante: União. Embargado: Bonus Indústria e Comércio de Confecções Ltda. Relator: Min. Dias Toffoli, 8 de abril de 2021. *Dje*: Brasília, DF, 2021l. Disponível em: https://redir.stf.jus.br/paginadorpub/paginador.jsp?docTP=TP&docID=755785045. Acesso em: 27 ago. 2023).

[699] BRASIL. Supremo Tribunal Federal (Pleno). Embargos de Declaração no Recurso Extraordinário 669.196. Embargante: União. Embargado: Bonus Indústria e Comércio de Confecções Ltda. Relator: Min. Dias Toffoli, 8 de abril de 2021. *Dje*: Brasília, DF, 2021l. Disponível em: https://redir.stf.jus.br/paginadorpub/paginador.jsp?docTP=TP&docID=755785045. Acesso em: 27 ago. 2023. O argumento é criticável, pois implicaria que, após o reconhecimento da repercussão geral, ainda em 2013 (aspecto temporal não mencionado na decisão), já não se verificaria tal compreensão acerca da "higidez" da norma, ponto não mencionado.

[700] A tese restou firmada nos seguintes termos: "O ICMS não compõe a base de cálculo para a incidência do PIS e da Cofins" (BRASIL. Supremo Tribunal Federal (Pleno). Recurso Extraordinário 574.706. Recorrente: Imcopa Importação, Exportação e Indústria de Óleos Ltda. Recorrido: União. Relator: Min.ª Cármen Lúcia, 15 de março de 2017. *Dje*: Brasília, DF, 2017c. Disponível em: https://redir.stf.jus.br/paginadorpub/paginador.jsp?docTP=TP&docID=13709550. Acesso em: 27 ago. 2023).

Nacional e não foi apreciado quando da votação atinente ao mérito, sob o argumento de não constar dos autos. Ainda assim, pelo que restou registrado ao final do acórdão, em sede de esclarecimento, deixou-se em aberto a possibilidade de a questão vir em sede de eventuais embargos de declaração.[701]

A União, então, manejou o recurso integrativo nesse sentido, o qual foi levado a julgamento somente 4 anos depois, em 2021, e acolhido, para modular os efeitos do acórdão, de modo a que o reconhecimento da inconstitucionalidade da exigência surtisse plena eficácia apenas a partir da data do julgamento do mérito (15 de março de 2017), ressalvadas as ações judiciais e administrativas protocolizadas até a referida data. Dois foram os pontos objeto de debate no julgamento: o primeiro, atinente à segurança jurídica, na medida em que se discutiu se a decisão representaria guinada jurisprudencial a respeito da matéria; já o segundo, se o alegado impacto orçamentário poderia configurar razão de excepcional interesse social a justificar a medida. Dada a importância do caso, dedicam-se algumas linhas ao exame dessas duas questões.

Quanto à segurança jurídica, uma das correntes formadas defendeu que o julgamento de 2017 teria ensejado ponto de virada na jurisprudência da Corte a respeito da matéria. Segundo o ministro Luís Roberto Barroso, "desde o tempo do Tribunal Federal de Recursos, se entendia que a parcela do ICMS incluía-se na base do PIS/COFINS".[702]

---

[701] "A SENHORA MINISTRA CÁRMEN LÚCIA (PRESIDENTE E RELATORA) — Foi arguido da tribuna, por um dos advogados, a questão da modulação. Nos autos nada consta sobre esta questão, até porque a parte ganhou em primeira instância, perdeu em segunda instância e agora, no recurso extraordinário, a parte se faz vendedora. Não consta pleito nos autos de modulação de efeitos. Essa modulação foi feita apenas, aqui, da tribuna. Então, o que temos normalmente feito, quando não consta pleito no processo, é não votar a modulação de efeito. O SENHOR MINISTRO DIAS TOFFOLI: Não, nós já decidimos que, independente (...). A SENHORA MINISTRA CÁRMEN LÚCIA (PRESIDENTE E RELATORA) — Se houver o pleito formulado. O SENHOR MINISTRO DIAS TOFFOLI: Exatamente. O SENHOR MINISTRO GILMAR MENDES — Até em embargos de declaração, já admitimos. A SENHORA MINISTRA CÁRMEN LÚCIA (PRESIDENTE E RELATORA) — Exatamente. Embargos de declaração, sim. O SENHOR MINISTRO DIAS TOFFOLI: Vindo elementos para se decidir, mas não que seja vedado agora articular. A SENHORA MINISTRA CÁRMEN LÚCIA (PRESIDENTE E RELATORA) — Claro. O que eu disse foi: eu não colocaria em votação, agora, por não haver pleito nos autos nesse sentido. Então, fica sendo essa a proclamação do resultado e a tese" (BRASIL. Supremo Tribunal Federal (Pleno). Recurso Extraordinário 574.706. Recorrente: Imcopa Importação, Exportação e Indústria de Óleos Ltda. Recorrido: União. Relatora: Min.a Cármen Lúcia, 15 de março de 2017. *Dje*: Brasília, DF, 2017c. Disponível em: https://redir.stf.jus.br/paginadorpub/paginador.jsp?docTP=TP&docID=13709550. Acesso em: 27 ago. 2023).

[702] Menciona-se, em diversas passagens, a Súmula nº 258 do Tribunal Federal de Recursos (TFR), que assim dispunha: "Inclui-se na base de cálculo do PIS a parcela relativa ao ICM".

Tal compreensão, prossegue o ministro, "foi mantida pelo Superior Tribunal de Justiça quando interpretava a matéria sob a Constituição de 67/69 e que editou a Súmula 68",[703] tendo vigorado por longo período, durante o qual a Suprema Corte não admitia os recursos extraordinários nessa matéria, sob o fundamento de que se trataria de matéria infraconstitucional. Quando a questão foi julgada pelo Pleno do STF no RE nº 240.785, em 2014, o caso, deliberadamente, não foi dotado de repercussão geral (aspecto que foi debatido na oportunidade). Por esse motivo, o referido julgado não teria caracterizado precedente apto a configurar base de confiança para contribuintes e Fisco. Somado a isso, também ponderaram alguns ministros que, após o julgamento de 2014, o STJ veio a apreciar o tema em sede de recurso repetitivo, sob a ótica infraconstitucional, decidindo pela validade da inclusão do ICMS na base das contribuições (REsp nº 1.144.469, Tema nº 313).[704]

Conforme essa primeira corrente, portanto, o cenário quando do julgamento de 2017 era, em apertada síntese, o seguinte: (i) jurisprudência consolidada na esfera infraconstitucional acerca da não inclusão do ICMS na base do PIS e da COFINS; (ii) jurisprudência do STF de que a matéria seria de índole infraconstitucional; e (iii) um julgado do Pleno do STF sobre a matéria de mérito, mas que, propositadamente, não foi apreciado sob a sistemática da repercussão geral.[705] Diante desse contexto, o Tema nº 69 teria representado novo

---

[703] A dicção da Súmula nº 68 era a seguinte: "A parcela relativa ao ICMS inclui-se na base de cálculo do PIS" (BRASIL. Superior Tribunal de Justiça. Súmula n. 68 (cancelada). *Revista Eletrônica do STF – RSTJ*, Brasília, DF, v. 5, n. 24, p. 3, 3 abr. 2019e. Disponível em: https://www.stj.jus.br/docs_internet/revista/eletronica/stj-revista-sumulas-2009_5_capSumula68.pdf. Acesso em: 27 ago. 2023). Igualmente, mencionam alguns votos a Súmula nº 94 do STJ, assim redigida: "A parcela relativa ao ICMS inclui-se na base de cálculo do Finsocial" (BRASIL. Superior Tribunal de Justiça. Primeira Seção cancela duas súmulas sobre tributação. *STJ Notícias*, Brasília, DF, 2 abr. 2019d. Disponível em: https://www.stj.jus.br/sites/portalp/Paginas/Comunicacao/Noticias-antigas/2019/2019-04-02_09-04_Primeira-Secao-cancela-duas-sumulas-sobre-tributacao.aspx. Acesso em: 27 ago. 2023).

[704] BRASIL. Superior Tribunal de Justiça. Recurso Especial 1.144.469. Recorrentes: Fazenda Nacional e Hubner Componentes e Sistemas Automotivos Ltda. Recorridos: Os mesmos. 1. Seção. Relator: Min. Napoleão Nunes Maia Filho, 10 de agosto de 2016. *Dje*: Brasília, DF, 2016e. Disponível em: https://scon.stj.jus.br/SCON/GetInteiroTeorDoAcordao?num_registro=200901124814&dt_publicacao=02/12/2016. Acesso em: 27 ago. 2023.

[705] Em seu voto, o ministro Alexandre de Moraes chegou a fazer um paralelo também com o decidido no Tema 214, pelo STF, no qual se decidiu pela constitucionalidade da inclusão do ICMS na própria base de cálculo, para firmar que a jurisprudência do STF também era consolidada quanto à validade da composição da base de cálculo de tributos por outros tributos (BRASIL. Supremo Tribunal Federal (Pleno). Recurso Extraordinário 574.706. Recorrente: Imcopa Importação, Exportação e Indústria de Óleos Ltda. Recorrido: União. Relatora: Min.a Cármen Lúcia, 15 de março de 2017. *Dje*: Brasília, DF, 2017c. Disponível em: https://redir.stf.jus.br/paginadorpub/paginador.jsp?docTP=TP&docID=13709550.

precedente, a recomendar, segundo o voto da ministra relatora, Cármen Lúcia, "o balizamento dos efeitos do que decidido neste processo, para preservar a segurança jurídica dos órgãos fazendários",[706] posição essa que se consagrou vitoriosa.

A segunda corrente, por outro lado, encaminhou-se no sentido de que não haveria qualquer virada de jurisprudência. Em detalhado voto, a ministra Rosa Weber concluiu que a decisão proferida em 2017 "apenas confirmou a interpretação jurídica há muito sinalizada" pelo STF. Isso porque, embora o julgamento do RE nº 240.785 tenha sido concluído apenas em 2014, ele foi iniciado ainda em 1999 e, em 2006, teve formada maioria. Ou seja, desde 2006, a Suprema Corte já teria sinalizado qual a interpretação a ser adotada, entendimento esse que teria sido, igualmente, referendado pelo Plenário em sede de apreciação de medida cautelar na ADC nº 18. Além disso, conforme argumentado pela ministra Rosa Weber, o caso repetitivo no STJ (REsp nº 1.144.469, Tema nº 313) foi julgado em agosto de 2016, com publicação de seu acórdão em dezembro do mesmo ano, ao passo que, em março de 2017 foi julgado o Tema nº 69 no STF. Considerando-se que houve um intervalo muito pequeno de tempo dentro do qual imperou, com força vinculante, o precedente do STJ (mesmo já havendo, reitere-se, a manifestação do Pleno do STF no RE nº 240.785), não se poderia cogitar de uma "estabilidade decisória" a ensejar base de confiança para a Fazenda Nacional.[707] Como já mencionado, todavia, essa posição foi minoritária no julgamento dos embargos de declaração.

Acesso em: 27 ago. 2023). Não obstante, quer parecer que as discussões não seriam as mesmas, já que no Tema 69 a discussão envolvia o conceito de faturamento ou receita, matéria específica às contribuições em questão.

[706] Conforme concluiu a ministra relatora, Cármen Lúcia, "o planejamento fazendário deu-se dentro de legítimas expectativas traçadas de acordo com a interpretação até então consolidada pelo Superior Tribunal de Justiça, inclusive em sede de recurso repetitivo (BRASIL. Supremo Tribunal Federal (Pleno). Recurso Extraordinário 574.706. Recorrente: Imcopa Importação, Exportação e Indústria de Óleos Ltda. Recorrido: União. Relatora: Min.a Cármen Lúcia, 15 de março de 2017. Dje: Brasília, DF, 2017c. Disponível em: https://redir.stf.jus.br/paginadorpub/paginador.jsp?docTP=TP&docID=13709550. Acesso em: 27 ago. 2023).

[707] Colhe-se do voto da a ministra Rosa Weber: "Bem vistas as coisas e analisado de forma minuciosa o contexto decisório, a decisão proferida no presente RE apenas confirmou interpretação jurídica há muito sinalizada por este Tribunal. Em outras palavras: inexistente quadro de mudança de jurisprudência (ou de precedente), mas sim de reafirmação desta, agora com os efeitos que a sistemática do sistema de precedentes implica, inacolhível o argumento de proteção da confiança justificada. Este tem pertinência jurídica apenas em situações nas quais a atuação da jurisdição acarreta uma mudança brusca nas interpretações dadas a ponto de romper com o estado de segurança

Já quanto ao excepcional interesse social, foram diversas as menções ao impacto do julgamento para o orçamento público, apontado pela União como algo da ordem de 250 bilhões de reais. Esse argumento, é preciso dizer, não apareceu em todos os votos que impuseram a modulação. Ainda assim, parece ter exercido importante influência na tomada de decisão.

A ministra relatora, Cármen Lúcia, centrou seu voto na questão da segurança jurídica, mas fez referência ao "cenário de profunda e arrastada crise fiscal da União". O ministro Nunes Marques, segundo

> jurídica consolidado, que gerou estabilidade e previsibilidade no comportamento dos atores sociais e jurisdicionais (...). No caso em análise, como afirmei, não houve oscilação tampouco mudança da jurisprudência. Desde 2006, com a maioria formada no Plenário no julgamento do RE 240.785, já se tinha a sinalização da interpretação jurídica a ser compartilhada pelo Tribunal. Embora ainda não finalizado o julgamento, a maioria já fazia prenunciar a direção jurídica a ser adotada, de modo que, no mínimo, ali delineado quadro decisório contrário ao defendido pela União Federal, que veio a se confirmar em 2014. 13. Sublinho que em 2006 esta Corte Suprema analisou a questão a partir da perspectiva constitucional e no exercício do controle difuso de constitucionalidade, fato jurídico que fragiliza a expectativa de estabilidade decorrente da orientação predominante consolidada nas Súmulas 68 e 94 do STJ, que também carecia de força autoritativa de precedente. Certo é, como articula a União, que o RE 240.785 não tinha igualmente autoridade normativa de precedente. Mas também é verdade que desde aquele momento não mais se pode falar em confiança justificada da União Federal, o que é sinalizado inclusive pela publicação da Lei 11.514/07, que dispôs sobre as diretrizes orçamentárias. Melhor explicando. Desde 2006 o Tribunal com a maioria formada no julgamento do RE 240.785 utilizou a técnica da sinalização para indicar o caminho normativo a ser referendado pelo Plenário, o qual veio a ser confirmado em 2008 na cautelar da ADC 18, em 2014, no julgamento de mérito, e de forma definitiva, em 2017. Não há falar, pois, em proteção da confiança justificada a ser considerada como fundamento de modulação para a tutela da segurança jurídica. Volto ao argumento da União. Embora o RE 240.785 não tenha sido julgado sob a sistemática da repercussão geral, carecendo de força de precedente, a interpretação definida não carece de efeito interpretativo a ser levado em consideração pelo ordenamento jurídico e seus atores. Se não vincula é certo que importa para a consideração do desenvolvimento judicial do Direito. 14. Segundo, o argumento da confiança justificada fundado na observância do precedente formado no julgamento do Resp 1.444.69, sob a sistemática do recurso repetitivo é juridicamente inválido. Como pontuei, esse julgamento ocorreu em 10.8.2016 e a publicação do acórdão teve lugar em 02.12.2016. Por outro lado, o mérito do presente RE foi decidido em 15.3.2017, com publicação do acórdão em 02.10.2017. Da análise desse cenário, emerge que o lapso temporal no qual o Resp 1.444.69 produziu efeitos, a partir da lógica do sistema de precedentes, que exige a sua observância obrigatória pelos órgãos jurisdicionais integrantes da estrutura do Poder Judiciário, compreende o período entre dezembro de 2016 até outubro de 2017, se considerada como marco a data de publicação do acórdão. Mas, observada como marco temporal a data de conhecimento das decisões, o período se estende de agosto de 2016 até março de 2017. Esse lapso temporal em que vigente, com efeitos autoritativos, a decisão tomada no referido Resp, configura estado de instabilidade normativa e não estado de confiança justificada a implicarem estabilidade e previsibilidade jurídica, como sustentado pela Fazenda Nacional" (BRASIL. Supremo Tribunal Federal (Pleno). Recurso Extraordinário 574.706. Recorrente: Imcopa Importação, Exportação e Indústria de Óleos Ltda. Recorrido: União. Relatora: Min.a Cármen Lúcia, 15 de março de 2017. Dje: Brasília, DF, 2017c. Disponível em: https://redir.stf.jus.br/paginadorpub/paginador.jsp?docTP=TP&docID=13709550. Acesso em: 27 ago. 2023).

a votar, foi bem mais enfático quanto ao aspecto financeiro. Embora tenha afirmado que essa razão, por si, não seria suficiente à adoção da medida (pois "se assim o fosse, dificilmente uma controvérsia fiscal não seria modulada"), fez o seguinte registro:

> Não estamos diante de qualquer valor indevidamente recolhido pelo contribuinte e possível de ser restituído, mas sim de um quadro excepcional que, em seu conjunto, põe em risco a própria estruturação do Estado e do respectivo equilíbrio orçamentário e financeiro deste.
>
> Ainda que os cálculos do impacto possam não ser precisos, tomando apenas como parâmetro os valores constantes tanto na LDO quanto no provisionamento do Balanço Geral da União, não podemos ignorar, no ponto, a representatividade do montante envolvido.
>
> Nesse contexto, cumpre termos em mente as lições de Cass Sunstein e Stephen Holmes de que todos os direitos implicam custos ao poder público, sendo, assim, socialmente financiados por meio de tributos (HOLMES, Stephen e SUNSTEIN, Cass, *The Cost of Rights* – Why Liberty Depends on Taxes. New York: W. M. Norton, 1999).
>
> Em que pese ser necessária a proteção do cidadão contribuinte, e não devemos jamais nos esquecer em que medida tal garantia é elemento nuclear do Estado de Direito, a presente quadra não nos permite ignorar a dimensão de concretização do Estado Social, em especial a partir da natureza dos tributos envolvidos, no que considerada a destinação de tais valores para o orçamento da seguridade social.
>
> Se o quadro de desequilíbrio fiscal já impressionava antes, à época da oposição destes embargos, o que dizer do momento atual, no qual se analisa o presente pleito de modulação, em que um excepcional quadro de aguda crise sanitária e econômica impõe a toda a sociedade uma série de sacrifícios?[708]-[709]

O ministro Alexandre de Moraes, para além de compreender que houve "viragem jurisprudencial" e que a aplicação retroativa da decisão ensejaria insegurança "quanto à exatidão dos critérios eleitos

---

[708] BRASIL. Supremo Tribunal Federal (Pleno). Embargos de Declaração no Recurso Extraordinário 574.706. Embargante: União. Embargado: Imcopa Importação, Exportação e Indústria de Óleos Ltda. Relatora: Min.a Cármen Lúcia, 13 de maio de 2021. *Dje*: Brasília, DF, 2021k. Disponível em: https://redir.stf.jus.br/paginadorpub/paginador.jsp?docTP=TP&docID=756736801. Acesso em: 27 ago. 2023.

[709] A obra de Stephen Holmes e de Cass Sunstein (*O custo dos direitos*: por que a liberdade depende dos impostos. São Paulo: Editora WMF Martins Fontes, 2019), amplamente citada neste estudo, notadamente no segundo capítulo, de fato demonstra que a promoção de direitos fundamentais demanda custos. Ocorre que, em momento algum, os autores propõem que esse financiamento deva ocorrer às custas de garantias fundamentais dos cidadãos.

pela autoridade fiscal para aplicação da medida", em razão de que "a tese promove significativa alteração na sistemática de apuração das exações em comento", deu ênfase ao aspecto financeiro, considerando-se a situação de calamidade ocasionada pela pandemia de Covid-19:

> Além disso, as finanças de todos os entes públicos passam por momento crítico, agravado pela situação de calamidade e emergência de saúde pública ocasionada pela pandemia do coronavírus (Covid-19), o que torna desaconselhável conferir efeitos *ex tunc* ao acórdão embargado, sob pena de se ocasionar sério desequilíbrio nas contas públicas, em prejuízo da continuidade de ações e programas de governo de relevância para toda a sociedade.
>
> Penso que o sopesamento dos aspectos aqui aludidos é próprio da prerrogativa conferida à CORTE, nos termos do §3º do artigo 927 do Código de Processo Civil de 2015, e, no caso, justifica-se pela realidade atual de emergência pública. A realidade das finanças públicas do País justifica essa excepcional modulação, em vista do interesse público na preservação, tanto quanto possível, da higidez fiscal do Estado, em prol da continuidade dos esforços de enfrentamento da pandemia da Covid-19, e de outras ações governamentais de relevância social.[710]

O ministro Dias Toffoli também frisou o aspecto orçamentário, mencionando diversos dados constantes das LDOs da União, dos memoriais da Fazenda Nacional e até mesmo de notícias jornalísticas, para concluir o seguinte:

> O cenário atual, contudo, a meu ver, não permite tamanho impacto nas contas públicas. É por todos conhecida a crise nas contas públicas da União. A ausência da modulação dos efeitos do acórdão embargado não contribuirá para o enfrentamento desse desequilíbrio.

O ministro Gilmar Mendes, um dos últimos a votar, seguiu linha similar, ressaltando os valores em jogo e acrescentando que, após o julgamento do mérito, em 2017, houve um grande contingente de ações ajuizadas sobre a matéria. Em tom crítico, referiu que a repercussão geral estaria "contribuindo com a proliferação da litigância, e não

---

[710] BRASIL. Supremo Tribunal Federal (Pleno). Embargos de Declaração no Recurso Extraordinário 574.706. Embargante: União. Embargado: Imcopa Importação, Exportação e Indústria de Óleos Ltda. Relatora: Min.a Cármen Lúcia, 13 de maio de 2021. *Dje*: Brasília, DF, 2021k. Disponível em: https://redir.stf.jus.br/paginadorpub/paginador.jsp?docTP=TP&docID=756736801. Acesso em: 27 ago. 2023.

o contrário", em fenômeno que denominou de "litigância *secundum eventum litis*" na repercussão geral.⁷¹¹

Em contraponto a essa linha argumentativa, o ministro Edson Fachin trouxe considerações importantes, no sentido de referir que a União, ciente da contingência, tinha o dever de se planejar, sob a perspectiva orçamentária, não podendo "aproveitar-se de sua displicência e imputar aos contribuintes o ônus de arcar com os valores que foram indevidamente arrecadados". Confiram-se as suas ponderações:

> Para além, saliento que eventual modulação promoveria resultados fáticos considerados incompatíveis com o nosso ordenamento jurídico, visto que haveria a convalidação de cobranças consideradas inconstitucionais. Nesse sentido, caberia ao contribuinte o ônus de arcar com valores que foram erroneamente arrecadados, enquanto paralelamente ocorreria o enriquecimento sem causa da União.
>
> Da mesma forma, o interesse orçamentário também não corresponde ao interesse público. A perda de arrecadação não é argumento idôneo a permitir que os efeitos de lançamentos inconstitucionais, que agridem direitos fundamentais dos contribuintes, sejam mantidos.
>
> Destaca-se, inclusive, que a Lei nº 13.473, de 8 de agosto de 2017, (Lei de Diretrizes Orçamentárias), previu no anexo de riscos fiscais, especificamente no ponto 3.2.1 tema 1, que havia risco possível quanto a decisão relativa à exclusão do ICMS da base de cálculo do PIS e da CONFINS. Nesse contexto, é responsabilidade da União o provisionamento dos recursos orçamentários cabíveis. Não pode, portanto, quer aproveitar-se de sua displicência e imputar aos contribuintes o ônus de arcar com os valores que foram indevidamente arrecadados. Em síntese, não pode a União requerer a modulação para atingir o equilíbrio orçamentário às custas dos contribuintes.
>
> Por esses motivos, entendo que a admissão da modulação neste caso propiciaria que consequências jurídicas fossem preteridas em relação às financeiras, o que contraria a ideia do Estado Democrático de Direito.⁷¹²

---

⁷¹¹ Referiu o ministro Gilmar Mendes em seu voto: "Ressalto a informação, Ministros e Ministras: dos 56 mil processos sobre o tema do ICMS na base de cálculo do PIS e da Cofins, 78% foram ajuizados após a decisão desta Corte em 2017. Tem-se, portanto, a repercussão geral contribuindo com a proliferação da litigância, e não o contrário. Eu chamaria o fenômeno de "litigância *secundum eventum litis*" na Repercussão Geral" (BRASIL. Supremo Tribunal Federal (Pleno). Embargos de Declaração no Recurso Extraordinário 574.706. Embargante: União. Embargado: Imcopa Importação, Exportação e Indústria de Óleos Ltda. Relatora: Min.a Cármen Lúcia, 13 de maio de 2021. *Dje*: Brasília, DF, 2021k. Disponível em: https://redir.stf.jus.br/paginadorpub/paginador.jsp?docTP=TP&docID=756736801. Acesso em: 27 ago. 2023).

⁷¹² BRASIL. Supremo Tribunal Federal (Pleno). Embargos de Declaração no Recurso Extraordinário 574.706. Embargante: União. Embargado: Imcopa Importação, Exportação

O caso, como mencionado anteriormente, é emblemático, seja pela abrangência da discussão em relação ao número de contribuintes, seja pelos valores envolvidos (indubitavelmente elevados), seja, ainda, pelo tempo durante o qual a controvérsia se desenvolveu (inclusive após o julgamento do mérito, pois os embargos de declaração foram julgados quatro anos depois).[713] Entendeu-se necessário dedicar um pouco mais de atenção ao exame dos argumentos discutidos em seu julgamento, exatamente em razão desse protagonismo no universo tributário, e dessa análise é possível verificar ao menos dois aspectos importantes no que se refere ao objeto deste estudo.

O primeiro é o de que não parece ter havido controvérsia, entre os ministros, quanto à premissa de que, quando se verifica guinada de jurisprudência, a modulação é uma medida adequada. O problema reside na definição *do que* caracteriza uma mudança de jurisprudência, isto é, que tipo de cenário jurisprudencial caracteriza base de confiança para Fisco e contribuintes. Esse foi o embate no Tema nº 69 quanto à segurança jurídica. Já o segundo aspecto diz respeito à legitimidade do argumento orçamentário invocado pela Fazenda, sobretudo considerando-se toda a estruturação normativa que existe para orientar o planejamento das finanças públicas, inclusive quanto a passivos contingentes oriundos de demandas judiciais.[714] O tema, sem prejuízo, será novamente abordado mais adiante.[715]

3.2.3.1.14 ICMS e o critério da essencialidade

No âmbito do RE nº 714.139 (Tema nº 745), o STF apreciou a controvérsia envolvendo o alcance do artigo 155, §2º, inciso III, da CF/88, que prevê a aplicação do princípio da seletividade em função da essencialidade ao ICMS. Ao julgar o caso, no final de 2021, concluiu a Suprema Corte pela inconstitucionalidade da exigência de alíquotas superiores à geral sobre energia elétrica e serviços de comunicação. No

---

e Indústria de Óleos Ltda. Relatora: Min.a Cármen Lúcia, 13 de maio de 2021. *Dje*: Brasília, DF, 2021k. Disponível em: https://redir.stf.jus.br/paginadorpub/paginador.jsp?docTP=TP&docID=756736801. Acesso em: 27 ago. 2023.

[713] Aliás, uma nova página dessa controvérsia está se desenvolvendo, relativa às ações rescisórias que vêm sendo promovidas pela Fazenda Nacional contra aqueles contribuintes que ajuizaram ações após o julgamento do mérito e obtiveram trânsito em julgado favorável antes do julgamento dos embargos declaratórios.

[714] O tema foi abordado no capítulo anterior e, no que se refere ao orçamento da União, com ênfase no item 2.3.4.1, em que se examinou o Anexo de Riscos Fiscais na LDO.

[715] Ver item 3.3.5, mais à frente.

entendimento dos ministros, uma vez adotada a técnica da seletividade quanto ao ICMS (a qual não é, em si, obrigatória para o tributo estadual), deve ser respeitado o critério da essencialidade, de modo que se afigura contrária à ordem constitucional a exigência, sobre bens e serviços essenciais, de alíquotas superiores àquelas aplicadas às operações em geral.[716]

Restou aplicada a modulação de efeitos no caso, estipulando-se que a decisão somente assumiria eficácia a partir do exercício financeiro de 2024, ressalvadas as ações ajuizadas até a data do início do julgamento do mérito. A proposição inicial do ministro Dias Toffoli sugeria a modulação para o exercício seguinte ao do julgamento (ou seja, efeitos a partir de 2022). No entanto, houve mudança dessa proposta, elegendo-se o exercício de 2024, por se tratar do primeiro exercício financeiro a ser regido pelo subsequente Plano Plurianual dos estados. Depreende-se do voto de Sua Excelência a intenção de se preservar as finanças dos estados:

> Recentemente, recebi em audiência os governadores dos estados e as respectivas procuradorias, os quais também peticionaram nos autos reproduzindo tabela na qual identificam que o impacto anual da decisão da Corte, tomando como base preços de 2019, varia, a depender do estado, de R$ 19 milhões (Estado de Roraima) a R$ 3,59 bilhões (Estado de São Paulo). Ainda a título de exemplo, vale citar que, à luz da mesma tabela, o impacto anual será (com arredondamento) de R$ 1,45 bilhão para o Estado da Bahia; de R$ 1,66 bilhão para o Estado do Goiás; de R$ 3,08 bilhões para o Estado de Minas Gerais; de R$ 3,10 bilhões para o Estado do Paraná; de R$ 2,32 bilhões para o Estado do Rio de Janeiro; de R$ 3,26 para o Estado do Rio Grande do Sul; e de R$ 1,49 para o Estado de Santa Catarina.
>
> Como se percebe, os montantes são elevados. É certo, ainda, que as perdas de arrecadação ocorrem em tempos difíceis e atingem estados cujas economias já estão combalidas.
>
> Tendo presentes essas novas informações e ponderando os interesses e os valores em conflito, julgo que seria mais adequado, como dito acima,

---

[716] Assim restou redigida a tese: "Adotada, pelo legislador estadual, a técnica da seletividade em relação ao Imposto sobre Circulação de Mercadorias e Serviços - ICMS, discrepam do figurino constitucional alíquotas sobre as operações de energia elétrica e serviços de telecomunicação em patamar superior ao das operações em geral, considerada a essencialidade dos bens e serviços" (BRASIL. Supremo Tribunal Federal (Pleno). Recurso Extraordinário 714.139. Recorrente: Lojas Americanas S.A. Recorrido: Estado de Santa Catarina. Relator: Min. Marco Aurélio, 18 de dezembro de 2021. Dje: Brasília, DF, 2021o. Disponível em: https://redir.stf.jus.br/paginadorpub/paginador.jsp?docTP=TP&docID=759632154. Acesso em: 27 ago. 2023).

se estipular que a decisão da Corte produza efeitos a partir de 2024, primeiro exercício financeiro regido pelo próximo Plano Plurianual (PPA) de cada unidade federada.

A modulação dos efeitos da decisão tal como ora sugerida preservará o exercício financeiro em andamento (2021) e o próximo (2022), bem como o de 2023, ano em que tomarão posse os Governadores e os Deputados estaduais eleitos em 2022. Com isso, os impactos da decisão da Corte nas contas das unidades federadas serão amenizados em certa medida e num espaço de tempo adequado.

Ademais, considero importante ressalvar da modulação dos efeitos da decisão certas ações já ajuizadas. Note-se que medida como essa tem sido muito utilizada pela Corte (vide, *v.g.*, os julgamentos da ADI nº 5.469/DF-ED e do RE nº 574.706/PR-ED). Resta definir qual marco temporal razoável e condizente com as particularidades do presente caso deve ser adotado, a fim de se identificarem quais são as ações a ser ressalvadas.

Julgo ser mais adequado adotar como marco o dia no qual foi proferido o voto do Ministro Marco Aurélio, isto é, 5/2/21 (data do início do julgamento do mérito). De um lado, isso prestigiará aqueles que já haviam ingressado com ação até essa data. Do outro lado, não serão ressalvadas as ações ajuizadas após esse marco.

Vale registrar o que disseram diversos estados da Federação: "(...) o movimento de judicialização se intensificou nos últimos dias de julgamento do Tema 745/RG". A proposta de modulação sugerida visa a combater tal espécie de corrida ao Poder Judiciário, a qual me parece muito prejudicial, considerando as citadas particularidades do presente tema e o mencionado contexto econômico-social do País e dos estados da Federação.[717]

Para além de estar explícito o objetivo orçamentário da medida, chama a atenção o trecho final do voto do ministro Dias Toffoli, ao justificar a fixação da data de corte das ações ressalvadas da modulação, quando menciona que a proposta visava "combater tal espécie de corrida ao Poder Judiciário". Ora, o acesso ao Judiciário é um direito legítimo a ser exercido pelos contribuintes, notadamente diante de um tributo que se revela como inconstitucional. Aliás, tal pretensão se revela ainda mais legítima (e necessária) diante da possibilidade de não se poder usufruir desse reconhecimento de inconstitucionalidade sem uma ação própria ajuizada (e desde que até determinada data),

---

[717] BRASIL. Supremo Tribunal Federal (Pleno). Recurso Extraordinário 714.139. Recorrente: Lojas Americanas S.A. Recorrido: Estado de Santa Catarina. Relator: Min. Marco Aurélio, 18 de dezembro de 2021. *Dje*: Brasília, DF, 2021o. Disponível em: https://redir.stf.jus.br/paginadorpub/paginador.jsp?docTP=TP&docID=759632154. Acesso em: 27 ago. 2023.

dado o histórico de modulações em matéria tributária com ressalva às ações em curso.[718] Eis um aspecto interessante, portanto: adota-se a modulação sob a justificativa de se evitar, paradoxalmente, um dos possíveis efeitos que a sua própria aplicação reiterada pode causar.

O ministro Gilmar Mendes, em seu voto, registrou, quanto à modulação, que a medida se faria necessária por razões de excepcional interesse social e de segurança jurídica, também com diversas referências aos dados de arrecadação apresentados pelos Estados. Referiu, nesse sentido, haver "inegável interesse social na adoção de solução temporal que contemple a realização de transição orçamentária pelos gestores estaduais", notadamente diante da necessidade de políticas públicas de enfrentamento à Covid-19. Ponderou o ministro, por fim:

> Assim, seja sob o ângulo da segurança jurídica plasmada na formação do planejamento fiscal dos Estados a partir de expectativa legítima de arrecadação a título de ICMS, seja a partir do interesse social materializado nas prestações estatais dependentes dos recursos estimados na sistemática tributária então vigente, é imperiosa a restrição dos efeitos da declaração de inconstitucionalidade, com a incidência do entendimento do Plenário a partir do Plano Plurianual 2024-2027.[719]

O que não foi dito, entretanto, é que essa matéria teve sua repercussão geral reconhecida pelo STF ainda em 2014.[720] Como visto no capítulo anterior, é medida de responsabilidade fiscal que os gestores públicos se planejem quanto às contingências advindas de demandas judiciais. Causa, no mínimo, desconforto, portanto, supor que uma das principais fontes de arrecadação dos Estados estava com sua constitucionalidade em xeque, aguardando julgamento pelo Pleno da Suprema Corte, já com repercussão geral reconhecida, e que não houve qualquer planejamento orçamentário antevendo sequer a remota possibilidade de perda nas demandas.

---

[718] Com ênfase, é importante dizer, para o caso do Tema nº 69, examinado anteriormente.
[719] BRASIL. Supremo Tribunal Federal (Pleno). Recurso Extraordinário 714.139. Recorrente: Lojas Americanas S.A. Recorrido: Estado de Santa Catarina. Relator: Min. Marco Aurélio, 18 de dezembro de 2021. *Dje*: Brasília, DF, 2021o. Disponível em: https://redir.stf.jus.br/paginadorpub/paginador.jsp?docTP=TP&docID=759632154. Acesso em: 27 ago. 2023.
[720] BRASIL. Supremo Tribunal Federal (Pleno). Repercussão Geral no Recurso Extraordinário 714.139. Recorrente: Lojas Americanas S.A. Recorrido: Estado de Santa Catarina. Relator: Min. Marco Aurélio, 12 de junho de 2014. *Dje*: Brasília, DF, 2014b. Disponível em: https://redir.stf.jus.br/paginadorpub/paginador.jsp?docTP=TP&docID=6811853. Acesso em: 27 ago. 2023.

No ano seguinte ao julgamento, em 2022, a PGR propôs 24 ADIs questionando as legislações dos estados nessa matéria.[721] Todas as ações foram julgadas procedentes e tiveram seus efeitos modulados exatamente nos mesmos termos do Tema nº 745, inclusive com base nas mesmas datas.

3.2.3.1.15 ITCMD sobre fatos geradores conectados ao exterior

O RE nº 851.108 (Tema nº 825) tratou da exigência de ITCMD, pelos Estados, sobre as hipóteses estabelecidas no artigo 155, §1º, inciso III, da CF/88, sem prévia lei complementar. O referido dispositivo determina que será regulada por essa espécie normativa a competência para a cobrança do imposto "se o doador tiver domicílio ou residência no exterior" (alínea 'a') e "se o de cujus possuía bens, era residente ou domiciliado ou teve o seu inventário processado no exterior" (alínea 'b'). Diante desse contexto, o STF considerou inconstitucional a exigência sobre fatos geradores conectados ao exterior, diante da inexistência da aludida lei complementar.[722]

Compreendeu a Suprema Corte, todavia, pela aplicação da modulação de efeitos, atribuindo eficácia *ex nunc* ao julgado, a contar da publicação do acórdão, e ressalvando as ações judiciais pendentes de conclusão até esse marco temporal, nas quais se controvertesse (i) a qual Estado deve o contribuinte efetuar o recolhimento do imposto, diante da ocorrência de eventual bitributação; ou[723] (ii) a validade da cobrança do imposto, caso não tivesse sido pago anteriormente.[724]

---

[721] ADIs nº 7.108, 7.109, 7.110, 7.111, 7.112, 7.113, 7.114, 7.116, 7.117, 7.118, 7.119, 7.120, 7.121, 7.122, 7.123, 7.124, 7.125, 7.126, 7.127, 7.128, 7.129, 7.130, 7.131 e 7.132.

[722] A tese foi redigida nos seguintes termos: "É vedado aos estados e ao Distrito Federal instituir o ITCMD nas hipóteses referidas no art. 155, §1º, III, da Constituição Federal sem a edição da lei complementar exigida pelo referido dispositivo constitucional" (BRASIL. Supremo Tribunal Federal (Pleno). Recurso Extraordinário 851.108. Recorrente: Estado de São Paulo. Recorrido: Vanessa Regina Andreatta. Relator: Min. Dias Toffoli, 1º de março de 2021. *Dje*: Brasília, DF, 2021p. Disponível em: https://redir.stf.jus.br/paginadorpub/paginador.jsp?docTP=TP&docID=755628450. Acesso em: 27 ago. 2023).

[723] O caráter alternativo dessas duas hipóteses restou esclarecido em sede de embargos de declaração (BRASIL. Supremo Tribunal Federal (Pleno). Segundos Embargos de Declaração no Recurso Extraordinário 851.108. Embargante: Vanessa Regina Andreatta. Embargado: Estado de São Paulo. Relator: Min. Dias Toffoli, 8 de setembro de 2021. *Dje*: Brasília, DF, 2021t. Disponível em: https://redir.stf.jus.br/paginadorpub/paginador.jsp?docTP=TP&docID=757618265. Acesso em: 27 ago. 2023).

[724] BRASIL. Supremo Tribunal Federal (Pleno). Recurso Extraordinário 851.108. Recorrente: Estado de São Paulo. Recorrido: Vanessa Regina Andreatta. Relator: Min. Dias Toffoli,

Os fundamentos lançados pelo ministro relator, Dias Toffoli, foram basicamente dois: um de ordem financeira, considerando-se impacto que a decisão traria para as finanças dos Estados;[725] e um de segurança jurídica,[726] argumentando o ministro que alguns julgados da Corte teriam incutido "na mentalidade dos agentes públicos das unidades federadas, em algum grau, a ideia de que a tributação em tela seria sim legítima em face do texto constitucional". Em relação ao segundo argumento, no entanto, é preciso dizer ser questionável a capacidade dos dois julgados invocados para embasar uma justa expectativa aos Estados. Isso porque um deles (o RE nº 879.773, publicado em 2015) foi posteriormente reconsiderado, com determinação de retorno dos autos à origem para aguardar julgamento do Tema nº 825, conforme mencionado pelo próprio ministro, ao passo que o outro, mais antigo (o AI nº 805.043, publicado em 2010),[727] foi decisão monocrática que não

---

1º de março de 2021. *Dje*: Brasília, DF, 2021p. Disponível em: https://redir.stf.jus.br/paginadorpub/paginador.jsp?docTP=TP&docID=755628450. Acesso em: 27 ago. 2023.

[725] Colhe-se do voto do ministro Dias Toffoli: "A solução até então proposta neste caso resultará no reconhecimento da inconstitucionalidade das normas pertinentes previstas em leis como essas, provocando, dentre outros efeitos, inviabilidade de cobrança da tributação em tela tanto em relação a fatos passados quanto a fatos futuros, bem como inúmeras repetições de indébito tributário. Só no Estado de São Paulo, a consequência da decisão, incluindo a projeção para os próximos cinco anos, será um negativo impacto orçamentário de R$ 5.418.145.428,86, em valores estimados, sendo que a maior parte dessa perda é reputada como imediata. A nota técnica da Secretaria da Fazenda e Planejamento do Estado de São Paulo, encaminhada em conjunto com o memorial da mesma unidade federada, é esclarecedora quanto esse quadro: (...)" (BRASIL. Supremo Tribunal Federal (Pleno). Recurso Extraordinário 851.108. Recorrente: Estado de São Paulo. Recorrido: Vanessa Regina Andreatta. Relator: Min. Dias Toffoli, 1º de março de 2021. *Dje*: Brasília, DF, 2021p. Disponível em: https://redir.stf.jus.br/paginadorpub/paginador.jsp?docTP=TP&docID=755628450. Acesso em: 27 ago. 2023).

[726] "Atente-se, de mais a mais, que já houve algumas decisões proferidas no âmbito da Corte nas quais foi reconhecida a possibilidade de os estados, com base na competência legislativa plena, editarem leis prevendo a cobrança do ITCMD sobre doações ou bens objetos de herança provenientes do exterior. Isso aconteceu, v.g., em casos advindos do Estado do Rio de Janeiro (AI 805.043/RJ, Rel. Min. Ricardo Lewandowski. *Dje* de 25/6/10) e do próprio Estado de São Paulo (RE nº 879.773/SP, Rel. Min. Roberto Barroso, DJe de 2/10/15). Embora a decisão proferida nesse último feito tenha sido, posteriormente, reconsiderada, com a determinação do retorno dos autos à origem para se aguardar o desfecho do julgamento do presente tema de repercussão geral, não há dúvida de que esses julgados incutiram na mentalidade dos agentes públicos das unidades federadas, em algum grau, a ideia de que a tributação em tela seria sim legítima em face do texto constitucional" (BRASIL. Supremo Tribunal Federal (Pleno). Recurso Extraordinário 851.108. Recorrente: Estado de São Paulo. Recorrido: Vanessa Regina Andreatta. Relator: Min. Dias Toffoli, 1º de março de 2021. *Dje*: Brasília, DF, 2021p. Disponível em: https://redir.stf.jus.br/paginadorpub/paginador.jsp?docTP=TP&docID=755628450. Acesso em: 27 ago. 2023).

[727] BRASIL. Supremo Tribunal Federal. Agravo de Instrumento 805.043. Agravante: Malvina Luterman Watkins. Agravado: Estado do Rio de Janeiro. Relator: Min. Ricardo

admitiu recurso extraordinário sobre a matéria ao argumento de que o acórdão então recorrido estaria de acordo com a jurisprudência do STF, mas mencionou apenas casos envolvendo outros tributos (notadamente o IPVA) e julgados sob a ótica exclusiva do artigo 24, inciso I, da CF/88, sem abordar o artigo 155, §1º, inciso III, da CF/88, agora em exame.

Aliás, essa decisão monocrática havia sido proferida pelo ministro Ricardo Lewandowski, que iniciou seu voto no Tema nº 825 explicitando exatamente o seguinte:

> Com efeito, nos autos do AI 805.043/RJ, neguei seguimento ao recurso por entender que a instituição de imposto sobre doação proveniente do exterior enquadrava-se nas hipóteses em que esta Suprema Corte admitia aos estados-membros suprir a omissão legislativa da União, pelo exercício da competência plena prevista no artigo 24, §3º, da Constituição Federal em conjunto com o artigo 34, §3º, do ADCT. Aquela decisão transitou em julgado em 12/8/2010.
>
> Ocorre que, nos termos do artigo 155, 1º, III, a e b, da Constituição Federal, nas hipóteses em que o doador tiver domicílio ou residência no exterior, bem como naquelas em que o de cujus possuía bens, era residente ou domiciliado ou teve o seu inventário processado no exterior, a competência para a instituição do ITCMD será disciplinada por lei complementar:
>
> (...)
>
> Por isso, evoluindo do entendimento consignado no AI 805.043/RJ, de minha relatoria, entendo que, ante a ausência da lei complementar exigida pelo artigo 155, 1º, III, a e b, da CF, não podem os Estados e o Distrito Federal exercerem a competência plena prevista no artigo 24, §3º, da CF, para disciplinar o imposto sobre transmissão causa mortis e doação proveniente do exterior.[728]

Como se observa, não havia precedente específico acerca do alcance do artigo 155, §1º, inciso III, da CF/88. Sob tal perspectiva, volta-se a frisar, é questionável o argumento de que uma decisão monocrática, negativa de seguimento de recurso extraordinário, teria aptidão para embasar uma justa expectativa aos Estados quanto ao posicionamento do Tribunal a respeito da matéria.

Lewandowski, 23 de junho de 2010. *Dje*: Brasília, DF, 2010b. Disponível em: https://portal.stf.jus.br/processos/downloadPeca.asp?id=14561978&ext=.pdf. Acesso em: 30 ago. 2023.

[728] BRASIL. Supremo Tribunal Federal (Pleno). Recurso Extraordinário 851.108. Recorrente: Estado de São Paulo. Recorrido: Vanessa Regina Andreatta. Relator: Min. Dias Toffoli, 1º de março de 2021. *Dje*: Brasília, DF, 2021p. Disponível em: https://redir.stf.jus.br/paginadorpub/paginador.jsp?docTP=TP&docID=755628450. Acesso em: 27 ago. 2023.

No ano seguinte ao do julgamento, tal qual ocorreu em relação ao Tema nº 745, a PGR propôs 23 ADIs questionando as legislações dos Estados nessa matéria.[729] Todas as ações foram julgadas procedentes e tiveram seus efeitos modulados nos mesmos termos do Tema nº 825, inclusive com as mesmas datas.

3.2.3.1.16 IRPJ e CSLL sobre a Taxa Selic

Em 2021, o STF apreciou o RE nº 1.063.187 (Tema nº 962), no qual se discutia a exigência de IRPJ e CSLL sobre os valores correspondentes à Taxa Selic recebidos pelos contribuintes em repetições de indébito, concluindo pela inconstitucionalidade da incidência. Conforme entendimento exposto pelo ministro relator, Dias Toffoli, tal montante não configura acréscimo patrimonial por corresponder a juros, os quais visam recompor efetivas perdas (danos emergentes) do contribuinte, uma vez que não pôde dispor da quantia correspondente ao indébito durante determinado período.[730]

Posteriormente, entretanto, em sede de embargos de declaração, o STF entendeu por atribuir efeitos *ex nunc* ao reconhecimento de inconstitucionalidade, a contar da data da publicação da ata de julgamento do mérito, ressalvando (i) as ações ajuizadas até a data do início do julgamento do mérito, bem como (ii) os fatos geradores anteriores ao marco da modulação em relação aos quais não tivesse havido recolhimento de IRPJ ou CSLL sobre a rubrica em discussão.

Segundo o ministro Dias Toffoli, embora o julgamento tenha em muito se embasado nas orientações firmadas pela Suprema Corte no RE nº 855.091 (Tema nº 808),[731] o caso em exame seria distinto, em primeiro lugar, porque não haveria precedente anterior no âmbito do Tribunal especificamente quanto à matéria[732] e, em segundo lugar, porque o STJ

---

[729] ADIs nº 6.817, 6.818, 6.819, 6.820, 6.821, 6.822, 6.823, 6.824, 6.825, 6.826, 6.827, 6.828, 6.829, 6.830, 6.831, 6.832, 6.833, 6.834, 6.835, 6.836, 6.837, 6.839 e 6.840.

[730] A tese restou firmada nos seguintes termos: "É inconstitucional a incidência do IRPJ e da CSLL sobre os valores atinentes à taxa Selic recebidos em razão de repetição de indébito tributário" (BRASIL. Supremo Tribunal Federal (Pleno). Recurso Extraordinário 1.063.187. Recorrente: União. Recorrido: Electro Aço Altona S.A. Relator: Min. Dias Toffoli, 27 de setembro de 2021. *Dje*: Brasília, DF, 2021q. Disponível em: https://redir.stf.jus.br/paginadorpub/paginador.jsp?docTP=TP&docID=758725768. Acesso em: 27 ago. 2023).

[731] No caso em questão, discutiu-se a incidência de Imposto de Renda sobre juros de mora devidos pelo atraso no pagamento de remuneração pelo exercício de emprego, cargo ou função, concluindo o STF pela inconstitucionalidade da exação.

[732] O argumento é questionável, pois o precedente era, justamente, o Tema nº 808.

possuía tema repetitivo quanto à questão, no sentido da legalidade da cobrança (REsp nº 1.138.695, Tema nº 505). No que se refere a esse segundo ponto, registrou o ministro não haver "dúvida de que esse precedente específico, proferido há quase nove anos, estabeleceu legítima confiança, em prol da Fazenda, de que as tributações em questão eram válidas".

Por fim, também foi invocado como fundamento à modulação a intensificação do ajuizamento de ações durante o julgamento do caso, consignando o ministro relator que a proposta objetivava "combater tal espécie de corrida ao Poder Judiciário", a qual, na sua visão, seria "prejudicial, considerando as citadas particularidades do presente tema e o contexto econômico-social no qual se encontra o País".[733]

3.2.3.1.17 ICMS nas transferências entre estabelecimentos

Em abril de 2021, o STF levou a julgamento a ADC nº 49, para examinar a constitucionalidade da incidência de ICMS sobre operações de transferência de mercadorias entre estabelecimentos de um mesmo contribuinte. Ratificando a jurisprudência do STJ (Súmula nº 166 e REsp nº 1.125.133, Tema nº 259) e o seu próprio entendimento firmado em repercussão geral no ano anterior (ARE nº 1.255.885, Tema nº 1.099), a Suprema Corte julgou improcedente o pedido e reconheceu a inconstitucionalidade da exigência.[734]

Todavia, em embargos de declaração, o STF compreendeu necessário modular os efeitos da decisão, de modo a que passasse a surtir efeitos apenas no exercício financeiro de 2024, ressalvados os processos administrativos e judiciais pendentes de conclusão até a data da publicação da ata de julgamento do mérito. O ministro relator, Edson Fachin, manifestou em seu voto compreender necessária a medida como forma de preservar "as operações praticadas e estruturas negociais concebidas pelos contribuintes, sobretudo, aqueles beneficiários de incentivos fiscais de ICMS no âmbito das operações interestaduais",

---

[733] Com efeito, são válidos, nesse ponto, os mesmos apontamentos feitos à manifestação do ministro Dias Toffoli quanto a esse aspecto, por oportunidade do julgamento do Tema nº 745 (ver item 3.2.3.1.14). Aliás, o próprio ministro faz menção ao caso.

[734] BRASIL. Supremo Tribunal Federal (Pleno). Ação Declaratória de Constitucionalidade 49. Requerente: Governador do Estado do Rio Grande do Norte. Relator: Min. Edson Fachin, 19 de abril de 2021. *Dje*: Brasília, DF, 2021a. Disponível em: https://redir.stf.jus.br/paginadorpub/paginador.jsp?docTP=TP&docID=755741172. Acesso em: Acesso em: 27 ago. 2023.

bem como diante do risco de revisão de incontáveis operações de transferência submetida à tributação, ensejando um "indesejável cenário de macrolitigância fiscal".[735]

O ministro Luís Roberto Barroso, ao apreciar a questão, referiu que a decisão, de fato, "em nada inova na jurisprudência de ambos os Tribunais Superiores" (STJ e STF). Não obstante, diante da constatação de que houve manutenção da vigência das normas estaduais que autorizavam essa cobrança sobre as transferências, ensejando a realização de pagamentos pelos contribuintes, com correspondentes aproveitamento de créditos, registrou vislumbrar um contexto no qual seria razoável "que se mantenham intactas algumas situações já constituídas" até então. Para o ministro Barroso, o marco temporal proposto "visa a conferir prazo para que os Estados regulamentem a transferência de créditos entre estabelecimentos de mesmo titular". Nesse contexto, concluiu afirmando o seguinte:

> A modulação tal como proposta, por um lado, evita o comprometimento das finanças dos Estados, que já vivenciam uma grave crise fiscal e econômica. Por outro lado, a ressalva atende ao princípio da segurança jurídica, conservando situações já consolidadas no tempo e assegura certo equilíbrio na relação entre o Fisco e o contribuinte, pondo obstáculos às pretensões de ambos os lados.

O ministro Nunes Marques, por fim, embora tenha aderido à proposta de modulação, fez algumas ressalvas importantes, manifestando preocupação com aqueles contribuintes que porventura não tivessem recolhido o tributo com base na orientação consolidada dos tribunais superiores. Confiram-se algumas passagens de seu voto:

> Quanto a esse aspecto, importa sublinhar, como fez Sua Excelência o ministro Roberto Barroso, que a[s] jurisprudência[s] do Supremo e a do Superior Tribunal de Justiça (STF) reconheciam, de longa data, a

---

[735] Referiu o ministro Edson Fachin em seu voto: "A gravidade das consequências desse cenário evidenciam excepcional interesse social de pacificação pelo Poder Judiciário das relações jurídicas tributárias, que ensejam a excepcional aplicação do instituto da modulação do efeitos temporais da decisão para que os estados da Federação empreendam esforços perante o Congresso Nacional e o Conselho Nacional de Política Fazendária (Confaz) para melhor conformação do esquadro legal do ICMS" (BRASIL. Supremo Tribunal Federal (Pleno). Embargos de Declaração na Ação Declaratória de Constitucionalidade 49. Embargante: Governador do Estado do Rio Grande do Norte. Relator: Min. Edson Fachin, 17 de abril de 2023. Dje: Brasília, DF, 2023c. Disponível em: https://redir.stf.jus.br/paginadorpub/paginador.jsp?docTP=TP&docID=769783776. Acesso em: 27 ago. 2023).

inviabilidade de incidência do ICMS sobre a transferência de mercadorias entre estabelecimentos de mesmo titular. (...)

Alguns Estados mantiveram a cobrança do ICMS, nesse panorama, contrariando o entendimento dos Tribunais Superiores, ainda mais no intervalo entre o julgamento de mérito da presente ação declaratória (ata de julgamento publicada no DJe de 28 de abril de 2021) e a apreciação dos aclaratórios opostos.

Ora, examinado o mérito da ação, não cabe alternativa: há que dar efetivo e imediato cumprimento ao que a Corte assentou. As decisões proferidas em controle concentrado produzem eficácia desde a publicação da ata de seu julgamento, independentemente de trânsito em julgado. Eventual oposição de embargos de declaração não obsta a aplicação das teses jurídicas firmadas no precedente (...).

Não há espaço para cobranças, retroativas ou prospectivas, desde a publicação da ata do julgamento em que este Tribunal se pronunciou sobre o mérito da ação, porque a inconstitucionalidade declarada retira qualquer carga de eficácia jurídica aos atos tendentes a exigir o tributo.

Eventual modulação de efeitos não autoriza o Fisco a autuar contribuintes ou a cobrar o tributo de quem não o recolheu por observância à jurisprudência consolidada nos Tribunais. Em suma: se não houve autuação até o instante do julgamento de mérito, não é após a declaração de inconstitucionalidade do tributo que se fará a exigência (RE 605.552 ED-segundos, Tribunal Pleno, ministro Dias Toffoli, DJe de 12 de abril de 2021; e ADI 2.040 ED, Tribunal Pleno, Redator do acórdão o ministro Dias Toffoli, DJe de 8 de setembro de 2021).

entendo, nessa perspectiva, que devem ser ressalvadas as hipóteses em que o contribuinte não recolheu o ICMS sobre a transferência de mercadorias entre estabelecimentos do mesmo titular, na esteira do que a Corte registrou noutros paradigmas, a exemplo da ADI 5.481, Tribunal Pleno, ministro Dias Toffoli, DJe de 4 de maio de 2021).

A modulação de efeitos serve para resguardar aspectos diversos, a bem da segurança jurídica e do interesse social, e não para prolongar cobrança há muito considerada indevida, permitindo espécie de inconstitucionalidade útil. O procedimento direciona-se a regular situações consolidadas, especificamente em relação àqueles que recolheram o tributo.

(...)

Com tudo considerado, penso que deve ser concedida a projeção dos efeitos, tanto para se preservarem as operações consolidadas, em que houve recolhimento do imposto (antes da publicação da ata do julgamento de mérito desta ação), quanto para se conceder prazo hábil à regulamentação da transferência dos créditos de ICMS.[736]

---

[736] BRASIL. Supremo Tribunal Federal (Pleno). Embargos de Declaração na Ação Declaratória de Constitucionalidade 49. Embargante: Governador do Estado do Rio Grande do Norte.

O caso apresenta complexidade. É inegável que havia jurisprudência consolidada nos tribunais superiores acerca da matéria, inclusive de caráter vinculante. A despeito disso, os Estados seguiram exigindo o tributo indevidamente dos contribuintes por longo período. Diante do panorama que se apresenta, preocupa, sobretudo, a situação daqueles que, porventura, tenham proposto ações para afastar a exigência do tributo após o marco da modulação e que obtiveram decisões favoráveis (ou até mesmo trânsito em julgado). Da forma como restaram fixados os marcos temporais pelo STF, esses particulares podem vir a ter reformadas decisões favoráveis e ter de recolher retroativamente o que deixaram de pagar, a ensejar um cenário de relevante insegurança jurídica (ante o fato, reitere-se, de que havia pacífica jurisprudência rechaçando a exação). Os embargos de declaração opostos pelo *amicus curiae* pouco após a conclusão deste estudo, e que visavam esclarecimentos exatamente quanto a esse ponto, acabaram não sendo conhecidos, por ilegitimidade recursal.[737] Ainda assim, não se pode descartar a possibilidade de que a controvérsia tenha novos desdobramentos em ações individuais.

3.2.3.2 Fundamentos invocados para a modulação

Identificar com clareza o fundamento invocado para a aplicação da modulação nem sempre é uma tarefa fácil. Em muitos casos, o STF se limitou a invocar os termos dos dispositivos que preveem a medida (artigo 27 da Lei nº 9.868/99 ou artigo 927, §3º, do CPC), de modo a *afirmar* a presença de "razões de segurança jurídica ou de excepcional interesse social", mas sem efetivamente explicar de que modo ou em que medida essas razões estariam presentes. Em outros tantos casos, confundiram-se razões de segurança jurídica com razões de excepcional interesse social, fazendo-se menção a motivos que conformariam um dos requisitos e invocando outro.

Relator: Min. Edson Fachin, 17 de abril de 2023. *Dje*: Brasília, DF, 2023c. Disponível em: https://redir.stf.jus.br/paginadorpub/paginador.jsp?docTP=TP&docID=769783776. Acesso em: 27 ago. 2023.

[737] BRASIL. Supremo Tribunal Federal (Pleno). Embargos de Declaração nos Embargos de Declaração na Ação Declaratória de Constitucionalidade 49. Embargante: Sindicato Nacional das Empresas Distribuidoras de Combustíveis e de Lubrificantes – SINDICOM. Embargado: Governador do Estado do Rio Grande do Norte. Relator: Min. Edson Fachin, 31 de outubro de 2023. *Dje*: Brasília, DF, 2023f. Disponível em: https://redir.stf.jus.br/paginadorpub/paginador.jsp?docTP=TP&docID=772844106. Acesso em: 31 mar. 2024.

Na análise empreendida no tópico anterior, já se examinou, ainda que brevemente, as razões invocadas para cada modulação. Neste tópico, objetiva-se oferecer uma síntese com as impressões gerais a respeito da forma como esses fundamentos são invocados nos casos tributários, bem como aprofundar alguns aspectos específicos, de modo a permitir uma compreensão um pouco mais clara acerca dos critérios utilizados pela Suprema Corte quando faz uso desse instituto.

3.2.3.2.1 Modulação com base na segurança jurídica

A utilização da expressão *segurança jurídica*, na jurisprudência, nem sempre contempla a inteira extensão do que ela representa. Como examinado no primeiro capítulo, trata-se de conceito bastante complexo e multifacetado, cujos aspectos podem ter mais ou menos ênfase a depender da situação e dos bens jurídicos em jogo. No caso da modulação de efeitos, a segurança jurídica pode ter conteúdos razoavelmente distintos, a depender da situação em que a medida é adotada: se nos termos do artigo 27 da Lei nº 9.868/99, em controle de constitucionalidade, ou se nos termos do artigo 927, §3º, do CPC, em superação de precedente para frente. Esse rigor, todavia, não costuma ser encontrado nos julgados do STF. Em muitas das decisões examinadas, há menções genéricas à segurança jurídica, invocada, por vezes, quase que como álibi argumentativo ao lado do excepcional interesse social.

Nos temas nº 2 e 3, por exemplo, em que se discutiu a constitucionalidade dos prazos prescricional e decadencial das contribuições previdenciárias, o voto do ministro Gilmar Mendes justificou a aplicação da modulação "tendo em vista a repercussão e a insegurança jurídica". Todavia, ele próprio complementou: "(...) estou tentando delimitar esse quadro de modo a afastar a possibilidade de repetição de indébito de valores recolhidos nestas condições".[738] Ou seja, o objetivo, em verdade, não guardava pertinência com razões de segurança jurídica (promoção de cognoscibilidade, confiabilidade ou calculabilidade do Direito),

---

[738] BRASIL. Supremo Tribunal Federal (Pleno). Recurso Extraordinário 559.943. Recorrente: Instituto Nacional do Seguro Social – INSS. Recorrido: Abdalla Husein Humad ME. Relatora: Min.a Cármen Lúcia, 12 de junho de 2008. *Dje*: Brasília, DF, 2008c. Disponível em: https://redir.stf.jus.br/paginadorpub/paginador.jsp?docTP=AC&docID=551049. Acesso em: 27 ago. 2023; BRASIL. Supremo Tribunal Federal (Pleno). Recurso Extraordinário 560.626. Recorrente: União. Recorrido: REDG – Consultoria Tributária Sociedade Civil Ltda. Relator: Min. Gilmar Mendes, 12 de junho de 2008. *Dje*: Brasília, DF, 2008d. Disponível em: https://redir.stf.jus.br/paginadorpub/paginador.jsp?docTP=AC&docID=567931. Acesso em: 27 ago. 2023.

estando, em verdade, mais alinhado com razões (supostamente) de excepcional interesse social.[739]

Para além desses, há diversos outros casos em que a segurança jurídica foi invocada de modo similar. Na ADI nº 4.171, em que se reconheceu a inconstitucionalidade do "estorno" de ICMS exigido pelos estados à luz do Convênio nº 110/07, o ministro Ricardo Lewandowski votou pela modulação invocando "a segurança jurídica e o excepcional interesse econômico envolvidos na questão", referindo que a decisão implicaria repercussões aos contribuintes e aos Estados-sedes das distribuidoras, "que terão suas arrecadações diminuídas abruptamente".[740] Além de não ter sido explicado de que modo haveria repercussão aos contribuintes, o fundamento parece estar mais relacionado a aspectos financeiros do que propriamente a possíveis impactos quanto à segurança jurídica. Na ADI nº 5.539, da mesma forma, reconheceu-se a inconstitucionalidade de legislação que embasava a cobrança de taxa no estado de Goiás e, para embasar a modulação, o ministro relator, Gilmar Mendes, registrou ser necessária a medida como forma de "atender ao excepcional interesse social e garantir a segurança jurídica, nos termos do artigo 27 da Lei nº 9.868/1999, salvaguardando, assim, a saúde financeira do estado de Goiás".[741]

Em alguns casos, observou-se, ainda, a utilização da segurança jurídica em favor do Estado, sob a ótica de uma pretensa "segurança orçamentária" – o que é preocupante. No Tema nº 745, por exemplo, em que se reconheceu inconstitucional a exigência de ICMS com alíquotas mais elevadas sobre bens e serviços essenciais (como a energia elétrica), o ministro Gilmar Mendes fez menção à "segurança jurídica plasmada na formação do planejamento fiscal dos estados a partir da expectativa legítima de arrecadação".[742] Já na ADI nº 6.145, em que se reconheceu

---

[739] Essa, como mencionado no tópico em que se examinou o caso, é a opinião de Guilherme Villas Bôas e Silva (*O argumento financeiro e a modulação de efeitos no STF*. São Paulo: Almedina, 2020. p. 70-71), com a qual se concorda.

[740] BRASIL. Supremo Tribunal Federal (Pleno). Ação Direta de Inconstitucionalidade 4.171. Requerente: Confederação Nacional do Comércio. Relatora: Min.a Ellen Gracie, 20 de maio de 2015. *Dje*: Brasília, DF, 2015a. Disponível em: https://redir.stf.jus.br/paginadorpub/paginador.jsp?docTP=TP&docID=9194087. Acesso em: 27 ago. 2023.

[741] BRASIL. Supremo Tribunal Federal (Pleno). Embargos de Declaração na Ação Direta de Inconstitucionalidade 5.539. Embargante: Governador do Estado de Goiás. Relator: Min. Gilmar Mendes, 5 dez. 2022. *Dje*: Brasília, DF, 2022d. Disponível em: https://redir.stf.jus.br/paginadorpub/paginador.jsp?docTP=TP&docID=765147236. Acesso em: Acesso em: 27 ago. 2023.

[742] Colhe-se do voto do Min. Gilmar Mendes: "Assim, seja sob o ângulo da segurança jurídica plasmada na formação do planejamento fiscal dos Estados a partir de expectativa

inconstitucional a exigência de taxa para impugnações e recursos administrativos, o ministro Dias Toffoli invocou a segurança jurídica, ao lado do excepcional interesse social, em face do "grave impacto ocasionado ao erário, especialmente no tocante ao planejamento financeiro da Secretaria da Fazenda do Estado do Ceará", mencionando que as disposições declaradas inconstitucionais, embora viciadas em sua origem, "ampararam a concretização de inúmeros atos jurídicos que levaram à consolidação de créditos tributários", de modo que admitir ações pleiteando restituições das taxas indevidamente recolhidas traduziria "um estado de insegurança jurídica incompatível com o Estado de Direito".[743]

Essa linha de raciocínio, todavia, é altamente questionável. Não se ignora que o bom funcionamento estatal demanda um cenário de segurança jurídica sob uma perspectiva objetiva, enquanto princípio que impõe ideais de cognoscibilidade, confiabilidade e calculabilidade do ordenamento jurídico. Todavia, invocar a segurança jurídica em

---

legítima de arrecadação a título de ICMS, seja a partir do interesse social materializado nas prestações estatais dependentes dos recursos estimados na sistemática tributária então vigente, é imperiosa a restrição dos efeitos da declaração de inconstitucionalidade, com a incidência do entendimento do Plenário a partir do Plano Plurianual 2024-2027" (BRASIL. Supremo Tribunal Federal (Pleno). Recurso Extraordinário 714.139. Recorrente: Lojas Americanas S.A. Recorrido: Estado de Santa Catarina. Relator: Min. Marco Aurélio, 18 de dezembro de 2021. *Dje*: Brasília, DF, 2021o. Disponível em: https://redir.stf.jus.br/paginadorpub/paginador.jsp?docTP=TP&docID=759632154. Acesso em: 27 ago. 2023).

[743] Assim registrou o ministro Dias Toffoli em seu voto: "Nessa linha, conforme acentuado pelo Advogado-Geral da União, entendo que, por razões de segurança jurídica e de excepcional interesse público, se mostra mais adequado à hipótese da atribuição de eficácia *ex nunc* à declaração de inconstitucionalidade firmada no acórdão embargado. Isso porque o grave impacto ocasionado ao erário, especialmente no tocante ao planejamento financeiro da Secretaria da Fazenda do Estado do Ceará, bem assim a possibilidade de ajuizamento tardio de inúmeros processos judiciais postulando a restituição das taxas indevidamente recolhidas traduz um estado de insegurança jurídica incompatível com o Estado de Direito. Verifica-se, ainda, que as disposições legais e regulamentares declaradas inconstitucionais ao julgamento do presente feito, não obstante viciadas na sua origem, ampararam a concretização de inúmeros atos jurídicos que levaram à consolidação de créditos tributários, praticados ao abrigo legal por longo período. Por isso, a prática dos atos jurídicos deve ser resguardada dos efeitos retroativos da decisão de inconstitucionalidade, sob pena de se configurar situação de insegurança jurídica. A modulação dos efeitos da decisão declaratória de inconstitucionalidade, no caso, apresenta-se, consoante ressaltado pelo Procurador-Geral da República, como necessária para proteger a confiança legítima que resultou na prática de atos com respaldo em autoridade aparente e observa a boa-fé objetiva enquanto princípio geral de direito norteador das decisões judiciais" (BRASIL. Supremo Tribunal Federal (Pleno). Embargos de Declaração na Ação Direta de Inconstitucionalidade 6.145. Embargante: Governador do Estado do Ceará. Embargado: Conselho Federal da Ordem dos Advogados do Brasil – CFOAB. Relatora: Min.a Rosa Weber, 18 de março de 2023. *Dje*: Brasília, DF, 2023e. Disponível em: https://redir.stf.jus.br/paginadorpub/paginador.jsp?docTP=TP&docID=766578435. Acesso em: 27 ago. 2023).

sua perspectiva subjetiva, de proteção da confiança, em favor do ente estatal, do qual emanam as normas, é algo criticável. É que a proteção da confiança opera e se desenvolve sob o influxo dos direitos fundamentais, e o Estado não é titular de direitos dessa natureza; ele tem o dever de concretizá-los. Conforme refere Humberto Ávila, o princípio da proteção da confiança constitui limitação em favor do cidadão e contra o Estado, não o contrário. Como o Direito emana do Estado, não se pode argumentar surpresa em favor deste. Mais do que isso: se o Direito emana do Estado, permitir que ele se beneficie mantendo o produto da arrecadação oriundo de normas por ele próprio instituídas é admitir que o poder público poderia ser beneficiar da "própria torpeza", colocando em xeque a boa-fé.[744]

Por outro lado, também é preciso dizer que, em alguns casos, verificou-se aplicação adequada do princípio da proteção da confiança em favor do particular que confiou na norma editada pelo Estado. Destacam-se, nesse sentido, aqueles em que houve concessão de benefícios fiscais em desacordo com requisitos constitucionais (benefícios concedidos por estados sem convênio do Confaz, reduções de carga tributária concedidas por municípios abaixo dos parâmetros previstos no artigo 88 do ADCT, entre outras situações). Nesses, embora se possa argumentar que a segurança jurídica sofreu algum abalo na sua perspectiva objetiva (de confiabilidade no ordenamento jurídico), notadamente diante do contexto da guerra fiscal, sob outra perspectiva,

---

[744] Humberto Ávila, teoria da segurança jurídica, pg. 582-583. Acrescenta Daniel Mitidiero (*Superação para frente e modulação de efeitos*: precedente e controle de constitucionalidade no Direito brasileiro. São Paulo: Thompson Reuters Brasil, 2021. p. 78), enfaticamente, que para a adoção da modulação, deve-se "demonstrar que a preservação dos efeitos da lei inconstitucional não acarreta benefício indevido àquele que a promulgou. Repugna a boa-fé – notadamente a proibição expressa no *tu quoque* – que alguém possa se beneficiar de uma violação à Constituição por si mesmo perpetrada: ninguém pode se beneficiar da própria torpeza, sob pena de ainda mais enfraquecida a confiança no tráfego jurídico". Nas modulações em matéria tributária, contudo, a situação é quase sempre essa: o ente que instituiu a norma é quem se beneficia com a manutenção do produto de sua indevida arrecadação. Ana Paula Ávila (*Modulação de efeitos temporais pelo STF no controle de constitucionalidade*: ponderação e regras de argumentação para a interpretação conforme a constituição do art. 27 da Lei nº 9.868/99. Porto Alegre: Livraria do Advogado, 2009. p. 149-151) também faz oportuna observação a respeito do tema. Explica a autora que a proteção da confiança opera como que em contrapartida à presunção de constitucionalidade das normas. Assim, se de um lado, o dever-ser parte do Estado e é dever do cidadão confiar na atuação estatal, ajustando sua conduta a ela, de outro, tem assegurado que essa confiança não será protegida na hipótese de mudança da orientação de conduta. No entanto, o contrário não é verdadeiro, porque, frise-se, as normas não emanam do particular, mas do Estado. Assim, em face do questionamento acerca da possibilidade de o Estado invocar a segurança jurídica para a manutenção de situações que a lei inconstitucional tenha gerado em seu benefício, responde a autora que a resposta é taxativamente negativa.

houve indubitável proteção da confiança do particular nas normas editadas pelo poder público.

Identificaram-se, igualmente, casos em que se buscou preservar a segurança jurídica tanto sob a ótica subjetiva quanto objetiva. Nas controvérsias envolvendo o tributo incidente sobre licenciamento de *software*, o STF aplicou a modulação para preservar as situações consolidadas (ICMS recolhido ao estado e ISS ao município não seriam repetidos pelos contribuintes e, em contrapartida, não poderiam ser exigidos pelo ente público que não cobrou quando poderia tê-lo feito) e proteger o interesse dos contribuintes porventura duplamente onerados (aqueles eventualmente exigidos pelo estado e pelo município poderiam ver aplicado o entendimento fixado).[745] Da mesma forma, protegeu-se a segurança jurídica quando, ao julgar a mesma matéria alguns meses depois, na ADI nº 5.576, o STF fixou a modulação nos mesmos termos, a contar dos primeiros julgamentos sobre a matéria. Essa coerência, entretanto, embora seja observada em alguns casos,[746] não o é em outros.[747]

Situação distinta, de outra parte, verifica-se nos casos de superação de precedente. Nesses, diferentemente do que ocorre na modulação em sede de controle de constitucionalidade (em que se mantém os efeitos de atuação em *desconformidade* com o Direito vigente), tem-se a preservação de condutas e situações jurídicas em *conformidade* com o Direito até então vigente. Essa situação pode ser observada, por exemplo, no Tema nº 201, em que houve guinada na jurisprudência do STF a respeito do direito à restituição do ICMS cobrado a maior, na substituição tributária, quando o valor da operação efetivamente praticada se revela inferior ao da base de cálculo presumida. Igualmente, no Tema nº 16, houve modulação em razão da alteração de entendimento a respeito da constitucionalidade da exigência de taxa pela utilização potencial do serviço de extinção de incêndio.[748] Nesses dois casos, tem-se uma aplicação clara e expressa do artigo 927, §3º, do CPC.

---

[745] ADIs nº 1.945 e 5.659.
[746] No Tema nº 40, estabeleceu-se o termo inicial da modulação em data pretérita, na qual editada a Súmula Vinculante com a fixação do entendimento.
[747] No caso das taxas relativas a custas e emolumentos, julgadas inconstitucionais pela primeira vez na ADI nº 3.660, e, em nova apreciação da matéria, anos depois, o STF fixou novos marcos de modulação nas ADIs nº 3.111 e 5.539.
[748] Esse segundo caso, aliás, é emblemático em razão de que o ministro Marco Aurélio, combatente notório da modulação de efeitos, propôs a adoção da medida.

Um problema recorrente, no entanto, quando se examina a modulação em virtude de superação de precedente, consiste em definir quais os requisitos para que tal situação reste caracterizada. O que, efetivamente, qualifica base de confiança, a ponto de demandar a modulação de efeitos no caso de futura decisão em sentido oposto? Esse foi o debate no Tema nº 69 e também no Tema nº 825. Em ambos, a discussão não versou sobre a premissa de que, em havendo guinada jurisprudencial, a modulação precisaria aplicada, mas sim sobre a situação concreta do panorama jurisprudencial, isto é, se haveria, ou não, base de confiança que levasse o ente estatal a crer, legitimamente, que estava autorizado a promover a exação. Dito de outra forma, discutiu-se se haveria base de confiança apta a autorizar a conclusão de que, até aquele instante, o Estado agiu em *conformidade* com o Direito vigente.

De um modo geral, portanto, a análise dos casos revelou, no que se refere ao emprego do fundamento da segurança jurídica, que: (i) muitas vezes ele é invocado de modo genérico; (ii) em algumas oportunidades, é invocado sob a ótica da proteção da confiança em favor do Estado, o que é altamente criticável; (iii) em alguns casos ele é adequadamente aplicado, tanto sob a ótica objetiva quanto sob a ótica da proteção da confiança e (iv) quando há superação de precedente, há consenso de que modulação deve ser aplicada, centrando-se o debate na concreta existência ou não de base de confiança anterior, apta a caracterizar a virada de entendimento (ponto em que há problemas de fundamentação).

3.2.3.2.2 Modulação com base no (excepcional) interesse social

A expressão *excepcional interesse social*, consoante examinado no capítulo inicial deste estudo, traz consigo um elevado nível de indeterminação, o que é passível de ensejar imprevisibilidade quanto às circunstâncias que autorizam, com base nesse fundamento, a aplicação da modulação de efeitos. Na jurisprudência do STF em matéria tributária, o conteúdo atribuído a esse requisito se apresenta, de fato, bastante fluido e pouco claro. Identificou-se, nos acórdãos examinados, em várias oportunidades, o emprego de expressões como "excepcional interesse público"[749] e "excepcional interesse econômico",[750] como se

---

[749] Caso das ADIs nº 3.775, 6.479 e 6.145.
[750] Caso das ADIs nº 4.171 e 4.281.

fossem análogas a excepcional interesse social. Em outros, à semelhança do que se verificou em relação à segurança jurídica, constatou-se um emprego genérico da expressão, sem maiores considerações acerca das razões pelas quais a medida da modulação protegeria o excepcional interesse social, ou de que modo isso ocorreria.[751]

O que se observa, de um modo geral, é uma espécie de equiparação do *excepcional interesse social* ao *interesse orçamentário* da administração. Não se está a afirmar, com isso, que os recursos arrecadados não seriam empregados em benefício da coletividade. A questão é que esse aspecto sempre estará presente em discussões de índole tributária. Portanto, para qualificar uma razão de excepcional interesse social – e o emprego da palavra *excepcional* não se dá por acaso –, seria necessária a demonstração de razões, com o perdão da obviedade, também *excepcionais* e que se justificassem na promoção do interesse *da sociedade*, devendo guardar relação com a proteção e a promoção de direitos fundamentais constitucionalmente tutelados.

Aliás, há críticas pontuais, em alguns dos julgados analisados, a essa equiparação entre *interesse social* e *interesse orçamentário*. O ministro Edson Fachin, em pelo menos dois casos examinados (temas nº 69 e 745),[752] registrou enfaticamente que "o interesse orçamentário (...) não corresponde ao interesse público", e que a mera "perda de arrecadação" não configura argumento capaz de permitir a manutenção de lançamentos inconstitucionais, que ferem direitos fundamentais dos contribuintes. Também no Tema nº 69, a ministra Rosa Weber manifestou que o "impacto orçamentário não constitui por si só fundamento suficiente para a caracterização do excepcional interesse social", na

---

[751] Essa postura decisória é criticada por Cláudio Tessari (*Modulação de efeitos no STF*: parâmetros para definição do excepcional interesse social. São Paulo: Juspodivm, 2022. p. 268). O autor, ao propor parâmetros à identificação das razões de excepcional interesse social, refere como primeiro aspecto que, em vez de apenas "arguir" a sua presença, deve o Tribunal "justificar a fundamentação da sua presença", por meio de uma interpretação integrativa e visando, desse modo, assegurar "os direitos fundamentais constitucionais e processuais".

[752] Eis o trecho: "Da mesma forma, o interesse orçamentário também não corresponde ao interesse público. A perda de arrecadação não é argumento idôneo a permitir que os efeitos de lançamentos inconstitucionais, que agridem direitos fundamentais dos contribuintes, sejam mantidos" (BRASIL. Supremo Tribunal Federal (Pleno). Embargos de Declaração no Recurso Extraordinário 574.706. Embargante: União. Embargado: Imcopa Importação, Exportação e Indústria de Óleos Ltda. Relatora: Min.a Cármen Lúcia, 13 de maio de 2021. *Dje*: Brasília, DF, 2021k. Disponível em: https://redir.stf.jus.br/paginadorpub/paginador.jsp?docTP=TP&docID=756736801. Acesso em: 27 ago. 2023).

medida em que a "segurança orçamentária não foi o critério escolhido pelo legislador como causa para a modulação".[753]

Não obstante essas ressalvas, foi possível verificar diversos casos em que o impacto orçamentário foi o motivo determinante da modulação. Em alguns, não houve qualquer fundamentação tendente a demonstrar relação da modulação com a preservação de direitos fundamentais. O caso mais extremo, talvez, tenha sido a ADI nº 5.481, em que o STF reconheceu a inconstitucionalidade de lei do estado do Rio de Janeiro que impunha a incidência de ICMS sobre fatos relativos à extração de petróleo, e, como fundamento à modulação, limitou-se a referir os valores que o Erário estadual deixaria de arrecadar.[754] O Tema nº 745 também é marcante nesse sentido, tendo o STF chegado a fixar o termo inicial da modulação para coincidir com o subsequente Plano Plurianual (PPA) dos estados, a não deixar nenhuma dúvida acerca do caráter estritamente orçamentário do fundamento adotado. Com efeito, mesmo nos casos em que se buscou apresentar algum tipo de vinculação com a promoção de direitos fundamentais (do que são exemplos os temas nº 2 e 3, nos quais houve menção ao fato de que a natureza dos tributos envolvidos está relacionada à manutenção da seguridade social), não houve demonstração concreta acerca do impacto.

Finalmente, é também digno de nota que tanto no já referido Tema nº 745 quanto no Tema nº 69 foi possível observar menção à circunstância excepcional ocasionada pela pandemia de Covid-19, como uma das causas que confluíram para a necessidade da modulação. No Tema nº 69, embora o argumento central tenha sido o da superação de precedente, o aspecto financeiro permeou fortemente diversos votos.

---

[753] "Da análise dos precedentes acima mencionados, resulta que o argumento do impacto orçamentário não constitui por si só fundamento suficiente para a caracterização do excepcional interesse social. Isso porque a segurança orçamentária não foi critério escolhido pelo legislador como causa para modulação, sob pena desta ser a regra sempre que envolvidas questões tributárias e financeiras" (BRASIL. Supremo Tribunal Federal (Pleno). Embargos de Declaração no Recurso Extraordinário 574.706. Embargante: União. Embargado: Imcopa Importação, Exportação e Indústria de Óleos Ltda. Relatora: Min.ª Cármen Lúcia, 13 de maio de 2021. *Dje*: Brasília, DF, 2021k. Disponível em: https://redir.stf.jus.br/paginadorpub/paginador.jsp?docTP=TP&docID=756736801. Acesso em: 27 ago. 2023).

[754] Conforme constou do acórdão, o reconhecimento da invalidade sem modulação dos efeitos resultaria em "mais efeitos negativos nas já combalidas economia e finanças do Estado do Rio de Janeiro" (BRASIL. Supremo Tribunal Federal (Pleno). Ação Direta de Inconstitucionalidade 5.481. Requerente: ABEP – Associação Brasileira de Empresas de Exploração e Produção de Petróleo e Gás. Relator: Min. Dias Toffoli, 29 de março de 2021. *Dje*: Brasília, DF, 2021d. Disponível em: https://redir.stf.jus.br/paginadorpub/paginador.jsp?docTP=TP&docID=755741170. Acesso em: 27 ago. 2023).

Isso traz a lume um aspecto intrigante: seria legítimo invocar uma circunstância transitória (grave, mas transitória) como fundamento para a adoção de uma solução permanente (a vedação completa e definitiva à repetição dos valores indevidamente recolhidos)? Aliás, esse questionamento poderia ser estendido a todas as hipóteses de modulação por razões orçamentárias. Qual a razão para se vedar por completo e em definitivo a restituição dos valores pagos indevidamente? Se a razão é orçamentária, haveria outras formas de se contornar tal entrave. Apenas para referir *uma* possibilidade, não seria possível limitar a eficácia do reconhecimento de inconstitucionalidade por determinado período, de modo a viabilizar tal adequação das finanças do ente público, mas sem vedar por completo as repetições sobre o passado, e, após esse lapso temporal, assegurar a repetição? Esse tema, sem prejuízo, será examinado logo adiante.[755]

Em suma, a análise dos casos revelou, no que se refere ao emprego do fundamento do excepcional interesse social, que: (i) a expressão, tal qual a segurança jurídica, é frequentemente invocada de modo genérico; (ii) não há clareza quanto ao conteúdo desse requisito para fins de modulação; (iii) ele geralmente é aplicado com base em razões orçamentárias e (iv) mesmo quando se busca traçar alguma vinculação da sua aplicação com a proteção de direitos fundamentais, não há comprovação acerca dos impactos potencialmente negativos que a atribuição de efeitos retroativos à decisão poderia causar em relação a esses direitos, limitando-se as decisões, em sua maioria, a fazer menção às cifras apresentadas pelo poder público.

3.2.3.3 Critérios temporais e hipóteses ressalvadas da modulação

Conforme examinado anteriormente, nos aspectos quantitativos, há um número considerável de critérios temporais adotados pela Suprema Corte em casos de modulação. Foram localizados pelo menos 8 marcos temporais, os quais, ainda, variam em detalhes entre um e outro. Isso, por si, já denota elevado nível de imprevisibilidade quanto à adoção da medida nos casos tributários. Todavia, para além disso, observou-se que nem sempre se adotou um mesmo critério para casos idênticos ou de temática similar, o que denota um nível ainda maior de incoerência na jurisprudência do STF.

---

[755] Ver item 3.3.1.

Com efeito, embora haja temas em que a Suprema Corte buscou manter os mesmos marcos temporais para a modulação (as decisões a respeito do tributo incidente sobre *software* são um bom exemplo disso), em outras matérias o critério variou substancialmente. Nos casos envolvendo a cobrança de taxas relativas a custas e emolumentos, por exemplo, verifica-se três situações muito similares, senão idênticas, em que os marcos temporais fixados foram diferentes entre si (edição da EC nº 45/2004, na ADI nº 3.660; publicação da ata de julgamento dos embargos de declaração, na ADI nº 3.111; e publicação da ata de julgamento do mérito, na ADI nº 5.539).

As razões para a utilização de um critério ou outro não são claras. Pelo contrário, elas soam até mesmo arbitrárias. Na ADI nº 4.481, caso modulado no ano de 2015, houve extenso debate a respeito dessa temática, bastante revelador acerca desse casuísmo:

> O SENHOR MINISTRO TEORI ZAVASCKI — Eu estou de acordo. Apenas um detalhe, Ministro Barroso. Em votos anteriores, eu propus que a modulação tivesse como referência a data da publicação da ata do julgamento.
>
> O SENHOR MINISTRO LUÍS ROBERTO BARROSO (RELATOR) — Quando é publicada a ata? No dia seguinte?
>
> O SENHOR MINISTRO TEORI ZAVASCKI — Porque é um dado formal que fica...
>
> O SENHOR MINISTRO RICARDO LEWANDOWSKI (PRESIDENTE) — A informação que eu tenho é que, depois de aprovada a ata na sessão subsequente, ela é imediatamente levada à publicação.
>
> O SENHOR MINISTRO TEORI ZAVASCKI — Logo em seguida, apenas que tenha um marco formal.
>
> O SENHOR MINISTRO RICARDO LEWANDOWSKI (PRESIDENTE) — Ou seja, umas duas semanas.
>
> O SENHOR MINISTRO LUÍS ROBERTO BARROSO (RELATOR) — Eu acho que em outras matérias nós temos considerado a data do julgamento.
>
> O SENHOR MINISTRO DIAS TOFFOLI: Eu já votei várias vezes no sentido da data da publicação da ata.
>
> O SENHOR MINISTRO LUÍS ROBERTO BARROSO (RELATOR) — Mas há precedentes também em que se adotou... Acho que seria até bom nós uniformizarmos.
>
> O SENHOR MINISTRO TEORI ZAVASCKI — Exatamente essa era a proposta.

O SENHOR MINISTRO RICARDO LEWANDOWSKI (PRESIDENTE) — Um dos argumentos que milita a favor do Ministro Barroso e que tem sido ventilado pelo Plenário é que a audiência é pública e todos tomam conhecimento da decisão. É uma técnica que pode ser adotada também, eu creio que uma não exclui a outra.

O SENHOR MINISTRO LUIZ FUX — Nós já adotamos aqui o entendimento de que a lei que rege o recurso é lei em vigor na data da sessão do julgamento, isso já decidimos. Agora, nada impede que se crie um outro critério a partir de agora.

O SENHOR MINISTRO LUÍS ROBERTO BARROSO (RELATOR) — Eu acho que, como nós já estamos lidando com uma extensão indevida do benefício, eu o abreviaria tão logo possível. Portanto, eu acho que é legítimo fazê-lo na data da sessão de julgamento.

O SENHOR MINISTRO TEORI ZAVASCKI — Eu adotei isso porque, salvo melhor juízo, seria um critério formal previsto em lei para casos assemelhados.

O SENHOR MINISTRO LUÍS ROBERTO BARROSO (RELATOR) — É a 9.868.

O SENHOR MINISTRO TEORI ZAVASCKI — Se não me engano, lá, quando fala da eficácia da liminar, fala em publicação da ata.

O SENHOR MINISTRO LUÍS ROBERTO BARROSO (RELATOR) — Não é liminar, não é? Aqui é o julgamento de mérito.

O SENHOR MINISTRO TEORI ZAVASCKI — Sim, eu sei. Mas apenas para estabelecer um critério assemelhado.

O SENHOR MINISTRO LUÍS ROBERTO BARROSO (RELATOR) — Julgamento final. Vamos à lei. Eu acho que era bom deixar isso assentado de uma forma...

O SENHOR MINISTRO TEORI ZAVASCKI — A lei é até mais rigorosa, ela põe na data da publicação do acórdão.

O SENHOR MINISTRO CELSO DE MELLO: Esse é o artigo 11 da Lei nº 9.868/99...

O SENHOR MINISTRO TEORI ZAVASCKI — É.

O SENHOR MINISTRO LUIZ FUX — Eu estou com ela aqui na mão.

O SENHOR MINISTRO LUÍS ROBERTO BARROSO (RELATOR) — Artigo 11, Ministro Celso? Vamos lá. "Concedida a medida cautelar, o Supremo Tribunal Federal fará publicar em seção especial do Diário Oficial da União (...)". É antigo, a gente tinha que publicar impresso ainda. "(...) a parte dispositiva da decisão, no prazo de dez dias (...)". Aqui, refere-se à cautelar, Ministro Teori. Deixa eu ver se há quanto à decisão de mérito.

O SENHOR MINISTRO TEORI ZAVASCKI — Não existe. É que a lei não trata aqui, especificamente, de modulação; apenas estabeleceria uma analogia.

O SENHOR MINISTRO LUÍS ROBERTO BARROSO (RELATOR) — Vamos ver se o artigo 27 fala.

O SENHOR MINISTRO LUIZ FUX — O artigo 28 diz assim: "Dentro do prazo de dez dias após o trânsito em julgado da decisão, o Supremo Tribunal Federal fará publicar em seção especial do Diário da Justiça e do Diário Oficial da União a parte dispositiva do acórdão".

O SENHOR MINISTRO RICARDO LEWANDOWSKI (PRESIDENTE) — Aí diz dez dias, dentro do prazo?

O SENHOR MINISTRO LUIZ FUX — Dez dias após o trânsito em julgado da decisão, o Supremo fará publicar...

O SENHOR MINISTRO LUÍS ROBERTO BARROSO (RELATOR) — Inclusive para evitar a malandragem de embargos de declaração para o sujeito ganhar mais um tempinho.

O SENHOR MINISTRO LUIZ FUX — Porque cabem os embargos, não é?

O SENHOR MINISTRO TEORI ZAVASCKI — Seria a data da publicação desse julgamento.

O SENHOR MINISTRO DIAS TOFFOLI: — Senhor Presidente, com relação à publicação de ata, eu mesmo trouxe voto que foi acompanhado pelos colegas – por exemplo, o caso dos servidores não concursados do Estado do Acre, do Estado de Minas Gerais – em que se estabeleceu o prazo de doze meses, contados a partir da publicação da ata. Aí, há uma razão lógica e específica para se contar a partir da publicação da ata, que é quando sai o dispositivo que foi declarado incompatível com a Constituição na ata, de maneira formal, que é a proclamação, pelo Presidente, da parte dispositiva: "Julgada procedente ou parcialmente procedente para declarar inconstitucionais os dispositivos tais, tais e tais etc.". Agora, neste caso concreto, eu vou concordar com o Ministro Barroso de ser a data de julgamento, porque nós estamos falando de um benefício tributário em que estamos a convalidar atos jurídicos praticados. Se for dado maior prazo, poder-se-á praticar (sic) esses atos jurídicos a semana que vem.

O SENHOR MINISTRO LUÍS ROBERTO BARROSO (RELATOR) — Vão aproveitar de última hora.

O SENHOR MINISTRO DIAS TOFFOLI: De última hora e sob o guarda-chuva da nossa decisão. Então, nesse aspecto específico – e penso que, aí, Ministro Barroso, talvez seja o caso de ponderarmos a maneira de contar o prazo de acordo com as circunstâncias concretas –, eu concordo com a posição de Vossa Excelência de ser da data do julgamento.

A SENHORA MINISTRA CÁRMEN LÚCIA — Cada caso é um caso, não é, Ministro-

O SENHOR MINISTRO LUÍS ROBERTO BARROSO (RELATOR) — Está bem. Eu também acho que não precisa haver uma regra universal, mas, nos casos de guerra fiscal, nós convencionamos que vai ser a data do julgamento, se todos estiverem de acordo e respeitada a posição do Ministro Marco Aurélio.

O SENHOR MINISTRO RICARDO LEWANDOWSKI (PRESIDENTE) — Sem discordar do Ministro Barroso, apenas para dar uma informação de caráter técnico que estou apurando aqui com o setor responsável pela publicação. Amanhã, quinta-feira, nós aprovaríamos a ata. Sexta-feira, é feita uma composição e uma divulgação prévia; e, segunda-feira, ela é publicada.

O SENHOR MINISTRO CELSO DE MELLO: Em torno de dois dias...

O SENHOR MINISTRO TEORI ZAVASCKI — A notícia que eu tenho é que são, praticamente, um ou dois dias.

O SENHOR MINISTRO RICARDO LEWANDOWSKI (PRESIDENTE) — Apenas uma observação, eu não estou...

O SENHOR MINISTRO LUÍS ROBERTO BARROSO (RELATOR) — Eu prefiro um critério puramente objetivo assim: é hoje. A gente já sabe, é hoje.

O SENHOR MINISTRO RICARDO LEWANDOWSKI (PRESIDENTE) — Está bem.

O SENHOR MINISTRO LUÍS ROBERTO BARROSO (RELATOR) — Para esses casos de guerra fiscal, sem compromisso com outros... Eu estou de acordo com o Ministro Toffoli. Pode ser que, em outras circunstâncias, outros elementos possam... às vezes, uma decisão mais complexa, mas aqui é assim: é inconstitucional e ponto.

O SENHOR MINISTRO CELSO DE MELLO: Em momento que precedeu a edição da Lei nº 9.868/99, o Plenário do Supremo Tribunal Federal, julgando questão de ordem suscitada na ADI 711/AM, Rel. ministro NÉRI DA SILVEIRA, examinou a controvérsia pertinente ao momento em que se deveria iniciar a eficácia do julgamento concessivo de provimento cautelar em sede de controle normativo abstrato.

O SENHOR MINISTRO LUIZ FUX — Só uma observação, mas é para ponderar diante dessas soluções propostas. Acho que, dentro desse escopo de segurança jurídica, o artigo 25 vem exatamente nessas disposições que embasam posteriormente a modulação. O artigo 25 diz: "Julgada a ação, far-se-á a comunicação à autoridade ou ao órgão responsável pela expedição do ato". Quer dizer, dá uma ideia de que avisa a alguém que foi declarada inconstitucional.

O SENHOR MINISTRO LUÍS ROBERTO BARROSO (RELATOR) — É, é porque essa Lei é de um tempo pré – acho que até pré-TV Justiça, mas eu não tenho certeza –, mas pré-universalização de *internet*, dos acessos da página do Supremo.

O SENHOR MINISTRO LUIZ FUX — É de 99.

O SENHOR MINISTRO DIAS TOFFOLI: É antes da TV Justiça.

O SENHOR MINISTRO LUÍS ROBERTO BARROSO (RELATOR) —
A Lei é de 99, quer dizer, a TV Justiça é de que ano?

O SENHOR MINISTRO DIAS TOFFOLI: 2002.

O SENHOR MINISTRO CELSO DE MELLO: A TV Justiça transmitiu, pela primeira vez, ao vivo, uma sessão plenária do Supremo Tribunal Federal, em 14/08/2002, quinta-feira.

O SENHOR MINISTRO LUÍS ROBERTO BARROSO (RELATOR) —
Ah, então, eu acho que isso mudou um pouco o nível de publicização das decisões, entendeu? Tanto a internet quanto a página do Supremo, quanto a TV Justiça.

O SENHOR MINISTRO LUIZ FUX — É, a ideia da publicação é tornar pública a decisão, e, assim, está tornada pública na Sessão de Julgamento. Intimação é uma outra questão.

O SENHOR MINISTRO RICARDO LEWANDOWSKI (PRESIDENTE) — É, a publicidade é indiscutível do julgamento.

O SENHOR MINISTRO LUIZ FUX — O Ministro Barroso e o Ministro Toffoli sugeriram uma solução adequada ao caso concreto.

O SENHOR MINISTRO RICARDO LEWANDOWSKI (PRESIDENTE) — Pois é, e a Ministra Cármen concorda que se faça essa decisão em cada caso concreto, em conformidade com as circunstâncias específicas do caso.

O SENHOR MINISTRO LUIZ FUX — É, chegamos a esse consenso.

O SENHOR MINISTRO RICARDO LEWANDOWSKI (PRESIDENTE) — Bem, então, eu consulto o Plenário se estão de acordo em modular a decisão, com a ressalva de sempre do Ministro Marco Aurélio.

O SENHOR MINISTRO MARCO AURÉLIO – Ressalva não, Presidente, preciso da palavra para expressar o convencimento sobre a matéria.

O SENHOR MINISTRO RICARDO LEWANDOWSKI (PRESIDENTE) — Pois não, então, de qualquer maneira, eu já antecipei, sabendo da ressalva de Vossa Excelência, garantida a palavra, que terá, certamente no momento adequado. Só consulto os Pares se há divergência com relação à posição do Ministro Barroso?[756]

A transcrição dos debates realizados nesse caso, embora extensa, é bastante esclarecedora. A primeira constatação a que se chega é a de que não há um critério de fundamento jurídico bem definido; pelo contrário, o critério parece ser muito mais de ordem prática (por mais

---

[756] BRASIL. Supremo Tribunal Federal. Ação Direta de Inconstitucionalidade 4.481. Requerente: Confederação Nacional da Indústria. Relator: Min. Roberto Barroso, 11 de março de 2015. *Dje*: Brasília, DF, 2015b. Disponível em: https://redir.stf.jus.br/paginadorpub/paginador.jsp?docTP=TP&docID=8494796. Acesso em: 20 set. 2023.

que se tenha debatido a possibilidade de analogia em relação a outros dispositivos da Lei nº 9.868/99). A segunda constatação é a de que se chegou a um consenso de que a fixação do marco temporal deveria se dar conforme o caso concreto, o que abre um leque bastante grande de possibilidades (imprevisíveis). Finalmente, a terceira constatação é a de que, naquele caso específico, tinha-se definido que para a matéria atinente à guerra fiscal seria adotado o critério da data da sessão de julgamento. Se isso fosse seguido, ao menos, permitir-se-ia um mínimo de previsibilidade, já que haveria coerência de decisões dentro de uma mesma temática. Ocorre que, dois anos depois, ao julgarem-se as ADIs nº 2.663 e 3.796, sobre a mesma matéria (benefícios concedidos sem prévio convênio do Confaz, respectivamente, pelos estados do Rio Grande do Sul e do Paraná), a data fixada para a modulação foi a da publicação da ata de julgamento. Como visto anteriormente, essa incoerência entre decisões de uma mesma temática também ocorreu em outras oportunidades.

Tal imprevisibilidade é, ainda, agravada, pela variedade de critérios adotados para ressalvar determinadas situações da modulação. Na maior parte dos casos, houve ressalva às ações em curso, o que, conforme se depreende de alguns julgados, parece ter seu fundamento na busca da preservação do direito de ação.[757] Todavia, no que se refere à data de corte para definição de quais serão os abrangidos com a eficácia retroativa da declaração de inconstitucionalidade, é possível verificar os mais variados marcos temporais: dentre outros, a data do julgamento; a data do início do julgamento; a data da publicação da ata de julgamento; a data da véspera da publicação da ata de julgamento; e a data da publicação do acórdão.[758]

Tais critérios, por sua vez, nem sempre coincidem com a data de início para a eficácia do reconhecimento da inconstitucionalidade.

---

[757] Na ADI nº 4.628, em que se reconheceu a inconstitucionalidade da exigência do DIFAL com base no Protocolo nº 21/2011, houve debate quanto a esse ponto, referindo o ministro Gilmar Mendes: "É exatamente essa a ressalva que o ministro Fux já estava falando. Como nós fizemos no caso do RE tal, da previdência social, em que declaramos a inconstitucionalidade, modulamos o efeito, mas ressalvamos as ações que estavam em tramitação, tal como propõe, agora, o eminente relator dessas ADIs. Parece-me que isso faz o ajuste, até porque é necessário mesmo, do contrário nós suprimiríamos o direito de ação" (BRASIL. Supremo Tribunal Federal (Pleno). Ação Direta de Inconstitucionalidade 4.628. Requerente: Confederação Nacional do Comércio de Bens Serviços e Turismo – CNC. Relator: Min. Luiz Fux, 17 de setembro de 2014. Dje: Brasília, DF, 2014a. Disponível em: https://redir.stf.jus.br/paginadorpub/paginador.jsp?docTP=TP&docID=7310046. Acesso em: 27 ago. 2023).

[758] Esses critérios estão identificados, por caso, no Apêndice C, ao final.

Na ADI nº 6.145, por exemplo, em que se reconheceu a inconstitucionalidade de taxa exigida pelo estado do Ceará para impugnações e recursos administrativos, o marco temporal para a eficácia do reconhecimento de inconstitucionalidade foi a data da publicação da ata de julgamento, mas a data de corte para a ressalva às ações em curso foi a data do início do julgamento do mérito. A decisão não deixa de ser, em certa medida, contraditória nesse ponto.[759]

Além disso, nem sempre o critério é (apenas) o de ressalva às ações ajuizadas. Há outros, como a existência de discussão administrativa e até mesmo o puro e simples não recolhimento do tributo pelo contribuinte (o qual, aliás, suscita sérios questionamentos sob a perspectiva da igualdade, como se verá adiante).[760]

Diante desse contexto, torna-se virtualmente impossível antever qual será o critério temporal adotado e quais serão as situações ressalvadas da modulação (se é que haverá alguma), contribuindo para isso os seguintes fatores: (i) falta de um critério jurídico apreensível; (ii) multiplicidade de critérios temporais e materiais adotados e (iii) falta de coerência na aplicação desses critérios, inclusive entre decisões que versam sobre temática idêntica ou muito similar, por vezes com espaço curto de tempo entre elas.

3.3 Exame crítico da jurisprudência do Supremo Tribunal Federal

As críticas doutrinárias à aplicação da modulação de efeitos em matéria tributária não são poucas e nem recentes. Desde a edição da Lei nº 9.868/99, formulam-se objeções à possibilidade de se manter os efeitos da tributação levada a efeito em desacordo com a CF/88.

---

[759] Como se depreende do acórdão, o ministro relator, Dias Toffoli procurou fundamentar a definição do marco temporal da modulação na data da publicação da ata de julgamento, argumentando é a partir dessa data, e não da publicação do acórdão, que "decisão proferida em controle abstrato de constitucionalidade passa a ostentar eficácia erga omnes e efeito vinculante". Todavia, em relação ao marco temporal para a preservação das ações em curso, o ministro invocou julgados anteriores do STF afirmando que esse seria o critério "na esteira da jurisprudência" da Corte. Ocorre que, mesmo àquela altura, em 2022, ainda conviviam diversos outros critérios, de modo que invocar alguns casos, diante da multiplicidade de marcos temporais adotados, não é indicativo de coerência (BRASIL. Supremo Tribunal Federal (Pleno). Embargos de Declaração na Ação Direta de Inconstitucionalidade 6.145. Embargante: Governador do Estado do Ceará. Embargado: Conselho Federal da Ordem dos Advogados do Brasil – CFOAB. Relatora: Min.a Rosa Weber, 18 de março de 2023. *Dje*: Brasília, DF, 2023e. Disponível em: https://redir.stf.jus.br/paginadorpub/paginador.jsp?docTP=TP&docID=766578435. Acesso em: 27 ago. 2023).

[760] Caso da ADI nº 5.481 e do Tema nº 962.

Em artigo publicado ainda no ano 2000, Thomas da Rosa de Bustamante já defendia que a declaração de inconstitucionalidade de um tributo está entre os casos em que jamais seria admitida restrição dos efeitos temporais, sob pena de enfraquecimento da própria estrutura normativa constitucional. Como bem articulado pelo autor (e em raciocínio similar ao desenvolvido no capítulo anterior deste estudo), o tributo representa uma limitação legítima à liberdade e à propriedade dos indivíduos, em face da necessidade de financiamento do Estado para a promoção de direitos fundamentais. Todavia, quando verificada a ocorrência de violação às normas constitucionais atinentes à tributação, deixa-se a esfera da limitação tolerável a esses direitos, para incorrer em sua ilegítima transgressão. Nessa ordem de ideias, "qualquer exigência de um tributo que não respeite as normas constitucionais definidoras de competência tributária é confiscatória", porquanto acaba por invadir a esfera privada do cidadão sem autorização constitucional.[761] [762]

Contudo, passaram-se os anos e, em 2008, o STF veio a aplicar a modulação, pela primeira vez em matéria tributária, nos temas nº 2 e 3, casos em que se reconheceu a inconstitucionalidade dos prazos prescricional e decadencial decenais então previstos na Lei nº 8.212/91 para as contribuições previdenciárias, mas se temperou a retroatividade da decisão, de modo a manter os recolhimentos realizados sob

---

[761] BUSTAMANTE, Thomas da Rosa de. A Lei nº 9.868/99 e a possibilidade de restrição dos efeitos da declaração de inconstitucionalidade. Inaplicabilidade na fiscalização de normas de Direito Tributário. *Revista Dialética de Direito Tributário (RDA)*, São Paulo, n. 59, p. 118-122, 2000. Especificamente quanto à aplicação da modulação em face do não confisco, ver item 3.3.4, mais adiante.

[762] O autor traz a lume um aspecto interessante sob a perspectiva do Direito Comparado. Como mencionado no capítulo inicial deste estudo, o art. 27 da Lei nº 9.868/99 busca inspiração no disposto no 282, nº 4, da Constituição de Portugal. O que raramente é dito, entretanto, é que, na Constituição portuguesa, há cláusula expressa, em matéria tributária, estabelecendo que "ninguém pode ser obrigado a pagar impostos que não hajam sido criados nos termos da Constituição, que tenham natureza retroativa ou cuja liquidação e cobrança se não façam nos termos da lei" (art. 103, nº 3). Da mesma forma, a referida Constituição prevê expressamente o direito de resistência contra qualquer ordem que ofenda suas liberdades e garantias (art. 21). Ou seja, tal qual a Constituição brasileira, a Constituição portuguesa assegura os direitos dos contribuintes contra o exercício arbitrário do poder estatal sob a roupagem de tributação. No entanto, isso não costuma ser referido quando se invoca as similaridades desse mecanismo positivado na Lei da ADI com a ordem constitucional portuguesa. E isso é de suma importância, porque em face de tais garantias, Jorge Miranda defende, por exemplo, que a declaração de inconstitucionalidade sempre haveria de produzir efeito retroativo, quando se tratasse de violação a direitos, liberdades e garantias individuais (BUSTAMANTE, Thomas da Rosa de. A Lei nº 9.868/99 e a possibilidade de restrição dos efeitos da declaração de inconstitucionalidade. Inaplicabilidade na fiscalização de normas de Direito Tributário. *Revista Dialética de Direito Tributário (RDA)*, São Paulo, n. 59, p. 120-121, 2000).

a égide dos dispositivos inconstitucionais e afastar a possibilidade de repetição pelos contribuintes, ressalvados aqueles que já estivessem controvertendo a questão, administrativa ou judicialmente.[763] Na oportunidade, a doutrina novamente se levantou em contundentes críticas à solução adotada.

Em artigo publicado em outubro do mesmo ano de 2008, Andrei Pitten Velloso qualificou como temerária a decisão do STF, apontando a incompatibilidade do instituto da modulação com as singularidades do Direito Tributário e com a própria ideia de supremacia da Constituição. Confiram-se algumas passagens de sua bem fundada objeção à decisão da Suprema Corte:

> É inconcebível sustentar que o exercício inconstitucional do poder de império estatal possa originar obrigações heterônomas válidas, sujeitando os cidadãos-contribuintes ao pagamento de exações que, além de não contarem com a sua aquiescência, vilipendiam os ditames da Lei Maior. Por tais razões, não se afigura possível validar obrigações heterônomas mediante a exclusão dos efeitos retro-operantes inerentes à pronúncia de inconstitucionalidade: fazê-lo significaria afirmar que o poder público pode apropriar-se da propriedade dos cidadãos sem contar nem mesmo com o consentimento popular, que, num Estado de Direito, há de ser expresso mediante a edição de lei harmônica com os ditames constitucionais.
>
> (...)
>
> Quando se negam efeitos retro-operantes às pronúncias de inconstitucionalidade em matéria tributária, permite-se ao poder público utilizar os institutos do Direito Tributário para se apropriar de parcela da propriedade privada sem que, para fazê-lo, tenha de respeitar as limitações constitucionais ao poder de tributar, o que não representa somente uma lesão a tais limitações, senão também ao direito fundamental de propriedade. Permite-se a apropriação inconstitucional da propriedade privada e nem mesmo se responsabiliza o Estado, beneficiário do atentado à Lei Maior, a ressarcir os contribuintes pelos danos causados.[764]

Saul Tourinho Leal também teceu contundente crítica à mencionada decisão. Em artigo publicado pouco tempo depois, em novembro de 2008, o autor frisou que o constituinte fez questão de inserir, no texto

---

[763] Ver item 3.2.3.1.1, para maiores detalhes sobre os casos.
[764] VELLOSO, Andrei Pitten. A temerária "modulação" dos efeitos da pronúncia de inconstitucionalidade em matéria tributária. *Revista Dialética de Direito Tributário (RDA)*, São Paulo, n. 157, p. 11-13, 2008.

constitucional, princípios tributários protetivos ao contribuinte, de modo a equilibrar a relação entre este e o Estado, exatamente porque tal relação é naturalmente desigual. Para além disso, o autor registrou sua sincera preocupação com a possibilidade de que esse instrumento passasse a ser utilizado com frequência pela Suprema Corte em questões tributárias e em desfavor dos direitos fundamentais dos contribuintes. Anotou, nesse sentido, que, se isso ocorresse, estaríamos a caminhar, "todos, para a nulificação da relevante conquista jurídica esboçada pelos princípios constitucionais tributários".[765] E arrematou: "Se virar rotina, o pântano será o destino".[766]

Mais alguns anos se passaram e o fenômeno se desenvolveu na jurisprudência do STF. Confirmando os temores da doutrina, a modulação de efeitos entrou, indubitavelmente, para a rotina do Direito Tributário, e as objeções outrora articuladas seguem absolutamente pertinentes no contexto atual.

Sem embargo, para além de apontar a inadequação da aplicação da modulação à matéria tributária *em tese*, ou de examinar as impropriedades do emprego desse instituto, individualmente, em um ou mais casos (o que é relevante e, de um modo ou outro, também está contemplado no presente estudo), pretende-se, sobretudo, compreender o fenômeno em sua perspectiva dinâmica e como ele se relaciona com as garantias constitucionais asseguradas aos contribuintes. Dito de outro modo, busca-se investigar qual o movimento feito pela jurisprudência do STF e se ele não acarretou ou vem acarretando supressão de preceitos constitucionais em matéria tributária. Essa é a análise crítica que se passa a desenvolver neste trecho final.

3.3.1 Crítica à (falta de) fundamentação das decisões

A fundamentação é um dos aspectos que conferem legitimidade democrática à decisão judicial.[767] É por meio da exteriorização das razões de decidir que se revela o prisma pelo qual o juiz interpretou

---

[765] LEAL, Saul Tourinho. Modular para não pagar: a adoção da doutrina prospectiva negando direitos aos contribuintes. *Revista Dialética de Direito Tributário (RDA)*, São Paulo, n. 158, p. 80-81, 2008.

[766] LEAL, Saul Tourinho. Modular para não pagar: a adoção da doutrina prospectiva negando direitos aos contribuintes. *Revista Dialética de Direito Tributário (RDA)*, São Paulo, n. 158, p. 86, 2008.

[767] MARINONI, Luiz Guilherme. *Processo constitucional e democracia*. São Paulo: Thompson Reuters Brasil, 2021. p. 868.

as normas e os fatos da causa, demonstrando que a decisão não é fruto de sorte ou capricho, mas do Direito.[768] O dever de motivação dos atos decisórios figura entre as garantias do devido processo legal estabelecido nas constituições democráticas, com a finalidade primeva de assegurar a transparência das relações entre os jurisdicionados e o poder estatal.[769] Na CF/88, essa garantia está contemplada no artigo 93, inciso IX, quando determina que "todos os julgamentos dos órgãos do Poder Judiciário serão públicos, e fundamentadas todas as decisões, sob pena de nulidade".[770]

O dever de fundamentação das decisões judiciais interessa não só às partes jurisdicionadas, mas à toda a sociedade, enquanto instrumento que permite a compreensão dos atos decisórios não como atos autoritários ou manifestação de arbítrio dos juízes, mas como articulação lógica de razões apoiadas em processos discursivos apreensíveis. Trata-se, pois, de importantíssimo vetor de controle externo à atividade jurisdicional.[771]

Como registra Lenio Streck, "na democracia, quem vai a juízo não vai para saber a opinião do juiz. O cidadão, jurisdicionado, quer saber o que o Direito diz sobre seus direitos". A fundamentação das decisões, conforme anota o autor, deve estar amparada a partir de critérios jurídicos, isto é, verificáveis a partir do Direito, e apenas será legítima se isso ocorrer.[772] Sob essa ótica, *decidir* é diferente de *escolher*.

---

[768] TUCCI, José Rogério Cruz e. *Comentários ao Código de Processo Civil*: artigos 485 ao 538. São Paulo: Revista dos Tribunais, 2016. p. 102; 105.

[769] TUCCI, José Rogério Cruz e. *Comentários ao Código de Processo Civil*: artigos 485 ao 538. São Paulo: Revista dos Tribunais, 2016. p. 101.

[770] "Art. 93 (...) IX - todos os julgamentos dos órgãos do Poder Judiciário serão públicos, e fundamentadas todas as decisões, sob pena de nulidade, podendo a lei limitar a presença, em determinados atos, às próprias partes e a seus advogados, ou somente a estes, em casos nos quais a preservação do direito à intimidade do interessado no sigilo não prejudique o interesse público à informação" (BRASIL. [Constituição (1988)]. *Constituição da República Federativa do Brasil de 1988*. Brasília, DF: Presidência da República, 1988a. Disponível em: http://www.planalto.gov.br/ccivil_03/constituicao/constituicaocompilado.htm. Acesso em: 10 nov. 2022).

[771] TUCCI, José Rogério Cruz e. *Comentários ao Código de Processo Civil*: artigos 485 ao 538. São Paulo: Revista dos Tribunais, 2016. p. 106.

[772] Lenio Streck (*Dicionário de hermenêutica*: 50 verbetes fundamentais da teoria do Direito à luz da crítica hermenêutica do Direito. 2. ed. Belo Horizonte: Casa do Direito, 2020. p. 216-217) formula contundentes críticas à ideia, ainda em vigor no universo jurídico brasileiro, de "livre convencimento". Isso porque, conforme registra o autor, "pelo 'livre convencimento', o juiz é livre para se 'convencer' de qualquer coisa'. Porque se o convencimento é 'livre', qual o limite?". O intérprete/aplicador deve se submeter às regras do jogo e o critério, na democracia, é o Direito. Logo, o juiz não é "livre" para se convencer, o que também não significa dizer que não possa interpretar (nisso reside um equívoco recorrente, denunciado pelo autor).

O ato de decisão não é simplesmente uma escolha entre as possibilidades interpretativas. Reitere-se: quando se invoca a prestação jurisdicional, não se está a buscar meramente a opinião do juiz para o caso, mas sim uma solução à luz do Direito.[773][774] Essa lição é especialmente relevante para a matéria ora examinada, na medida em que os efeitos de uma declaração de inconstitucionalidade não podem ser objeto de simples *escolha* do julgador. Deve haver adequada fundamentação, e, sendo a modulação de uma medida excepcional, o ônus argumentativo de sua aplicação haveria de ser ainda maior. Ocorre que as decisões do STF nessa matéria apresentam fundamentações frequentemente insuficientes, porquanto insuscetíveis de adequado controle hermenêutico.

Uma decisão não é passível de verificabilidade hermenêutica quando apresenta enunciados em que o *sim* e o *não* são completamente arbitrários. Exemplo disso seriam as recorrentes menções, em decisões judiciais brasileiras, ao "clamor público" ou à "voz das ruas". Trata-se de enunciados performativos, meramente retóricos e vazios de sentido,[775]

---

[773] STRECK, Lenio Luiz. *Dicionário de hermenêutica*: 50 verbetes fundamentais da teoria do Direito à luz da crítica hermenêutica do Direito. 2. ed. Belo Horizonte: Casa do Direito, 2020. p. 386-388.

[774] Esse caráter de pessoalidade é muito pronunciado no exercício da jurisdição brasileira. Conforme denuncia José Rodrigo Rodriguez (*Como decidem as cortes?* para uma crítica do Direito (brasileiro). Rio de Janeiro: Editora FGV, 2013. p. 72-84), fundamentar uma decisão, no Brasil, significa, na maior parte das vezes, "expor uma opinião pessoal". O autor explora esse tema, expondo que o padrão de funcionamento no Direito brasileiro está embasado em estratégias argumentativas que têm por objetivo impressionar o seu destinatário, frequentemente mediante a invocação de autoridade, e não com base na força racional do argumento. Uma argumentação judicial racional, para além do seu aspecto instrumental (convencer o interlocutor), há de ter um aspecto não instrumental, qual seja, a de demonstrar que tal solução é a melhor para o caso, à luz do Direito posto. O argumento racional, portanto, é válido não porque veiculado por este ou aquele autor, mas porque se apresenta como uma boa reconstrução do sistema. O argumento de autoridade, por outro lado, tem um perfil completamente distinto, porque não tem o dever de coerência. Seu único compromisso é com o convencimento do destinatário. Nessa linha argumentativa, a pessoa que toma a decisão é mais relevante do que o argumento e, por isso, a argumentação acaba se centrando na exposição das razões pela qual esse intérprete foi convencido do acerto de determinada posição. O autor, ao se referir às características do Poder Judiciário brasileiro, fala em "jurisdição opinativa". Para ele, quando se examina julgamentos colegiados do STF, por exemplo, esse caráter opinativo fica muito evidente, na medida em que vários juízes *opinam* sobre o mesmo caso, do que resulta um manancial de argumentos, doutrinas, leis, precedentes etc., que torna praticamente impossível reconstruir a argumentação do Tribunal de forma racional e unificada. Ao final, vencerá o caso quem for capaz de convencer mais juízes.

[775] Em exemplo bem-humorado, Lenio Streck (*Dicionário de hermenêutica*: 50 verbetes fundamentais da teoria do Direito à luz da crítica hermenêutica do Direito. 2. ed. Belo Horizonte: Casa do Direito, 2020. p. 386-388) explora o exemplo usado por Luís Alberto Warat para examinar a questão. Se se afirmar "chove lá fora", o enunciado pode ser falso ou verdadeiro, bastando que se coloque a partícula "não" e se olhe para a rua. Já

pois permitem a adoção de decisões em sentidos diametralmente opostos com base na mesma fundamentação (o "clamor público" pode tanto ser invocado para a aplicação de uma determinada medida quanto para a sua não aplicação, não sendo aferível se esse fundamento corrobora ou infirma a decisão). Esse tipo de conduta decisória pode ser identificado no emprego da modulação de efeitos pelo STF, quando remete a razões de segurança jurídica ou de excepcional interesse social. A questão, no entanto, não é a menção ao fundamento em si, pois eles estão previstos no Direito positivo (diferentemente do "clamor público" ou da "voz das ruas", mencionados no exemplo anterior), mas o *modo* como esses fundamentos são invocados.

Conforme visto anteriormente,[776] eles são frequentemente empregados de maneira genérica nas decisões, sem maiores considerações a respeito do seu conteúdo ou da forma pela qual a aplicação da modulação promoveria um ou outro. Limita-se a Suprema Corte a *afirmar* que razões de segurança jurídica ou de interesse social (por vezes ambas, até mesmo como sinônimos) impõem a adoção da modulação, e nada mais. Contudo, da mesma forma que é possível afirmar que essas razões *impõem* a modulação, seria possível afirmar que elas *impõem* a aplicação da eficácia retroativa ao reconhecimento da inconstitucionalidade. Aliás, não raro, há votos em ambos os sentidos no mesmo acórdão.[777]

---

se se afirmar que "os duendes se apaixonam em maio", o enunciado é impossível de ser verificado. Se se afirmar, em sentido diverso, que "os duendes se apaixonam em maio ou em setembro, ou que não se apaixonam", isso pouco importará, a não ser no campo poético ou ficcional.

[776] Ver itens 3.2.3.2.1 e 3.2.3.2.2.

[777] Evidentemente que o dissenso, por si, não é sintoma da ausência de fundamentação. É natural que, haja posições interpretativas contrárias a respeito da construção de sentido de um mesmo texto normativo. Nos casos a que ora faz menção, todavia, é interessante notar que, frequentemente, a posição que apresenta argumentos hermeneuticamente verificáveis (isto é, a partir do Direito) é, geralmente, aquela que se revela contrária à adoção da medida. Veja-se, por exemplo, o decidido no Tema nº 919, em que se reconheceu a inconstitucionalidade de taxas de fiscalização do funcionamento de torres e antenas de transmissão e recepção de dados e voz por município. No caso, a posição majoritária que se formou pela aplicação da modulação seguiu o voto do ministro Dias Toffoli, que sequer indicou explicitamente qual seria o fundamento da medida (se excepcional interesse social ou segurança jurídica), tendo se limitado a referir que os valores foram arrecadados por longo período e que, provavelmente, já foram despendidos. Já o ministro Alexandre de Mares, que o acompanhou, invocou a segurança jurídica, mas também sem explicitar de que modo a modulação seria necessária à sua preservação. Por outro lado, o ministro Edson Fachin, que se posicionou contrariamente à modulação, tratou de investigar o conteúdo do conceito de excepcional interesse social, para afirmar que ele não se confunde com a simples preservação da garantia do equilíbrio orçamentário do ente público. Ou seja, buscou construir o sentido de excepcional interesse social a partir do Direito para, então, afirmar que o objetivo concreto almejado com essa medida pelos

Não basta a uma adequada fundamentação que se faça menção, pura e simplesmente, a esses requisitos (segurança jurídica ou excepcional interesse social).[778] Seria necessário que se explicitasse qual o conteúdo jurídico do requisito suscitado (se segurança jurídica, em que sentido? Se excepcional interesse social, qual e por que excepcional?) e, especialmente, de que maneira a aplicação da modulação os promoveria (se segurança jurídica, promovida enquanto proteção da confiança, ou em sua acepção objetiva? Ela promoveria a cognoscibilidade, a confiabilidade, a calculabilidade, ou os três aspectos? A não adoção da medida colocaria em risco a segurança jurídica em alguma dessas acepções e por quê? Em que momento no tempo: passado, presente ou futuro? Se excepcional interesse social, a devolução de valores aos contribuintes ocasionaria qual tipo de impacto à prestação de serviço público? Algum direito fundamental seria afetado? Qual, em que intensidade e por qual razão? Qual a correlação material, comprovada, entre a cessação de determinada arrecadação ou a necessidade de se repetirem valores e o prejuízo ao interesse social? Não haveria outra medida capaz de proteger o interesse social?). Nada disso costuma ser abordado na maior parte das decisões, o que as torna praticamente insuscetíveis de controle sob o prisma do Direito.[779]

---

demais ministros não estava de acordo com a CF/88. Um argumento hermeneuticamente controlável (BRASIL. Supremo Tribunal Federal (Pleno). Recurso Extraordinário 776.594. Recorrente: Tim Celular S.A. Recorrido: Diretor do Departamento de Tributação do Município de Estrela d'Oeste. Relator: min. Dias Toffoli, 5 de dezembro de 2022. *Dje*: Brasília, DF, 2022e. Disponível em: https://redir.stf.jus.br/paginadorpub/paginador.jsp?docTP=TP&docID=765428169. Acesso em: 27 ago. 2023). Fenômeno similar também pode ser observado no Tema nº 69 (notadamente quando se discutiram os impactos financeiros da decisão) e no Tema nº 745 (em que somente se discutiu os impactos financeiros).

[778] Nesse sentido, ao propor parâmetros para o emprego de razões de excepcional interesse social pelo STF, a justificar a modulação, Cláudio Tessari (*Modulação de efeitos no STF*: parâmetros para definição do excepcional interesse social. São Paulo: Juspodivm, 2022. p. 267-268) elenca como um dos parâmetros necessários à fundamentação que a Corte não se limite a "apenas arguir" a sua presença, devendo "justificar a fundamentação da sua presença (...) por meio de uma interpretação integrativa. Ou seja, o que quer dizer o autor é que não basta afirmar que o excepcional interesse social está presente; é preciso que isso seja devidamente demonstrado, por meio da fundamentação.

[779] Essa impossibilidade de controle hermenêutico, por sua vez, acaba conduzindo a que as críticas acabem caindo em uma esfera moral. Muitas das ressalvas a esse tipo de decisão encaminham-se para afirmar que é *injusto* que o Estado tenha exigido os valores e não os vá devolver. Não que esse tipo de objeção não seja legítimo; pelo contrário, o sentimento de *injustiça* diante de decisões como essas é, realmente, bastante presente. Sob a perspectiva técnica, no entanto, torna-se difícil argumentar que o fundamento "A" ou "B" partiu de uma construção equivocada de sentido ou está em desacordo com a CF/88, quando sequer é possível apreender com clareza *qual* foi o fundamento jurídico condutor da decisão.

Exemplos não faltam para ilustrar esse *déficit* de fundamentação,[780] a começar pelo primeiro caso em que se aplicou a modulação em matéria tributária. Nos temas nº 2 e 3, como examinado anteriormente, a justificativa para a limitação da eficácia da decisão que reconheceu a inconstitucionalidade dos prazos decenais de prescrição e decadência até então aplicados às contribuições previdenciárias foi bastante suscinta: "Estou acolhendo parcialmente o pedido de modulação de efeitos, tendo em vista a repercussão e a insegurança jurídica que se pode ter na hipótese", afirmou o relator, ministro Gilmar Mendes.[781] Não se explicou, contudo, qual seria a *repercussão* mencionada (ficando subentendido que se trataria do impacto econômico), se algum direito fundamental seria diretamente afetado ou em que intensidade, qual a comprovação desse nexo de causalidade, de que *insegurança* se estava a falar e para quem, dentre outros aspectos. Enfim, a decisão se valeu de razões que também poderiam, perfeitamente, fundamentar exatamente o contrário. Veja-se: poder-se-ia argumentar, sem maiores dificuldades, que a *repercussão* já sofrida pelos contribuintes impunha a aplicação da eficácia *ex tunc*; da mesma forma; poder-se-ia argumentar que geraria *insegurança* não restituir aquilo que se cobrou ao arrepio da CF/88.[782]

Em praticamente todos os grupos de casos, há decisões com esse tipo de deficiência na fundamentação. Nesse sentido, inclusive, convida-se o leitor a retroceder algumas páginas e examinar novamente as justificativas apresentadas para as modulações em cada caso com

---

[780] Ver item 3.2.3.1.
[781] BRASIL. Supremo Tribunal Federal (Pleno). Recurso Extraordinário 560.626. Recorrente: União. Recorrido: REDG – Consultoria Tributária Sociedade Civil Ltda. Relator: Min. Gilmar Mendes, 12 de junho de 2008. *Dje*: Brasília, DF, 2008d. Disponível em: https://redir.stf.jus.br/paginadorpub/paginador.jsp?docTP=AC&docID=567931. Acesso em: 27 ago. 2023; BRASIL. Supremo Tribunal Federal (Pleno). Recurso Extraordinário 559.943. Recorrente: Instituto Nacional do Seguro Social – INSS. Recorrido: Abdalla Husein Humad ME. Relatora: Min.a Cármen Lúcia, 12 de junho de 2008. *Dje*: Brasília, DF, 2008c. Disponível em: https://redir.stf.jus.br/paginadorpub/paginador.jsp?docTP=AC&docID=551049. Acesso em: 27 ago. 2023.
[782] Aliás, ao examinar esse caso, Andrei Pitten Velloso (A temerária "modulação" dos efeitos da pronúncia de inconstitucionalidade em matéria tributária. *Revista Dialética de Direito Tributário (RDA)*, São Paulo, n. 157, p. 8, 2008) questionou, exatamente, essa menção à "insegurança". Diz ele: "Mas que insegurança jurídica é essa? Se os preceitos são inconstitucionais e os contribuintes já versaram aos cofres públicos os valores exigidos pelo Fisco, a declaração da sua ilegitimidade jurídica deveria produzir o efeito de autorizá-los a postular a restituição do que pagaram ao arrepio da Constituição (...). É óbvio que o reconhecimento pleno do direito à repetição de indébito não geraria insegurança jurídica; pelo contrário, reforçaria a segurança jurídica dos contribuintes quanto à efetividade dos seus direitos garantidos constitucionalmente, vindo a roborar a força jurídica das limitações ao poder de tributar, frequentemente abalada por ações irresponsáveis do legislador".

esse olhar, do que restará muito claramente evidenciado o fenômeno a que aqui se faz referência.

Alguns casos, para além dos mencionados anteriormente, são particularmente emblemáticos. Tem-se, por exemplo, na ADI nº 4.171, uma clara demonstração dessa conduta decisória. Ao justificar a modulação, o ministro relator, Ricardo Lewandowski, mencionou estar "evidenciada a necessidade da modulação" em razão de se tratar de decisão que implicaria "sérias repercussões aos contribuintes e aos Estados-sedes das distribuidoras de combustíveis, que terão suas arrecadações diminuídas abruptamente". Nessa esteira, concluiu o ministro: "Considerando, destarte, a segurança jurídica e o excepcional interesse econômico envolvidos na questão, entendo ser cabível a limitação dos efeitos".[783] Com efeito, para além de não se ter explicitado quais seriam as "repercussões aos contribuintes", a justificação limitou-se à menção ao impacto orçamentário, em face da diminuição da arrecadação. Não se explicou, todavia, se haveria interesse social afetado (aliás, falou-se em "interesse econômico"), se haveria algum direito fundamental passível de supressão, de que modo o efeito retroativo da decisão poderia ensejar abalo à segurança jurídica, enfim, nada disso foi tratado. O racional foi: haverá impacto orçamentário; logo, há razões de excepcional interesse social e segurança jurídica para autorizar a modulação. Ocorre que essa correlação não é necessária; ela precisa ser demonstrada e comprovada, via fundamentação, o que não se verifica nem nessa e nem em muitas outras decisões.

Outro exemplo em que se percorreu caminho muito similar, apenas para ficar nesses dois, foi a ADI nº 5.481. No caso, atribuiu-se eficácia *ex nunc* ao reconhecimento de inconstitucionalidade da exigência de ICMS pelo estado do Rio de Janeiro sob a seguinte justificativa, apresentada pelo ministro relator, Luís Roberto Barroso:

> Ponderando os interesses em conflito e prestigiando a segurança jurídica, bem como o interesse social, julgo que a ausência de modulação dos efeitos da decisão resultará em mais efeitos negativos nas já combalidas economias e finanças do Estado do Rio de Janeiro, os quais deve, a meu ver, ser evitados.[784]

---

[783] BRASIL. Supremo Tribunal Federal (Pleno). Ação Direta de Inconstitucionalidade 4.171. Requerente: Confederação Nacional do Comércio. Relatora: Min.a Ellen Gracie, 20 de maio de 2015. *Dje*: Brasília, DF, 2015a. Disponível em: https://redir.stf.jus.br/paginadorpub/paginador.jsp?docTP=TP&docID=9194087. Acesso em: 27 ago. 2023.

[784] BRASIL. Supremo Tribunal Federal (Pleno). Ação Direta de Inconstitucionalidade 5.481.

Além de não ter sido esclarecido quais seriam os "interesses em conflito", não se explicou de que modo a segurança jurídica e o interesse social seriam promovidos em razão da modulação. Limitou-se o julgador a referir o impacto para o orçamento público e, praticamente, *opinar* no sentido de que seria mais adequado evitar os efeitos negativos que a eficácia *ex tunc* da decisão poderia acarretar às finanças do Estado. Não se examinou, mais uma vez, se haveria algum direito fundamental afetado, de que modo a modulação preservaria a segurança jurídica ou, *a contrario sensu*, de que modo a sua não adoção macularia a segurança jurídica. Em síntese, a decisão, novamente, traçou uma correlação lógica necessária entre, de um lado, impacto no orçamento público, e, de outro, razões de segurança jurídica e excepcional interesse social, sem explicitar as razões desse suposto nexo causal.[785]

Da mesma forma, não se encontra, via de regra, a apresentação de justificação para a definição dos marcos temporais da modulação ou para as ressalvas à medida. A fixação da data da conclusão do julgamento, da data da publicação da ata, da publicação do acórdão, entre outros tantos marcos temporais verificados na jurisprudência do STF, bem como a ressalva às situações excepcionadas da modulação, como as ações em curso até determinado marco temporal, os casos com discussões administrativas, e mesmo o simples não recolhimento do tributo até certa data, na maior parte dos casos, não foi suportada por qualquer tipo de fundamentação. Em um dos poucos casos em que isso foi debatido, aliás, restou bastante evidente o casuísmo com que o critério é fixado. Trata-se da ADI nº 4.481, abordada pouco antes neste texto,[786] em que o debate entre os ministros revelou, em grande

---

Requerente: ABEP – Associação Brasileira de Empresas de Exploração e Produção de Petróleo e Gás. Relator: Min. Dias Toffoli, 29 de março de 2021. *Dje*: Brasília, DF, 2021d. Disponível em: https://redir.stf.jus.br/paginadorpub/paginador.jsp?docTP=TP&docID=755741170. Acesso em: 27 ago. 2023.

[785] José Rodrigo Rodriguez (*Como decidem as cortes? Para uma crítica do Direito (brasileiro).* Rio de Janeiro: Editora FGV, 2013. p. 69-70), ao examinar posturas como essa, denomina de "zona de autarquia" o espaço institucional em que as decisões não estão fundadas em um padrão de racionalidade qualquer, isto é, são tomadas sem fundamentação. Explica o autor, no entanto, que: "(...) será rara a ocasião em que os organismos de poder afirmem simplesmente 'Decido assim porque eu quero' ou 'Decido desta forma porque é a melhor coisa a fazer'. É de se esperar que esteja presente alguma forma de falsa fundamentação cujo objetivo seja conferir a aparência racional de decisões puramente arbitrárias (...). Sob a aparência de direito, portanto, podem ser tomadas decisões meramente arbitrárias, ou seja, que não se pode reconstruir racionalmente".

[786] Ver item 3.2.3.3.

parte, meras *preferências* por determinado marco temporal, mas sem a apresentação de argumentos jurídicos hermeneuticamente controláveis para adoção de uma ou outra posição.

De outra parte, questão que também se apresenta problemática diz respeito à utilização de técnicas argumentativas emotivistas para justificar o emprego da modulação de efeitos em casos tributários. Segundo Humberto Ávila, o emotivismo "consiste em uma estratégia argumentativa exteriorizada por meio de uma linguagem dotada de elevada carga conotativa, empregada com a finalidade de persuadir seus destinatários mediante a provocação de emoções".[787] Conforme explica o autor, isso ocorre quando se emprega a linguagem para convencer o destinatário não com base na razão, mas na emoção, valendo-se o interlocutor (nesse caso, o julgador) de expressões de conotação positiva ou negativa associadas às palavras utilizadas. Esse tipo de argumentação, embora não apresente maiores problemas quando utilizado em debates parlamentares, campanhas políticas ou cultos religiosos, é inadequado no discurso das decisões judiciais, porque distorce os eventos analisados e privilegia prematuramente uma dada posição, obscurecendo a linguagem a ponto de dificultar sobremaneira a articulação de eventual crítica.[788]

A frequente menção às "já combalidas finanças públicas" são um exemplo desse tipo de técnica argumentativa. O emprego da expressão "corrida ao Poder Judiciário", igualmente. São locuções que já atribuem, de antemão, uma carga emotiva positiva ou negativa para angariar a simpatia quanto à medida a ser adotada. Ao se fazer referência às "já combalidas finanças públicas", pretende-se remeter à ideia de que não poderia o orçamento público sofrer "mais um golpe" advindo da cessação da arrecadação ou da necessidade de se devolver os tributos cobrados. Essa estratégia, todavia, poderia ser perfeitamente empregada em sentido contrário: evita-se a modulação em atenção aos "já combalidos direitos dos contribuintes". O mesmo ocorre com a expressão "corrida ao Poder Judiciário", empregada para sugerir que haveria uma espécie busca oportunista às custas do ente público, quando, em verdade, esse fenômeno é sintoma, precisamente, da necessidade de se ter de ir a juízo pleitear a preservação de direitos constitucionalmente assegurados e desrespeitados pelo Estado.

---

[787] ÁVILA, Humberto. *Constituição, liberdade e interpretação*. São Paulo: Malheiros, 2019. p. 69.
[788] ÁVILA, Humberto. *Constituição, liberdade e interpretação*. São Paulo: Malheiros, 2019. p. 70.

Nesse sentido, a linguagem acaba sendo empregada para, prematuramente, definir uma das opções como a mais correta, atrelando a ela consequência que deve ser evitada. A estratégia é levada a efeito mediante um encadeamento de fatos sem uma necessária conexão, cujo desfecho final é apresentado como trágico,[789] e pode ser observada muito claramente nas menções ao "rombo financeiro" que determinado reconhecimento de inconstitucionalidade poderá ocasionar. Não se está a negar que possa haver um encadeamento de eventos advindos de determinada decisão, ou que esses eventos possam ensejar consequências negativas sob a ótica constitucional. A questão é que esse encadeamento de eventos precisa estar comprovado e ser passível de recondução, no caso específico da modulação de efeitos, a preceitos constitucionais. Do contrário, o intérprete estará, simplesmente, manifestando uma crença imotivada de que determinada decisão resultará em consequências presumidamente ruins e empregando o impacto emocional dessas possíveis consequências para convencer o destinatário do discurso a aceitar tal posição.[790]

Como bem alerta Humberto Ávila, "no fim das contas, a teoria da interpretação adotada pelo julgador resulta daquilo que ele faz, não do que diz fazer". A linguagem, ao mesmo tempo que é instrumento de comunicação e de manifestação de pensamento, pode ser também ferramenta de manipulação e enganação, devendo-se ter cuidado para distinguir essas funções. O emprego de linguagem com conotação emotiva nada diz a respeito da adequação ou inadequação de determinada posição à CF/88. O suporte constitucional, conforme afirma o autor, "depende de um discurso logicamente articulado, analiticamente fundamentado e consistente e coerentemente apoiado na estrutura normativa, nos significados e nas consequências previstos na Constituição". Isso não será alcançado por meio de um discurso

---

[789] O exemplo apresentado pelo autor explica muito bem essa técnica argumentativa. "Pode-se convencer uma criança a não comprar uma bicicleta sob a alegação de que ela, quando for usá-la, poderá cair e se machucar, situação em que de deverá ser levada ao hospital, onde contrairá uma infecção específica que irá se alastrar e provocar uma infecção generalizada que finalmente causará sua morte". Tal estratégia, como se observa, apresenta um encadeamento de eventos supostamente conectados entre si, de tal modo que, se o primeiro ocorrer, o último, inexoravelmente, também ocorrerá. Em suma, pretende-se convencer a criança de que, se ela comprar a bicicleta, isso causará a sua morte. No entanto, o encadeamento de eventos está longe de ser necessário, tampouco comprovado (ÁVILA, Humberto. *Constituição, liberdade e interpretação*. São Paulo: Malheiros, 2019. p. 72-73).

[790] ÁVILA, Humberto. *Constituição, liberdade e interpretação*. São Paulo: Malheiros, 2019. p. 73.

embasado no mero apelo a consequências ou ao sentimento social, ainda que vertido sob a roupagem de argumentos que agradem ou aterrorizem seus destinatários.[791]

Em suma, da análise das decisões de modulação em matéria tributária, pode-se afirmar que há, de um modo geral, um *déficit* de fundamentação. Em muitos casos, não há clareza quanto às razões (jurídicas) pelas quais a medida restou adotada. Isso é diferente, cumpre registrar, de uma decisão que detenha caráter eminentemente consequencialista, mas que exteriorize tal posição de modo claro. Nessa hipótese (a ser examinada mais adiante, inclusive), a decisão é criticável, mas, até certo ponto, controlável intersubjetivamente. Isto é, pode-se avaliar se a linha adotada está de acordo ou em desacordo com a CF/88.[792] Todavia, quando a decisão se limita a *afirmar* que um requisito está preenchido (segurança jurídica ou excepcional interesse social), mas sem indicar o porquê, ou quando se limita a empregar linguagem emotivista para embasar uma conclusão, esse controle se torna muito difícil ou mesmo impossível. Logo, quando atua desse modo, incorre o STF em deficiência de fundamentação incompatível com as garantias constitucionais do devido processo legal.

3.3.2 Modulação de efeitos e (in)segurança jurídica

Conforme examinado no primeiro capítulo, a segurança jurídica, enquanto norma, caracteriza-se como princípio que impõe a busca por um estado ideal de cognoscibilidade, confiabilidade e

---

[791] ÁVILA, Humberto. *Constituição, liberdade e interpretação*. São Paulo: Malheiros, 2019. p. 74.
[792] Suponha-se que uma decisão afirme que as consequências advindas da imediata interrupção da exação ensejarão um impacto orçamentário de "A", o que representa "B" no orçamento daquele ente federativo, e que haja comprovação cabal de que o serviço público "C" acabará sendo interrompido, o que ocasionará uma supressão do direito fundamental "D" e, por essa razão, as consequências graves da decisão impõem que se module os efeitos do reconhecimento de inconstitucionalidade por determinado período. Bem, nesse caso, a decisão poderá ser criticada, face ao seu caráter aparentemente consequencialista, mas não poderá ser acusada de deficitária no que se refere ao dever de fundamentar. Já uma decisão que se limite a afirmar que "estão presentes razões de excepcional interesse social e de segurança jurídica" para impor a modulação não pode ser considerada adequadamente fundamentada. Não é possível criticar as razões pelas quais a medida foi aplicada, porque se as desconhece. Igualmente, uma decisão que se limite a afirmar que o impacto orçamentário de "A" deve ser evitado, e que, portanto, "estão presentes razões de excepcional interesse social e de segurança jurídica", também não pode ser considerada como adequadamente fundamentada, porque, novamente, desconhecem-se as razões pelas quais tal impacto orçamentário estaria conectado com o preenchimento de tais requisitos.

calculabilidade: *cognoscibilidade* no sentido de que deve o sujeito ser capaz de compreender os significados possíveis do Direito; *confiabilidade* no sentido de que deve-se proteger as situações consolidadas em face de mudanças no ordenamento e *calculabilidade* no sentido de que o particular deve ser capaz de prever os limites da intervenção a ser promovida pelo poder público em sua esfera privada.

Esse estado ideal a ser perseguido não está restrito à capacidade de se compreender e confiar em *uma norma específica*, mas abrange o *ordenamento jurídico* por inteiro e também o *modo de aplicação* de suas normas. Assim, para a promoção da segurança jurídica, não basta que *uma norma* seja cognoscível, pois se ela for altamente instável, haverá problemas de confiabilidade no *ordenamento*. Da mesma forma, se o ordenamento é estável e com normas inteligíveis, mas sua aplicação é desuniforme, arbitrária ou altamente imprevisível, sem adequada fundamentação pelos órgãos aplicadores, então se verificará um baixo índice de segurança jurídica. Diante desse contexto, verifica-se necessário à caracterização da segurança jurídica que o sujeito seja capaz de conhecer e calcular o Direito, de modo a compreender, também, as estruturas e os critérios de argumentação que embasam a construção do seu conteúdo.[793]

A CF/88 protege a segurança de diversas formas, tanto direta quanto indiretamente, nesse último caso, impondo a busca de ideais que a pressupõem, estabelecendo ideais que a instrumentalizam e prevendo comportamentos necessários à realização dos ideais que a compõem.[794] Outrossim, para além do que o texto constitucional *prevê*, a própria *estrutura* do Sistema Constitucional brasileiro, com disposição minuciosa sobre os direitos e deveres, sobre a atribuição de competências e sobre procedimentos revela, por si, uma constante preocupação com a segurança jurídica.

---

[793] ÁVILA, Humberto. *Teoria da segurança jurídica*. 6. ed. São Paulo: Malheiros, 2021. p. 169.

[794] Os fundamentos diretos dizem respeito à proteção expressa da segurança (art. 5º, *caput*, da CF/88) ou da sua eficácia reflexiva (art. 5º, inciso XXXVI, da CF/88). Já os fundamentos indiretos compreendem regras e princípios que revelam meios ou fins dos quais se deduzem ou aos quais se pode induzir a segurança jurídica. Quando a CF/88 exige a busca de fins mais amplos (Estado de Direito, por exemplo), cuja promoção demanda medidas que promovam os ideais de cognoscibilidade, confiabilidade e calculabilidade, ela, indiretamente, consagra a segurança jurídica, por meio da dedução. Quando a CF/88, por outro lado determina a realização de fins específicos (proteção da liberdade, da propriedade, da igualdade) ou mesmo a adoção de condutas determinadas (garantias da legalidade, da irretroatividade e da anterioridade em matéria tributária, por exemplo), ela também objetiva promover um estado geral de cognoscibilidade, confiabilidade e calculabilidade, o que, por indução, remete à segurança jurídica (ÁVILA, Humberto. *Teoria da segurança jurídica*. 6. ed. São Paulo: Malheiros, 2021. p. 210-212).

No que se refere ao Direito Tributário, isso é claramente perceptível. O *status* constitucional da matéria tributária (com minudente distribuição de competências, definição de materialidades tributáveis, estabelecimento de requisitos normativos à instituição e exigência de tributos, dentre outros aspectos), e a correspondente rigidez que isso acarreta, visa proteger o cidadão, na condição de contribuinte, conferindo-lhe segurança quanto ao grau de intervenção estatal admitido em sua esfera de liberdade e propriedade. Da mesma forma, as garantias específicas como a legalidade, a irretroatividade e a anterioridade, são expressões da segurança jurídica, isto é, denotam uma especial atenção do constituinte em assegurar que o contribuinte possa dignamente plasmar seu presente e planejar seu futuro, bem como ter assegurados no presente os direitos que conquistou no passado. Nesse sentido, Humberto Ávila anota que, embora a segurança jurídica aplicável ao Direito Tributário não seja distinta da que sobrepaira as demais relações jurídicas, há um caráter "mais protetivo" nessa seara, notadamente em razão dos bens jurídicos restringidos pela concretização da relação obrigacional tributária (normalmente relacionados à liberdade, à propriedade e à igualdade).[795] Essa aplicação setorial enfática da segurança jurídica, todavia, não costuma ser considerada nos julgados de modulação em matéria tributária.

Quando se examina a modulação de efeitos, a segurança jurídica que esse instituto visa preservar pode ser compreendida sob duas óticas distintas, a depender de *qual* espécie de modulação está em questão. Se a modulação for aquela prevista no artigo 27 da Lei nº 9.868/99, a ênfase está na dimensão objetiva[796] da segurança jurídica, na preservação da credibilidade do ordenamento jurídico de forma ampla, não apenas no presente e no passado, mas também projetada para o futuro. Nesse caso, a medida preserva os efeitos de ato reconhecidamente inconstitucional – *contrário* à ordem jurídica vigente, portanto –, e o faz para evitar uma inconstitucionalidade ainda mais grave sob a ótica da

---

[795] ÁVILA, Humberto. *Teoria da segurança jurídica*. 6. ed. São Paulo: Malheiros, 2021. p. 299-300.

[796] Isso não exclui, como examinado anteriormente, no Capítulo 1, a preservação de um aspecto subjetivo da segurança jurídica nessa espécie de modulação, na medida em que se pode, sem prejuízo, buscar preservar a confiança legítima depositada pelo *cidadão* na norma jurídica em favor da qual vigorava a presunção de constitucionalidade. Ainda assim, a *ênfase*, como exposto, é no aspecto objetivo (o que, nesse exemplo, significaria dizer que se busca, sobretudo, preservar a confiança *dos cidadãos* no ordenamento, no sentido de que não serão pegos de surpresa com a supressão de normas isentivas instituídas pelo Estado e onerados retroativamente por um vício causado pelo poder público).

coletividade. Se a modulação, por outro lado, for aquela prevista no artigo 927, §3º, do CPC, a ênfase passa à dimensão subjetiva[797] da segurança jurídica, que visa resguardar a confiança do particular em determinado precedente (*norma jurídica*). Nessa hipótese, busca-se proteger aqueles que orientaram sua conduta *conforme* ordem jurídica vigente, ressalvando-os de serem surpreendidos por consequências retroativas advindas da sua ulterior modificação.

Seja qual for o aspecto enfatizado, o importante é não perder de vista que a segurança jurídica compreende uma multiplicidade de ideias, dimensões e aspectos, os quais devem ser considerados de forma equilibrada. Quando isso não ocorre, e a análise da segurança jurídica se dá de forma compartimentada, pode-se gerar, paradoxalmente, o efeito inverso, isto é, *insegurança jurídica*. Se, a pretexto de se promover a estabilidade no presente e para o passado, admite-se recorrentemente a manutenção de efeitos de atos inconstitucionais, pode-se estar com isso a comprometer gravemente a confiabilidade e a calculabilidade do ordenamento jurídico para o futuro, na medida em que se estimula, sob certo aspecto, a edição de novos atos em desconformidade com a ordem constitucional.[798] Mais do que isso, pode-se comprometer a própria cognoscibilidade do Direito no presente, na medida em que se gera incerteza quanto às normas que devem ser obedecidas.

A modulação de efeitos enseja, por si, o que se se poderia denominar de "contraordem" ou "contracomando". É que, se o Direito impõe sua obediência, sempre que se mantêm os efeitos de atos que o violam, tolera-se e, por reflexo, incentiva-se a sua violação. Logicamente, equivaleria a dizer o seguinte: o Direito *deve* ser obedecido, mas *pode* também ser descumprido; logo, se *pode* ser descumprido, não *precisa* ser obedecido.[799] Daí a necessidade de se considerar os efeitos da aplicação da modulação não apenas no presente e no passado, mas também para

---

[797] Isso, como igualmente examinado no Capítulo 1, não exclui a busca da preservação do aspecto objetivo da segurança jurídica nessa espécie de modulação, pois a estabilidade e a calculabilidade do ordenamento jurídico como um todo seguem sendo de extrema relevância. É dizer: ao modularem-se os efeitos de uma superação de precedente, preservam-se não apenas a confiança subjetiva do particular envolvido quanto à *norma* especificamente superada (precedente), mas também a confiabilidade geral no *ordenamento jurídico*, sob a perspectiva de que se assegura *aos cidadãos* que modificações dessa natureza na ordem jurídica não ocasionarão efeitos retroativos deletérios às suas situações jurídicas já consolidadas.

[798] ÁVILA, Humberto. *Teoria da segurança jurídica*. 6. ed. São Paulo: Malheiros, 2021. p. 281-283.

[799] ÁVILA, Humberto. *Teoria da segurança jurídica*. 6. ed. São Paulo: Malheiros, 2021. p. 535.

o futuro, de modo a verificar se a convalidação, *hoje*, do ilícito praticado *ontem*, não estimulará, sistemicamente, novos ilícitos *amanhã*.[800]

Esse aspecto não é objeto de adequada consideração na jurisprudência do STF. A despeito de alertas pontuais de alguns ministros,[801] os efeitos advindos da reiterada adoção da modulação para a confiabilidade e a calculabilidade no ordenamento jurídico não foram contemplados nas fundamentações dedicadas à justificação dessa medida nos casos examinados. Não houve particular preocupação em se demonstrar que as situações apreciadas seriam excepcionais ou de repetição pouco provável no futuro.[802] Aliás, a tendência é justamente em sentido oposto, já que, como visto anteriormente, o índice de reconhecimentos de inconstitucionalidade em matéria tributária é bastante representativo,

---

[800] ÁVILA, Humberto. *Teoria da segurança jurídica*. 6. ed. São Paulo: Malheiros, 2021, p. 182. Nesse ponto, cumpre reiterar algo já mencionado no primeiro capítulo, também com base nas lições de Humberto Ávila (*Teoria da segurança jurídica*. 6. ed. São Paulo: Malheiros, 2021. p. 199-201): a constatação da segurança jurídica não reside na conceituação da conduta "A" ou "B", praticada do modo "X" ou "Y", à luz de determinada hipótese abstrata, mas sim nos *efeitos* que essa conduta acarreta, isto é, se esses efeitos promovem ou não a capacidade de se conhecer o Direito, de calculá-lo e de nele se confiar. Sob tal perspectiva, os *efeitos* de uma conduta decisória reiterada da Suprema Corte podem ensejar insegurança jurídica.

[801] O ministro Marco Aurélio talvez tenha sido a voz mais enfática à utilização da modulação, historicamente crítico ao que denominava de "inconstitucionalidade útil". Na ADI nº 3.660, o caso de modulação mais antigo localizado sobre matéria tributária, registrou o ministro, ainda em 2007, "preocupação com o fato de se modular as decisões judiciais, levando mesmo a um quase estímulo a descumprir-se o ordenamento jurídico, a descumprir-se a Constituição Federal, apostando-se na morosidade da Justiça e na circunstância de, somente tempos após – e a lei em exame é de 2005, mas há leis anteriores –, vir o Supremo a pronunciar-se a respeito" (BRASIL. Supremo Tribunal Federal (Pleno). Ação Direta de Inconstitucionalidade 3.660. Requerente: Procurador-Geral da República. Relator: Min. Gilmar Mendes, 13 de março de 2008. *Dje*: Brasília, DF, 2008a. Disponível em: https://redir.stf.jus.br/paginadorpub/paginador.jsp?docTP=AC&docID=525829. Acesso em: 27 ago. 2023). Em outro caso, mais recente, de 2021, o ministro registrou: "Norma inconstitucional é natimorta. Formalizada a decisão, é inadequada elucidação de conflito de interesses de caráter subjetivo. Não se está a julgar situação concreta, concebida a partir do que se revela inconstitucionalidade útil, levando em conta a morosidade da máquina judiciária. Tem-se o viés estimulante, consideradas as casas legislativas, no que incentivada a edição de diploma à margem da Carta da República, a fim de subsistirem, com a passagem do tempo, as situações constituídas – que, sob o ângulo do aperfeiçoamento, assim não se mostram –, as quais, posteriormente, serão endossadas, muito embora no campo indireto, ante modulação" (BRASIL. Supremo Tribunal Federal (Pleno). Ação Direta de Inconstitucionalidade 5.481. Requerente: ABEP – Associação Brasileira de Empresas de Exploração e Produção de Petróleo e Gás. Relator: Min. Dias Toffoli, 29 de março de 2021. *Dje*: Brasília, DF, 2021d. Disponível em: https://redir.stf.jus.br/paginadorpub/paginador.jsp?docTP=TP&docID=755741170. Acesso em: 27 ago. 2023).

[802] Isso já fora constatado por Humberto Ávila (*Teoria da segurança jurídica*. 6. ed. São Paulo: Malheiros, 2021. p. 602-603) e restou confirmado nos casos de matéria tributária, no presente estudo.

a revelar uma elevada probabilidade de repetição de situações dessa natureza. Não bastasse isso, o que se verificou, em alguns casos, é que o STF não apenas se absteve de demonstrar excepcionalidade da situação apreciada, mas também seguiu na direção oposta, aplicando a modulação de efeitos em casos reiterados sobre a mesma matéria, por vezes, com espaçamento de décadas entre um e outro.[803]

Quanto a esse aspecto, Daniel Mitidiero é bastante enfático ao afirmar que a modulação deve ficar restrita a casos excepcionais, sob pena de restrição à supremacia da Constituição. Conforme o autor, a credibilidade da ordem jurídica resta abalada se, a pretexto de densificar a confiança, a modulação obsta a previsibilidade dos efeitos normativos do texto constitucional e "instaura estado em que vale mais a pena ludibriar do que observar o Estado de Direito".[804]

---

[803] Conforme exemplificado ao se examinar os casos de modulação que trataram sobre taxas (ver item 3.2.3.1.7), na ADI nº 3.660, julgada em 2008, reconheceu-se a inconstitucionalidade de legislação do estado do Mato Grosso do Sul que destinava valores provenientes de custas e emolumentos judiciais a pessoas jurídicas de Direito Privado, mas atribuiu-se eficácia *ex nunc* ao julgado (BRASIL. Supremo Tribunal Federal (Pleno). Ação Direta de Inconstitucionalidade 3.660. Requerente: Procurador-Geral da República. Relator: Min. Gilmar Mendes, 13 de março de 2008. *Dje*: Brasília, DF, 2008a. Disponível em: https://redir.stf.jus.br/paginadorpub/paginador.jsp?docTP=AC&docID=525829. Acesso em: 27 ago. 2023). Ocorre que, mais de uma década depois, o STF voltou a examinar a mesma matéria nas ADIs 3.111 (mérito julgado em 2017 e embargos de declaração em 2020) e 5.539 (mérito julgado em 2022 e embargos de declaração em 2023), e em ambas houve modulação de efeitos. A ADI nº 3.111 com fixação do marco temporal da modulação na data da publicação da ata de julgamento do recurso integrativo e a ADI nº 5.539 com fixação do marco temporal da modulação na data da publicação da ata de julgamento do mérito. Chegou-se a referir, no acórdão de embargos de declaração que fixou a medida na primeira das duas ações, que tal providência era adotada "a fim de proteger a segurança jurídica, em face de lei tida como constitucional por mais de dezessete anos" (BRASIL. Supremo Tribunal Federal (Pleno). Embargos de Declaração na Ação Direta de Inconstitucionalidade 3.111. Embargante: Caixa de Assistência dos Procuradores do Estado do Rio de Janeiro e outros. Embargado: Procurador-Geral da República. Relator: Min. Alexandre de Moraes, 22 de maio de 2020. *Dje*: Brasília, DF, 2020g. Disponível em: https://redir.stf.jus.br/paginadorpub/paginador.jsp?docTP=TP&docID=753224270. Acesso em: 27 ago. 2023). Ora, se caso idêntico já havia sido apreciado mais de 10 anos antes, em controle concentrado de constitucionalidade, não há como sustentar circunstância excepcional. Situação similar ocorreu quando do julgamento das ADIs nº 4.596 e 4.712, em 2018, nas quais se reputou inconstitucionais leis do estado do Ceará instituídas antes da EC nº 87/2015 para a cobrança do DIFAL. É que a temática já havia sido apreciada em 2014, quando do julgamento do Tema nº 615 e das ADIs nº 4.628 e 4.713, casos em que houve modulação. Ainda assim, as ADIs nº 4.596 e 4.712 tiveram os efeitos da inconstitucionalidade modulados para um mês após seu julgamento. Ou seja, apesar de já haver entendimento firmado pela Suprema Corte há no mínimo 4 anos a respeito da matéria, modulou-se novamente os efeitos de decisões sobre a mesma temática. Mais uma vez, é possível observar a utilização do mecanismo da modulação a despeito da excepcionalidade do caso.

[804] MITIDIERO, Daniel. *Superação para frente e modulação de efeitos*: precedente e controle de constitucionalidade no Direito brasileiro. São Paulo: Thompson Reuters Brasil, 2021. p. 77.

Entende-se, nessa ótica, que o modo como a modulação de efeitos vem sendo aplicada pelo STF em matéria tributária enseja abalo à cognoscibilidade, à confiabilidade e à calculabilidade do Direito, acarretando, por via de consequência, insegurança jurídica. Conspiram para isso, especialmente, (i) a reiteração na utilização dessa medida, (ii) a variedade de critérios empregados e a falta de coerência na sua aplicação, bem como, em muitos casos, (iii) o diferimento no tempo da fixação da modulação em comparação ao momento do reconhecimento da inconstitucionalidade.

Quanto ao primeiro aspecto, o fato de haver um número considerável de modulações, especialmente nos últimos anos, e a circunstância de se tratar de uma variável sempre presente nas discussões tributárias desde que começou a ser aplicada pelo STF nessa seara, acarreta abalos, em primeiro lugar, à cognoscibilidade do Direito, porquanto já não é possível definir, com clareza, as implicações de um reconhecimento de inconstitucionalidade em matéria tributária, nem mesmo de modo probabilístico. Isto é, não se afigura possível afirmar sequer se é *muito* ou *pouco* provável que uma modulação será aplicada, dado o atual panorama. Em segundo lugar, e em decorrência da falta de cognoscibilidade, há abalo à confiabilidade do Direito, porque o contribuinte não tem a segurança de que, se for submetido a uma tributação incompatível com a CF/88, terá assegurado de volta aquilo que indevidamente pagou. Em terceiro lugar, e em decorrência dos dois pontos anteriores, também há abalo à calculabilidade, porque o contribuinte não consegue livremente planejar seu futuro (definir se praticará ou não determinado ato jurídico, se adotará um ou outro modelo de negócio, como formará o preço de um produto ou serviço etc.) se não for capaz de prever, minimamente, o que ocorrerá se houver declaração de inconstitucionalidade de determinado tributo. Não consegue o contribuinte, sequer, definir com clareza se é necessário e oportuno, ou não, contratar advogado para ingressar com ação judicial, porque a necessidade ou desnecessidade dessa providência está, também, atrelada aos termos dos efeitos do reconhecimento de inconstitucionalidade a ser levado a efeito pelo STF.

Quanto ao segundo aspecto, ainda que se possa supor que a modulação ocorrerá, o fato de haver uma quantidade significativa de critérios temporais e materiais com base nos quais ela pode ser fixada, e de inexistir coerência quanto às circunstâncias que ensejam a aplicação de cada critério (havendo multiplicidade de casos similares ou idênticos com a aplicação de critérios distintos) também enseja abalo à segurança jurídica. Há, sobretudo, restrição à calculabilidade, na medida em que o contribuinte não consegue determinar a partir de quando o reconhecimento de uma inconstitucionalidade surtirá efeito, tampouco quem estará dela resguardado (aqueles que ajuizaram ações ou discutiram administrativamente? Nesse caso, até qual data? Aqueles que simplesmente deixaram de pagar o tributo?). Isso gera, portanto, entraves a que o contribuinte possa livremente planejar seu futuro.[805] [806]

Quanto ao terceiro aspecto, por fim, o fato de as modulações terem sido praticadas, frequentemente, após o julgamento do mérito, por vezes anos depois, em embargos de declaração, também enseja graves abalos à segurança jurídica. Em primeiro lugar, atenta-se claramente contra a cognoscibilidade do Direito, pois mesmo com um pronunciamento do STF reconhecendo determinada inconstitucionalidade, e mesmo sendo essa decisão vinculante, não é possível ao contribuinte compreender se o tributo pode ou não deixar de ser recolhido e se ele tem ou não direito à restituição do que foi pago. Em segundo lugar, isso enseja abalo, igualmente grave, à confiabilidade no Direito, pois o contribuinte não pode, com segurança, pautar sua conduta na decisão da Suprema Corte, nem mesmo para fins de usufruir de decisões liminares ou definitivas de mérito embasadas nesse juízo de inconstitucionalidade, ante o risco de que futura modulação o alcance retroativamente. Em terceiro lugar, finalmente, há severo abalo à calculabilidade do Direito, porque mesmo após um pronunciamento de inconstitucionalidade pelo Pleno do STF, durante determinado espaço de tempo (até o julgamento dos embargos de declaração, normalmente), não pode o contribuinte planejar com segurança seu futuro, já que não sabe se terá de volta aquilo que indevidamente recolheu (o que no mundo empresarial, por exemplo, é de suma importância, já que constitui elemento relevante

---

[805] Conforme explica Humberto Ávila (*Teoria da segurança jurídica*. 6. ed. São Paulo: Malheiros, 2021. p. 190), verifica-se uma "elevada capacidade de calculabilidade das consequências normativas futuras quando o indivíduo está em condições de verificar um número reduzido de consequências compreensíveis dentro de um período razoável – assim entendido aquele que permite uma tomada de decisão relativamente a efetuar um planejamento estratégico juridicamente orientado, dependendo da ação a que se faça referência". A isso o autor denomina de dimensão vertical.

[806] Para além disso, podem-se vislumbrar também abalos potenciais à cognoscibilidade e à confiabilidade. Quanto à cognoscibilidade, na medida em que alguns dos critérios adotados, por vezes, resguardam contribuintes que simplesmente não recolheram o tributo (caso da ADI nº 5.481 e do Tema nº 962), a ensejar um cenário em que não se conhece suficientemente o Direito vigente a ponto de se poder determinar se um tributo deve ser ou não recolhido (deve-se recolher o tributo sobre o qual há alegação de inconstitucionalidade ou não? Quais as implicações de se adotar uma conduta ou outra?).

na construção do orçamento), tampouco se poderá seguramente deixar de recolher o tributo doravante (o que também impacta diretamente nas decisões futuras do particular, seja ele pessoa física, seja jurídica, que de qualquer forma deverá decidir se praticará determinados atos jurídicos ou não, como os formatará etc.).

O último aspecto é especialmente preocupante, na medida em que, como visto, dos 102 casos em que houve modulação,[807] 17 tiveram essa medida fixada em embargos de declaração, e em apenas um deles o marco temporal foi a data do julgamento do próprio recurso integrativo. Ou seja, o STF criou ou chancelou uma prática processual que enseja que, durante determinado período de tempo, apesar do reconhecimento de uma inconstitucionalidade, não seja possível conhecer adequadamente o Direito vigente ou se planejar com base nele, pois não se sabe a partir de quando tal decisão surtirá efeitos.

O Tema nº 69 é um excelente (e trágico) exemplo dos efeitos deletérios que essa conduta decisória acarreta. O STF reconheceu a inconstitucionalidade da incidência do PIS e da COFINS sobre o ICMS em 2017, em sede de repercussão geral. Isso significa que, a partir de então, os juízes e tribunais estavam vinculados, por lei (artigo 927 do CPC), a seguirem esse entendimento. Logo, todos os contribuintes que ajuizaram ações após esse julgamento tiveram, legitimamente, juízos de procedência e muitos desses casos transitaram em julgado, em perfeita conformidade com o Direito vigente (ou seja, com o reconhecimento da inconstitucionalidade da inclusão do ICMS na base de cálculo do PIS e da COFINS). No entanto, 4 anos depois, a Suprema Corte julgou os embargos de declaração da União e modulou os efeitos da decisão, fixando como marco temporal a data do julgamento do mérito, de modo a ressalvar da medida apenas contribuintes que tivessem ajuizado ações até aquela data.

Perceba-se: na pendência dos embargos de declaração já opostos pela Fazenda, e considerando-se a *possibilidade* da modulação, não era possível definir, com um mínimo de clareza, se havia direito à restituição dos valores indevidamente recolhidos ou não, e, em caso positivo, a partir de quando.[808] Mesmo contribuintes com decisões judiciais

---

[807] Considerados, nesses 102 casos, as 47 ADIs movidas pela PGR sobre as matérias discutidas nos temas nº 745 e 825.

[808] Reconhecimento de inconstitucionalidade que, como examinado no primeiro capítulo, à luz da tradição adotada no Direito brasileiro, ensejaria a nulidade da decisão, com o desfazimento de seus efeitos de modo retroativo.

favoráveis não conseguiam calcular com segurança seu futuro e, como consequência, também tinham restringida sua esfera de liberdade para tomar decisões no presente. Aliás, o cenário é de tal forma inseguro, que contribuintes que obtiveram trânsito em julgado favorável antes da decisão de modulação, mas cujas ações foram ajuizadas após a data de corte fixada pelo STF, estão sendo alvo de ações rescisórias. Muitos desses contribuintes já haviam, inclusive, promovido compensações de débitos tributários com os créditos que apuraram em razão do indébito reconhecido.[809]

Outro exemplo dos efeitos deletérios dessa prática decisória que vem sendo adotada pelo STF é a recente decisão de modulação na ADC nº 49. Com efeito, a matéria em comento (não incidência do ICMS sobre simples transferências entre estabelecimentos de um mesmo contribuinte) possui jurisprudência firmada de longa data nos tribunais superiores. Ao julgar a referida ADC, o STF ratificou essa jurisprudência, confirmando, inclusive, decisão proferida um ano antes, em repercussão geral (Tema nº 1.099). Contudo, passados dois anos, a Corte julgou embargos de declaração e modulou os efeitos da decisão para 2024, ressalvando apenas os contribuintes que porventura já possuíssem ações ajuizadas ou discussões administrativas em curso quando do julgamento do mérito.

Essa decisão ensejou grave abalo à confiabilidade do Direito. Imagine-se, por exemplo, a situação de um contribuinte que tenha ajuizado uma ação após a data de corte fixada pelo STF e que, até o momento da tomada de decisão pela modulação, tenha usufruído de uma decisão liminar, ou de sentença, que lhe tenha assegurado o direito de não recolher o ICMS nessas operações. Não seria legítimo *confiar* no Direito até então vigente, de entendimento pacífico no sentido da invalidade da exação, para se valer de uma decisão judicial obtida em processo próprio? Perceba-se, portanto, que esse tipo de conduta decisória é passível de acarretar surpresa aos contribuintes, o que é, por definição, absolutamente contrário aos ideais de segurança norteadores do Estado de Direito.

Todo esse cenário denota que o *modo* como o instituto da modulação de efeitos vem sendo aplicado em matéria tributária enseja ofensa à segurança jurídica, ou, melhor dizendo, *insegurança jurídica*. Para além das críticas que possam ser feitas às decisões do STF *individualmente*

---

[809] O cabimento de ações rescisórias nessa particular circunstância ainda não foi examinado pelos tribunais superiores, por se tratar de temática relativamente recente.

consideradas (e algumas foram tecidas até aqui), o que se pretendeu demonstrar, sobretudo, é que o fenômeno *por inteiro* vem gerando abalos à segurança jurídica.

Isso, com efeito, já seria problemático em qualquer seara do Direito, já que a segurança jurídica possui importância ímpar para um Estado Democrático de Direito como é o instituído pela CF/88. Não obstante, entende-se ser ainda mais grave a conjuntura que se apresenta, considerando-se os direitos fundamentais que estão envolvidos na tributação.

O fato de o Direito Tributário brasileiro ser altamente constitucionalizado implica que, quando se examina a modulação de efeitos diante de um reconhecimento de inconstitucionalidade, não está em jogo apenas a segurança jurídica no que se refere à confiabilidade na ordem jurídica, mas também no que se refere ao complexo de garantias especialmente asseguradas aos contribuintes em atenção aos direitos fundamentais pertinentes (notadamente, a liberdade, a propriedade e a igualdade). Há, por assim dizer, uma segunda camada de abalo à segurança jurídica no exame de questões tributárias, dado o tratamento especial conferido a essa matéria em termos de proteção aos contribuintes, como visto, especialmente, no capítulo anterior.[810] Diante desse contexto, é possível afirmar que a recorrência da adoção da modulação, aliada à falta de padrão decisório do STF, para além de ensejar ofensa à segurança jurídica (com ênfase para restrição da liberdade), acarreta também, por via reflexa, cerceamento à plena fruição dos direitos de igualdade e de propriedade. É o que se passa a examinar adiante.

3.3.3 Modulação de efeitos e igualdade

A igualdade, consoante examinado no capítulo anterior, guarda inegável privilégio axiológico na ordem constitucional brasileira. Desde sua primeira aparição, já no preâmbulo da CF/88, passando por suas disposições no artigo 5º, até suas aplicações específicas nas seções dedicadas ao Direito Tributário, ela permeia o texto constitucional, operando com elevado grau de imbricamento com outras normas, razão que leva Humberto Ávila a qualificá-la como uma "supernorma", na medida em que influi na aplicação de todas as demais e, ao mesmo

---

[810] ÁVILA, Humberto. *Teoria da segurança jurídica*. 6. ed. São Paulo: Malheiros, 2021. p. 560.

tempo, recebe influência de todas elas, as quais lhe preenchem os elementos de estrutura.[811]

Na essência, a igualdade exprime um conceito relacional, ou seja, diz respeito à relação entre dois ou mais sujeitos em razão de um critério e com vistas a determinada finalidade. Sua realização, portanto, passa pela relação entre esses elementos à luz da ordem constitucional. Isto é, a propriedade eleita como critério de comparação deve guardar relação de pertinência com a finalidade que a justifica e tanto o critério comparativo quanto a finalidade da distinção devem ser compatíveis com a CF/88.[812]

Em matéria tributária, a igualdade rege intensamente a relação entre Estado e contribuintes, de modo a evitar distinções arbitrárias ou privilégios. Ela se manifesta, de um lado, quando o texto constitucional determina de antemão um critério de diferenciação a ser adotado (observância ao caráter pessoal na gradação dos tributos conforme a capacidade econômica dos contribuintes; regras de competência, ao definirem as materialidades representativas de capacidade contributiva; seletividade em função da essencialidade do produto ou serviço; entre outros tantos exemplos); e, de outro, quando veda a utilização de determinado critério (proibição de tratamento desigual entre contribuintes em razão de suas ocupações profissionais; vedação à instituição de tributo que não seja uniforme em todo o território nacional; apenas para citar dois exemplos).

Para além disso, é oportuno reforçar que a igualdade não está adstrita às disposições específicas constantes das seções destinadas a essa matéria. Em face da característica de abertura do Sistema Tributário e do papel abrangente desempenhado pela igualdade na ordem constitucional brasileira, é incorrer em equívoco considerá-la de forma compartimentada, como se fosse possível cogitar de uma igualdade *apenas* tributária. Tal qual a segurança jurídica, a igualdade aplicada ao Direito Tributário é a mesma igualdade aplicada às demais relações jurídicas. A sua análise *setorial*, por assim dizer, é relevante na medida em que podem ser identificados critérios distintivos específicos (ou sua vedação) para questões tributárias, mas isso não significa que, por não haver uma restrição específica a determinado critério distintivo nos dispositivos dedicados a tratar de temas atinentes à tributação, possa

---

[811] ÁVILA, Humberto. *Teoria da igualdade tributária*. São Paulo: Malheiros, 2015. p. 142.
[812] ÁVILA, Humberto. *Teoria da igualdade tributária*. São Paulo: Malheiros, 2015. p. 199.

ele ser adotado em desacordo com outras garantias asseguradas no texto constitucional.

Conforme se buscou esclarecer no capítulo anterior, a CF/88 não veda toda e qualquer distinção entre contribuintes, mas apenas aquelas distinções *injustificadas*. Isso significa que o poder público não está proibido de fazer distinção entre contribuintes, mas deve dizer por que o faz. A presunção na ordem constitucional brasileira opera em favor da igualdade, razão pela qual não é o particular quem deve apresentar motivos para ser tratado de forma isonômica, mas o Estado quem precisa apresentar os motivos para diferenciar. E mais: não basta *explicar* a desigualdade; ela precisa ser *justificada*. Ou seja, quando o poder público promove uma distinção entre sujeitos, para além de fornecer uma *causa* para isso, deve demonstrar que essa razão é adequada às finalidades da comparação e que tanto a medida de comparação quanto a finalidade estão de acordo com a CF/88. Nessa ordem de ideias, considerando-se que a ordem constitucional exerce sua força normativa sobre todos os poderes, essa obrigação se impõe não apenas ao Legislativo e ao Executivo, mas também ao Judiciário.

Quanto o STF pratica a modulação de efeitos e ressalva algumas situações dessa medida, mantendo, para alguns, a eficácia retroativa da declaração da inconstitucionalidade e, para outros, não, a Corte promove uma distinção entre contribuintes. A questão a ser investigada à luz da igualdade é se essa distinção é legítima, em face das garantias constitucionais a eles asseguradas.

Nesse sentido, é de se perquirir, inicialmente, se o STF se desincumbe do ônus de *justificar* a distinção. A resposta, para a maior parte dos casos, é negativa. Em grande parcela dos acórdãos nos quais foi aplicado algum tipo de ressalva à modulação, as razões para a definição das situações excepcionadas não foram objeto de maiores considerações, tendo se limitado a Corte a relacionar *quais* as hipóteses preservadas, mas sem explicitar o porquê.

Há casos em que se apresentou, ainda que brevemente, justificativa na linha de se buscar preservar o direito de ação. Isso pode ser observado na ADI nº 4.628, por exemplo. Ainda assim, mesmo quando a finalidade da distinção está posta e a medida de comparação é evidente (ter exercido o direito de ação sobre a matéria), o elemento indicativo dessa medida (qual a data de corte) não é objeto de adequada apreciação. Não se logrou identificar, nas decisões examinadas, razões que justifiquem por qual motivo o contribuinte que ajuizou a ação em uma data "X" terá seus direitos resguardados, enquanto outro, que ajuizou a ação em uma data "Y" (por vezes um dia depois), não terá o mesmo tratamento.

Em alguns casos, houve *explicação* causal para isso, qual seja: a de que determinada data estava sendo fixada (data do início do julgamento, ou véspera do início do julgamento) em razão do grande número de ações ajuizadas após esse marco temporal. Isso pode ser observado, de algum modo, no Tema nº 69 (em que uma das razões invocadas no julgamento da modulação foi de que a maior parte das ações foi proposta após o julgamento do mérito), e de maneira muito pronunciada nos temas nº 745 e 962. Nesses dois últimos, ao propor como excepcionadas da modulação apenas as ações ajuizadas até a data do início do julgamento do mérito, mencionou o ministro Dias Toffoli que o critério visava "combater tal espécie de corrida ao Poder Judiciário".[813] No entanto, sob a ótica da igualdade, essa razão não se qualifica como uma *justificação*, mas como mera *explicação*.

Ora, a causa da distinção é explícita: obstar que contribuintes que ajuizaram demandas após terem conhecimento da posição do Tribunal (ou de alguns de seus membros) pudessem se "aproveitar" da decisão. Todavia, tal distinção não é justificável à luz da CF/88. Se o direito de ação é assegurado pela ordem constitucional e se o seu exercício visa reafirmar garantias, também constitucionais, dos contribuintes, como pode ser justificável que a propositura de uma ação após se conhecer (em parte ou totalmente) a posição do Tribunal seja determinante para se criar uma distinção em relação a contribuintes que ajuizaram ações antes disso? Nesse caso, especificamente, a finalidade é ilegítima (obstar que mais contribuintes tenham seus direitos assegurados) e o elemento indicativo da medida de comparação também é ilegítimo (definição de uma ou outra data em virtude de já se ter iniciado o julgamento).

Há, outrossim, casos em que a distinção promovida pelo STF ensejou abalo ainda mais grave à igualdade. Trata-se daqueles em que se promoveu a modulação, mas se manteve o efeito retroativo da declaração de inconstitucionalidade em relação aos contribuintes que não haviam recolhido o tributo. Isso ocorreu na ADI nº 5.481 (caso em

---

[813] BRASIL. Supremo Tribunal Federal (Pleno). Recurso Extraordinário 714.139. Recorrente: Lojas Americanas S.A. Recorrido: Estado de Santa Catarina. Relator: Min. Marco Aurélio, 18 de dezembro de 2021. *Dje*: Brasília, DF, 2021o. Disponível em: https://redir.stf.jus.br/paginadorpub/paginador.jsp?docTP=TP&docID=759632154. Acesso em: 27 ago. 2023; BRASIL. Supremo Tribunal Federal (Pleno). Recurso Extraordinário 1.063.187. Recorrente: União. Recorrido: Electro Aço Altona S.A. Relator: Min. Dias Tofffoli, 27 de setembro de 2021. *Dje*: Brasília, DF, 2021q. Disponível em: https://redir.stf.jus.br/paginadorpub/paginador.jsp?docTP=TP&docID=758725768. Acesso em: 27 ago. 2023.

que se reconheceu a inconstitucionalidade da exigência de ICMS pelo estado do Rio de Janeiro sobre a extração de petróleo e se modulou os efeitos da decisão, ressalvadas as hipóteses em que o contribuinte não recolheu o ICMS) e no Tema nº 962 (caso em que se reconheceu a inconstitucionalidade de exigência de IRPJ e CSLL sobre a Taxa Selic nas repetições de indébito e se modulou os efeitos da decisão, ressalvados os fatos geradores anteriores à data da publicação da ata do julgamento do mérito em relação aos quais não tivesse havido recolhimento dos tributos). Em apertada síntese, o critério nesses dois casos foi o seguinte: (i) aqueles que recolheram o tributo e não ajuizaram ações até determinada data não terão direito à restituição; ao passo que (ii) aqueles que simplesmente não inadimpliram o tributo não o terão exigido de si no futuro, diante do reconhecimento da inconstitucionalidade.

Essa medida de comparação, todavia, é extremamente problemática, porque determina se os efeitos do reconhecimento de inconstitucionalidade compreenderão ou não determinado contribuinte, a depender de se ele recolheu ou não o tributo aos cofres públicos (o que, por si, não deveria ser critério para definir a validade ou não da relação jurídico-tributária) e, pior, favorece aqueles que simplesmente inadimpliram (ou seja, deixaram de cumprir uma norma em favor da qual, até então, militava a presunção de constitucionalidade).

Não se está a sustentar, com essa crítica, que se deveria restringir ainda mais a eficácia da decisão que reconheceu a inconstitucionalidade, permitindo-se, com isso, a exigência do tributo também daqueles que inadimpliram. O ponto é que o critério adotado é indubitavelmente ofensivo à igualdade, e, se não havia como traçar uma distinção constitucionalmente adequada, a solução haveria de ser a não imposição da modulação para ninguém, e não a sua imposição generalizada. Reitere-se: a presunção milita em favor da igualdade. Logo, se a distinção não poderia ser realizada de modo adequado à ordem constitucional, a solução que promoveria *mais* a CF/88 e de modo igualitário é a que deveria prevalecer (eficácia *ex tunc* para todos).

Outro caso em que se adotou critério desafiador à luz da igualdade foi o Tema nº 490. Na decisão, diferentemente do que se viu nas demais até aqui examinadas neste tópico, reconheceu-se como *constitucional* a glosa de créditos fictícios de ICMS pelos estados de destino, quando o benefício tivesse sido concedido pelo Estado de origem sem amparo em convênio do Confaz. Não obstante, considerando-se o embate que existia até então no âmbito da chamada guerra fiscal, o STF modulou os efeitos da decisão, para assegurar que, em relação aos contribuintes porventura não autuados até então, não poderia ser promovido o lançamento sobre fatos geradores anteriores à decisão. Com efeito, por mais que a Suprema Corte tenha buscado preservar alguns contribuintes em face de uma possível "corrida de autuações",[814] o critério adotado pode, efetivamente, ensejar dúvidas quanto à sua adequação à igualdade. Isso porque há uma gama de contribuintes que foram autuados. A medida de comparação eleita nesse caso (ter sido ou não ter sido autuado até determinado momento) enseja questionamentos à igualdade, pois parte de um critério casuístico, aleatório: ter a Fazenda fiscalizado, ou não, determinado contribuinte até a data do julgamento. Nesse caso, é necessário referir a existência de outros elementos externos ao julgamento que talvez amenizem esse contexto, na medida em que a LC nº 160/2017 previu a possibilidade de remissão dos créditos tributários constituídos nessas condições, matéria que foi objeto de regramento no Convênio nº 190/2017, do Confaz. Ainda assim, examinada a medida de comparação em si, tem-se que ela suscita problemas de igualdade.[815]

Por fim, mas certamente não menos importante, um último aspecto que se entende pertinente à análise da relação entre a modulação de efeitos e a igualdade diz respeito ao impacto que o emprego reiterado dessa medida, da forma como tem sido feito pelo STF (com frequentes ressalvas a determinadas situações, geralmente ações em curso até determinada data), acarreta para a preservação da isonomia. É que a recorrência da adoção de um critério segundo o qual o contribuinte que ajuizou ação tem preservadas suas garantias constitucionais, ao passo que o contribuinte que não ajuizou não as tem asseguradas, enseja preocupantes abalos à igualdade.

Retomando, mais uma vez, o quanto já antes exposto, a presunção opera, na ordem constitucional brasileira, em favor da igualdade. Em matéria tributária, isso significa dizer que, para instaurar uma situação de desigualdade entre contribuintes, deve haver adequada justificação à luz da CF/88. Ocorre que eleger como critério para determinar se um contribuinte terá ou não suas garantias respeitadas e se será submetido à tributação conforme os limites constitucionais o fato de ter exercido

---

[814] Para usar uma expressão similar à que é pejorativamente empregada pelo STF quando menciona "corrida ao Judiciário".
[815] Essa observação acerca do Tema nº 490 indica que o compromisso do presente estudo não é com uma visão parcial, em "favor" dos contribuintes ou em "favor" do Fisco, mas a de uma preocupação mais ampla de se compreender se a aplicação do instituto da modulação está de acordo ou em desacordo com a ordem constitucional.

o direito de ação (e até determinada data) é estabelecer uma medida de comparação que afronta a CF/88.

A medida de comparação (ter ajuizado ação) é inadequada, porque as garantias tributárias devem (ou deveriam) ser preservadas independente do exercício do direito de ação. Trata-se de limite imposto ao Estado e que está intimamente relacionado aos direitos fundamentais de liberdade e propriedade. Nesse sentido, não custa reforçar que as "normas definidoras dos direitos e garantias fundamentais têm aplicação imediata", conforme determina o artigo 5º, §1º, da CF/88. Logo, estabelecer como critério distintivo para fins de determinar se um contribuinte terá suas esferas de liberdade e propriedade protegidas em face da tributação o fato de ter ou não exercido sua pretensão em juízo está em desacordo com a ordem constitucional vigente.

Não bastasse isso, o elemento indicativo da medida de comparação, qual seja, a especificação do *momento* no tempo em que essa pretensão precisa ter sido exercida para que o contribuinte tenha preservada sua esfera de liberdade e propriedade e não seja submetido à tributação de forma inconstitucional, é também ofensivo à CF/88, notadamente porque não há adequado padrão decisório quanto a esse aspecto, como visto anteriormente neste capítulo.[816] Portanto, o critério é, sob certo ângulo, arbitrário, casuístico, dando abertura a um elemento de *sorte*. Não basta ter de ajuizar uma ação para estar compreendido no grupo de contribuintes que terá garantias constitucionais tributárias asseguradas; é preciso ajuizar a ação até determinado momento, e não é possível apreender racionalmente ou de antemão *qual* é esse momento, tampouco o *motivo* da sua eleição.

Diante desse cenário, constata-se que o modo como a modulação tem sido aplicada pelo STF em matéria tributária enseja ofensa à igualdade, porquanto gera distinções entre contribuintes sem a devida justificação e com base em medidas de comparação ofensivas à CF/88.

3.3.4 Modulação de efeitos, capacidade contributiva e não confisco

A capacidade contributiva, como visto no capítulo anterior, está intimamente relacionada à igualdade, traduzindo a medida de comparação por excelência entre contribuintes, para fins de distribuição

---

[816] Ver item 3.2.3.3.

da carga tributária.[817] Trata-se de princípio alicerçado na própria ideia de Estado Democrático de Direito, enquanto expressão da cidadania, da solidariedade e da própria dignidade humana (no sentido de impor proteção ao mínimo existencial),[818] que condiciona toda a atividade legiferante no campo tributário, tanto na eleição das hipóteses de incidência (aspecto objetivo) quanto na definição dos limites mínimo e máximo da tributação à luz da aptidão *in concreto* dos contribuintes para suportá-la (aspecto subjetivo).

Outra expressão importante da capacidade contributiva no texto constitucional é a vedação à tributação com efeito de confisco, garantia que ostenta previsão expressa no artigo 150, inciso IV, da CF/88. O não confisco obsta que o Estado, a pretexto de tributar, aproprie-se dos bens do indivíduo, cerceando indevidamente o direito fundamental à propriedade, e pode ser compreendido tanto sob uma perspectiva estrita, apenas no que se refere ao aspecto quantitativo dos tributos, quanto sob uma perspectiva mais ampla, afigurando-se excessiva qualquer tributação fora dos limites das regras de competência constitucionalmente delineadas ou das garantias tributárias asseguradas pela CF/88.[819]

Nessa ordem de ideias, toda a imposição tributária declarada inconstitucional, em alguma medida, ofende à capacidade contributiva e à vedação à tributação com efeito de confisco, seja porque se deu em desarmonia com as regras de competência, seja porque desrespeitou alguma garantia constitucional assegurada aos contribuintes e limitadora ao exercício do poder de tributar. Todavia, quando o STF modula os efeitos de um reconhecimento de inconstitucionalidade em matéria tributária, indiretamente, acaba por chancelar, por determinado período ou em relação a alguns contribuintes, a efetivação de uma tributação em desacordo com essas balizas.

Em primeiro lugar, o emprego recorrente da modulação em matéria tributária flexibiliza o papel da capacidade contributiva (objetiva e subjetiva) enquanto diretriz fundante da distribuição e da imposição da carga tributária. Passa-se a admitir que, frequentemente, o contribuinte possa ser tributado além ou ao largo de sua capacidade contributiva, tal qual delineada na CF/88. Isso, em última análise, pode

---

[817] ÁVILA, Humberto. *Teoria da igualdade tributária*. São Paulo: Malheiros, 2015. p. 165.
[818] BUFFON, Marciano; MATOS, Mateus Bassani de. *Tributação no Brasil do século XXI*: uma abordagem hermeneuticamente crítica. Porto Alegre: Livraria do Advogado, 2015. p. 152-167.
[819] GOLDSCHMIDT, Fábio Brun. *O princípio do não-confisco no Direito Tributário*. São Paulo: Revista dos Tribunais, 2003. p. 101-102.

conduzir a questionamentos que estão na raiz da tributação enquanto exercício da cidadania e manifestação de solidariedade. Perceba-se: há limites bem delineados na ordem constitucional brasileira para o exercício da tributação, e esse conjunto de regras e princípios determina em que medida e sob quais condições cada indivíduo contribuirá para o financiamento do Estado, isto é, qual a sua capacidade para contribuir. Quando isso é frequentemente desconsiderado, a tributação deixa de se pautar coerentemente pela capacidade dos indivíduos de suportar a tributação, para se pautar incoerentemente em circunstâncias casuísticas, o que, a um só tempo, fere a capacidade contributiva enquanto expressão de isonomia e restringe indevidamente o direito fundamental de propriedade, para além do que a ordem constitucional estabelece como contribuição adequada à luz da solidariedade social.

Em segundo lugar, o reiterado emprego da modulação com ressalva para determinados contribuintes (que ajuizaram ações, que discutiam administrativamente o tributo, que simplesmente inadimpliram, que não foram autuados, ou seja qual for o critério) apresenta uma segunda camada de ofensa à capacidade contributiva, na medida em que, para além dos problemas suscitados no parágrafo anterior, implica a manutenção da imposição tributária com base nas diretrizes constitucionais para *alguns* e não para *outros*. Ou seja, dois contribuintes que preencham as mesmas condições para contribuir, à luz das manifestações objetiva e subjetiva da capacidade contributiva expressas na ordem constitucional, sofrem imposições tributárias distintas em virtude de critérios outros (como ter ajuizado uma ação até determinada data, ter promovido determinada discussão administrativa etc.).

Em terceiro lugar, finalmente, se a tributação com efeito confiscatório é aquela realizada em desacordo com os limites constitucionais (tributação fora dos limites das regras de competência constitucionalmente delineadas, desrespeito às garantias de legalidade, anterioridade ou irretroatividade, entre outros inúmeros exemplos), a frequente manutenção dos efeitos de tributação destoante desses parâmetros, via modulação, equivale a confisco. Isso porque se está a tratar de exação que priva o particular de seus bens fora das hipóteses autorizadas na ordem constitucional. Ao fim e ao cabo, trata-se de supressão ao direito fundamental de propriedade que ultrapassa os limites admitidos na CF/88.[820]

---

[820] No mesmo sentido, afirma Thomas da Rosa de Bustamante (A Lei nº 9.868/99 e a possibilidade de restrição dos efeitos da declaração de inconstitucionalidade. Inaplicabilidade

Conforme menciona Fábio Goldschmidt, as exações nesses termos têm "efeito" de confisco porque ensejam a "sensação de pena", na medida em que atacam a propriedade de forma não admitida, privando o particular de seus bens sem que lhe seja atribuída qualquer conduta em desconformidade com o ordenamento e sem que lhe seja assegurada qualquer sorte de compensação.[821] Tratando-se de modulação de efeitos, essa "sensação de pena" é pronunciada, na medida em que o contribuinte, mesmo ciente de que o tributo foi reconhecido como inconstitucional, segue sofrendo seus efeitos. Isso assume contornos ainda mais graves quando o contribuinte só permanece submetido à exação reputada inconstitucional em virtude de não ter ajuizado uma ação ou não ter praticado alguma ou conduta prevista como exceção à modulação. Nesse caso, a "sensação de penalização" resta ainda mais evidente.

Diante do exposto, portanto, resta claro que a prática reiterada da modulação de efeitos pelo STF em matéria tributária macula a capacidade contributiva que deve nortear a tributação e enseja, por vezes, e de modo transverso, autorização à tributação com efeito de confisco, o que está em desacordo com a CF/88.

3.3.5 Modulação de efeitos, "perda de arrecadação" e o argumento financeiro

O emprego da expressão "perda de arrecadação" se tornou frequente nas discussões tributárias, quando o ente público ou o tribunal se referem ao impacto que um reconhecimento de inconstitucionalidade terá para o orçamento público. No entanto, o uso dessa locução incorre em um erro de premissa, pois só é possível cogitar-se a *perda* de algo que, em algum momento, se possuiu. A tributação exercida de modo inconstitucional não se enquadra nesse conceito, pois o Estado está limitado pelos princípios e regras constitucionais no exercício do seu poder de tributar, e tudo que disso desbordar será invasão indevida na esfera do direito fundamental à propriedade. Talvez, uma das

---

na fiscalização de normas de Direito Tributário. *Revista Dialética de Direito Tributário (RDA)*, São Paulo, n. 59, p. 122, 2000) que "qualquer exigência de um tributo que não respeite as normas constitucionais definidoras da competência tributária é confiscatória, pois invade a esfera privada dos cidadãos sem autorização constitucional".

[821] GOLDSCHMIDT, Fábio Brun. *O princípio do não-confisco no Direito Tributário*. São Paulo: Revista dos Tribunais, 2003. p. 101-102.

poucas situações em que se poderia cogitar o emprego desse jogo de palavras seria a hipótese de uma superação de precedente, em que uma exação, até determinado momento tida por alinhada à CF/88, passou a ser compreendida como inconstitucional – e ainda assim, seria questionável. Certamente, no entanto, não se pode denominar "perda de arrecadação" o efeito do reconhecimento puro e simples de uma inconstitucionalidade no exercício da jurisdição constitucional.

Em muitos dos casos examinados nesta pesquisa, as razões de natureza orçamentária foram determinantes ou desempenharam papel relevante na tomada de decisão pela aplicação da modulação de efeitos. Apenas para citar alguns exemplos, isso pode ser observado de modo muito evidente nos temas nº 2 e 3, nos temas nº 69, 745 e na ADI nº 5.481.[822] Esse tipo de argumentação, contudo, para além de todas as questões já enfrentadas até aqui, suscita objeções de duas ordens: a primeira diz respeito ao modelo consequencialista adotado; ao passo que a segunda diz respeito à própria consequência invocada, isto é, se o impacto financeiro ao Erário seria, realmente, uma consequência apta a autorizar a modulação, frente a toda a estrutura orçamentária existente no ordenamento jurídico brasileiro.

Iniciando-se pelo primeiro aspecto, o consequencialismo, segundo Humberto Ávila, pode ser definido como

> estratégia argumentativa mediante a qual o intérprete molda o conteúdo ou a força do Direito conforme as consequências práticas que pretende evitar ou promover, em detrimento da estrutura normativa diretamente aplicável, dos efeitos diretamente produzidos nos bens jurídicos protegidos pelos direitos fundamentais e dos princípios fundamentais imediatamente aplicáveis à matéria.[823]

Ao agir desse modo, o intérprete atua primordial ou exclusivamente pautado nas consequências que decorrerão da sua decisão, e não à luz do Direito que a antecede. Essa conduta decisória, todavia, enfrenta objeções doutrinárias, pois acaba por impedir que o indivíduo (jurisdicionado) exerça com plenitude a sua liberdade, na medida em que altera as estruturas normativas, os significados ou as consequências eleitas pelo legislador ou pelo constituinte, para substituí-los

---

[822] Caso em que se reconheceu a inconstitucionalidade da exigência de ICMS sobre atividades de extração de petróleo no estado do Rio de Janeiro.
[823] ÁVILA, Humberto. *Constituição, liberdade e interpretação*. São Paulo: Malheiros, 2019. p. 52.

por estruturas normativas, significados ou consequências eleitas pelo próprio intérprete a partir de consequências que vise evitar ou promover.[824]

Ao criticar esse tipo de conduta decisória pragmatista,[825] Lenio Streck ressalta que a jurisdição deve se desenvolver a partir do Direito, e não a partir do que seja considerado "melhor" ou mais "efetivo" na visão subjetiva do julgador. Segundo o autor, "o pragmatismo é a aposta última, e completamente dele dependente, no arbítrio judicial". Tal postura não guarda fidelidade com o Direito, com sua tradição. O olhar é prospectivo. Trata-se de decidir o que é (supostamente) melhor para a comunidade, desconsiderando o papel de trunfo contramajoritário desempenhado pelos direitos individuais.[826]

Examinar as consequências da decisão e levá-las em consideração não equivale a decidir apenas com base nas consequências. A modulação de efeitos tem na sua raiz a ideia de que as implicações da decisão deverão ser consideradas, mas essa análise deve ter em vista os seus efeitos face a preceitos jurídicos constitucionais (direitos fundamentais, segurança jurídica, igualdade etc.). Se essa recondução não ocorrer, a decisão enfrentará problemas de legitimidade. Nesse sentido é a tese sustentada por Fábio Martins de Andrade, para quem (i) o argumento pragmático ou consequencialista de cunho econômico não pode, jamais, ser computado sozinho na decisão em

---

[824] ÁVILA, Humberto. *Constituição, liberdade e interpretação*. São Paulo: Malheiros, 2019. p. 77.

[825] Fábio Martins de Andrade (*Modulação em matéria tributária*: o argumento pragmático ou consequencialista de cunho econômico e as decisões do STF. São Paulo: Quartier Latin, 2011. p. 76-78), em obra que se dedica especificamente à análise da modulação de efeitos em matéria tributária em face do argumento pragmático ou consequencialista, explica que o consequencialismo é uma espécie do gênero pragmatismo. A partir do estudo da doutrina de Richard Posner, o autor esclarece que juiz pragmático, diferentemente do consequencialista, será sensível a diversas (outras) considerações, não apenas às consequências da decisão.

[826] STRECK, Lenio Luiz. *Dicionário de hermenêutica*: 50 verbetes fundamentais da teoria do direito à luz da crítica hermenêutica do Direito. 2. ed. Belo Horizonte: Casa do Direito, 2020. p. 345-347. A crítica do autor ao pragmatismo segue, expressamente, a esteira das críticas formuladas por Ronald Dworkin (*O império do direito*. 3. ed. São Paulo: Martins Fontes, 2014. p. 186-188) a essa postura decisória. Segundo esse autor, o pragmatismo "estimula os juízes a decidir e agir segundo seus próprios pontos de vista", pressupondo que essa prática melhor servirá à comunidade. No entanto, o pragmatismo acaba por negar "que pessoas tenham quaisquer direitos; adota o ponto de vista de que elas nunca terão direito àquilo que seria pior para a comunidade apenas porque alguma legislação assim estabeleceu, ou porque longa fileira de juízes decidiu que outras pessoas tinham direito". No máximo, o juiz pragmatista atuará "como se" a pessoa tivesse direitos, apenas por considerar que a atuação coerente em face da legislação, da Constituição ou dos precedentes acarretará, no longo prazo, o melhor para a comunidade.

matéria tributária, sob pena de manifesta ilegitimidade; e, (ii) para ser considerado de modo legítimo, deve ser explícito, capaz de corroborar argumentos jurídicos que sustentem a medida, e fundamentado em sede constitucional de maneira clara; (iii) não se admitindo, sob nenhuma hipótese, que seja empregado de modo implícito ou camuflado, ou sem embasamento jurídico constitucional. Em síntese, na visão desse autor, as consequências consideradas para a modulação de efeitos em sede constitucional somente serão válidas "se forem reconduzidas aos enunciados normativos previstos na Constituição".[827]

Essas balizas, no entanto, e como visto amplamente até este ponto, são pouco observadas na jurisprudência do STF em matéria tributária. Aliás, arrisca-se a dizer que a consequência econômica, além de não vir acompanhada de uma recondução a preceitos constitucionais a partir dos quais poderia essa justificativa ser considerada digna de influir para a adoção da modulação de efeitos, também é, em si mesma, questionável. Tem-se, aqui, a segunda objeção, antes mencionada, ao argumento de cunho consequencialista tal qual manejado pelo STF. É que, para além de todos os problemas de fundamentação envolvidos nessas decisões e das ofensas às garantias tributárias que tal prática decisória suscita, a reiterada utilização da modulação gera um cenário de desprestígio aos deveres orçamentários dos gestores públicos.

Conforme examinado ao final do capítulo anterior, o orçamento público possui estruturação bastante desenvolvida no ordenamento jurídico brasileiro, contando com regras e princípios que orientam uma gestão planejada e prudente das finanças do Estado. Há diversas disposições constitucionais regendo a matéria, bem como instrumentos previstos em leis complementares e ordinárias. Uma dessas normas é a Lei de Responsabilidade Fiscal, marco importante na busca por uma boa e responsável gestão das finanças públicas no Brasil e que compreende, na definição de responsabilidade fiscal, a ideia de prevenção de riscos e correção de desvios capazes de afetar o equilíbrio das contas públicas. A LRF é impositiva ao determinar a adoção de medidas destinadas não apenas a identificar os fatos capazes de impactar os resultados fiscais estabelecidos, mas também de mitigá-los, visando os tão desejados equilíbrio e estabilidade nas contas públicas.[828] Alguns instrumentos,

---

[827] ANDRADE, Fábio Martins de. *Modulação em matéria tributária*: o argumento pragmático ou consequencialista de cunho econômico e as decisões do STF. São Paulo: Quartier Latin, 2011. p. 471.

[828] ABRAHAM, Marcus. *Curso de Direito Financeiro brasileiro*. 7. ed. Rio de Janeiro: Forense, 2023. p. 396.

como o Anexo de Riscos Fiscais a ser definido na LDO e a reserva de contingência que deve constar da LOA, ostentam posição de destaque nessa estrutura de prevenção orçamentária, constituindo ferramentas que não apenas permitem, mas impõem ao gestor que anteveja possíveis contingências, inclusive advindas de demandas judiciais, e planeje seu orçamento para a hipótese de se concretizarem.

Julgamentos em matéria tributária, pelo STF, estão longe de configurar contingências imprevisíveis pelo poder público. Se determinado tema chega a ser apreciado pelo Plenário da Suprema Corte, seja na via do controle concentrado, seja na via do controle difuso com repercussão geral, por certo que ele merece a devida atenção da administração. Sob essa perspectiva, quanto maior o possível impacto para o orçamento público advindo do reconhecimento de uma inconstitucionalidade, maior haveria de ser a preocupação em se antever soluções alternativas para mitigar os efeitos da impossibilidade de se seguir exigindo a exação e da necessidade de se restituir valores exigidos indevidamente. Consequentemente, em um tal cenário ideal, quanto mais precavido estivesse o poder público sob o prisma orçamentário, menos razões se teria para modular os efeitos da decisão com base em argumentos financeiros.

Todavia, o raciocínio adotado em diversas decisões que aplicaram a modulação, e em vários pleitos de modulação formulados pelo poder público, é diametralmente oposto. No Tema nº 69, por exemplo, o fato de o elevado valor de 250 bilhões de reais estar previsto no Anexo de Riscos Fiscais da LDO (aliás, tal contingência já vinha sendo mapeada há quase uma década quando ocorreu o julgamento do mérito) foi invocado pela Fazenda Nacional (e por alguns ministros) como argumento para aplicar a modulação, e não para afastá-la.[829]

Ocorre que isso acaba por instaurar uma lógica perversa, segundo a qual, quanto maior a arrecadação de um tributo em desacordo com a CF/88 e, portanto, quanto maior a restrição indevida aos direitos fundamentais de liberdade e propriedade dos contribuintes, maior também a probabilidade de aplicação da modulação. Como bem registra Humberto Ávila, segundo esse raciocínio, para fins de modulação de

---

[829] O voto do ministro Nunes Marques, por exemplo, fez expressa menção à LDO (BRASIL. Supremo Tribunal Federal (Pleno). Recurso Extraordinário 574.706. Recorrente: Imcopa Importação, Exportação e Indústria de Óleos Ltda. Recorrido: União. Relatora: Min.a Cármen Lúcia, 15 de março de 2017. *Dje*: Brasília, DF, 2017c. Disponível em: https://redir.stf.jus.br/paginadorpub/paginador.jsp?docTP=TP&docID=13709550. Acesso em: 27 ago. 2023).

efeitos em casos tributários, "quanto pior, melhor".[830] É a lógica *too big to fail*[831] aplicada à jurisdição constitucional em matéria tributária: "inconstitucional demais para parar agora" ou "para devolver". Aceitar esse tipo de raciocínio, todavia, é fazer pouco caso das garantias constitucionais. Conforme anota Daniel Mitidiero, "o dinheiro do contribuinte não pode ser tratado como butim" e o Direito não pode equivaler às ameaças de um bando de saqueadores.[832]

Argumentos de natureza financeira, por vezes até *ad terrorem*, em verdade, deveriam depor muito mais contra a Fazenda Pública do que em seu favor, já que evidenciam (se efetivamente verdadeiros quanto aos cenários de calamidade fiscal por vezes delineados) uma irresponsabilidade da gestão orçamentária. Se uma decisão declaratória de inconstitucionalidade é capaz de comprometer o orçamento a ponto de colocar em risco a prestação de serviços públicos essenciais, em virtude da "perda de arrecadação" e das repetições de indébitos que venha acarretar, a pergunta a ser feita não deveria versar sobre a necessidade de se modular os efeitos da decisão, mas sim sobre o motivo de tal contingência não ter sido devidamente contemplada na construção do orçamento.

Toda a discussão tributária acarreta, de algum modo ou em alguma intensidade, impactos orçamentários. É de sua natureza, já que a tributação é o meio prioritário pelo qual o Estado financia suas atividades. No entanto, é paradoxal pensar que, por ter implicações orçamentárias *negativas* para o Estado, determinado reconhecimento de inconstitucionalidade não poderia surtir efeitos retroativos, exatamente porque essa percepção só existe em razão de já ter havido uma intervenção indevida no direito de propriedade do particular (ou seja, um impacto *negativo* anterior para o "orçamento" do indivíduo, por assim dizer).[833]

---

[830] ÁVILA, Humberto. *Teoria da segurança jurídica*. 6. ed. São Paulo: Malheiros, 2021. p. 593-594.

[831] A expressão, que pode ser traduzida livremente para "grande demais para quebrar", é bastante conhecida na economia norte-americana, para se referir àquelas empresas cuja quebra ocasionaria efeitos sistêmicos demasiadamente graves na economia, a demandar a intervenção estatal para evitar que isso ocorra.

[832] MITIDIERO, Daniel. *Superação para frente e modulação de efeitos*: precedente e controle de constitucionalidade no Direito brasileiro. São Paulo: Thompson Reuters Brasil, 2021. p. 78.

[833] Como oportunamente lembra Fábio Martins de Andrade, a vingar o argumento orçamentário, não se poderia ignorar que a modulação também acarreta efeitos negativos, por exemplo, para as empresas contribuintes, que verão prejudicada a possibilidade de se ressarcirem daquilo que indevidamente pagaram e, com isso, terão reduzida a capacidade de cumprir sua função social (incrementar o lucro) ou expandidas suas atividades (como

Conforme examinado anteriormente neste estudo, a aproximação da ideia de *excepcional interesse social* com *interesses orçamentários* é questionável e encontrou vozes críticas a isso entre os próprios ministros do STF.[834] Todavia, para além desse aspecto, ligado ao preenchimento dos requisitos materiais para emprego da modulação, tem-se que a sua aplicação reiterada, do modo como tem ocorrido na jurisprudência da Suprema Corte em matéria tributária, enseja – volta-se a frisar – desprestígio às normas orçamentárias, especialmente no que se refere aos deveres impostos aos gestores. É que, em alguma medida, essa postura decisória denota chancela, ou pelo menos aquiescência, quanto à inexistência de um planejamento adequado do poder público para tratamento das contingências.[835]

Na visão de Fábio Martins de Andrade, aplicar a modulação de efeitos nesses termos é amesquinhar a função institucional do STF, relegando a Suprema Corte à condição de segunda instância do governo, para atuar "como curadora de um ente incapaz, que não tem condições de planejar as suas atividades". Segundo o autor, que articula crítica enfática ao emprego do instituto com essa finalidade, a atuação condescendente do STF transmite uma perigosa mensagem pedagógica

---

reinvestir os valores ou contratar mão de obra). Não bastasse isso, haveria de se vislumbrar também as desvantagens competitivas em face de outros contribuintes que simplesmente deixaram de pagar ou que foram beneficiados com decisão judicial) (ANDRADE, Fábio Martins de. *Modulação & STF*: a jurisprudência do Supremo Tribunal Federal sobre modulação. Rio de Janeiro: Lumen Juris, 2016. p. 391).

[834] No primeiro capítulo (item 1.4.3), foram examinados alguns julgados do STF em que é possível observar posições enfáticas no sentido de que "interesse orçamentário" não equivale a "interesse social". Marcante, nesse sentido, a observação da ministra Cármen Lúcia, quando registrou, no RE nº 363.852, o seguinte: "Primeiro, a Constituição, como lembrou o ministro Marco Aurélio, aliás, de maneira muito firme tem repetido aqui que essa é uma constituição rígida que, uma vez afrontada, tendo sido afrontada, e, a não ser em situações excepcionalíssimas, em que a execução do que nós decidimos gere mais problemas sociais, principalmente, não econômicos ou financeiros, mas sociais, que realmente poderiam ensejar uma prática dessa natureza em caráter excepcionalíssimo, nós temos de manter até o que é pedagógico para os órgãos do Estado" (BRASIL. Supremo Tribunal Federal (Pleno). Recurso Extraordinário 363.825. Recorrente: Frigorífico Mataboi S.A. Recorrido: União. Relator: Min. Marco Aurélio, 3 de fevereiro de 2010. *Dje*: Brasília, DF, 2010c. Disponível em: https://redir.stf.jus.br/paginadorpub/paginador.jsp?docTP=AC&docID=610212. Acesso em: 27 ago. 2023). Neste capítulo, também foram examinadas algumas passagens de Ministros em votos mais recentes, como as observações do ministro Edson Fachin e da ministra Rosa Weber no Tema nº 69 (ver itens 3.2.3.1.13 e 3.2.3.2.2).

[835] Exemplo disso pôde ser observado em face do Tema nº 69, considerando-se o tratamento conferido à contingência nos Anexos de Riscos Fiscais das LDOs da União, conforme diretrizes da AGU. O tema foi detalhadamente examinado no capítulo anterior (ver item 2.3.4.1).

aos demais poderes. Se os efeitos do descumprimento da CF/88 forem os mesmos do seu cumprimento, é decorrência lógica o incentivo criado à não observância das normas constitucionais. Por esse motivo, arremata o autor afirmando que "a incompetência governamental na gestão da coisa pública jamais pode ser premiada com a tolerância por qualquer tempo que seja".[836]

De fato, se o orçamento público, enquanto conquista da democracia, visa limitar a atuação dos gestores públicos e impor que ajam de modo responsável e transparente, admitir-se que a preservação desse mesmo orçamento seja fundamento para a manutenção dos efeitos de tributação inconstitucional representa precisamente o oposto desse objetivo.

3.3.6 Um processo de inconstitucionalização?

Traçado esse longo percurso, no qual foram examinados, dentre outras questões, os aspectos gerais envolvendo os efeitos do reconhecimento da inconstitucionalidade na tradição brasileira, os requisitos para a modulação de efeitos tal qual estabelecidos na legislação, as limitações ao exercício do poder de tributar no paradigma do Estado Democrático de Direito e, especialmente, o desenho do Sistema Tributário na CF/88, com ênfase às garantias asseguradas aos contribuintes, o modo como a gestão dos recursos arrecadados é regrada na estrutura orçamentária brasileira, o modo como a jurisprudência do STF tem aplicado a modulação de efeitos em casos tributários, quantitativa e qualitativamente, e, finalmente, como essa aplicação se porta em face das garantias constitucionais asseguradas aos particulares, é necessário, agora, investigar se tal prática decisória está em consonância ou em desacordo com a ordem constitucional.

Linha similar de estudo, e na qual a presente pesquisa buscou inspiração, foi adotada por Elton Venturi, ao examinar o instituto da suspensão de segurança. Na obra, o autor se debruça sobre a aplicação do mencionado expediente processual na jurisprudência e menciona a ocorrência de uma "inconstitucionalidade empírica", isto é, não avinda do instituto *em tese*, mas da forma como sua utilização, pelos tribunais brasileiros, ocasiona ofensa a determinados preceitos constitucionais.[837]

---

[836] ANDRADE, Fábio Martins de. *Modulação & STF*: a jurisprudência do Supremo Tribunal Federal sobre modulação. Rio de Janeiro: Lumen Juris, 2016. p. 392.
[837] VENTURI, Elton. *Suspensão de liminares e sentenças contrárias ao poder público*. 3. ed. São Paulo: Malheiros, 2017. p. 55-57.

No caso da modulação de efeitos, muito embora seja inegável a relevância de se compreender o instituto sob uma perspectiva histórica e analítica, bem como não se negue a importância das críticas doutrinárias formuladas, sob esse mesmo prisma, à utilização da medida em casos tributários, entende-se necessário, também, examinar de que modo vem ocorrendo a sua *concretização* na jurisprudência do STF, análise que se revelou bastante esclarecedora.

No que se refere à expressão "processo de inconstitucionalização", que dá título a este tópico, trata-se de conceito originado no exercício da jurisdição constitucional pelo Tribunal Constitucional Federal (TCF) da Alemanha. Ela se insere no âmbito das chamadas decisões de "apelo ao legislador", em que o Tribunal reconhece determinada situação como "ainda constitucional", anunciando a eventual conversão desse estado de "constitucionalidade imperfeita" em situação de "completa inconstitucionalidade", caso nenhuma providência seja adotada para interromper tal processo. Isso se verifica, conforme explica Gilmar Mendes, em, basicamente, três situações: (i) em virtude de mudança das relações fáticas ou jurídicas; (ii) em virtude de inadimplemento do dever constitucional de legislar e (iii) por "falta de evidência" da ofensa constitucional.[838]

Exemplo paradigmático do chamado "processo de inconstitucionalização" pode ser observado em decisão da Corte Constitucional alemã de 1963, motivada por uma mudança nas relações fáticas, na qual o TCF reconheceu que, em razão das significativas alterações da estrutura demográfica das diferentes unidades federadas, a divisão dos distritos eleitorais concebida ainda em 1949 e replicada nas sucessivas leis eleitorais, já não mais atendia às exigências do princípio da igualdade eleitoral emanado da Lei Fundamental. Ainda assim, absteve-se a Corte de pronunciar a inconstitucionalidade da norma questionada, editada em 1961, ao fundamento de que tal situação não podia ser constatada quando da sua promulgação, conclamando-se ao legislador que empreendesse as medidas necessárias à adequação dessas discrepâncias.[839] Na referida decisão, o TCF se absteve de declarar

---

[838] MENDES, Gilmar Ferreira. *Jurisdição constitucional*: o controle abstrato de normas no Brasil e na Alemanha. 5. ed. São Paulo: Saraiva, 2005. p. 296-297.

[839] Ainda, como anota Gilmar Mendes (*Jurisdição constitucional*: o controle abstrato de normas no Brasil e na Alemanha. 5. ed. São Paulo: Saraiva, 2005. p. 298-299), nem sempre esse processo de inconstitucionalização está baseado de forma evidente em mudança de relações fáticas. Por vezes, há confusão entre elementos fáticos e jurídicos. É o que se observa, por exemplo, em decisões do TCF alemão sobre a pensão previdenciária por

a inconstitucionalidade por compreender que não se mostrava possível precisar o momento em que se teria implementado a conversão para um estado de manifesta invalidade.[840]

Esse tipo de raciocínio já foi invocado na jurisprudência do STF. Caso emblemático, nesse sentido, foi o RE nº 135.328, no qual se assentou a subsistência da legitimidade do Ministério Público para o manejo da ação de ressarcimento prevista no artigo 68 do Código de Processo Penal, enquanto não houvesse a criação e a organização por lei da Defensoria Pública no Estado de São Paulo. No caso, assentou-se, todavia, a "inconstitucionalidade progressiva" da norma em questão.[841]

Em matéria tributária, é possível referir o RE nº 607.642 (Tema nº 337), no qual o ministro Dias Toffoli registrou que as leis nº 10.637/02 e nº 10.833/04, originalmente constitucionais, estariam em processo de inconstitucionalização, decorrente da ausência de coerência e da falta de critérios racionais e razoáveis nas sucessivas alterações legislativas implementadas ao longo dos anos quanto à determinação de quais atividades e receitas haveriam de se submeter aos regimes cumulativo e não cumulativo do PIS e da COFINS.[842]

---

morte de cônjuge do sexo feminino. Consoante a Lei da Seguridade e o Regulamento da Previdência Social da Alemanha, o cônjuge do sexo masculino só faria jus à pensão se os ganhos da segurada falecida fossem fundamentais ao sustento familiar. Por outro lado, a pensão era assegurada à viúva, no caso de óbito do cônjuge do sexo masculino, independentemente de qualquer consideração sobre os seus ganhos para o sustento da família. Em 1693, a Corte Constitucional reconheceu a constitucionalidade dessa distinção, notadamente em razão do reduzido número de mulheres casadas entre a população economicamente ativa. Quando examinada novamente a questão, em 1974, considerou o TCF que as normas contestadas "ainda não eram inconstitucionais". Todavia, o quadro apresentado já não era mais o mesmo (o número de mulheres casadas economicamente ativas havia quadruplicado), de modo que a distinção em comento estava submetida a notório processo de inconstitucionalização.

[840] MENDES, Gilmar Ferreira. *Jurisdição constitucional*: o controle abstrato de normas no Brasil e na Alemanha. 5. ed. São Paulo: Saraiva, 2005. p. 304-305.

[841] BRASIL. Supremo Tribunal Federal (Pleno). Recurso Extraordinário 135.328. Recorrente: Estado de São Paulo. Recorrido: Ministério Público do Estado de São Paulo. Relator: Min. Marco Aurélio, 29 de junho de 1994. *Dje*: Brasília, DF, 1994. Disponível em: https://redir.stf.jus.br/paginadorpub/paginador.jsp?docTP=AC&docID=207841. Acesso em: 17 set. 2023.

[842] Assim referiu o ministro Dias Toffoli, em seu voto: "Assim, faz-se necessário advertir o legislador no sentido de que as leis nº 10.637/02 e 10.833/04, inicialmente constitucionais, estão em processo de inconstitucionalização, decorrente, em linhas gerais, da ausência de coerência e de critérios racionais e razoáveis das alterações legislativas que se sucederam no tocante à escolha das atividades e das receitas atinentes ao setor de prestação de serviços que se submeteriam ao regime cumulativo da Lei nº 9.718/98 (em contraposição àquelas que se manteriam na não cumulatividade)" (BRASIL. Supremo Tribunal Federal (Pleno). Recurso Extraordinário 607.642. Recorrente: Esparta Segurança Ltda. Recorrido: União. Relator: Min. Dias Toffoli, 29 de junho de 2020. *Dje*: Brasília, DF, 2020j. Disponível

Não se olvida que a ideia de inconstitucionalidade parte de um contraponto entre normas e que, nessa perspectiva, a expressão "processo de inconstitucionalização" também tem por premissa o exame de uma norma ou instituto jurídico em face da Constituição. Nesse sentido, é oportuno mencionar a crítica articulada por Lenio Streck à aplicação que tem ocorrido na doutrina brasileira ao chamado "estado de coisas inconstitucional", afirmando o autor que não é adequado declarar "coisas" inconstitucionais.[843] No presente estudo, todavia, a expressão é empregada no sentido específico de questionar se a postura decisória do STF, ao dar concretude à modulação de efeitos, não está a ocasionar a corrupção do instituto, de modo a depor contra a constitucionalidade que, em princípio, milita em seu favor.

É difícil estabelecer um momento exato no tempo a partir do qual a prática decisória do STF ensejaria o desvirtuamento do instituto da modulação a ponto de se poder qualificá-lo peremptoriamente como inconstitucional. A análise isolada de *uma decisão*, provavelmente, permitiria esse tipo de avaliação de modo um pouco mais preciso (e poder-se-ia chegar a essa conclusão em relação a diversas das decisões examinadas neste estudo). Não obstante, a preocupação da presente pesquisa está para além do enfrentamento dos casos isoladamente.

---

em: https://redir.stf.jus.br/paginadorpub/paginador.jsp?docTP=TP&docID=754308322. Acesso em: 17 set. 2023).

[843] A ideia de "estado de coisas inconstitucional" (ECI), conforme explicam Juan Fernando Gómez-Gómez e David Mandieta (Estado de cosas inconstitucional y sistema penitenciario y carcelario de Colombia. *Revista de Estudos Constitucionais, Hermenêutica e Teoria do Direito (RECHTD)*, Porto Alegre, v. 14, n. 3, p. 331-335, 2022), tem origem na jurisdição constitucional norte-americana, no famoso caso Brown *v.* Board of Education. Com o surgimento do conceito de ECI, as intervenções dos tribunais constitucionais se ampliaram para além da garantia dos direitos fundamentais em sua dimensão subjetiva, de modo a contemplar também situações nas quais se apresentam falhas estruturais das entidades estatais, e passando a acobertar, assim, a dimensão objetiva desses direitos. Na Colômbia, onde o instituto ganhou grande relevo em face dos problemas carcerários enfrentados naquele país, com graves e sistemáticas violações a direitos fundamentais, a ideia de ECI serviu de ferramenta ao Tribunal Constitucional, em face de palpáveis irregularidades constitucionais. A ECI, como definem os autores, é um juízo empírico da realidade, que se manifesta a partir do descumprimento reiterado e sistemático das normas constitucionais, a tal ponto que a Constituição perca efeitos práticos. As objeções formuladas por Lenio Streck (*Jurisdição constitucional*. 5. ed. Rio de Janeiro: Forense, 2018. p. 479-481) decorrem do fato de que, do modo como esse conceito foi importado no Brasil, acarreta uma capacidade questionável de abranger "qualquer coisa" dentro dela. Isso porque, se a CF/88 é uma carta de intenções, então o Brasil é um país inconstitucional, bastando confrontar os objetivos primordiais elencados no art. 3º com a realidade social. Daí a razão de o autor sustentar que a tese em comento enseja ativismo, na medida em que abre espaço demasiado para que, sob pretenso controle de constitucionalidade, passe-se a atuar sobre aspectos que devem ser decididos pelos demais poderes, e não pelo Judiciário.

Busca-se compreender o fenômeno sob uma perspectiva mais ampla e de modo dinâmico, com vistas a investigar quais os efeitos que *o conjunto* dessas decisões e o *desenvolvimento* de tal conduta decisória pelo STF acarretam às garantias dos contribuintes.

A partir de todo o contexto exposto ao longo desta pesquisa, foi possível constatar que o emprego da modulação, pela Suprema Corte, tem ocorrido com *déficit* de adequada fundamentação, de modo a suprimir garantias caras ao Direito Tributário, como a segurança jurídica, a igualdade e a capacidade contributiva, bem como em desprestígio aos deveres de responsabilidade fiscal impostos aos gestores públicos. Sob essa ótica, a conclusão a que se pode chegar é a de que há, no mínimo, um processo de inconstitucionalização em curso, tendente à corrupção do instituto, em razão do modo de sua aplicação pelo STF em casos tributários.

Encerra-se, por fim, este último capítulo, com menção ao preciso registro de Humberto Ávila, quando refere que "nenhuma decisão viola mais a Constituição que aquela que incentiva a sua própria e contínua violação".[844] Arrisca-se a dizer, nessa esteira, que o mesmo também é verdadeiro quanto à postura decisória de determinado tribunal. Quando o STF, a pretexto de preservar a CF/88, desenvolve uma jurisprudência cujos efeitos são ofensivos a diversos preceitos constitucionais e deletérios a direitos fundamentais, como visto antes, há um problema grave e que precisa ser abordado. A presente pesquisa buscou, de algum modo, contribuir para esse enfrentamento.

---

[844] ÁVILA, Humberto. *Sistema Constitucional Tributário*. 5. ed. São Paulo: Saraiva, 2012. p. 574.

CONCLUSÃO

A modulação de efeitos é um instituto intrigante. Ao mesmo tempo que as finalidades que o justificam são, em tese, absolutamente legítimas, se ele for utilizado de modo inadequado, é passível de ensejar graves abalos justamente à segurança jurídica e aos direitos fundamentais que visa preservar. A partir dessa constatação, a questão que se buscou examinar no presente estudo diz respeito a *como* a modulação é aplicada na jurisdição constitucional e, mais especificamente, *como* ela é aplicada *para questões tributárias*. Buscou-se, nesse sentido, aliar os aspectos teóricos pertinentes ao Direito Tributário, ao Direito Financeiro e à própria modulação de efeitos, e confrontá-los com a realidade empírica acerca do que, *de fato*, vem ocorrendo na jurisprudência do STF, especialmente para compreender se a conduta decisória da Suprema Corte não está a ensejar desvirtuamento do instituto, de modo a caminhar para um processo de inconstitucionalização. Traçado esse percurso, a pesquisa chegou aos seguintes resultados:

1 Se a norma constitucional goza de superioridade hierárquica e constitui fundamento de validade para as demais normas do ordenamento jurídico, aplicar uma norma inconstitucional significa deixar de aplicar a Constituição. Desse modo, incumbe à jurisdição constitucional preservar a força normativa da Constituição em face de atos que a contrariem.

2 No Direito Constitucional, há duas correntes quanto aos efeitos do reconhecimento de inconstitucionalidade. A tese da nulidade, de origem norte-americana, sugere que o reconhecimento da inconstitucionalidade é de natureza declaratória, devendo operar efeitos *ex tunc*. Já a tese da anulabilidade, de matriz kelseniana, propõe que o

reconhecimento da inconstitucionalidade é de natureza constitutiva, devendo operar efeitos *ex nunc*.

3 No Direito brasileiro, embora a CF/88 não disponha expressamente sobre o tema, a tradição tanto na doutrina quanto na jurisprudência é a da adoção da teoria da nulidade, com atribuição de efeitos retroativos como regra no controle de constitucionalidade. A Lei nº 9.868/99 inovou para dispor sobre os efeitos do reconhecimento da inconstitucionalidade em controle concentrado, e, ao prever o efeito *ex nunc* de modo excepcional (exigindo, inclusive, quórum qualificado de deliberação), reforçou, implicitamente, o entendimento de que vigora, no Brasil, a teoria da nulidade como regra.

4 O artigo 27 da Lei da ADI, então, positivou pela primeira vez o instituto da modulação de efeitos, estabelecendo requisitos formais e materiais à sua aplicação. No que se refere aos requisitos materiais, admite-se o emprego da modulação com base em razões de excepcional interesse social ou de segurança jurídica. Posteriormente, a modulação foi prevista também no CPC de 2015, estabelecendo o seu artigo 927, §3º, o cabimento dessa medida para as hipóteses da superação de precedente em nome do interesse social e da segurança jurídica.

5 Há uma distinção importante entre a modulação de efeitos de decisões em sede de controle de constitucionalidade (artigo 27 da Lei nº 9.868/99) e a modulação de efeitos praticada na superação de precedentes (artigo 927, §3º, do CPC). Na primeira hipótese, o instituto visa minimizar os efeitos de uma atuação legislativa inconstitucional, sempre em defesa dos direitos fundamentais. Na segunda hipótese (superação para frente), visa, primordialmente, atender à necessidade de proteção da confiança legítima, da igualdade e da liberdade de todos perante o Direito em face de um quadro de desgaste de determinado precedente. Em suma, a modulação de efeitos de decisão que declara a inconstitucionalidade de ato normativo busca a manutenção da eficácia desse ato reconhecidamente inconstitucional (portanto, *contrário* à ordem jurídica vigente), visando, assim, evitar uma inconstitucionalidade ainda mais grave; já a modulação de efeitos em superação de precedente busca preservar atos praticados em *conformidade* com a ordem jurídica vigente.

6 A segurança jurídica, enquanto norma, caracteriza-se como princípio que impõe a busca por um estado ideal de cognoscibilidade, confiabilidade e calculabilidade do Direito. Trata-se de conceito multifacetado, cujos aspectos podem assumir maior ou menor ênfase conforme a situação, o que não significa que os demais aspectos devem

ser ignorados ou suprimidos. Dito de outro modo, a promoção da segurança jurídica exige que tais dimensões sejam consideradas de forma conjunta e equilibrada.

6.1 Dentre esses aspectos, a segurança jurídica pode ser compreendida sob uma perspectiva objetiva, enquanto princípio que impõe a busca por um ordenamento jurídico estável e confiável, em relação à coletividade, bem como sob uma perspectiva subjetiva, enquanto proteção da confiança do particular no Direito.

6.2 Quando se examina a segurança jurídica enquanto fundamento à modulação, sua acepção pode variar a depender da espécie de modulação empregada. Na hipótese de modulação de efeitos de decisão em controle de constitucionalidade (artigo 27 da Lei nº 9.868/99), a ênfase reside na preservação da credibilidade do ordenamento jurídico como um todo, não apenas no presente e no passado, mas também para o futuro. Logo, assume maior relevo, nessa hipótese, a segurança jurídica em sua perspectiva objetiva. Já na hipótese de modulação de efeitos em face de superação de precedente (artigo 927, §3º, do CPC), a ênfase reside na proteção da confiança depositada pelo particular na ordem jurídica vigente. Logo, assume maior relevo, nessa hipótese, a segurança jurídica em sua perspectiva subjetiva. A relação, frise-se, é de ênfase, de modo que o protagonismo do aspecto objetivo não exclui a presença do aspecto subjetivo e vice-versa.

7 O excepcional interesse social, por sua vez, constitui expressão com elevado nível de indeterminação. Sua adequada reconstrução de sentido sugere se tratar de conceito intimamente relacionado com a promoção de direitos fundamentais assegurados no texto constitucional e que não deve ser confundido com simples interesse da administração ou interesse orçamentário.

8 Examinando-se o *instituto* da modulação em face da CF/88, compreende-se que ele, considerado em tese, enquanto técnica que possibilita que o STF tempere a retroatividade da declaração de inconstitucionalidade em nome de preceitos constitucionais (como a promoção da segurança jurídica ou a proteção de direitos fundamentais), não se afigura inconstitucional. Aliás, pode ser salutar a utilização desse mecanismo em face de determinadas situações.

9 Partindo-se da premissa de que a modulação de efeitos constitui medida destinada a acomodar um aparente conflito entre preceitos constitucionais, é importante que se promova uma análise *setorial* de sua aplicação a questões de Direito Tributário, no intuito de se identificar *quais* são os direitos fundamentais envolvidos e de que modo eles

influem na construção de sentido dos requisitos para a implementação dessa medida. Em outras palavras, é necessário compreender como a CF/88 trata a tributação e, especialmente, quais são as garantias dos contribuintes em face do exercício desse poder estatal, para que se possa promover uma análise adequada da modulação de efeitos aplicada a casos que versem sobre essa matéria.

10 A tributação no Estado Constitucional guarda uma relação direta e indissociável com a liberdade, na medida em que, de um lado, ela representa uma restrição a esse direito e, de outro, constitui o meio pelo qual o Estado é capaz de proteger e promover a própria liberdade. Historicamente, é possível observar essa tensão entre ímpeto do poder tributante estatal e a busca dos particulares pela proteção de seus direitos individuais.

11 É inegável que a proteção e a promoção de direitos demandam custos, mesmo daqueles ditos *negativos* ou de não intervenção, na medida em que exigem a manutenção de uma estrutura estatal capaz de preservá-los. Sem que haja financiamento estatal, não há como concretizar direitos fundamentais, e esse financiamento se dá, nos dias atuais, mediante a arrecadação de tributos. Sob essa ótica, pode-se falar em um dever fundamental de pagar tributos, enquanto expressão da cidadania, fundado na solidariedade social e que é condição de possibilidade à existência de um modelo de Estado que tem por finalidade assegurar e promover direitos fundamentais.

12 Contudo, esse dever não é irrestrito. Decorre da própria ideia de Estado Democrático de Direito que a tributação esteja submetida a limites, e que esses detenham densidade constitucional. A tributação deve estabelecer equilíbrio entre a liberdade e a igualdade, de modo a impor aos cidadãos uma contribuição adequada às suas capacidades, sem aniquilar sua liberdade individual ou sua dignidade. Nesse sentido, pode-se apontar como balizas diretamente decorrentes desse modelo de Estado que a tributação esteja pautada na legalidade, que respeite limites de intensidade, não podendo ser confiscatória, que observe a igualdade (tanto *perante a lei* quanto *na lei*) e que seja razoavelmente compreensível, confiável e não surpreendente, ou seja, que atenda a ideais de segurança jurídica.

13 O Direito Tributário, no Brasil, é amplamente regrado pela CF/88. O constituinte, que de todo foi bastante analítico, seguiu essa tendência ao tratar dos aspectos atinentes à tributação, dedicando sessões específicas ao tratamento do Sistema Tributário Nacional, às limitações do poder de tributar, à distribuição de competências para a instituição de tributos pelos entes federados, dentre outros aspectos.

14 O Sistema Constitucional Tributário é marcado por características de *abertura* e *rigidez*. A *abertura* significa a existência de uma forte conexão das disposições tributárias com o restante do texto constitucional. No que diz respeito especificamente às limitações ao poder de tributar, o reenvio é expresso no artigo 150 da CF/88, quando faz uso da expressão "sem prejuízo de outras garantias asseguradas ao contribuinte". Essa característica conduz à conclusão de que a CF/88 protege a esfera privada do contribuinte intensamente. Já a *rigidez* se manifesta, de um lado, na circunstância de que as regras de competência e a repartição de receitas são detalhadamente reguladas no próprio texto constitucional e, de outro, no fato de que a modificação dessas normas se submete a procedimento específico e mais complexo (emenda à Constituição), estando, ainda, balizado pelas cláusulas pétreas.

15 No que se refere às limitações ao poder de tributar, tem-se, em primeiro lugar, a legalidade, enquanto garantia afeta à segurança jurídica, ao Estado de Direito e ao princípio democrático, a exigir que a tributação esteja prevista em lei e impedir que seja levada a efeito com base em presunções ou indícios, por analogia ou, muito menos, por razões de conveniência social ou em nome de anseios da opinião pública.

16 As garantias da irretroatividade e da anterioridade, por sua vez, revelam uma particular preocupação da CF/88 quanto à segurança jurídica, visando assegurar previsibilidade, estabilidade e proteção da confiança na lei. Tais limitações ao exercício do poder estatal de tributar revelam que a estrutura constitucional brasileira construída para reger a relação tributária visa, sobretudo, proteger o contribuinte.

17 A igualdade, no que diz respeito à tributação, opera diretamente na relação entre Estado e contribuintes, de modo a evitar distinções arbitrárias ou privilégios. Ela pode ser observada quando o texto constitucional determina de antemão o critério de diferenciação a ser adotado (regras de competência, ao definirem as materialidades representativas de capacidade contributiva; essencialidade, para fins de seletividade de alguns tributos; entre outros exemplos) e também quando veda a adoção de algum critério distintivo (proibição de instituição de tributo que não seja uniforme em todo o território nacional; proibição de distinção tributária em razão da procedência ou destino da mercadoria; entre outros).

17.1 A CF/88, é preciso deixar claro, não veda toda e qualquer distinção entre contribuintes, mas apenas a diferenciação *injustificada*. A presunção na ordem constitucional brasileira, portanto, opera em favor da igualdade, de modo que a diferenciação deve ser *justificada*, e não meramente *explicada*. Ou seja, o Estado pode distinguir, mas deve dizer com clareza por que o faz. Da mesma forma, o critério de comparação deve guardar relação de pertinência com a finalidade que a justifica, e tanto o critério comparativo quanto a finalidade da distinção devem ser compatíveis com a Constituição.

18 A capacidade contributiva guarda íntima relação com a igualdade e desempenha papel de suma importância na proteção dos particulares em face do exercício do poder tributante, orientando a eleição das hipóteses de incidência, a definição dos limites mínimo e máximo à tributação e até mesmo a gradação dos tributos conforme as condições pessoais dos sujeitos passivos.

18.1 A doutrina costuma classificá-la em *absoluta* (ou *objetiva*) e *relativa* (ou *subjetiva*). Na sua perspectiva *objetiva*, a capacidade contributiva diz respeito à eleição dos fatos tomados por manifestações de riqueza, enquanto demonstração de capacidade para suportar a tributação. As regras de competência, ao elegerem materialidades tributáveis, situam-se nesse campo. Na sua perspectiva *subjetiva*, por outro lado, a capacidade contributiva se apresenta como limitador à intensidade da tributação, considerando as características pessoais dos contribuintes. A progressividade e a seletividade, por exemplo, são instrumentos importantes de promoção do aspecto subjetivo desse princípio.

18.2 A capacidade contributiva também encontra expressão em outra garantia explícita da ordem constitucional, qual seja, a vedação da tributação com efeito de confisco. Embora se admita algum nível de restrição à liberdade e à propriedade pelo exercício do poder tributante, quando essa supressão opera sobre o conteúdo essencial desses direitos, deixa-se o campo da restrição e adentra-se no campo da privação, a ensejar indevido confisco. O não confisco veda a que o Estado, a pretexto de cobrar tributos, aproprie-se dos bens do particular, e pode ser compreendido tanto sob uma perspectiva *estrita* (enquanto vício atrelado apenas ao aspecto quantitativo dos tributos, caracterizado pelo exagero no montante da exação) quanto sob uma perspectiva mais *ampla* (em que a tributação se afigura excessiva por extrapolar as fronteiras constitucionais ou legais para a instituição de tributos, deixando de observar regras de competência ou garantias como a legalidade, a irretroatividade e a anterioridade, por exemplo).

19 Se a tributação, como visto, está submetida a uma série de limitações quanto ao seu exercício em face dos contribuintes, verifica-se, de mesma forma, que a utilização dos recursos arrecadados está sujeita a intenso regramento e demanda elevado nível de organização, governança e probidade por parte do poder público.

19.1 A noção de orçamento público enquanto instrumento de planejamento, autorização, gestão e controle dos gastos públicos pode ser compreendida como uma conquista da democracia, na medida em que permite aos particulares, diretamente ou por seus mandatários, conhecer os gastos públicos e ver efetivada somente a arrecadação anuída na lei orçamentária. No ordenamento jurídico brasileiro, diversas normas orientam a construção do orçamento, estando o tema regrado amplamente no texto constitucional, bem como em leis complementares (como a Lei nº 4.320/64, recepcionada pela CF/88 com força de lei complementar, e a LC nº 101/2000, Lei de Responsabilidade Fiscal) e em leis ordinárias específicas (Plano Plurianual, Lei de Diretrizes Orçamentárias e Lei Orçamentária Anual). Há, igualmente, ampla gama de princípios construídos a partir desses textos normativos, os quais norteiam a atividade orçamentária dos entes estatais. Constata-se, portanto, uma robusta estrutura normativa que rege a elaboração e o gerenciamento do orçamento público no Brasil.

19.2 No que se refere especificamente ao tratamento das contingências, dentre elas as advindas de demandas judiciais movidas contra o poder público, é preciso considerar que a definição de responsabilidade fiscal compreende a ideia de prevenção de riscos e correção de desvios capazes de afetar o equilíbrio das contas públicas. Impõe-se, nesse sentido, a adoção de medidas destinadas não apenas a identificar os fatos capazes de impactar os resultados fiscais estabelecidos, mas também de neutralizá-los ou mitigá-los, visando à estabilidade e ao equilíbrio nas contas públicas. Alguns instrumentos previstos na LRF, como o Anexo de Riscos Fiscais que deve constar da LDO e as reservas de contingência que devem constar da LOA, são especialmente importantes nesse sentido.

20 A litigiosidade é um fenômeno conhecido no Brasil e suas causas são variadas. O Direito Tributário é responsável por uma parcela relevante dos litígios, sendo que grande parte dessas controvérsias, dado o *status* constitucional da matéria, acaba desaguando na jurisdição constitucional. Essas discussões corporificam, precisamente, o conflito entre os interesses orçamentários do Estado e as garantias individuais dos cidadãos. Diante desse contexto, julgou-se relevante promover uma análise empírica acerca do exercício da jurisdição pelo STF em matéria tributária, visando compreender em que medida o emprego da técnica da modulação de efeitos está, ou não, de acordo com as garantias constitucionais asseguradas aos contribuintes.

21 Essa pesquisa revelou, sob a perspectiva quantitativa, em primeiro lugar, um alto índice de reconhecimento de inconstitucionalidades em matéria tributária, o que denota certa tendência ao descumprimento de preceitos constitucionais pelo poder público em sua atividade tributante. Revelou, ainda, um número relevante de modulações, com uma tendência crescente de frequência e intensidade na aplicação do instituto, considerando o panorama histórico.

22 De outra parte, a pesquisa verificou um número extremamente variado de critérios temporais adotados (pelo menos 8 tipos de marco temporal, com alguns desdobramentos adicionais entre si) e de exceções materiais à aplicação da modulação (ressalva às ações em curso, ressalva aos casos com discussões administrativas, ressalva a quem simplesmente deixou de recolher o tributo, entre outras). Esse cenário sugere uma elevada imprevisibilidade quanto ao critério das modulações, mesmo partindo-se da premissa de que a medida será adotada.

23 Contribui, ainda, para o contexto geral de imprevisibilidade, o fato de que parte significativa das decisões de modulação, notadamente a partir de 2019, passaram a ser tomadas em sede de embargos de declaração, ou seja, após o julgamento do mérito, e com extenso intervalo de tempo entre uma decisão e outra.

24 Sob a perspectiva qualitativa, verificou-se um contexto geral de inconsistência quanto à fundamentação empregada para a adoção das modulações.

24.1 No que se refere ao emprego do fundamento da segurança jurídica, a análise dos casos revelou que: (i) muitas vezes, ele é invocado de modo genérico; (ii) em algumas oportunidades, é invocado sob a ótica da proteção da confiança em favor do Estado, o que é altamente criticável; (iii) em alguns casos, ele é adequadamente aplicado, tanto sob a ótica objetiva quanto sob a ótica da proteção da confiança; e (iv) quando há superação de precedente, há consenso de que modulação deve ser aplicada, centrando-se o debate na concreta existência ou não de base de confiança anterior, apta a caracterizar a virada de entendimento (ponto em que também há problemas de fundamentação).

24.2 Já no que se refere ao emprego do fundamento do excepcional interesse social, a análise dos casos revelou que: (i) a expressão, tal qual a segurança jurídica, é frequentemente invocada de modo genérico; (ii) não há clareza quanto ao conteúdo desse requisito para fins de modulação; (iii) ele geralmente é aplicado com base em razões estritamente orçamentárias; e (iv) mesmo quando se busca traçar alguma vinculação da sua aplicação com a proteção de direitos fundamentais, não há comprovação acerca dos impactos potencialmente negativos que a atribuição de efeitos retroativos à decisão poderia causar em relação a esses direitos, limitando-se as decisões, em sua maioria, a fazer menção às cifras apresentadas pelo poder público.

25 Esse cenário aponta para uma primeira constatação, sob a perspectiva crítica, no sentido de que, na maior parte dos casos em matéria tributária, não há adequada fundamentação ao emprego da modulação. O dever de fundamentação é um dos aspectos que conferem legitimidade democrática à decisão judicial, tratando-se de garantia constitucional atinente ao devido processo legal e que permite o seu controle intersubjetivo. A falta de clareza quanto às razões (jurídicas) pelas quais a medida restou adotada, ou o emprego de linguagem emotivista para embasar determinadas conclusões, caracteriza *déficit* de fundamentação verificado em diversas das decisões examinadas, o que torna muito difícil, ou até impossível, o seu adequado controle hermenêutico e enseja a sua incompatibilidade em relação às garantias constitucionais do devido processo legal.

26 Para além disso, o modo como a modulação vem sendo aplicada em matéria tributária enseja insegurança jurídica. Isso decorre, em adição ao problema de fundamentação, da reiteração na utilização dessa medida, da variedade de critérios empregados (e da falta de coerência na sua utilização), bem como da prática recorrente de se diferir no tempo a sua fixação, em comparação ao momento do reconhecimento da inconstitucionalidade. Esses fatores implicam abalo à cognoscibilidade, à confiabilidade e à calculabilidade do Direito.

26.1 A cognoscibilidade é maculada na medida em que não é possível definir com clareza os efeitos do reconhecimento de uma inconstitucionalidade em matéria tributária e, por conseguinte, não é possível compreender adequadamente o Direito vigente (por vezes, nem mesmo quando a declaração do vício já ocorreu, em face da pendência do julgamento de embargos de declaração que possam conter pedido de modulação).

26.2 A confiabilidade é maculada na medida em que o contribuinte não pode nutrir a convicção de que, se for submetido a uma tributação incompatível com a CF/88, terá assegurado de volta aquilo que indevidamente pagou. Da mesma forma, abala a confiabilidade a prática de postergação da tomada de decisão acerca da modulação para momento ulterior ao julgamento do mérito, em razão de que, durante esse período, não pode o particular, com segurança, pautar sua conduta na decisão da Suprema Corte, nem mesmo para fins de usufruir de decisões judiciais por si obtidas e que estejam embasadas nesse juízo de inconstitucionalidade, ante o risco de que a adoção futura modulação o alcance (paradoxalmente) de modo retroativo.

26.3 Finalmente, há abalo à calculabilidade, na medida em que o contribuinte não consegue livremente planejar seu futuro (definir se praticará, ou não, determinado fato jurídico, se adotará, ou não, determinado modelo de negócio etc.) se não for capaz de prever, minimamente, o que ocorrerá se houver declaração de inconstitucionalidade de determinado tributo. No caso de a decisão da modulação ser protraída no tempo, há restrição ainda maior à calculabilidade, porque mesmo após um pronunciamento de inconstitucionalidade pelo Pleno do STF, durante determinado hiato (normalmente, até o julgamento dos embargos de declaração), não pode o contribuinte planejar com segurança seu futuro, já que não sabe se terá de volta aquilo que indevidamente recolheu, tampouco se poderá seguramente deixar de recolher o tributo doravante.

27 Tal cenário de insegurança já seria problemático em qualquer seara do Direito, já que a segurança jurídica ostenta importância ímpar no Estado Democrático de Direito. Não obstante, entende-se ser ainda mais grave a conjuntura que se apresenta, considerando-se os direitos fundamentais que estão envolvidos na tributação. O fato de o Direito Tributário brasileiro ser altamente constitucionalizado implica que, quando se examina a modulação de efeitos diante de um reconhecimento de inconstitucionalidade, não está em jogo apenas a segurança jurídica no que se refere à confiabilidade na ordem jurídica, mas também no que se refere ao complexo de garantias especialmente asseguradas aos contribuintes em atenção aos direitos fundamentais pertinentes (notadamente, a liberdade, a propriedade e a igualdade). Desse modo, há como que uma segunda camada de abalo à segurança jurídica no exame de questões tributárias, dado o tratamento especial conferido a essa matéria em termos de proteção aos contribuintes.

28 A conduta decisória do STF, no que se refere à modulação de efeitos, também enseja abalo à igualdade. Para além de se ter identificado problemas graves de isonomia em casos específicos, de modo amplo, a prática reiterada de se ressalvar da modulação ações ajuizadas

até determinado marco temporal traduz medida de comparação que não é adequadamente justificada na maior parte dos casos e que é ofensiva à CF/88. Isso porque as garantias tributárias devem (ou deveriam) ser preservadas independente do exercício do direito de ação, tratando-se de limitações impostas ao Estado e que estão intimamente relacionadas aos direitos fundamentais de liberdade e propriedade. Logo, estabelecer como critério distintivo para fins de determinar se um contribuinte terá suas esferas de liberdade e propriedade protegidas em face da tributação indevida o fato de ter ou não exercido sua pretensão em juízo está em desacordo com a ordem constitucional vigente. Da mesma forma, o elemento indicativo da medida de comparação, qual seja, a especificação do *momento* em que essa pretensão precisa ter sido exercida, também é ofensivo à CF/88, pois não é possível apreender racionalmente ou de antemão *qual* será esse momento, tampouco o *motivo* da sua eleição.

29 Da mesma forma, verifica-se abalo à capacidade contributiva e à vedação à tributação com efeito confiscatório. Quanto à capacidade contributiva, o emprego recorrente da modulação em matéria tributária flexibiliza o papel desse princípio enquanto diretriz norteadora da distribuição e da imposição da carga tributária, permitindo um cenário em que a tributação deixa de se pautar coerentemente pela capacidade dos indivíduos de suportá-la (à luz das regras e dos princípios que determinam em que medida e sob quais condições cada indivíduo contribuirá para o financiamento do Estado), para se pautar incoerentemente em circunstâncias casuísticas. Para além disso, o reiterado emprego da modulação com ressalva para determinados contribuintes (que ajuizaram ações, que discutiram administrativamente o tributo, que simplesmente inadimpliram, ou qualquer outro critério) também enseja ofensa à capacidade contributiva, na medida em que onera diferentemente contribuintes que apresentem as mesmas capacidades para suportar a carga tributária, com base em critérios outros (ter ajuizado uma ação, ter promovido determinada discussão administrativa etc.). De outra parte, se a tributação exercida fora dos limites constitucionais enseja restrição indevida ao direito de propriedade e, por via de consequência, efeito de confisco, a reiterada manutenção dos efeitos de tributação exercida nesses termos, via modulação, também equivale a confisco.

30 A invocação dos aspectos orçamentários enquanto fundamento à modulação suscita, ainda, objeções de duas ordens. De um lado, há críticas fundadas ao consequencialismo enquanto técnica argumentativa passível de utilização em decisões judiciais. Por outro lado, ainda que

se admita como válido o emprego de argumentos dessa natureza, o que jamais poderá ocorrer de modo isolado e sem a recondução a um preceito constitucional, o argumento orçamentário, por si, é discutível. Isso porque, como visto, o orçamento público brasileiro possui uma estruturação bastante desenvolvida, contando com regras e princípios que orientam uma gestão planejada e prudente das finanças estatais. Sob tal perspectiva, argumentos de natureza financeira, não raramente invocados em pleitos de modulação de efeitos, em verdade, depõem muito mais contra a própria Fazenda Pública do que em seu favor, já que evidenciam uma irresponsabilidade na gestão orçamentária. Se o orçamento público, enquanto conquista da democracia, visa limitar a atuação dos gestores públicos e impor que atuem de modo responsável e transparente, admitir-se que a preservação desse mesmo orçamento seja fundamento para a manutenção dos efeitos de tributação inconstitucional representa precisamente o oposto desse objetivo.

31 A análise empreendida neste estudo objetivou investigar, empiricamente, de que modo a modulação de efeitos vem sendo aplicada pelo STF em matéria tributária para, a partir disso, examinar se essa conjuntura respeita as garantias constitucionalmente asseguradas aos contribuintes. A conclusão a que se chega, após esse longo percurso, é, lamentavelmente, a de que há um processo de corrupção do instituto, tendente à sua inconstitucionalização, o que decorre, precisamente, da *forma* como a modulação vem sendo tratada pela Suprema Corte nessa seara, com *déficit* de adequada fundamentação, de modo a suprimir garantias caras ao Direito Tributário, como a segurança jurídica, a igualdade e a capacidade contributiva, e em desprestígio aos deveres de responsabilidade fiscal impostos aos gestores públicos.

REFERÊNCIAS

ABRAHAM, Marcus. *Curso de Direito Financeiro brasileiro*. 7. ed. Rio de Janeiro: Forense, 2023.

ADVOCACIA-GERAL DA UNIÃO (AGU). *Portaria nº 40, de 10 de fevereiro de 2015*. Estabelece critérios e procedimentos a serem adotados pela Advocacia-Geral da União na prestação de informações sobre ações judiciais ajuizadas contra a União, suas autarquias ou fundações públicas, que possam representar riscos fiscais. Brasília, DF: AGU, 2018. Disponível em: https://www.in.gov.br/web/dou/-/portaria-n-40-de-10-de-fevereiro-de-2015-47327866. Acesso em: 20 set. 2023.

ADVOCACIA-GERAL DA UNIÃO (AGU). *Portaria Normativa nº 68, de 18 de novembro de 2022*. Dispõe sobre critérios e procedimentos a serem adotados pela Advocacia-Geral da União na prestação de informações sobre ações judiciais que possam representar riscos fiscais à União, suas autarquias ou fundações públicas. Brasília, DF: AGU, 2022. Disponível em: https://legis.agu.gov.br/Atos/TextoAto/214408. Acesso em: 20 set. 2023.

AMARO, Luciano. *Direito Tributário brasileiro*. 20. ed. São Paulo: Saraiva, 2014.

ANDRADE, Fábio Martins de. *Modulação & STF*: a jurisprudência do Supremo Tribunal Federal sobre modulação. Rio de Janeiro: Lumen Juris, 2016.

ANDRADE, Fábio Martins de. *Modulação em matéria tributária*: o argumento pragmático ou consequencialista de cunho econômico e as decisões do STF. São Paulo: Quartier Latin, 2011.

ARRUDA ALVIM, Tereza. *Modulação*: na alteração da jurisprudência firme ou de precedentes vinculantes. 2. ed. São Paulo: Thompson Reuters Brasil, 2021.

ATALIBA, Geraldo. *Hipótese de incidência tributária*. 6. ed. São Paulo: Malheiros, 2016.

ATALIBA, Geraldo. *Sistema Constitucional Tributário brasileiro*. São Paulo: Revista dos Tribunais, 1968.

ÁVILA, Ana Paula Oliveira. *Modulação de efeitos temporais pelo STF no controle de constitucionalidade:* ponderação e regras de argumentação para a interpretação conforme a constituição do art. 27 da Lei 9.868/99. Porto Alegre: Livraria do Advogado, 2009.

ÁVILA, Humberto. *Competências tributárias*: um ensaio sobre a sua compatibilidade com as noções de tipo e conceito. São Paulo: Malheiros, 2018.

ÁVILA, Humberto. *Constituição, liberdade e interpretação*. São Paulo: Malheiros, 2019.

ÁVILA, Humberto. *Sistema Constitucional Tributário*. 5. ed. São Paulo: Saraiva, 2012.

ÁVILA, Humberto. *Teoria da igualdade tributária*. São Paulo: Malheiros, 2015.

ÁVILA, Humberto. *Teoria da segurança jurídica*. 6. ed. São Paulo: Malheiros, 2021.

ÁVILA, Humberto. *Teoria dos princípios:* da definição à aplicação dos princípios jurídicos. 15. ed. São Paulo: Malheiros, 2014.

BALEEIRO, Aliomar. *Limitações constitucionais ao poder de tributar*. 7. ed. Rio de Janeiro: Forense, 1997.

BALEEIRO, Aliomar. *Uma introdução à ciência das finanças*. 14. ed. Rio de Janeiro: Forense, 1984.

BARBOSA, Ruy. *Os actos inconstitucionaes do Congresso e do Executivo ante a Justiça Federal*. Rio de Janeiro: Companhia Impressora, 1893.

BARROSO, Luís Roberto. *O controle de constitucionalidade no Direito brasileiro*: exposição sistemática da doutrina e análise crítica da jurisprudência. 8. ed. São Paulo: Saraiva Educação, 2019.

BECKER, Alfredo Augusto. *Teoria geral do Direito Tributário*. 7. ed. São Paulo: Noeses, 2018.

BRASIL. Câmara dos Deputados. Centro de Documentação e Informação. *Quadro histórico dos dispositivos constitucionais*. Art. 103. Brasília, DF: Câmara dos Deputados; Centro de Documentação e Informação, 1988a.

BRASIL. Congresso Nacional. Câmara dos Deputados. *Projeto de Lei nº 2.960/1997*. Dispõe sobre o processo e julgamento da ação direta de inconstitucionalidade e da ação declaratória de constitucionalidade perante o Supremo Tribunal Federal. Brasília, DF: Câmara dos Deputados, 1997. Disponível em: https://www.camara.leg.br/proposicoesWeb/prop_mostrarintegra;jsessionid=node01t0kkw3o0fh8n1rl41msztjw6s432915.node0?codteor=1130464&filename=Dossie+-PL+2960/1997. Acesso em: 10 nov. 2022.

BRASIL. Congresso Nacional. Câmara dos Deputados. *Projeto de Lei nº 7.448/2017*. Inclui no Decreto-Lei 4.657, de 4 de setembro de 1942 (Lei de Introdução às Normas do Direito Brasileiro), disposições sobre segurança jurídica e eficiência na criação e na aplicação do Direito Público. Brasília, DF: Câmara dos Deputados, 2017a. Disponível em: https://www.camara.leg.br/proposicoesWeb/prop_mostrarintegra?codteor=1598338&filename=Tramitacao-PL+7448/2017. Acesso em: 10 nov. 2022.

BRASIL. [Constituição (1824)]. *Constituição Política do Imperio do Brazil, de 25 de março de 1824*. Rio de Janeiro: Imperio Português, [1824]. Disponível em: http://www.planalto.gov.br/ccivil_03/constituicao/constituicao24.htm. Acesso em: 10 nov. 2022.

BRASIL. [Constituição (1988)]. *Constituição da República Federativa do Brasil de 1988*. Brasília, DF: Presidência da República, 1988b. Disponível em: http://www.planalto.gov.br/ccivil_03/constituicao/constituicaocompilado.htm. Acesso em: 10 nov. 2022.

BRASIL. Lei nº 11.417, de 19 de dezembro de 2006. Regulamenta o art. 103-A da Constituição Federal e altera a Lei nº 9.784, de 29 de janeiro de 1999, disciplinando a edição, a revisão e o cancelamento de enunciado de súmula vinculante pelo Supremo Tribunal Federal, e dá outras providências. *Diário Oficial da União*: Brasília, DF, 2006. Disponível em: https://www.planalto.gov.br/ccivil_03/_ato2004-2006/2006/lei/l11417.htm. Acesso em: 10 nov. 2022.

BRASIL. Supremo Tribunal Federal (Pleno). Ação Declaratória de Constitucionalidade 49. Requerente: Governador do Estado do Rio Grande do Norte. Relator: Min. Edson Fachin, 19 de abril de 2021. *Dje*: Brasília, DF, 2021a. Disponível em: https://redir.stf.jus.br/paginadorpub/paginador.jsp?docTP=TP&docID=755741172. Acesso em: Acesso em: 27 ago. 2023.

BRASIL. Supremo Tribunal Federal (Pleno). Ação Direta de Inconstitucionalidade 1.945. Requerente: Partido do Movimento Democrático Brasileiro – PMDB. Relatora: Min.ª Cármen Lúcia, 24 de fevereiro de 2021. *Dje*: Brasília, DF, 2021b. Disponível em: https://redir.stf.jus.br/paginadorpub/paginador.jsp?docTP=TP&docID=755910765. Acesso em: 27 ago. 2023.

BRASIL. Supremo Tribunal Federal (Pleno). Ação Direta de Inconstitucionalidade 2.040. Requerente: Conselho Federal da Ordem dos Advogados do Brasil. Relator: Min. Marco Aurélio, 29 de maio de 2020. *Dje*: Brasília, DF, 2020a. Disponível em: https://redir.stf.jus.br/paginadorpub/paginador.jsp?docTP=TP&docID=753201738. Acesso em: 27 ago. 2023.

BRASIL. Supremo Tribunal Federal (Pleno). Ação Direta de Inconstitucionalidade 2.154. Requerente: Confederação Nacional das Profissões Liberais – CNPL. Relator: Min. Dias Toffoli, 3 de abril de 2023. *Dje*: Brasília, DF, 2023a. Disponível em: https://redir.stf.jus.br/paginadorpub/paginador.jsp?docTP=TP&docID=768719678. Acesso em: 30 ago. 2023.

BRASIL. Supremo Tribunal Federal (Pleno). Ação Direta de Inconstitucionalidade 2.240. Requerente: Partido dos Trabalhadores – PT. Relator: Min. Eros Grau, 9 de maio de 2007. *Dje*: Brasília, DF, 2007a. Disponível em: https://redir.stf.jus.br/paginadorpub/paginador.jsp?docTP=AC&docID=474616. Acesso em: 27 ago. 2023.

BRASIL. Supremo Tribunal Federal (Pleno). Ação Direta de Inconstitucionalidade 2.258. Requerente: Conselho Federal da Ordem dos Advogados do Brasil. Relator: Min. Dias Toffoli, 3 de abril de 2023. *Dje*: Brasília, DF, 2023b. Disponível em: https://redir.stf.jus.br/paginadorpub/paginador.jsp?docTP=TP&docID=768723232. Acesso em: 27 ago. 2023.

BRASIL. Supremo Tribunal Federal (Pleno). Ação Direta de Inconstitucionalidade 3.106. Requerente: Procurador-Geral da República. Relator: Min. Eros Grau, 14 de abril de 2010. *Dje*: Brasília, DF, 2010a. Disponível em: https://redir.stf.jus.br/paginadorpub/paginador.jsp?docTP=AC&docID=614441. Acesso em: 27 ago. 2023.

BRASIL. Supremo Tribunal Federal (Pleno). Ação Direta de Inconstitucionalidade 3.111. Requerente: Procurador-Geral da República. Relator: Min. Alexandre de Moraes, 30 de junho de 2017. *Dje*: Brasília, DF, 2017b. Disponível em: https://redir.stf.jus.br/paginadorpub/paginador.jsp?docTP=TP&docID=13308178. Acesso em: 27 ago. 2023.

BRASIL. Supremo Tribunal Federal (Pleno). Ação Direta de Inconstitucionalidade 3.550. Requerente: Procurador-Geral da República. Relator: Min. Dias Toffoli, 18 de dezembro de 2019. *Dje*: Brasília, DF, 2019a. Disponível em: https://redir.stf.jus.br/paginadorpub/paginador.jsp?docTP=TP&docID=752158083. Acesso em: 27 ago. 2023.

BRASIL. Supremo Tribunal Federal (Pleno). Ação Direta de Inconstitucionalidade 3.660. Requerente: Procurador-Geral da República. Relator: Min. Gilmar Mendes, 13 de março de 2008. *Dje*: Brasília, DF, 2008a. Disponível em: https://redir.stf.jus.br/paginadorpub/paginador.jsp?docTP=AC&docID=525829. Acesso em: 27 ago. 2023.

BRASIL. Supremo Tribunal Federal (Pleno). Ação Direta de Inconstitucionalidade 3.775. Requerente: Procurador-Geral da República. Relatora: Min.ª Cármen Lúcia, 20 de abril de 2020. *Dje*: Brasília, DF, 2020b. Disponível em: https://redir.stf.jus.br/paginadorpub/paginador.jsp?docTP=TP&docID=752703386. Acesso em: 27 ago. 2023.

BRASIL. Supremo Tribunal Federal (Pleno). Ação Direta de Inconstitucionalidade 4.171. Requerente: Confederação Nacional do Comércio. Relatora: Min.ª Ellen Gracie, 20 de maio de 2015. *Dje*: Brasília, DF, 2015a. Disponível em: https://redir.stf.jus.br/paginadorpub/paginador.jsp?docTP=TP&docID=9194087. Acesso em: 27 ago. 2023.

BRASIL. Supremo Tribunal Federal (Pleno). Ação Direta de Inconstitucionalidade 4.281. Requerente: Associação Brasileira dos Agentes Comercializadores de Energia Elétrica – ABRACEEL. Relatora: Min.ª Rosa Weber, 13 de outubro de 2020. *Dje*: Brasília, DF, 2020c. Disponível em: https://redir.stf.jus.br/paginadorpub/paginador.jsp?docTP=TP&docID=754716128. Acesso em: 27 ago. 2023.

BRASIL. Supremo Tribunal Federal (Pleno). Ação Direta de Inconstitucionalidade 4.357. Requerente: Conselho Federal da Ordem dos Advogados do Brasil – CFOAB. Relator: Min. Ayres Britto, 14 de março de 2013. *Dje*: Brasília, DF, 2013a. Disponível em: https://redir.stf.jus.br/paginadorpub/paginador.jsp?docTP=TP&docID=6812428. Acesso em: 27 ago. 2023.

BRASIL. Supremo Tribunal Federal (Pleno). Ação Direta de Inconstitucionalidade 4.425. Requerente: Confederação Nacional da Indústria – CNI. Relator: Min. Ayres Britto, 14 de março de 2013. *Dje*: Brasília, DF, 2013b. Disponível em: https://redir.stf.jus.br/paginadorpub/paginador.jsp?docTP=TP&docID=5067184. Acesso em: 27 ago. 2023.

BRASIL. Supremo Tribunal Federal (Pleno). Ação Direta de Inconstitucionalidade 4.411. Requerente: Conselho Federal da Ordem dos Advogados do Brasil – CF/OAB. Relator: Min. Marco Aurélio, 18 de agosto de 2020. *Dje*: Brasília, DF, 2020d. Disponível em: https://redir.stf.jus.br/paginadorpub/paginador.jsp?docTP=TP&docID=753910256. Acesso em: 27 ago. 2023.

BRASIL. Supremo Tribunal Federal. Ação Direta de Inconstitucionalidade 4.481. Requerente: Confederação Nacional da Indústria. Relator: Min. Roberto Barroso, 11 de março de 2015. *Dje*: Brasília, DF, 2015b. Disponível em: https://redir.stf.jus.br/paginadorpub/paginador.jsp?docTP=TP&docID=8494796. Acesso em: 20 set. 2023.

BRASIL. Supremo Tribunal Federal (Pleno). Ação Direta de Inconstitucionalidade 4.628. Requerente: Confederação Nacional do Comércio de Bens e Serviços e Turismo – CNC. Relator: Min. Luiz Fux, 17 de setembro de 2014. *Dje*: Brasília, DF, 2014a. Disponível em: https://redir.stf.jus.br/paginadorpub/paginador.jsp?docTP=TP&docID=7310046. Acesso em: 27 ago. 2023.

BRASIL. Supremo Tribunal Federal (Pleno). Ação Direta de Inconstitucionalidade 5.288. Requerente: Procurador-Geral da República. Relatora: Min.ª Rosa Weber, 23 de novembro de 2021. *Dje*: Brasília, DF, 2021c. Disponível em: https://redir.stf.jus.br/paginadorpub/paginador.jsp?docTP=TP&docID=758462257. Acesso em: 27 ago. 2023.

BRASIL. Supremo Tribunal Federal (Pleno). Ação Direta de Inconstitucionalidade 5.368. Requerente: Procurador-Geral da República. Relator: Min. Dias Toffoli, 3 de novembro de 2022. *Dje*: Brasília, DF, 2022a. Disponível em: https://redir.stf.jus.br/paginadorpub/paginador.jsp?docTP=TP&docID=764581843. Acesso em: 27 ago. 2023.

BRASIL. Supremo Tribunal Federal (Pleno). Ação Direta de Inconstitucionalidade 5.539. Requerente: Partido Republicano da Ordem Social – Pros. Relator: Min. Gilmar Mendes, 21 de junho de 2022. *Dje*: Brasília, DF, 2022b. Disponível em: https://redir.stf.

jus.br/paginadorpub/paginador.jsp?docTP=TP&docID=761907379. Acesso em: Acesso em: 27 ago. 2023.

BRASIL. Supremo Tribunal Federal (Pleno). Ação Direta de Inconstitucionalidade 5.481. Requerente: ABEP – Associação Brasileira de Empresas de Exploração e Produção de Petróleo e Gás. Relator: Min. Dias Toffoli, 29 de março de 2021. *Dje*: Brasília, DF, 2021d. Disponível em: https://redir.stf.jus.br/paginadorpub/paginador.jsp?docTP=TP&docID=755741170. Acesso em: 27 ago. 2023.

BRASIL. Supremo Tribunal Federal (Pleno). Ação Direta de Inconstitucionalidade 5.576. Requerente: Confederação Nacional de Serviços – CNS. Relator: Min. Roberto Barroso, 3 de agosto de 2021. *Dje*: Brasília, DF, 2021e. Disponível em: https://redir.stf.jus.br/paginadorpub/paginador.jsp?docTP=TP&docID=757197027. Acesso em: 27 ago. 2023.

BRASIL. Supremo Tribunal Federal (Pleno). Ação Direta de Inconstitucionalidade 5.659. Requerente: Confederação Nacional de Serviços – CNS. Relator: Min. Dias Toffoli, 24 de fevereiro de 2021. *Dje*: Brasília, DF, 2021f. Disponível em: https://redir.stf.jus.br/paginadorpub/paginador.jsp?docTP=TP&docID=755910810. Acesso em: 27 ago. 2023.

BRASIL. Supremo Tribunal Federal (Pleno). Ação Direta de Inconstitucionalidade 6.074. Requerente: Estado de Roraima. Relatora: Min.ª Rosa Weber, 21 de dezembro de 2020. *Dje*: Brasília, DF, 2020e. Disponível em: https://redir.stf.jus.br/paginadorpub/paginador.jsp?docTP=TP&docID=755255404. Acesso em: 27 ago. 2023.

BRASIL. Supremo Tribunal Federal (Pleno). Ação Direta de Inconstitucionalidade 6.144. Requerente: Partido da República – PR. Relator: Min. Dias Toffoli, 3 de agosto de 2021. *Dje*: Brasília, DF, 2021g. Disponível em: https://redir.stf.jus.br/paginadorpub/paginador.jsp?docTP=TP&docID=757121626. Acesso em: 27 ago. 2023.

BRASIL. Supremo Tribunal Federal (Pleno). Ação Direta de Inconstitucionalidade 6.145. Requerente: Conselho Federal da Ordem dos Advogados do Brasil – CFOAB. Relatora: Min.ª Rosa Weber, 14 de setembro de 2022. *Dje*: Brasília, DF, 2022c. Disponível em: https://redir.stf.jus.br/paginadorpub/paginador.jsp?docTP=TP&docID=763941498. Acesso em: 27 ago. 2023.

BRASIL. Supremo Tribunal Federal (Pleno). Ação Direta de Inconstitucionalidade 6.479. Requerente: Procurador-Geral da República. Relatora: Min.ª Cármen Lúcia, 21 de junho de 2021. *Dje*: Brasília, DF, 2021h. Disponível em: https://redir.stf.jus.br/paginadorpub/paginador.jsp?docTP=TP&docID=756349194. Acesso em: 27 ago. 2023.

BRASIL. Supremo Tribunal Federal (Pleno). Ação Direta de Inconstitucionalidade 6.624. Requerente: ABRADEE – Associação Brasileira de Distribuidores de Energia Elétrica. Relator: Min. Dias Toffoli, 3 de agosto de 2021. *Dje*: Brasília, DF, 2021i. Disponível em: https://redir.stf.jus.br/paginadorpub/paginador.jsp?docTP=TP&docID=757141333. Acesso em: 27 ago. 2023.

BRASIL. Supremo Tribunal Federal. Agravo de Instrumento 805.043. Agravante: Malvina Luterman Watkins. Agravado: Estado do Rio de Janeiro. Relator: Min. Ricardo Lewandowski, 23 de junho de 2010. *Dje*: Brasília, DF, 2010b. Disponível em: https://portal.stf.jus.br/processos/downloadPeca.asp?id=14561978&ext=.pdf. Acesso em: 30 ago. 2023.

BRASIL. Supremo Tribunal Federal (Pleno). Agravo Regimental na Arguição de Descumprimento de Preceito Fundamental 189. Requerente: Governador do Distrito Federal. Relator: Min. Marco Aurélio, 31 de agosto de 2020. *Dje*: Brasília, DF, 2020f. Disponível em: https://redir.stf.jus.br/paginadorpub/paginador.jsp?docTP=TP&docID=754562925. Acesso em: 27 ago. 2023.

BRASIL. Supremo Tribunal Federal (Pleno). Arguição de Descumprimento de Preceito Fundamental 190. Requerente: Governador do Distrito Federal. Relator: Min. Edson Fachin, 29 de setembro de 2016. *Dje*: Brasília, DF, 2016a. Disponível em: https://redir.stf.jus.br/paginadorpub/paginador.jsp?docTP=TP&docID=12798565. Acesso em: 27 ago. 2023.

BRASIL. Supremo Tribunal Federal (Pleno). Embargos de Declaração na Ação Declaratória de Constitucionalidade 49. Embargante: Governador do Estado do Rio Grande do Norte. Relator: Min. Edson Fachin, 17 de abril de 2023. *Dje*: Brasília, DF, 2023c. Disponível em: https://redir.stf.jus.br/paginadorpub/paginador.jsp?docTP=TP&docID=769783776. Acesso em: 27 ago. 2023.

BRASIL. Supremo Tribunal Federal (Pleno). Embargos de Declaração na Ação Direta de Inconstitucionalidade 2.040. Embargante: Governador do Estado do Paraná. Embargado: Conselho Federal da Ordem dos Advogados do Brasil. Relator: Min. Marco Aurélio, 24 de maio 2021. *Dje*: Brasília, DF, 2021j. Disponível em: https://redir.stf.jus.br/paginadorpub/paginador.jsp?docTP=TP&docID=757141332. Acesso em: 27 ago. 2023.

BRASIL. Supremo Tribunal Federal (Pleno). Embargos de Declaração na Ação Direta de Inconstitucionalidade 3.106. Embargante: Governador do Estado de Minas Gerais. Embargado: Procurador-Geral da República. Relator: Min. Luiz Fux, 20 maio 2015. *Dje*: Brasília, DF, 2015c. Disponível em: https://redir.stf.jus.br/paginadorpub/paginador.jsp?docTP=TP&docID=9116198. Acesso em: 27 ago. 2023.

BRASIL. Supremo Tribunal Federal (Pleno). Embargos de Declaração na Ação Direta de Inconstitucionalidade 3.111. Embargante: Caixa de Assistência dos Procuradores do Estado do Rio de Janeiro e outros. Embargado: Procurador-Geral da República. Relator: Min. Alexandre de Moraes, 22 de maio de 2020. *Dje*: Brasília, DF, 2020g. Disponível em: https://redir.stf.jus.br/paginadorpub/paginador.jsp?docTP=TP&docID=753224270. Acesso em: 27 ago. 2023.

BRASIL. Supremo Tribunal Federal (Pleno). Embargos de Declaração na Ação Direta de Inconstitucionalidade 3.775. Embargante: Governador do Estado do Rio Grande do Sul. Embargado: Procurador-Geral da República. Relatora: Min.ª Cármen Lúcia, 26 de junho de 2020. *Dje*: Brasília, DF, 2020h. Disponível em: https://redir.stf.jus.br/paginadorpub/paginador.jsp?docTP=TP&docID=753445584. Acesso em: 27 ago. 2023.

BRASIL. Supremo Tribunal Federal (Pleno). Embargos de Declaração na Ação Direta de Inconstitucionalidade 4.411. Embargante: Governador do Estado de Minas Gerais. Embargado: Conselho Federal da Ordem dos Advogados do Brasil – CF/OAB. Relator: Min. Marco Aurélio, 13 de abril de 2023. *Dje*: Brasília, DF, 2023d. Disponível em: https://redir.stf.jus.br/paginadorpub/paginador.jsp?docTP=TP&docID=769483973. Acesso em: 27 ago. 2023.

BRASIL. Supremo Tribunal Federal (Pleno). Embargos de Declaração na Ação Direta de Inconstitucionalidade 5.539. Embargante: Governador do Estado de Goiás. Relator: Min. Gilmar Mendes, 5 de dezembro de 2022. *Dje*: Brasília, DF, 2022d. Disponível em: https://redir.stf.jus.br/paginadorpub/paginador.jsp?docTP=TP&docID=765147236. Acesso em: Acesso em: 27 ago. 2023.

BRASIL. Supremo Tribunal Federal (Pleno). Embargos de Declaração na Ação Direta de Inconstitucionalidade 6.145. Embargante: Governador do Estado do Ceará. Embargado:

Conselho Federal da Ordem dos Advogados do Brasil – CFOAB. Relatora: Min.ª Rosa Weber, 18 de março de 2023. *Dje*: Brasília, DF, 2023e. Disponível em: https://redir.stf.jus.br/paginadorpub/paginador.jsp?docTP=TP&docID=766578435. Acesso em: 27 ago. 2023.

BRASIL. Supremo Tribunal Federal (Pleno). Embargos de Declaração nos Embargos de Declaração na Ação Declaratória de Constitucionalidade 49. Embargante: Sindicato Nacional das Empresas Distribuidoras de Combustíveis e de Lubrificantes – SINDICOM. Embargado: Governador do Estado do Rio Grande do Norte. Relator: Min. Edson Fachin, 31 de outubro de 2023. *Dje*: Brasília, DF, 2023f. Disponível em: https://redir.stf.jus.br/paginadorpub/paginador.jsp?docTP=TP&docID=772844106. Acesso em: 31 mar. 2024.

BRASIL. Supremo Tribunal Federal (Pleno). Embargos de Declaração no Recurso Extraordinário 377.457. Embargante: Conselho Federal da Ordem dos Advogados do Brasil e Antônio Glênio F. Albuquerque e Advogados Associados S.C. Embargado: União. Relatora: Min.ª Rosa Weber, 19 de outubro de 2016. *Dje*: Brasília, DF, 2016b. Disponível em: https://redir.stf.jus.br/paginadorpub/paginador.jsp?docTP=TP&docID=13060803. Acesso em: 16 out. 2022.

BRASIL. Supremo Tribunal Federal (Pleno). Embargos de Declaração no Recurso Extraordinário 500.171. Embargante: Universidade Federal de Goiás – UFGO. Embargado: Marcos Alves Lopes e outro. Relator: Min. Ricardo Lewandowski, 16 de março de 2011. *Dje*: Brasília, DF, 2011b. Disponível em: https://redir.stf.jus.br/paginadorpub/paginador.jsp?docTP=AC&docID=623737. Acesso em: 27 ago. 2023.

BRASIL. Supremo Tribunal Federal (Pleno). Embargos de Declaração no Recurso Extraordinário 574.706. Embargante: União. Embargado: Imcopa Importação, Exportação e Indústria de Óleos Ltda. Relatora: Min.ª Cármen Lúcia, 13 de maio de 2021. *Dje*: Brasília, DF, 2021k. Disponível em: https://redir.stf.jus.br/paginadorpub/paginador.jsp?docTP=TP&docID=756736801. Acesso em: 27 ago. 2023.

BRASIL. Supremo Tribunal Federal (Pleno). Embargos de Declaração nos Embargos de Declaração no Recurso Extraordinário 638.115. Embargante: Francisco Ricardo Lopes Matias e outro. Embargado: União. Relator: Min. Gilmar Mendes, 18 de dezembro de 2019. *Dje*: Brasília, DF, 2019b. Disponível em: https://redir.stf.jus.br/paginadorpub/paginador.jsp?docTP=TP&docID=752600169. Acesso em: 15 out. 2022.

BRASIL. Supremo Tribunal Federal (Pleno). Embargos de Declaração no Recurso Extraordinário 643.247. Embargante: Município de São Paulo. Embargado: Estado de São Paulo. Relator: Min. Marco Aurélio, 12 de junho de 2019. *Dje*: Brasília, DF, 2019c. Disponível em: https://redir.stf.jus.br/paginadorpub/paginador.jsp?docTP=TP&docID=750211164. Acesso em: 27 ago. 2023.

BRASIL. Supremo Tribunal Federal (Pleno). Embargos de Declaração no Recurso Extraordinário 669.196. Embargante: União. Embargado: Bonus Indústria e Comércio de Confecções Ltda. Relator: Min. Dias Toffoli, 8 de abri de 2021. *Dje*: Brasília, DF, 2021l. Disponível em: https://redir.stf.jus.br/paginadorpub/paginador.jsp?docTP=TP&docID=755785045. Acesso em: 27 ago. 2023.

BRASIL. Supremo Tribunal Federal (Pleno). Medida Cautelar em Ação Direta de Inconstitucionalidade 4.048. Requerente: Partido da Social Democracia Brasileira – PSDB. Relator: Min. Gilmar Mendes, 14 de maio de 2008. *Dje*: Brasília, DF, 2008a. Disponível em: https://redir.stf.jus.br/paginadorpub/paginador.jsp?docTP=AC&docID=542881. Acesso em: 27 ago. 2023.

BRASIL. Supremo Tribunal Federal (Pleno). Questão de Ordem na Ação Direta de Inconstitucionalidade 4.357. Requerente: Conselho Federal da Ordem dos Advogados do Brasil – CFOAB. Relator: Min. Luiz Fux, 25 de março de 2015. *Dje*: Brasília, DF, 2015d. Disponível em: https://redir.stf.jus.br/paginadorpub/paginador.jsp?docTP=TP&docID=9016259. Acesso em: 27 ago. 2023.

BRASIL. Supremo Tribunal Federal (Pleno). Questão de Ordem na Ação Direta de Inconstitucionalidade 4.425. Requerente: Confederação Nacional da Indústria – CNI. Relator: Min. Luiz Fux, 25 de março de 2015. *Dje*: Brasília, DF, 2015e. Disponível em: https://redir.stf.jus.br/paginadorpub/paginador.jsp?docTP=TP&docID=9016259. Acesso em: 27 ago. 2023.

BRASIL. Supremo Tribunal Federal (2. Turma). Recurso Extraordinário 78.594. Recorrente: João Duarte e Cia Ltda. Recorrido: Estado de São Paulo. Relator: Min. Bilac Pinto, 7 jun. 1974. *Dje*: Brasília, DF, 1974. Disponível em: https://redir.stf.jus.br/paginadorpub/paginador.jsp?docTP=AC&docID=173998. Acesso em: 15 out. 2022.

BRASIL. Supremo Tribunal Federal (2. Turma). Recurso Extraordinário 79.343. Recorrente: José Pereira Cesar. Recorrido: Aurélio Paz Boulhosa. Relator: Min. Leitão de Abreu, 31 de maio de 1977. *Dje*: Brasília, DF, 1977. Disponível em: https://redir.stf.jus.br/paginadorpub/paginador.jsp?docTP=AC&docID=174730. Acesso em: 15 out. 2022.

BRASIL. Supremo Tribunal Federal (2. Turma). Recurso Extraordinário 105.789. Recorrente: Simonides Loddi. Recorrido: Presidente do Tribunal de Justiça do Estado de Minas Gerais. Relator: Min. Carlos Madeira, 15 de abril de 1986. *Dje*: Brasília, DF, 1986. Disponível em: https://redir.stf.jus.br/paginadorpub/paginador.jsp?docTP=AC&docID=197575. Acesso em: 15 out. 2022.

BRASIL. Supremo Tribunal Federal (2. Turma). Recurso Extraordinário 122.202. Recorrente: Estado de Minas Gerais. Recorrido: Emerson Tardieu de Aguiar Pereira e outros. Relator: Min. Francisco Rezek, 10 de agosto de 1993. *Dje*: Brasília, DF, 1993. Disponível em: https://redir.stf.jus.br/paginadorpub/paginador.jsp?docTP=AC&docID=207468. Acesso em: 15 out. 2022.

BRASIL. Supremo Tribunal Federal (Pleno). Recurso Extraordinário 135.328. Recorrente: Estado de São Paulo. Recorrido: Ministério Público do Estado de São Paulo. Relator: Min. Marco Aurélio, 29 de junho de 1994. *Dje*: Brasília, DF, 1994. Disponível em: https://redir.stf.jus.br/paginadorpub/paginador.jsp?docTP=AC&docID=207841. Acesso em: 17 set. 2023.

BRASIL. Supremo Tribunal Federal (1. Turma). Recurso Extraordinário 232.084. Recorrente: União. Recorrido: Glicolabor Indústria Farmacêutica Ltda. Relator: Min. Ilmar Galvão, 4 de abril de 2000. *Dje*: Brasília, DF, 2000. Disponível em: https://redir.stf.jus.br/paginadorpub/paginador.jsp?docTP=AC&docID=253910. Acesso em: 27 ago. 2023.

BRASIL. Supremo Tribunal Federal (Pleno). Recurso Extraordinário 363.825. Recorrente: Frigorífico Mataboi S.A. Recorrido: União. Relator: Min. Marco Aurélio, 3 de fevereiro de 2010. *Dje*: Brasília, DF, 2010c. Disponível em: https://redir.stf.jus.br/paginadorpub/paginador.jsp?docTP=AC&docID=610212. Acesso em: 27 ago. 2023.

BRASIL. Supremo Tribunal Federal (Pleno). Recurso Extraordinário 401.953. Recorrente: Município do Rio de Janeiro. Recorrido: Estado do Rio de Janeiro. Relator: Min. Joaquim Barbosa, 16 de maio de 2007. *Dje*: Brasília, DF, 2007b. Disponível em: https://redir.stf.jus.br/paginadorpub/paginador.jsp?docTP=AC&docID=487948. Acesso em: 27 ago. 2023.

BRASIL. Supremo Tribunal Federal (Pleno). Recurso Extraordinário 423.768. Recorrente: Município de São Paulo. Recorrido: Ifer Estamparia e Ferramentaria Ltda. Relator: Min. Marco Aurélio, 1º de dezembro de 2010. *Dje*: Brasília, DF, 2010d. Disponível em: https://redir.stf.jus.br/paginadorpub/paginador.jsp?docTP=AC&docID=622717. Acesso em: 27 ago. 2023.

BRASIL. Supremo Tribunal Federal (Pleno). Recurso Extraordinário 500.171. Recorrente: Universidade Federal de Goiás – UFGO. Recorrido: Marcos Alves Lopes e outro. Relator: Min. Ricardo Lewandowski, 13 de agosto de 2008. *Dje*: Brasília, DF, 2008b. Disponível em: https://redir.stf.jus.br/paginadorpub/paginador.jsp?docTP=AC&docID=557455. Acesso em: 27 ago. 2023.

BRASIL. Supremo Tribunal Federal (Pleno). Recurso Extraordinário 559.943. Recorrente: Instituto Nacional do Seguro Social – INSS. Recorrido: Abdalla Husein Humad ME. Relatora: Min.ª Cármen Lúcia, 12 de junho de 2008. *Dje*: Brasília, DF, 2008c. Disponível em: https://redir.stf.jus.br/paginadorpub/paginador.jsp?docTP=AC&docID=551049. Acesso em: 27 ago. 2023.

BRASIL. Supremo Tribunal Federal (Pleno). Recurso Extraordinário 560.626. Recorrente: União. Recorrido: REDG – Consultoria Tributária Sociedade Civil Ltda. Relator: Min. Gilmar Mendes, 12 de junho de 2008. *Dje*: Brasília, DF, 2008d. Disponível em: https://redir.stf.jus.br/paginadorpub/paginador.jsp?docTP=AC&docID=567931. Acesso em: 27 ago. 2023.

BRASIL. Supremo Tribunal Federal (Pleno). Recurso Extraordinário 586.693. Recorrente: Município de São Paulo. Recorrido: Edison Maluf. Relator: Min. Marco Aurélio, 25 de maio de 2011. *Dje*: Brasília, DF, 2011a. Disponível em: https://redir.stf.jus.br/paginadorpub/paginador.jsp?docTP=AC&docID=624412. Acesso em: 27 ago. 2023.

BRASIL. Supremo Tribunal Federal (Pleno). Recurso Extraordinário 562.045. Recorrente: Estado do Rio Grande do Sul. Recorrido: Espólio de Emília Lopes de Leon. Relator: Min. Ricardo Lewandowski, 6 de fevereiro de 2013. *Dje*: Brasília, DF, 2013c. Disponível em: https://redir.stf.jus.br/paginadorpub/paginador.jsp?docTP=AC&docID=630039. Acesso em: 27 ago. 2023.

BRASIL. Supremo Tribunal Federal (Pleno). Recurso Extraordinário 574.706. Recorrente: Imcopa Importação, Exportação e Indústria de Óleos Ltda. Recorrido: União. Relatora: Min.ª Cármen Lúcia, 15 de março de 2017. *Dje*: Brasília, DF, 2017c. Disponível em: https://redir.stf.jus.br/paginadorpub/paginador.jsp?docTP=TP&docID=13709550. Acesso em: 27 ago. 2023.

BRASIL. Supremo Tribunal Federal (Pleno). Recurso Extraordinário 586.453. Recorrente: Fundação Petrobrás de Seguridade Social – PETROS. Recorridos: Nivaldo Mercenas Santos e Petróleo Brasileiro S.A. – PETROBRAS. Relatora: Min.ª Ellen Gracie, 20 de fevereiro de 2013. *Dje*: Brasília, DF, 2013d. Disponível em: https://redir.stf.jus.br/paginadorpub/paginador.jsp?docTP=AC&docID=630014. Acesso em: 16 out. 2022.

BRASIL. Supremo Tribunal Federal (Pleno). Recurso Extraordinário 593.849. Recorrente: Parati Petróleo Ltda. Recorrido: Estado de Minas Gerais. Relator: Min. Edson Fachin, 19 de outubro de 2016. *Dje*: Brasília, DF, 2016c. Disponível em: https://redir.stf.jus.br/paginadorpub/paginador.jsp?docTP=TP&docID=12692057. Acesso em: 27 ago. 2023.

BRASIL. Supremo Tribunal Federal (Pleno). Recurso Extraordinário 605.552. Recorrente: Estado do Rio Grande do Sul. Recorrido: Dermapelle Farmácia de Manipulação Ltda. e outro. Relator: Min. Dias Toffoli, 5 de agosto de 2020. *Dje*: Brasília, DF, 2020i. Disponível em: https://redir.stf.jus.br/paginadorpub/paginador.jsp?docTP=TP&docID=754015541. Acesso em: 27 ago. 2023.

BRASIL. Supremo Tribunal Federal (Pleno). Recurso Extraordinário 607.642. Recorrente: Esparta Segurança Ltda. Recorrido: União. Relator: Min. Dias Toffoli, 29 de junho de 2020. *Dje*: Brasília, DF, 2020j. Disponível em: https://redir.stf.jus.br/paginadorpub/paginador.jsp?docTP=TP&docID=754308322. Acesso em: 17 set. 2023.

BRASIL. Supremo Tribunal Federal (Pleno). Recurso Extraordinário 628.075. Recorrente: Gelita do Brasil Ltda. Recorrido: Estado do Rio Grande do Sul. Relator: Min. Edson Fachin, 18 de agosto de 2020. *Dje*: Brasília, DF, 2020k. Disponível em: https://redir.stf.jus.br/paginadorpub/paginador.jsp?docTP=TP&docID=753979034. Acesso em: 27 ago. 2023.

BRASIL. Supremo Tribunal Federal (Pleno). Recurso Extraordinário 630.137. Recorrente: Instituto de Previdência do Rio Grande do Sul. Recorrido: Paulo Claudio Dreher e outro. Relator: Min. Roberto Barroso, 1º de março de 2021. *Dje*: Brasília, DF, 2021m. Disponível em: https://redir.stf.jus.br/paginadorpub/paginador.jsp?docTP=TP&docID=755310274. Acesso em: 27 ago. 2023.

BRASIL. Supremo Tribunal Federal (Pleno). Recurso Extraordinário 643.247. Recorrente: Município de São Paulo. Recorrido: Estado de São Paulo. Relator: Min. Marco Aurélio, 1º de agosto de 2017. *Dje*: Brasília, DF, 2017d. Disponível em: https://redir.stf.jus.br/paginadorpub/paginador.jsp?docTP=TP&docID=14222458. Acesso em: 27 ago. 2023.

BRASIL. Supremo Tribunal Federal (Pleno). Recurso Extraordinário 669.196. Recorrente: União. Recorrido: Bonus Indústria e Comércio de Confecções Ltda. Relator: Min. Dias Toffoli, 26 de outubro de 2020. *Dje*: Brasília, DF, 2020l. Disponível em: https://redir.stf.jus.br/paginadorpub/paginador.jsp?docTP=TP&docID=754443491. Acesso em: 27 ago. 2023.

BRASIL. Supremo Tribunal Federal (Pleno). Recurso Extraordinário 688.223. Recorrente: Tim Celular S.A. Recorrido: Município de Curitiba. Relator: Min. Dias Toffoli, 6 de dezembro de 2021. *Dje*: Brasília, DF, 2021n. Disponível em: https://redir.stf.jus.br/paginadorpub/paginador.jsp?docTP=TP&docID=759454168. Acesso em: 27 ago. 2023.

BRASIL. Supremo Tribunal Federal (Pleno). Recurso Extraordinário 714.139. Recorrente: Lojas Americanas S.A. Recorrido: Estado de Santa Catarina. Relator: Min. Marco Aurélio, 18 de dezembro de 2021. *Dje*: Brasília, DF, 2021o. Disponível em: https://redir.stf.jus.br/paginadorpub/paginador.jsp?docTP=TP&docID=759632154. Acesso em: 27 ago. 2023.

BRASIL. Supremo Tribunal Federal (Pleno). Recurso Extraordinário 723.651. Recorrente: Luiz Geraldo Bertolini Filho. Recorrido: União. Relator: Min. Marco Aurélio, 4 de fevereiro de 2016. *Dje*: Brasília, DF, 2016d. Disponível em: https://redir.stf.jus.br/paginadorpub/paginador.jsp?docTP=TP&docID=11465344. Acesso em: 15 out. 2022.

BRASIL. Supremo Tribunal Federal (Pleno). Recurso Extraordinário 776.594. Recorrente: Tim Celular S.A. Recorrido: Diretor do Departamento de Tributação do Município de Estrela d'Oeste. Relator: Min. Dias Toffoli, 5 de dezembro de 2022. *Dje*: Brasília, DF, 2022e. Disponível em: https://redir.stf.jus.br/paginadorpub/paginador.jsp?docTP=TP&docID=765428169. Acesso em: 27 ago. 2023.

BRASIL. Supremo Tribunal Federal (Pleno). Recurso Extraordinário 851.108. Recorrente: Estado de São Paulo. Recorrido: Vanessa Regina Andreatta. Relator: Min. Dias Toffoli, 1º de março de 2021. *Dje*: Brasília, DF, 2021p. Disponível em: https://redir.stf.jus.br/paginadorpub/paginador.jsp?docTP=TP&docID=755628450. Acesso em: 27 ago. 2023.

BRASIL. Supremo Tribunal Federal (Pleno). Recurso Extraordinário 1.063.187. Recorrente: União. Recorrido: Electro Aço Altona S.A. Relator: Min. Dias Tofffoli, 27 de setembro de 2021. *Dje*: Brasília, DF, 2021q. Disponível em: https://redir.stf.jus.br/paginadorpub/paginador.jsp?docTP=TP&docID=758725768. Acesso em: 27 ago. 2023.

BRASIL. Supremo Tribunal Federal (Pleno). Referendo na Prorrogação de Prazo na Ação Direta de Inconstitucionalidade 5.288. Requerente: Procurador-Geral da República. Relatora: Min.ª Rosa Weber, 3 de maio de 2023. *Dje*: Brasília, DF, 2023g. Disponível em: https://redir.stf.jus.br/paginadorpub/paginador.jsp?docTP=TP&docID=767680578. Acesso em: 27 ago. 2023.

BRASIL. Supremo Tribunal Federal (Pleno). Repercussão Geral no Recurso Extraordinário 714.139. Recorrente: Lojas Americanas S.A. Recorrido: Estado de Santa Catarina. Relator: Min. Marco Aurélio, 12 de junho de 2014. *Dje*: Brasília, DF, 2014b. Disponível em: https://redir.stf.jus.br/paginadorpub/paginador.jsp?docTP=TP&docID=6811853. Acesso em: 27 ago. 2023.

BRASIL. Supremo Tribunal Federal (Pleno). Segundos Embargos de Declaração na Ação Direta de Inconstitucionalidade 6.479. Embargante: Governador do Estado do Pará. Embargado: Procurador-Geral da República. Relatora: Min.ª Cármen Lúcia, 8 de setembro de 2021. *Dje*: Brasília, DF, 2021r. Disponível em: https://redir.stf.jus.br/paginadorpub/paginador.jsp?docTP=TP&docID=757229994. Acesso em: 27 ago. 2023.

BRASIL. Supremo Tribunal Federal (Pleno). Segundos Embargos de Declaração no Recurso Extraordinário 605.552. Embargante: Estado do Rio Grande do Sul. Embargado: Dermapelle Farmácia de Manipulação Ltda. e outro. Relator: Min. Dias Toffoli, 15 de março de 2021. *Dje*: Brasília, DF, 2021s. Disponível em: https://redir.stf.jus.br/paginadorpub/paginador.jsp?docTP=TP&docID=755551254. Acesso em: 27 ago. 2023.

BRASIL. Supremo Tribunal Federal (Pleno). Segundos Embargos de Declaração no Recurso Extraordinário 851.108. Embargante: Vanessa Regina Andreatta. Embargado: Estado de São Paulo. Relator: Min. Dias Toffoli, 8 de setembro de 2021. *Dje*: Brasília, DF, 2021t. Disponível em: https://redir.stf.jus.br/paginadorpub/paginador.jsp?docTP=TP&docID=757618265. Acesso em: 27 ago. 2023.

BRASIL. Supremo Tribunal Federal. Sumúla 66. *In:* BRASIL. Supremo Tribunal Federal. *Súmulas do STF*. Atual. em 1º de dezembro de 2017. Brasília, DF: [s. n.], [2017e]. Disponível em: https://www.stf.jus.br/arquivo/cms/jurisprudenciaSumula/anexo/Enunciados_Sumulas_STF_1_a_736_Completo.pdf. Acesso em: 27 ago. 2023.

BRASIL. Supremo Tribunal Federal. Sumúla 67. *In:* BRASIL. Supremo Tribunal Federal. *Súmulas do STF*. Atual. em 1º de dezembro de 2017. Brasília, DF: [s. n.], [2017f]. Disponível em: https://www.stf.jus.br/arquivo/cms/jurisprudenciaSumula/anexo/Enunciados_Sumulas_STF_1_a_736_Completo.pdf. Acesso em: 27 ago. 2023.

BRASIL. Superior Tribunal de Justiça. Primeira Seção cancela duas súmulas sobre tributação. *STJ Notícias*, Brasília, DF, 2 abr. 2019d. Disponível em: https://www.stj.jus.br/sites/portalp/Paginas/Comunicacao/Noticias-antigas/2019/2019-04-02_09-04_Primeira-Secao-cancela-duas-sumulas-sobre-tributacao.aspx. Acesso em: 27 ago. 2023.

BRASIL. Superior Tribunal de Justiça. Recurso Especial 1.144.469. Recorrentes: Fazenda Nacional e Hubner Componentes e Sistemas Automotivos Ltda. Recorridos: Os mesmos. 1. Seção. Relator: Min. Napoleão Nunes Maia Filho, 10 de agosto de 2016. *Dje*: Brasília,

DF, 2016e. Disponível em: https://scon.stj.jus.br/SCON/GetInteiroTeorDoAcordao?num_registro=200901124142&dt_publicacao=02/12/2016. Acesso em: 27 ago. 2023.

BRASIL. Superior Tribunal de Justiça. Súmula n. 68 (cancelada). *Revista Eletrônica do STF – RSTJ*, Brasília, DF, v. 5, n. 24, 3 abr. 2019e. Disponível em: https://www.stj.jus.br/docs_internet/revista/eletronica/stj-revista-sumulas-2009_5_capSumula68.pdf. Acesso em: 27 ago. 2023.

BUFFON, Marciano. *Tributação e dignidade humana*: entre os direitos e deveres fundamentais. Porto Alegre: Livraria do Advogado, 2009.

BUFFON, Marciano; MATOS, Mateus Bassani de. *Tributação no Brasil do século XXI*: uma abordagem hermeneuticamente crítica. Porto Alegre: Livraria do Advogado, 2015.

BUSTAMANTE, Thomas da Rosa de. A Lei 9.868/99 e a possibilidade de restrição dos efeitos da declaração de inconstitucionalidade. Inaplicabilidade na fiscalização de normas de Direito Tributário. *Revista Dialética de Direito Tributário*, São Paulo, n. 59, p. 113-123, 2000.

CANOTILHO, José Joaquim Gomes. *Direito Constitucional e teoria da Constituição*. 7. ed. Coimbra: Almedina, 2003.

CARRAZZA, Roque Antônio. *Curso de Direito Constitucional Tributário*. 32. ed. São Paulo: Malheiros, 2019.

CARRAZA, Roque Antônio. Segurança jurídica e eficácia temporal das alterações jurisprudenciais: competência dos tribunais superiores para fixá-las – questões conexas. *In*: FERRAZ JÚNIOR, Tercio Sampaio; CARRAZZA, Roque Antônio; NERY JÚNIOR, Nelson. *Efeito ex nunc e as decisões do STJ*. 2. ed. Barueri: Manole, 2009.

CARVALHO, Paulo de Barros. *Curso de Direito Tributário*. 28. ed. São Paulo: Saraiva, 2017.

CICCONETTI, Stefano Maria; TEIXEIRA, Anderson Vichinkeski. *Jurisdição constitucional comparada*. 2. ed. Belo Horizonte: Fórum, 2018.

COÊLHO, Sacha Calmon Navarro. *O controle de constitucionalidade das leis e o poder de tributar na CF/1988*. 4. ed. Rio de Janeiro: Forense, 2016.

CONSELHO NACIONAL DE JUSTIÇA. *Justiça em números 2022*. Brasília: CNJ, 2022.

CONSELHO NACIONAL DE JUSTIÇA. *Diagnóstico do contencioso judicial tributário brasileiro*: relatório final de pesquisa. Brasília, DF: CNJ, 2022a.

CONSELHO NACIONAL DE JUSTIÇA. *Justiça em números 2022*. Brasília: CNJ, 2022b.

COSTA, Regina Helena. *Princípio da capacidade contributiva*. 4. ed. São Paulo: Malheiros, 2012.

DERZI, Misabel de Abreu Machado. Notas. *In*: BALEEIRO, Aliomar. *Limitações constitucionais ao poder de tributar*. 7. ed. Rio de Janeiro: Forense, 1997.

DWORKIN, Ronald. *O império do Direito*. Tradução: Jefferson Luiz Camargo. 3. ed. São Paulo: Martins Fontes, 2014.

FERRARI, Regina Maria Macedo Nery. *Os efeitos da declaração de inconstitucionalidade*. 4. ed. São Paulo: Revista dos Tribunais, 1999.

GOLDSCHMIDT, Fábio Brun. *O princípio do não-confisco no Direito Tributário*. São Paulo: Revista dos Tribunais, 2003.

GÓMEZ-GÓMEZ, Juan Fernando; MANDIETA, David. Estado de cosas inconstitucional y sistema penitenciario y carcelario de Colombia. *Revista de Estudos Constitucionais, Hermenêutica e Teoria do Direito (RECHTD)*, Porto Alegre, v. 14, n. 3, p. 329-350.

HESSE, Konrad. *A força normativa da Constituição*. Porto Alegre: Sérgio Antônio Fabris Editor, 1991.

HOLMES, Stephen; SUNSTEIN, Cass R. *O custo dos direitos*: por que a liberdade depende dos impostos. Tradução: Marcelo Brandão Cipolla. São Paulo: Editora WMF Martins Fontes, 2019.

JUSTEN FILHO, Marçal. *Curso de Direito Administrativo*. São Paulo: Saraiva, 2006.

KELSEN, Hans. *Jurisdição constitucional*. 3. ed. Tradução: Alexandre Krug. São Paulo: Editora WMF Martins Fontes, 2013.

KELSEN, Hans. *Teoria pura do Direito*. 8. ed. Tradução: João Baptista Machado. São Paulo: WMF Martins Fontes, 2009.

KIRSCHHOF, Paul. *Tributação no Estado Constitucional*. Tradução: Pedro Adamy. São Paulo: Quartier Latin, 2016.

LEAL, Saul Tourinho. Modular para não pagar: a adoção da doutrina prospectiva negando direitos aos contribuintes. *Revista Dialética de Direito Tributário*, São Paulo, n. 158, p. 78-86, 2008.

LEITE, Harrison. *Manual de Direito Financeiro*. 12. ed. São Paulo: Juspodivm, 2023.

LOBO TORRES, Ricardo. *Curso de Direito Financeiro e Tributário*. 20. ed. Rio de Janeiro: Renovar, 2018.

LOBO TORRES, Ricardo. O princípio da tipicidade no direito tributário. *Revista de Direito Administrativo (RDA)*, Rio de Janeiro, v. 235, p. 193-232, 2004.

LOBO TORRES, Ricardo. *Tratado de Direito Constitucional Financeiro e Tributário*. Rio de Janeiro: Renovar, 2005. v. II: Valores e princípios constitucionais tributários.

MACHADO, Hugo de Brito. Declaração de inconstitucionalidade e Direito Intertemporal. *In*: *Revista Dialética de Direito Tributário*, São Paulo, n. 57, p. 72-87, 2000.

MACHADO, Raquel Cavalcanti Ramos. *Competência tributária*: entre rigidez do sistema e atualização interpretativa. São Paulo: Malheiros, 2014.

MANFRA, Luís Carlos Fay. Estado de Direito e juridicização: uma breve genealogia do Estado de Direito e seus desdobramentos. *In*: WEDY, Gabriel; SOUSA, Júlia Rodrigues Oliveira; ANDRADE, Carla Bonetti de (org.). *Estado de Direito na pós-pandemia*. Londrina: Toth, 2022, p. 194-213.

MARINONI, Luiz Guilherme. *Processo constitucional e democracia*. São Paulo: Thompson Reuters Brasil, 2021.

MARQUES NETO, Floriano de Azevedo. Art. 23 da LINDB – o equilíbrio entre mudança e previsibilidade na hermenêutica jurídica. *Revista de Direito Administrativo (RDA)*, Rio de Janeiro, p. 93-112, 2018.

MARTINS, Ives Gandra da Silva. *Controle concentrado de constitucionalidade*: comentários à Lei nº 9.868, de 10-11-1999. 2. ed. São Paulo: Saraiva, 2005.

MARTINS, Ives Gandra da Silva; NASCIMENTO, Carlos Valder do. *Comentários à Lei de Responsabilidade Fiscal*. 7. ed. São Paulo: Editora Saraiva, 2014. E-book.

MELLO, Celso Antônio Bandeira de. *Curso de Direito Administrativo*. 12. ed. São Paulo: Malheiros, 2000.

MELLO, Celso Antônio Bandeira de. *O conteúdo jurídico do princípio da igualdade*. 4. ed. São Paulo: Malheiros, 2021.

MELLO, Marcos Bernardes de. *Teoria do fato jurídico*: plano da existência. 17. ed. São Paulo: Saraiva, 2011.

MENDES, Gilmar Ferreira. *Jurisdição constitucional*: o controle abstrato de normas no Brasil e na Alemanha. 5. ed. São Paulo: Saraiva, 2005.

MENDES, Gilmar Ferreira; BRANCO, Paulo Gonet. *Curso de Direito Constitucional*. 15. ed. São Paulo: Saraiva Educação, 2020.

MESSIAS, Lorreine Silva *et al*. *Contencioso tributário no Brasil*: relatório 2020: ano referência 2019. São Paulo: Insper, Núcleo de Tributação, 2020.

MITIDIERO, Daniel. *Superação para frente e modulação de efeitos*: precedente e controle de constitucionalidade no Direito brasileiro. São Paulo: Thompson Reuters Brasil, 2021.

MOLINARI, Flávio Miranda. *Modulação de efeitos em matéria tributária pelo STF*: pressupostos teóricos e análise jurisprudencial. Rio de Janeiro: Lumen Juris, 2021.

MOREIRA NETO, Diogo Figueiredo de. A Lei de Responsabilidade Fiscal e seus princípios jurídicos. *Revista de Direito Administrativo (RDA)*, Rio de Janeiro, v. 221, p. 71-93, 2000.

NABAIS, José Casalta. *O dever fundamental de pagar impostos*: contributo para a compreensão constitucional do Estado Fiscal contemporâneo. Coimbra: Almedina, 2009.

OLIVEIRA, José Marcos Domingues de. *Direito Tributário*: capacidade contributiva: conteúdo e eficácia do princípio. 2. ed. Rio de Janeiro: Renovar, 1998.

PANDOLFO, Rafael. *Jurisdição constitucional tributária*: reflexos nos processos administrativo e judicial. 2. ed. São Paulo: Noeses, 2020.

PANSIERI, Flávio; SOUZA, Henrique Soares de. *Mutação constitucional à luz da teoria constitucional contemporânea*. Porto Alegre: Livraria do Advogado, 2018.

PAULSEN, Leandro. *Curso de Direito Tributário completo*. 7. ed. Porto Alegre: Livraria do Advogado, 2015.

PEIXOTO, Ravi. *Superação do precedente e modulação de efeitos*. 5. ed. São Paulo: Juspodivm, 2022.

PORTO, Éderson Garin. *Estado de Direito e Direito Tributário*: norma limitadora ao poder de tributar. Porto Alegre: Livraria do Advogado, 2009.

PORTUGAL. [Constituição (1975)]. *Constituição da República Portuguesa*. Lisboa: Presidência da República, [2004]. Disponível em: https://x.gd/rkjVP. Acesso em: 27 ago. 2023.

RODRIGUEZ, José Rodrigo. *Como decidem as cortes?* Para uma crítica do Direito (brasileiro). Rio de Janeiro: Editora FGV, 2013.

SARLET, Ingo Wolfgang. *A eficácia dos direitos fundamentais*: uma teoria geral dos direitos fundamentais na perspectiva constitucional. 11. ed. Porto Alegre: Livraria do Advogado, 2012.

SARLET, Ingo; MARINONI, Luiz Guilherme; MITIDIERO; Daniel. *Curso de Direito Constitucional*. 11. ed. São Paulo: SaraivaJur, 2022.

SARMENTO, Daniel. Eficácia temporal do controle de constitucionalidade (o princípio da proporcionalidade e a ponderação de interesses) das leis. *Revista de Direito Administrativo (RDA)*, Rio de Janeiro, v. 212, p. 27-40, 1998.

SCHOUERI, Luís Eduardo. *Direito Tributário*. 11. ed. São Paulo: SaraivaJur, 2022.

SILVA, José Afonso da. *Aplicabilidade das normas constitucionais*. São Paulo: Revista dos Tribunais, 1968.

SILVA, José Afonso da. *Curso de Direito Constitucional Positivo*. 34. ed. São Paulo: Malheiros, 2011.

STRECK, Lenio Luiz. *Dicionário de hermenêutica*: 50 verbetes fundamentais da teoria do Direito à luz da crítica hermenêutica do Direito. 2. ed. Belo Horizonte: Casa do Direito, 2020.

STRECK, Lenio Luiz. *Jurisdição constitucional*. 5. ed. Rio de Janeiro: Forense, 2018.

STRECK, Lenio Luiz. *Verdade e consenso*. 6. ed. São Paulo: Saraiva, 2017.

STRECK, Lenio Luiz; MORAIS, José Luís Bolzan de. Estado Democrático de Direito. *In*: CANOTILHO, J. J. Gomes. *et al.* (org.). *Comentários à Constituição do Brasil*. 2. ed. São Paulo: Saraiva Educação, 2018.

TEIXEIRA, Anderson Vichinkeski. Constitucionalismo transnacional: por uma compreensão pluriversalista do Estado Constitucional. *Revista de Investigações Constitucionais*, Curitiba, v. 3, n. 3, p. 141-166, set./dez. 2016.

TESSARI, Cláudio. *Modulação de efeitos no STF*: Parâmetros para definição do excepcional interesse social. São Paulo: Juspodivm, 2022.

TUCCI, José Rogério Cruz e. *Comentários ao Código de Processo Civil*: artigos 485 ao 538. São Paulo: Revista dos Tribunais, 2016.

US. Supreme Court. *Marbury v. Madison, 5 U.S. 137 (1803)*. Washington, D.C.: Supreme Court, 1803. Disponível em: https://constitutioncenter.org/education/classroom-resource-library/classroom/9.5-primary-source-marbury-v-madison. Acesso em: 20 set. 2023

VELLOSO, Andrei Pitten. A temerária "modulação" dos efeitos da pronúncia de inconstitucionalidade em matéria tributária. *Revista Dialética de Direito Tributário*, São Paulo, n. 157, p. 7-16, 2008.

VENTURI, Elton. *Suspensão de liminares e sentenças contrárias ao poder público*. 3. ed. São Paulo: Malheiros, 2017.

VILLAS BÔAS E SILVA, Guilherme. *O argumento financeiro e a modulação de efeitos no STF*. São Paulo: Almedina, 2020.

WALDRON, Jeremy. Can there be a democratic jurisprudence? *Emory Law Journal*, Atlanta, v. 58, n. 3, p. 675-712.

XAVIER, Alberto. *Os princípios da legalidade e da tipicidade da tributação*. São Paulo: Revista dos Tribunais, 1978.

ZOLO, Danilo. Teoria e crítica do Estado de Direito. *In:* COSTA, Pietro; ZOLO, Danilo. *O Estado de Direito*: história, teoria, crítica. São Paulo, Martins Fontes, 2006.

APÊNDICE A - ANÁLISE DE CASOS EM CONTROLE DIFUSO (REPERCUSSÃO GERAL)

Tema	Leading case	Data do julgamento	Rec. de inconst.?	Modulação?	Ano da modulação
1	RE nº 559.937	21/03/2013	Sim	Não	
2	RE nº 560.626	12/06/2008	Sim	Sim	2008
3	RE nº 559.943	12/06/2008	Sim	Sim	2008
4	RE nº 566.621	04/08/2011	Sim	Não	
8	RE nº 564.413	12/08/2010	Não	Não	
16	RE nº 643.247	24/05/2017	Sim	Sim	2019
20	RE nº 565.160	29/03/2017	Não	Não	
21	RE nº 562.045	06/02/2013	Não	Não	
31	RE nº 565.048	29/05/2014	Sim	Não	
32	RE nº 566.622	23/02/2017	Sim	Não	
34	RE nº 570.122	24/05/2017	Não	Não	
40	RE nº 500.171	13/08/2008	Sim	Sim	2011
42	RE nº 572.762	18/06/2008	Não	Não	
44	RE nº 573.675	25/03/2009	Não	Não	
46	RE nº 576.189	22/04/2009	Não	Não	
49	RE nº 562.980	06/05/2009	Não	Não	
51	RE nº 566.032	25/06/2009	Não	Não	
52	RE nº 566.259	12/08/2010	Não	Não	
53	RE nº 570.680	28/10/2009	Não	Não	
55	RE nº 573.540	14/04/2010	Sim	Não	
63	RE nº 561.485	27/09/2011	Não	Não	
64	RE nº 577.494	13/12/2018	Não	Não	
69	RE nº 574.706	15/03/2017	Sim	Sim	2021
72	RE nº 576.967	05/08/2020	Sim	Não	
75	RE nº 582.525	09/05/2013	Não	Não	

Tema	Leading case	Data do julgamento	Rec. de inconst.?	Modulação?	Ano da modulação
80	RE nº 592.145	05/04/2017	Não	Não	
84	RE nº 567.935	04/09/2014	Sim	Não	
87	RE nº 586.482	23/11/2011	Não	Não	
91	RE nº 584.100	25/11/2009	Não	Não	
92	RE nº 585.535	01/02/2010	Não	Não	
94	RE nº 586.693	25/05/2011	Não	Não	
95	RE nº 527.602	05/08/2009	Não	Não	
102	RE nº 583.712	04/02/2016	Não	Não	
107	RE nº 587.008	02/02/2011	Sim	Não	
110	RE nº 585.235	10/09/2008	Sim	Não	
115	RE nº 580.264	16/12/2010	Sim	Não	
117	RE nº 591.340	27/06/2019	Não	Não	
125	RE nº 592.905	02/12/2009	Não	Não	
136	RE nº 590.809	22/10/2014	Não	Não	
146	RE nº 576.321	04/12/2008	Sim	Não	
155	AI nº 712.743	12/03/2009	Sim	Não	
163	RE nº 593.068	11/10/2018	Sim	Não	
166	RE nº 595.838	23/04/2014	Sim	Não	
168	RE nº 592.396	03/12/2015	Sim	Não	
176	RE nº 593.824	27/04/2020	Sim	Não	
177	RE nº 598.085	06/11/2014	Não	Não	
179	RE nº 587.108	29/06/2020	Não	Não	
185	RE nº 1.2246.96	08/06/2021	Não	Não	
201	RE nº 593.849	19/10/2016	Sim	Sim	2016
202	RE nº 596.177	01/08/2011	Sim	Não	
204	RE nº 598.572	30/03/2016	Não	Não	
207	RE nº 598.468	22/05/2020	Sim	Não	
209	RE nº 628.122	19/06/2013	Não	Não	

Tema	Leading case	Data do julgamento	Rec. de inconst.?	Modulação?	Ano da modulação
211	RE nº 648.245	01/08/2013	Sim	Não	
212	RE nº 626.706	08/09/2010	Sim	Não	
214	RE nº 582.461	18/05/2011	Não	Não	
216	RE nº 588.149	16/02/2011	Sim	Não	
217	RE nº 588.322	16/06/2010	Não	Não	
224	RE nº 599.176	05/06/2014	Não	Não	
226	RE nº 602.347	04/11/2015	Sim	Não	
227	RE nº 635.682	25/04/2013	Não	Não	
228	RE nº 596.832	29/06/2020	Sim	Não	
235	RE nº 601.392	01/03/2013	Sim	Não	
244	RE nº 599.316	29/06/2020	Sim	Não	
247	RE nº 603.497	29/06/2020	Não	Não	
259	RE nº 595.676	08/03/2017	Sim	Não	
277	RE nº 566.007	13/11/2014	Não	Não	
278	RE nº 568.503	12/02/2014	Sim	Não	
281	RE nº 611.601	19/12/2022	Não	Não	
283	RE nº 606.107	22/05/2013	Sim	Não	
296	RE nº 784.439	29/06/2020	Não	Não	
297	RE nº 540.829	11/09/2014	Sim	Não	
298	RE nº 545.796	25/10/2019	Não	Não	
299	RE nº 635.688	16/10/2014	Não	Não	
300	RE nº 603.136	29/05/2020	Não	Não	
302	RE nº 603.191	01/08/2011	Não	Não	
303	RE nº 605.506	11/11/2021	Não	Não	
304	RE nº 607.109	08/06/2021	Sim	Não	
314	RE nº 601.235	02/10/2008	Sim	Não	
317	RE nº 630.137	01/03/2021	Não	Sim	2021
322	RE nº 592.891	25/04/2019	Sim	Não	

Tema	Leading case	Data do julgamento	Rec. de inconst.?	Modulação?	Ano da modulação
323	RE nº 599.362	06/11/2014	Não	Não	
325	RE nº 603.624	23/09/2020	Não	Não	
326	RE nº 607.056	11/04/2013	Sim	Não	
328	RE nº 611.510	13/04/2021	Sim	Não	
329	RE nº 627.815	23/05/2013	Sim	Não	
336	RE nº 630.790	21/03/2022	Sim	Não	
337	RE nº 607.642	29/06/2020	Não	Não	
342	RE nº 608.872	23/02/2017	Não	Não	
343	RE nº 580.871	17/11/2010	Sim	Não	
344	RE nº 569.441	30/10/2014	Não	Não	
346	RE nº 601.967	18/08/2020	Não	Não	
363	RE nº 627.543	30/10/2013	Não	Não	
368	RE nº 614.406	23/10/2014	Sim	Não	
379	RE nº 605.552	05/08/2020	Sim	Sim	2021
382	RE nº 603.917	25/10/2019	Não	Não	
385	RE nº 594.015	06/04/2017	Não	Não	
390	RE nº 636.562	22/02/2023	Não	Não	
400	RE nº 1.171.699	29/11/2019	Sim	Não	
402	RE nº 627.051	12/11/2014	Sim	Não	
412	ARE nº 638.315	10/06/2011	Sim	Não	
415	RE nº 1.053.574	25/10/2019	Não	Não	
431	AI nº 831.223	17/06/2011	Sim	Não	
432	RE nº 636.941	13/02/2014	Sim	Não	
437	RE nº 601.720	06/04/2017	Não	Não	
470	RE nº 599.309	06/06/2018	Não	Não	
475	RE nº 754.917	05/08/2020	Não	Não	
490	RE nº 628.075	28/08/2020	Não	Sim	2020
495	RE nº 630.898	08/04/2021	Não	Não	

Tema	Leading case	Data do julgamento	Rec. de inconst.?	Modulação?	Ano da modulação
501	RE nº 606.314	12/05/2021	Não	Não	
508	RE nº 600.867	29/06/2020	Não	Não	
515	RE nº 656.089	06/06/2018	Não	Não	
517	RE nº 970.821	14/05/2021	Não	Não	
518	RE nº 660.933	03/02/2012	Não	Não	
520	ARE nº 665.134	27/04/2020	Sim	Não	
523	RE nº 666.156	11/05/2020	Não	Não	
537	RE nº 611.586	11/04/2013	Sim	Não	
540	RE nº 704.292	30/06/2016	Sim	Não	
554	RE nº 677.725	11/11/2021	Não	Não	
573	RE nº 640.905	16/12/2016	Não	Não	
581	RE nº 651.703	29/09/2016	Não	Não	
590	RE nº 688.223	06/12/2021	Não	Sim	2021
593	RE nº 330.817	08/03/2017	Sim	Não	
615	RE nº 680.089	17/09/2014	Sim	Sim	2014
643	RE nº 723.651	03/02/2016	Não	Não	
644	RE nº 773.992	15/10/2014	Sim	Não	
651	RE nº 700.922	15/03/2023	Sim	Não	
653	RE nº 705.423	17/11/2016	Não	Não	
668	RE nº 669.196	26/10/2020	Sim	Sim	2021
669	RE nº 718.874	30/03/2017	Não	Não	
674	RE nº 759.244	12/02/2020	Sim	Não	
682	ARE nº 743.480	11/10/2013	Não	Não	
685	RE nº 727.851	22/06/2020	Sim	Não	
688	RE nº 756.915	18/10/2013	Não	Não	
689	RE nº 748.543	05/08/2020	Sim	Não	
691	RE nº 626.837	25/05/2017	Não	Não	
692	ARE nº 748.445	01/11/2013	Sim	Não	

Tema	Leading case	Data do julgamento	Rec. de inconst.?	Modulação?	Ano da modulação
693	RE nº 767.332	01/11/2013	Sim	Não	
694	RE nº 781.926	27/03/2023	Não	Não	
696	RE nº 666.404	18/08/2020	Não	Não	
699	RE nº 612.686	03/11/2022	Não	Não	
700	RE nº 634.764	08/06/2020	Sim	Não	
705	RE nº 1.003.758	17/05/2021	Não	Não	
707	RE nº 698.531	29/06/2020	Não	Não	
708	RE nº 1.016.605	16/06/2020	Não	Não	
721	RE nº 789.218	18/04/2014	Sim	Não	
723	RE nº 761.263	15/04/2020	Não	Não	
736	RE nº 796.939	20/03/2023	Sim	Não	
743	RE nº 770.149	05/08/2020	Sim	Não	
744	RE nº 633.345	04/11/2020	Não	Não	
745	RE nº 714.139	18/12/2021	Sim	Sim	2021
756	RE nº 841.979	28/11/2022	Não	Não	
796	RE nº 796.376	05/08/2020	Não	Não	
801	RE nº 816.830	19/12/2022	Não	Não	
808	RE nº 855.091	15/03/2021	Sim	Não	
810	RE nº 879.47	20/09/2017	Sim	Não	
817	RE nº 851.421	18/12/2021	Não	Não	
825	RE nº 851.108	01/03/2021	Sim	Sim	2021
827	RE nº 912.888	13/10/2016	Não	Não	
830	RE nº 632.265	18/06/2015	Sim	Não	
833	RE nº 852.796	17/05/2021	Não	Não	
842	RE nº 855.649	03/05/2021	Não	Não	
844	RE nº 398.365	28/08/2015	Não	Não	
846	RE nº 878.313	18/08/2020	Não	Não	
856	ARE nº 914.045	16/10/2015	Sim	Não	

Tema	Leading case	Data do julgamento	Rec. de inconst.?	Modulação?	Ano da modulação
872	RE nº 606.010	25/08/2020	Não	Não	
874	RE nº 917.285	18/08/2020	Sim	Não	
881	RE nº 949.297	08/02/2023	Não	Não	
884	RE nº 928.902	17/10/2018	Sim	Não	
885	RE nº 955.227	08/02/2023	Não	Não	
891	ARE nº 957.650	05/06/2016	Sim	Não	
894	RE nº 848.353	13/05/2016	Sim	Não	
906	RE nº 946.648	28/08/2020	Não	Não	
918	RE nº 940.769	24/04/2019	Sim	Não	
919	RE nº 776.594	05/12/2022	Sim	Sim	2022
939	RE nº 1.043.313	10/12/2020	Não	Não	
948	RE nº 883.542	02/06/2017	Não	Não	
962	RE nº 1.063.187	27/09/2021	Sim	Sim	2022
969	RE nº 902.261	22/09/2020	Não	Não	
985	RE nº 1.072.485	31/08/2020	Não	Não	
1.012	RE nº 1.025.986	05/08/2020	Não	Não	
1.020	RE nº 1.167.509	01/03/2021	Sim	Não	
1.024	RE nº 1.049.811	09/09/2020	Não	Não	
1.042	RE nº 1.090.591	16/09/2020	Não	Não	
1.047	RE nº 1.178.310	16/09/2020	Não	Não	
1.048	RE nº 1.187.264	24/02/2021	Não	Não	
1.050	RE nº 1.199.021	08/09/2020	Não	Não	
1.052	RE nº 1141.756	28/09/2020	Sim	Não	
1.062	ARE nº 1.216.078	30/08/2019	Sim	Não	
1.065	ARE nº 1.224.327	27/09/2019	Não	Não	
1.085	RE nº 1.258.934	10/04/2020	Sim	Não	
1.093	RE nº 1.287.019	24/02/2021	Sim	Sim	2021
1.094	RE nº 1.221.330	16/06/2020	Não	Não	

Tema	Leading case	Data do julgamento	Rec. de inconst.?	Modulação?	Ano da modulação
1.099	ARE nº 1.255.885	15/08/2020	Sim	Não	
1.135	RE nº 1.285.845	21/06/2021	Não	Não	
1.140	RE nº 1.320.054	07/05/2021	Sim	Não	
1.172	RE nº 1.288.634	18/12/2022	Não	Não	
1.193	RE nº 1.317.786	04/02/2022	Não	Não	
1.223	RE nº 1.381.261	06/08/2022	Sim	Não	

APÊNDICE B - ANÁLISE DE CASOS EM CONTROLE CONCENTRADO

Caso	Data do julgamento	Rec. de inconst.?	Modulação?	Ano da modulação	Cautelar deferida?
ADI nº 15	14/06/2007	Sim	Não		Não
ADI nº 124	01/08/2008	Sim	Não		Sim
ADI nº 173	25/09/2008	Sim	Não		Sim
ADI nº 286	22/05/2002	Sim	Não		Sim
ADI nº 310	19/02/2014	Sim	Não		Sim
ADI nº 394	25/09/2008	Sim	Não		Sim
ADI nº 395	17/05/2007	Não	Não		-
ADI nº 429	20/08/2014	Sim	Sim	2014	Não
ADI nº 442	14/04/2010	Sim	Não		Não
ADI nº 453	30/08/2006	Não	Não		-
ADI nº 523	03/04/2008	Sim	Não		Não
ADI nº 551	24/10/2002	Sim	Não		Sim
ADI nº 763	25/11/2015	Não	Não		-
ADI nº 773	20/08/2014	Sim	Não		Sim
ADI nº 800	11/06/2014	Não	Não		-
ADI nº 1.055	15/12/2016	Sim	Não		Sim
ADI nº 1.074	28/03/2007	Sim	Não		Sim
ADI nº 1.075	05/10/2020	Não	Não		-
ADI nº 1.145	03/10/2002	Sim	Não		Sim
ADI nº 1.148	02/09/2015	Não	Não		-
ADI nº 1.179	13/11/2002	Sim	Não		Sim
ADI nº 1.247	01/06/2011	Sim	Não		Sim
ADI nº 1.276	29/08/2002	Sim	Não		Sim
ADI nº 1.444	12/02/2003	Sim	Não		Sim
ADI nº 1.454	20/06/2007	Não	Não		-
ADI nº 1.467	12/02/2003	Sim	Não		Sim

Caso	Data do julgamento	Rec. de inconst.?	Modulação?	Ano da modulação	Cautelar deferida?
ADI nº 1.568	24/08/2020	Não	Não		-
ADI nº 1.571	10/12/2003	Não	Não		-
ADI nº 1.587	19/10/2000	Sim	Não		Sim
ADI nº 1.600	26/11/2001	Sim	Não		Não
ADI nº 1.601	13/09/2019	Sim	Não		Sim
ADI nº 1.617	19/10/2000	Sim	Não		Sim
ADI nº 1.618	15/08/2002	Sim	Não		Sim
ADI nº 1.624	08/05/2003	Não	Não		-
ADI nº 1.648	16/02/2011	Sim	Não		Sim
ADI nº 1.654	03/03/2004	Não	Não		-
ADI nº 1.655	03/03/2004	Sim	Não		Sim
ADI nº 1.703	08/11/2017	Sim	Não		Sim
ADI nº 1.750	20/09/2006	Sim	Não		Sim
ADI nº 1.758	10/11/2004	Sim	Não		Sim
ADI nº 1.763	16/06/2020	Não	Não		-
ADI nº 1.802	12/04/2018	Sim	Não		Sim
ADI nº 1.851	08/05/2002	Não	Não		-
ADI nº 1.917	26/04/2007	Sim	Não		Sim
ADI nº 1.924	16/09/2020	Não	Não		-
ADI nº 1.926	20/04/2020	Não	Não		-
ADI nº 1.933	14/04/2010	Não	Não		-
ADI nº 1.942	18/12/2015	Sim	Não		Sim
ADI nº 1.945	24/02/2021	Sim	Sim	2021	Não
ADI nº 1.948	04/09/2002	Não	Não		-
ADI nº 1.976	28/03/2007	Sim	Não		Sim
ADI nº 2.024	03/05/2007	Não	Não		-
ADI nº 2.028	02/03/2017	Sim	Não		Sim
ADI nº 2.031	03/10/2002	Sim	Não		Sim

Caso	Data do julgamento	Rec. de inconst.?	Modulação?	Ano da modulação	Cautelar deferida?
ADI nº 2.034	20/06/2018	Não	Não		-
ADI nº 2.040	29/05/2020	Sim	Sim	2021	Sim
ADI nº 2.044	20/11/2019	Não	Não		-
ADI nº 2.056	30/05/2007	Não	Não		-
ADI nº 2.078	17/03/2011	Não	Não		-
ADI nº 2.080	18/10/2019	Não	Não		-
ADI nº 2.087	12/04/2018	Sim	Não		Sim
ADI nº 2.129	26/04/2006	Não	Não		-
ADI nº 2.158	15/09/2010	Sim	Não		Sim
ADI nº 2.177	04/10/2019	Não	Não		-
ADI nº 2.189	15/09/2010	Sim	Não		Sim
ADI nº 2.211	20/09/2019	Sim	Não		Sim
ADI nº 2.228	02/03/2017	Sim	Não		Não
ADI nº 2.259	14/02/2020	Sim	Não		Não
ADI nº 2.298	26/09/2022	Não	Não		-
ADI nº 2.304	12/04/2018	Sim	Não		Não
ADI nº 2.320	15/02/2006	Não	Não		-
ADI nº 2.345	30/06/2011	Sim	Não		Sim
ADI nº 2.357	30/08/2019	Sim	Não		Sim
ADI nº 2.376	01/06/2011	Sim	Não		Sim
ADI nº 2.399	14/02/2022	Não	Não		-
ADI nº 2.405	20/09/2019	Sim	Não		Sim
ADI nº 2.424	01/04/2004	Sim	Não		Sim
ADI nº 2.446	11/04/2022	Não	Não		-
ADI nº 2.458	23/04/2003	Sim	Não		Sim
ADI nº 2.464	11/04/2007	Não	Não		-
ADI nº 2.474	19/03/2003	Não	Não		-
ADI nº 2.522	08/06/2006	Não	Não		-

Caso	Data do julgamento	Rec. de inconst.?	Modulação?	Ano da modulação	Cautelar deferida?
ADI nº 2.545	16/11/2016	Não	Não		-
ADI nº 2.549	01/06/2011	Sim	Não		Não
ADI nº 2.556	13/06/2012	Sim	Não		Sim
ADI nº 2.568	13/06/2012	Sim	Não		Sim
ADI nº 2.586	16/05/2002	Não	Não		-
ADI nº 2.588	10/04/2013	Sim	Não		Não
ADI nº 2.621	02/03/2017	Sim	Não		Não
ADI nº 2.653	08/10/2003	Sim	Não		Não
ADI nº 2.658	18/12/2019	Não	Não		-
ADI nº 2.659	03/12/2003	Não	Não		-
ADI nº 2.663	08/03/2017	Sim	Sim	2017	Não
ADI nº 2.666	03/10/2002	Não	Não		-
ADI nº 2.669	05/02/2014	Não	Não		-
ADI nº 2.673	03/10/2002	Não	Não		-
ADI nº 2.675	19/10/2016	Não	Não		-
ADI nº 2.688	01/06/2011	Sim	Não		Não
ADI nº 2.692	03/10/2022	Sim	Não		Não
ADI nº 2.696	15/12/2016	Não	Não		-
ADI nº 2.724	24/09/2003	Não	Não		-
ADI nº 2.732	07/10/2015	Não	Não		-
ADI nº 2.777	19/10/2016	Não	Não		-
ADI nº 2.811	25/10/2019	Sim	Não		Não
ADI nº 2.823	19/12/2018	Sim	Não		Sim
ADI nº 2.846	14/09/2022	Não	Não		-
ADI nº 2.851	28/10/2004	Não	Não		-
ADI nº 2.859	24/02/2016	Não	Não		-
ADI nº 2.898	10/10/2018	Não	Não		-
ADI nº 2.906	01/06/2011	Sim	Não		Não

Caso	Data do julgamento	Rec. de inconst.?	Modulação?	Ano da modulação	Cautelar deferida?
ADI nº 2.908	11/10/2019	Sim	Não		Não
ADI nº 2.969	29/03/2007	Sim	Não		Não
ADI nº 2.998	10/04/2019	Não	Não		-
ADI nº 3.028	26/05/2010	Não	Não		-
ADI nº 3.086	16/06/2020	Sim	Não		Não
ADI nº 3.089	13/02/2008	Não	Não		-
ADI nº 3.103	01/06/2006	Não	Não		-
ADI nº 3.105	18/08/2004	Sim	Não		Não
ADI nº 3.106	14/04/2010	Sim	Sim	2015	Não
ADI nº 3.111	30/06/2017	Sim	Sim	2020	Não
ADI nº 3.124	29/06/2020	Não	Não		-
ADI nº 3.128	18/08/2004	Sim	Não		Não
ADI nº 3.133	24/06/2020	Não	Não		-
ADI nº 3.138	14/09/2011	Não	Não		-
ADI nº 3.141	13/12/2018	Não	Não		-
ADI nº 3.142	05/08/2020	Sim	Não		Não
ADI nº 3.143	24/06/2020	Não	Não		-
ADI nº 3.144	01/08/2018	Não	Não		-
ADI nº 3.151	08/06/2005	Não	Não		-
ADI nº 3.154	13/10/2020	Não	Não		-
ADI nº 3.184	24/06/2020	Não	Não		-
ADI nº 3.205	19/10/2006	Sim	Não		Não
ADI nº 3.217	11/10/2019	Sim	Não		Não
ADI nº 3.246	19/04/2006	Sim	Não		Não
ADI nº 3.278	03/03/2016	Sim	Não		Não
ADI nº 3.281	24/02/2021	Sim	Não		Não
ADI nº 3.312	16/11/2006	Sim	Não		Não
ADI nº 3.334	17/03/2011	Sim	Não		Não

Caso	Data do julgamento	Rec. de inconst.?	Modulação?	Ano da modulação	Cautelar deferida?
ADI nº 3.389	06/09/2007	Sim	Não		Sim
ADI nº 3.410	22/11/2006	Não	Não		-
ADI nº 3.413	01/06/2011	Sim	Não		Não
ADI nº 3.413	01/06/2011	Sim	Não		Não
ADI nº 3.421	05/05/2010	Não	Não		-
ADI nº 3.424	19/04/2021	Não	Não		-
ADI nº 3.426	22/03/2007	Não	Não		-
ADI nº 3.453	30/11/2006	Sim	Não		Não
ADI nº 3.462	15/09/2010	Sim	Não		Sim
ADI nº 3.477	04/03/2015	Sim	Não		Não
ADI nº 3.502	14/02/2020	Sim	Não		Não
ADI nº 3.550	18/12/2019	Sim	Sim	2019	Não
ADI nº 3.576	22/11/2006	Sim	Não		Não
ADI nº 3.605	30/06/2017	Sim	Não		Não
ADI nº 3.631	10/10/2019	Sim	Não		Não
ADI nº 3.643	08/11/2006	Não	Não		-
ADI nº 3.660	13/03/2008	Sim	Sim	2008	Não
ADI nº 3.664	01/06/2011	Sim	Não		Não
ADI nº 3.673	06/09/2007	Sim	Não		Sim
ADI nº 3.674	01/06/2011	Sim	Não		Não
ADI nº 3.676	30/08/2019	Não	Não		-
ADI nº 3.692	18/08/2020	Não	Não		-
ADI nº 3.694	20/09/2006	Sim	Não		Não
ADI nº 3.702	01/06/2011	Sim	Não		Não
ADI nº 3.704	27/04/2021	Não	Não		-
ADI nº 3.770	13/09/2019	Não	Não		-
ADI nº 3.775	20/04/2020	Sim	Sim	2020	Não
ADI nº 3.779	30/08/2019	Sim	Não		Não

Caso	Data do julgamento	Rec. de inconst.?	Modulação?	Ano da modulação	Cautelar deferida?
ADI nº 3.786	03/10/2019	Sim	Não		Não
ADI nº 3.794	01/06/2011	Sim	Não		Não
ADI nº 3.796	08/03/2017	Sim	Sim	2017	Não
ADI nº 3.803	01/06/2011	Sim	Não		Não
ADI nº 3.809	14/06/2007	Sim	Não		Não
ADI nº 3.845	03/10/2019	Sim	Não		Não
ADI nº 3.863	20/09/2018	Não	Não		-
ADI nº 3.886	11/10/2019	Não	Não		-
ADI nº 3.936	25/10/2019	Sim	Não		Sim
ADI nº 3.970	16/05/2022	Não	Não		-
ADI nº 3.984	30/08/2019	Sim	Sim	2019	Não
ADI nº 4.021	03/10/2019	Não	Não		-
ADI nº 4.033	15/09/2010	Não	Não		-
ADI nº 4.039	27/06/2022	Não	Não		-
ADI nº 4.101	16/06/2020	Não	Não		-
ADI nº 4.152	01/06/2011	Sim	Não		Não
ADI nº 4.171	20/05/2015	Sim	Sim	2015	Não
ADI nº 4.174	04/10/2019	Não	Não		-
ADI nº 4.254	24/08/2020	Sim	Não		Não
ADI nº 4.259	03/03/2016	Sim	Não		Sim
ADI nº 4.276	20/08/2014	Sim	Não		Sim
ADI nº 4.281	13/10/2020	Sim	Sim	2020	Não
ADI nº 4.296	09/06/2021	Sim	Não		Não
ADI nº 4.357	14/03/2013	Sim	Sim	2015	Não
ADI nº 4.397	11/11/2021	Não	Não		-
ADI nº 4.409	06/06/2018	Não	Não		-
ADI nº 4.411	18/08/2020	Sim	Sim	2023	Não
ADI nº 4.425	14/03/2013	Sim	Sim	2015	Não

Caso	Data do julgamento	Rec. de inconst.?	Modulação?	Ano da modulação	Cautelar deferida?
ADI nº 4.457	01/06/2011	Sim	Não		Não
ADI nº 4.480	27/03/2020	Sim	Não		Não
ADI nº 4.481	11/03/2015	Sim	Sim	2015	Não
ADI nº 4.511	06/04/2016	Sim	Não		Não
ADI nº 4.565	24/02/2021	Sim	Não		Sim
ADI nº 4.596	06/06/2018	Sim	Sim	2018	Não
ADI nº 4.597	21/12/2020	Sim	Não		Sim
ADI nº 4.612	16/06/2020	Sim	Não		Não
ADI nº 4.623	16/06/2020	Sim	Não		Não
ADI nº 4.628	17/09/2014	Sim	Sim	2014	Sim
ADI nº 4.635	24/08/2020	Sim	Não		Sim
ADI nº 4.673	15/04/2020	Não	Não		-
ADI nº 4.697	06/10/2016	Não	Não		-
ADI nº 4.705	03/10/2019	Sim	Não		Sim
ADI nº 4.712	06/06/2018	Sim	Sim	2018	Não
ADI nº 4.713	17/09/2014	Sim	Sim	2014	Sim
ADI nº 4.714	29/11/2019	Não	Não		-
ADI nº 4.735	12/02/2020	Sim	Não		Não
ADI nº 4.785	01/08/2022	Não	Não		-
ADI nº 4.786	01/08/2022	Não	Não		-
ADI nº 4.787	01/08/2022	Não	Não		-
ADI nº 4.825	15/12/2016	Não	Não		-
ADI nº 4.845	13/02/2020	Sim	Não		Não
ADI nº 4.858	17/08/2021	Não	Não		-
ADI nº 4.976	07/05/2014	Não	Não		-
ADI nº 4.980	10/03/2022	Não	Não		-
ADI nº 4.985	30/08/2019	Sim	Não		Não
ADI nº 5.002	18/08/2020	Sim	Não		Não

Caso	Data do julgamento	Rec. de inconst.?	Modulação?	Ano da modulação	Cautelar deferida?
ADI nº 5.058	20/09/2019	Não	Não		-
ADI nº 5.096 ED-AgR	23/11/2020	Não	Não		-
ADI nº 5.133	08/11/2017	Não	Não		-
ADI nº 5.135	09/11/2016	Não	Não		-
ADI nº 5.176	09/05/2019	Sim	Não		Não
ADI nº 5.268	08/08/2022	Sim	Não		Não
ADI nº 5.277	10/12/2020	Sim	Não		Não
ADI nº 5.282	18/10/2022	Não	Não		-
ADI nº 5.288	23/11/2021	Sim	Sim	2021	Não
ADI nº 5.349	22/08/2022	Sim	Não		Não
ADI nº 5.368	03/11/2022	Sim	Sim	2022	Não
ADI nº 5.374	24/02/2021	Sim	Não		Sim
ADI nº 5.422	06/06/2022	Sim	Não		Não
ADI nº 5.450	18/12/2019	Sim	Não		Sim
ADI nº 5.467	30/08/2019	Sim	Sim	2019	Sim
ADI nº 5.469	24/02/2021	Sim	Sim	2021	Não
ADI nº 5.472	01/08/2018	Sim	Não		Não
ADI nº 5.480	20/04/2020	Sim	Não		Não
ADI nº 5.481	29/03/2021	Sim	Sim	2021	Não
ADI nº 5.485	16/06/2020	Não	Não		-
ADI nº 5.489	24/02/2021	Sim	Não		Não
ADI nº 5.512	20/04/2020	Sim	Não		Não
ADI nº 5.539	21/06/2022	Sim	Sim	2023	Não
ADI nº 5.576	03/08/2021	Sim	Sim	2021	Não
ADI nº 5.583	17/05/2021	Sim	Não		Não
ADI nº 5.594	16/09/2020	Não	Não		-
ADI nº 5.612	29/05/2020	Não	Não		-
ADI nº 5.656	24/02/2021	Não	Não		-

Caso	Data do julgamento	Rec. de inconst.?	Modulação?	Ano da modulação	Cautelar deferida?
ADI nº 5.659	24/02/2021	Sim	Sim	2021	Não
ADI nº 5.661	16/09/2020	Não	Não		-
ADI nº 5.688	25/10/2021	Não	Não		-
ADI nº 5.702	24/10/2022	Não	Não		-
ADI nº 5.729	08/03/2021	Não	Não		-
ADI nº 5.733	20/09/2019	Sim	Não		Não
ADI nº 5.751	21/06/2021	Não	Não		-
ADI nº 5.794	29/06/2018	Não	Não		-
ADI nº 5.816	05/11/2019	Sim	Não		Sim
ADI nº 5.869	22/02/2023	Não	Não		-
ADI nº 5.881	09/12/2020	Sim	Não		Não
ADI nº 5.882	16/05/2022	Sim	Não		Sim
ADI nº 5.886	09/12/2020	Sim	Não		Não
ADI nº 5.890	09/12/2020	Sim	Não		Não
ADI nº 5.925	09/12/2020	Sim	Não		Não
ADI nº 5.929	14/02/2020	Não	Não		-
ADI nº 5.931	09/12/2020	Sim	Não		Não
ADI nº 5.932	09/12/2020	Sim	Não		Não
ADI nº 6.025	20/04/2020	Não	Não		-
ADI nº 6.034	09/03/2022	Não	Não		-
ADI nº 6.074	21/12/2020	Sim	Sim	2020	Não
ADI nº 6.122	28/11/2022	Não	Não		-
ADI nº 6.144	03/08/2021	Sim	Sim	2021	Não
ADI nº 6.145	14/09/2022	Sim	Sim	2023	Não
ADI nº 6.152	03/10/2022	Sim	Não		Não
ADI nº 6.211	04/12/2019	Sim	Não		Não
ADI nº 6.222	20/04/2020	Sim	Sim	2020	Não
ADI nº 6.284	15/09/2021	Sim	Não		Não

Caso	Data do julgamento	Rec. de inconst.?	Modulação?	Ano da modulação	Cautelar deferida?
ADI nº 6.303	14/03/2022	Sim	Não		Não
ADI nº 6.330	16/06/2020	Sim	Não		Sim
ADI nº 6.479	21/06/2021	Sim	Sim	2021	Não
ADI nº 6.624	03/08/2021	Sim	Sim	2021	Não
ADI nº 6.671	15/09/2021	Sim	Não		Não
ADI nº 6.737	08/06/2021	Não	Não		-
ADI nº 6.817	21/02/2022	Sim	Sim	2022	Não
ADI nº 6.818	21/03/2022	Sim	Sim	2022	Não
ADI nº 6.819	04/04/2022	Sim	Sim	2022	Não
ADI nº 6.820	21/03/2022	Sim	Sim	2022	Não
ADI nº 6.821	21/02/2022	Sim	Sim	2022	Sim
ADI nº 6.822	21/02/2022	Sim	Sim	2022	Não
ADI nº 6.823	21/03/2022	Sim	Sim	2022	Não
ADI nº 6.824	21/02/2022	Sim	Sim	2022	Sim
ADI nº 6.825	21/02/2022	Sim	Sim	2022	Não
ADI nº 6.826	09/03/2022	Sim	Sim	2022	Sim
ADI nº 6.827	21/02/2022	Sim	Sim	2022	Não
ADI nº 6.828	03/11/2022	Sim	Sim	2022	Não
ADI nº 6.829	21/02/2022	Sim	Sim	2022	Não
ADI nº 6.830	10/11/2022	Sim	Sim	2022	Não
ADI nº 6.831	21/02/2022	Sim	Sim	2022	Não
ADI nº 6.832	21/02/2022	Sim	Sim	2022	Não
ADI nº 6.833	21/03/2022	Sim	Sim	2022	Não
ADI nº 6.834	21/02/2022	Sim	Sim	2022	Não
ADI nº 6.835	21/02/2022	Sim	Sim	2022	Não
ADI nº 6.836	21/02/2022	Sim	Sim	2022	Não
ADI nº 6.837	21/02/2022	Sim	Sim	2022	Não
ADI nº 6.839	21/02/2022	Sim	Sim	2022	Não

Caso	Data do julgamento	Rec. de inconst.?	Modulação?	Ano da modulação	Cautelar deferida?
ADI nº 6.840	21/03/2022	Sim	Sim	2022	Não
ADI nº 7.015	05/12/2022	Sim	Não		Sim
ADI nº 7.020	17/12/2022	Sim	Não		-
ADI nº 7.035	21/06/2022	Sim	Não		Não
ADI nº 7.063	06/06/2022	Sim	Não		Não
ADI nº 7.108	18/10/2022	Sim	Sim	2022	Não
ADI nº 7.109	28/11/2022	Sim	Sim	2022	Não
ADI nº 7.110	14/09/2022	Sim	Sim	2022	Não
ADI nº 7.111	29/08/2022	Sim	Sim	2022	Não
ADI nº 7.112	22/11/2022	Sim	Sim	2022	Não
ADI nº 7.113	29/08/2022	Sim	Sim	2022	Não
ADI nº 7.114	05/09/2022	Sim	Sim	2022	Não
ADI nº 7.116	29/08/2022	Sim	Sim	2022	Não
ADI nº 7.117	27/06/2022	Sim	Sim	2022	Não
ADI nº 7.118	10/10/2022	Sim	Sim	2022	Não
ADI nº 7.119	29/08/2022	Sim	Sim	2022	Não
ADI nº 7.120	10/10/2022	Sim	Sim	2022	Não
ADI nº 7.121	28/11/2022	Sim	Sim	2022	Não
ADI nº 7.122	29/08/2022	Sim	Sim	2022	Não
ADI nº 7.123	27/06/2022	Sim	Sim	2022	Não
ADI nº 7.124	05/09/2022	Sim	Sim	2022	Não
ADI nº 7.125	28/11/2022	Sim	Sim	2022	Não
ADI nº 7.126	14/09/2022	Sim	Sim	2022	Não
ADI nº 7.127	18/10/2022	Sim	Sim	2022	Não
ADI nº 7.128	22/11/2022	Sim	Sim	2022	Não
ADI nº 7.129	14/09/2022	Sim	Sim	2022	Não
ADI nº 7.130	22/11/2022	Sim	Sim	2022	Não
ADI nº 7.131	18/10/2022	Sim	Sim	2022	Não

Caso	Data do julgamento	Rec. de inconst.?	Modulação?	Ano da modulação	Cautelar deferida?
ADI nº 7.132	05/09/2022	Sim	Sim	2022	Não
ADI nº 7.158	07/02/2023	Não	Não		-
ADI nº 7.221 AgR	28/11/2022	Não	Não		-
ADC nº 3	02/12/1999	Não	Não		-
ADC nº 5	11/06/2007	Não	Não		-
ADC nº 49	19/04/2021	Sim	Sim	2023	Não
ADC nº 66	29/06/2020	Não	Não		-
ADPF nº 189 AgR	31/08/2020	Sim	Sim	2023	Não
ADPF nº 190	29/09/2016	Sim	Sim	2016	Sim
ADPF nº 198	18/08/2020	Não	Não		-
ADPF nº 312	19/04/2021	Não	Não		-
ADPF nº 357	24/06/2021	Sim	Não		Não

APÊNDICE C - MAPA DOS CASOS COM MODULAÇÃO DE EFEITOS

1. Prescrição e decadência das contribuições previdenciárias							
Caso	Assunto	Rec. Inconst.?	Ano Modulação	Decisão	Critério	Ressalva
RE nº 560.626 (Tema nº 2)	Reserva de lei complementar para a suspensão da contagem do prazo prescricional para causas de pequeno valor.	Sim	2008	Próprio acórdão	Data do julgamento do mérito	Sim. Ações propostas até a data de julgamento do mérito.
RE nº 559.943 (Tema nº 3)	Prazo prescricional para a cobrança de contribuições sociais devidas à Seguridade Social.	Sim	2008	Próprio acórdão	Data do julgamento do mérito	Sim. Ações propostas até a data de julgamento do mérito.

2. Diferencial de alíquotas do ICMS (DIFAL)						
Caso	Assunto	Rec. Inconst.?	Ano Modulação	Decisão	Critério	Ressalva
ADI nº 4.628	DIFAL. Protocolo nº 21/2011.	Sim	2014	Próprio acórdão	Data da concessão da liminar	Sim. Ações em curso.
ADI nº 4.713	ICMS. Protocolo nº 21/2011.	Sim	2014	Próprio acórdão	Data da concessão da liminar	Sim. Ações em curso.
RE nº 680.089 (Tema nº 615)	Constitucionalidade da cobrança de ICMS, pelo Estado de destino, com base no Protocolo ICMS nº 21/2011 do Confaz, nas operações interestaduais de vendas de mercadorias a consumidor final, realizadas de forma não presencial.	Sim	2014	Próprio acórdão	Data da concessão da liminar	Sim. Ações em curso.
ADI nº 4.596	Exigência do DIFAL nas vendas a não contribuintes do ICMS, antes da EC nº 87/2015. Legislação do CE.	Sim	2018	Próprio acórdão	1 mês a contar da decisão	Sim. Ações em curso.
ADI nº 4.712	Exigência do DIFAL nas vendas a não contribuintes do ICMS, antes da EC nº 87/2015. Legislação do CE.	Sim	2018	Próprio acórdão	1 mês a contar da decisão	Sim. Ações em curso.

2. Diferencial de alíquotas do ICMS (DIFAL)							
Caso	Assunto	Rec. Inconst.?	Ano Modulação	Decisão	Critério	Ressalva
ADI nº 5.469	Necessidade de edição de lei complementar visando a cobrança da Diferença de Alíquotas do (DIFAL) ICMS nas operações interestaduais envolvendo consumidores finais não contribuintes do imposto, nos termos da Emenda Constitucional nº 87/2015.	Sim	2021	Próprio acórdão	Exercício seguinte	Sim. Ações em curso.
RE nº 1.287.019	Necessidade de edição de lei complementar visando a cobrança da Diferença de Alíquotas do ICMS (DIFAL) nas operações interestaduais envolvendo consumidores finais não contribuintes do imposto, nos termos da Emenda Constitucional nº 87/2015.	Sim	2021	Próprio acórdão	Exercício seguinte	Sim. Ações em curso.

3. Atualização dos créditos tributários						
Caso	Assunto	Rec. Inconst.?	Ano Modulação	Decisão	Critério	Ressalva
ADI nº 4.357	Art. 1º-F da Lei nº 9.494/97. Atualização dos créditos tributários. Precatório.	Sim	2015	Questão de Ordem	Data do julgamento da questão de ordem	Não
ADI nº 4.425	Art. 1º-F da Lei nº 9.494/97. Atualização dos créditos tributários. Precatório.	Sim	2015	Questão de Ordem	Data do julgamento da questão de ordem	Não

4. Benefícios fiscais						
Caso	Assunto	Rec. Inconst.?	Ano Modulação	Decisão	Critério	Ressalva
ADI nº 429	ICMS. Benefício fiscal concedido sem Convênio. CE.	Sim	2014	Próprio acórdão	12 meses contados da publicação da ata de julgamento	Não aplicável
ADI nº 4.481	ICMS. Benefício fiscal concedido sem Convênio. PR.	Sim	2015	Próprio acórdão	Data da sessão de julgamento	Não aplicável
ADPF nº 190	ISS. Base de cálculo. Alíquota mínima.	Sim	2016	Próprio acórdão	Data da concessão da liminar	Não aplicável
ADI nº 2.663	ICMS. Benefício fiscal concedido sem Convênio. RS.	Sim	2017	Próprio acórdão	Data da publicação da ata de julgamento do mérito	Não aplicável
ADI nº 3.796	ICMS. Benefício fiscal concedido sem Convênio. PR.	Sim	2017	Próprio acórdão	Data da publicação da ata de julgamento do mérito	Não aplicável
ADI nº 3.550	ICMS. Concessão de créditos presumidos aos contribuintes que destinarem recursos a determinado Fundo Estadual. Vinculação de receita. RJ.	Sim	2019	Próprio acórdão	Data do julgamento do mérito	Não aplicável
ADI nº 3.984	ICMS. Benefício fiscal concedido sem Convênio e com discriminação em razão da origem da mercadoria. SC.	Sim	2019	Próprio acórdão	Data da publicação da ata de julgamento do mérito	Não aplicável
ADI nº 5.467	ICMS. Benefício fiscal concedido sem Convênio. MA.	Sim	2019	Próprio acórdão	Data da concessão da liminar	Não aplicável
ADI nº 6.222	ICMS. Benefício fiscal concedido sem Convênio. CE.	Sim	2020	ED	Data do julgamento do mérito	Não aplicável

4. Benefícios fiscais						
Caso	Assunto	Rec. Inconst.?	Ano Modulação	Decisão	Critério	Ressalva
ADI nº 6.074	IPVA. Concessão de isenção sem análise de impacto orçamentário. Pessoas com deficiência. RR.	Sim	2020	Próprio acórdão	Data da publicação da ata de julgamento do mérito	Não aplicável
RE nº 628.075 (Tema nº 490)	Creditamento de ICMS incidente em operação oriunda de outro ente federado que concede, unilateralmente, benefício fiscal.	Não	2020	Próprio acórdão	Fatos geradores a partir da decisão	Não
ADI nº 6.479	ICMS. Benefício fiscal sobre operações com trigo, sem previsão em lei específica e prevendo como condição que todas as etapas da industrialização ocorram no Estado. PA.	Sim	2021	ED	Data do julgamento do mérito	Não aplicável
ADPF nº 189 AgR	ISS. Exclusão de rubricas da base de cálculo por lei municipal. Alíquota mínima.	Sim	2023	ED	Data da publicação da ata do julgamento do mérito	Não aplicável

5. Contribuições de servidores públicos

Caso	Assunto	Rec. Inconst.?	Ano Modulação	Decisão	Critério	Ressalva
ADI nº 3.106	Compulsoriedade de contribuição exigida de servidores titulares de cargos não efetivos. MG.	Sim	2015	ED	Data do julgamento do mérito	Não
RE nº 630.137 (Tema nº 317)	Autoaplicabilidade da imunidade relativa à contribuição sobre os proventos de aposentadorias e pensões dos servidores públicos, prevista no art. 40, §21, da Constituição Federal, quando o beneficiário for portador de doença incapacitante.	Não	2021	Próprio acórdão	Data da publicação da ata de julgamento do mérito	Não
ADI nº 5.368	Instituição de contribuição compulsória para a saúde por Estado em relação aos seus militares. TO.	Sim	2022	Próprio acórdão	Data da publicação da ata de julgamento do mérito	Não

6. Estorno de ICMS: Convênio nº 110/07, do Confaz

Caso	Assunto	Rec. Inconst.?	Ano Modulação	Decisão	Critério	Ressalva
ADI nº 4.171	Exigência de estorno de ICMS sobre combustíveis. Convênio 110/07.	Sim	2015	Próprio acórdão	6 meses após a publicação do acórdão	Não

7. Taxas

Caso	Assunto	Rec. Inconst.?	Ano Modulação	Decisão	Critério	Ressalva
ADI nº 3.660	Destinação do produto da arrecadação de taxas e emolumentos judiciais. MS.	Sim	2008	Próprio acórdão	A partir da EC nº 45/2004	Não
RE nº 500.171 (Tema nº 40)	Taxas de matrícula nas universidades públicas.	Sim	2011	ED	A partir da Súmula Vinculante nº 12	Sim. Ações ajuizadas.
RE nº 643.247 (Tema nº 16)	Cobrança de taxa pela utilização potencial do serviço de extinção de incêndio.	Sim	2019	ED	Publicação da ata de julgamento do mérito	Sim. Ações ajuizadas.
ADI nº 3.111	Destinação do produto da arrecadação de custas e emolumentos a entes de direito privado. RJ.	Sim	2020	ED	Data da publicação da ata de julgamento do ED	Não
ADI nº 3.775	Taxa para alteração documental de registro do certificado de veiculo automotor com base em elementos estranhos ao serviço prestado. RS.	Sim	2020	ED	Data do julgamento do mérito	Não
ADI nº 5.288	Taxa relativa a selo de autenticidade fixada em ato infralegal. PR.	Sim	2021	Próprio acórdão	12 meses contados da publicação da ata de julgamento do mérito	Não
ADI nº 2.040	Fixação de taxa judiciária tendo como base de cálculo valor alusivo ao monte-mor, da causa, dos bens inventariados, dos ativos apurado e contratado e do terreno. PR	Sim	2021	ED	Publicação da ata de julgamento do mérito/ deferimento da cautelar	Sim. Ações ajuizadas até a véspera da publicação da ata de julgamento do mérito.
RE nº 776.594 (Tema nº 919)	Competência tributária municipal para a instituição de taxas de fiscalização em atividades inerentes ao setor de telecomunicações, cuja competência legislativa e para a exploração é exclusiva da União.	Sim	2022	Próprio acórdão	Publicação da ata de julgamento do mérito	Sim. Ações em curso.

7. Taxas

Caso	Assunto	Rec. Inconst.?	Ano Modulação	Decisão	Critério	Ressalva
ADI nº 4.411	Taxa de segurança pública. MG.	Sim	2023	ED	Publicação da ata de julgamento do mérito	Sim. (1) processos administrativos e as ações judiciais pendentes de conclusão até a referida data e (2) fatos geradores anteriores à mesma data em relação aos quais não tenha havido pagamento.
ADI nº 5.539	Destinação do produto da arrecadação de taxas e emolumentos judiciais a serventias extrajudiciais a fundos ou despesas genéricas. GO.	Sim	2023	ED	Data da publicação da ata de julgamento do mérito	Não
ADI nº 6.145	Instituição de taxa para impugnação e recursos administrativos e para a realização de perícias e diligências. CE.	Sim	2023	ED	Data da publicação da ata de julgamento do mérito.	Sim. Ações ajuizadas até a data de início do julgamento do mérito.

8. Diferenças de ICMS na substituição tributária

Caso	Assunto	Rec. Inconst.?	Ano Modulação	Decisão	Critério	Ressalva
RE nº 593.849 (Tema nº 201)	Restituição da diferença de ICMS pago a mais no regime de substituição tributária.	Sim	2016	Próprio acórdão	Data do julgamento do mérito	Sim. Litígios judiciais pendentes.

9. Hipóteses de substituição tributária do ICMS						
Caso	Assunto	Rec. Inconst.?	Ano Modulação	Decisão	Critério	Ressalva
ADI nº 4.281	ICMS. Hipótese de substituição tributária sem previsão em lei. Energia elétrica. SP.	Sim	2020	Próprio acórdão	Data da publicação do acórdão	Não
ADI nº 6.144	ICMS. Hipótese de substituição tributária sem previsão em lei. AM.	Sim	2021	Próprio acórdão	Exercício seguinte	Sim. Ações ajuizadas até a véspera da publicação da ata de julgamento do mérito.
ADI nº 6.624	ICMS. Hipótese de substituição tributária sem previsão em lei. AM.	Sim	2021	Próprio acórdão	Exercício seguinte	Sim. Ações ajuizadas até a véspera da publicação da ata de julgamento do mérito.

\multicolumn{7}{c	}{**10. Incidência de ISS ou de ICMS**}
Caso	Assunto	Rec. Inconst.?	Ano Modulação	Decisão	Critério	Ressalva
ADI nº 1.945	ICMS. Diversos dispositivos questionados. Delegação às normas infralegais para regularem a base de cálculo da substituição tributária. ISS ou ICMS sobre *software*. MT.	Sim	2021	Próprio acórdão	Data da publicação da ata de julgamento do mérito	Sim. (1) as ações judiciais em curso, inclusive de repetição de indébito e execuções fiscais em que se discuta a incidência do ICMS e (2) as hipóteses de comprovada bitributação, caso em que o contribuinte terá direito à repetição do indébito do ICMS. Por sua vez, incide o ISS no caso de não recolhimento do ICMS ou do ISS, em relação aos fatos geradores ocorridos até a véspera da data da publicação da ata de julgamento do mérito
ADI nº 5.576	ISS ou ICMS sobre *software*. SP.	Sim	2021	Próprio acórdão	Publicação da ata de julgamento das ADIs nº 1.945 e 5659	Sim. (1) as ações judiciais já ajuizadas e ainda em curso em 02/03/2021; (2) as hipóteses de bitributação relativas a fatos geradores ocorridos até 02/03/2021, nas quais será devida a restituição do ICMS recolhido, respeitado o prazo prescricional, independentemente da propositura de ação judicial até aquela data; (3) as hipóteses relativas a fatos geradores ocorridos até 02/03/2021 em que não houve o recolhimento do ISS ou do ICMS, nas quais será devido o pagamento do imposto municipal, respeitados os prazos decadencial e prescricional.

10. Incidência de ISS ou de ICMS						
Caso	Assunto	Rec. Inconst.?	Ano Modulação	Decisão	Critério	Ressalva
ADI nº 5.659	ISS ou ICMS sobre *software*. MG.	Sim	2021	Próprio acórdão	Data da publicação da ata de julgamento do mérito	Sim. (1) as ações judiciais em curso, inclusive de repetição de indébito e execuções fiscais em que se discuta a incidência do ICMS e (2) as hipóteses de comprovada bitributação, caso em que o contribuinte terá direito à repetição do indébito do ICMS. Por sua vez, incide o ISS no caso de não recolhimento do ICMS ou do ISS, em relação aos fatos geradores ocorridos até a véspera da data da publicação da ata de julgamento do mérito
RE nº 605.552 (Tema nº 379)	Imposto a incidir em operações mistas realizadas por farmácias de manipulação.	Sim	2021	ED	Data da publicação da ata de julgamento do mérito	Sim. (1) as hipóteses de comprovada bitributação; (2) as hipóteses em que o contribuinte não recolheu o ICMS ou o ISS devidos até a véspera da publicação da ata de julgamento do mérito; (3) os créditos tributários atinentes à controvérsia e que foram objeto de processo administrativo, concluído ou não, até a véspera da publicação da ata de julgamento do mérito; (4) as ações judiciais atinentes à controvérsia e pendentes de conclusão até a véspera da publicação da ata de julgamento do mérito.

| \multicolumn{7}{c|}{**10. Incidência de ISS ou de ICMS**} |
Caso	Assunto	Rec. Inconst.?	Ano Modulação	Decisão	Critério	Ressalva
RE nº 688.223 (Tema nº 590)	Incidência de ISS sobre contratos de licenciamento ou de cessão de programas de computador (*software*) desenvolvidos para clientes de forma personalizada.	Não	2021	Próprio acórdão	Publicação da ata de julgamento das ADIs nº 1945 e 5.659	Sim. (1) As ações judiciais em curso em 02/03/21, inclusive as de repetição de indébito e as execuções fiscais em que se discutam a incidência do ICMS; (2) as hipóteses de comprovada bitributação relativas a fatos geradores ocorridos até 02/03/21, casos em que o contribuinte terá direito à repetição do indébito do ICMS, respeitado o prazo prescricional, independentemente da propositura de ação judicial até aquela data; (3) que, no caso de não recolhimento do ICMS ou do ISS, incide o ISS em relação aos fatos geradores ocorridos até 02/03/21.

11. ICMS sobre extração de petróleo

Caso	Assunto	Rec. Inconst.?	Ano Modulação	Decisão	Critério	Ressalva
ADI nº 5.481	ICMS sobre a extração de petróleo. RJ.	Sim	2021	Próprio acórdão	Data da publicação da ata de julgamento do mérito	Sim. (1) as hipóteses em que o contribuinte não recolheu o ICMS; (2) os créditos tributários atinentes à controvérsia e que foram objeto de processo administrativo, concluído ou não, até a véspera da publicação da ata de julgamento do mérito; (3) as ações judiciais atinentes à controvérsia e pendentes de conclusão, até a véspera da publicação da ata de julgamento do mérito. Em todos esses casos, deverão ser observados o entendimento desta Corte e o prazos decadenciais e prescricionais.

12. Notificação prévia à exclusão do REFIS

Caso	Assunto	Rec. Inconst.?	Ano Modulação	Decisão	Critério	Ressalva
RE nº 669.196 (Tema nº 668)	Declaração de inconstitucionalidade de norma prevista em resolução do Comitê Gestor do Programa de Recuperação Fiscal – que regulamentou a forma de notificação de contribuinte sobre sua exclusão do REFIS – após julgamento do Supremo Tribunal Federal que concluiu pela natureza infraconstitucional da controvérsia.	Sim	2021	ED	Data da publicação da ata de julgamento do mérito	Sim. Ações ajuizadas até a data da publicação da ata de julgamento do mérito.

13. ICMS na base de cálculo do PIS e da COFINS

Caso	Assunto	Rec. Inconst.?	Ano Modulação	Decisão	Critério	Ressalva
RE nº 574.706 (Tema nº 69)	Inclusão do ICMS na base de cálculo do PIS e da COFINS.	Sim	2021	ED	Data do julgamento do mérito	Sim. Ações ajuizadas até a data do julgamento do mérito.

14. ICMS e o critério da essencialidade

Caso	Assunto	Rec. Inconst.?	Ano Modulação	Decisão	Critério	Ressalva
RE nº 714.139 (Tema nº 745)	Alcance do art. 155, §2º, III, da Constituição Federal, que prevê a aplicação do princípio da seletividade ao Imposto sobre Circulação de Mercadorias e Serviços (ICMS).	Sim	2021	Próprio acórdão	Exercício de 2024	Sim. Ações ajuizadas até a data de início do julgamento do mérito do Tema nº 745.
ADI nº 7.108	ICMS. Seletividade Energia Elétrica e Telecomunicações. PE.	Sim	2022	Próprio acórdão	Exercício de 2024	Sim. Ações ajuizadas até a data de início do julgamento do mérito.
ADI nº 7.109	ICMS. Seletividade Energia Elétrica e Telecomunicações. MS.	Sim	2022	Próprio acórdão	Exercício de 2024	Sim. Ações ajuizadas até a data de início do julgamento do mérito do Tema nº 745.
ADI nº 7.110	ICMS. Seletividade Energia Elétrica e Telecomunicações. PR.	Sim	2022	Próprio acórdão	Exercício de 2024	Sim. Ações ajuizadas até a data de início do julgamento do mérito do Tema nº 745.
ADI nº 7.111	ICMS. Seletividade Energia Elétrica e Telecomunicações. PA.	Sim	2022	Próprio acórdão	Exercício de 2024	Sim. Ações ajuizadas até a data de início do julgamento do mérito do Tema nº 745.
ADI nº 7.112	ICMS. Seletividade Energia Elétrica e Telecomunicações. SP	Sim	2022	Próprio acórdão	Exercício de 2024	Sim. Ações ajuizadas até a data de início do julgamento do mérito do Tema nº 745.
ADI nº 7.113	ICMS. Seletividade Energia Elétrica e Telecomunicações. TO.	Sim	2022	Próprio acórdão	Exercício de 2024	Sim. Ações ajuizadas até a data de início do julgamento do mérito do Tema nº 745.

14. ICMS e o critério da essencialidade

Caso	Assunto	Rec. Inconst.?	Ano Modulação	Decisão	Critério	Ressalva
ADI nº 7.114	ICMS. Seletividade Energia Elétrica e Telecomunicações. PB.	Sim	2022	Próprio acórdão	Exercício de 2024	Sim. Ações ajuizadas até a data de início do julgamento do mérito do Tema nº 745.
ADI nº 7.116	ICMS. Seletividade Energia Elétrica e Telecomunicações. MG.	Sim	2022	Próprio acórdão	Exercício de 2024	Sim. Ações ajuizadas até a data de início do julgamento do mérito do Tema nº 745.
ADI nº 7.117	ICMS. Seletividade Energia Elétrica e Telecomunicações. SC.	Sim	2022	Próprio acórdão	Exercício de 2024	Sim. Ações ajuizadas até a data de início do julgamento do mérito do Tema nº 745.
ADI nº 7.118	ICMS. Seletividade Energia Elétrica e Telecomunicações. RR.	Sim	2022	Próprio acórdão	Exercício de 2024	Sim. Ações ajuizadas até a data de início do julgamento do mérito do Tema nº 745.
ADI nº 7.119	ICMS. Seletividade Energia Elétrica e Telecomunicações. RO.	Sim	2022	Próprio acórdão	Exercício de 2024	Sim. Ações ajuizadas até a data de início do julgamento do mérito do Tema nº 745.
ADI nº 7.120	ICMS. Seletividade Energia Elétrica e Telecomunicações. SE.	Sim	2022	Próprio acórdão	Exercício de 2024	Sim. Ações ajuizadas até a data de início do julgamento do mérito do Tema nº 745.
ADI nº 7.121	ICMS. Seletividade Energia Elétrica e Telecomunicações. RN	Sim	2022	Próprio acórdão	Exercício de 2024	Sim. Ações ajuizadas até a data de início do julgamento do mérito do Tema nº 745.
ADI nº 7.122	ICMS. Seletividade Energia Elétrica e Telecomunicações. GO.	Sim	2022	Próprio acórdão	Exercício de 2024	Sim. Ações ajuizadas até a data de início do julgamento do mérito do Tema nº 745.
ADI nº 7.123	ICMS. Seletividade Energia Elétrica e Telecomunicações. DF.	Sim	2022	Próprio acórdão	Exercício de 2024	Sim. Ações ajuizadas até a data de início do julgamento do mérito do Tema nº 745.
ADI nº 7.124	ICMS. Seletividade Energia Elétrica e Telecomunicações. CE.	Sim	2022	Próprio acórdão	Exercício de 2024	Sim. Ações ajuizadas até a data de início do julgamento do mérito do Tema nº 745.

Caso	Assunto	Rec. Inconst.?	Ano Modulação	Decisão	Critério	Ressalva
	14. ICMS e o critério da essencialidade					
ADI nº 7.125	ICMS. Seletividade Energia Elétrica e Telecomunicações. ES.	Sim	2022	Próprio acórdão	Exercício de 2024	Sim. Ações ajuizadas até a data de início do julgamento do mérito do Tema nº 745.
ADI nº 7.126	ICMS. Seletividade Energia Elétrica e Telecomunicações. AP.	Sim	2022	Próprio acórdão	Exercício de 2024	Sim. Ações ajuizadas até a data de início do julgamento do mérito do Tema nº 745.
ADI nº 7.127	ICMS. Seletividade Energia Elétrica e Telecomunicações. PI.	Sim	2022	Próprio acórdão	Exercício de 2024	Sim. Ações ajuizadas até a data de início do julgamento do mérito do Tema nº 745.
ADI nº 7.128	ICMS. Seletividade Energia Elétrica e Telecomunicações. BA.	Sim	2022	Próprio acórdão	Exercício de 2024	Sim. Ações ajuizadas até a data de início do julgamento do mérito do Tema nº 745.
ADI nº 7.129	ICMS. Seletividade Energia Elétrica e Telecomunicações. AM.	Sim	2022	Próprio acórdão	Exercício de 2024	Sim. Ações ajuizadas até a data de início do julgamento do mérito do Tema nº 745.
ADI nº 7.130	ICMS. Seletividade Energia Elétrica e Telecomunicações. AL.	Sim	2022	Próprio acórdão	Exercício de 2024	Sim. Ações ajuizadas até a data de início do julgamento do mérito do Tema nº 745.
ADI nº 7.131	ICMS. Seletividade Energia Elétrica e Telecomunicações. AC.	Sim	2022	Próprio acórdão	Exercício de 2024	Sim. Ações ajuizadas até a data de início do julgamento do mérito do Tema nº 745.
ADI nº 7.132	ICMS. Seletividade Energia Elétrica e Telecomunicações. RS.	Sim	2022	Próprio acórdão	Exercício de 2024	Sim. Ações ajuizadas até a data de início do julgamento do mérito do Tema nº 745.

\multicolumn{8}{c}{**15. ITCMD sobre fatos geradores conectados ao exterior**}
Caso	Assunto	Rec. Inconst.?	Ano Modulação	Decisão	Critério	Ressalva
---	---	---	---	---	---	---
RE nº 851.108 (Tema nº 825)	Possibilidade de os estados-membros fazerem uso de sua competência legislativa plena, com fulcro no art. 24, §3º, da Constituição e no art. 34, §3º, do ADCT, ante a omissão do legislador nacional em estabelecer as normas gerais pertinentes à competência para instituir o Imposto sobre Transmissão Causa Mortis ou Doação de quaisquer Bens ou Direitos (ITCMD), nas hipóteses previstas no art. 155, §1º, III, a e b, da Lei Maior.	Sim	2021	Próprio acórdão	Publicação do acórdão do mérito	Sim. Ações judiciais pendentes de conclusão até a data da publicação do acórdão do mérito, nas quais se discuta: (1) o estado ao qual o contribuinte deve efetuar o pagamento do ITCMD, considerando a ocorrência de bitributação, e (2) a validade da cobrança desse imposto, não tendo sido pago anteriormente.
ADI nº 6.817	ITCMD. Necessidade de lei complementar. PE.	Sim	2022	Próprio acórdão	Publicação do acórdão do Tema nº 825	Sim. Ações judiciais pendentes de conclusão até a data da publicação do acórdão do mérito no Tema nº 825, nas quais se discuta: (1) o estado ao qual o contribuinte deve efetuar o pagamento do ITCMD, considerando a ocorrência de bitributação, e (2) a validade da cobrança desse imposto, não tendo sido pago anteriormente.

	15. ITCMD sobre fatos geradores conectados ao exterior						
Caso	Assunto	Rec. Inconst.?	Ano Modulação	Decisão	Critério	Ressalva	
ADI nº 6.818	ITCMD. Necessidade de lei complementar. PR.	Sim	2022	Próprio acórdão	Publicação do acórdão do Tema nº 825	Sim. Ações judiciais pendentes de conclusão até a data da publicação do acórdão do mérito no Tema nº 825, nas quais se discuta: (1) o estado ao qual o contribuinte deve efetuar o pagamento do ITCMD, considerando a ocorrência de bitributação, e (2) a validade da cobrança desse imposto, não tendo sido pago anteriormente.	
ADI nº 6.819	ITCMD. Necessidade de lei complementar. PA.	Sim	2022	Próprio acórdão	Publicação do acórdão do Tema nº 825	Sim. Ações judiciais pendentes de conclusão até a data da publicação do acórdão do mérito no Tema nº 825, nas quais se discuta: (1) o estado ao qual o contribuinte deve efetuar o pagamento do ITCMD, considerando a ocorrência de bitributação, e (2) a validade da cobrança desse imposto, não tendo sido pago anteriormente.	

| \multicolumn{7}{c}{15. ITCMD sobre fatos geradores conectados ao exterior} |
Caso	Assunto	Rec. Inconst.?	Ano Modulação	Decisão	Critério	Ressalva
ADI nº 6.820	ITCMD. Necessidade de lei complementar. TO.	Sim	2022	Próprio acórdão	Publicação do acórdão do Tema nº 825	Sim. Ações judiciais pendentes de conclusão até a data da publicação do acórdão do mérito no Tema nº 825, nas quais se discuta: (1) o estado ao qual o contribuinte deve efetuar o pagamento do ITCMD, considerando a ocorrência de bitributação, e (2) a validade da cobrança desse imposto, não tendo sido pago anteriormente.
ADI nº 6.821	ITCMD. Necessidade de lei complementar. MA.	Sim	2022	Próprio acórdão	Publicação do acórdão do Tema nº 825	Sim. Ações judiciais pendentes de conclusão até a data da publicação do acórdão do mérito no Tema nº 825, nas quais se discuta: (1) o estado ao qual o contribuinte deve efetuar o pagamento do ITCMD, considerando a ocorrência de bitributação, e (2) a validade da cobrança desse imposto, não tendo sido pago anteriormente.

15. ITCMD sobre fatos geradores conectados ao exterior							
Caso	Assunto	Rec. Inconst.?	Ano Modulação	Decisão	Critério	Ressalva
ADI nº 6.822	ITCMD. Necessidade de lei complementar. PB.	Sim	2022	Próprio acórdão	Publicação do acórdão do Tema nº 825	Sim. Ações judiciais pendentes de conclusão até a data da publicação do acórdão do mérito no Tema nº 825, nas quais se discute: (1) o estado ao qual o contribuinte deve efetuar o pagamento do ITCMD, considerando a ocorrência de bitributação, e (2) a validade da cobrança desse imposto, não tendo sido pago anteriormente.
ADI nº 6.823	ITCMD. Necessidade de lei complementar. SC.	Sim	2022	Próprio acórdão	Publicação do acórdão do Tema nº 825	Sim. Ações judiciais pendentes de conclusão até a data da publicação do acórdão do mérito no Tema nº 825, nas quais se discute: (1) o estado ao qual o contribuinte deve efetuar o pagamento do ITCMD, considerando a ocorrência de bitributação, e (2) a validade da cobrança desse imposto, não tendo sido pago anteriormente.

15. ITCMD sobre fatos geradores conectados ao exterior						
Caso	Assunto	Rec. Inconst.?	Ano Modulação	Decisão	Critério	Ressalva
ADI nº 6.824	ITCMD. Necessidade de lei complementar. RO.	Sim	2022	Próprio acórdão	Publicação do acórdão do Tema nº 825	Sim. Ações judiciais pendentes de conclusão até a data da publicação do acórdão do mérito no Tema nº 825, nas quais se discuta: (1) o estado ao qual o contribuinte deve efetuar o pagamento do ITCMD, considerando a ocorrência de bitributação, e (2) a validade da cobrança desse imposto, não tendo sido pago anteriormente.
ADI nº 6.825	ITCMD. Necessidade de lei complementar. RS.	Sim	2022	Próprio acórdão	Publicação do acórdão do Tema nº 825	Sim. Ações judiciais pendentes de conclusão até a data da publicação do acórdão do mérito no Tema nº 825, nas quais se discuta: (1) o estado ao qual o contribuinte deve efetuar o pagamento do ITCMD, considerando a ocorrência de bitributação, e (2) a validade da cobrança desse imposto, não tendo sido pago anteriormente.

15. ITCMD sobre fatos geradores conectados ao exterior

Caso	Assunto	Rec. Inconst.?	Ano Modulação	Decisão	Critério	Ressalva
ADI nº 6.826	ITCMD. Necessidade de lei complementar. RJ.	Sim	2022	Próprio acórdão	Publicação do acórdão do Tema nº 825	Sim. Ações judiciais pendentes de conclusão até a data da publicação do acórdão do mérito no Tema nº 825, nas quais se discuta: (1) o estado ao qual o contribuinte deve efetuar o pagamento do ITCMD, considerando a ocorrência de bitributação, e (2) a validade da cobrança desse imposto, não tendo sido pago anteriormente.
ADI nº 6.827	ITCMD. Necessidade de lei complementar. PI.	Sim	2022	Próprio acórdão	Publicação do acórdão do Tema nº 825	Sim. Ações judiciais pendentes de conclusão até a data da publicação do acórdão do mérito no Tema nº 825, nas quais se discuta: (1) o estado ao qual o contribuinte deve efetuar o pagamento do ITCMD, considerando a ocorrência de bitributação, e (2) a validade da cobrança desse imposto, não tendo sido pago anteriormente.

| \multicolumn{7}{c}{**15. ITCMD sobre fatos geradores conectados ao exterior**} |
Caso	Assunto	Rec. Inconst.?	Ano Modulação	Decisão	Critério	Ressalva
ADI nº 6.828	ITCMD. Necessidade de lei complementar. AL	Sim	2022	Próprio acórdão	Publicação do acórdão do Tema nº 825	Sim. Ações judiciais pendentes de conclusão até a data da publicação do acórdão do mérito no Tema nº 825, nas quais se discuta: (1) o estado ao qual o contribuinte deve efetuar o pagamento do ITCMD, considerando a ocorrência de bitributação, e (2) a validade da cobrança desse imposto, não tendo sido pago anteriormente.
ADI nº 6.829	ITCMD. Necessidade de lei complementar. AC.	Sim	2022	Próprio acórdão	Publicação do acórdão do Tema nº 825	Sim. Ações judiciais pendentes de conclusão até a data da publicação do acórdão do mérito no Tema nº 825, nas quais se discuta: (1) o estado ao qual o contribuinte deve efetuar o pagamento do ITCMD, considerando a ocorrência de bitributação, e (2) a validade da cobrança desse imposto, não tendo sido pago anteriormente.

| \multicolumn{8}{c}{15. ITCMD sobre fatos geradores conectados ao exterior} |

Caso	Assunto	Rec. Inconst.?	Ano Modulação	Decisão	Critério	Ressalva
ADI nº 6.830	ITCMD. Necessidade de lei complementar. SP	Sim	2022	Próprio acórdão	Publicação do acórdão do Tema nº 825	Sim. Ações judiciais pendentes de conclusão até a data da publicação do acórdão do mérito no Tema nº 825, nas quais se discuta: (1) o estado ao qual o contribuinte deve efetuar o pagamento do ITCMD, considerando a ocorrência de bitributação, e (2) a validade da cobrança desse imposto, não tendo sido pago anteriormente.
ADI nº 6.831	ITCMD. Necessidade de lei complementar. GO.	Sim	2022	Próprio acórdão	Publicação do acórdão do Tema nº 825	Sim. Ações judiciais pendentes de conclusão até a data da publicação do acórdão do mérito no Tema nº 825, nas quais se discuta: (1) o estado ao qual o contribuinte deve efetuar o pagamento do ITCMD, considerando a ocorrência de bitributação, e (2) a validade da cobrança desse imposto, não tendo sido pago anteriormente.

Caso	Assunto	Rec. Inconst.?	Ano Modulação	Decisão	Critério	Ressalva
	15. ITCMD sobre fatos geradores conectados ao exterior					
ADI nº 6.832	ITCMD. Necessidade de lei complementar. ES.	Sim	2022	Próprio acórdão	Publicação do acórdão do Tema nº 825	Sim. Ações judiciais pendentes de conclusão até a data da publicação do acórdão do mérito no Tema nº 825, nas quais se discuta: (1) o estado ao qual o contribuinte deve efetuar o pagamento do ITCMD, considerando a ocorrência de bitributação, e (2) a validade da cobrança desse imposto, não tendo sido pago anteriormente.
ADI nº 6.833	ITCMD. Necessidade de lei complementar. DF.	Sim	2022	Próprio acórdão	Publicação do acórdão do Tema nº 825	Sim. Ações judiciais pendentes de conclusão até a data da publicação do acórdão do mérito no Tema nº 825, nas quais se discuta: (1) o estado ao qual o contribuinte deve efetuar o pagamento do ITCMD, considerando a ocorrência de bitributação, e (2) a validade da cobrança desse imposto, não tendo sido pago anteriormente.

15. ITCMD sobre fatos geradores conectados ao exterior						
Caso	Assunto	Rec. Inconst.?	Ano Modulação	Decisão	Critério	Ressalva
ADI nº 6.834	ITCMD. Necessidade de lei complementar. CE.	Sim	2022	Próprio acórdão	Publicação do acórdão do Tema nº 825	Sim. Ações judiciais pendentes de conclusão até a data da publicação do acórdão do mérito no Tema nº 825, nas quais se discuta: (1) o estado ao qual o contribuinte deve efetuar o pagamento do ITCMD, considerando a ocorrência de bitributação, e (2) a validade da cobrança desse imposto, não tendo sido pago anteriormente.
ADI nº 6.835	ITCMD. Necessidade de lei complementar. BA.	Sim	2022	Próprio acórdão	Publicação do acórdão do Tema nº 825	Sim. Ações judiciais pendentes de conclusão até a data da publicação do acórdão do mérito no Tema nº 825, nas quais se discuta: (1) o estado ao qual o contribuinte deve efetuar o pagamento do ITCMD, considerando a ocorrência de bitributação, e (2) a validade da cobrança desse imposto, não tendo sido pago anteriormente.

15. ITCMD sobre fatos geradores conectados ao exterior

Caso	Assunto	Rec. Inconst.?	Ano Modulação	Decisão	Critério	Ressalva
ADI nº 6.836	ITCMD. Necessidade de lei complementar. AM.	Sim	2022	Próprio acórdão	Publicação do acórdão do Tema nº 825	Sim. Ações judiciais pendentes de conclusão até a data da publicação do acórdão do mérito no Tema nº 825, nas quais se discuta: (1) o estado ao qual o contribuinte deve efetuar o pagamento do ITCMD, considerando a ocorrência de bitributação, e (2) a validade da cobrança desse imposto, não tendo sido pago anteriormente.
ADI nº 6.837	ITCMD. Necessidade de lei complementar. AP.	Sim	2022	Próprio acórdão	Publicação do acórdão do Tema nº 825	Sim. Ações judiciais pendentes de conclusão até a data da publicação do acórdão do mérito no Tema nº 825, nas quais se discuta: (1) o estado ao qual o contribuinte deve efetuar o pagamento do ITCMD, considerando a ocorrência de bitributação, e (2) a validade da cobrança desse imposto, não tendo sido pago anteriormente.

\multicolumn{7}{c}{15. ITCMD sobre fatos geradores conectados ao exterior}
Caso	Assunto	Rec. Inconst.?	Ano Modulação	Decisão	Critério	Ressalva
ADI nº 6.839	ITCMD. Necessidade de lei complementar. MG.	Sim	2022	Próprio acórdão	Publicação do acórdão do Tema nº 825	Sim. Ações judiciais pendentes de conclusão até a data da publicação do acórdão do mérito no Tema nº 825, nas quais se discute: (1) o estado ao qual o contribuinte deve efetuar o pagamento do ITCMD, considerando a ocorrência de bitributação, e (2) a validade da cobrança desse imposto, não tendo sido pago anteriormente.
ADI nº 6.840	ITCMD. Necessidade de lei complementar. MS.	Sim	2022	Próprio acórdão	Publicação do acórdão do Tema nº 825	Sim. Ações judiciais pendentes de conclusão até a data da publicação do acórdão do mérito no Tema nº 825, nas quais se discute: (1) o estado ao qual o contribuinte deve efetuar o pagamento do ITCMD, considerando a ocorrência de bitributação, e (2) a validade da cobrança desse imposto, não tendo sido pago anteriormente.

| 16. IRPJ e CSLL sobre a Taxa Selic ||||||||
Caso	Assunto	Rec. Inconst.?	Ano Modulação	Decisão	Critério	Ressalva
RE nº 1.063.187 (Tema nº 962)	Incidência do Imposto de renda – Pessoa Jurídica (IRPJ) e da Contribuição Social sobre o Lucro Líquido (CSLL) sobre a taxa Selic (juros de mora e correção monetária) recebida pelo contribuinte na repetição do indébito.	Sim	2022	ED	Data da publicação da ata de julgamento do mérito	Sim. (1) as ações ajuizadas até a data do início do julgamento do mérito, e (2) fatos geradores anteriores à data da publicação da ata do julgamento do mérito em relação aos quais não tenha havido o pagamento do IRPJ ou da CSLL a que se refere a controvérsia.

| 17. ICMS nas transferências entre estabelecimentos ||||||||
Caso	Assunto	Rec. Inconst.?	Ano Modulação	Decisão	Critério	Ressalva
ADC nº 49	ICMS sobre transferências entre estabelecimentos de um mesmo contribuinte.	Sim	2023	ED	Exercício de 2024	Sim. Processos administrativos e judiciais pendentes até a publicação da ata de julgamento do mérito.

Online

APÊNDICE D - CASOS COM REPERCUSSÃO GERAL CLASSIFICADOS NO RAMO "DIREITO TRIBUTÁRIO"

APÊNDICE E - DECISÕES EM CONTROLE CONCENTRADO LOCALIZADAS NA PESQUISA DE JURISPRUDÊNCIA PELO TERMO "TRIBUTÁRIO"

APÊNDICE F - DECISÕES EM CONTROLE CONCENTRADO LOCALIZADAS NA BUSCA ESTATÍSTICA DO STF

Esta obra foi composta em fonte Palatino Linotype, corpo 10
e impressa em papel Offset 75g (miolo) e Supremo 250g (capa)
pela Formato Artes Gráficas.